KB128840

학교상담과 생활지도 ^{3판}

김계현 · 김동일 · 김봉환 · 김창대 · 김혜숙 · 남상인 · 천성문 공저

School Counseling

학지사

◇ 3판 머리말 ◇

『학교상담과 생활지도』 제3판은 제2판 이후 우리나라 학교 상담 제도의 변화를 반영하였다. 특히, 한국형 학교상담 모형이라고 말할 수 있는 위(Wee) 프로젝트를 비교적 상세히 소개하였으며, 전문상담 교사의 임용 및 배치 실태에 관한 최신 정보를 제공하였다.

제4장은 변경된 제도와 통계 관련 자료들을 최근의 것으로 변경하였으며, 근래에 관심을 받는 진로상담이론을 추가하였다. 제6장은 기존의 내용에 최근의 연구결과들을 일부 추가하여 서술하였다. 제7장은 가독성을 높이기 위해 전반적인 문맥을 다듬고 수정하였다. 제9장은 이 교재가 주로 학부생을 대상으로 하는 입문서이고 학교현장에 적용할 수 있게끔 하기 위해 제2판의 4절에 있던 집단상담 관련 국내연구 대신, 학교에서 운영되는 집단상담의 특징, 준비절차 등을 포함하였다. 제12장은 완전히 새로 쓰다시피 하였다. 제1, 2판이 출간되었을 때와 달리, 최근에는 학교에서 사용할 수 있는 집단상담 프로그램과 활동이 수없이 많이 나와 있어서 개별 활동을 소개하는 것이 별 의미가 없어졌기 때문이다. 대신 3판에서는 소집단 단위 생활지도 프로그램의 이점, 프로그램 개발·선택 시 고려사항(목적, 주제, 발달수준, 이론적 접근, 구체적 장면, 방법과 도구), 그리고 프로그램 개발 및 평가 절차를 설명함으로써 독자들이 기존에 나와 있는 프로그램이나 활동에 대한 안목을 기르도록 하였고, 새로운 프로그램의 개발역량을 촉진하고자 하였다.

『학교상담과 생활지도』 제3판의 출판을 허락해 준 학지사 김진환 사장님을 비롯해서 긴 인고의 시간 끝에 제3판이 나오게끔 고생해 준 학지사 직원들께 감사를 드린다.

2020년 2월
저자 대표 김계현

◇ 2판 머리말 ◇

『학교상담과 생활지도』제1판이 출판된 지 10년이 지났다. 그동안 많은 교수님과 학생으로부터 졸서가 받은 사랑은 너무나 크고 소중한 것이었다. 저자들을 대표해서 다시 한번 깊은 감사를 드린다.

우리 대한민국 사회에서 10년이란 가히 "강산도 변한다."라는 옛말을 실감나게 해 줄 정도의 기간이다. 그동안 우리나라의 학교상담과 생활지도뿐만 아니라 상담학(相談學)계에서도 예외 없이 변화가 일어났다. 대표적인 것만 예를 들어도 전문상담교사의 법제화 및 임용 실시, 청소년상담사 자격 제도 실시, 4년제 대학 학부 과정에 상담학과 설치, 그에 따른 상담학 전공 교수 수요 급증 등 그 변화의 크기는 우리 상담학계에서 이전에 경험해 보지 못했던 수준이었다. 따라서 이번 『학교상담과 생활지도』제2판에서는 최근 10년 동안 일어난 변화들, 즉 관련 법령의 제정 공포, 상담사 양성 및 임용제도, 상담전문기관의 설립, 상담 관련 학회들의 운영과 활동 그리고 새로 나온 상담 이론과 기법들을 가급적 많이 담아내고자 하였다.

'상담과 생활지도'는 교직(教職) 과정 중 여전히 주요한 과목으로 여겨지고 있으며 앞으로도 그럴 것이다. 교직 과정에 대한 요구가 교육학 이론보다는 교직 수행 실제에 도움이 될 만한 내용에 집중되는 쪽으로 바뀌고 있는 현상을 생각하면, 교직 과목으로서의 '상담과 생활지도'가 앞으로 어떤 방향으로 나아가야 할지는 분명해진다. 필자들은 제1판에서도 그러했듯이 제2판 역시 학교상담과 생활지도에 관한 실제적 지식과 기능을 최대한 반영하고자 노력하였다.

제1판이 나왔던 10년 전에는 교육대학, 즉 초등교사 양성을 위한 상담과 생활지도 서적이 나와 있지 않았다. 그래서 제1판은 중등학교와 초등학교 모두를 염두에 두고 쓰였다. 그러나 그동안 우리나라에는 초등학교용 '상담과 생활지도'가 따로 출간되었기 때문에 제2판은 자연스럽게 중등학교의 상담과 생활지도에 집중할 수 있게 되었다. 즉, 제2판에서는 초등학교에 관한 내용이 대폭 삭제된 반면, 중등학교에 관한 내용이 대폭 보강되었다고 말할 수 있다. 예를 들면, 청소년기 정신건강에 관한 내용, 비행 및 약물 사용에 관한 내용 등이 대표적인 것이다. 따라서 이 책은 사범대학을 비롯한 각종 중등교사 양성 교직과목 교과서, 상담학 입문을 위한 기초 도서, 또한 교사 임용고사 준비를 위한 수험 도서로 유용하리라 기대된다.

제2판 집필진으로 새로이 천성문 교수가 참여하게 된 것에 필진을 대표해서 환영을 표하고 싶다. 그리고 『학교상담과 생활지도』 제2판의 출판을 허락해 준 학지사 김진환 사장님을 비롯해서 어려운 여건에서도 제2판이 제때 세상에 나올 수 있도록 애써 준 학지사 직원들께 감사를 드린다.

2009년 6월
저자 대표 김계현

◇ 1판 머리말 ◇

우리나라의 교육계에 '상담'과 '생활지도'의 개념이 도입된 지 약 50년이 되었고, 중등학교에서 생활지도와 상담교사의 역할을 수행하기 위한 '교도교사' 제도가 시작된 것도 약 40년이 되었다. 우리도 이제 학교상담과 생활지도의 역사를 가지게 된 것이다.

그동안 우리에게는 많은 상담 관련 서적과 생활지도 관련 서적이 저술되거나 번역되어 지식을 습득하고 새로운 기법들을 배울 수 있도록 도움을 주었다. 그런데 한 가지 불만이 있었다면 그 지식과 기법들이 우리의 현실과 다소 거리가 있었다는 점일 것이다. 즉, 학교현장과는 거리가 먼 이론들, 학교의 교사가 활용하기에는 너무 어려운 기법들, 우리나라의 문화와는 거리가 먼 외국의 지식들이라는 것이다.

이 책의 도처에서 구체적으로 논의되겠지만 초 · 중등학교에서의 상담과 생활지도는 분명히 다른 현장, 예컨대 대학, 청소년기관, 병원, 복지기관에서의 상담과는 여러 가지 차이점이 있다. 학교의 특수성을 고려한 수준에서, 그리고 한국의 문화와 제도를 고려한 수준에서 '상담과 생활지도' 교과서를 저술한다는 것은 결코 쉬운 일이 아닐 것이다. 우리는 지금 미국을 비롯한 외국의 관련 서적들을 손쉽게 찾아볼 수 있지만 그것들이 우리에게 줄 수 있는 도움에는 분명 한계가 있다.

여기서 이야기한 여러 가지 이유에서인지 우리나라에서 학교상담과 생활지도에 관한 교과서는 한동안 출판되지 못하였다. 교육계는 물론 정치, 경제, 사회, 문화계가 모두 급변하는 현대사회에서 상담과 생활지도의 필요성은 자꾸만 더해지고 있음에도 불구하고, 그 분야에 관한 전문 교과서를 제때 공급하지 못한다는 것은 이 분야의 전문가로서 부끄럽게 여겨야 마땅하다.

그동안 여러 출판사에서 집필 제의를 받았고 집필을 시도한 적도 있었으나 게으름과 다른 몇 가지 사정으로 결과물을 내놓지 못하다가, 이제서야 바야흐로 계획했던 원고의 집필을 마치게 되었다.

이 책을 준비하는 과정에서 우리 일곱 명 필자들은 수차례의 회의를 한 바 있다. 우선, 책의 성격에 관한 논의를 하면서 누구를 이 책의 주(主) 독자로 볼 것인지, 학교상담과 생활지도의 영역을 어떻게 규정할 것인지, 상담과 생활지도의 방법들을 어떤 방식으로 묶어서 정리하고 제시할 것인지 등 여러 가지 중요한 의사결정을 하였다. 그리고 모든 저자의 원고를 대표 저자가 검토하고, 각 필자들은 대표 저자의 의견을 참고하여 원고에 수정을 가하는 과정을 거친 후 본 원고가 완성되었음을 밝힌다.

이 책에 담긴 두 가지 철학을 공개하면 다음과 같다. 첫째는 '한국의' 학교상담과 생활지도에 관한 책이어야 한다는 것이다. 물론 외국의 이론과 지식을 수입해서 사용할 수 있다. 그러나 그 수입과정은 엄격한 평가를 거친 선택의 결과이어야 한다. 결코 무분별한 수입이 아니 되고자 우리 필자들은 노력하였다. 둘째는 실제적인 책이어야 한다는 것이다. 상담과 생활지도 분야의 서적에 대한 불만 중에는 이론이 차지하는 부분이 너무 많다는 점이 있다. 그래서 이 책에서는 학교상담과 생활지도의 대표적인 분야와 영역을 논의하였으며(제2부), 학교상담과 생활지도의 현장에서 유용하게 활용할 수 있는 여러 방법을 구체적으로 제시하였다(제3부).

이 책은 대학에서의 교직과목(예: 생활지도와 상담), 교육대학원의 전문상담교사 양성과정 그리고 대학원의 교육상담 과목 등에서 주 교재로 활용하는 데 적합하도록 편집하였다. 혹은 현직 교사들을 위한 상담과 생활지도 연수에서 활용하는 것도 좋을 것이다. 학교나 청소년 상담기관의 자원봉사자 양성을 위한 교재로도 활용이 가능하다고 보인다.

필자들은 좀 더 좋은 책을 만들고자 노력하였지만 능력의 한계와 시간의 부족으로 인해 보완할 점들이 많을 줄 안다. 부족한 점에 대해서는 독자 여러분의 지도편달을 부탁드린다. 특히 앞에서 밝힌 것처럼 이 책을 '한국의' 학교상담과 생활지도 서적으로 만들려는 시도가 얼마나 달성되었는지에 대한 객관적인 평가를 받아야 할 것이다.

끝으로 이 책의 기획에서부터 출판에 이르기까지 수고를 아끼지 않으신 학지사의 김진환 사장님과 직원들께 감사드린다.

2000년 3월

저자 대표 김계현

◇ 차례 ◇

제1부 학교상담과 생활지도의 기초

제1장 개념과 역사 ·· 19

제2부 학교상담과 생활지도의 영역

제3부 학교상담과 생활지도의 방법

제10장 **심리검사** **349**

제1부

학교상담과 생활지도의 기초

제1장
개념과 역사

  우리나라의 상담과 생활지도는 그 출발이 8·15 해방 직후 도입된 미국의 교육 제도 및 사상과 무관하지 않다. 즉, 초기에는 미국 학교의 생활지도 개념과 상담 서비스 체제를 모방하여 우리나라 학교에서도 유사한 개념과 상담 활동을 시도하였다. 그러나 시간이 흐르면서 우리나라 학교에서는 상담과 생활지도 영역에서도 우리나라의 문화와 학교 교육 제도에 맞는다고 판단되는 방식으로 그 나름의 제도와 체제를 구성해 왔다. 1990년대 초부터 10여 년 동안 우리나라에서는 상담의 여러 분야와 영역에서 눈부신 발전을 이루었고 그런 발전은 21세기인 지금도 지속되고 있다. 학교상담과 생활지도 영역 역시 그런 발전에서 예외일 수 없다. 또한 학교상담과 가깝게 연계되어 있는 청소년상담의 발전은 더욱 괄목하다고 할 것이다. 우리나라의 학교상담과 생활지도는 어떤 역사를 거쳐서 현재의 모습에 와 있는가? 우리는 학교상담과 생활지도를 어떻게 개념화할 것인가? 이런 질문은 단지 과거를 이해하는 목적을 넘어서서 우리나라 미래의 학교상담과 생활지도의 모습을 예견해 보는 데 도움이 될 것이다.

1. 학교상담과 생활지도의 개념

1) 생활지도

생활지도는 이 책의 독자들에게 별로 생소한 용어가 아닐 것이다. 생활지도라는 용어는 크게 두 가지 경로에 의해서 만들어졌다. 첫째는 미국의 가이던스(guidance)에 대한 번역어로서(이영덕, 정원식, 1962)—미국의 학교에서 의미하는 가이던스는 학생들의 학업, 진로, 인성 등의 영역에서 발달, 의사결정, 문제해결 등의 과정을 돕는 활동이다(Shertzer & Stone, 1980)—우리나라가 1945년 이후 미국의 영향을 크게 받아 당시 미국학교에서 많이 유행하던 가이던스 활동이 우리의 교육계에 수입되면서 생활지도라는 용어를 사용하게 되었다. 둘째는, 학생의 생활 및 행동지도 등을 총칭하는 의미로서, 학교교육을 크게 교과지도(학업지도)와 생활지도로 양분하는 학자들에 의해(정원식, 박성수, 1978) 교과지도 이외의 모든 교육활동이 생활지도로 지칭되었다.

전자(첫째)의 생활지도와 후자(둘째)의 생활지도는 의미상 어떤 차이점이 있는가? 전자의 생활지도, 즉 가이던스는 대체로 전문적인(professional) 활동영역이나 활동내용 등을 포함한다. 예를 들면, 학생이해활동으로서 전문적인 심리검사의 활용이라든가 학생의 인성발달을 위한 또래상담활동 운영 등은 전문적 가이던스의 중요한 활동 내용이다. 반면에 일반적인 의미의 생활지도(후자)에서는 이런 특화된 전문활동을 반드시 포함하지는 않는다. 후자의 생활지도에서는 행동습관, 출결(出缺) 및 지각, 청결과 위생, 예절, 가치관 교육 등 생활의 거의 모든 영역을 관여하기 때문에 비록 비전문적이지만 그 영역은 매우 넓고 중요하다.

이 책에서의 생활지도라는 용어는 전자와 후자 중 어떤 의미로 사용되는가? 때로는 전자, 때로는 후자로서 사용된다. 즉, 맥락에 의해서 그 의미를 파악해야 할 것이다.

어떤 '생활지도' 서적에서는 생활지도의 의미를 전문활동으로서의 가이던스만으로 지칭하기도 한다. 그러나 이런 접근에는 중요한 문제점이 있다. 왜냐하면 생활지도는 모든 교사가 다 맡아야 하는 활동임에도 불구하고 그것을 특화된 훈련을 요하는 전문활동으로 왜곡해서 이해하게 만들 수 있다. 즉, 일반 교사는 교과교육만 맡으면 되고, 생활지도와 인성(人性)지도는 '전문 생활지도 교사'나 '전문상담교사'가 담당할 영역이라고 주장할 수 있다는 것이다. 그런데 이 주장은 위험한 주장이다. 교과교육을 맡은 교사가 만약 인성지도를 "나의 일이 아니다."라고 방임하는 경우 그 교사의 교육은 이미 교육이 아닌 것이 되기 때문이다.

결론적으로, 생활지도에는 전문적 훈련을 요하는 부분이 있어서 일반 교사들이 담당하기 어려운 부분이 있지만, 기본적으로는 모든 교사가 맡아야 하는 교육활동의 일환으로, 교사교육에 있어서 필수적으로 다루어져야 하는 내용이다. 그렇기 때문에 거의 모든 대학의 교직과목에 '생활지도' 혹은 '상담과 생활지도'라는 과목을 필수적으로 부과하고 있다.

제시된 표는 학교 생활지도에 대한 여러 학자의 정의를 모아 놓은 것이다. 학자에 따른 개념상의 차이점과 공통점이 무엇인지 분석해 보면 흥미로운 결과를 발견할 수 있다.

표 1-1 생활지도에 대한 다양한 정의

이영덕, 정원식	한 어린이가 자신의 문제의 성격을 정확히 파악하고, 그 문제해결을 위한 이해와 통찰을 기름으로써 보다 안정되고 통합된 성장을 할 수 있도록 도움을 받는 과정
황응연, 윤희준	학생 개개인의 성장과 발달을 극대화시키고, 잠재능력을 개발해서 현재는 물론 장차 어떠한 난관에 봉착하더라도 그것을 자신의 힘으로 유효 적절하게 해결해 나가도록 힘을 길러 주는 일
홍경자	학생 개개인이 학교와 가정과 사회에서 최대한의 적응과 발전을 이룩할 수 있도록 자기이해와 자기결정 내지는 자기지도의 능력을 배양해 주는 조직적인 활동
박성수	인간 개개인의 인지적, 정의(情意)적, 신체적 특성과 잠재가능성을 바르게 이해하고 발달시켜서 개인이 교육적, 직업적, 사회적, 심리적 발달을 가능성의 최고 수준까지 도달할 수 있도록 원조하는, 즉 자아실현을 원조하는 봉사활동
Arthur Jones	개인으로 하여금 현명한 선택과 적응을 하도록 주어지는 조력
Glanz	개인으로 하여금 자신의 문제를 해결해서 그가 속한 사회의 자유롭고 책임 있는 구성원이 되도록 조력하는 계획된 경험의 프로그램
Hill	아동·학생의 선택기술과 선택과정에서 성숙 및 발달을 돕고, 특히 교육적이고 직업적인 계획에 대하여 아동·학생을 돕는 것

Mathewson	교육적이고 설명적인 과정을 통하여 개인이 자기자신의 특성과 가능성을 보다 잘 이해하고, 사회의 도덕적 가치에 조화시키면서 보다 만족스러운 삶을 살 수 있도록 개인을 돕는 조직적이고 전문적인 과정
Traxler & North	학생 각자로 하여금 자신이 가지고 있는 능력, 흥미, 성격적 제 특성을 이해하게 하여 이를 최대한으로 발전시켜 나가며, 또한 자신의 생활목표와 결부시켜 드디어는 민주주의의 바람직한 국민으로서 원만하고 성숙한 자기성장을 이루게 하는 과정
Shertzer & Stone	자기 자신과 자신이 속한 세계를 이해하도록 조력하는 과정

출처: 이재창(1988).

2) 학교상담

상담은 영어의 counseling에 대한 번역어로서 counsel이란 원래는 '조언을 준다' 혹은 '가르쳐 준다'라는 의미를 가진다. 그런데 이 카운슬링이 전문화되면서 조언의 기능 이외에도 다른 많은 다양한 기능을 가지게 되었다. 현대적 의미의 상담은 조언 이외에도 심리치료, 태도변화, 행동수정, 의사결정, 문제해결, 정보제공 등 전문적 기법에 의한 새로운 기능들을 보유하고 있다(김계현, 2002).

학교상담은 전문상담교사에 의해서 실시되기도 하고 일반 교사들에 의해서 실시되기도 한다. 즉, 담임교사가 학생에 대한 일차적 상담역할을 맡는 경우가 가장 많다. 만약 문제를 호소하는 학생이 있다고 상상해 보자. 그 학생이 호소한 문제가 교사 자신의 역량을 넘어서는 문제라고 판단한 경우가 아니라면, 학생의 호소를 들어주어야 한다. 교사로서, 상담자로서 자신의 역량을 최대한 발휘해서 그 학생을 도와주어야 한다. 그래야 그는 교육자가 된다. 전문상담교사와 일반 교사 간의 차이가 있다면, 전자는 상담에 대한 교육을 후자보다 좀 더 많이 받았다는 것뿐이다. 그래서 전자는 후자보다 상담에 관한 지식을 좀 더 많이 가지고 있고, 학생을 돕는 기법을 좀 더 많이 보유하고 있다고 기대할 수 있을 뿐 도움을 호소하는 학생에게 상담을 제공해야 하는 임무는 전문상담교사나 일반 교사나 모두 다 같이 가지고 있다.

'학교상담'은 '학교에서 이루어지는 상담', 즉 장소를 기준으로 붙여진 용어이다. 학교 중에서도 초·중등학교에서 이루어지는 상담을 학교상담이라고 부르고 대학교에서 이루어지는 상담은 '대학상담'이라고 부르는 게 보통이다. 여기서는 상담을 운영하는 기관이나 장소를 중심으로 상담의 종류를 분류해 보겠다(김계현, 1997). 상담의 종류에 대한 다른 논의는 제8장에서 다시 다룬다.

(1) 학교상담

학교는 상담 활동이 가장 활발하게 이루어지는 기관들 중의 하나로, 우리나라의 상담이 태동하고 발전하는 데 가장 중추적인 역할을 해 온 기관들 중의 하나라고 말할 수 있다. 학교에서 상담은 학생의 학교생활적응, 학업문제, 교우관계문제, 가정문제, 비행 및 학교폭력 등 여러 종류의 문제에 관여하며, 문제의 심각도가 심해지기 전에 미리 문제를 발견하여 조치를 취하는 예방의 기능을 많이 한다. 우리나라의 많은 초·중·고등학교에는 전문상담교사가 배치되어 있고, 교육행정기관(각 지역 교육청)에는 전문상담순회교사를 두고 있다(「초·중등교육법」 제19조 및 시행령, 2004). 또한 모든 학교의 조직에는 상담부장, 진로상담부장, 생활부장 혹은 생활지도부장이라고 불리는 자리가 있어서 그 학교의 상담활동과 인성지도를 총괄하는 역할을 맡는다. 학교에는 상담실을 설치하도록 법령으로 정해져 있기도 하다(「학교폭력예방 및 대책에 관한 법률」, 2004).

후에 더 상세히 밝히겠지만, 교도교사제도는 1958년도에 교육훈련이 시작되고 1964년부터는 교도교사 자격제도가 시행되었으며 1973년도에는 교도주임 제도

학교 상담실

가 시작되었다. 그 이후 자격제도에 변경이 있어서 1998년도에 전문상담교사(1급), 2005년도에 전문상담교사(2급) 자격이 신설되어 오늘에 이르고 있다. 현재의 전문 상담교사는 과거의 '교도교사'와 거의 유사하면서 교육 및 훈련 과정이 더 강화된 교사자격이다. 일부 사립 중고등학교에서는 상담 관련 학회에서 인증하는 전문상 담사 혹은 상담심리전문가 자격 소지자를 전담 카운슬러로 채용하기도 한다. 새로 운 제도에서는 과거와는 달리 초등학교 및 특수학교에도 전문상담교사를 배치하 도록 보완되었다.

(2) 대학상담

대학교도 학교지만 대학에서의 상담은 '학교상담'이라고 하지 않는 것이 관례 이다. 우리나라의 대학들에는 여러 가지 다양한 이름의 상담소가 있다. 대학에는 크게 심리 및 개인적 문제를 다루는 상담소, 진로 및 취업지원을 위한 상담소, 성희 롱 및 성폭력 관련 상담소가 설치되어 있다. 대학에 따라서 이 기능들을 두 개 혹은 세 개로 묶어서 상담소를 설치하기도 하며, 각 기능을 독립시켜서 상담소를 설치하 기도 한다. 심리 및 개인적 문제를 다루는 상담소는 주로 '학생생활연구소' '학생상

서울대학교 대학생활문화원

담소' '학생생활상담소' '정신건강상담소' 등의 이름을 사용한다. '학생생활연구소'
는 2000년대 초반까지는 그 설치를 법령에 정한 이른바 '법정 기관'이었으나 현재
는 각 대학의 자율에 의해 상담기관을 설치하고 명칭도 자율적으로 사용하도록 제
도가 바뀌었다. 진로 및 취업문제를 주로 다루는 상담소는 '경력개발센터' '취업지
원상담소' '종합인적자원개발센터' 등 다양한 이름을 사용한다. 대학에 따라서는 여
학생을 위해서 '여성경력개발센터'를 별도로 두기도 한다. 성희롱 및 성폭력 관련
상담소는 2002년 이후 모든 대학이 의무적으로 두도록 되어 있다. 대학에 따라서
상담소를 독립적으로 설치한 곳도 있고, 학생생활연구소 등에 부설로 설치한 대학
도 있다.

　대학상담은 1962년 서울대학교와 이화여자대학교에 '학생지도연구소'가 설치됨
으로써 시작되었다. 특히 서울대학교의 학생지도연구소는 서울대학교 학생들을
위한 상담 서비스뿐만 아니라 당시 우리나라의 상담전문가 양성교육의 센터 역할
을 담당하였다. 현재 서울대학교, 서강대학교, 연세대학교, 이화여자대학교 등의
상담소들은 상담학을 전공하는 대학원생들의 실습 장소 및 인턴십 장소로서의 기
능을 수행하고 있다. 즉, 대학의 상담소는 학생을 위한 상담 서비스 기능뿐만 아니
라 전문가 양성 기능까지도 담당하고 있는 것이다.

(3) 사설개업상담

　개인, 법인, 혹은 사설단체가 설립하고 유료상담을 하는 경우를 사설개업상담
(private practice)이라고 부른다. 최근 우리나라에서는 이런 유료상담소를 개업하
는 사례가 부쩍 늘고 있다. 아직 유료상담을 개업할 수 있는 전문가 자격에 대해서
는 법적으로 구체적인 정의가 되어 있지 않지만 대개 상담 관련 학회(한국상담학회,
한국심리학회)의 전문가 자격증을 소지한 전문가들이 주로 개업활동을 하고 있다.
그러나 전문적 훈련경력이 불명확한 사람이 전문상담을 표방하고 개업하는 사례
도 있어서 앞으로 관련 학회 및 학과를 주축으로 개업 자격 및 기타 규칙에 대한 법
률 제정이 요청된다 하겠다. 사설개업상담은 유료를 원칙으로 하므로 상담자들이
내담자에게 조기에 확실한 상담효과를 보여 줘야 하는 '부담'이 다른 무료상담보다
더 강하다. 이 점이 상담의 '상업적 요소'를 강화시켜서 전문가 간에 경쟁을 하게
하고 또한 상담을 이용할 대중들에게 상담의 효과에 대한 홍보를 촉진하고 상담의
효과성을 더 높이는 역할을 할 것이다. 또한 바로 이 상업성 때문에 개업이 가능한

전문가 자격을 통제하는 장치가 필요한 것이다.

(4) 복지기관 상담

많은 사회복지기관, 아동복지기관, 부녀복지기관, 노인복지기관에서는 상담활동을 하고 있다. 복지기관은 기본적으로 '사회사업' 혹은 '사회복지'의 개념에 의해서 설립, 운영되므로 그곳에서 상담활동을 하는 이들이 대개 사회사업학이나 사회복지학의 배경을 가지고 있으며 사회복지사 자격을 취득한 사람들이다. 이들의 상담 영역이 과거에는 저소득층 사람들에게 복지 프로그램에 의한 정보를 제공하는일, 보호가 필요한 아동이나 부녀자들에게 보호 기관을 알선하는 등의 일에 국한됐으나 최근에는 활동 영역이 넓어져서 청소년선도, 가족복지, 가족치료 등에까지 확대되고 있다. 예를 들면, 각 시·군·구에 설치된 '건강가정지원센터' '지역 복지센터'에서는 주민들을 위한 상담활동을 전개하고 있다.

(5) 청소년기관 상담

청소년을 주 내담자로 하거나 청소년문제를 주 영역으로 활동하는 상담기관들이 많다. 오래전부터 YMCA 혹은 YWCA, 경찰청이나 지방자치단체에서 설립, 운영하는 청소년상담기관들이 활동을 해 왔으나, 1990년 「청소년 기본법」을 근거로당시 중앙정부의 체육청소년부 산하에 '청소년대화의광장'이라는 이름의 상담기관이 설치되었고 이것이 1999년 문화체육부 산하 '한국청소년상담원'으로 개칭되었다. 그 후 정부부처 변경과 함께 보건복지부 산하기관으로 바뀌었다가(2008년)또다시 여성가족부 산하기관으로 들어가게 되었다(2010년). 한국청소년상담원 기관 이름에도 변화가 있었는데, 지금은 '한국청소년상담복지개발원'이라는 명칭을사용하고 있다. 상위기관의 명칭 변경에 더불어서 각 시·도 및 시·군·구의 상담센터들도 명칭이 바뀌었는데, 각각 시·도 청소년상담복지센터, 시·군·구 청소년상담복지센터라는 이름을 사용하고 있다. 2015년 기준으로 전국에 209개의 청소년상담복지센터가 운영되고 있다.

청소년상담센터(구 청소년상담지원센터 혹은 청소년상담실)는 청소년이 상담을 받으러 찾아오는 상담뿐만 아니라 도움이 필요하다고 판단되는 청소년들을 적극적으로 찾아가는 형태의 상담, 즉 아웃리치(out-reach) 활동을 펼치고 있다. 이뿐만아니라 지역의 여러 기관이나 자원봉사자들을 상담센터와 연계하여 위기청소년

한국청소년상담원 또래상담자 캠프

지원사업을 벌이는 CYS-net(Community Youth Safety Net) 역시 2000년대에 개발되고 시도되는 새로운 상담서비스 시스템이다. 한국청소년상담복지개발원 및 지역의 청소년상담복지센터들은 각 지역의 학교들과 상담활동을 연계하여 시행하고 있다. 가장 대표적인 것은 '또래상담'으로서 각 학교에서 실시하는 또래상담에 대해서 상담센터가 전문적 지원을 해 주고 있다.

청소년상담은 법령에 전문가 자격이 정해져 있으며(「청소년 기본법」 제22조) 2003년도부터 전문가 자격제도를 시행하고 있다. 자격은 청소년상담사 1급, 2급, 3급이 있고 1년에 1회씩 자격시험 및 심사를 실시한다.

(6) 기업상담(산업상담, 직장인 상담)

기업체에서의 상담은 근로자, 즉 피고용인의 고충처리에 관한 법률(「노사협의회법」)과 여성 근로자 권익에 관한 법률(「남녀고용평등법」) 등을 기반으로 시도되기 시작했다. 초기에는 상담전문가보다는 회사 내의 기숙사 사감이나 인사담당자로 하여금 고충처리위원 혹은 상담역을 겸직토록 하는 경우가 많았다. 그러나 1997~1998년의 외환위기를 겪으면서 기업 내의 문화가 크게 바뀜에 따라 기업의 상담에도 변화가 일기 시작했다. 인사 구조조정으로 인한 이직, 해고, 전직, 조기퇴임 등이 늘어나고 평생직장의 개념이 사라지면서 개인의 경력개발과 경력관리의 중요성이 부각되었다. 직장에서 경험하는 스트레스로 인해 겪게 되는 정신건강 및 신체건강상의 문제는 산업재해로 인정을 받게 되어 경영인들은 피고용인들의 정신건강 상태까지 관리해야 하는 입장이 되었다. 또한 국민들의 복지의식이 고양되어서 근로자들은 의료, 상담 등의 서비스를 복지제도의 일환으로 여기게 되었다. 이런 배경을 기반으로 2000년대에는 삼성, LG, SK 등 대기업과 외국계 기업을 중심으로 회사 내에 상담센터를 설치하고 전문상담사들을 고용하기 시작하였다. 또한 기업의 근로자 상담을 전문으로 하는 '상담회사', 즉 EAP(Employee Assistance Program) 전문회사, 전직지원이나 경력개발 등의 업무를 전문으로 하는 회사 등이 설립되는 등 직장인들을 주 고객으로 하는 형태의 상담이 증가하고 있다.

(7) 종교기관 상담

개신교, 가톨릭, 불교 등의 성직자 및 수도자들은 신도들의 신앙적 고민과 갈등뿐만 아니라 그들의 생활상의 고민(예: 부부갈등, 고부갈등)에 대해서도 상담을 해 주게 된다. 그래서 성직자 및 수도자들은 오래전부터 상담학에 대해서 관심을 가지고 있었으며 최근에는 이들의 교육과정에서 목회상담 등 상담 관련 과목의 비중이 점점 높아지고 있다. 대학원 과정에 상담학 전공을 설치하고 있는 신학대학원이 늘어나고, 학부 과정에 기독교상담학과가 설치되는가 하면, 불교대학원에 상담전공학과가 설치되기도 하였다. 또 최근에는 성직자나 수도자가 아닌 전문상담자를 종교기관에서 채용하여 활동하는 곳도 생기고 있다.

(8) 정신건강의학과 상담(정신과 상담)

'정신건강의학과'라는 명칭은 종전의 '정신과'에서 2011년에 개칭된 이름이다. 그 이전에는 '신경정신과'였는데 신경과와 정신과로 분리된 바 있다. 정신건강의학과라는 새로운 이름은 정신건강 증진 및 예방의 의미를 강조하기 위함으로 해석되고 있다. 동시에 정신보건상담사, 정신보건간호사 등 '정신보건'이라는 단어가 혼용되기도 한다.

종합병원의 정신과, 대규모 정신병원, 개업 정신과 의원 등에서도 각종 상담활동이 이루어진다. 정신과에서는 약물요법을 비롯한 의학적 처치방법을 주로 사용하지만 상담을 비롯한 각종 심리요법, 교육요법, 예술요법들을 다양하게 시도하고 있다. 따라서 정신과에서의 상담은 의사 이외에 상담전문가, 심리학자, 특수교육전문가, 사회복지사, 예술치료사 등에 의해서도 이루어진다. 단, 의료기관에서 치료적인 일이라고 보기 어려운 교육적인 일(예: 학습 집중력 등)에 지나치게 참여하는 현상은 바람직하다고 볼 수 없다.

(9) 직업상담

1997~1998년의 외환위기로 인해 IMF(국제통화기금)의 원조를 받게 된 것을 계기로 실업문제가 우리 사회에 크게 대두되었다. 또한 청년층 실업문제, 대졸자 미취업문제 등은 국가적인 문제로 인식되고 있다. 그래서 정부에서는 직업능력의 개발, 직업 탐색과 발견, 직업 변경, 취업 등의 영역에서 상담활동을 대대적으로 하기 시작했다. 노동부에서는 전국 각 지역에 고용지원센터(구 고용안정센터)를 설치하여 실업급여 업무를 비롯한 취업지원, 진로개발 등의 상담업무를 활발하게 진행하고 있다. 또한 한국고용정보원, 한국직업능력개발원 등에서는 직업상담에 대한 기초연구, 상담도구 개발 등의 연구개발 업무를 시행하고 있다. 그리고 직업상담사 1급, 2급 국가자격증이 제도화되어 2000년부터 매년 자격 부여를 하고 있다. 직업진로상담은 특히 대학교에서 활성화되고 있다. 대학상담 부문에서도 언급하였듯이 대학은 의무적으로 학생들의 진로의식 개발, 취업기술 향상, 진로 의사결정, 직업 역량 개발, 직업정보 제공 등의 업무를 실시하도록 되어 있다. 이런 업무는 대학의 경력개발센터, 인적자원개발센터 등에서 담당한다.

고용지원센터

3) 상담과 생활지도의 개념적 구분

상담과 생활지도는 개념적으로 어떻게 다른가? 이 책의 '학교상담과 생활지도'라는 제목은 마치 생활지도와 상담이 별개의 것 같은 인상을 준다. 그런데 많은 책과 교직과목의 명칭에서 상담과 생활지도는 거의 항상 '붙어 다닌다'고 해도 과언이 아니다. 상담과 생활지도는 개념적으로 구분되는가? 어떻게 구분되는가? 필자는 다음과 같은 세 가지 질문에 대답해 봄으로써 상담과 생활지도의 개념적 차이에 대해서 고찰하려고 한다.

(1) 상담은 생활지도보다 더 전문적인 활동인가

혹자는 생활지도는 모든 교사가 할 수 있는 일반적인 교육활동인 반면에 상담은 상담교육을 일정 기간 받은 사람만이 할 수 있는 전문적인 활동이라고 이해하고 있다. 즉, 상담은 생활지도보다 더 전문적인 활동이라는 것이다. 그런데 필자의 견해는 이와 다르다. 생활지도든 상담이든 고도의 전문성을 요하는 부분이 있는 반면에 일반적인 지식과 능력으로 가능한 쉬운 부분도 있다고 보아야 옳다. 우리는 의사나 변호사의 활동을 전문활동이라고 하는 데 대체로 이의가 없을 것이다. 그러나 이들 전문가의 활동 중에는 지극히 평이한 것도 있고 고도의 전문성을 요하는 것도 있다. 의사가 하는 일 중에는 의학교육을 받지 않는 사람은 도저히 할 수 없는 복잡한 일이 많지만, 의학교육을 정식으로 받지 않은 일반인들도 충분히 할 수 있는 일들도 있는 것이다. 다만, 정식으로 의학이나 법률 교육을 받지 아니하고는 의료사업이나 변호사업을 제대로 수행할 수 없는 부분이 많기 때문에 그만큼 그 직업의 전문성을 요구하는 것이다. 교육, 상담, 생활지도 역시 같은 맥락으로 보아야 할 것이다.

중요한 것은 상담이든, 생활지도든 그 활동에 임하는 교사의 태도이다. 교사는 자신의 상담과 지도활동에 좀 더 진지한 태도를 가져야 한다. 언제나 완벽한 지도란 있을 수 없기 때문이다. 교사는 항상 자신을 더 나은 인간, 더 나은 지도자, 더 나은 상담자가 되도록 발전시키고 성장시키도록 노력해야 한다. 자신을 발전시키고 성장시키는 일에서 정체된 교사는 학생을 발전시키고 성장시키는 역할을 제대로 수행하기 어렵다. 왜냐하면 학생들은 교사가 발전하고 성장하는 모습을 보면서 배우기 때문이다. 교사 자신의 행동과 태도가 바로 학생들이 모델링(modeling)하는 대상인 것이다.

(2) 상담은 생활지도의 한 방법인가

상담을 생활지도의 한 방법으로 보는 관점이 있다. 생활지도활동에는 학생조사 (학생이해), 정보제공, 상담, 진로지도, 정치(定置, placement), 심리교육 등이 있는데, 상담은 그런 생활지도활동들 중의 하나라는 것이다(이재창, 1988, 2005; 황응연, 윤희준, 1983). 이런 관점은, 생활지도는 교육의 한 영역을 지칭하는 반면에 상담은 방법을 지칭한다고 보는 데에서 나온다. 우리는 영역과 방법을 혼동하지 않도록 주의해야 한다.

젊은 상담학자들은 생활지도와 상담의 관계를 설명함에 있어서 상담을 단순히 '방법'으로만 보는 것이 아니라 '원리'라는 개념으로 확대해서 해석한다. 즉, '상담의 원리에 입각한 생활지도'를 말한다(박성희 외, 2006). 생활지도의 모습은 수용, 공감, 존중, 지원 등 상담적 원리와 기법을 어떻게 적용했는지에 따라서 크게 달라질 것이기 때문이다. 상담의 원리가 적용되지 않은 생활지도는 일방적 훈육이나 권위주의적 지도와 다를 바 없게 된다는 입장이다.

그런데 우리는 왜 '학교상담과 생활지도'라는 책 이름을 사용하며 '생활지도와 상담'이라는 교과목 이름을 사용하는가? 이 두 이름은 상담과 생활지도가 마치 대칭되는 별개의 활동인 것 같은 뉘앙스를 풍기기 때문에 그런 질문이 성립한다. 상담이 생활지도의 한 방법이라면 그냥 생활지도라고 하면 되지 굳이 상담과 생활지도라고 부를 필요가 없지 않겠는가?

책 이름과 교과목 이름을 '상담과 생활지도'라고 붙이는 이유는 상담이 생활지도에서 가지는 비중을 강조하기 위함으로 보인다. 생활지도에서 의미하는 상담은 심리치료상담과는 거리가 있다. 생활지도에서의 상담은 심리치료에서 다루지 않는 더 다양한 문제나 상황을 다루어야 한다. 예를 들면, 생활지도에서의 학교상담은 학업에 대한 흥미나 능력에 대한 문제, 적성의 발견과 진로선택의 문제, 학교생활 적응의 문제, 교우관계나 교사와의 관계에 대한 문제, 성격 혹은 인성지도에 관한 내용 등 지극히 다양한 문제를 다룬다. 그리고 교사는 학기 초에 학생들을 이해하기 위한 면담 혹은 조사를 실시하는데 이것 또한 특수한 형태의 상담인 것이다. 이뿐만 아니라 교사는 재량수업, 특별활동 등의 시간을 활용하여 학생의 진로의식 개발 및 인성교육을 도모하기도 한다. 이와 같이 상담은 생활지도활동 어디에도 관여하지 않는 부분이 없기 때문에 생활지도에서 상담이 차지하는 비중을 강조할 필요가 있고 그래서 책 이름과 교과목 이름을 '상담과 생활지도'라고 붙일 수 있다고 본다.

(3) 상담과 생활지도는 다른 종류의 문제나 영역을 다루는가

상담과 생활지도를 다른 것으로 정의하는 관점도 있다. 이 관점은 앞에서 논의한 관점, 즉 상담을 생활지도의 한 방법으로 보는 관점과 상치되는 관점이다. 상담에서 다루는 문제의 종류와 생활지도에서 다루는 문제의 영역이 다르다는 견해다.

예컨대, 홍강의(1993)는 생활지도에서 다루는 문제와 상담에서 다루는 문제가 중첩되기도 하지만 서로 다른 부분이 있다고 주장한 바 있다. [그림 1-1]에 나타나 있는 바와 같이 학교생활 적응문제는 생활지도 고유의 문제영역이고, 학업문제나 진로문제는 생활지도와 상담의 중첩 영역이고, 일시적 적응장애나 부모와의 갈등, 성문제, 심리문제, 등교거부 등은 상담 혹은 심리치료의 영역으로 본다는 것이다. 홍

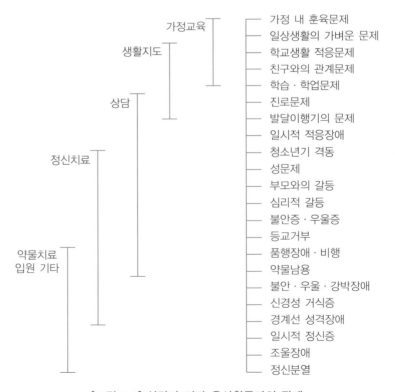

[그림 1-1] 상담과 기타 유사활동과의 관계

출처: 홍강의(1993).

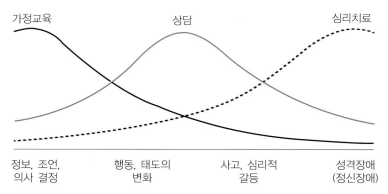

[그림 1-2] 상담, 생활지도, 심리치료 영역의 비교

출처: 이장호(1995).

강의의 관점과 유사한 관점을 내세운 이장호(1995)는 정보제공, 조언, 의사결정 등을 생활지도로 보았고 행동이나 태도의 변화, 갈등해결 등은 상담의 영역으로 보았다([그림 1-2]).

이 관점은 생활지도와 상담을 모두 방법으로 보았다는 점에서 앞의 관점과 차이가 있다. 앞의 관점은 상담을 방법, 생활지도를 영역으로 본 것에 비해서 지금은 둘 모두를 방법으로 본 것이다. 상담과 생활지도를 모두 방법으로 본다면 그 둘 간에는 약간의 차이를 두는 것이 맞다. 생활지도는 정보제공이나 조언의 성격이 강하고, 상담은 변화나 문제해결 혹은 치료의 성격이 강하다(정원식, 박성수, 1978; 정원식, 박성수, 김창대, 1999).

상담과 생활지도를 다 같이 방법으로 보면서 그 두 활동이 다소 다른 영역을 다루는 것으로 보는 관점은 주로 상담심리학이나 정신의학분야에서 보는 관점이다. 상담과 심리치료가 생활지도보다 더 어려운 문제를 다루는 더 전문성이 강한 활동임을 강조하려는 의도가 있다. 반면에 상담을 생활지도의 한 방법으로 보는 것은 주로 생활지도 쪽에서 보는 관점이다. 이런 현상은 독자들을 다소 혼란스럽게 만들 수도 있다. 그러나 학자들 입장에서는 자신의 주 영역을 중심에 놓고 이웃 영역을 주변에 두고자 하는 동기를 가지는 것이 자연스러운 현상이므로 전혀 이해할 수 없는 일은 아닐 것이다. 단, 이 책은 학교상담과 생활지도에 관한 책이므로 생활지도를 중심영역으로 놓고 상담을 생활지도의 핵심적인 방법으로 보는 관점을 채택한다. 생활지도의 방법에 상담 이외에도 다양한 방법이 있음은 물론이다.

표 1-2   상담의 개념 정의

정원식, 박성수	도움을 필요로 하는 사람과 도움을 줄 수 있는 사람 사이의 개별적인 관계를 통하여 새로운 학습이 이루어지는 과정
이장호	도움을 필요로 하는 사람(내담자)이, 전문적 훈련을 받은 사람(상담자)과의 대면관계에서, 생활과제의 해결과 사고 · 행동 및 감정 측면의 인간적 성장을 위해 노력하는 학습과정
Williamson	훈련과 기술, 신용(신뢰관계)으로써 상담자가 내담자의 적응문제를 해결하는 '면 대 면'의 상태
Rogers	치료자와의 안전한 관계에서 자아의 구조가 이완되어 과거에는 부정했던 경험을 자각해서 새로운 자아로 통합하는 과정
Shertzer & Stone	자기와 환경에 대한 의미 있는 이해를 촉진하고, 장래의 목표나 가치관을 확립해서 명료화하도록 하는 상호작용의 과정
김계현	현대사회에서는 커뮤니케이션 방법의 발달과 다양화로 인해서 '면 대 면'이 아닌 다른 방법에 의한 상담, 예컨대 전화, 전자메일, 인터넷, 화상 전화, 온라인 PC 통신을 통한 상담 그리고 소프트웨어 프로그램을 활용한 상담 등이 새로운 상담의 형태로 떠오르고 있다. 이런 방법상의 변화는 상담의 정의에 변화를 야기할 것이다.

2. 학교상담과 생활지도의 필요성과 목적

1) 학교상담과 생활지도의 필요성

(1) 아동 · 청소년문제

이재창(1988)은 학교에서 생활지도와 상담이 필요한 첫 번째 이유로서 청소년문제를 들었다. 이 점에서는 황응연과 윤희준(1983)도 마찬가지다. 이들은 각종 청소년문제에 대처하기 위한 전략과 방법으로서 상담과 생활지도를 들었다.

이들이 제기하는 가장 중요한 청소년문제는 비행(非行)문제이다. 청소년범죄의 양적 증가, 질적 횡포화, 연령의 연소화(年少化) 등은 학교에서 이런 비행을 예방하기 위한 활동이 필요함을 강력하게 시사하고 있다. 또한 청소년비행의 원인으로 학교에서 받는 성적 스트레스, 입시부담, 집단따돌림 등 학교와 관련된 문제들이 제기되기 때문에 학교가 예방활동을 해야 한다는 주장이 타당성을 갖는다.

생활지도와 상담이 필요한 두 번째 청소년문제는 정신건강 문제이다. 정신건강에 대한 대규모 집단 조사결과는 대체로 결과가 과장되는 경우가 많으므로 여기서 그런 자료를 인용하는 것은 적합하지 않다. 그러나 어느 연령층이든 정신건강상의 문제로 고생하는 사람들은 일정 비율 존재한다. 청소년층도 예외가 될 수 없으며, 주로 정신병과 관련된 유전적 소인(素因)이 있거나 과중한 스트레스, 부적합한 환경, 충격적인 사건 등이 원인이 되어 정신건강상의 문제가 발생한다. 최근에는 우울증, 거식증이나 폭식증, 자살 등의 문제가 과거에 비해 자주 나타나고 있다. 자살은 청소년의 사망 원인 중 두 번째로 많은 빈도를 차지한다. 경우에 따라서는 가정에서 가족이 발견하지 못한 문제를 학교에서 교사나 친구들이 발견할 수도 있다. 교사들은 정신건강 문제를 예방하는 역할, 조기에 발견하여 적절한 처치를 받도록 하는 등의 역할을 해야 한다.

그런데 비행문제를 비롯한 각종 정서 및 행동의 문제는 비단 청소년만의 문제가 아니다. 아동기에는 아동기 나름의 문제가 있다. 그리고 많은 청소년기 문제는 이미 아동기에 시작된 경우가 많다. 대표적인 것이 품행장애(conduct disorder)로서 이 장애를 보이는 청소년의 비행 성향은 이미 아동기부터 시작된 경우가 대부분이다.

(2) 발달상의 필요성

아동, 청소년기는 성격이 형성되는 시기이다. 과거의 심리학자들은 인간의 성격이 5~6세 이전에 형성된다고 주장한 바 있지만 과학적 근거가 부족했을 뿐만 아니라 과장된 표현이기도 했다. 개인의 성격은 18~19세는 되어야 안정적으로 형성된다. 즉, 아동기와 청소년기에 나타나는 성격은 아직 '형성 과정 중'이라고 보면 된다. 이를 이해하기 쉽게 설명하면 아동, 청소년은 자기가 어떤 사람인지 이해하기 위해서 여러 가지 성격을 실험해 본다고 말할 수 있다. 때로는 여유로운 성격으로, 때로는 급한 성격으로, 때로는 반항적인 성격으로, 때로는 순종적인 성격으로, 때로는 적극적인 성격으로, 때로는 소극적인 성격으로, 때로는 사교적인 성격으로, 때로는 회피적인 성격으로 자신을 끊임없이 실험해 본다. 이런 수많은 실험을 통해서 아동, 청소년은 자신이 어떤 사람인지 이해해 나간다.

평균적인 발달과정으로 보면 개인은 18~19세 정도에 이르면 성격이 어느 정도 형성되어 안정단계에 이른다(물론 개인에 따른 차이가 있으므로 약 22~23세는 되어야 성격형성이 안정기에 이르는 사람도 있다). 이를 심리학 용어로 말하면 자기정체감, 즉

self-identity가 형성되었다는 것이다. 자기 자신이 어떤 사람인지 이해하는 시기가 바로 그의 성격이 안정기에 이르는 시기와 거의 일치한다. 더 이상 자신이 어떤 사람인지 실험할 필요가 감소했기 때문이다.

그런데 모든 사람이 마음 편하게 자신을 실험하면서 이해해 나가지는 못한다. 환경이 그것을 허용하지 않는 경우도 많다. 예컨대, 부모가 지나치게 엄격하거나, 학대적이거나, 지나치게 허용적이거나, 너무 방임적인 경우, 아동, 청소년은 그런 부모의 행동에 적응하는 데 더 많은 관심을 집중해야 하기 때문에 자신을 실험하는 것에 관심을 기울이기 어렵다. 혹은, 학교에서 장기적인 집단따돌림이나, 집단폭행 등 혼자의 힘으로는 대처하기 어려운 고통을 장기간 당하는 경우에도 건강한 성격 형성에 장해가 된다.

이런 이유에서도 생활지도는 필요하다. 개인들이 자기 자신을 다양하게, 자연스럽게, 편안하게 실험해 보고 진정한 자신을 발견할 수 있도록 돕는 것은 중요한 교육활동이다. 이런 교육은 교과, 즉 지식교육으로 될 수 있는 것이 아니라 전반적인 학교생활을 통해서 '잠재적으로' 이루어지는 것이다. 교사는 교과를 가르쳤다고 해서 교육자로서의 임무가 끝난 것이 아니라 생활지도자로서의 임무가 남아 있다.

⑶ 훈육관의 변화

20세기 후반 50년 동안의 우리나라 교육계는 훈육, 즉 discipline이라는 면에서 큰 변화를 경험했다. 민주주의가 정치분야 이외에 가정, 학교, 직장 등 사회 전반에 확대되면서 훈육에 대한 개념이 크게 바뀌었다. 과거에는 교사중심, 학교중심, 교육자중심, 부모중심의 훈육이 통용되고 그것이 옳다고 여겨졌으나 그런 훈육관은 흔들리기 시작한 지 오래이다. 학생중심, 아동중심 교육관이 자리 잡은 것이다.

물론 현대의 교육에서 훈육이 완전히 사라진 것은 아니다. 그러나 훈육에 대한 관점 및 방법이 많이 변화된 것은 사실이다. 요즘의 교사와 부모들은 '학생이 싫어하는 일' '자녀가 싫어하는 일'을 그들에게 일방적으로 요구하기가 어렵다. 교사와 부모가 옳다고 생각하는 것조차도 아동과 학생들이 어느 정도는 수용해야 실행이 가능하게 되었다.

가장 대표적인 경우가 체벌을 비롯한 벌의 사용이다. 얼마 전까지만 해도 체벌의 사용 여부를 판단하는 일은 교사와 부모 개인에게 맡겨져 있었다. 즉, 체벌은 교사와 부모의 '고유권한'이었다. 그러나 현대의 실정은 그렇지 않다. 체벌에 대한 규정이 정해지고, 교사는 규정 내에서 체벌을 시행할 수 있다. 대부분의 체벌 규정에는 학생에게 체벌에 대한 사전 경고, 사전 수용의 조건이 명시되어 있으며, 체벌 이외의 다른 훈육방법이 실패했음을 인정해야 한다(김계현, 조화태, 전용오, 2002). 부모의 자녀 체벌에 대해서는 규정은 없지만 지나친 체벌은 「아동학대 범죄의 처벌 등에 관한 특례법」에 의해서 형사처벌을 받도록 되었다.

생활지도의 발생은 민주주의 사상과 일맥상통한다. 우리나라에서 출판된 최초의 학교생활지도 서적이라고 볼 수 있는 이영덕과 정원식의 『생활지도의 원리와 실제』(교학도서주식회사, 1962)에서는 생활지도의 필요성을 논함에 있어서 '민주사회의 요구'를 첫 번째 필요로 제시하고 있다. 개인의 인권을 존중하고 창의적인 참여를 장려한다는 민주주의 철학이 강조되고 있다. 민주주의 교육관이란 교육받는 자가 수용하고 동의하는 교육을 해야 한다는 것이 핵심이다. 민주주의 교육은 일방적인 과정이 아니라 양방적인 과정이다(Dewey, 1919). 생활지도는 이런 사상에 기초하고 있으며 교육계에 민주적인 과정을 도입할 수 있는 효과적인 방법이다.

(4) 사회의 변화

1990년대는 이른바 '정보화 시대'라는 말이 그 시대를 가장 잘 표현하는 개념이었다. 2000년대 초기는 정보화가 보편화되고 생활화된 시기이다. 이런 변화는 한 개인이 접할 수 있는 지식과 정보가 과거에는 상상할 수 없는 수준에 다다르는 것이다. 단, 이런 현상은 정보화에 적응한 사람에 한한다. 정보화에 적응하지 못한 사람은 상대적으로 '無정보'나 다름없는 상태가 된다.

정보화 현상이 교육계에 주는 영향은 무엇인가? 이는 우리가 교과교육과 지식교육이 무엇인가에 대해 새로운 검토를 하게 한다. 종전처럼 교육부, 즉 정부에 의해 미리 정해진 교육과정(즉, 6차 교육과정, 7차 교육과정 등) 시안에 의거해서 만들어진 정형화된 교육내용을 위태롭게 만들 것이다. 이 정형화된 교육내용이 미래사회를 살아가는 데 충분하리라고 보는 사람은 거의 없을 것이다.

현대사회에서 지식과 정보는 그 내용이 급격히 변화할 뿐만 아니라 양적인 면에서도 급격히 증가한다. 정보와 지식은 결코 정형화될 수 없다. 그런 시대는 이미 지나갔다. 지식과 정보는 무제한으로 제공되며 그것을 검색하고, 취사선택하는 것이 더 중요한 시대가 되었다. 학교에서는 지식을 정형화시켜서 가르치는 일보다는 한없이 쏟아지는 지식과 정보를 검색하는 기술을 가르치는 게 더 중요하게 되었다.

21세기 사회의 또 하나의 중대한 변화는 '세계화'이다. 지구는 여러 가지 측면에서 세계화를 겪고 있다. 그중에서도 문화적 세계화, 언어의 세계화, 경제적 세계화 등은 거의 모든 개인이 겪고 있는 현상이라고 말할 수 있다. 우리나라의 다양한 문화상품이 세계의 도처에서 받아들여지는 것은[예: 한류(韓流) 바람] 과거에는 경험해보지 못했던 현상이다. 그리고 오늘날과 같이 영어가 세계 언어로 인정되고 국내에서만 생활을 해도 영어를 모르면 불편한 삶을 살아야 하는 현상도 과거에는 보지 못했던 것이다. '외래어'와 '순우리말'을 철저하게 구분했던 시대는 지나간 과거의 모습일 뿐이다. 우리나라 경제는 미국의 경제뿐만 아니라 유럽, 러시아, 남미, 중국, 일본, 동남아 등 전 세계의 경제 변화와 직결되어서 상호 즉각적인 영향을 주고받는 관계를 이루고 있다.

이런 변화가 생활지도에 주는 영향은 무엇인가? 정보화 및 지식기반 사회는 직업의 세계, 즉 일의 세계를 크게 변화시켰다. 정보화는 새로운 일, 새로운 직업을 탄생시켰을 뿐만 아니라 일의 방식과 일에 대한 관념, 즉 직업관을 변화시켰다. 세계화 역시 우리의 직업관을 변화시켜서 우리의 일터는 국내뿐만 아니라 세계 어느 장소든 될 수 있다는 의식을 심어 주었다. 또한 결혼이민의 증가로 인해서 우리나라가 이제는 더 이상 단일민족국가가 아니라 다민족(多民族), 다문화(多文化) 사회라는 인식이 자리 잡기 시작하였다. 이런 시대의 학교 생활지도는 학생들이 변화에 능률적으로 대처할 줄 아는 인간이 되도록 교육하는 일을 담당해야 한다. 생활지도는 어떤 정형화된 인성(人性)의 소유자들을 기르는 것이 아니다. 변화하는 사회에서 자신의 인성을 창의적으로 적응시켜 나가는 인간을 기르는 것이 현대의 생활지도 개념이다.

(5) 가족구조와 성역할의 변화

일의 세계와 마찬가지로 가족구조도 끊임없이 변화하고 있다. 종전에는 대가족 혹은 확대가족에서 핵가족이 되는 것이 주된 변화의 양상이었으나 이제 그런 변화는 거의 끝나고 새로운 형태의 변화가 일어나고 있다. 바로 남녀역할의 변화이다.

여성의 직업진출은 최근 10년 동안 크게 증가하였다. 현재 여대생이나 여고생 중에서 직업을 갖지 않겠다는 '계획'을 가진 사람은 아주 드물다. 앞으로도 대부분의 여성은 어떤 방식으로든지 직업을 갖든지 직업을 가지려고 노력할 것임에 틀림없다. 그런 경우 우리의 교육계와 생활지도계는 어떤 영향을 받는가?

직업에 대한 준비는 진로교육 혹은 진로상담이라고 해서 생활지도 및 학교상담의 중요한 기능으로 여겨져 왔다. 그런데 지금까지 학교에서의 진로교육과 진로지도는 추상적인 수준에서 소개를 하는 수준에 머물거나 입시지도의 수준에서 이루어진 것이 사실이다. 그런데 앞으로는 구체적인 진로지도와 상담이 이루어질 전망이다. 특히 여자들의 직업관이 막연하고 추상적인 수준을 넘어서 구체적이고 실제적인 수준으로 바뀌도록 해야 한다. 단지, '나는 앞으로 직업을 가질 것이다.'라는 막연한 수준에서 어떤 종류의 직업을 추구할 것인지, 배우자의 직업과 관련된 문제 및 자녀양육과 관련된 문제에서 어떤 방식으로 타협해 나갈 것인지 등 실제적인 수준의 준비를 해야 한다.

이런 변화는 여학생의 대학 진학에서 전형적으로 드러나고 있다. 과거 여고생들의 대학 진학은 가정학(생활과학), 영양학, 간호학 등 전통적으로 여성의 영역이라고 여겨지던 학과에 집중되었었으나 최근에는 법학, 경영학, 의학 등의 영역에 대한 진학률이 급증하였으며 결과적으로 사법고시 등의 합격자 남녀비율도 50:50 정도가 되었다. 이런 변화는 학교에서의 생활지도와 상담 역시 변화해야 한다는 것을 강력하게 요구하고 있다.

2) 학교상담과 생활지도의 목적

(1) 전인적(全人的) 세계시민으로서의 성장

전인교육(全人敎育)은 교육의 가장 이상적인 형태로 이해되고 있다. 전인(全人)이란 대체로 智(혹은 知)·德·體를 조화롭게 발달시킨 사람을 지칭하므로 전인교육이란 바로 지덕체(智德體)를 고르게 성장시키고자 짜인 교육을 말한다.

생활지도와 상담은 전인교육의 정신에서 출발한다. 현대의 교육이 구호상으로는 전인교육을 추구하지만 실제적으로는 다분히 지식교육에 치중했던 것이 사실이다. 학교교육에서는 '지' 중에서도 智보다는 知에 대한 교육이 더 비중이 두어졌었다. 그러나 생활지도와 상담의 정신은 知-智-德-體의 고른 성장을 추구하기 위해 노력해야 한다.

여기서 德이란 글자 그대로의 德보다는 좀 더 포괄적인 의미로 해석되어야 한다. 현대적 의미로서의 德이란 정서, 성격, 행동, 가치관, 흥미, 대인관계 등을 포괄하는 넓은 의미로 보아야 한다. 예컨대, 만족의 지연(delay of gratification) 능력,

인내심 등은 대단히 중요한 성격적인 속성이다. 또한 타인의 입장을 공감하거나 타인의 시각에서 사태를 조망할 수 있는 능력도 효율적 대인관계를 위해 필수적인 능력에 속한다. 현대사회에서는 새로운 정보나 나의 신념과 다른 견해에 개방적인 태도를 가지는 것도 필수적인 인성 요소이며, 자신의 행동과 생활을 스스로 조절할 수 있는 자기조절(self-regulation) 역시 필수적 능력이다. 현대적 의미의 덕이란 이런 능력, 태도, 성격 등을 모두 포함한다.

전인교육은 시민교육이라는 말로도 표현된다. 즉, 우리는 개인을 생각할 때 한 사회의 일원이라는 의미에서 생각해야 한다. 개인 한 사람만 생각해서 그 사람을 교육한다는 것은 의미가 없다. 사회적 이익과 개인의 이익을 조화시킬 수 있는 태도를 가진 개인이 진정한 의미의 전인이다. 그런데 현대사회에서 사회라는 것은 작게는 '동네' 등 지역사회로부터 세계 전체에 이르는 복잡한 개념이다. 따라서 세계화 교육은 생활지도의 중요한 활동이라고 볼 수 있다.

(2) 예방

상담과 생활지도의 중요한 목적은 예방이다. 상담과 유사한 활동으로 심리치료(정신치료)가 있는데 심리치료가 문제가 발견되었을 때 교정 혹은 치료하는 것이 주 목적이라면, 상담은 치료적 기능도 있지만 그보다 예방을 중시한다는 점이 차이라고 할 수 있다. 생활지도의 예방적 기능은 상담에서보다 더 중요하다.

비행의 예를 들어 보자. 어떤 학생이든 비행을 저지르고 상습적인 비행학생이 될 가능성은 항상 존재한다. 학교 주변에는 학생들을 비행으로 유혹하는 자극들이 수없이 존재한다. 매스미디어에도 비행을 조장하는 자극들이 상당히 많고 학생을 비행의 세계로 끌어들이려고 하는 급우도 있다. 이렇게 비행의 위험성은 항상 존재한다. 비행이 발생하고 상습화된 이후에 그것을 교정한다는 것은 대단히 어렵다. 특히 약물사용과 같은 비행은 습관성(중독성, 의존성)이 강해서 일단 중독과 의존성이 형성된 이후에 다시 원상태로 회복한다는 것이 매우 어려운 일이다.

예방에는 크게 두 가지 의미가 있다. 일차 예방(primary prevention)은 문제의 원인 자체를 차단함으로써 그 문제가 발생하는 것을 원천적으로 막는 방법이다. 비행의 경우라면 부모의 양육 방식을 아동기부터 변화시키기 위한 조기 부모 교육, 지역 사회의 유해 환경을 개선하는 사업 등이 이에 해당된다. 이차 예방(secondary prevention)이란 문제가 이미 발생하였지만 그 문제가 더 강화되거나 타인들에게

퍼지는 것을 막는 방법이다. 비행의 예를 들면 비행 학생의 주변에 있는 '더 나쁜 친구들'과의 접촉을 차단한다든지, 비행 학생을 다른 학교나 대안 학교로 전학시키는 조치 등이 이에 해당된다.

예방은 경제적인 측면에서도 매우 큰 의미를 가지고 있다. 비행을 비롯해서 각종 정신질환 및 교육적 문제(예: 문맹 등과 같은 기초학력 부재)가 이미 발생한 연후에 드는 비용보다는 그것을 사전에 예방하는 데 드는 비용이 훨씬 적다는 것은 이미 의학분야에서 입증된 바 있다. 2008년에 필자는 상담의 경제적 효과에 대해서 논문을 발표한 바 있다(2008 한국상담학회 연차학술대회 발표집).

예방의 기능은 개인의 자기이해를 증진함으로써 신장된다. 필자는 앞에서 아동·청소년들이 여러 가지 방식으로 자신의 성격을 실험하는 것이 진정한 자신을 발견하려는 노력임을 설명한 바 있다. 자신에 대한 올바른 이해가 증진되면 개인의 행동은 훨씬 더 안정되고 건강해지며 타인에게 신뢰감을 준다. 생활지도와 상담에서는 학생들의 자기이해를 도모하기 위한 다양한 프로그램이나 심리검사들을 개발해 왔다. 구체적인 내용은 이 책의 제3부에서 다루게 될 것이다.

(3) 문제해결력의 신장

예방을 위해서 학생들에게 가장 필요한 능력 중의 하나는 문제해결력이다. 문제가 심각해지기 이전에 문제를 조기에 발견하는 능력, 발견된 문제를 조기에 해결하려는 의지, 문제해결을 위해 필요한 자원들(예: 도움을 요청할 수 있는 주변 사람, 필요한 정보 등)을 인식하고 활용할 수 있는 능력, 문제해결의 기술 등이 문제해결력에 속하는 능력들이다.

생활지도와 상담은 문제가 생긴 다음에 문제를 해결하는 일보다는 문제가 심각해지기 이전에 예방 차원에서 학생들에게 문제해결력을 키워 주는 일을 하는 데 더 치중한다. 그래서 학교상담교사들은 학생이 상담을 통해서 결과적으로 문제를 해결하면 된다라는 입장보다는 학생이 상담을 통해서 문제해결을 경험하여 결과적으로 문제해결력을 기른다라는 입장을 취해야 한다. 이 책의 제3부에는 학생들의 문제해결력을 신장시키는 여러 가지 상담 프로그램이 소개된다. 예컨대, 인간관계 문제, 학업 문제, 성격 문제 등 여러 영역에서 치료 자체보다는 문제해결력 신장이라는 목적을 달성시키기 위한 프로그램들이다.

(4) 미래의 준비

교육은 그 본질적 속성상 미래를 위한 준비이다. 생활지도와 학교상담 역시 교육활동의 일부로서 미래를 위한 준비라는 속성을 가지고 있다. 그런데 여기서 말하는 미래란 개인의 미래뿐만 아니라 사회, 국가, 세계의 미래라는 의미도 포함한다. 교육으로서의 생활지도와 상담은 단지 한 개인만을 대상으로 하는 서비스가 아니다. 교육이란 그 개인을 포함해서 그가 속한 사회, 조직, 국가, 세계와 이익을 공유해야 하는 고차원적인 조절을 필요로 한다.

개인에게 있어서 미래를 위한 준비는 직업인, 가정의 일원, 시민의 세 가지로 생각해 보는 것이 효율적일 것이다. 특히 직업인으로서의 준비는 생활지도와 상담에서 진로지도 및 진로상담이라는 영역으로 다루어 왔으며 앞으로 직업세계의 급변과 함께 이 영역의 생활지도 상담활동도 함께 변화해야 할 것이다(제4장 참조). 앞에서 언급한 것처럼 미래에는 정보화와 세계화로 인해서 지금 존재하지 않는 새로운 직업들이 생겨나고 지금 존재하는 많은 직업이 사라지거나 변질될 것이다. 교사들은 이 점을 감안해서 지도와 상담에 임해야 할 것이다.

지금 존재하지 않는 직업에 대해서 어떻게 지도할 수 있는가? 그것은 학생의 직업관 자체에 대한 변화를 꾀함으로써 가능하다. 과거나 현대보다는 좀 더 유연하고 융통성 있는 직업관을 가지도록 교육해야 한다. 새로운 직업의 출현, 기존 직업의 변화에 대해서 저항하기보다는 적응의 태도를 가지도록 교육하는 한편, 새로운 직업을 창조할 수 있는 창의력을 강조해야 할 것이다. 생활지도와 상담은 이미 발생한 문제를 '뒤치닥거리'하는 활동이 아니라 미래를 미리 내다보고 미래를 준비하는 활동이 되어야 한다.

또 하나는 교육의 개념 자체가 변화함으로써 미래에 대비해야 한다는 것이다. 지식교육의 예를 보면 현대의 교육은 다분히 기존 지식을 습득하고 응용하는 능력에 치중해 왔다. 앞으로도 그럴 것인가? 정보화가 이미 진행된 미래의 지식교육은 기존 지식의 습득과 응용은 물론 평가 및 새로운 창조라는 기능이 중요해진다. 아마도 창의력은 미래사회에서 가장 요구되는 덕목이 될 것임에 틀림없다. 그런데 창의력은 기존의 지식교육과 같이 주입시키거나 가르쳐 주는 것이 아니다. 창의력은 자신의 잠재력을 믿고, 잠재력을 발휘함으로써 신장되는 것으로서 기존의 지식교육과는 많이 다르다. 이 점에서 생활지도와 상담 분야에서는 개인의 잠재력 개발과 관련된 다양한 활동을 준비해야 할 것이다.

3. 학교상담과 생활지도의 역사

학교상담과 생활지도는 우리나라 학교에서 이미 약 50년 전에 시작되었다. 그리고 그 제도는 당시에 미국의 영향을 받아서 만들어진 것이다. 여기서는 우리나라의 학교상담과 생활지도를 역사적 관점에서 고찰할 것이다. 우리나라의 것이 미국의 것에서 비롯되었기 때문에 미국의 학교상담과 생활지도 역사를 함께 고찰하는 것이 타당할 것이다.

1) 발생

우리나라의 학교상담과 생활지도는 1945년 해방과 더불어 도입된 민주주의 이념과 아동중심 교육사상의 영향을 받아서 태동되었다. 일제 강점기의 학교에서는 수신(修身) 혹은 훈육(訓育)이라고 해서 다분히 강압적인 학생지도 방식이 지배적이었고, 그 이전에도 스승 혹은 훈장(訓長)으로부터 회초리로 체벌을 받는 일이 통상적으로 발생하는 학교문화였다. 즉, 교사에게는 학생에게 지식교육뿐만 아니라 '인간됨'을 가르치고 학생을 '인간'으로 길러야 하는 책임이 있었으며 그렇게 하기 위한 체벌이 문화적으로 허용되었다.

그런데 미국에서 도입된 아동중심 교육사상은 이른바 '새교육 운동'이라는 이름으로 널리 보급되었으며 학교에서의 상담과 생활지도(당시에는 '가이던스'라는 용어를 선호했음)가 새로운 대안적인 교육방법으로 받아들여졌다. 1950년대 초기에는 지능검사 등 심리측정이 도입되고 이런 심리검사를 아동·학생들을 이해하는 도구로 활용하기 시작했다. 이때 서울대학교 사범대학의 정범모 교수가 이끄는 '교육심리연구실'이 우리나라 심리검사의 초기 제작에 큰 공헌을 하였다. 하지만 학교에서 집단적으로 실시가 가능한 지능검사가 크게 유행하면서 지능검사에 대한 맹신이 생기기도 하였고, 심리검사가 곧 생활지도라는 오해를 불러일으켰다는 비판을 받기도 하였다(이재창, 2005).

1950년대는 아동과 학생의 문제를 발견, 이해, 지도하는 방법에 대한 교사 교육이 시작된 시기이다. 이뿐만 아니라 생활지도 분야의 연구 논문도 나왔는데, 예를 들면 한기언(1952)은 석사학위논문에서 Guidance를 향도(嚮導)라는 용어로 번역하기도 하였다(최광만, 1993) 이 논문은 우리나라에서 최초로 미국의 가이던스 개념을 소개한 문헌으로 알려져 있다.

생활지도에 대한 교사교육은 좀 더 제도화되었다. 1957년에는 서울시 교육위원회가 40여 명의 교사들에게 상담교사 교육을 실시하였다(1957년에 계획하여 1958년에 연수를 실시하였다는 주장도 있음). 이것이 우리나라에서 실시된 최초의 학교상담 전문가 교육이라고 보인다. 왜냐하면 교육 시간이 총 240시간으로서 비교적 장기적인 연수고(발달심리학 66시간, 상담기술 56시간, 심리검사 20시간, 가이던스 조직원리 20시간 등) 학생지도의 경력과 소질 등을 기초로 학교장의 추천을 받은 교사만을 교육 대상으로 엄선하는 등의 절차를 거쳤기 때문이다. 이를 계기로 학교의 '훈육실'이 '생활지도실'로 그 명칭을 바꾼 학교들이 생겨났고(예: 중앙여자중고등학교) 생활지도실에 근무하는 상담교사를 전담교사제로 운영하는 학교도 생겨났다(예: 이화여자중고등학교). 서울시 교육위원회의 이 상담 교육은 그 후 1961년까지 '교도교사 강습회'라는 이름으로 지속 실시되었는데 5회에 걸쳐서 170여 명의 교도교사를 배출하였다(한국카운슬러협회, 1993). 서울시 교육위원회의 연수 이외에도, 교육부와 중앙교육연구원 공동으로 1958~1959년 사이에 2회에 걸쳐 182명의 생활지도 담당자를 교육하였다. 연수 시간은 총 360시간으로 되어 있다. 그러나 이 240, 360시

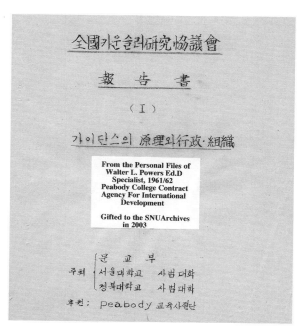

교도교사연수 관련 과거 서류

간의 연수는 진정한 의미의 상담전문가를 양성하기에는 부족한 시간이라는 비판
이 제기되기도 하였다.

　대학에서도 학생지도를 위한 운동이 생겨났다. 1962년에는 서울대학교와 이화
여자대학교에 각각 '학생지도연구소'가 설치되어 대학생에 대한 조사연구, 상담,
정보제공 등의 서비스를 개시하였다. 특히 서울대학교의 학생지도연구소는 상담
전문가 양성을 위한 인턴십 제도를 시행하여 당시 국내 최초의 상담전문가 양성 기
능을 담당하였다(차재호, 1988). 이 학생지도연구소는 1970년대에 학생생활연구소
로 개칭되었고 「고등교육법」에 의해 전국의 모든 대학교에 학생생활연구소가 설치
되는 등 양적 성장을 하기에 이르렀다.

2) 초기의 이론적 경향성

　서구의 가이던스와 상담이 도입되던 초기에는 주로 두 가지 이론적 접근이 관
심을 끌었다. 첫째는 Williamson으로 대표되던 이른바 지시적(directive) 상담 접근
이론이었고 둘째는 Rogers로 대표되던 비지시적(non-directive) 상담 접근이론이
었다. 지시적 상담이론은 구조화된 면담과 심리검사를 활용하여 학생의 문제를 진
단하며, 그 진단에 근거해서 개입전략과 방법이 결정되고, 이런 진단과 전략 결정
에 의해 상당히 표준화된 절차와 과정에 의해서 상담이 진행된다. 반면에 비지시
적 상담은 진단보다는 상담자와 내담자(학생) 간의 관계를 더 중요하게 여기며, 개
입전략과 방법을 상담자가 결정한다기보다는 내담자에게 상담과정의 진행에 대한
주도권을 상당 정도 부여하는 상담접근법이다.[1]

　그런데 우리나라의 학교상담과 생활지도에서는 비지시적 상담이론이 지나치게
강조되어서 도입되었다. 상대적으로 지시적 상담이론과 전략은 약화되거나 거부
되었다. 상담가가 조언을 사용하는 데 대해서 상당히 거부감을 가지게 되었고, 조
언을 사용하면 비상담적인 행동이라는 잘못된 인식을 가지게 되었다.

---

1) 간혹, 지시적 상담은 조언과 지시를 주로 사용하고 비지시적 상담은 조언과 지시를 사용하지 않는
　이론이라고 소개하는 참고서적도 있으나 이는 두 상담이론의 핵심적 특징을 정확하게 표현하였다
　고 말할 수 없다. 물론, 비지시적 상담과 지시적 상담 간에는 그런 차이도 있으나 그 차이는 핵심적
　인 요소가 아니다. 이는 Rogers가 후에 비지시적 상담이라는 용어를 버리고 '내담자중심 상담'이라
　는 용어로 변경했다가 그다음에는 '인간중심 상담'이라는 용어로 변경한 것을 보아도 알 수 있다. 지
　시 여부는 그다지 중요한 특징이 아니다.

이런 이론적 편중은 학교상담과 생활지도에 왜곡된 영향을 주게 되었다. 구체적으로 설명하면 다음과 같다. 첫째, 학교에서 심리검사(주로 지능검사, 적성검사, 성격검사)는 집단으로 많이 실시되었지만 이 검사들을 어떤 용도와 목적으로 활용해야 할지 방향을 가지지 못했다. 심리검사결과는 학생기록부에 기록을 하는 것 이상의 용도를 가지지 못했다고 말해도 큰 과장은 아니다. 둘째, 비지시적 상담기법에 대해서 내담자, 즉 학생이나 학부모들이 적응하지 못했다. 사실 비지시적 상담은 지시적 상담에 비해서 표준화된 상담절차나 상담기법이 없기 때문에 그 방법을 제대로 익히려면 다년간의 집중적인 교육과 훈련을 받아야 한다. 그러나 100~200시간 정도의 연수로 현장 교사들에게 이런 교육과 훈련을 한다는 것은 불가능했다.

지시적 상담에 대한 이유 없는 거부감은 현재까지도 존속되고 있다. 다행히 인지-행동상담이론이나, 해결중심 상담이론 등이 도입되어 새로운 형태의 상담기법들이 소개되었지만, Williamson 등의 지시적 상담기법과 절차는 여전히 우리나라

상담에서는 왜 조언을 하지 말라고 하는가?

상담교육을 받아 본 사람들은 대개 내담자, 즉 피상담자에게 '조언을 하지 말라'는 가르침을 받는다. 상담, 즉 카운슬링의 본래 뜻이 '조언을 주다'라는 뜻인데 어째서 상담자는 내담자에게 조언을 주지 말라는 것인가? 혼돈스럽지 않을 수 없다.

상담자가 내담자에게 조언을 하는 것 자체에는 문제가 없다. 그런데 문제는 조언을 하는 것이 내담자에게 얼마나 효과가 있느냐에 의해서 판가름된다. 대개의 경우, 성급한 조언은 내담자에게 효과를 발생시키지 못한다. 내담자는 대부분 조언을 받아들이거나 소화시킬 준비가 되어 있지 못하다. 그들이 만약 조언을 받아들이고 소화시킬 준비가 되어 있었다면 그들은 어렵사리 상담을 요청하지도 않았을 것이다. 극히 일부분의 내담자들만 상담자의 조언을 받아들이고 소화시킬 뿐이다.

그러나 상담자가 내담자에게 어떤 방법과 절차에 의해서 조언을 주는가에 의해서 그 조언의 효과가 증대될 수는 있다. 조언의 요령에 대해서는 김계현(2002)의 저서를 참고하기 바란다. 상담에서 조언이라는 방법을 완전히 배제한다는 것은 극히 어리석은 일이다. 상담자는 내담자가 지금까지 왜 문제해결을 하지 못하고 있는지 원인을 파악한 연후에 조언의 방향을 정해야 할 것이다. 그래야 상담자는 내담자가 받아들일 수 있는 방식으로 조언을 할 수 있게 된다.

에서 잘못 소개되어 있는 상태라고 여겨진다. 우리나라의 상담분야에서 왜 지시적 상담접근법이 거부당했는지, 왜곡되어 소개되었는지는 학술적 연구와 분석이 필요한 주제이다.

3) 학교상담 제도의 변천

서울대학교 학생지도연구소(1962년 설립)에서 시행한 인턴십 교육은 우리나라에서 상담전문가를 양성하는 데 큰 공헌을 하였다. 현재 현직에서 정년퇴임한 상담전문가들은 거의 모두 서울대학교의 학생지도연구소에서 교육, 훈련을 받은 분들이라고 말해도 큰 과장은 아니다. 이들이 그 후에 전국 각 대학의 교육학과, 심리학과, 혹은 교육대학원 등에서 후진 양성 역할을 담당했기 때문에 서울대학교의 학생지도연구소는 우리나라 전문상담의 산실이라고 볼 수 있다.

1963년에는 대학에서 근무하는 상담학자들과 위에서 언급한 각종 연수회에서 양성된 카운슬러들이 모여서 '한국카운슬러협회'를 결성하여 한국에서의 카운슬링을 전문적으로 발전시키기 위한 결의를 하기도 하였다. 한국카운슬러협회는 우리나라에서 역사가 가장 오랜 상담 관련 단체이다.

또 한 가지 중요한 사실은 1964년에 처음 시행된 교도교사 자격증제도이다(「교육공무원법」, 1963. 12. 5. 개정). 비록 240, 360시간 정도의 교육이지만 상담교육을 집중적으로 받은 현직교사들을 중심으로 학교상담과 생활지도 운동이 활발하게 진행되었으며, 그 제도적 결실로서 교도교사 자격이 법제화된 것이다. 그래서 전국적으로 정기적인 교도교사 양성과정이 생기고 생활지도와 상담에 관심이 있는 많은 교사가 교육을 받기에 이르렀다. 1973년에는 18학급 이상 규모의 중고등학교에 교도주임을 둔다는 규정이 신설되어 학교업무에서 생활지도의 전문성이 공식적으로 인정받는 계기가 되었다.

그러나 이런 발전의 이면에 문제점이 없는 것은 아니었다. 첫째, 교사에 따라서는 교도교사 자격연수를 다른 목적으로 왜곡하여 활용하였다. 승진 제도와 관련하여 교사들은 개인별로 평가점수를 누적하게 되어 있는데, 교감승진을 위해서 이 교도교사 자격연수가 활용되기 시작한 것이다. 물론 진정으로 학생지도와 상담에 뜻이 있어서 연수를 받는 교사들도 있었지만, 이런 사람보다는 평가점수를 높이기 위한 목적에서 연수를 받는 인원이 상대적으로 많아졌다. 둘째, 학교교장의 상담과 생활지도에 대한 인식과 정책에 따라서 교도교사의 입지가 좌지우지되었다. 학교마다(중·고등학교) 교도교사가 배치되고 상담실이 설치되었지만 실제적으로 그 학교에서 어떤 활동을 하는가는 교도교사의 열성보다도 교장의 인식과 정책이 우선하였다. 결과적으로, 상담실이 존재하지만 본연의 활동을 하지 못하는 학교가 많이 생겼다. 셋째, 교도교사 스스로 자신의 임무에 소홀한 학교가 많아졌다. 교도교사 자격을 받고 교도주임으로 발령을 받았지만 본연의 임무에 충실하지 않는 형식적인 교도주임 교사들이 많다는 비판을 받았다. 물론 이렇게 된 이면에는 교도주임에 대한 적절한 수업시간 감면을 해 주지 않았다는 원인이 있다. 즉, 교도주임 교사들로 하여금 본연의 임무에 대해서 계획을 하고 연구를 할 시간적 지원이 보장되지 못한 것이다. 교도교사 스스로 자기 학교에 적합한 프로그램을 구상하거나 다른 학교(혹은 기관)의 프로그램을 적극적으로 도입해 보는 학교, 즉 교도교사의 창의성과 실험정신이 발휘되는 학교는 생활지도활동이 실속이 있는 반면에 상부나 혹은 전문기관에서 프로그램이나 '자료'를 공급해 주기를 기다리는 학교는 상담실이나 생활지도활동이 이름뿐인 수준으로 머물게 되었다.

'교도교사' '교도주임'이라는 명칭은 1990년 초에 '진로상담교사' '진로주임'이라는 이름으로 잠시 바뀐 적이 있다. 명칭변경은 당시 학교교육계에 불었던 진로교육 및 진로지도 운동과 관련이 있었다고 보인다. 그러나 진로상담교사라는 명칭변경에도 불구하고 진로상담교사의 역할이 구체적인 수준에서 재정립된 것은 아니었다. 학교에서 진로상담은 주로 입시와 관련한 계열선택이나 학과, 학교 선택이 주종을 이룬다는 점에서 달라진 것은 없었다. 그리고 이런 입시지도는 진로상담교사의 임무라기보다는 3학년 담임교사의 임무였다. 진로 관련 적성검사나 흥미검사의 실시 등의 업무는 교도교사 시절에도 수행하던 일이었기 때문에 진로상담교사라는 명칭변경이 가져온 변혁은 미미했다고 평가할 수 있다.

1999년도에 학교상담과 생활지도를 담당하는 교사의 명칭에 다시 한 번 변화가 생겼다. 당시(1997년) 「초·중등교육법」이 개정되어(법 제21조) '전문상담교사'라는 교사자격이 새로 만들어졌고 새로운 양성제도가 마련되었다. 명칭변경에서만 변화가 있었던 것은 아니다. 종전의 교도교사 자격연수와 전혀 다른 방법으로 전문상담교사를 양성하기로 한 것이다. 구체적으로 말하면, 교도교사자격은 방학 중에 180~240시간 정도의 집중 연수를 받으면 주임자격을 받도록 되어 있었다. 교육내용은 전공(상담, 진로지도, 심리검사 등), 교직, 교양 등으로 구성되었으며 교육은 각

시 · 도교육청의 의뢰를 받은 대학교 혹은 교원연수원에서 실시하였다. 그러나 전문상담교사의 양성은 각 대학의 교육대학원 혹은 대학원에서 하는 것으로 변경되었다. 전문상담교사 양성과정에 대한 규정에 의하면 이 과정은 1년 과정 동안 18학점(9개 과목)을 이수하고 40시간의 실습을 더 하도록 되어 있다. 그리고 중등, 초등, 특수학교의 세 가지 과정이 있는데, 전문상담교사 자격을 받기 위해서는 중등, 초등, 특수교사로서 3년간 근무한 경력이 있어야 한다. 또한 규정에 정해진 아홉 개 과목을 이수한 교육대학원 상담전공 석사졸업자에게도 교직경력 3년이 있으면 전문상담교사 자격을 부여할 수 있도록 되어 있다. 그리고 기존의 교도교사 및 진로상담교사 자격은 경과규정으로 전문상담교사로 변경하도록 하였다.

전문상담교사 자격에 대한 제도는 그 이후 다시 바뀌었다. '전문상담교사 2급'과 '전문상담 순회교사'가 새로 생긴 것이다. 기존의 전문상담교사는 '전문상담교사 1급'으로 변환되었다. 그렇게 바뀐 데에는 몇 가지 원인들이 있다. 그중 가장 큰 원인은 최근 10여 년간 크게 문제가 되어 온 학교폭력 문제이다. 학교정책 담당자들은 전문상담교사 1급은 모두 현직 교사며 대개가 수업을 담당하기 때문에 학교폭력 등의 문제를 전담할 입장이 되지 못한다고 판단하였으며 그에 따라 새로운 교사자격을 신설하기로 한 것이다. 전문상담순회교사는 각 지역 교육청에 소속되어 그 지역의 초 · 중 · 고 학교들을 순회하면서 학교폭력을 비롯한 학생 문제를 상담하는 임무를 수행한다. 전문상담교사 2급은 대학의(학사과정) 심리학과 혹은 상담학과에서 교직과목을 이수하고 소정의 전문상담교사 과정을 이수함으로써 자격을 부여받으며(대학원의 경우는 매우 제한적임), 교육청에서 시행하는 임용고사에 합격하면 각급 학교에 배치된다. 전문상담교사의 배치에 관해서는 「초 · 중등교육법」의 시행령으로 정하고 있다(2004년). 다만 그 임용 및 배치 인원은 아직 미진한 편인데, 그 주요 원인은 보건교사, 영양교사, 사서교사 등의 임용 인원과 예산상의 경쟁이 발생하고 있기 때문이다. 전문상담 순회교사는 전국에 308명이 배치되어 있으며(2008년 기준), 전문상담교사(2급)는 2007년 7월 기준으로 전국에 483명이 배치되었고 그 수는 매년 증가하고 있다.

2009년에는 상담업무를 전담하는 전문상담교사를 두고 있는 학교를 중심으로 WEE CLASS를 설치하여 이른바 학교생활에 부적응하는 학생들을 돕고자 하는 체계를 운영하기 시작했다. 또한 지역교육청에서는 좀 더 종합적인 WEE CENTER를 설치운영한다. 이 사업은 Wee Project라는 이름으로 그 이후에도 지속되고 있다.

표 1-3 전문상담교사 2급 기본이수과목 및 분야

분야	이수과목명
심리검사	검사 및 진단, 교육심리측정이론, 교육−심리검사 및 진단, 교육심리측정이론
성격심리	심리진단, 정신병리학, 성격심리학, 고급성격심리학, 이상심리학
특수아상담	행동수정(론), 학습상담이론, 행동수정 및 상담, 응용행동분석 및 단일사례연구, 발달장애세미나, 학습장애아교육론, 청소년 비행 및 약물상담
가족상담	가족상담, 가족치료(이론), 사회사업과 가족치료
집단상담	집단상담(이론), 집단상담실습
진로상담	진로상담(이론), 진로 및 직업상담, 직업심리학과 상담
상담이론과 실제	개인상담이론, 상담이론, 상담연구세미나, 상담제도론, 상담면접, 상담연구방법론, 상담기법, 청소년상담연습

Wee Project는 We(우리들), education(교육), emotion(감성)을 상징하는 이니셜로 이루어진 의미를 지니고 있을 뿐만 아니라, 우리 사회 내에 존재하는 다양한 안정망 시스템과 연계하여 통합적으로 운영되는 '학생안전 통합시스템'이라고 말할 수 있다. Wee Project는 각 시·군·구 단위의 주민생활지원통합서비스체계 및 지역사회청소년통합지원체계(CYS-Net) 등과 연계되어 있다.

Wee 프로젝트는 3단계 안전망으로 구성되어 있다. 1차 안전망은 단위학교의 Wee 클래스, 2차 안전망은 지역교육청의 Wee 센터, 3차 안전망은 광역시 및 도 교육청의 Wee 스쿨로 구성된다. 각 안전망은 지역사회의 유관 기관들과 긴밀한 협력을 통하여 학생들에게 원스톱(one-stop)적인, 전문적인 도움 서비스를 제공함을 목표로 하고 있다.

각 단위 학교에 설치된 Wee 클래스는 학습부진, 따돌림, 대인관계 미숙, 학교폭력, 미디어 중독, 비행 등 학교 부적응 및 징계 대상자에 대해서 조기 발견, 예방 및 학교 적응력 향상을 위한 지도를 실시한다. 2차 안전망인 We 센터는 단위학교의 Wee 클래스에서 선도 및 치유가 어려운 경우 의뢰된 위기 학생들에게 전문가의 장기적이고 지속적인 관리를 제공한다. 그리고 3차 안전망인 Wee 스쿨은 심각한 위기 상황으로 더 장기적인 치유, 교육, 관리가 필요한 학생 또는 학업 중단자를 위한 기관이다. 이 사업들은 「초·중등교육법」 제28조 및 동법 시행령 제54조(2010년, 2012년) 그리고 교육부 훈령 제274호 등에 기초하여 진행된다. 전국에는 6,092개의

Wee 클래스, 196개의 Wee 센터, 그리고 8개의 We 스쿨이 운영되고 있다(2015년 기준). Wee 프로젝트의 클래스, 센터, 스쿨에는 정규직인 전문상담교사, 기간제 근로자인 전문상담사와 임상심리사가 일하고 있다.

이 새로운 제도에 대한 종합적인 평가를 내리기에는 아직 시기가 이르다. 중요한 것은 전문상담교사가 학생 지도를 전담할 수 있도록 하는 것, 학교폭력 등 복잡한 문제를 다룰 수 있는 실무교육과 슈퍼비전 및 자문을 제공해 주는 것, 예산 확보를 통해서 매년 일정 인원 이상을 임용·배치하는 것, 정기적인 보수교육과 연수를 실시하는 것 등을 들 수 있는데 이런 조건을 어느 정도나 만족시키는가가 관건이라고 볼 수 있겠다.

최근에 학교에서는 진로지도 영역에서 큰 변화가 일어나고 있다. 중학교를 중심으로 이른바 '자유학기제'라는 것이 생겨서 기말고사 등 시험을 실시하지 않는 학기를 가지게 되었는데, 학생은 이 '자유 학기' 동안 일반 교과 수업 이외에 진로 탐색과 진로 체험을 집중적으로 하게 된다. 학교에서는 이런 진로 관련 수업을 위해 '진로진학 상담교사'를 배치하여 학생들의 진로교육과 진학 지도를 전담하도록 한다. 이런 조치는 2015년에 개정된「진로교육법」및 본 시행령에 기초하여 이루어지는데, 법률의 취지는 '학생에게 다양한 진로교육 기회를 제공함으로써 변화하는 직업세계에 능동적으로 대처하고 학생의 소질과 적성을 최대한 실현하여 국민의 행복한 삶과 경제 사회 발전에 기여함'을 목적으로 한다.

진로교육 전담교사인 '진로진학상담교사'는 현직 교사들 중에서 570시간 정도의 연수를 받은 후 '진로진학상담교사 정교사(부전공) 자격'을 취득하게 되며, 2012년부터 각 학교에 배치되기 시작하였고, 2015년 기준으로 5,286명이 각 학교에 배치되었다. 다만, 본 진로교육 정책은 아직 시행되는 첫 해이기 때문에 제대로 된 체계적 평가를 내리기는 어렵고, 향후 본 정책과 제도가 각급 학교에 정착될지 여부는 지속적으로 관찰하고 평가를 해야 할 것이다.

4) 청소년상담의 발전

청소년상담은 학교상담 및 생활지도와 가까운 관계를 가진 분야이다. 우선 상담 서비스 대상자의 연령이 일치하기 때문이다. 물론 청소년 중에는 학생이 아닌 사람이 있지만 그 수는 아주 적다. 학교상담과 생활지도가 전통적으로 교육과학기술부(교육부, 교육인적자원부, 문교부)와 지역 교육청의 일인 데 비해서 청소년상담은 그 관할 부처가 자주 바뀌었다. 정부의 청소년업무는 원래는 문교부의 일이었으나 1988년 서울 올림픽을 계기로 체육청소년부의 업무로 옮겨졌다가 체육청소년부가 해체되어 청소년업무는 문화관광부 청소년국의 업무가 되었고, 2002년부터 5년 동안(노무현 정부)은 국무총리실 산하 국가청소년위원회의 업무로 바뀌었다. 2008년부터(이명박 정부)는 청소년업무가 보건복지가족부의 아동청소년정책실로 이관되었다. 현재(문재인 정부)는 여성가족부의 청소년가족정책실 소관이다.

이와 같이 청소년상담을 관장하는 정부 담당부서는 그 소속부처가 자주 바뀌게 되었고 청소년상담 관련 국가 정책 역시 수시로 바뀌어 왔다. 국가의 청소년 정책과 업무는 「청소년 기본법」 「청소년 보호법」 「청소년활동 진흥법」 「청소년복지 지원법」 등을 기반으로 이루어져 왔다. 현재는 아동 관련 업무와의 통합을 위하여 법 개정 작업이 진행 중이다. 이와 같이 담당 부처가 자주 바뀌는 것은 청소년상담이 제대로 발전하는 데 방해가 된다.

청소년상담의 발전은 우선 청소년상담을 전문으로 수행하는 상담센터의 설립에서 찾아볼 수 있다. 1993년 체육청소년부 산하에 '청소년대화의광장'이라는 명칭으로 상당히 큰 규모의 전문적 청소년상담센터가 설립된 이래, 각 시·도와 시·군·구에는 크고 작은 지역 상담센터가 설립되었다. 그동안 그 명칭은 한두 차례씩 변경되었다. 청소년대화의광장은 '한국청소년상담원'으로 명칭변경을 하였고(1999년) 각 시·도의 청소년상담실은 '종합청소년상담지원센터'로 시·군·구의 상담실은 '청소년지원센터'로 명칭을 바꾼 바 있다. 이 명칭은 다시 또 바뀔 것으로 예측된다. 시·도 센터는 16개, 시·군·구 센터는 약 140개가 운영되고 있다.

청소년상담의 발전은 둘째로 전문가 자격 제도의 시행에서 찾아볼 수 있다. 「청소년 기본법」(제22조) 및 시행령을 기반으로 2003년부터 청소년상담사 1급, 2급, 3급 자격증 제도가 시행되고 있는데 이 업무는 한국청소년상담원에서 담당하고 있다. 이 국가자격은 자격심사 및 시험의 엄정성, 시험 이후의 연수과정 등을 볼 때 청소년분야 및 상담분야에서 그 전문성을 공히 인정받고 있다고 평가된다.

청소년상담의 발전은 셋째로 그 활동영역의 확장에서 찾아볼 수 있다. 청소년상담은 그 실천 방법에 있어서 전통적인 성인 대상의 상담과 차이가 있다. 청소년은 연령적 특성으로 인해 부모와 학교의 보호를 받으며, 상담 서비스에 대한 접근도 비자발적인 경우가 대부분이다. 그래서 생긴 대표적인 상담사업들로서 '해밀'(학업

표 1-4 청소년상담사 검정선택과목 및 실무경력 인정기준

등급	검정과목	
	구분	과목
1급 청소년상담사	필수영역	상담자 교육 및 사례지도 청소년 관련 법과 행정 상담연구방법론의 실제
	선택영역	비행상담 · 성상담 · 약물상담 · 위기상담 중 2과목
2급 청소년상담사	필수영역	청소년 상담의 이론과 실제 상담연구방법론의 기초 심리측정 평가의 활용 이상심리
	선택영역	진로상담 · 집단상담 · 가족상담 · 학업상담 중 2과목
3급 청소년상담사	필수영역	발달심리 집단상담의 기초 심리측정 및 평가 상담이론 학습이론
	선택영역	청소년이해론 · 청소년수련활동론 중 1과목

중단청소년 지원사업), '1388 청소년전화'(긴급구조 서비스 단일화 사업), CYS Net(위기 청소년 안전망 구축 사업), '찾아가는 상담'(아웃 리치 방식), 학교 또래상담 등이 있다.

이 중에서 또래상담('솔리언 또래상담'이라고 부르기도 한다)은 학교상담 및 생활지도와 밀접하게 관련이 있다. 학교 또래상담이란 청소년이 같은 청소년을 도와주는 프로그램이다. 즉, 상담대화법을 훈련받은 청소년이 같은 또래의 고민을 들어 주고 문제해결을 도모하는 방법이다. 이 방법은 도움을 받는 청소년은 물론 도움을 주는 또래상담자 청소년의 인성발달에도 큰 도움이 된다고 알려져 있다. 이 사업은 한국청소년상담원에서 1994년도에 시작하였으며, 현재 전국의 수많은 학교에서 활발하게 시행되고 있다. 학교에서는 또래상담 지도자 훈련을 받은 교사가 또래상담 특별활동반을 운영하며, 한국청소년상담원 및 지역 청소년상담센터의 전문가가 이 지도교사들을 지원하고 있다.

청소년상담은 한때 청소년상담사를 학교에 파견하는 '학교 청소년상담사'를 운영하기도 하였다. 시범적으로 2년 동안(2005~2007) 10개의 학교에 청소년상담사

미국 생활지도 운동의 초기 역사와 Frank Parsons

우리나라의 학교상담과 생활지도의 발생에 영향을 준 미국의 생활지도 운동의 역사를 간략하게나마 살펴볼 필요가 있다.

미국의 경우, 직업 및 진로지도 분야에서 가이던스 운동이 일어났다. 가장 역사적인 사실은 1908년 보스턴시에 직업보도국(Boston Vocational Bureau)이 Frank Parsons에 의해 세워진 것이다. 이 직업보도국에서는 청소년들에게 직업교육을 실시할 뿐만 아니라 직업상담을 담당할 교사들을 양성하기도 했다. 그는 1909년에 『Choosing a Vocation』이라는 책을 출판했는데 이것은 미국 최초의 가이던스 교과서라고 할 수 있다(이재창, 1988). 이 책에서 Parsons는 직업상담자의 역할, 직업상담 기법, 개인에 대한 조사 기법, 산업분석, 조직 분석 등의 주제들을 다루고 있다. 특히 개개인을 적성에 맞게 적재적소에 배치하고 그들의 직업적 적응을 돕기 위해서는 ① 개인에 대한 충분한 이해(적성, 지능, 성격, 흥미, 관심, 가치관 등), ② 직업에 대한 이해(그 직업에서 하는 일, 필요한 능력과 지식, 보수, 준비과정 등), ③ 양자의 합리적 관련성의 발견 등의 작업이 필요하다고 주장하였다.

Parsons의 이 이론은 오늘날까지도 적용되는 이론이다. 특히 개인에 대한 이해와 직업에 대한 이해를 바탕으로 양자를 접합시킨다는 이른바 '매칭이론'은 진로상담의 가장 효율적인 틀로서 현재까지도 유효한 이론이다(김계현, 1997). Parsons의 이론적, 실제적 공헌을 고려할 때 그를 '생활지도의 아버지'라고 칭하는 데 전혀 손색이 없다.

요약건대, 미국의 가이던스 운동은 직업 · 진로상담 분야에서 비롯되었으며 이런 전통은 미국의 상담분야에서 진로 및 직업상담이 큰 비중을 차지하는 데 영향을 주었다. 특히 현재의 American Counseling Association, 즉 미국상담학회는 최초에는 National Vocational Guidance Association(1913년 설립)에서 비롯되었다는 점을 생각해 보면 미국의 상담학계에서 진로 및 직업상담이 차지하는 비중을 짐작할 수 있다.

자격 소지자를 파견하여 그 학교의 상담 업무의 일부를 부여받아서 수행하는 것이다. 그런데 이 제도는 같은 시기에 교육부에서 시행된 전문상담교사 제도와 중복이 된다는 이유로 단기간의 시범 시행 끝에 폐기되었다.

우리나라 청소년상담 분야에서는 '학교 밖 청소년', 즉 학교를 중도에 그만둔 청소년들을 위한 상담 및 지원 활동을 하고 있다. 법률적으로는 「청소년 기본법」아래에 「학교 밖 청소년 지원에 관한 법률」이 마련되어 있어서, 국가와 지방자치단체는 '학교 밖 청소년 지원에 필요한 행정적, 재정적 지원 방안을 마련하여야 한다'(제

3조)는 규정을 하고 있다. 이에 근거하여 학교 밖 청소년 지원센터가 설립되었는데, 전국에 194개의 '꿈드림 센터'(2015년 기준)라고 불리는 학교 밖 청소년 지원센터가 운영되고 있다.

꿈드림 센터는 각급 학교, CYS-Net, 1388 청소년지원단, 온오프라인 아웃리치 및 청소년 쉼터 등과 연계된 지원 체계를 활용한다. 꿈드림 센터를 통해 제공되는 서비스로는 청소년 개인의 욕구와 필요에 맞추어서 상담지원, 교육지원, 직업체험 및 취업지원, 자립지원 등이 있다.

4. 학교상담과 생활지도에 임하는 교사의 태도

우리나라의 학교에서 상담과 생활지도는 전문상담교사만의 임무는 아니다. 담임교사는 담임으로서의 학급관리를 통해, 교과교사는 수업시간을 통해서 학생들에게 교과 이외의 부분에 대한 교육을 항상 하고 있다. 이런 교육은 의도적인 경우도 있지만 교사가 의식하지 못하는 경우도 있기 때문에 이른바 '잠재적 교육과정'이라고 부르기도 한다. 여기서는 상담과 생활지도에 임하는 교사의 태도에 대해서 간략하게 논의하고자 한다.

1) 긍정적 인간관

상담과 생활지도의 철학에는 기본적으로 인간의 잠재가능성에 대한 신뢰가 깔려 있다. 이는 인간과 사회의 긍정적인 면을 강조하는 철학이다. 개인이든, 집단이든, 사회든 부분적으로는 부정적이고, 자기파괴적 요소가 존재하기는 하지만 이런 부정적 측면에도 불구하고 개인과 집단과 사회에는 건설적이고, 문제해결적이고, 협조적인 긍정적 요소가 있기 때문에 우리는 이 긍정적인 측면을 강화시켜야 한다는 것이다. 부정적 측면을 약화시키는 가장 효과적인 전략은 부정적 요소를 줄이려는 노력보다는 긍정적 요소를 키우고 강화시키는 것이기 때문이다.

해결중심상담의 대가 김인수
(Insoo Kim-Berg)

그래서 심리치료, 진로지도, 직업상담 등 대부분의 주요 상담이론에서는 상담과정을 치료과정 혹은 교정과정으로 보지 않고 '교육적 과정'으로 보는 경향이 농후하다. 이른바 문제행동이 소멸되려면 그것을 대체할 수 있는 다른 건설적 행동을 학습해야 한다는 행동치료이론이 이를 가장 잘 설명해 준다(이성진, 2001). 이뿐만 아니라 현대의 상담학에는 해결중심상담 접근법(Berg & Miller, 1992), 긍정심리학(Snyder & Lopez, 2002) 등을 기반으로 한 이론과 기법들이 주류를 이루고 있다. 개인, 집단, 사회는 자체적으로 문제, 갈등, 고통을 감소시키는 경향성과 능력을 가지고 있다는 긍정적 인간관이 상담자와 생활지도 담당교사들에게 필요하다.

2) 끊임없는 자기발전

상담자와 생활지도 담당교사들은 두 가지 측면에서 자기발전에 소홀하지 말아야 한다. 학생에게는 발전, 성장, 변화를 요구하면서 자신은 정체되어 있다면 이는 결정적인 모순으로서 학생지도를 방해한다. 자기변혁의 모델이 되지 못하는 교사로부터 학생들은 자기변혁을 배울 수 없다.

(1) 인간적 성장

전문상담자들을 보면 상담자로서의 발전을 위해서 자신의 정서, 사고, 대인행동과 반응에 대해서 총체적인 성장을 추구한다. 자신이 오랫동안 풀지 못했던 갈등과 문제들을 해결하고 그런 굴레에서 벗어난 '더 나은' 인간이 되려고 부단히 노력하는 모습을 볼 수 있다. 사실 이런 노력이 상담전문가들만의 일은 아니지만, 이런 인간적 성장의 노력 없이는 상담전문가로서 제대로 일하기 어렵기 때문이다.

상담전문가들은 여러 가지 방법으로 인간적 성장을 추구한다. 집단상담을 통해서 자신이 타인에게 어떻게 비추어지는지 검토하고, 자신의 변화를 확인한다. 다른 전문가에게 개별 상담을 받음으로써 개인적인 문제나 갈등을 해결하려고 한다. 혹은 다양한 자기성장 프로그램에 참여하여 자신에게 잠재된 가능성을 발현한다. 우리나라에서는 현재 전국적으로 여러 가지 성장 프로그램이 실시되고 있기 때문에 (특히 학교의 방학 기간에 많이 개최된다) 교사들이 어렵지 않게 참여할 수 있다. 이런 정보는 각 지방의 청소년상담실, 관련 전문가 등을 통해서 얻을 수 있다. 이와 같은 자기성장 프로그램들은 대학에서도 실시되고 있다. 인간관계 역량 개발을 비롯해서 잠재력 개발, 창의력 개발, 리더십 훈련 등이 그것들이다. 이런 프로그램은 대학의 학생상담센터나 경력개발센터에서 기획하고 실시하기 때문에 예비교사인 학생의 입장에서는 경비가 들지 않는다는 이점이 있다.

(2) 전문성의 발전

교도교사와 진로상담교사는 180~240시간의 연수를 받음으로써 자격을 부여받았다. 전문상담교사 1급은 1년 혹은 2년의 대학원 양성과정에서 상담과목 18학점(9개 과목)을 이수함으로써 자격을 부여받는다. 전문상담교사 2급은 학사과정에서 소정의 상담관련 과목을 이수함으로써 자격을 부여받는다. 그러나 공식적인 자격 부여가 그의 전문성을 계속해서 보장하는 것은 아니다. 연수교육에서 습득한 것은 전문가로서의 최소한의 조건을 만족시킨다고 보는 것이 타당하다.

상담교사는 계속해서 자신의 전문성 제고를 위해서 노력해야 한다. 상담 관련 지식은 항상 변하고 발전한다. 새로운 이론과 기법들이 도입된다. 그리고 아동·청소년의 행동, 가치, 문화 역시 항상 변화한다. 상담교사는 이런 변화에 적응해야 하고, 새로운 지식과 기법을 습득해야 한다.

상담교사는 관련 학회나 연구회 등에 가입하는 것이 바람직하다. 전국 규모의 학회로는 한국상담학회와 상담심리학회가 있다. 특히 한국상담학회(www.counselors.or.kr) 산하에는 학교상담학회, 아동청소년상담학회, 집단상담학회, 가족상담학회 등의 분과학회가 각각 독립적으로 운영되고 있어서 학교상담 관련 자들이 다수 참여하고 있다. 그리고 한국상담학회는 각 지역마다 지역학회가 있고, 지역에 학교상담 관련 연구회를 둔 지역학회들이 있어서 지역별 활동이 가능하다. 또한 지역의 청소년상담센터를 중심으로 상담교사모임을 구성하여 교사들의 자기 발전을 꾀하기도 한다. 수시로 주최되는 상담 관련 워크숍에 참여하여 새로운 이론이나 기법을 배우는 것이 바람직하고, 꾸준히 전문서적과 관련 자료를 읽어야 한다. 특히 최근에는 인터넷을 통해 좋은 자료를 쉽게 구할 수 있다. 교육부나 교육청, 특히 한국청소년상담원의 홈페이지(www.kyci.or.kr) 내에 있는 자료는 상담교사에게 매우 유익하다.

3) 학교조직 및 제도와의 협력

학교상담과 생활지도는 교육이라는 제도적 틀 안에서, 학교라는 제도적 조직 안에서 이루어지는 활동이다. 물론 담당교사에게 재량권이 주어지지만 제도적, 조직적 틀을 무시한 채로 학교상담이나 생활지도에 임하려는 교사가 있다면 이는 바람직하지 않다.

서양의 상담학과 심리치료이론들은 다분히 개업상담의 기초 위에서 발전되었다. 그래서 상담관계를 상담자 개인과 내담자 개인 간의 일대일 관계로 파악하는 전통이 강하다. 그러나 학교상담과 생활지도에서는 그런 관점이 항상 맞지는 않는다. 오히려 현실적인 조건을 고려하지 않은 비효율적인 관점이 되기 십상이다. 학교에서는 교장의 방침, 다른 교사들의 의견을 항상 고려해야 하며, 교육청이나 교육부의 정책과 행정절차 등을 항상 고려해야 한다.

조직이나 제도, 행정절차 등은 상담자들에게 항상 '규제'로만 작용하는 것은 아니다. 조직, 제도, 행정 등은 많은 경우 '지원'과 '강화'로 작용하기도 한다. 현재 상담과 생활지도와 관련해서는 오히려 이런 제도적·행정적 지원이 너무 부족한 편이다. 상담 분야 입장에서는 규제를 받지 않기 위해서 제도나 행정을 멀리할 시기

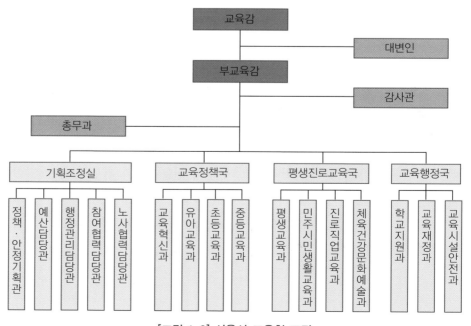

[그림 1-3] 서울시 교육청 조직

가 아니라 규제를 받더라도 제도와 행정의 틀 안에 들어갈 필요성이 있다. 예를 들면, 교육부나 교육청의 업무분장을 보더라도 교과교육 분야와 비교할 때 생활지도나 상담 분야에 대한 업무는 극히 미미하다.

학교상담과 생활지도를 주도할 전문상담교사들은 앞으로는 수동적인 차원에서 교육청의 지시를 기다리지 말고 좀 더 적극적인 자세로 교육청과 교육부가 학교상담과 생활지도를 지원하도록 운동을 해야 할 것이다. 그렇게 하기 위해서는 전문상담교사들이 한국상담학회 학교상담학회에 가입하여 활동을 하고, 지역에서는 지역 규모의 연구회를 구성하여 학술 활동 및 전문성 향상의 노력을 아끼지 말아야 할 것이다. 전문성 발달은 전문가 한 개인의 노력만으로 해결되는 것이 아니다. 관련 전문가 모두가 힘을 합쳐야만 비로소 사회에 대해서 영향력을 발휘할 수 있는 경우가 많기 때문이다.

제2장
이론적 배경

　상담과 생활지도는 분명히 현실에 대한 실제적인 학문인 동시에 전문적인 활동이다. 그러나 그것이 아무리 현실적 문제해결을 당면과제로 하는 실제적인 것이라 하더라도 그것에 대한 이론적 근거는 있어야 한다. 이 장에서는 먼저 '종합적 학교상담 · 생활지도 이론'에 대해서 개괄해 보고, 학교상담 및 생활지도의 심리학적 배경과 교육학적 배경을 고찰할 것이다. 그리고 학교에서 생활지도와 상담의 대표적인 활동들이 무엇인지 개관해 보려고 한다.

1. 종합적 학교상담 · 생활지도 이론

　학교상담과 생활지도는 학교교육의 일환이다. 그럼에도 불구하고 상담과 생활지도는 학교교육과정 편성에서 소외되거나 소홀히 다루어지고 있다. 특히 교과 영역의 교육과정과 비교해 보았을 때 생활지도 영역의 교육과정은 매우 부실하다. 왜 그렇게 되었을까? 이 질문에 확실한 대답을 하기는 어렵지만, 아마도 첫 번째 이유는 그동안 학교에서의 상담과 생활지도가 너무 개인의 문제해결 중심으로 나아갔기 때문이 아닌가 생각된다. 개인의 문제는 개인마다 모두 특색이 있고 다르기 때문에 생활지도와 상담을 개인의 문제해결 중심으로 접근했을 경우 너무나 '임상적인' 관점으로 흐르게 되므로 학교상담과 생활지도가 하나의 교육과정으로 편성되기는 어려웠을 것이다.

이런 문제점은 학교상담과 생활지도의 선진국가인 미국에서도 유사하게 발생하였다(강진령, 유형근, 2004). 그래서 생긴 것이 '종합적(comprehensive) 학교상담 생활지도 모형'이다. 여기서 '종합적' 모델이라는 뜻은 어느 특정 영역의 문제에 대해서 집중하는 접근이 아니라 상담과 생활지도가 관여하는 다양한 영역을 골고루, 포괄적으로, 균형있게 접근한다는 의미로 생각하면 될 것이다(Gysbers & Henderson, 2001).

종합적 학교상담 생활지도 모형은 크게 세 가지 요소로 구성된다. 그 세 가지 요소란 내용영역, 조직적 틀, 소요 자원이다. 그 세 가지 요소에 대해서 좀 더 구체적으로 설명하겠다.

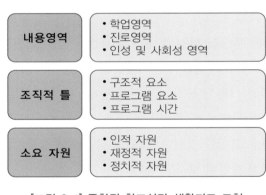

[그림 2-1] 종합적 학교상담 생활지도 모형

1) 학교상담과 생활지도의 내용영역: 종합적 모델

종합적 모델에서 제시하는 학교상담과 생활지도의 내용은 크게 세 가지 영역으로 구성된다. 그 세 영역은 학업발달영역, 진로발달영역, 인성 및 사회성 발달영역이다. 학교상담과 생활지도의 목표는 모든 학생이 이 세 영역에서 포괄적이고 균형이 잡힌 발달을 이루도록 하는 것이다. 어느 한 가지에만 집중하고 다른 것은 소홀히 다루는 것은 잘못된 생활지도와 상담의 모델이다. 다음은 각 영역별 교육목적이다[미국학교상담학회(American School Counselor Association: ASCA) 참조].

(1) 학업발달영역

- 효과적인 학습기술과 수험전략을 학습한다.
- 비판적인 사고기술을 개발한다.
- 학업상의 강점, 약점, 개인적인 학습양식 등을 확인한다.
- 교육적인 의사결정에 필요한 기술을 개발한다.
- 집단활동에서 자신의 역할을 이해한다.
- 학급 내에서 책임감 있게 행동한다.
- 학교 환경에 적응한다.

(2) 진로발달영역

- 개인적인 특성, 흥미, 적성, 기능을 지각한다.
- 직업세계의 다양성에 대해 인식하고 존중하는 태도를 개발한다.
- 학교생활과 장래의 진로선택 사이의 관계를 이해한다.
- 일에 대한 긍정적 태도를 갖는다.

(3) 인성 및 사회성 발달영역

- 자기인식과 자기수용능력을 개발한다.
- 개인적인 책임감을 개발한다.
- 효율적인 대인관계 및 의사소통기술을 개발한다.
- 효율적인 의사결정기술(또는 올바른 선택기술)을 배운다.
- 타인을 이해하고 존중하는 태도를 개발한다.

2) 학교상담과 생활지도의 조직 틀: 종합적 모델

ASCA의 모델에 의하면, 학교상담과 생활지도의 조직적 틀은 크게 구조적 요소, 프로그램 요소, 프로그램 시간의 세 요소로 구성된다.

(1) 구조적 요소

① **정의**: 학교상담과 생활지도 프로그램이 전반적인 학교교육 내에서 차지하는

위치와 임무, 프로그램의 궁극적 수혜자, 프로그램 전달자, 프로그램에 의해 달성되는 결과 등을 '정의'하는 것이다.

② **당위성**: 전체적 교육체제 내에서 상담과 생활지도의 중요성과 학생들이 그런 교육목표들을 습득해야 하는 이유를 설명한다. 상담과 생활지도는 모든 학생의 잠재력 개발과 발달적 조력을 하기 위해서 설계되었음을 강조한다.

③ **기본가정**: 프로그램을 구안하고 안내하는 원칙을 말한다. 학교상담과 생활지도 프로그램의 종합성, 균형적 특성, 기타 교육과정과의 관계, 프로그램의 기여 등에 대해서 진술한다.

(2) 프로그램 요소

미국 학교상담 생활지도 종합적 모델의 프로그램 요소에는 네 가지 하부 요소가 있다. 교육과정, 개별 계획, 반응적 서비스, 체제지원이다. 먼저, 교육과정은 학교상담 생활지도의 세 가지 내용 영역인 학업발달, 진로발달, 인성 및 사회성 발달을 도모하기 위해서 제공되는 경험들로 구성된다. 둘째, 개별 계획은 모든 학생 각자의 학업발달, 진로발달, 인성 및 사회성 발달을 계획, 점검, 관리하도록 도와주기 위해 설계된 활동들을 지칭한다. 각 학생은 모두 상담교사의 도움을 받아서 자신의 학업과 직업을 비롯한 개인적 목적을 계획하고 결과를 평가, 분석하는 과정을 거친다. 셋째, 반응적 서비스(responsive service)는 개별 학생의 긴급한 요구나 문제에 대해서 상담교사가 '반응적으로' 상담을 비롯한 기타 서비스를 제공하는 것을 말한다. 이 반응적 서비스에는 개인상담, 집단상담, 위기개입, 갈등중재, 또래 지지 프로그램, 의뢰, 자문 등이 있다. 넷째, 체제지원은 전반적인 학교상담 생활지도 프로그램을 수립, 유지, 강화하는 관리활동들로 구성된다. 즉, 프로그램 자료의 개발과 평가, 홍보, 학부모 교육, 지역사회에의 아웃리치 등이 그것이다.

(3) 프로그램 시간

이것은 전문상담교사가 얼마나 많은 시간을 자신의 고유업무를 위해서 사용해야 하는가에 관한 것이다. ASCA의 경우 '전담'상담교사라면 행정업무를 제외하고 80% 이상의 시간을 고유 업무, 즉 바로 앞서 언급한 네 가지 프로그램 요소(교육과정, 개별 계획, 반응적 서비스, 체제지원)에 사용하는 것을 권장하고 있다. 이것은 우리나라의 학교 및 교육청 관련자들이 주목해야 할 정보이다. 현재 각 지역 교육청에서는 각급 학교, 특히 중·고등학교에 전담 전문상담교사를 배치하고 있으므로 그들의 업무 시간 배정에 대한 지침이 필요하기 때문이다.

3) 소요 자원

학교상담과 생활지도의 종합적 모델에서 의미하는 자원 관련 요소에는 인적 자원, 재정적 자원, 정치적 자원 등이 있다. 먼저 인적 자원에는 상담교사, 학생, 교장을 비롯한 행정가, 교과 교사 및 보건, 영양, 사서 교사, 학교운영위원 등 학내 인사들을 들 수 있다. 이뿐만 아니라 학부모, 지역사회 인사, 산업계 인사 등 학외 인사도 경우에 따라서는 중요한 인적 자원이 된다. 다음으로 재정적 자원은 프로그램의 성공적 운영을 위해서 필수적인 요소이다. 프로그램 자료를 구입하거나 마련하고 프로그램 운영에 사용할 장비와 시설 등에 예산이 필요하기 때문이다. 마지막으로 정치적 자원 역시 성공적 프로그램 운영을 위해서 매우 중요하다. 예를 들어서 학부모 단체, 교직원 단체, 교육청, 시의회 등에서 프로그램을 지지하느냐 아니면 반대하느냐에 따라서 그 프로그램의 성패는 좌우될 수 있다. 상담 및 생활지도 담당자는 이런 관련 자원들을 종합적으로 고려하고 확보하여 프로그램의 성공 가능성을 높여야 할 것이다.

2. 심리학적 관점과 이론

심리학 이론과 지식은 교육이론과 교육방법에 많은 영향을 미쳐 왔다. 생활지도와 상담 분야에서도 예외가 아니다. 심리치료 및 행동치료 분야의 이론들은 상담이론과 기법의 개발에 결정적인 영향을 미쳤다. 심리학 이론들이 공통적으로 취하는 관점은 개인의 행동을 설명할 때 그 사람의 마음, 즉 내면적인 현상에서 그 원인을 찾으려 한다는 것이다. 다음은 대표적인 심리학적 이론들로서 이 이론들이 어떤 식으로 인간의 행동을 설명하려 하는지 주목해서 읽기 바란다(본 내용은 제8장의 '3. 상담이론' 부분과 연계되어 있다).

1) 정신분석학적 이론

(1) 정신분석학의 주요 개념

Freud로부터 비롯된 정신분석학은 심리학이나 상담이론뿐만 아니라 20세기의 인간관, 철학, 사회사상 및 각종 학문에 영향을 주었다. 정신분석학은 하나의 방대한 이론체제인데 그중 가장 중요한 개념을 보면 다음과 같다.

성(性) 욕구와 성격 발달   초기 정신분석학은 성적(性的) 욕구를 인간행동의 가장 기본적인 개념으로 가정했다. 모든 생물은 리비도(libido)라고 부르는 욕구가 있는데 이것은 성욕을 포함한 모든 생산욕구를 지칭한다. Freud는 어린아이에게도 성적 욕구가 있어서 이 욕구가 어디에 집중되는가를 가지고 어린 아동의 발달단계를 나눌 수 있다고 설명하기도 했다. 그에 따르면, 생후 1년 정도는 이른바 구강기(口腔期)라고 하여 욕구가 입, 입술, 혀에 집중되어 이 부위를 통해 쾌감을 경험할 뿐만 아니라 입을 통해서 세상을 탐색하고 이해한다. 그다음은 항문기로서 쾌감의 중심이 항문 및 배설과 관련되게 된다. 배설을 통한 쾌감의 경험을 비롯해서 배설을 참거나 배설을 잘못함으로써 부모로부터 벌을 받고 고통을 당하기도 한다. 이런 경험이 그 아동의 성격형성과 깊은 관계가 있다고 정신분석학자들은 주장한다. 그다음은 이른바 성기기(性器期)라고 부르는 것으로서 정신분석학에서 가장 비중있게 연구한 발달단계라고 볼 수 있다. 성기기에는 성기를 자극함으로써 처음으로 쾌감을 경험할 뿐만 아니라 더욱 중요한 것은 부모 특히 이성 부모에 대해서 성적 욕구를 경험한다는 것이다. 그러나 동성 부모의 존재로 인해서 이런 욕구는 억압되고 잠재되는데 이성 부모에 대한 욕구 때문에 생기는 각종 경험을 정신분석학에서는 오이디푸스 콤플렉스[Oedipus complex, 여아의 경우는 엘렉트라 콤플렉스(Electra complex)]라고 칭한다. 이 오이디푸스 콤플렉스 개념은 후에 각종 신경증(노이로제)이나 정신질환의 발생원인을 설명할 때 아주 자주 등장한다.

무의식(無意識)   정신분석학의 핵심적인 개념 중에는 무의식(unconscious)이라는 개념이 있다. 무의식의 반대는 의식(意識, conscious)으로서 이는 우리가 경험하는 것을 인지하거나 느낄 수 있는 상태를 지칭한다. 따라서 무의식은 우리가 인지하거나 느끼지 못하는 경험상태를 지칭한다. 이 무의식의 개념은 인간이 그동안 이해하기 어려웠던 행동의 원인들을 설명하는 데 큰 도움을 주었다. 예를 들면, 우리가 자기도 모르게 실언(失言)을 하거나 자기도 모르게 자기가 원하지 않는 행동을 하게 되는 것 등은 잠재된 무의식의 영향이라는 설명이다. 또한 이 무의식은 인간의 정신병적 증상이나 행동의 원인을 설명하는 데에도 자주 활용되었기 때문에 정신치료에서 환자의 무의식을 이해하는 것을 가장 중요하게 여기게 된 것이다. 자유연상(free association), 꿈의 해석 등의 정신분석기법은 바로 이 무의식을 효과적으로 이해하기 위해서 고안된 방법들이다.

정신역동(精神力動)　정신분석학에서는 정신역동(psychodynamic)이라는 개념을 고안했다. 이 개념은 상당히 애매모호하기 때문에 여기서 간단한 설명을 시도하고자 한다. 정신역동은 어린 시절 부모나 기타 중요한 주변 인물들과의 관계에서 비롯된다. 앞에서 말했듯이 오이디푸스적인 갈등을 너무 심하게 경험하고 그 갈등을 적절한 수준으로 해소하지 못한 사람은 어머니와 아버지 사이에서 경험한 심리적 갈등이 무의식에 잠재된다. 정신분석이론에서는 이것을 '미해결 갈등(unsolved conflict)'이라고 부른다. 미해결 갈등은 한 개인의 정신역동을 이해하는 가장 중요한 개념 중 하나이다. 왜냐하면 미해

Sigmund freud(1856~1939)

결 갈등은 그의 일생을 통해서 그의 행동, 인지, 감정에 부단히 영향을 미치기 때문이다. 이와 같이 정신역동은 정체된 것이 아니라 항상 영향을 미치는 움직이는 속성을 가지고 있다. 그래서 역동이라는 명칭이 붙여진 것이다.

(2) 생활지도와 상담에의 영향

정신분석이론이 학교상담과 생활지도에 미친 영향은 무엇인가? 정신분석학은 동서양을 막론하고 인간관의 변화에 지대한 영향을 끼쳤다. 인간의 속성 중에서 감성(感性)적인 측면, 특히 성적 욕구가 행동을 설명하는 핵심적인 개념이 되었다는 것은 매우 획기적인 전환이었다. 이성(理性)적인 측면이 가장 인간다운 속성이고 신(神)에 근접한 속성이라는 인간관에 정면으로 도전한 19세기 말, 20세기 초기에는 쉽게 받아들이기 어려운 주장이었다. 그러나 Freud의 주장은 인간의 매우 솔직한 측면을 드러내는 이론이었기 때문에 인간의 이성과 합리(合理)적인 측면만을 강조했던 이론에서는 설명하기 어려웠던 부분들을 새롭게 설명할 수 있었다.

인간, 특히 아동은 합리나 이성만으로 충분히 이해하거나 설명하기가 어렵다. 특히 성적 욕구를 기초로 한 발달이론은 아동을 교육하는 교육자들에게 새로운 관점을 제공했다. 즉, 아동을 감정을 가진 개체, 감정의 지배를 받는 개체로 보게 되었으며 감정과 무의식의 영향을 나쁜 것이 아니라 자연스러운 현상 중의 하나로 보게 된 것이다.

합리론(合理論)은 동서양을 막론하고 인간의 교육은 감정을 억제하고 이성을 길러야 한다는 교육사상을 유행시켰다. 즉, 감정의 측면을 경시하거나 부정적인 것으로 여기기 때문에 교육자가 할 일은 아동이 감정을 통제하고 억제하는 방법을 터득하도록 가르치는 것이었다. 그러나 정신분석학에서 주장하듯이 감정과 갈등을 자연적인 현상으로 본 것은 교육관이 '해방'되는 결과를 낳았다.

정신분석이론은 여러 가지 상담기법을 탄생시켰다. 내담자에게 가급적 자유스럽게 말을 하게 하고 상담자는 그의 말을 경청하는 기본적인 상담방식이 이때 탄생했다. 그리고 상담자는 이론에 근거해서 해석(interpretation)하는데 내담자가 상담자의 해석을 받아들이느냐 아니면 받아들이지 않느냐에 따라서 그 후의 상담전략이 달라진다.

현대의 학교상담이나 생활지도에서 정신분석을 직접 사용하지는 않는다. 그러나, 정신분석이론이 제시한 개념과 인간관, 그리고 정신분석에서 개발된 기초 기법은 여전히 현대의 학교상담과 생활지도에 꾸준히 영향을 미치고 있다.

2) 행동심리학적 이론

(1) 행동심리학의 기본 가정

John B. Watson(1878~1958)

행동심리학은 미국의 심리학자 Watson(1878~1958)에 의해 주장되고 Skinner(1904~1990)에 의해 절정에 달했는데, 그들의 입장을 '행동주의(behaviorism)'라고 부르기도 한다. 행동심리학의 기본 개념들을 보기 전에 행동주의의 기본 가정 몇 가지를 논의하면 다음과 같다. 첫째, Watson이 주장했듯이 심리학에서 해야 할 일은 행동을 연구하는 것이다. 여기서 행동이 연구의 대상이 되는 이유는 그것이 '관찰가능'하기 때문이다. 관찰가능한 행동에는 동작, 즉 신체의 움직임에 의해 나타나는 행동, 언어, 그리고 침, 눈물, 땀, 내분비, 위액 등의 생리적 반응 등을 포함한다. 둘째, 행동심리학에서는 자극과 반응 간의 관계를 구명하는 데 주로 관심을 가진다. 행동심리학에서는 행동이라는 용어 대신에 반응(response)이라는 다른 용어를 사용하기도 하는데 이는 행동을 자극에 대한 반응으로 보기 때문이다(그런데 행동 중에는 자극에 대한 수동적 반응도 있지만, 어떤 자극을 결과적으로 이끌어 내는 능동적 행동도 있다. 이에 대한 더 자세한 논의가 다음에 나온다). 셋째, 행동심리학에서 연구하는 행동은 관찰가능한 것이어

Burrhus F. Skinner(1904~1990)

야 한다. 행동심리학은 가능한 과학적 연구방법론을 엄격하게 지키려 한다. 과학적으로 엄밀한 연구를 하려면 연구자는 관찰 가능한 행동을 연구하되 이를 수량적으로 측정이 가능하도록 해야 한다는 것이다. 예컨대, 정신분석학에서 말하는 무의식은 관찰하기가 곤란한 개념이지만, Pavlov의 실험 개가 흘린 침이나 위액은 관찰가능하고 측정 가능하다.

　Skinner에 의하면 심리학의 목적은 행동의 예언(prediction)과 통제(control)이다. 여기서 통제란 무엇을 하지 못하게 막는다는 의미뿐만 아니라 어떤 행동을 하도록 강화 혹은 촉진한다는 의미까지도 포함하는 개념이다. 심리학에서는 행동에 관한 보편적인 법칙들을 발견하고 그 법칙들을 활용하여 여러 다양한 상황에서 인간의 행동을 예측하거나 통제하는 것을 목표로 한다. 그래서 초기의 행동심리학자들은 현장연구보다 실험실 연구를, 인간행동보다 동물행동 연구를 주로 했다. 하지만 이들의 궁극적인 목표는 실험실에서 발견한 법칙들을 현실 상황에 일반화시키고, 동물연구에서 발견한 사실을 인간에게 적용하는 것이었다.

　과학적 연구를 표방한 행동심리학은 큰 성공을 거두었다. 특히 행동의 학습, 기억, 강화 등에 관한 연구결과는 교육, 경영, 광고, 군사(軍事) 등의 영역에서 효과적으로 응용되었다. 물론 행동심리학에 대한 비판도 만만치 않지만 행동심리학이 미친 긍정적 영향은 매우 크다고 평가할 수 있다. 다음은 행동심리학의 핵심적인 개념들이다.

(2) 행동심리학의 주요 개념

　학습　심리학에서 말하는 학습(學習, learning)이란 반응에 변화가 발생했다는 것을 의미한다. 전에는 할 줄 모르던 행동을 새롭게 하게 된 것도 학습이고, 행동의 빈도나 강도에 변화가 생긴 것도 학습이다. 예컨대, 더하기 계산을 할 줄 모르던 사

람이 계산을 할 줄 알게 된 것도 학습이고, 전에는 남들 앞에서 말을 잘할 줄 모르던 사람이 이제는 여러 사람 앞에서 말을 더 잘할 수 있게 된 것도 학습이며, 전에는 교실에서 산만한 행동을 많이 하던 학생이 산만한 행동을 많이 감소시킨 경우도 학습이다. 즉, 행동이나 반응에 변화가 발생했을 때 이를 학습이라고 말한다. 심리학에서 학습은 가장 핵심적인 개념으로서, 행동심리학자들은 바람직한 행동이든 바람직하지 못한 행동이든 모두 학습된 것으로 본다.

고전적 조건화(수동 조건화)　여기서 조건화(條件化)라는 것은 심리학 용어인 conditioning을 번역한 말이다. 조건화라는 말 대신에 조건형성이라고 부르기도 한다. 고전적 조건화는 조건반사로도 널리 알려진 현상으로서 러시아의 생리학자인 Pavlov가 처음 발견하였다. 그는 개를 활용해서 소화기 및 소화과정에 관한 연구를 하던 중, 자기의 실험 개들이 먹이가 주어지지 않았을 때도 침을 흘리거나 위액을 분비한다는 현상을 기이하게 여겨서 이를 설명하기 위한 연구를 한 것이다. 먹이라는 자극이 제공되었을 때 침과 위액을 분비하는 것은 자연적인 반응이다(무조건자극에 대한 무조건반응). 그러나 개들은 먹이 자극을 제공하는 실험조교가 실험실에 들어오는 것을 보는 것만으로 이미 침과 위액을 분비하기 시작한다(조건자극에 대한 조건반응). Pavlov(1849~1936)는 이런 현상이 개에게서 먹이라는 무조건자극과 실험조교라는 조건자극이 연합되어서 결국은 침과 위액 분비라는 조건자극

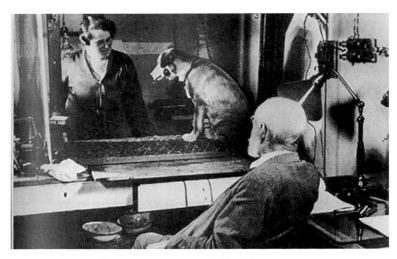

Pavlov의 실험실 장면

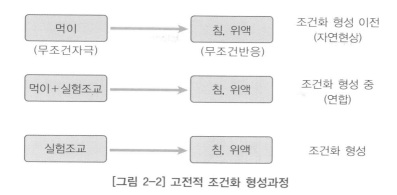

[그림 2-2] 고전적 조건화 형성과정

을 발생시킨다고 설명했다. 이를 그림으로 표현하면 [그림 2-2]와 같다.

고전적 조건형성은 주로 침이나 위액 분비 등과 같은 생리적 반응, 눈 깜빡이기 등의 조건반사행동, 공포나 불안과 같은 정서반응 등에서 일어난다. 자동차에 치일 뻔했던 사람이 바로 그 장소의 근처에만 가도 손발이 떨리고 무서워지는 것은 바로 이 고전적 조건화 현상의 일종이라고 볼 수 있다. 그래서 고전적 조건화는 다른 말로 수동(受動) 조건화라고 부른다. 이는 다음에 설명할 작동 조건화와 대비하기 위해서 사용된 용어다.

작동 조건화 작동(作動) 조건화는 능동적인 행동에 조건형성이 발생하는 현상을 일컫는다. 인간의 작동행동에는 전기 스위치를 누르는 것과 같은 단순한 것부터 글씨를 쓰거나, 테니스 공을 쳐서 네트 위로 넘기는 행동, 혹은 소설을 쓰는 것같이 극히 복잡한 행동까지 포함된다. 수동행동과 작동행동에서, 수동행동은 어떤 자극에 대해서 유기체가 단지 반응한 것임을 뜻하는 데 비해서 작동행동은 유기체가 환경에 대해서 어떤 조작을 가한 것을 뜻한다는 점에서 근본적 차이를 보인다.

작동 조건화에 대한 실험연구는 Thorndike(1874~1949)라는 심리학자에 의해서 이루어졌다. 그는 고양이를 고양이집에 넣고 고양이가 얼마만에 빗장을 열고 밖으로 나오는지를 측정해 보았다. 고양이가 고양이집 밖으로 나오려면 빗장을 올려야 하므로 이 행동이 바로 작동적인 행동인 것이다. 고양이는 처음에는 시간이 오래 걸려서야 빗장을 열 수 있었지만 횟수가 반복될수록 빗장을 여는 데 걸리는 시간이 단축되었다. 즉, 학습이 일어난 것이다. Thorndike는 이 학습현상에 대해서 '효과의 법칙'이라는 이름을 붙였다. 학습이란 바로 결과를 효과적으로 얻는 방법을 터득하는 것이라는 의미이다.

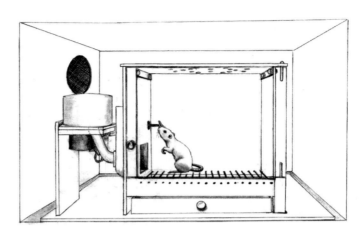

[그림 2-3] Skinner 상자

이 작동 조건화 형성은 Skinner를 비롯한 다른 심리학자들에 의해서 더욱 완벽하게 연구되었다. 특히 Skinner는 비둘기와 쥐를 활용해서 다양한 실험을 하였다. 그는 자신이 직접 고안한 이른바 Skinner 상자([그림 2-3])를 이용해서 비둘기나 쥐가 먹이를 얻기 위해서 단추를 부리로 쪼거나, 레버를 앞발로 누르는 행동을 하는 것을 관찰하였다. 이런 행동들은 처음에는 우연히 발생한 행동이었을 수 있지만 결과적으로는 먹이를 얻기 위한 목적이 있는 작동적 행동인 것이다.

강화 강화(強化, reinforcement)란 행동학습을 촉진하는 기제를 말한다. 행동학습을 강화시키는 가장 유력한 방법은 상(reward)을 주는 것이다. 이것을 심리학에서는 보상(補償)이라고 부른다. 동물실험에서 보상으로는 주로 먹이가 이용된다. 그러나 인간의 학습에서는 먹이, 즉 음식 이외에도 다른 많은 것들이 보상으로 활용된다. 칭찬, 미소, 피부접촉, 돈, 점수, 스티커 등 인간학습에서 사용되는 보상의 종류는 무한히 많다.

강화의 법칙 중에 이른바 부분강화는 강화시키려는 행동을 했다고 해서 매번 보상을 주는 것이 아니라 때로는 보상을 주고 때로는 보상을 주지 않는 경우를 말한다. 이 부분강화 중에는 그 시간간격을 이용한 부분강화(고정시간간격, 변동시간간격)와 강화 빈도의 비율을 이용한 부분강화(고정비율강화, 변동비율강화)가 있다. 고정시간간격 강화 방법으로 대표적인 예는 월급과 같이 일정한 기간이 지나면 돈을 받게 되는 경우이다. 그리고 변동비율강화의 대표적인 예는 슬롯 머신과 같이 언제

돈이 쏟아져 나올지 모르게 그 비율을 무작위적(random)으로 만들어 놓은 경우이다. 만약 슬롯 머신에서 일정하게 50번 돈을 넣을 때마다 동전이 쏟아져 나오게 되어 있다면 그 도박 게임에 재미를 느끼고 빠져들 사람은 아마 한 사람도 없을 것이다. 도박이 중독성을 가지게 된 근본적인 원인은 바로 이 불규칙한 변동강화 스케줄 때문이다.

소멸　이미 형성된, 즉 학습된 행동을 약화시키거나 없애는 현상을 소멸(extinction)이라고 부른다. 앞에서 말한 도박은 일단 형성되면 잘 소멸되지 않는다. 그러나 교실에서 떠드는 행동 등은 비교적 쉽게 소멸된다. 행동을 소멸시키는 데 가장 자주 사용되는 방법에는 벌(punishment)과 강화의 철회가 있다. 벌이란 어떤 행동을 했을 때 고통을 주어서 그 행동을 약화시키는 방법이기 때문에 aversive conditioning이라고 부르기도 한다. 그런데 이 벌의 방법은 벌을 가한 사람에 대한 반감을 가지게 되는 등 부작용이 많아서 현재 학교현장에서는, 특히 체벌의 사용에 대해서, 논란이 많다. 다음으로 소개되는 소멸의 방법은 강화의 철회이다. 예를 들면, 학생들이 수업 중 장난을 쳤을 때 교사가 야단을 치는 것이 오히려 그 학생에게는 강화가 될 때가 있다. 즉, 그 학생은 칭찬을 받을 기회가 없기 때문에 교사의 꾸중이 관심을 받을 수 있는 유일한 방법인 것이다. 이런 학생에게는 야단을 치는 것이 떠드는 행동을 약화시키지 못하고 오히려 강화시켜 줄 뿐이다. 이런 경우에는 지금까지 주어지던 강화, 즉 야단치기를 그만둠으로써 학생의 행동을 약화시킬 수 있다.

일반화　오래전 Watson에 의해서 이런 실험이 실시된 적이 있다. 생후 11개월 된 알버트라는 어린아이에게 흰털을 가진 토끼처럼 생긴 쥐를 보여 주었는데 그 아이는 이 쥐에 대해서 전혀 두려워하지 않고 만지면서 가지고 놀고 싶어했다. 그런데 알버트가 쥐에 가까이 접근하려 할 때마다 알버트 바로 뒤에서 큰 금속소리(쇠몽둥이를 치는 소리)를 내었다. 이 소리는 알버트를 놀래키고 공포를 느끼게 하기에 충분했다(금속소리는 무조건자극이고, 놀람과 공포는 무조건반응). 그 이후 알버트는 흰 쥐를 무서워하게 되었다. 즉, 금속소리를 내지 않고 흰쥐만 보아도 공포반응을 나타내었다(흰쥐는 조건자극이고 공포는 조건반응). 그런데 연구자들은 한 가지 현상을 더 발견하였다. 알버트는 흰수염을 가진 사람(예: 산타 할아버지), 흰털을 가진 다른

표 2-1 공포반응의 학습과 일반화

1. 최초의 상황	흰쥐 → 접근행동(공포반응 없음)
2. 실험조건	흰쥐 + 굉음 → 놀람, 공포반응
3. 조건화(학습) 결과	흰쥐 → 공포반응, 회피행동
4. 일반화	산타 할아버지 → 공포반응, 회피행동

동물을 보아도 같은 공포반응을 보이는 것이다. 이런 현상을 일컬어서 학습의 일반화라고 한다. 우리나라 속담에 '자라 보고 놀란 가슴 솥뚜껑 보고 놀란다'라는 말이 있는데 이것이 바로 조건화된 놀람반응의 일반화 현상을 효과적으로 표현해 준 속담이다.[1]

사회학습(모방, 관찰학습)　학습은 먹이 등과 같은 직접적인 보상이 없어도 발생한다. 인간은 다른 사람의 행동을 보고 그것을 모방하곤 한다. 혹은 다른 사람의 행동이 보상을 받는지, 벌을 받는지를 보고서 자신의 행동을 선택하기도 한다. 그리고 상대방에 대한 감정에 따라서, 상대방과의 관계에 따라서 행동이 달라진다. 이런 현상을 심리학에서는 사회학습(social learning)이라고 부른다. 즉, 물질적인 보상이나 자극이 아니라 타인의 행동을 관찰하거나, 타인과의 관계를 통해서 행동을 학습하거나 변화하게 된다는 것이다.

　사회학습에 대한 이론은 Bandura라는 심리학자에 의해서 정리되었다. 그의 이론은 행동심리학을 한 단계 높은 위치로 올려놓는 데 공헌하였다. 즉, 초기의 행동심리학은 인간학습에서 행동과 자극의 관계만을 분석하는 데 그쳤으나, 사회학습이론에서는 이런 학습과정에서 인간의 인지적인 측면을 포함시킬 수 있게 된 것이다. 심리학은 비로소 인간의 내면적인 측면을 다룰 수 있는 진정한 '심리학'이 될 수 있었다.

(3) 생활지도와 상담에의 영향
　행동심리학은 여러 경로를 통해서 교육현장에 응용되었다. 첫째, 행동수정

---

1) 연구자들은 이 실험을 한 후에 다시 알버트로 하여금 흰쥐에 대해서 공포반응이 없어지도록 다시 조건화를 하였다. 그렇지만 이런 실험은 대단히 위험하고 비인도적이기 때문에 비판을 받은 바 있다. 요즘에는 이런 실험을 실시하는 것이 금지되어 있다.

(behavior modification) 기법은 유치원과 초등학교 등에서 아동들의 부적응 행동을 교정하는 데 매우 효과적으로 사용되었다. 교실에서 떠들고 돌아다니는 아동, 학교에 등교하기를 거부하는 아동, 수줍어서 다른 아동들과 접촉하기를 어려워하는 아동 등 여러 가지 다양한 문제에 대해서 행동수정기법이 적용되었다. 유치원과 학교현장에서 행동수정이 도입된 것은 정신분석이론이 주류를 이루던 당시의 교육심리학계에서 크게 환영받을 만한 일이었다. 특히 정신분석처럼 다년간의 전문훈련을 받지 않고 훨씬 단기간의 교육을 받은 교사들이 학교현장에서 직접 행동수정을 효과적으로 활용할 수 있다는 점은 매력적인 점이었다[제11장의 '2. 학급경영과 상(償)' '3. 학급경영에서 벌(罰)의 사용' 참조].

둘째, 행동심리학은 교과수업에도 큰 변화를 일으켰다. 강화의 법칙을 이용한 프로그램 학습과 컴퓨터 보조수업(computer-assisted instruction) 등은 학생들의 학습과 교사의 수업을 한결 편리하게 해 주었다. 특히 개별 학생들의 학습수준에 맞는 수업내용을 개별 학생들에게 제시할 수 있게 되고, 수업의 과정을 주로 칭찬과 강화 위주로 이끌어 갈 수 있게 된 것은 가히 혁명적인 변화였다. 이런 변화는 미국의 교실에서 벌의 빈도를 크게 줄일 수 있게 해 준 것으로서, 이는 교과수업의 변화가 생활지도상의 큰 변화를 초래한 좋은 예라고 하겠다.

그렇지만 행동심리학은 아직도 그 기본 이론과 법칙들이 동물실험을 통해서 밝혀진 것이라는 비판을 받고 있다. 동물의 행동 및 학습과정은 인간에 비해서 단순하기 때문에 동물실험의 결과를 인간에게 일반화시키는 데에는 근본적인 한계가 있다는 말이다. 물론 이 주장은 타당성이 있지만, 그 이면에는 동물실험이 가지는 장점도 있다. 동물의 행동과 학습과정은 인간보다 단순하기 때문에 일단 현상을 단순화시켜서 실험을 하기가 용이하다. 동물실험을 통해 이런 단순한 원리를 밝혀낸 다음에 점차 복잡한 현상을 연구하는 절차를 밟는 것이 처음부터 복잡한 인간행동을 연구하는 것보다 능률적인 방법일 수 있다. 다시 말해서 동물실험의 단점이 그대로 장점으로 작용하는 것이다.

앞에서 언급한 것처럼 초기의 행동심리학자들은 내면적인 정신현상에 대해서는 본격적으로 연구하지 않았다. 그러나 사회학습이론을 비롯해서 인지적인 측면에 대한 이론이 나오고 새로운 연구방법들이 나오면서 행동심리학자들도 점차 인간의 내면적인 측면, 즉 인지와 감정, 정서 등의 현상을 연구하기 시작했다. 즉, 현대의 심리학계에서는 극단적인 행동주의자는 거의 없다고 보아도 과언이 아니다. 그

대신 다음에 설명할 인지심리학이 각광을 받게 되었다.

3) 인지심리학적 이론

인지(認知, cognitive)심리학은 현대의 심리학에서 주류를 이루는 관점이자 이론이다. 심리학 역사를 볼 때 초기에는 정신분석이론이 주류를 이루고, 그다음에 행동심리학이 주류를 이루었으며, 중간에 잠시 인간주의(인본주의) 심리학이 크게 영향을 미쳤다가, 현재는 인지심리학이 주류가 되었다. 심리학에서 인지주의의 열풍은 지각, 학습, 기억, 사고 등의 기초적인 실험심리학 영역뿐만 아니라 성격, 발달, 사회행동 등의 다소 거시(巨視)적인 심리학 영역, 그리고 상담 및 심리치료 등 응용분야에 이르기까지 골고루 영향을 미쳤다. 여기서는 인지이론이 상담과 심리치료에서 어떤 식으로 나타났는지를 설명한 후 그것이 학교상담과 생활지도에 미친 영향을 논의해 보겠다.

(1) 인지적인 상담과 심리치료이론

인지적 상담과 심리치료의 이론과 기법은 인지적인 실험심리학과는 별개로 발생했다고 볼 수 있다. 원래는 정신분석가로 교육을 받고 정신치료를 하던 치료가들 중에 일부가 심리적 문제의 원인으로 '병리적인 생각, 신념'에 주목하고 이를 체계적으로 연구하기 시작하였다. 그리고 문제의 원인이 인간의 생각, 즉 사고(思考)에 있으니 치료법도 자연히 그 병리적인 생각과 신념을 변화시키는 방향으로 간 것이다. 여기서는 대표적인 인지치료이론 두 가지를 소개한다.

Ellis의 합리-정서 치료이론   RET(Rational-Emotive Therapy)라는 이름으로 유명한 이 치료이론은 최근에는 REBT라는 이름으로 바뀌었다. RET에다가 행동(Behavior)을 첨가한 것이다. 이 이론은 인간을 이해할 때 사고(인지)-정서(감정)-행동의 세 가지 측면을 종합해서 본다. 예를 들어서 인간이 남들에게 평가를 받는 상황에서 불안을 크게 느끼는 원인은 '좋은 평가를 받지 못하면 큰일이다' '나쁜 평가를 받을 것 같다' 등 불안을 유발하는 생각(비합리적 신념)을 하기 때문이라는 것이다. 즉, 인지가 정서에 영향을 미치는 현상을 강조하였다. 그래서 불안을 치료하려면 그런 생각을 좀 더 합리적인 생각으로 변화시켜야 한다는 것이 초기 인지치료이론의 핵심이었다. 예컨대, '좋은 평가를 받지 못할 가능성도 있지만 그렇다고 해서 그것으로 내 인생을 망치는 것은 아니다'라는 생각으로만 바꿀 수 있어도 불안은 감소된다.

그러나 생각을 바꾸어도 불안은 여전할 수 있다. 혹은 생각 자체가 변화하지 않을 수도 있다. 이때 필요한 것이 행동이다. 불안을 일으키는 상황에 (행동으로) 부딪치게 해서 당초에 예상했던 것보다 양호한 결과를 경험하게 하는 것이다. 이런 행동적인 경험을 여러 차례 하게 되면 그의 생각과 감정은 자연적으로 변화하게 된다. 바로 이런 점을 강조해서 Ellis는 자신의 치료이론인 인지-정서-행동의 세 개 요소를 묶어서 REBT라고 칭하게 된 것이다.

그럼에도 불구하고 이 치료이론을 인지치료라고 분류하는 이유는 다음과 같다. 첫째, 인지는 문제를 발생시키는 핵심적인 원인이라는 것이다. 정신분석이론이나 행동심리학에서 주장하듯이 충격적인 경험과 자극, 미해결된 갈등경험 등이 문제의 원초적인 원인으로 작용한다. 그러나 비슷한 경험과 자극에 대해서 어떤 사람은 문제를 일으키고 어떤 사람은 문제를 일으키지 않는다. 그 이유는 바로 그 개인에게 있는데, 그가 그런 갈등사태나 충격경험 등을 어떤 식으로 받아들이고 해석했는지가 문제발생을 결정하는 역할을 한다는 것이다. 즉, 문제발생의 근본적인 원인은 인지에 있다는 입장이다. Ellis의 치료법을 인지치료라고 분류하는 두 번째 이유는, 인지가 문제를 장기간 지속시키는 역할을 하며, 인지를 변화시켜야만 장기적인 치료효과를 기대할 수 있다는 입장 때문이다. 인지적 변화가 일어나지 않은 변화(치료)는 불완전한 치료라고 보는 것이다.

Beck의 인지치료이론 Beck은 어떤 의미에서는 Ellis보다 상담과 심리치료 분야에 더 많은 영향을 미쳤다. Ellis의 이론과 치료기법은 다소 기계적인 속성이 없지 않으나, Beck의 인지치료는 내담자와의 협조관계 형성을 강조한 점 등 이론과 치료기법상 유연한 측면이 많다. 상담과 심리치료의 효과를 좌우하는 가장 중요한 요인들 중에는 내담자가 상담자를 신뢰하는 정도를 빼놓을 수 없다. 이 점에 대해서는 정신분석을 비롯해서 어떤 접근법이든지 예외가 아니다. Beck은 인지치료라는 맥락에서 내담자와의 협조관계 형성에 대해서 비중 있게 다루었다.

Beck은 특히 우울증의 인지적 속성을 구명하고 우울증 치료기법을 개발하는 데 공헌하였다. 자기 비하적인 사고, 부정적인 시각 등이 우울증세의 원인으로 작용하는데, 이런 것을 자기 옹호적인 사고와 긍정적인 시각으로 변화시키는 기법들을 연구한 것이다. 인지치료에서는 내담자가 자신의 증세와 관련된 각종 생각, 신체적 변화에 대한 인식 등에 대해서 구체적인 이해를 하도록 한다. 그 이유는 그렇게 해야 내담자가 자신의 사고와 증상을 조절할 수 있는 능력이 배양된다고 보기 때문이다. 즉, 인지치료의 이론적 핵심은 내담자가 증상을 이해하고 스스로 조절할 수 있도록 한다는 자기조절(self-regulation)에 있다. 현대의 인지심리학은 행동의 의도, 목적 등을 설명하고자 시도하고 있으며 이런 시도는 인간의 성격을 설명하는 데 새로운 공헌을 하고 있다(Carver & Sheier, 2004).

Beck 역시 치료기법상 행동치료적인 방법을 동원한다. 예컨대, 우울증이 심한 내담자는 신체를 움직이는 운동을 하게 한다든지, 편한 친구를 만나게 한다든지, 기타 즐거운 활동을 하게 하는 등 행동을 통해서 정서적인 변화를 발생시키는 시도를 한다. 이런 의미에서 인지치료는 인지-행동치료라는 용어로 더 자주 불린다.

(2) 상담과 생활지도에의 영향

인지치료는 이론이 비교적 단순하지만 치료기법이 매우 다양하게 개발되었다. 특히 청소년이나 대학생 상담에서 인지치료법은 효과적이다. 인지적인 개인상담 기법을 응용해서 집단상담이나 집단심리교육 프로그램이 다수 만들어졌다. 우리나라의 대학상담소나 청소년상담실에서는 인지치료법이 많이 활용되고 있다.

인지치료는 본질적으로 행동심리학과 맥을 같이한다. 행동수정과 인지치료는 정신분석적인 심리치료에 비해서 내담자로부터 빠른 변화를 이끌어 낸다. 그래서 단기상담 혹은 단기치료라는 용어가 생기게 되었다. 인지나 행동에 주목하는 단기상담은 학교현장에서 환영받기에 적합하다. 상대적으로 장기간이 걸리는 정신분석은 학교상담이나 생활지도에서는 적합하지 못하다.

3. 교육학적 관점과 이론

앞 절에서 논의한 심리학적 관점과 여기서 논의할 교육학적 관점 간의 차이는 무엇인가? 정신분석학을 비롯한 심리치료이론은 전통적으로 '치료'의 개념에 비중을 두어 왔다. 반면에 학교상담과 생활지도는 치료보다는 '예방과 성장'의 개념에 비중을 두어 왔다. 따라서 심리학적 관점에는 치료적 요소가 강하게 들어 있고, 교육학적 관점에는 예방적, 성장적인 요소가 포함되어 있다고 말할 수 있다. 다만, 최근에는 '긍정심리학' 관점이 심리학에도 도입되어 심리학에서도 예방적 요소를 강조하기 시작하였다는 점을 고려하면 점점 심리학적 관점과 교육학적 관점 간의 거리가 좁혀지고 있다는 평가를 할 수 있겠다.

1) 인간의 성장욕구와 자아실현

정신분석과 행동심리학은 여러 가지 차이점에도 불구하고 한 가지 중요한 공통점이 있다. 그것은 인간을 다분히 '결정론적'으로 본다는 점이다. 인간을 결정론적으로 본다는 말은 인간의 행동을 설명할 때 원인-결과의 관계로 설명을 한다는 것이다. 즉, 현재의 성격이나 행동 등은 이미 과거의 학습이나 과거의 경험에 의해서 비롯된다는 것이다.

그러나 이 결정론적인 설명체계에 대해서 반대하는 입장도 있다. 그것은 바로 인간의 자유의지(free will)을 중요시하는 관점으로서, 인간의 성격이나 행동은 그 개인이 선택하는 것이지 결코 어떤 원인에 의해서 결정되는 것이 아니라는 입장이다. 물론 인간이 과거의 경험과 학습에 의해서 영향을 전혀 받지 않을 수는 없다. 그러나 인간은 자신의 의지, 취향, 가치관 등에 의해 선택하는 측면이 강하며, 인간이 자신의 행동을 선택하는 측면이 많아질수록 그는 자신의 인생을 스스로 조절하고 통제하는 인간이 된다는 것이다.

심리학에서 이런 입장을 취하는 이론을 이른바 '제3의 심리학'이라고 부른다. 정신분석과 행동심리학을 각각 제1, 제2의 심리학이라고 보고 인본주의적 심리학을 제3의 심리학이라고 칭한 것이다. 정신분석과 행동주의가 공통적으로 실증주의를 표방한 반면 제3의 심리학은 실증주의보다는 '현상학적(現象學的)' 접근을 꾀하였다. 여기서 현상학적 접근이란 어떤 사실이 객관적으로 존재한다고 보는 것이 아니라 개인이 그것을 어떻게 지각하고 해석하는지에 따라서 다른 것으로 취급해야 한다는 것이다. 즉, 사실은 개인 외부에 존재하는 것이 아니라 개인의 지각과 해석이더 중요하다는 입장이다. 그래서 인간주의 심리학을 다른 말로 인본주의 심리학이라 하여, 인간을 중심에 놓는다는 점을 강조하기도 한다.

인간주의 심리학은 인간의 행동을 설명할 때 행동의 원인보다는 행동의 목적에더 주목한다. 과거보다는 미래에 더 주목하는 것이다. 즉, 인간주의 심리학에서 개인은 자신의 희망, 목적, 원함, 취향 등을 기초로 자신의 목표를 지향하며 또한 그 목표에 비추어서 자신의 행동을 선택한다.

인간주의 심리학의 또 다른 특징은 인간의 성장욕구에 주목했다는 사실이다. Maslow가 말한 바 있듯이 인간은 생존과 안전을 위한 기본적인 욕구, 그리고 소속감, 사랑, 자존감 등의 사회적인 욕구가 있으며, 그외에 자기 자신의 타고난 가능성과 인생의 목표를 실현하려는 이른바 자기실현의 욕구가 있다. 이 자기실현은 self-actualizing의 번역어인데 다른 말로 자아실현이라고도 부른다.

이 자아실현 혹은 자기실현의 욕구는 인간이 더 나은 인간이 되려는 성숙과 성장의 욕구와도 관련된다. 학생이 놀고 싶은 욕망을 참으면서 공부를 하는 것, 운동선수가 효율적인 동작을 반복연습하는 것, 예술가가 더 나은 작품을 만들기 위해서 밤을 새우는 것 등에는 분명히 자신의 잠재가능성을 펼치려는 성장의 욕구가 들어

Abraham H. Maslow
(1908~1970)

있다는 이론이다. 인간은 자기실현의 욕구, 더 나은 인간으로 성장하고 싶어 하는 성장욕구를 가졌기 때문에 다른 동물에서는 보지 못한 문화, 예술, 학문, 문명, 통신 등을 이룩한 것이다.

성장, 자기실현, 자유의지, 목표지향성 등을 강조하는 인간주의 심리학은 심리학이라기보다는 교육학적인 성격이 짙다. 그래서 여기서는 인간주의 심리학을 심리학적 관점보다는 교육학적 관점에 포함시켰다. 특히 상담에서는 치료적 기능보다는 개인의 성장욕구를 도와주는 기능을 강조하는 입장이 있는데 이것이 바로 Rogers와 같은 인간주의 심리학자들에 의해서 주창된 이론이다. 심리치료는 주로 문제가 발생한 다음에 그것을 해결하거나 치유하는 입장을 취하

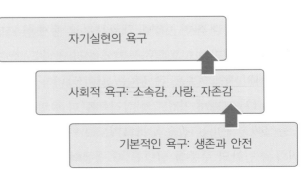

[그림 2-4] Maslow의 욕구 위계

는 반면에 생활지도와 상담은 예방과 성장을 강조하는 교육적인 관점이 강하다.

　교육은 본질적으로 인간의 다양한 측면을 반영한다. 교육은 사회적으로는 그 사회의 가치와 지식을 후세에 전달하는 것이며, 국가적으로는 그 국가의 발전을 도모할 역량 있는 국민들을 길러 내는 것인 동시에, 개인적으로는 그 개인의 교양, 인성, 지적 능력 등을 발전시킴으로써 한 완성된 인간으로 성장하도록 도와주는 활동이다(성태제 외, 2007). 상담과 생활지도는 교육학의 다양한 관점 중 특히 개인적 관점, 즉 개인의 성장, 발달, 자아실현 등의 개념을 중요시하는 관점을 채택하고 있다.

Carl R. Rogers(1902~1987)

2) 발달과업과 발달단계에 대한 이론

(1) 발달이론의 교육학적 시사

　사람들은 저마다 특징적인 개성을 가지고 있지만 동시에 많은 공통점도 가지고 있다. 그 공통점 중에는 상당히 비슷한 경로나 단계를 통해서 발달을 하는 것도 포함된다. 손에 쥐어지는 모든 것을 일단 입으로 가져가는 신생아기의 행동은 거의 모든 아이에게서 나타나고, 2세 전후에 말을 한다는 것도 거의 모든 아이에게서 나타나는 공통점이다.

　인간의 발달에 공통점이 있다는 사실에 대해서 교육심리학자들은 두 가지 중요한 개념을 제시했다. 첫째는 발달과제, 즉 developmental tasks라는 개념이고 둘째는 발달단계, 즉 developmental stages라는 개념이다.

　먼저 발달과제의 개념을 살펴보면 인간은 그 시기에 반드시 성취해야 할 경험이나 능력이 있다는 것이다. 이 개념은 Havighurst가 제시한 것으로서, 만약에 환경의 열악함으로 인해 4~5세 이전에 말을 배우지 못하면 그 아이의 언어발달에는 큰 지체나 장애가 생긴다. 만약에 1~2세경에 걷기를 터득하지 못하면 그 아이의 걷기 능력은 크게 지체되거나 혹은 아예 걷지 못하게 될 수도 있다(이런 이유로 인해서 결정적 시기, 즉 critical period라는 개념이 생김). 발달과제는 반드시 아동초기에만 있는 것은 아니다. 또래와의 관계 형성, 놀이나 학교에서의 규칙을 이해하고 따르기, 양심이나 도덕적 규범을 이해하고 따르기, 이성에 대한 관심과 이해, 직업세계에 대한 지식습득 등 아동기와 청소년기에 반드시 성취해야 할 과제는 수없이 많다.

다음은 발달단계에 대해서 살펴보자. 발달단계는 이미 Freud가 아동기의 성심리 (psychosexual) 발달단계설을 제시한 바 있음을 앞에서 소개하였다. 많은 발달심리 학자는 인지능력이 발달하는 단계(예: Piaget), 심리사회적인 발달단계(예: Erikson), 도덕적인 사고능력의 발달단계(예: Kohlberg), 진로의식의 발달단계(예: Super) 등 다양한 측면에 대해서 발달단계설을 제시한 바 있다.

이 발달과제이론과 발달단계설은 학교상담과 생활지도에 어떤 시사점을 제공하였는가? 이 두 이론은 인간이 어떤 경로를 밟아서 성장하고 발달하는지를 보여 주기 때문에 특별한 지도를 요하는 아동이나 청소년을 발견하는 기준이 될 수 있다. 즉, 발달이 지체되거나 발달상의 장애를 조기에 발견하게 해 주고 어떤 조치를 취해야 될지 시사점을 제공한다. 예컨대, Erikson이 제시한 정체감(identity) 형성이라는 것은 청소년기의 중요한 발달과제이다. 청소년 초기에는 자기가 누구인지, 어떤 사람인지, 미래에 어떤 사람이 될지 등에 대해서 탐색하는 시기지만 10대 후반에는 이 정체감이 어느 정도 확실하게 형성되는 것이 정상적인 발달단계라고 한다. 그러나 어떤 청소년은 10대 중반에 자기를 탐색하는 기회를 별로 가지지 못하여 20대가 되어서도 자기가 어떤 사람인지 파악하지 못하고 혼돈(confusion)에 빠져 있음을 발견할 수 있다.

청소년들을 대상으로 하는 상담과 지도활동 중에는 그들이 자신의 성격, 적성, 흥미, 가치관, 직업계획 등에 대해서 탐색하는 기회를 제공하는 프로그램들이 많다. 우리나라에는 각 시도, 시·군·구마다 청소년상담센터(혹은 청소년지원센터)가 설치되어 있어서 이런 다양한 지도 프로그램을 실시하고 있으며, 각급 학교의 전문 상담교사들도 이런 프로그램을 학생들에게 실시하기도 한다. 이런 자기탐색 프로그램들은 청소년들이 자아의 정체성을 정립하고 자신의 미래를 제대로 설계하는 데 도움이 된다.

(2) Erikson의 심리-사회적 발달단계론의 교육학적 의미

Erikson은 인간의 일생을 여덟 단계로 나누어서 구분한 바 있다. 그는 두 가지 갈등되는 주제를 가지고 매 단계의 특징을 설명하였는데, 둘 중의 하나는 긍정적인 것이고 다른 하나는 부정적인 것이다. 그러나 긍정적인 것은 항상 좋고 부정적인 것은 항상 나쁘다는 뜻은 아니다. 예를 들어서 첫 단계인 '신뢰감 vs. 불신감'에서 불신감은 부정적인 속성이지만 그것은 자기보호를 위해서 반드시 필요한 속성인 것이다. 자기와 타인을 오로지 신뢰하기만 하는 사람을 상상해 보라. 우리에게는 신뢰감과 불신감 간의 적절한 조화가 필요한 것이다.

Erick H. Erikson(1902~1994)

Erikson의 발달단계설에서 또 한 가지 주목해야 할 것은 그의 이론은 생애 전체에 관한 것이라는 점이다. 발달초기 심리학자들은 '발달'이라는 개념을 아동 초기부터 청소년기 혹은 성인 초기 정도까지만 생각하는 경향이 있었다. 그러나 최근의 발달심리학은 발달을 전생애(全生涯, life-long 혹은 life-span)라는 관점에서 본다. 현대 교육학에서도 교육을 학교교육으로만 보는 것이 아니라 평생교육으로 본다. 이런 관점상의 전환은 교육학적으로 중요한 의미가 있다. 아동기의 교육은 피교육자가 비교적 수동적인 입장에서 교육을 받는 측면이 강하다. 하지만 성인기의 교육은 피교육자가 훨씬 더 능동적인 입장에서 자신의 교육을 스스로 선택하고 결정할 수 있는 입장이 된다. 다음은 Erikson이 제시한 여덟 가지 발달단계다.

신뢰감 vs. 불신감(trust vs. mistrust: 출생~1세)　유아와 엄마의 상호작용을 통한 사회적 관계는 유아가 세계를 신뢰하는 태도를 가지느냐 아니면 불신하는 태도를 가지느냐를 결정하게 된다. 엄마가 유아의 신체적 욕구에 매우 반응적이고 애정적이며 충분한 사랑과 안정감을 제공한다면 유아는 주위 세상을 신뢰하기 시작할 것이며, 이러한 기본 신뢰감은 타인뿐만 아니라 자신에 대한 태도를 특징짓게 된다. 반면 엄마가 거부적이고 무관심하며 행동에 일관성이 없을 때 유아는 주위 세상에 대한 불신의 태도를 발달시킨다. 이렇게 양육의 질에 따라서 신뢰 혹은 불신의 태도를 발달시키게 된다.

자율성 vs. 회의감 및 수치심(autonomy vs. doubt & shame: 2~3세)　이 시기에 아동은 다양한 신체적, 정신적 능력을 발달시킨다. 따라서 아동은 최초로 많은 것을 스스로 할 수 있게 되며 이 과정에서 자율의지를 경험하게 된다. 예를 들면, 대·소변을 가리는 일, 밥을 혼자서 먹는 일, 혹은 놀잇감을 선택해서 노는 일 등이 대표적인 것이다. 이런 경험을 통해 아동은 어느 정도 스스로 선택을 실천할 수 있다고 믿는다. 아동이 자율적인 의지를 실천하는 것이 허용되지 않으면 타인과의 관계에서 수치심을 느끼고 자신에 대한 회의감을 일으킨다.

주도성 vs. 죄책감(initiative vs. guilt: 4~5세)　　이 시기에는 아동의 운동 능력이나 지적 능력이 더욱 발전함으로써 더 많은 것을 행할 수 있으며, 활동의 목표나 계획을 가지고 이를 달성하고자 노력하게 된다. 이 과정에서 주도성이 발달하게 된다. 주도성은 남보다 앞서고 싶은 욕구, 즉 경쟁심이나 지배욕구와 관련이 있고 또한 소유욕구와도 관련이 있다. 그러나 이런 욕구는 동년배 다른 아동과 갈등을 일으키거나 혹은 어른들과의 관계를 어렵게 만들 가능성이 있다. 이런 점 때문에 주도성을 발휘하는 데 대해서 처벌을 심하게 받거나 금지당할 수 있는 것이다. 그런 경우 자기주도성에 대한 죄책감이 과도하게 발생할 수 있다. 그러나 죄책감의 발생이 완전히 나쁜 것만은 아니다. 이 죄책감은 Freud가 말한 초자아(superego), 즉 양심의 근원이 되기 때문이다. 죄책감이 있어야 아동은 자신의 행동을 조심하고 통제하게 된다.

근면성 vs. 열등감(industry vs. inferiority: 6~11세)　　이 시기는 아동이 초등학교를 다니는 시기이다. 이 시기에는 아동의 세계가 상당히 확대되고 집 밖에서 새로운 영향력을 받게 된다. 집이나 학교에서 여러 가지 활동을 하면서 근면성을 학습하기 시작하는데 주로 타인으로부터 '잘했다'는 인정을 받고 주어진 과제를 완수함으로써 즐거움을 경험한다. 그렇기 때문에 이 시기에 부모나 교사로부터 근면성에 대한 건설적이고 교훈적인 칭찬과 강화를 받는 것이 중요하다. 그렇지 못하고 성인들로부터 조롱과 거부적인 태도를 많이 당하면 열등의식이 발달한다. 단, 열등의식의 이면에는 남에게 자신을 겸손하게 낮추고 남들과 협조하는 행동을 발달시킨다는 이점이 있다.

정체감 vs. 역할 혼돈(identity vs. role confusion: 12~18세)　　이 시기의 청소년들은 급격한 신체 변화와 사회적 요구에 당황하게 되며 자신의 존재에 대한 새로운 탐색을 활발하게 전개한다. Erikson은 이 시기를 개인의 자아정체감이 해결되어야 하는 중요한 시기라고 주장하였다. 청소년기는 아동기와 성인기 간의 과도기적 시기로써 자아정체감을 형성하고 수용하는 일이 중요하다. 즉, 자신이 어떤 사람인지를 이해할 뿐만 아니라 그것을 긍정적으로 받아들일 수 있는지의 여부가 매우 중요한 것이다. 정체감이 형성된 개인들은 확신을 가지고 다가오는 성인기에 대비하지만 실패한 개인들은 정체감 위기, 즉 역할 혼돈에 빠진다. 단, 충분한 자기탐색 기간을 거치지 않은 채 정체감이 너무 일찍 형성되는 것은 바람직하지 않다. 개인에 따라서는 20대 혹은 30대가 되어서야 자아정체감을 형성하기도 한다.

친밀성 vs. 고립감(intimacy vs. isolation: 19세~성인 초기)　이 시기에는 부모로부터 심리적, 경제적 독립을 성취하여 직업을 선택하고 배우자를 찾으면서 성숙하고 책임감 있는 성인으로서의 역할을 발전시킨다. 생산적인 일에 종사할 뿐만 아니라 우정 혹은 성적 결합의 형태로 타인과 친밀한 관계를 형성한다. 여기서 자신의 정체감을 타인과 융화시켜야 할 필요가 있다. 그러나 자신의 정체감을 타인과 융화시킨다고 해서 자신의 정체감을 잃어서는 안 된다. 친밀관계를 수립하는 데 실패한 사람은 또 다른 타인과 친밀감을 경험하는 것, 즉 친밀한 관계에 이르는 과정을 회피하게 되며 고립감을 발달시킨다.

생산성 vs. 침체감(generativity vs. stagnation: 중년기)　이 시기에는 다음 세대를 낳고, 가르치고 지도하는 역할을 수행할 뿐만 아니라 그런 일에 대한 중요성을 부여하고 보람을 느낀다. 또한 자신이 종사하는 분야에서 직업적인 성취나 업적을 내고자 노력한다. 이러한 생산성 형성에 실패한 개인은 침체감에 빠지고 대인관계가 빈곤해진다.

자아 통합감 vs. 절망감(ego integrity vs. despair: 노년기)　노년기에는 신체적인 노쇠와 직업으로부터의 은퇴, 친한 친구나 배우자의 죽음 등으로 인하여 무력감에 빠지기 쉽다. 이 시기에는 그런 사건들에도 불구하고 자기의 인생에 대한 긍정적 평가와 부정적 평가를 통합시키는 경험을 한다. 만약 자신의 생애에 대해서 오로지 부정적인 평가를 하는 경우 통합감보다는 절망감에 빠지고 인생을 후회하게 된다. 현대사회에서는 평균 수명의 연장으로 인해서 노년기가 길어져 보다 적극적으로 인생 후반기를 살아야 할 필요성이 높아짐에 따라 평생교육의 중요성이 더욱 강조된다.

3) 인성교육이론

(1) 인성교육의 목적

교육목적론(目的論)은 '무엇을 위해서 이 교육을 하는가?'라는 질문에 대해 대답하기 위한 학문 탐구이다. 보편적으로는 '교육을 왜 하는가?'로부터 시작해서 약간 구체적으로는 '무엇을 위해서 과학교육을 하는가?' 그리고 더 구체적으로는 '식물의 광합성을 왜 가르치는가?'에 이르기까지 다양한 수준의 질문에 대해서 탐구해야 한다. 인성교육과 생활지도는 이러한 교육목적론의 근본 질문과 연관성이 있다.

교육목적론에서 가장 중요하게 다루는 개념은 '인간상(人間象)'으로서, 교육을 통해서 어떤 인간을 기르는 것이 잘하는 교육인지 고찰해 왔다. 인성교육과 생활지도론은 이 점에서 교육목적으로서의 인간상을 논하지 않고는 존재하기 힘들다. 청소년들의 자살이나 패륜적 사건 등이 발생하면 언론과 사회에서는 인성교육의 부재(不在)에 그 책임을 돌리곤 한다. 이런 비판은 심리적 스트레스를 인내하는 능력이 강한 사람을 길러야 하며, 그것은 인성교육에서 담당할 일이라는 주장이다. 그리고 교육에서는 어른을 존중하고 귀히 여기는 사람을 길러야 하는데, 그것도 인성교육에서 해야 할 일이라는 것이다. 즉, 교육에서 길러야 하는 거의 모든 덕목, 말하자면 심리적, 윤리적, 사회적 덕목들은 인성교육과 생활지도에서 해야 할 일이라는 인식이 의식의 저변에 깔려 있다.

인간상과 관련된 교육목적은 말처럼 그리 간단하지 않다. 지식교육의 교육목적은 예컨대, 이해, 기억, 문제해결 등으로 다소 분명한 논의가 가능하지만 인성으로 가면 논의가 복잡해진다. 이를테면 인내력은 인성교육에서 중요시하는 교육목적에 속하는데, 이 인내력이 교육목적으로 다루어질 때 대단히 복잡해진다. 첫째, 인내력이 발휘되어야 하는 상황은 매우 다양해서 경우에 따라 바람직하거나 바람직하지 않다. 둘째, 인내력은 상당 부분 타고나는 것이어서 개인의 타고난 특성, 즉 자연적인 상태를 존중해야 한다는 교육학적 취지를 생각한다면 인내력이 약한 사람에게 강제로라도 인내력을 기르게 해야 하는지 의문이 남는다. 셋째, 인내력은 강할수록 바람직한 것인지, 적정한 인내력이라는 선을 설정할 수 있는 것인지 상황에 따라서 판단하기가 쉽지 않다. 이 세 가지 이유만 보더라도 인간상과 관련한 교육목적을 학술적으로 논의하거나 교육실제에서 교육목적으로 설정하기가 어렵다는 것을 이해할 수 있을 것이다.

인성교육이 그동안 화려한 '말잔치'에도 불구하고 실제적이고 구체적인 인성교육론을 제대로 내놓지 못한 것은 아마도 인성교육의 목적론 자체가 지나치게 복잡하기 때문일 수 있다. 따라서 모호하고 막연한 수준에서 '이러이러한 사람을 길러야 한다'라는 논의는 하였지만 상황을 철저하게 고려한 구체적인 인성교육론은 나오기 어려웠다.

또한 생활지도론은 교육목적보다는 교육방법에 대한 연구와 논의에 치중해 온 감이 많다. 다시 말해서 생활지도론자들은 '어떤 인간을 길러야 하는가'라는 가치관의 문제를 회피하고 '어떻게'의 문제, 즉 교육방법에 주목해 온 경향이 많다.

생활지도론에서 이렇게 가치중립적인 방법론에만 치중하는 것은 문제가 있다고 생각된다. 아마도 현대의 교육이 인성교육 부분에서 비판을 받고 있는 이유는 입시제도나 지식교육의 비효율성 이외에도 인성교육이나 생활지도 종사자들이 '어떤 인간상'이라는 교육목적적인 사고에 소홀하였기 때문이 아닌가 생각된다. 인성교육과 생활지도의 방법적인 측면에만 관심이 집중된 반면에 어떤 성격, 어떤 사고방식과 사고능력, 어떤 가치관, 어떤 사회관, 어떤 국가관, 어떤 자아개념, 어떤 인간관, 어떤 심리적 특성과 능력, 어떤 판단능력과 의사결정능력 등이 필요한지, 또 그런 것들이 왜 필요한지에 대한 심각한 논의가 부족했던 것이다. 그래서 인성교육과 생활지도 종사자들은 인성교육과 생활지도의 주체, 즉 주인이 되지 못하고 그것의 방법을 제공하는 역할에 그쳤다는 비판을 면하기 어려울 것 같다.

이런 현상은 생활지도 교과서를 보면 쉽게 확인할 수 있다. 생활지도의 교육적 의미보다는 생활지도의 방법에 치중된 논의를 쉽게 발견할 수가 있다. 생활지도의 개념을 논의하는 부분에서는 그것의 교육학적 의미를 논하지만, 생활지도 방법을 논의할 때는 교육목적과의 연계성을 논의하지 않은 채 문제아상담, 심리검사, 집단상담이나 프로그램 소개에 그치는 것이 보통이다. 생활지도나 인성교육을 통해 기르고자 하는 교육목적, 그리고 그 교육목적이 왜 바람직한 목적인지에 대한 논의가 극히 부족함을 알 수가 있다. 이런 관점에서 이 책의 필자들은 이 책이 단순히 학교상담과 생활지도의 방법과 수단에 대한 논의에 그치지 않고, 인성교육의 목적과 내용을 함께 다루어 인성교육과 생활지도의 목적, 내용, 방법의 균형잡힌 교육학 서적이 되기를 원한다.

인성교육, 상담, 생활지도는 그 성격상 별도의 과목이 설정되어 있지 않으며 그렇게 해서도 안 된다. 인성교육은 모든 교과목과 관련이 있는데, 특히 도덕(윤리),

사회, 역사, 국어, 체육, 예술 등의 교과들이 다른 교과에 비해서 인성지도의 내용을 많이 담고 있다. 그렇다고 해서 수학, 과학, 지리, 외국어 등의 교과들이 인성교육과 관련이 없다는 말은 아니다. 교사의 수업계획에 따라서 이들 과목에서도 얼마든지 인성교육을 실시할 수가 있다. 다시 말해서 인성교육은 지식의 형태로 주어지는 것이 아니라 교사의 언행, 학급운영방식, 상벌(賞罰) 관리방식, 학교행사 운영방식 등을 통해서 자연스럽게 이루어지는 것이다. 한 예로 체육 교과는 단지 학생의 체력 증진과 운동 능력의 향상만을 목적으로 하지 않는다. 체육 교과를 통해서 학생은 사회성, 협동, 인내심, 경쟁력, 좌절에 대한 극복능력 등 중요한 인성 발달을 도모하도록 되어 있다.

우리나라에는 최근 「인성교육진흥법」(2015)이 제정된 바 있다. 이 법에서 정의하는 인성교육이란 "자신의 내면을 바르고 건전하게 가꾸고 타인, 공동체, 자연과 더불어 살아가는 데 필요한 인간다운 성품과 역량을 기르는 것을 목적으로 하는 교육"을 말한다. 이 인성교육진흥법에서 지칭하는 핵심가치와 덕목은 곧 인성교육의 목표가 되는 것으로서 '예(禮), 효(孝), 정직, 책임, 존중, 배려, 소통, 협동' 등의 마음가짐이나 사람됨과 관련되는 핵심적인 가치 또는 덕목을 말한다. 덕목과 가치를 실현하는 능력을 '핵심 역량'이라고 부르는데, 핵심 역량은 핵심 가치와 덕목을 적극적이고 능동적으로 실천 또는 실행하는 데 필요한 지식과 공감, 소통하는 의사소통능력이나 갈등해결능력 등이 통합된 능력을 지칭한다.

인성교육은 가정, 학교 및 지역사회에서 모두 장려되어야 하는데, 각급 학교의 장은 인성교육의 목표 및 성취 기준과 교육 대상의 연령 등을 고려하여 인성 교육의 계획을 수립하고 교육을 실시하여야 한다(법령 제10조).

(2) 생활지도와 인성교육의 관계

생활지도론은 교육학 중에서 그동안 인성교육과 가장 깊은 관련을 가져 왔다. 왜냐하면 생활지도론의 주요주제는 학교 및 가정생활에서의 적응, 대인관계, 성격발달, 감정의 인식과 조절, 생활습관, 적성의 발견과 진로선택 등이기 때문이다. 생활지도론에서 다루는 주제 자체가 인성교육의 내용이 되는 경우가 대부분임을 쉽게 알 수 있다(김계현 외, 2002).

교육심리학에서도 지능, 적성, 성격 등의 주제를 다루지만 생활지도론에서는 그것들을 훨씬 더 실용적인 차원에서 다룬다. 예를 들면, 지능, 적성, 흥미, 성격 등에 관한 지식을 어떤 식으로 개인의 진로와 직업선택에 활용하는지에 대해서 매우 구체적으로 탐구하는 것이다. 직업선택은 매우 복잡한 정보처리와 의사결정을 필요로 한다. 올바른 직업선택을 위해서는 자신의 능력과 취향에 대해 정확히 이해해야 하며 또한 어떤 직업이 사회에 존재하고 가까운 미래에 존재할지에 대한 지식을 가지고 있어야 한다. 그리고 자기의 능력과 취향이 어떤 직업과 관련 있는지 사고하고 최종적인 의사결정을 할 수 있어야 한다. 이뿐만 아니라 그런 직업을 취득하기 위한 준비를 하고 최종적으로는 직장획득을 위한 행동을 해야 한다(김봉환, 김계현, 1997). 진로 및 직업과 관련된 생활지도론은 이런 복잡한 정보와 절차에 대한 구체적 설명과 실제적인 의사결정 및 행동을 효율적으로 해내는 방법에 대해 논하는 것이다.

정서나 성격에 대해서도 생활지도론은 단순히 발달단계를 나누어서 설명하는 수준을 넘어선다. 정서의 예를 들면, 자기의 감정을 인식하고, 타인에게 표현하고, 제어하는 능력 그리고 타인의 감정을 이해하고, 공감하고, 통제할 수 있는 능력 등을 직접 교육하는 것이 생활지도의 영역이다. 따라서 생활지도론에서는 그런 교육방법과 내용을 다룬다. 구체적인 사례를 들면, 자기의 정당한 권리를 침해하는 사람에게 자기의 권리를 주장하는 것은 민주사회에서 필수적인 능력인데 생활지도에서는 이른바 자기주장훈련(assertiveness training)이라는 교육을 실시한다. 타인의 감정을 이해하고 공감하는 능력은 발달심리학에서 관점채택(perspective taking)이라고 해서 그런 능력의 발달에 대해 연구해 왔는데, 생활지도에서는 이런 능력이 인간관계의 형성과 유지에 필수적인 능력이기 때문에 중요하게 다루어 왔고, 그런 능력을 증진시킬 수 있는 방법, 예컨대 T-그룹훈련(자기에 대한 인식과 타인에 대한 이해능력을 증진시키기 위한 집단상담의 일종) 등을 개발해 왔다.

현대 우리나라의 중ㆍ고등학생들은 심각한 입시 경쟁 상태에서 시달리고 있다. 학교에서 실시하는 중간고사, 기말고사 성적은 그대로 '내신 성적'으로서 입시에 반영된다. 따라서 학교 시험 성적이 나쁘게 나오는 경우 그 학생은 심한 좌절과 실패감을 경험하고 입시에 대한 불안감에 시달리게 된다. 따라서 오늘날의 생활지도에서는 학생들이 좌절 상태를 극복하는 능력을 길러 주는 교육이 매우 중요해졌다. 최근에 교육심리학이나 상담학에서 도입한 탄력성(resilience, 번역어 대신에 원어 그대로 '리질리언스'라고도 함), 실패 내성(耐性, tolerance) 등의 개념은 인성교육에 큰 시사점을 제공한다(김영빈, 2008).

생활지도론은 그 자체가 인성교육론이라고 해도 과언이 아닐 만큼 인성교육과 관계가 깊다. 교육현장에서도 생활지도와 인성교육을 구별하기가 불가능할 것이다. 굳이 개념적 구분을 한다면 생활지도는 인성교육의 한 영역인 동시에 방법이라고 표현할 수 있을 것 같다. 인성교육이 구체적 내용과 방법을 가지고 교육현장에 실현된 것이 바로 생활지도라고 보면 될 것 같다.

교육학에서 '인성교육'이라는 분야가 그동안 소홀히 다루어진 것에 대해서는 거의 모든 교육학자가 책임을 져야 할 것이다. 교육학자들은 인성교육의 중요성에 대해서 동의하면서도 인성교육의 내용과 방법에 대해서 구체적 제시를 하는 데에는 소홀했음에 반성해야 할 것이다. 앞에서 언급한 것처럼 인성교육은 특정 교과로서 존재하는 것이 아니라 모든 교과에 의해서 수행되며, 학급 및 학교 운영방식에 의해서도 인성교육이 이루어지는 것이다. 따라서 인성교육에 관계하는 교육학자들은 이런 새로운 관점에 의해서 인성교육의 목적, 내용, 방법들을 구체적으로 탐구해서 제시해야 할 것이다.

(3) 긍정심리학과 인성교육

앞에서 잠시 언급한 바와 같이 현대의 심리학은 치료보다 예방에 비중을 두려는 방향으로 변화를 모색하고 있다. 예방과 성장은 상담학과 교육학의 본연의 관점으로서, 현대의 심리학은 점차 상담학 및 교육학과 가까워지는 경향을 보인다고도 말할 수 있겠다. 긍정심리학의 출현이 그런 현상을 증명해 준다.

심리학은 전통적으로 문제의 진단, 분류, 측정, 치료에 비중을 두어 왔다. 그러나 많은 심리치료사가 치료의 효과가 문제의 원인을 제거하는 데서 나온다기보다는 오히려 내담자의 희망, 의지, 낙관주의 성향, 주변 사람들의 지원 등에서 나온다는 것을 알게 되었다. 그리고 심리치료의 특수한 기법보다는 치료자와의 협조적이고 지지적인 관계로부터 치료적인 효과가 발생한다는 사실을 알게 되고(Wampold, 2001) 치료가 문제의 교정보다는 내담자가 지닌 강점을 찾아내고, 강화하고, 확대함으로써 이루어진다는 사실을 알게 되면서(김계현, 1995) 심리치료 이론의 관점도 근본적으로 변화하기에 이르렀다.

긍정심리학은 현재 태동 및 걸음마 단계이다. 긍정심리학자들이 현재 중요하게 탐구하고 있는 인성적 특성들을 살펴보면 낙관주의, 미래지향성, 믿음(신뢰감), 희망, 솔직성, 직업윤리, 인내심, 현재에 집중하는 능력, 통찰력, 대인관계 기술, 탄력성, 용기, 용서, 이타성, 절제 등으로서 그동안 역사적으로 인간의 주요한 덕목 및 바람직한 인간성들을 망라하고 있다. 대표적 긍정심리학자로서는 Seligman(1991), Snyder와 Lopez(2002) 등을 들 수 있다.

앞으로 이 긍정심리학은 인성교육, 상담학의 발전에도 큰 도움을 줄 것으로 기대된다. 특히 심리학적 연구방법론에 입각한 과학적 연구들이 수행되고 연구 결과들이 축적되어 감에 따라서 정교한 지식에 근거해서 인성교육론을 검토할 수 있을 것으로 예상되며, 상담학 역시 그동안 철학적 차원에서 견지해 왔던 인본주의 관점, 긍정적 관점, 예방적 관점 등에 대해서도 보다 과학적인 근거를 마련할 수 있을 것이다.

4) 민주주의 교육사상

민주주의는 정치체제뿐만 아니라 교육에도 영향을 미쳤다. 학교와 가정에 민주주의적인 요소가 자리 잡기 시작한 것이다(성태제 외, 2007). 넓게는 교육, 좁게는 학교 운영 혹은 학급 경영 및 학생 지도에서 민주주의는 어떤 의미를 갖는가?

첫째, 민주주의 교육관은 이른바 '아동중심 교육관'과 일맥상통한다. 아동중심 교육이란 교사중심, 학교중심, 부모중심, 교육과정중심의 교육과 대조되는 개념이다. 교육은 다분히 성인들의 기준에 의해서, 학교의 기준에 의해서, 주어진 교육과정을 이수하는 체제로 구성되곤 한다. 피교육자의 필요, 흥미, 동기, 소질 등은 그다음에 고려하거나 혹은 무시되기 쉽다. 그런데 아동중심 교육관이란 피교육자를 먼저 고려하는 교육사상이며 철학으로서 20세기 민주주의의 발전과 함께 학교와 가정에 영향을 미쳤다. 민주주의의 본질적 속성에는 '하(下)'에서 '상(上)'으로 의사소통이 이루어지는 특징이 있는데, 아동중심 교육관은 바로 이런 속성을 반영한다.

둘째, 민주주의 교육관에는 '개인에 대한 존중'이라는 사상이 들어있다. 전제주의, 전체주의, 독재체제에서는 전체, 국가, 사회, 집단 등이 개인에 우선하는 경향이 강하다. 그러나 민주주의에서는 개인의 이익, 개인의 욕구가 존중된다.

오천석(1901~1987)
우리나라 교육학의 '아버지'라고도 불리며 민주주의 교육사상을 정립한 교육학자

생활지도와 상담은 학교에서 바로 이 '아동중심' 사상과 '개인존중' 사상이 보급되는 현상과 맥을 같이하였다. 개인보다 전체를 우선

하는 교육체제에서는 상담이나 생활지도보다는 일방적인 훈육이나 가치교육이 더 효과적이다. 피교육자 개인보다 집단과 전체가 더 중요하기 때문에 개인의 적성과 필요를 앞세우는 것보다는 상명하달식(上命下達式) 교육이 더 효율적인 것이다. 그러나 민주주의 체제에서의 교육은 피교육자 개인을 존중하는 생활지도나 상담 방식이 더 적합하다.

셋째, 민주주의 교육에서는 벌(罰, punishment)의 사용에 대해서 매우 논란이 많다. 벌은 피교육자보다는 교육자의 입장에서 판단하는 것이며, 교육자가 요구하는 기준을 어겼을 때 처벌이 내려지게 되는 것이 보통이다. 벌은 피교육자에게 고통을 부여하는 것이기 때문에 피교육자의 필요에 의해서 벌이 내려지는 경우는 거의 없다. 더구나 체벌이나 모욕적 언사 등은 개인의 인권을 모독하는 것으로 여겨지기 때문에 비민주적인 것으로 간주된다.

생활지도와 상담은 학교에서 벌의 사용보다는 가이던스(guidance), 즉 지도, 조언, 방향제시를 제공하고 그래도 문제가 존재할 경우 교사(상담자)와 피교육자가 함께 문제해결을 모색하는 상담 방법을 택한다. 그리고 벌을 사용하더라도 벌의 사용에 대한 학칙을 학생들에게 사전 공지하거나 벌의 사용에 대한 학생과 학부모의 동의를 사전에 구한다. 이렇게 상담과 생활지도는 학생의 자발적 참여와 의사결정을 더 중요시한다.

4. 학교상담과 생활지도의 활동

학교에는 조직이 있다. 최근에는 교육계에 자율성이 강조되어 학교마다 자기 학교의 특성을 고려해서 학교의 조직과 운영 절차 등을 정한다. 학교에서 생활지도와 상담을 담당하는 부서는 생활부, 생활지도부, 상담부, 진로상담부 등으로 불린다. 여기서는 학교의 생활지도 담당 전문부서로서의 활동과 한 학급을 운영하는 담임교사의 활동을 포함해서 상담과 생활지도의 활동을 설명할 것이다.

[그림 2-5] 한 중학교의 학교 조직 예

1) 학생조사활동

학생조사활동은 무엇이며 그것을 왜 하는가? 예컨대, 담임교사는 자기 반 학생들에 대한 신상을 파악한다. 교사는 우선 각 학생의 가족 관계를 조사한다. 즉, 부모가 계신지, 형제가 있는지, 형제 순서는 몇 번째인지, 가정 경제수준과 부모의 교육수준은 어느 정도인지, 집이 어디인지 등을 조사한다. 그리고 전학년도의 성적이 어떠했는지, 건강상태는 어떠한지, 교칙을 위반하여 처벌받은 적이 있는지, 출결 상황은 어떠했는지 등에 대해서도 조사한다. 그뿐만이 아니다. 교사는 각 학생의 지능지수는 얼마인지, 학업적성이나 직업적성은 어떠한지, 교우관계는 어떠한지 등에 대해서도 조사한다.

이런 조사가 언뜻 보기에는 단지 학생생활기록부에 기록하기 위한 형식적인 조사로 보일 수도 있지만 교사가 조사하고 기록해 놓은 이런 정보는 학교에서 교육적으로 자주 활용되고 있다.

먼저 학생조사활동을 하는 실제적 이유를 보자. 예컨대, 새 학기를 시작할 때 학교적응 문제를 보일 가능성이 있는 학생들을 미리 예측하여 예방을 위한 상담을 실시할 때 활용할 수 있다. 즉, 조사활동의 결과는 학생지도를 위한 기초 정보를 제공하는 것이다. 만약 교사가 이런 정보를 미리 확보해 놓고 있지 못했는데 어떤 문제가 발생했다고 가정해 보자(예: 장기 무단 결석). 이 경우 교사는 학생 개인에 대해서 매우 제한된 정보밖에 없으므로 지도방안을 세우기 어렵다. 교감이나 교장에게 보고할 자료도 매우 제한적일 수 밖에 없다.

이론적으로 볼 때, 학생조사활동은 학생을 이해하기 위한 목적에서 수행되는 활동이다. 그래서 학생조사활동이라는 용어 대신에 학생이해활동이라는 용어를 사용하는 학자도 있다(이재창, 1988). 그러나 학생이해는 활동의 목적이지 활동 그 자체는 아니기 때문에 조사활동이라는 용어가 더 타당하다고 본다. 학생조사라는 활동은 학생 개인에 대한 이해를 목적으로 하는데, 이 목적에는 모든 개인 학생은 각자 개성을 가진 존재라는 가정이 깔려 있다. 교사는 개인차의 존재를 인식하고 그 개인차를 이해하기 위한 목적에서 조사활동을 하는 것이다.

학생조사를 위한 기본적 방법은 가정환경조사, 이전의 생활기록부 확인, 학생면담, 부모면담, 교우면담, 평소의 관찰, 심리검사, 사회성 측정, 개인 자서전이나 일기 쓰기 등으로 다양하다. 학교에서 자주 쓰이는 심리검사는 지능검사, 적성검사,

학생 개인의 생활기록부

성격(인성)검사 등이 대표적이다(김계현, 황매향, 선혜연, 김영빈, 2004). 실시방법은 개인별 실시방법보다는 집단실시방법을 주로 사용한다. 사회성 측정(sociometry)은 학급에서 누가 인기가 있고 누가 따돌림과 배척을 받는지(혹은 받을 가능성이 있는지)를 조사하는 데 유용하다. 심리검사의 구체적 종류와 사용법에 대해서는 제10장에서 상세히 다룬다.

2) 정보제공활동

학교생활지도에서 정보제공(information service)활동은 정보활동이라고도 부른다. 즉, 학생, 부모, 타 교사들에게 필요한 정보를 수집해서 제공하는 활동을 말한다. 그러면 생활지도활동으로서 정보활동이란 어떤 정보를 어떤 방법으로 제공하는 것인지 고찰해 보자.

(1) 정보의 내용
학교 생활지도 활동에서 제공하는 정보에는 크게 교육정보, 직업(진로)정보, 개인-사회적 정보들이 있다.

교육정보　교육정보(educational information)란 학생이 이수해야 할 정규 교육과정, 특별활동, 과외활동, 교외의 교육정보(예: 도서관, 박물관, 전시회, 박람회, 동물원, 식물원 등) 등을 지칭한다. 그 밖에 장학금 등 학자금 지원에 대한 정보, 효과적인 공부방법에 관한 정보 등도 해당된다. 정보통신의 발달과 관련해서 인터넷을 비롯한 통신매체에 수록되는 정보에 대한 안내, TV 등 방송매체에 등장하는 교육정보 안내 등 교육정보는 현대사회에서 홍수처럼 쏟아지고 있으므로 이에 대한 효과적인 안내가 필요하다.

직업(진로)정보　진로 및 직업에 대한 정보도 다양하다. 산업구조 및 직업구조의 변화에 대한 일반적인 정보를 비롯해서 특정 직업에서 하는 일이나 특정 직업에 취업하기 위한 조건 등 매우 구체적인 정보에 이르기까지 매우 다양한 정보가 있다. 노동력, 즉 직업이력의 분포, 인력 수급에 대한 정보, 기술의 변화, 노동 및 직업 관련 법규, 직업의 종류, 새로 등장하는 직업, 취업준비방법, 보수에 관한 사항 등이 진로 혹은 직업정보이다. 2000년부터 시행되고 있는 직업상담사(고용노동부장관 인가) 자격시험에는 바로 이 직업정보를 검색하고 활용하는 능력에 대한 과목이 포함되어 있다.

개인-사회적 정보   개인-사회적 정보(personal-social information)는 개인 및 대인관계에 대한 정보라고 할 수 있다. 즉, 개성이나 성격에 대한 지식, 개인 간의 이질성과 동질성, 개인의 변화, 즉 발달과정, 감정과 이성에 대한 지식 등이 개인에 대한 정보이다. 그리고 타인의 감정, 생각, 행동에 대한 이해, 가족에 대한 이해, 남성과 여성의 관계, 우정·예절·사교에 대한 정보들은 이른바 사회적 정보에 해당된다. 그런데 모든 개인은 사회에 속하고, 사회는 개인의 집합에 의해 생긴 것이므로 개인과 사회는 분리될 수 없으므로 개인-사회적 정보라고 부르는 것이다.

(2) 정보제공의 방법

교사가 학생들을 위해 효과적인 정보제공활동을 하기 위해서 어떻게 할 수 있을까? 교사는 위에서 열거한 교육, 진로 및 직업, 개인-사회적 정보를 항상 수집해야 한다. 특히 생활지도와 상담교사는 정보를 수집하고 분류하여 타 교사들에게 보급하는 일을 해야 한다.

정보의 수집과 분류   정보를 수집하기 위해서는 정보의 원천과 항상 접해야 한다. 예를 들면, 신문(예: 일간지, 교육신문, 경제신문 등), 잡지, TV 프로그램, 인터넷 정보, 해당 분야 전문가, 정부 간행물, 기업체 간행물, 대학 간행물(예: 학교요람, 편람), 연구논문, 전문서적, 백과사전, 비디오 자료 등이 대표적인 정보원(源)이다.

수집된 정보는 체제를 가지고 분류가 되어야 효과적으로 보급할 수가 있다. 그래서, 학교 생활지도실에서는 정보를 ① 교육정보, ② 직업(진로)정보, ③ 개인-사회적 정보로 나누고, 그다음에 각 영역에서 하위 분류를 해야 한다. 예컨대, 직업(진로)정보는 진학정보, 직업정보, 취업정보로 나누어서 분류할 수 있다. 교육정보는 학교 내 교육정보, 학교 외 교육정보, 통신매체 교육정보 등으로 분류할 수 있다. 분류의 방법은 상황에 따라 창조적으로 변화해야 한다.

정보의 제공   정보는 그것을 필요로 하는 사람에게 적시에 제공해야 효과적이다.

즉, 적재, 적소, 적시의 원칙에 입각해야 한다. 예컨대, 고등학교 1학년 학생들이 필요로 하는 진로정보와 3학년 학생들이 필요로 하는 진로정보에는 차이가 있다. 고등학교 1학년 학생들은 문 · 이과 계열 선택과 관련된 정보를 더 필요로 하며(공식적으로는 고등학교에서 문과와 이과 분류를 하지 않지만 사실상 문 · 이과 계열의 개념은 그대로 적용되고 있다), 고등학교 3학년들은 진학과 관련된 정보를 더 필요로 한다. 정보를 보급하는 방법은 강의, 편지, 개인상담 · 집단상담 프로그램, 교내 방송, 팸플릿 등 소책자, 전자통신, 컴퓨터 프로그램, 게시판, 진로 정보실 설치 · 운영, 진로정보의 날 운영, 오리엔테이션 실시, 전문가 초빙, 현장견학 등 다양한 방법이 있다.

3) 진로지도활동

진로지도에는 크게 세 가지 종류의 활동이 있다. 진로교육, 진로상담, 정치(定置, placement) 및 추수지도(follow-up)가 그것이다(이재창, 1988). 현대 사회는 직업의 다양화와 개인들의 직업관 변화 등을 고려해 볼 때 진로지도활동의 중요성이 더욱 강조되어야 한다.

(1) 진로교육

진로교육은 우선 정규 교육과정을 통해서도 많이 이루어진다. 교육과정 속의 진로교육 내용은 여러 교육과목의 여기저기에 산재해 있는데, 사회 교과, 실업, 기술, 산업, 가정 교과, 도덕 혹은 윤리 교과 등에 특히 많이 들어 있다. 구체적인 내용을 살펴보면 다음과 같다.

우리나라 학교교육과정의 진로교육 부문에서 제시하는 진로교육의 내용들을 열거해 보면, 개인에게 있어서 진로발달의 의미, 직업의 의미, 일의 의미 등 철학적인 내용을 비롯해서 직업의 종류, 산업구조와 직업구조, 각 직업의 직무, 직업의 준비 등 정보의 성격을 띤 내용, 그리고 직업선택의 방법, 의사결정과정, 자기 관심 분야의 발견, 직업 적응의 기술을 비롯한

진로지도 교과서 표지

개인의 전략에 대한 교육 등 다양한 내용을 다룬다. 그러나 진로교육은 교과목에 국한되지 않고 다른 방법들도 사용된다. 일선 교사들이 직접 수집하고 보급하는 정보, 인터넷의 활용, 특정 직업인의 초빙 강연, 현장견학 등이 그것이다.

(2) 진로상담

진로교육과 진로상담의 차이점은 전자는 모든 학생을 대상으로 하는 활동인 반면에 후자는 상담을 요하는 개인 혹은 집단을 상대로 하는 활동이라는 점이다. 예컨대, 대학입시를 앞둔 고3 학생들이 최종적으로 응시할 대학과 전공 학과를 정할 때 전교생을 일률적으로 교육한다는 것이 무슨 소용이 있을까? 이때는 개별적으로 개인의 미래 계획, 관심 분야, 가치관, 학교 성적 및 수능시험 성적, 부모의 의견 등을 종합하여 개인상담을 해야 한다.

다른 예를 들면, 문과를 선택할지 이과를 선택할지 결정을 못하고 망설이는 고1 학생들 중에서 몇 명 단위로 자기의 능력, 적성, 성격, 흥미, 가치관 등을 탐색하고 발견하는 프로그램을 실시할 수 있는데 이것은 집단상담의 형태를 가진 진로상담이다.

(3) 정치(定置) 및 추수지도

학교 생활지도에서 정치(定置)란 학생을 개인의 능력에 맞는 학급에 배정하는 것(능력별 학급운영의 경우), 개인의 흥미와 관심에 맞는 특별활동이나 과외활동에 배치하는 것 등이다. 예를 들면, 영어회화의 경우 여러 학생은 각각 회화능력의 수준이 다르므로 회화능력을 사전에 측정해서 개인의 수준에 맞는 반에 배치한다. 그렇게 함으로써 최선의 교육효과를 볼 수 있다. 또 한 예로 실업고등학교에서 학생의 희망 및 능력에 맞추어서 현장 실습 업체를 선정하고 배치하는데 이것도 정치활동의 일환이다.

그런데 정치, 즉 계획적 배치를 했다고 해서 그 개인이 영원히 그 집단에 맞는 것은 아니다. 추수평가를 하여 그가 그곳에 계속 있어야 할지 다른 곳으로 옮겨야 할지를 정해야 한다. 이것이 추수지도(follow-up)이다. 예컨대, 영어회화 실력을 수시로 측정하여 학급의 수준을 올려 준다든지, 실습효과를 평가하여 평가결과가 나쁘면 다른 실습 업체로 옮겨 준다든지 하는 것 등이 정치에 대한 추수지도의 실례이다. 미국의 학교, 특히 대학에서는 신입생들의 수학(數學) 실력이 천차만별이기 때문에 학기초에 수준 배치를 위한 시험(placement test)을 실시해서 개인에게 맞는 수준의 교실에서 배우게 한다. 우리나라의 사설 학원들도 거의 모두 수준별 학급을 운영한다(단, 사설 학원의 수준별 반편성은 지나친 상업주의로 빠지는 경우가 있어서 주의를 요한다).

4) 상담활동

(1) 학교상담교사

학교상담이란 글자 그대로 상담 장면이 학교라는 뜻이다. 우리나라에서는 담임교사가 일단 주로 자기 반 학생들을 상담하게 되는데, 전문상담교사가 배치되어 있는 학교는 별도의 상담활동을 하고 있다. 피상담자는 대개 학생 혹은 그 부모가 된다. 상담 장소는 주로 학교 내겠지만 학교 밖일 수도 있다.

우리 학교상담의 모델이었던 미국에서는 모든 초·중·고등학교에 학교상담교사(school counselor)가 배치되어 있다. 이들은 대다수가 대학원 석사과정에서 학교상담을 전공한 사람들이며, 학교에 취직을 할 때도 카운슬러로서 취직한 것이지 교과목 교사로서 취직한 것이 아니다. 따라서 학교에서는 교과목을 맡지 않고 카운슬러의 임무에 전념을 하도록 되어 있다. 그리고 상담교사 1인당 맡겨진 학생수가 보통 400~600명 정도여서 카운슬러가 자기에게 배당된 모든 학생에 대해서 잘 알고 있다.

이런 점들 때문에 우리나라의 학교상담은 미국의 학교상담과 비교해 볼 때 몇 가지 차이점이 있다. 첫째, 우리나라의 학교상담은 상담자가 담임교사 혹은 교과목을 맡고 있는 상담교사이므로 상담업무의 독립성이 약하다. 이 점이 단점으로 작용할 때도 있고 장점으로 작용할 때도 있다. 2004년을 기준으로 볼 때, 상담업무만을 전적으로 전담하는 전문상담교사가 배치된 학교는 많지 않았다. 그러나 2007년과 2008년을 분수령으로 각급 학교에 전문상담교사의 배치가 늘어나기 시작했고, 위(Wee) 프로젝트의 시행과 함께 학교상담 활동이 활성화되었다. 2019년을 기준으로 볼 때, 전국에 2,793명의 전문상담교사가 배치되었고(초등학교 514명, 중학교 1,349명, 고등학교 921명, 특수학교 9명), 600명의 전문상담순회교사가 배치되었다.

여전히 2007년에도 전담 학교상담교사가 있는 학교는 일부의 중고등학교로, 초등학교에는 전담 학교상담교사가 전혀 배치되지 못하고 있는 실정이었다. 중·고등학교도 483명 정도가 배치되어 있을 뿐이었고, 각 지역교육청에 1~2명씩 배치된 전문상담순회교사의 수는 전국 308명이었다.

또한 학교에서 상담부 혹은 생활부의 부장교사는 과거에 교도주임 자격을 받은 이들인데 이들은 180시간 정도의 집중 연수를 받은 후에 교도주임자격을 취득하였기 때문에 현 제도의 전문상담교사(1급, 2급)의 훈련과정과 비교할 때 전문성이 다소 떨어지지 않나 우려된다. 드문 경우지만 교도교사 혹은 전문상담교사의 자격을 소지하지 않고 부장교사의 보직을 맡는 경우도 있어서 문제로 제기되기도 한다. 다만, 앞에서 제시한 조건들을 종합적으로 살펴보면 앞으로는 학교상담 업무의 전문성이 전반적으로 향상할 것으로 기대된다.

(2) 상담자로서의 담임교사

담임교사가 하는 일은 구체적으로 따져 보면, 학생들의 좌석 정하기, 학생 임원 선출과 조직, 조회 및 종례, 출결 기록, 환경미화 및 청소지도, 교내 경연대회 지도, 소풍 등으로 무척 다양하다. 이런 상황에서 학생들은 교사의 정책과 행동에 대해서 민감하게 반응한다. 예컨대, 학생의 좌석을 지정하는 방법에 있어서 불합리성과 불공정성을 보인다든지, 임원 선출 과정이 비민주적일 때 학생과 부모로부터 심한 반발을 살 수 있다. 환경미화, 체육대회나 경연대회를 준비하고 지도하는 방식에 따라 그 학급이 단결과 응집력을 경험하기도 하고 반대로 실망, 좌절, 분열을 경험하기도 한다.

학생 중에는 신체장애나 허약체질, 만성질환 등의 신체적 문제를 가진 학생도 있고, 학습장애나 발달장애 문제를 가진 학생도 있으며, 정서불안, 우울, 강한 공격성이나 충동성 등 심리적 문제를 가진 학생도 있다. 또한 가정환경이 극도로 빈곤하거나 결손가정일 수도 있고, 집을 떠나서 하숙 혹은 자취를 할 수도 있고, 원거리 통학을 하는 학생도 있다. 그리고 사회성이 부족한 학생, 따돌림 받는 학생, 상습적으로 폭행을 당하는 학생 및 상습 지각, 무단 결석, 가출, 흡연, 폭력 행사 등 행동 문제를 가진 학생도 있다.

이런 학생 개인의 각종 사정과 처지를 가장 먼저 파악하고 가장 잘 알고 있어야 하는 사람이 바로 담임교사이다. 따라서 교사는 학년 초에 가능한 빨리 학생 개인에 대한 신상파악을 해야 한다. 교사는 모든 학생에게 관심을 가져야 하지만 이들처럼 특별한 관심과 사랑, 지도를 요하는 학생에 대해서는 더 많은 관심을 기울여야 한다. 그리고 필요에 따라서는 학생과 면담을 하거나 부모와 대화를 나누는 일을 게을리하지 말아야 한다.

한편으로는 교사가 학생의 부모와 만나는 행위에 대해서 금전 수수나 과도한 선물 등 부정적 시각이 있으나 교사 자신이 이런 비윤리적인 행위만 하지 않는다면 자신감을 가지고 얼마든지 부모상담에 임할 수 있는 것이다. 요즘에는 예전과 달리 전화를 이용해서 학부모 면담을 하는 경우가 많아 학부모 면담에 드는 시간을 절약할 수 있으므로 교사는 좀 더 적극적으로 카운슬러로서의 임무를 수행할 수 있을 것이다.

우리나라의 학교상담은, 특히 담임교사로서의 상담은 많은 연구를 필요로 한다. 학생에게 어떤 문제가 생기는 경우 이에 대한 일차적인 책임을 대개 담임교사가 갖기 때문이다. 초등학교의 경우 우리나라는 아예 별도의 상담교사를 갖고 있지 않다. 1999년도에 시작한 제도에 의해서 초등학교 교사로서 전문상담교사 1급 자격을 소지한 교사는 많지만 이들이 상담업무를 전담하지는 않는다. 초등학교에 전담 전문상담교사를 임용, 배치하는 일은 앞으로의 중요한 숙제이다. 따라서 아직은 초등학교에서의 학생지도는 전적으로 담임교사의 임무이다. 외국의 상담이론과 기법이 대개 전문적 교육과 훈련을 받은 전담 카운슬러에 관한 내용이기 때문에 이것이 잘 적용되지 않는 경우가 많다. 따라서 우리의 고유한 상황을 고려한 연구가 절실히 요청된다(박성희 외, 2006).

(3) 상담 자원봉사자

우리나라의 학교에는 약 50시간 정도의 단기 상담교육을 받은 상담 자원봉사자들이 일하고 있다. 이들은 각 시·도 교육청이나 교육연구원에서 주최하는 연수를 받고 일선 학교에 배치되어 집단 심성훈련 혹은 개인상담 등을 하고 있다. 이 제도는 1988년도에 시작되어 오늘에 이르고 있으므로 상당 수준 정착된 제도라고 평가할 수 있다. 물론 자원봉사자의 중도 탈락률이 높아서 실제로 봉사를 하는 인원이 감소하는 것이 문제지만 교사가 하지 못하는 부분을 봉사자들이 담당해 준다는 점에서 앞으로 잘 발전시켜 나가야 할 제도이다. 학교에 따라서는 단기 교육을 받은 종사자 이외에 상담학을 대학원에서 훈련받은 전문가를 자원봉사자로 영입하여 전문적 상담활동을 운영하는 경우도 있다.

제2부

학교상담과 생활지도의 영역

제3장
학업

초 · 중 · 고등학교 시기의 학생들에게 학업수행은 주요한 발달과업이다. 이러한 학업은 상급학교로의 진학이나 사회진출을 위한 취업 등 진로문제와 밀접한 관련을 맺고 있으며, 성인기의 생활에도 커다란 영향을 미치게 된다. 상급학교로의 진학과 적절한 직업이 개인의 성공과 행복을 가늠하는 중요한 요인으로 여겨지고 있는 우리 사회의 현실은 학생에게 학업수행의 부담을 가중시키고 있다. 이러한 학업의 문제는 학생 자신뿐만 아니라 그들의 부모가 지니는 기대와 결부되어 많은 고민과 갈등을 유발하고 있다.

이 장에서는 이와 관련하여 학업문제를 유형별로 이해하고 관련 변인을 정리하며, 구체적으로 학업사례를 살펴봄으로써 학업을 위한 상담접근의 시사점을 얻고자 한다.

1. 학업문제의 이해

우리나라 학생들이 정신적 부담감과 압박감을 가장 많이 느끼고 있는 것은 학업문제이다(김동일, 1998a). 고등학생을 대상으로 청소년 스트레스를 연구한 황정규(1990)에 따르면, 이들에게 학업성적에 대한 스트레스가 가장 큰 것으로 나타나고 있다. 특히 시험에 실패했거나 성적의 부진 및 저하로 야단맞을 때 가장 많은 스트레스를 받는다고 보고하고 있다.

실제로 학업과 관련된 문제는 몇 가지 유형으로 나누어 볼 수 있다.

첫 번째 유형의 학업문제는 성적 저하로 인한 걱정과 스트레스이다. 학생과 부모 모두 성적 변화에 매우 민감하다. 매월 또는 매 학기 치르는 시험 때마다 시험성적에 신경을 곤두세우게 되며, 특히 성적이 떨어지거나 기대 이하의 결과가 나왔을 때 심한 좌절감과 불안을 경험하게 된다. 더구나 성적 저하에 대해서 부모나 교사로부터 꾸중과 질책을 받게 되면 심리적 충격은 더욱 커진다. 학생에게 있어서 학업성적은 매우 중요한 심리적 의미를 지닌다. 학업성적은 부모, 교사, 친구로부터 자신의 가치를 인정받는 주요한 근거가 된다. 따라서 학업성적의 저하는 이들로부터 자신이 인정받지 못하고 자신의 가치가 떨어지는 것으로 받아들여져 심한 좌절감과 열등감을 초래하게 되어 정서적 문제로 확대될 수 있다.

두 번째 유형의 학업문제는 시험불안이다. 많은 학생이 시험, 특히 중요한 시험을 볼 때 매우 심한 불안을 느낀다. 어떤 학생은 시험이 다가오면 불안하고 초조하여 주의집중이 되지 않고, 잠을 정상적으로 자지 못하며, 두통과 소화불량 등 여러 가지 신체적 증상을 나타내기도 한다. 또한 심한 시험불안을 느끼는 학생은 시험을 볼 때 긴장으로 인하여 손, 팔, 어깨가 굳어져 답안지 작성에 어려움을 겪을 뿐만 아니라, 심리적 불안과 혼란이 심하여 시험지를 대했을 때 글자를 잘 보지 못하거나 주의집중력과 기억력이 일시적으로 급격히 저하되어 평소 실력을 발휘하지 못하기도 한다. 이러한 시험불안은 성적에 대한 지나친 집착과 성적 저하에 대한 두려움과 관련되어 있다.

세 번째 유형의 학업문제는 학업능률의 저하이다. 학업에 대한 동기도 높으며 실제로 많은 시간을 투여하며 열심히 공부하는데도 불구하고 학업성적이 오르지 않거나 부진하다고 호소하는 학생들이 많다. 이러한 문제를 지닌 학생은 스스로 좌절감에 휩싸이게 되며, 부모 역시 안타까움과 실망감을 느끼게 된다. 이렇게 학업능률이 저하되는 학생들의 문제는 그 원인에 따라 몇 가지 유형으로 나누어 볼 수 있다.

첫째, 학업능률이 오르지 않는 학생 중에는 주의집중의 곤란을 호소하는 학생들이 많다. 매일 여러 시간 동안 책상에 앉아 책을 붙잡고 있지만 주의집중이 되지 않아 학업의 효율이 오르지 않는다. 주의집중력은 신체적 또는 정서적 상태에 따라 매우 예민하게 영향을 받는 지적 영역이다. 특히 학업에 대한 심리적 부담으로 인한 불안감이나 학업 이외의 가족관계나 교우관계의 갈등이 있어 정서적으로 불안정하게 되면 주의집중력이 떨어지게 되고 기억력에도 장애가 생기게 된다. 둘째, 공부방법이 효율적이지 못한 학생들의 경우이다. 이들은 많은 시간을 공부하지만 조직적이고 체계적으로 학습내용을 소화하고 정리하지 못하여 노력에 비해 학업성적이 저조하다. 수업시간에 교사가 강조하는 점에 주의를 기울이지 못하고 중요한 내용과 중요하지 않은 내용을 구분하지 못하여 효율적인 노트정리를 하지 못하는 등 학습내용을 효과적으로 소화하지 못하는 경우가 이에 해당한다. 이뿐만 아니라 친구들과 공부방법이나 시험에 관한 정보를 교환하는 데에 무관심하거나 미숙한 학생의 경우에도 효과적인 학업능률을 기대하기 어렵다. 셋째, 학습능률이 오르지 않는 학생 중에는 잘못된 공부습관을 지닌 학생들이 있다. 주로 밤에 공부하고 낮의 학교수업시간에는 졸거나 주의집중을 하지 못하는 학생도 있고 라디오나 음악을 틀어 놓고 공부하기 때문에 충분히 주의집중을 하지 못하고 쉽게 주의가 산만해지는 학생도 있다. 넷째, 학생의 지능수준이 저조한 경우이다. 학업성적은 지능과 노력의 상호작용에 의해 결정된다. 아무리 노력을 해도 지능수준이 현저하게 저조한 학생의 경우에는 노력에 부응하는 학업성적이 나타나지 않게 된다. 그러나 부모는 이러한 점을 무시하고 학생에게 공부에 대한 압력을 가하고 과외지도 등의 보충수업을 시키지만 학업성적은 오르지 않고 학생과 부모는 모두 심리적 좌절감에 빠진다.

학업과 관련된 문제의 네 번째 유형은 공부에 대한 회의와 동기 저하이다. 앞에서 열거한 학업문제를 지닌 학생들은 학업에 대한 동기는 있으나 심리적 부담과 학업효율성에 문제가 있는 학생들인 반면, 이 유형에 속하는 학생들은 학업에 대한 동기가 부족한 학생들이다. 이러한 학생들은 공부하기가 싫고 무의미하다고 느껴 공부에 소홀해진다. 이런 유형의 학업문제는 학생 자신보다는 부모나 교사들에게 문제시되는 경우가 많다. 공부보다는 다른 놀이나 활동에 많은 시간을 보내고 따라서 성적 역시 저하되기 마련이다. 이러한 학생 중에는 과도한 공부압력에 대한 반발이나 불건전한 활동의 탐닉으로 인하여 공부에 무관심한 학생도 있지만 문학, 취미, 예술 및 종교활동 등에 보다 큰 가치를 부여하여 상대적으로 공부를 소홀히 하는 학생도 있다. 후자의 경우에는 부모나 교사의 가치관과 학생의 가치관이 다름으로 인해 제기되는 학업문제가 될 수 있으며 이러한 문제를 지닌 학생의 경우에는 학업문제뿐만 아니라 자아정체감 및 가치관의 문제가 복합적으로 관련되어 있는 경우라고 할 수 있다.

마지막으로 학업과 관련하여 파생되는 문제들이 많다. 학업에 대한 지나친 몰두나 집착으로 인하여 교우관계를 소홀히 하거나 교우관계를 맺지 못하게 되고, 결과적으로 친구들로부터 따돌림과 소외를 당하거나, 지나친 성적 경쟁으로 인하여 교우관계에서 갈등과 질투가 발생하거나, 성적이 부진한 학생에 대해 무시하고 놀리는 현상이 발생하고 공부와 학업성적으로 인한 부모와 자녀의 갈등이 생기는 등 여러 가지 청소년문제가 학업과 관련하여 파생될 수 있다.

이렇게 학생, 부모, 교사들이 제시한 학업과 관련된 호소문제를 보다 자세히 유형별로 분류한 예는 〈표 3-1〉과 같다.

표 3-1 학업의 호소문제 유형

유형	예
① 시험불안(시험에 따른 불안감과 압박감, 스트레스 등)	(청소년) 대학입시가 무섭다. 떨어지면 이 세상이 끝날 것 같다. 시험에 대한 압박감에 싸여 있다. 고입시험으로 인한 압박감을 느낀다. 고입시험을 못 보면 고등학교에서 차별한다고 한다. 시험시간에 문제를 다 못 풀까 봐 중압감을 많이 느낀다. (부모) 시험 때만 되면 너무 경쟁적이고 예민해진다. 시험이 걱정되어 잠을 못 잔다. 시험 볼 때마다 아플 때가 많다. 시험 기간을 두려워한다.
② 공부 자체에 대한 회의와 의문(공부의 필요성에 대한 근본적인 의문과 회의)	(청소년) 공부를 왜 해야 하는지 몰라서 고민을 한다. 왜 공부하는지 잘 모르겠다. (부모) 공부를 책임감, 의무감으로 한다.
③ 집중력 부족(주의산만, 잡념 등으로 인해 집중력이 부족해서 공부나 성적에 영향을 주는 경우)	(청소년) 공부를 하려 해도 집중이 되지 않는다. 정신이 산만해서 공부 집중도가 떨어진다. 공부할 때 잡생각이 많이 나서 공부가 잘 안 된다.
④ 성적 저하 및 저조로 인한 걱정과 스트레스(성적이 떨어지거나 오르지 않아서 걱정과 스트레스를 겪는 경우)	(청소년) 중학교와 비교해서 성적이 많이 떨어졌다. 성적이 떨어지면 내가 장래에 뭐가 될까 걱정하게 된다. 성적이 자꾸 떨어져 걱정이다. (부모) 성적이 떨어졌을 때 지나치게 자신감을 잃는다. 성적이 오르지 않아 불안해한다.
⑤ 공부방법문제(효과적으로 공부하는 방법을 모르거나 부적절한 방법으로 공부함으로써 공부나 성적에 영향이 있는 경우)	(청소년) 공부를 해야 하는데 어디서 어떻게 해야 하는지 모르겠다. 공부를 하겠다고 마음은 먹지만 무엇부터 해야 할지 모르겠다. 공부하는 방법을 몰라서 방황한다. (부모) 체계적으로 공부하지 않는다.

⑥ 공부에 대한 반감(공부에 대한 근본적인 의문은 별로 없이 공부하는 것 자체에 대한 반감과 반발심을 갖는 경우)	(청소년) 공부가 하기 싫다. 모든 일이 대학입시를 위해서만 이루어진다. 공부한다는 것에 대해서 모두 반감을 가지고 있다. (부모) 시험은 왜 치러야 하는가 지겨워한다. (교사) 공부, 공부하라는 소리에 싫증을 많이 낸다.
⑦ 노력은 했는데 성적이 안 오름(나름대로 공부를 하려고 하고 또 실제로 했음에도 불구하고 뚜렷한 원인을 알 수 없이 결과가 좋지 않아 고민하는 경우)	(청소년) 노력을 해도 성적이 오르지 않는다. 내가 노력한 만큼 성적이 안 나온다. 열심히 한다고 하는데 성적이 떨어진다.
⑧ 능력 부족(실제 능력, 즉 지능이나 기억력이 낮거나 부족하여 공부나 성적에 영향을 받는 경우)	(청소년) 머리가 나쁜 것 같다. 성적이 떨어질 때면 내 머리를 의심하게 된다. 기억력이 나쁘다.
⑨ 공부습관 미형성(공부를 하고자 하는 마음은 있는데 단지 그것이 체계적인 습관으로 형성되지 않은 경우)	(청소년) 공부하는 버릇이 안 들었다. 공부하는 것을 자꾸 미룬다. 계획을 짜 놓고 실천을 안 하게 된다. 공부 계획을 제대로 실천하지 못한다. (부모) 당일치기를 한다. 오랫동안 책상 앞에 앉아 있지를 못한다. 학교 외에는 가정에서 공부하는 시간이 없다.
⑩ 공부에 대한 동기 부족(공부에 대한 반감이나 반발심과 같은 부정적인 감정은 없고 단지 공부하려는 마음이 형성되어 있지 않은 경우)	(청소년) 밤에 공부만 하면 잠이 온다. (부모) 건성으로 공부한다. 공부는 안 하고 놀기만 한다.
⑪ 성적에 대한 집착(공부의 질적인 면에 치중하기보다는 점수와 등수에 얽매여서 경쟁심을 느끼고 심지어는 죽고 싶다는 생각까지 하는 경우)	(청소년) 성적, 등수가 자꾸 떨어지니까 다른 사람과 비교를 한다. 성적 때문에 어떤 때는 죽고 싶다는 생각이 든다. (부모) 자신에 대한 평가를 성적에 둔다. (교사) 점수에 너무 얽매인다.
⑫ 성적으로 인한 관계에서의 문제(앞에서 언급된 공부 및 성적에 대한 문제들로 인해 친구나 부모, 교사와의 관계에서 문제를 겪는 경우)	〈친구와의 관계〉 (청소년) 성적에 치우치다 보니 친구들을 잃어 항상 외톨이인 친구가 있다. 성적을 속인다. (부모) 자기 외에 다른 아이가 공부를 못하게 방해한다. 〈부모와의 관계〉 (청소년) 어머니나 선생님이 공부를 하라고 해서 고민이다. 성적이 올랐어도 부모님이 바라는 만큼 못해서 자신 있게 못 보여 드린다. 성적이 나빠 부모님께 혼날까 봐 고민이다. 학교성적이 나빠서 부모님께 꾸중 들어 공부가 싫어진다. 〈교사와의 관계〉 (청소년) 성적이 부진하면 선생님께 듣는 꾸중이나 체벌이 두렵다.

출처: 김창대, 이정윤, 이영선, 남상인(1994).

2. 학업 관련 변인

학업문제는 학업문제 유형에서 제시된 것처럼 다양한 형태로 나타날 뿐 아니라, 그 원인도 다양하다. 즉, 학생의 지적 능력 수준과 학습속도, 학습에 대한 동기, 선행학습의 수준, 학습방법의 효율성 정도, 정서적 상태(불안, 우울 등), 주의집중력, 환경적 지원과 압력, 자아개념 및 자신감 등 학업성취 및 문제에 영향을 미치는 요인은 매우 다양하다. 또한 다른 문제들과 마찬가지로, 일단 어떤 원인에 의해서건 학업성취에 문제가 생기기 시작하면, 다른 측면들(불안 및 동기수준, 자아개념, 부모나 또래와의 관계 등)에도 문제가 생기고 다시 학업문제가 더 심해지는 악순환의 고리에 빠져들기 쉽다. 학업이 학생의 삶 전체에 대해서 가지는 의미와 영향력이 크기 때문이다. 따라서 상담자는 학업문제 때문에 상담실을 스스로 찾거나 부모나 교사가 의뢰하여 오는 내담자들이 이미 학업성취상의 문제만이 아니라 다른 정서적, 사회적 문제들도 함께 지니고 있을 가능성에 대하여 유의해야 한다.

즉, 상담자가 내담자의 학업문제를 제대로 이해하고 도와주려면 그 내담자의 학업성취 수준뿐만 아니라 학업문제의 원인이 될 만한 다양한 요인에 대한 정확한 이해가 이루어져야 한다는 것이다. 학업문제를 이해하기 위하여 상담자가 직접 혹은 간접으로 점검해야 할 변인은 인지적 요인, 정서적 요인, 학습방법 및 전략, 환경적 요인 등이 있다. 각 영역의 검사에 대한 자세한 설명은 제10장을 참조하도록 한다.

1) 인지적 요인

(1) 지능

지능이 학업 성취의 15~36% 정도를 설명한다는 연구결과가 시사하듯이 학업성적이 전반적으로 저조하고 학습속도가 부진한 학생을 위하여 지능검사를 수행하는 것은 학업 곤란의 원인을 밝혀내는 데 도움이 된다. 또한 학생이 가지는 학습상의 강점과 약점을 찾아내서 취약점들을 보강하고 강점을 활용하는 계획을 세우는 데도 도움이 된다. 학생의 지능을 파악하기 위해서는 표준화된 지능검사를 이용하면 된다. 대체적으로 집단용 지능검사보다는 개인용 지능검사를 사용하는 것이 상담자에게 훨씬 더 많고 정확한 정보를 줄 수 있다는 장점이 있다. 가장 대표적인 지능검사로, 15세 이하의 청소년을 위해서는 웩슬러 아동용 지능검사(Korean Educational Development Institute-Wechsler Intelligence Scale for Children: KEDI-WISC)가 있으며, 16세 이상의 청소년을 위해서는 웩슬러 성인용 지능검사(Korean-Wechsler Adults Intelligence Scale: K-WAIS)가 있다. 두 검사 모두 전 세계적으로 가장 많이 쓰이고 인정을 받고 있는 웩슬러 검사를 한국 아동과 청소년 및 성인들에 맞게 표준화하고 규준을 마련한 것이다. 두 검사 모두 충분한 훈련을 거친 후에 표준화된 과정을 거쳐서 실시해야 하므로, 이 검사를 실시해 본 경험이 적은 상담자는 반드시 검사 요강을 숙지하고 주위 사람들을 대상으로 여러 차례 연습하고 검사 전문가의 슈퍼비전을 지속적으로 받은 다음에 내담자에게 실시해야 한다.

이 외에도 지능을 파악하기 위하여 사용할 수 있는 검사들로는, 고대-비네 검사(개정판, 전용신 제작, 고대 행동과학연구소 발행, 1970), L-S식 진단성 지능검사(이상로, 서봉연 제작, 한국심리검사연구소 발행, 1993), 인물화에 의한 간편 지능 검사(개정판, 김재은, 김동극, 여광응 제작, 교육과학사 발행, 1973), 종합능력 진단 검사(한국행동과학연구소 제작 및 발행, 1994) 등이 있다.

(2) 학업기초능력

성공적인 학업 성취를 나타내기 위하여 가장 기본적으로 갖추어야 할 기초적 학업능력이 있어야 한다. 학교성적은 과목별로 내담자의 학업성취를 나타내 주는 지표가 될 수 있으나, 학교나 출제 교사마다 기준이 다르고 학생이 학교시험 자체에 부여하는 의미도 다를 수 있을 뿐 아니라 학업의 기초가 되는 각각의 능력들을 세분화하여 보여 주지 못하는 경우가 많다. 따라서 상담자는 학업성취가 저조한 내담자의 학업수행을 위한 기초적 능력을 파악하기 위하여 표준화된 학업성취검사를 활용하는 것이 좋다. 학업성취검사는 학년급 수준 혹은 동연령 집단에서의 백분율로 학업수준을 나타내 주는 검사인데, 일반적으로 읽기, 쓰기, 셈하기 및 일반 상식의 네 가지 부문들에서의 성취수준을 검사한다.

현재 우리나라에서 가장 많이 쓰이고 있는 초등학교 연령용 검사로 교육개발원에서 1986년에 표준화한 개인용 학업성취검사인 '기초 학습 기능 검사'가 있다. 이 검사는 유치원이나 초등학교 수준의 일반아 및 장애아를 대상으로 학업에 기초가 되는 능력을 평가하는 데 사용되도록 제작되었으나, 학업성취가 떨어지는 내담자의 학업기초능력을 상담자가 알아보고자 할 때 자세한 정보를 줄 수 있다. 이 외에도, 종합 학습 능력 진단 검사(문용린 제작, 서울대학교 교육연구소 발행, 1995), 학습준비도 검사(김정권, 여광응 제작, 도서출판 특수교육 발행, 1987), 학습 기술 검사(변창진 제작, 중앙교육진흥연구소 발행, 1993) 등이 있어서, 상담자가 내담자의 학업기초능력 및 학습기술 등을 파악하기 위하여 활용할 수 있다.

(3) 과목별 선행학습수준

거의 모든 과목의 학업성취에 있어서 기초가 되는 학업기초능력의 파악과 더불어, 상담자는 각 과목별로 선행학습의 정도가 얼마나 되는지를 파악할 필요가 있다. 특히 성적이 점차적으로 조금씩 하락하는 추세를 보이거나 학습을 어려워하고 싫어하는 정도가 점차적으로 심해진 학생의 경우 선행학습의 결손이 누적되지 않았나 의심해 볼 필요가 있다. 또한 초등학교 시절에는 학업성취에 별문제를 보이지 않다가 중학교나 고등학교에서 학업에 어려움을 겪거나 성적에 불만을 갖는 청소년들에 있어서, 학업기초능력에는 별문제가 없지만 각 과목별 선행학습수준이 낮은 경우가 많이 발견된다. 혹은 일부 과목에서는 우수하거나 무난한 성취를 보이면서 다른 일부 과목에서는 곤란을 겪는 경우도 많다.

각 과목별 선행학습수준은, 상담자가 해당 과목들의 학습수준을 파악하기 어렵다면, 부모와 교사의 협조를 얻어서 간접적으로 파악할 수 있다. 즉, 내담자 및 부모에게 해당 과목에서 어려움을 느끼기 시작한 시점이 언제쯤인지, 그리고 그 과목들의 성적이 그 시점 전후부터 지금까지 어떠하였는지를 질문한다. 더불어서 각 과목별로 내담자의 현재 학습능력 및 성취가 어느 수준인지를 면밀히 파악해 줄 수 있는 인물이 누구인지를 내담자 및 부모와 함께 의논한다. 이러한 경우, 내담자가 현재 다니고 있는 학교나 학원의 교사들이 아마 가장 적절한 인물이 될 수 있을 것이다. 그런 다음 내담자가 각 과목별로 지명한 인사로부터 현재 학습능력 및 성취수준을 평가받아 오도록 한다. 이렇게 과목별로 어느 부분에서 특히 어려움을 겪으며 어떤 부분은 강점을 지니고 있는지, 전반적으로 또 부분적으로 몇 학년, 몇 학기쯤의 수준인지를 파악한다. 이와 같이 과목별로 자세히 파악된 내용은 학업문제를 해결하기 위한 계획의 수립에 결정적으로 중요하다.

2) 정서적 요인

(1) 학습에 대한 동기와 흥미

학습은 아동기와 청소년기를 걸쳐서 지속해야 하는 기나긴 작업이다. 그런 만큼 학생이 배우고 공부하는 것 자체에 대해서, 그리고 각 과목에 대해서 갖고 있는 동기와 흥미가 매우 중요한 역할을 한다. 흔히 학업문제로 상담에 의뢰된 학생은 학습에 대한 동기나 흥미가 매우 낮은데 부모의 강요에 못 이겨서 오게 된 경우가 많다. 이럴 때 상담자가 내담자 자신의 학업문제해결을 위한 상담과 학습 자체에 대해서 갖고 있는 동기 및 흥미수준을 정확하게 파악하지 못하면 상담이 중도에 좌초할 가능성이 많다. 그러므로 상담자는 내담자가 직접 학업문제로 상담실을 찾았거나 부모/교사에 의해 의뢰된 경우 모두에 있어서 내담자가 학습에 대한 동기 및 흥미를 있는 그대로 편안하고 솔직하게 이야기할 수 있는 안전한 분위기를 마련하도록 해야 한다. 공부에 대한 동기가 얼마나 되는지, 공부를 왜 해야 한다고 생각하는지, 부모 및 주위의 기대나 압력에 대하여 어떻게 지각하고 있으며 그런 기대나 압력이 학습에 대한 동기수준에 어떤 영향을 주고 있는지 등을 내담자가 안전한 분위기에서 살펴보고 표현하며 정리할 수 있도록 돕는다.

(2) 자아개념

자아개념, 즉 자기 자신이 어떤 사람이라고 지각하는지는 여러 가지 측면을 포함하고 또 내담자의 학업성취에 영향을 주며 또 학업성취에 의해 영향을 받는 요인이다. 성공경험이 많은 사람은 긍정적 자아개념을 형성할 가능성이 높으며, 긍정적 자아개념은 다시 성공할 확률을 높여 준다. 반대로 실패경험이 많은 사람은 자기를 능력이 없는 사람으로 생각하는 부정적 자아개념을 형성하게 되고, 부정적 자아개념을 가진 사람은 실패의 기대나 예언을 하기 때문에 실제로 실패할 확률도 높아진다.

학업성취와 관련이 많은 자아개념은 능력 자아개념과 성취 자아개념(송인섭, 1990)이라고 할 수 있다. 능력 자아개념이란 학업에 관련된 잠재가능성에 대한 자신의 지각(예: 나는 학교공부를 감당할 능력이 있다고 생각한다)인 반면, 성취 자아개념은 실제 학업성취의 결과에 대한 지각(예: 나는 학교공부에서 실패자라고 생각한다)을 나타낸다. 상담자는 내담자가 학업과 관련한 자신의 능력과 성취에 대해서 어떤 생각과 느낌을 가지고 있는지, 그러한 자아개념의 형성에 영향을 미친 요인들은 무엇인지, 학업성취를 향상시키기 위해서 변화 혹은 강화해야 할 자아개념의 부분들은 무엇인지 등을 파악하도록 노력하여야 한다. 그러한 상담자의 노력은, 안전하고 신뢰로운 상담관계 내에서 내담자와 하는 대화로써, 내담자의 언어적·비언어적 행동에 대한 면밀한 관찰로써, 자아개념을 파악할 수 있는 질문지들을 활용함으로써, 내담자의 부모 및 교사를 면담함으로써 이루어질 수 있다.

(3) 정서적 갈등과 불안수준

성적이 갑자기 하락할 때 흔히 학생에게 정서적 갈등이 있지 않나 살펴보게 되나, 정서적 갈등은 전반적으로 성적이 저조한 경우나 점차적으로 하락하는 경우에도 중요한 원인이 되었을 가능성이 있다. 내담자가 정서적 갈등으로 인하여 학업에 곤란을 겪지 않는지, 정서적 갈등의 내용과 원인은 무엇인지 등은 상담자가 전문적으로 이해하고 도움을 줄 수 있는 영역이다. 내담자의 마음을 이해하는 기술은 다른 어떤 조력자보다 상담자가 우수하기 때문이다. 또한 일반적인 성취 및 시험과 관련한 내담자의 불안수준을 파악하여 돕는 것도 상담자가 기여할 수 있는 부분 중의 하나다. 학습과정 자체는 원활히 수행하지만 시험에 대한 불안이 지나치게 높아서 시험에서 최상의 성취를 보일 수 없는 학생이 있다. 자기 능력의 고하를 막론하고 시험에 대한 불안을 갖는 것이 보통이지만, 특히 학업성적이 우수하고 큰 잠재력을 가진 학생 중에서 높은 시험불안으로 인하여 힘들어하고 능력만큼 성취를 보이지 못하는 경우가 많다. 시험불안을 적정 수준으로 낮추고 유지할 수 있도록 하는 것은 학생의 성취에 큰 기여를 할 수 있다.

3) 학습방법 및 전략

학습방법 및 전략은 학년이 높아져 갈수록 그리고 학습에 투여하는 시간 수가 늘어나야 하는 때일수록 학업성취에 큰 영향을 미친다. 같은 시간을 공부하더라도 효율적으로 공부하는 것이 학생의 삶을 훨씬 건강하고 활기차게 할 수 있는 방법이며 성취의 기쁨도 배가시킬 수 있다. 학습방법은 학교에서의 학습방법과 가정에서의 학습방법으로 구분해서 파악할 수 있으며, 전반적인 주의집중 전략으로부터 시작해서 노트작성과 수업요령 및 시험준비 및 응시요령, 전 과목에 공통적인 교과서 학습전략과 각 과목별로 독특한 학습전략, 요점정리전략, 시간관리 및 활용전략 등 다양한 방면에서 파악될 수 있다(김형태, 오익수, 김원중, 김동일, 1996).

상담자는 내담자가 전반적으로, 또 각 과목별로 사용하고 있는 학습방법 및 전략들에 어떤 것들이 있는지, 또 그것들이 얼마나 효율적인지를 파악할 필요가 있다. 스스로 효율적인 학습방법을 터득하였거나 부모, 형제 혹은 교사에게 효율적 학습전략을 배워서 활용하는 청소년들도 많이 있지만, 사실 많은 학생은 비효율적인 학습방법을 사용함으로 인해서 노력만큼 결실을 보지 못하고 자신의 능력에 회의를 느끼거나 공부에 싫증을 느끼게 된다.

또한 학생의 생활 전반에서 시간을 효율적으로 관리하고 활용하고 있는지를 파악하는 것도 상담자가 할 일 중의 하나이다. 학생의 삶에서 학습은 가장 많고 중요한 시간을 차지하고 있기 때문에, 전반적으로 생활 속의 시간들이 효율적으로 배분되어 활용되고 있는지는 학습을 효율적으로 하는 데 상당한 중요성을 지니고 있는 것이다.

4) 환경적 요인

학업을 향한 의지와 동기가 높으면 어떤 상황에서건 노력을 경주할 수 있고 뛰어난 성취를 이룰 수 있는 것도 사실이지만, 환경적 조건이 학생의 학습을 돕는 방향으로 이루어져 있으면 청소년의 학습이 강화되는 것 또한 사실이다. 그러므로 상담자는 학생의 내적인 특성에 대한 점검과 더불어, 학생 주변의 환경들이 학업을 증진시킬 수 있는 방향으로 이루어져 있는지도 함께 파악하는 것이 상담 개입 전략을 수립하는 데 도움이 된다. 학습에 중요한 환경적 요인으로는, 가정과 학교 및 또래, 그리고 지역사회 환경 등이 있다. 가정의 물리적·구조적·과정적 환경이 어떠하며 그러한 환경들이 청소년의 학습을 방해 혹은 증진하고 있는 정도가 어떠한지, 학교와 지역사회의 물리적·구조적·과정적 환경은 어떠한지, 또래 환경은 어떠하며 학습에 미치는 영향은 어떠한지 등도 종합적으로 파악하여야 한다. 개인과 환경에 동시적으로 접근하여 양쪽 모두가 긍정적 변화를 위한 방향으로 변하게 되면 내담자의 변화가 가장 촉진된다는 원리를 고려할 때, 환경에 대한 상담자의 이해는 매우 중요하다.

3. 학교학습의 부적응: 학습부진

학업문제 중에서 가장 두드러진 것은 학교학습에서의 부적응이다. 교과학습에 어려움을 겪으며 자존감도 낮고 주의가 산만하며 학교생활에 재미를 느끼지 못하고, 경우에 따라서는 친구가 없고 의욕도 없으며 실패에 대한 두려움이 많은 학생을 종종 발견할 수 있는데, 학습부진아라고 지칭되는 학생이 바로 그들이다. 얼마 전까지만 해도 이런 학생들이 학교에서 받는 특별한 대접이란 대개 학급에서 담임 선생님으로부터 멀리 떨어져 앉기, 직접적인 지도나 도전감이 드는 새로운 작업은 잘 주지 않기, 손들어도 시키지 않기, 질문 후에 기다리지도 않고 정답을 성급하게 먼저 말해 주기, 칭찬 덜하기, 야단 많이 치기, 이야기시켜 놓고 중간에 끊기, 눈 덜 마주치기, 얼굴 찌푸리며 쳐다보기 등 이루 헤아릴 수 없다.

그러나 국가 수준 혹은 지역 수준에서 이들에 대한 관심은 요사이 상당히 높아지고 있다. 최근에는 교육부나 교육청에서 제시한 학습부진 관련 보도자료가 일간지에 종종 게재되고 있다. 이와 관련하여 최근 읽기나 기본적인 연산문제를 할 수 없는 아동들이 상당수 존재한다고(학령인구의 1% 정도)하여 몇몇 교육청이 신문기사에 거명되었다. 그 결과 교육청별로 단위 학교마다 학습부진아가 어느 정도 있는지 현황파악을 하여 보고하도록 하고, 학습부진문제를 어떻게 극복했는지를 암행감사까지 한다고 하여 학습부진아동에 대한 처리문제로 상당히 고심하는 경우가 허다하였다. 본 장에서는 학업상담을 촉진하기 위한 학습부진에 대한 다양한 탐색, 유형 및 특성, 재개념화에 대하여 제시하였다.

1) 학습부진에 대한 탐색적 접근

학습부진은 한 개인이 특정한 영역에서 제대로 하지 못하거나 기대했던 것보다 잘하지 못할 때 통상적으로 쓰이는 포괄적인 용어(umbrella term)이다. 그러나 실제로 정확하게 합의하기란 그렇게 간단하지 않다. 학습부진이라는 용어만큼 여러 집단으로부터 다양한 의미를 지니는 것도 없다. 예를 들면, 교사들은 대체로 학습부진이란 학급에서 진도를 제대로 따라오지 못하는 아동을 지칭한다고 생각한다. 학부모는 자녀가 부모의 기대보다 성적이 떨어지거나 형제에 비해서 잘하지 못하면

부진하다고 본다. 정신건강의학과 의사 중에는 특히 정서적인 문제(예: 우울, 불안)로 성적이 떨어지는 경우를 학습부진으로 분류하기도 하며, 일부 교육전문가는 지능이나 적성수준이 매우 뛰어나지만 학업성취는 매우 낮을 때만 학습부진이라고 일컫는다.

그러므로 용어의 의미를 보다 정교하게 사용하기 위해, 명확하게 구분하기는 어렵지만 학습부진을 좁게 해석하여 다른 유사개념들과 변별적으로 사용하는 경우도 있다. 이러한 유사개념을 정리하여 제시하면 다음과 같다(김동일, 1999; 대한특수교육학회, 1986; 백욱현, 1993).

먼저, 학습지진(slow learner)은 지능으로 대표되는 지적 능력의 저하로 인하여 학업성취가 뒤떨어지는 아동을 말한다. 즉, 학습지진아는 경계선급 경도장애를 보이며 따라서 학습능력도 평균 수준에 미치지 못한다. 지능수준은 하위 3~25% 가량이며 지능지수도 약 75~90 정도 사이에 속한다.

둘째, 학업저성취(low achievement)는 학습부진과 중복해서 쓰는 경우가 많은 개념으로서 일반적으로 성취수준을 집단별로 구분하면 하위집단에 속하는 아동을 일컫는다. 이 개념은 잠재적인 능력수준이나 지적 능력을 고려하지 않고 결과로서 나타난 학업성취수준을 이야기한다. 하위 5% 혹은 하위 20%의 성취수준을 보이는 아동들을 지칭할 때 흔히 이러한 용어를 사용한다.

셋째, 학업지체(academic retardation)는 국가적으로 혹은 지역적으로 규정된 학년, 학기의 학습목표를 달성하지 못하여 뒤처지는 아동을 지칭한다. 특히 학업에서의 발달과업을 적절히 성취하지 못하여 지체되는 경우로서 다른 아동들에 비하여 누적된 결손을 보이게 된다.

넷째, 학습부진(underachievement)은 학업 영역에서 나타나는 학업성취수준이 학생이 지닌 잠재적인 능력(지적 능력 수준)에 미치지 못하고 현격하게 뒤떨어지는 상태를 가리킨다. 이는 소위 불일치 준거(discrepancy criteria)에 의하여 설명하는 능력-성취의 편차이다. 불일치로서의 학습부진(academic underachievement)은 학년수준의 편차(deviation from grade or age level), 기대 학령 공식(expectancyformu-las), 회귀공식(regression), 표준점수 차이(difference between standard scores) 등의 조작적 정의가 이루어진다(김동일, 1998b).

다섯째, 학습장애(learning disability)는 특수교육의 한 영역으로서 다음과 같이 정의할 수 있다.

학습장애는 정신지체, 정서장애, 환경 및 문화적 결핍과는 관계없이 듣기, 말하기, 쓰기, 읽기, 및 산수능력을 습득하거나 활용하는 데 심한 어려움을 한 분야 이상에서 보이는 장애이다. 이러한 장애는 개인에 내재하는 지각장애, 지각-운동장애, 신경체계의 역기능 및 뇌손상과 같은 기본적인 정보처리 과정의 장애로 인하여 나타난다. 일반적으로 학습장애는 개인 내 차이, 즉 개인의 능력 발달에서 분야별 불균형이 나타나는 특징이 있다. 학습장애는 발달적 학습장애와 학업적 학습장애로 나누기도 한다. 전자는 학생이 교과를 학습하기 전에 갖추어야 하는 신체적 기능(주의집중력, 기억력, 인지기능, 사고기능, 구어기능)을 포함하고, 후자는 학교에서 습득하는 학습기능(읽기, 쓰기, 셈하기, 작문)을 포함한다(서울대학교 교육연구소, 1994).

기대되는 학년과 성취된 학년과의 차이

학습부진은 대체로 학업성취검사의 점수에 근거한 학년수준과 아동 자신의 기대되는 학년과의 차이로 간단히 정의된다. 예를 들면, 5학년으로 기대되는 학생이 학업성취 검사 결과 3학년 수준이었다면 그 학생의 학력 수준은 두 학년이 뒤진다고 할 수 있다. 편차의 기준을 가진 정의의 경우는 항상 어느 정도의 편차를 심각한 차이로 볼 것인가에 대한 규준을 정하고 있다. 여기에서 한 가지 문제는 비록 차이가 같아도 학년에 따라 의미가 다를 수 있다는 점이다. 4학년에서의 2년 차이와 8학년에서의 2년 차이는 상당히 다르다. 따라서 이런 점을 고려하여 초등학교 저학년의 경우는 1년, 초등학교 고학년은 1.5년, 중등학교 이상에서는 2년 등 편차의 규준을 달리하는 경우도 있다.

여기서 기대되는 학년을 아동의 현재 학년으로 볼 것인지 아니면 아동의 실제 학년이 아닌 '기대되는 학년'을 구하여 능력-학업성취 차이에 적용할 것인지 하는 점에서 약간 다른 공식을 사용한다. 이러한 기대치 공식은 다음과 같이 나타낼 수 있다(김동일, 1998a).

> ㄱ. CA-5 (학년기대치는 실제 학년)
>
> ㄴ. [(2MA+CA)/3]-5
>
> ㄷ. (YIS×IQ)/100

[CA = 실제연령; MA = 정신연령; YIS = 재학기간(년); IQ = 지능검사지수]

회귀공식

기대값을 구하는 좀 더 정교한 방법은 회귀공식을 이용하는 것이다. 이 공식에서는 두 측정값 사이의 관계가 완전 상관이 아닐 때 생기는 중간 값으로의 회귀현상과 측정의 표준오차가 고려된다. 그리고 이 회귀식을 잘 사용하기 위해서는 그 식에 들어가는 두 검사 사이의 상관에 대해 잘 알고 있어야 한다. 이를 간단한 공식으로 표현하면 다음과 같다.

$$EY = Rxy[Sy/Sx(X-mX)]+mY$$

[X = 특정한 학생의 지능지수; mX = 평균 지능지수; Sx = 지능의 표준편차; Rxy = 지능과 성취의 상관계수; EY = 특정한 지능지수에서 기대되는 성취지수; mY = 평균 성취지수; Sy = 성취의 표준편차]

그리하여 여기에서 나온 기대되는 성취지수와 실제의 성취지수 간에 기준치(예: 2 측정의 표준오차) 이상의 차이가 있으면 불일치한다고 본다. 이러한 접근은 상당히 복잡한 변환과정이 필요하다.

표준점수의 차이

또 하나의 방법은 각 검사의 표준점수를 비교하는 것이다. 유의미한 차이에 대한 규준이 설정되는데, 예를 들면 학업성취검사 점수와 능력검사(주로 지능검사) 점수 사이의 차이를 1~2 표준편차 정도로 정하고 있다. 이 방법에서는 지능지수의 학업성취로의 회귀를 설명해 주지는 못하며, 기대공식과 같이 능력과 학업성취 사이의 완전한 상관이 있고 검사의 표준점수 분포도 동일하다는 실현하기 어려운 가정을 전제하고 있다.

학습장애는 특수교육 대상자로 판별되고, 정치(placement)된 학생을 지칭한다. 그러므로 개인 내적인 결손으로 추정되는 원인으로 학습에 여러 가지 부적응을 보이며 이로 인하여 특수교육 서비스에 의뢰되어 진단을 받고 실제로 관련 서비스를 받아야 한다. 학습장애라는 용어에는 이러한 진단과 특수교육서비스가 붙박여 있다고 볼 수 있다.

2) 학습부진의 유형 및 특성

기존 문헌에서 학습부진아(underachiever)와 비교하여 학습과진아(overachiever)의 개념을 설정하기도 한다(김동일, 1999). '일반아동'은 기대수준에 적절한 성취검사의 수행을 보인 아동이며, '과진아'는 적성평가에 의한 예상보다 높은 성취수준을 보인 아동이다. 그러나 어떤 학생을 과진아로 평가하는 것은 성취수준과 관련된 동기를 연구하려는 목적을 제외하고는 그리 큰 관심의 대상이 되지 않는다. 반면에 학습부진아에 대한 연구는 개인이 소유한 재능과 능력을 개발하고 촉진하려는 교육의 목적에 기반을 두고 그 중요성이 강조되고 있다.

(1) 학습부진의 유형화
학습부진을 보다 체계적으로 탐색하기 위하여 여러 가지 차원으로 나누어 유형화할 수 있다(김동일, 1999).

① 적성(지능)과 성취 간의 불일치 유형
- 미확인: 적성, 성취검사점수가 똑같이 낮고, 측정되지 않는 능력을 숨기고 있는 아동. 혹은 평균 정도의 성취수준 때문에 학생의 높은 성취가능성이 숨겨지는 경우
- 높은 적성점수와 낮은 성취검사점수를 받는 경우
- 적성검사 점수와 관계없이, 높은 표준화 성취검사 점수에도 불구하고 학교에서의 성적이 낮은 경우

② 지속 기간
- 일시적/상황적: 학습부진행동은 일시적인 기간(부모의 이혼, 질병, 전학 혹은 교사와의 갈등)에 의해 나타난다.
- 만성적: 장기간에 걸쳐 학습부진이 나타난다.

③ 범위
- 특정교과 및 기능 결핍: 수학이나 미술과 같은 과목 혹은 신체발달 영역에서 뛰어난 성취의 잠재성을 가진 학생이 흥미나 동기의 부족으로 적절한 수행수

준이 나타나지 않는 경우가 있다. 이와 같은 경우는 교사들이 그리 심각하게
생각하지 않게 된다.

- 기초학습기능부진: 읽기, 철자와 같은 언어 관련 과목 등 전체 교육과정에 기
  초가 되는 교과목의 성취는 학업에서의 성공 여부에 매우 중요하다고 간주
  된다.
- 전반적 학습부진: 평가된 적성보다 낮은 수준의 수행 수준을 보이며 전반적으
  로 모든 교과목에서 낮은 성취를 보인다.

④ 자신과 타인에 대한 학습부진의 영향

- 경미한 경우: 부정적인 영향이 나타나지 않는다. 대부분의 학습부진아동의 정
  서적응과 사회행동은 정상적이다.
- 심각한 경우: 성공경험의 부족은 낮은 자기존중감과 자기비판적인 태도를 발
  전시키고, 개인의 건전한 성장을 방해하는 대처행동을 유발하여 사회적으로
  파괴적인 모습을 띠게 된다.

⑤ 내외귀인

- 내적: 학습부진의 원인이 개인 내적 문제인 경우이다. 건강상의 문제나 성격
  적인 부적응, 중추신경계 결손, 뇌손상 등이 대표적이다.
- 외적: 명백한 외적 환경의 영향이 원인이 되는 경우이다. 잦은 이사, 가족구조
  의 변화, 교사와의 관계, 친구관계, 사회적 변화 등이 대표적이다.

(2) 학습부진의 특성

일반적으로 학습부진은 진단명(diagnosis)이 아니며 주관적인 판단이 개입되는
경우가 많다. 또한 학습부진 자체가 연구나 지도의 대상이 되는 것이 아니다. 학습
부진은 학습부진을 유발하는 여러 가지 원인의 결과적인 증상이며 신호이다. 이는
아동이 가지고 있는 잠재력을 모두 발현하는 데 방해가 되는 요인이 무엇인가를 체
계적으로 탐색해야 한다는 것을 의미한다.

20세기 중반부터 학습부진(underachievement) 문제가 교육학 연구에서 자주 등
장하는 주제로 떠올랐다. Gallagher와 Rogge(1966)에 따르면 초기에는 학습부진
아에 대한 기술연구들이 주종을 이루었으며, 이들은 낮은 자아개념과 부적응 패턴

을 보였다고 보고하였다. 많은 연구가 가정에서의 심리적 환경이 학습부진에 중요한 역할을 한다고 보고하였으며, 한편 학습부진아동의 사회적·정서적 부적응 문제에 상담의 중요성을 강조하게 되었으나, 효과에 대한 명확한 결과를 얻지 못하였다.

학습부진은 각각 독특한 요인들의 조합으로 이루어져 있다. 이러한 요인들은 아동의 생활과 복잡하게 상호연관되어 있다. Strang(1951)은 부모, 교사, 또래들에 의한 부적응 요인으로 부모의 지나친 압력, 부모의 무관심과 방치, 삶에 대한 기본적 태도를 개발할 수 있는 기회의 부족, 재정적 한계, 사고와 공부방법에 대한 지도의 부재, 폭넓고 도전적인 교육과정의 부재를 들었다. Hildreth(1966)는 고등학생들의 학습부진 원인으로 성취하려는 노력 부족, 수준에 맞지 않는 교육과정과 수업, 초등학교 때부터 노력하지 않았던 학생들에 있어서의 고등학교 진학 후 갑작스러운 적응의 어려움, 청소년기의 권위에 대한 반항적 태도, 자신들이 가지고 있는 흥미와 학교교육과정에서 요구하는 흥미들 간의 갈등 등을 들었다.

Taylor(1964)는 많은 연구 결과를 검토하여 학습과진아와 학습부진아의 일곱 가지 비교특성을 열거하였다.

- 학업불안: 학습과진아는 불안이 덜하고 목표달성에 대한 내적인 통제력과 긴장감이 있는 반면 학습부진아는 불안을 가지고 있다.
- 자존감: 학습과진아는 자신을 수용하고 낙관적이며, 자기신뢰감과 적절감을 가진 반면 학습부진아는 자기비판적이고 부적절감을 가지고 있다.
- 성인과의 관계: 학습부진아는 추종, 회피, 맹목적 반항 혹은 부모에 대한 적대감을 가지고 방어적으로 행동한다.
- 대인관계: 학습부진아는 거절감이나 고립감을 느끼기 쉽고 무관심하고 타인에 대해 비판적이다.
- 독립과 의존 간의 갈등
- 활동패턴: 학습과진아는 학업지향적이고 학습부진아는 사회지향적이다.
- 목표설정: 학습과진아가 보다 현실적이고 성공적인 반면 학습부진아는 목표에 대해 비현실적이고 계속적으로 실패하게 된다.

기존의 많은 연구가 학습부진아의 특성을 기술하는 데 치중되었고, 때로는 이와 같은 특성들이 낮은 학업수행의 원인으로 간주되기도 한다. 즉, 학습부진아는 반사회적 성격, 낮은 포부수준, 빈약한 가족관계, 학교활동에 대한 부정적인 태도를 가진다고 하였다. 학습부진아동의 특성들은 그들의 부적응, 실패, 거절에 대처하는 방식의 결과로서, 성격과 행동으로 발전될 수 있다. 따라서 이러한 가능성의 면밀한 검토를 통해 자기지각과 학습부진을 방지할 수 있는 교육적 환경을 설계할 수도 있다. 부모와 교사들에 의해 '부적응적'이라고 기술된 행동들은 아동의 불안감, 열등감, 적대감, 죄책감 그리고 의사결정상의 갈등에 대처하는 방식일 수 있다.

3) 학습부진의 재개념화

학습부진에 대한 진지한 탐색을 위하여 이루어져야 할 일은 학습부진의 개념을 재정립하는 것이다. 이를 위하여 다음과 같은 필요조건들이 구체화되어야 한다.

첫째, 학습부진에 대한 교육현장의 혼란은 일차적으로 개념적(conceptual) 수준의 정의와 조작적(operational) 수준의 정의를 구분하지 않았기 때문이다. 교육 주체들이 합의한 개념적 수준의 정의를 마치 조작적 수준의 정의로 이해하고 이를 무리하게 적용하려는 모습이 드러나고 있다. 학습부진에 대한 정의와 일반적인 지침(guideline), 판별검사의 제작, 참고자료는 국가 수준에서 정하지만 조작적이고 실제적인 정의는 여러 사정을 고려하여 단위 학교수준에서 결정하여야 한다. 이러한 단위 학교수준의 조작적 수준의 정의는 공개되고 지속적으로 향상되어야 함은 두말할 나위가 없다.

둘째, 학습부진의 정의에 '정상적 지능 수준'을 가정하는 기대-성취의 불일치(underachievement) 모델보다 일정 수준 이하의 저성취(low achievement)를 강조하여야 한다. 공교육에서는 공적인 책무성을 지니고 일정한 성취수준 이하의 학생들을 학업에서 소외되지 않도록 돌보아야 한다. 그러므로 어느 학년에서든지 하위 5~20% 정도의 학생들은 교육과정상의 과업(학업)으로 인하여 곤란을 겪고 있기 때문에 이들에 대한 특별한 관심이 필요하다. 학습부진이란 학년이 올라가면서 변화하는 현상이지 한번 정해지면 고착되는 현상은 아니다. 이는 학습부진 집단이 '없어져야 할 문제아'가 아니라 과거에도 있었고 현재에도 존재하며 미래에도 지속적으로 존재하게 될 '체계적 도움이 요구되는 보충학습 대상자'라는 점을 강조하는 것이다.

셋째, 학습부진아 교육은 각 교육주체(교사, 학부모, 학생 자신)의 동의를 바탕으로 이루어져야 하지만 가장 중요한 근거는 (담임)교사의 판단이어야 한다. 이를 위하여 학습부진 보충학습은 일정한 대상자(하위 5~20% 정도의 저성취 집단) 중에서 특히 교사가 권고하는 학생을 중심으로 이루어지는 '선택'형 체제여야 한다. 그러므로 학교별, 지역별로 경제적인 지원이나 성취수준이 다르기 때문에 각 학교에서 실제로 진행할 수 있는 인원을 일률적으로 정하는 것은 어렵다. 예를 들면, 과학고등학교에서는 학습부진 서비스를 하지 않아도 무방하다. 그리하여 해마다 학습부진아의 인원수가 늘어났다가 줄어들었다는 이유로 교사들을 '거짓말쟁이'로 만드는 통계치에 대한 생각도 바뀌어야 한다.

넷째, 학습부진 교육은 단위 학교에서 '과외'로 하는 활동인 만큼, 책임 지우기나 채찍 위주의 감독보다는 수범사례를 발굴하고 우수 교사에 대한 장려가 강조되어야 한다. 그리하면 많은 훌륭한 교사가 학습부진 아동들을 맡게 되어 이들에 대한 놀랄 만한 변화가 나타나게 될 것이다.

다섯째, 학습부진 교육은 특수교육(특수학급 및 학습도움교실)과의 연계 서비스로 구축되어야 한다. 이는 통합교육 차원에서 특수교사가 일반교사를 지원하거나 협력적 자문을 제공할 수 있는 장이 되어야 한다는 것이다. 또한 특수학급이나 학습도움교실로 의뢰하기 전에 의무적으로 적어도 8주 이상 학습부진 교육을 받도록 하는 의뢰 전단계(pre-referral) 체제로 전환되어야 한다. 이는 대상 아동에 대하여 보다 체계적인 정보를 얻을 수 있고, 아무런 사전 중재 없이 그대로 특수교육 서비스로 의뢰되어 정치가 됨으로써 나타나는 불필요한 낙인효과를 줄일 수 있게 된다. 현재의 교육발전 5개년 계획에서 학습부진 영역과 특수교육 영역이 같은 정책목표하에 묶인 것은 여러 면에서 시사하는 바가 크다고 하겠다.

끝으로 학습부진과 학습장애를 개념적으로 구분해야 할 필요가 있다. 학습부진은 매우 낮은 성취수준으로 나타나는 '증상'이며 원인을 진단하고 중재를 계획해야 할 시발점이다. 이에 비하여 학습장애란 앞에서 언급한 바와 같이 일종의 진단명이며 특수교육 대상자이다. 결과적으로 학습부진이라는 면에서는 같지만 학습장애는 보다 부가적인 단서가 붙는다고 볼 수 있다.

학업부진에 영향을 주는 변인은 너무 다양하기 때문에 체계적으로 정리하는 것도 쉽지 않다(김동일, 이대식, 신종호, 2009). 이는 학생의 특성, 교수방법, 교재, 교사의 행동, 교실환경을 포함하는 복잡한 과정이다. 이러한 복잡성을 정리하기 위해서

Carroll(1963)은 학습을 위해 필요한 주요 변인으로 '시간'을 강조하는 학교학습모형(model of school learning)을 제안하였다. Carroll은 학습(L)을 학습을 위해 필요한 시간의 양(Tn)과 관련해서 학생이 실제적으로 투입한 학습시간의 양에(Ta) 대한 함수관계로 제시했다. 학습의 정도는 Ta와 Tn 사이의 비율로 생각할 수 있다.

$$L = f(Ta / Tn)$$

이 모형은 다음과 같은 다섯 가지 요소를 포함한다.

- 적성: 최적의 수업조건에서 학습하기 위해 필요한 시간의 양
- 능력: 일반지능에 관련된 이해의 정도
- 지속성: 학생이 학습활동에 능동적으로 몰두하는 시간의 양
- 학습 기회: 학습을 위해 할당된 시간
- 교수의 질

이들 요인을 포함하는 학교학습모형을 다시 제시하면 다음과 같다.

$$L = f[(학습 기회+지속성) / (적성+능력+교수의 질)]$$

이 모형에서 시간은 고정되어 있지 않으며 학생들 사이의 개인차를 강조한다. 적당한 시간과 적절한 교수가 주어진다면, 대부분의 학생이 완전학습을 할 수 있다고 기대한다. Carroll의 모델을 확장해서 Bloom(1968)은 학습이 학생의 특성보다 교육 체제와 더 관계가 있다고 제시했다. Bloom 모델의 세 가지 기본 변인은 학생 특성, 교수, 학습성과이다. 학생 특성은 미래학습과제를 위해 필요한 기본적인 학습기술의 숙달과 같은 인지적인 투입 변인들과 정서적인 투입 변인(학습하기 위한 동기, 학교 상황 이외의 가족적 또는 사회적 요소)을 포함한다. 교수의 질은 중요한 교수 변인이며 개인의 요구와 일치하기 위한 교수의 적합성과 함수관계에 있다. Bloom은 교수의 질을 결정하는 주요 요인으로 단서, 참여, 강화, 피드백, 교정을 예시하였다. 학습성과는 성취의 형태와 수준, 학습 속도, 정서적인 결과에 의해 평가된다.

이러한 학습모형은 부진현상을 설명하고 더 나아가 학습부진과 학습장애를 구분하기 위한 시사점을 제공할 수 있다. 이 모형은 일반적 저성취(low achievement)를 특징으로 하는 학습부진을 설명한다. 그러나 학습장애는 이들보다 더욱더 부진한 학습자로서, 진단되고 다루어져야 할 부가적인 문제를 지니고 있다. 특히 발달지체, 유전적인 변인, 미소뇌기능장애, 생화학적인 이상, 신경 심리학적 변인들, 생리학적 불균형, 뇌손상, 언어적 결함, 시지각 이상, 청지각 문제, 협응능력 결함, 심리 언어적 결함, 인지적인 결함, 기억문제, 주의집중장애와 같이 학습을 심각하게 저해하는 부가적 진단이 있게 된다. 이런 저해요인은 Tn에 추가되어(+a), 학습을 위해 필요로 하는 시간을 급격히 증가시킨다. Kavale과 Forness(1995)는 저해요인이 하나 혹은 복수로 나타나, Ta에 비해서 Tn이 상대적으로 너무 증가되면 이러한 학습자는 정상적인 학습과정에서 학습이 이루어지기 어려운 '이탈된 학습자(disassociated learner)'라고 규정하였다. 그러므로 학습장애는 진단되거나 추정된 여러 문제로 인하여 학습부진 집단 중에서 매우 낮은 성취를 보이는(학습시간이 많이 필요한) 특수교육 대상자로 볼 수 있다.

4. 학업상담 프로그램: 학습전략

국내외의 학업 관련 상담 프로그램은 기초적인 학습전략 훈련과 밀접하게 관련된다. 예를 들면, 학습 부진 집단상담(서병완, 1998)의 경우, 학습 부진으로 판명된 중학생을 대상으로 학습 부진과 관련된 원인에 따라 네 집단으로 나누어 각각 12회(1회 50분씩)의 집단 상담을 수행하였다. 즉, 학습부진이 가족 갈등과 연관된 집단, 학습 의욕이 결핍된 집단, 학습 기술과 기초 지식이 부족한 집단, 교사와 급우들과의 갈등이 심한 집단으로 나누었다. 지도자는 주로 학생들의 이야기를 듣고 공감하는 것과 예습의 중요성을 강조하고 효율적 학습 방법에 대하여 가르쳐 주는 것을 병용하였다. 이와 더불어 가장 널리 활용되는 프로그램은 '효율적인 공부방법'으로서, 학생들이 효과적으로 공부하여 학업을 증진하도록 지도하고 훈련하는 프로그램이다(김영진, 1998; 김형태 외, 1996; 서울대학교 교육학과 상담연구실, 1996; 홍경자, 김태호, 남상인, 오익수, 1996). 일반적인 프로그램의 구성 및 내용을 예로 들면 〈표 3-2〉와 같다.

표 3-2 학습 상담 프로그램의 예시

회기	훈련 주제	활동 내용
제1회기	1단계 학습 습관 진단	학습 방법의 진단과 평가(학습기술검사)
제2회기	2단계 공부 계획 만들기	과정 1: 좋은 공부 계획을 세우기 위한 준비과정 　- 목표 세우기, 실행에 옮기기 과정 2: 하루 일과와 한 주 일과를 분석하기 과정 3: 공부 계획 세우기 　- 공부 계획표 작성의 원칙 　- 공부 계획표 작성
제3회기	3단계 정신 집중 능력 향상	과정 1: 정신 집중 향상을 위한 외부 환경 만들기 과정 2: 정신 집중 향상을 위한 심리적 환경 만들기 낮잠 문제, 개인적 정서(고민) 학과에 대한 불안 다루기 과정 3: 정신 집중 향상을 위한 훈련 　- 점진적 근육이완 훈련 　- 호흡 명상 훈련
제4회기	4단계 기억 능력 향상	기억 능력 향상 훈련 흥미 일으키기, 주의 집중하기 자료를 심상화하기 정보를 연합하기 기억 문장 만들기
제5회기	5단계 교재 이해 능력 향상	과정 1: 교재 이해 능력 향상 훈련 　- 교재를 개관하기 　- SQ 3R기법 과정 2: 그래픽 자료 이해 능력 향상 훈련
제6회기	6단계 노트 정리와 정보 요약 능력 향상	과정 1: 강의 및 세미나에서 노트 정리하기 과정 2: 정보를 요약하는 몇 가지 방법 　- 도표 관리법, 요점 정리법
제7회기	7단계 어휘 학습 능력 향상	과정 1: 어휘 이해 능력 향상 훈련 과정 2: 어휘 학습 훈련 　- 경제 어휘 학습 시스템
제8회기	8단계 논문 및 레포트 작성 하기	논문 및 레포트 작성 능력 향상 훈련
제9회기	9단계 시험 치르기	시험 치기 능력 향상 훈련

이와 같이 학습문제를 다루는 훈련프로그램은 국내외에서 다양하게 개발되고 있다. 외국의 경우, 일반적인 청소년뿐만 아니라 학습장애, 학습부진아동을 위한 학습프로그램이 개발되었고 효과적인 교수활동을 위한 학습프로그램도 개발되었다.

1) 학습전략의 분류

Dansereau(1985)는 학습전략을 정보의 획득, 저장 그리고 그 활용을 촉진할 수 있는 일련의 과정 또는 단계로 정의하고 있으며, Weinstein과 Mayer(1986) 또한 학습전략을 정보의 기억, 획득, 재생의 과정을 촉진할 수 있는 모든 종류의 인지과정과 행동, 즉 낮은 수준부터 높은 수준까지의 정보처리 활동을 모두 포함하는 것으로 정의하고 있다. 이런 정보 처리 활동으로서의 인지적 전략 외에도 학습자의 감정 상태의 관리를 위한 정의적 전략, 동기화 수준을 유지하려는 동기화 전략, 학습의 상태를 유지하려는 전략(주의집중전략, 시간관리 전략 등) 역시 넓은 의미의 학습전략 개념에 포함시킬 수 있다. Jones(1983)은 학습전략을 학습을 촉진하기 위하여 학습자가 사용하는 여러 가지 정신적 조작이라고 정의하면서 이러한 학습전략은 의식적이든 무의식적 간에 목적지향적인 구체적인 행동이라고 하였다.

McKeachie, Pintrich, Lin과 Smith(1991)는 학습전략을 인지 학습전략, 상위 인지 학습전략, 자원관리 전략의 세 가지 범주로 대별하였는데 이상에서 제시한 여러 학습전략의 유형을 개괄적으로 포함하고 있다고 볼 수 있다. 인지적 전략에는 시연전략, 정교화전략, 조직화전략이 있고, 상위인지 전략에는 계획전략, 점검전략, 조정전략이 포함되어 있으며, 자원관리 전략은 시간관리, 공부환경관리, 노력관리 및 타인의 조력 추구 등으로 구성되어 있다. 이를 보다 자세하게 살펴보면 다음과 같다.

(1) 인지전략
① 시연전략: 암송, 따라 읽음, 복사, 자구적 노트정리, 밑줄 치기
② 정교화전략: 매개단어법, 심상, 장소법, 의역, 요약, 유추생성, 생성적 노트정리, 질문-대답
③ 조직화전략: 결집, 기억조성법, 핵심아이디어 선택, 개요화, 망상화, 다이어그램화

(2) 상위 인지전략

① 계획전략: 목표설정, 대충 훑어봄, 질문생성

② 점검전략: 자기검사, 시험 전략

③ 조정전략: 독서 속도 조절, 재독서, 복습, 수검전략

(3) 자원관리 전략

① 시간관리: 시간표 작성, 목표 설정

② 공부환경관리: 장소 정리, 조용한 장소, 조직적인 장소

③ 노력관리: 노력에 대한 귀인, 기분, 스스로에게 이야기하기, 끈기 가짐, 자기 강화

④ 타인의 조력 추구: 교사로부터의 조력 추구, 동료로부터의 조력 추구, 동료/집단 학습, 개인지도

2) 학습전략 연구 동향

(1) 학습전략의 유형별 효과크기

〈표 3-3〉과 같이 국내(1990~2001) 학위논문을 중심으로 연구된 학습전략의 평균 효과크기는 .53이었다(김동일, 2005). 이는 학습전략 훈련을 받은 집단의 중앙치(평균)가 학습전략을 받지 않은 집단의 분포에서 약 70 백분위에 해당됨을 의미한다. 다시 말하면, 학습전략 훈련을 받게 되면, 원래 50 백분위 점수의 학생이 70 백분위 점수로 증가한다는 것으로, 학습전략 훈련이 효과가 있음을 나타낸다.

학습전략의 유형별로 평균 효과 크기를 비교하여 보면, 상위 인지전략은 .71로,

표 3-3 각 전략별 효과 크기

구분	효과 크기의 사례수	평균 효과 크기	효과 크기의 표준편차
인지전략	29	.61	.46
상위인지전략	56	.71	.49
자기조절학습전략	59	.54	.40
통합전략	80	.37	.44
합계	224	.53	.46

인지전략은 .61로 효과크기가 비교적 높았으며, 자기조절 학습전략은 .54과 통합전략은 .37로 효과 크기가 중간 정도인 것으로 나타났다.

이를 박스플롯으로 나타낸 [그림 3-1]을 보면, 인지전략, 상위인지전략 그리고 자기조절학습전략은 평균보다 높은 효과 크기가 더 많고, 통합전략은 평균치 이하의 효과 크기가 더 많다는 것을 알 수 있다.

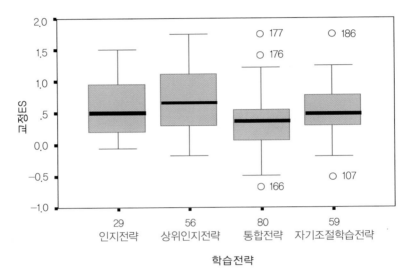

[그림 3-1] 전략별 효과 크기

(2) 학습부진 및 학습장애

일반학생과 학습부진 및 학습장애 아동을 대상으로 한 학습전략 프로그램 분석 결과 각 프로그램들이 학교 현장 중심으로 연구가 이루어지고 있기 때문에 일반학생을 대상으로 한 프로그램의 수가 많은 편이었다. 학습부진 및 학습장애 아동을 대상으로 한 프로그램들은 대부분 학습부진 아동을 대상으로 한 것이 많았으며 학습부진 아동이 학습 시 겪는 어려움을 훈련하는 쪽으로 초점이 맞추어졌다.

5. 학업상담 사례

학업과 관련하여 학생이 가진 문제가 무엇이며, 언제부터 그 문제를 지녀 왔는지 또한 인지적, 정의적, 환경적 요인이나 학습전략의 측면에서 학생이 지닌 강점과 약점들은 무엇인지 등에 관한 이해를 하여 학업문제에 대한 상담을 진행하게 된다. 여기에서는 학업상담의 과정에 대한 시사점을 얻기 위해 간략히 학업상담 사례와 유의할 점을 정리하였다.[1]

> 고등학생인 연수는 노력한 만큼 성적이 나오지 않아서 공부하는 데 재미가 없다고 한다. 중학교 1학년 때까지만 해도 반에서 10등 이내에 들었고 초등학교 때에는 더 상위권에 속했으며 자기가 공부를 잘한다고 생각했다. 그러나 중학교 1학년 이후부터 점차적으로 공부가 어려워지고 성적도 조금씩 하락하였으며 공부에 대한 자신감과 흥미도 점점 줄어들었다. 이제는 반에서 중간 정도 하기도 쉽지 않다. 대학도 가고 싶고 공부를 좀 더 잘해야겠다는 생각은 있지만 마음대로 되지 않는다. 어머니도 이런 연수의 모습이 안타까우셨던지 연수에게 상담을 받아보자고 권유하셔서 함께 상담실을 찾게 되었다.

첫째, 학업문제로 인해 그동안 겪어 왔으며 현재도 겪고 있을 좌절과 실망감, 그리고 그 이면에 있을 수 있는 긍정적 측면(잘하고 싶고 인정받고 싶은 마음)을 이해하고 격려한다.

우리나라와 같이 공부가 청소년들 삶의 전부이며 인간적 가치까지 결정하는 것처럼 되어 있는 사회에서는, 우수한 학업수행이 이루어지지 않는 청소년들은 현실적으로 학교나 가정에서 부당한 대우를 받았을 가능성이 매우 높다. 또한 학업문제로 상담실에 온다는 것 자체에 대해서도 내담자가 자존감에 상처를 입었을 가능성도 많다.

그러므로 상담자는 내담자가 과거와 현재에 학업문제 때문에 겪게 되었을 수많은 고통과 좌절, 실망감과 불안, 수치심 등을 충분히 공감적으로 이해하고 수용하는 따뜻한 자세를 견지하여야 한다. 상담자가 학업과 관련하여 내담자의 마음을 읽고 이해하려 할 때 기억하여야 할 것 중의 하나는, 내담자가 공부와 관련해서 갖고 있는 (혹은 있었던) 긍정적 동기들도 부정적 느낌들과 함께 파악하고 이해하여야 한다는 것이다. 공부를 잘하려고 하는 마음이 없었다면 공부가 잘 안 되었다고 좌절하지 않았을 것이며, 인정받고 싶은 마음이 없었다면 주위에서 인정하건 말건 상관없었을 것이다. 상담자는 내담자가 겉으로 드러내거나 혹은 그동안의 좌절과 실

---

1) 여기에 제시된 사례 연구는 김형태 외(1996), 박성수, 김혜숙, 이숙영, 김창대, 유성경(1997)을 참조하였음.

망으로 인해 속에만 묻어 두고 있는 긍정적 동기를 포착하여 발전적 변화를 위해 활용할 줄 아는 지혜를 가져야 한다.

상담자는 연수가 중학교 1학년 이후로 성적이 점차적으로 하락함으로 인해서 겪었던 자존감의 상처, 자신의 능력과 미래에 대한 불안감, 학교에서의 지위가 하락하는 느낌으로 인해 겪었던 좌절감과 불쾌감, 부모의 기대가 실망으로 바뀌는 것을 보면서 느꼈던 미안함과 수치심, 원하는 만큼 성적이 나오지 않음으로 인한 답답함과 회의 및 지겨움 등의 마음을 연수가 충분히 토로할 수 있도록 수용적이고 따뜻한 태도로 듣고 이해하고자 하였다. 그와 더불어 연수가 정말 잘하고 싶고 다시금 인정받고 싶어 하는 마음을 스스로 확인할 수 있도록 하며, 그러한 동기를 상담에서 새로운 노력을 경주하고자 하는 의욕으로 삼고 유지할 수 있도록 지지하였다.

둘째, 학업문제가 구체적으로 무엇이며, 그 문제가 언제부터 또 왜 발생하게 되었는지, 학업문제로 인해 파생된 다른 문제는 무엇인지 정확히 파악하는 동시에, 내담자가 지닌 강점과 자원은 무엇인지도 반드시 파악한다.

상담자가 내담자의 학업문제 및 강점들에 대해서 파악하기 위하여, 앞에서 설명한 청소년 학업문제의 이해 부분을 참조할 수 있다. 상담자는 내담자의 학업과 관련한 인지적 요인, 정의적 요인, 학습방법적 요인 및 환경적 요인들을 면밀히 이해하되 반드시 강점과 약점을 두루 파악하여야만 변화를 위한 계획을 세우기가 용이하다. 대부분의 내담자는 학업에 문제가 있다고 하여 모든 과목에서 다 곤란을 겪는 것도 아니며 좋아하고 잘하는 것들도 있고 강점과 자원들도 잘 찾아보면 반드시 있기 마련이다. 또한 그동안 나름대로 학업문제를 해결하기 위하여 노력해 왔으며 그중 어떤 부분은 그대로 혹은 다소의 수정을 통하여 다시 활용한다면 좋은 효과를 올릴 수 있는 것들도 있다.

상담자는 연수에게 지능검사나 표준화된 학업성취도 검사를 실시하지 않았다. 중학교 1학년까지 상위권에 머물렀다면 학업기초능력은 충분히 갖추었으며 지능도 보통 이상은 될 것이라고 가정하였기 때문이다. 대신 상담자는 연수가 특히 어려움을 많이 겪어 온 과목이 무엇인지, 과목별 성적 분포가 어떠한지, 학습습관과 방법은 어떠한지 등을 좀 더 자세히 물어보았다. 연수는 국어, 영어, 사회 등의 과목에서는 아직도 별 어려움이 없으며, 수학과 과학 분야에서 특히 어려움을 많이 겪어 왔는데 중학교 2학년 말부터 그 어려움이 더욱 두드러지게 나타났다고 하였다.

그래서 상담자는 연수의 수학 및 과학 분야에서의 실력이 어느 수준인지를 면밀히 파악해 줄 수 있도록 부탁할 만한 교사가 있는지 연수와 의논하였다. 연수는 수학은 지금 다니고 있는 학원의 수학 선생님께 부탁할 수 있을 것 같고 과학은 학교의 담임선생님을 통해서 과학선생님들께 부탁하면 될 것 같다고 하여서 다음 상담시간까지 평가받아 오기로 약속하였다. 다음 상담시간에 연수가 알아 온 결과로는, 수학과 물리는 중학교 3학년 초 내지 중간 정도, 화학은 중3 말 정도 수준이라고 하였다. 상담자는 그렇게 평가를 받는 과정을 수행하는 것 자체가 힘든 일임에도 불구하고 선생님들에게 요청하여 평가를 받아 온 사실을 칭찬하고 격려하였다. 또한 평가의 과정과 결과에 대해서 연수가 느낀 점을 이야기해 보도록 하며 이해하는 태도를 보였다.

상담자는 또 연수와 함께 그동안의 학습습관과 학습방법들, 특히 수학 및 과학에서의 학습방법들을 면밀히 검토하였다. 전반적인 학습습관면에서 볼 때 연수는 시험에 대한 긴장감과 불안감 때문에 시험발표가 나면 바로 시험공부의 계획을 세워서 그 계획을 실행하느라고 매일의 예습, 복습은 오히려 등한히 하는 경향이 있었으며, 학교숙제와 학원 수업, 학원숙제 등을 해내느라 지쳐서 학습의 효율성은 떨어지는 것으로 보였다. 그렇게 학습의 효율성은 떨어지고 시험에 대한 압박감은 과중하다 보니 오히려 TV를 보거나 멍한 상태로 시간을 보내는 등 전반적인 시간활용에 있어서 허점이 많다는 것도 밝혀졌다. 또한 내용을 충분히 이해하기 이전에 문제를 푸는 데 시간을 많이 보내다 보니 공부한 시간의 양은 많아도 내용에 대한 이해도는 별로 높아지지 않은 듯하였다. 특히 시험이 가까워 올수록 이 문제집 저 문제집 섭렵하기만 하지 실제로 학습내용을 충실히 파악하지는 못하는 것으로 보였다.

연수는 비교적 오랜 시간을 공부하는 데 보내고 있었으며, 효율성이 높지 못하더라도 꾸준히 공부에 매달리는 지구력이 있다는 것이 큰 강점으로 부각되었다. 또한 영어공부는 상당히 재미있어 하는데도 수학과 과학에 대한 부담 때문에 재미있는 영어공부에 많은 시간을 보내지 못하고 있다는 것도 파악되었다. 연수는 비교적 공부를 열심히 하거나 성적이 우수한 친구들과 좋은 관계를 맺고 있었으며 가족들과도 전반적으로 원만한 관계를 유지하고 있고 부모님도 연수의 학업을 도와주기 위해서 나름대로 고심하고 노력하고 있다는 것도 중요한 자원으로 파악되었다.

셋째, 내담자의 상담과 변화에 대한 동기수준에 따라 현실성 있게 상담목표를 설정한다.

상담자가 흔히 부딪히는 문제 중의 하나는 부모나 교사에 의해 의뢰된 내담자가 상담과 변화에 대해 가진 동기가 별로 높지 않아서 내담자 자신을 변화의 주체로 삼기가 어렵게 되고 따라서 상담의 효과도 저조한 경우가 많다는 것이다. 학업문제의 경우 그 해결을 위해서는 내담자의 많은 노력이 요구되는데, 내담자가 상담과 변화에 대해 느끼는 동기와 의욕이 별로 높지 않다면 학업문제 자체를 해결하기 위한 시도는 별 효과가 없을 가능성이 많다. 특히 부모의 강요에 못 이겨 할 수 없이 공부하고 공부에 대해서 지겨운 느낌을 가진 내담자의 경우 상담에서마저 그러한 마음을 제대로 이해하지 못한 채 학습문제의 해결만 시도한다면 상담자는 또 하나의 과외선생님처럼 느껴질 수밖에 없을 것이다.

상담자가 좌절하는 과정에서 겪었을 숱한 실망과 좌절감, 분노와 불안감 등을 충분히 공감적으로 이해하고 수용하는 것이 무엇보다도 중요하다. 부정적인 감정이 충분히 이해되고 수용될 때 그 밑에 숨어 있던 긍정적 동기가 다시 살아날 수 있기 때문이다. 그리고 어느 정도의 노력을 얼마 동안 기울이면 어떠한 결과가 생길 수 있는지를 구체적으로 알려 주고 내담자가 희망을 다시 가질 수 있도록 하는 한편 상담에서의 목표를 현실적으로 설정하는 것이 매우 중요하다. 상담에서의 목표가 내담자 자신의 것이 되지 못하면 학업문제의 해결은 어려울 수밖에 없다.

학업문제의 해결에 대한 동기화가 어느 정도 이루어졌다고 판단되면, 상담자와 내담자는 그동안 파악된 내담자의 문제점과 강점 및 자원 등에 기초하여 변화의 계획을 함께 수립하여 실행에 옮기게 된다. 상담을 통해서 변화가 가능하다는 것을 조금씩 경험하게 되면서 내담자의 변화에 대한 동기는 더욱 높아질 수 있으므로, 상담자는 내담자가 변화를 위한 시도를 할 수 있을 만큼 동기화가 이루어졌다고 생각되면 변화의 계획을 실행해 나갈 수 있다.

넷째, 내담자의 문제 및 강점/자원에 대하여 파악한 바에 기초하여 목표를 설정하고 변화를 위한 전략과 계획을 수립한다.

변화를 위한 계획들은 학업에 관련된 세부적 문제들을 다룰 만큼 자세하면서도 전반적인 실현가능성과 효과를 고려할 수 있을 만큼 종합적이어야 하고, 단기적 계획과 장기적 계획을 함께 고려하여야 한다. 학업문제의 각각(예컨대, 과목별로 부족한 부분들, 시간활용 상태 등)을 해결하기 위한 계획을 세우되 그런 계획들이 전반적으로 실행 가능하도록 조정되어야 한다. 특히 과목별로 부족한 부분들에 대한 보충학습과 현재 진행 중인 학교의 학습을 함께 병행하여야 하는 것이 대부분의 경우에 필요하므로, 그 조합을 어떻게 할 것인지를 결정하는 것이 매우 중요하다.

　　연수는 스스로 학업문제를 해결하고자 하는 동기가 매우 높았으므로 상담자는 변화를 위한 계획 수립과 실행에 빨리 착수할 수 있었다. 우선 그동안 파악된 바를 기초로 하여 수학, 물리, 화학 등 세 과목에 있어서 보충학습이 필요하다고 합의하였다. 그리고 학교공부에 소홀히 하지 않으면서 이 과목들의 보충학습을 위하여 투자할 수 있는 시간이 일주일에 평균적으로 총 몇 시간이며 요일별로 그 시간들을 어떻게 배분할 수 있는지를 의논하였다. 연수는 시험 및 그 준비 기간인 2주를 제외하고, 평균적으로 한 주에 수학 보충학습을 위해서는 학원에서 보내는 시간을 포함하여 12시간, 물리와 화학 보충학습을 위해서는 각각 4시간씩을 투자할 수 있을 것 같다고 하였다. 그리고 그 시간들 대부분은 주말에 편중되도록 하여 평일에는 학교진도를 따라가며 예습, 복습하는 데 시간을 보낼 수 있도록 하였다. 그리고 두 달 후부터 있을 방학기간을 이용하여 세 과목의 보충학습에 집중적으로 매달리면 고2 초에는 학교진도에 무리 없이 따라갈 수 있으리라고 전망하였다. 학습을 위한 도움을 요청하는 면에 대해서 의논한 바로는 수학은 학기와 방학 중에 지속적으로 학원을 다니고 물리와 화학은 방학 중에만 과외를 하는 것이 좋겠다고 하였으며 부모님도 적극 찬성하며 돕기로 하였다.

　　상담자와 연수는 방학 동안에 할 공부의 양은 그때 가서 다시 의논하기로 하고 우선 매주 해낼 수 있는 세 과목의 분량이 어느 정도인지를 파악하고 그에 따라 목표를 구체적으로 세우기로 하였다. 더불어 연수가 시간을 전반적으로 활용하는 상황을 구체적으로 파악하기 위하여 다음 한 주 동안 생활 전반이 진행되는 상황과 수학, 물리, 화학을 단위 시간에 공부한 양을 〈표 3-4〉에 적어 오기로 하였다. 이 표는 공부에 부담은 많이 갖되 시간을 효율적으로 쓰지 못하는 청소년들에게 사용하면 시간활용의 효율성을 높일 수 있도록 돕기 위한 것이다.

　　이 표는 청소년들이 흔히 쓰는 생활계획표의 모양으로 되어 있다. 그러나 이 표는 공부를 어떻게 할 것인가를 나타내는 학습계획표가 아니라, 반대로 내담자가 평상시에 스스로 공부하는 데 사용하지 못하는 시간들, 즉 다른 활동들(예: 식사, 휴식, 친구와 전화, 등 · 하교, 세수하기, 잠자기 등)을 먼저 기입해 놓고 나머지 시간을 비워 두는 생활기록표라는 점에서 매우 다르다. 연수의 경우 월요일을 예로 하여 상담자가 기입하는 방법을 보여 주었는데, 한 시간이나 30분 단위가 아니라 그보다 더 작은 시간 단위로 쪼개어 (빗금 등을 이용하여) 기록하는 것이 더 좋다. 연수의 생활을 볼 때 월요일에 연수가 수학, 물리, 화학의 보충학습을 위하여 사용할 수 있는 시간은 두 시간 정도에 불과한 것으로 나타났다. 흔히 청소년들은 학습의 동기와 의욕이 충천하는 초기에는 수면시간과 식사시간도 줄이고 휴식시간도 줄여서 공부시간을 늘리겠다고 하지만 상담자는 우선 예전처럼 자고 먹고 쉬는 시간을 유지하면서 나머지 시간의 효율성을 높이는 방향으로 유도하는 것이 장기적인 변화를 가져오기에 좋다.

〈표 3-4〉는 공부를 하지 못할 시간을 미리 계획하여 지키도록 하며 나머지 시간에 공부를 실제로 하고 나면 그 결과를 덧붙여 기록하는 역설적인 방법이다. 연수의 경우 월요일 밤 10시부터 12시 사이에 수학이나 과학 보충학습을 할 수 있는 시간이 있는데, 이제 집에서 실제로 수학 혹은 과학공부를 하고 난 다음 얼마 동안 얼마만큼의 공부를 했는지를 기록하게 된다. 이렇게 일주일간 매번 공부를 하고 난 다음에 빈칸에 공부한 과목과 시간과 양을 기록하면, 자기가 각 과목을 단위 시간에 얼마만큼 할 수 있는지, 그 과목을 한 번에 집중해서 할 수 있는 시간이 얼마나 되는지, 한 번에 어느 정도의 분량을 할 수 있는지를 구체적으로 파악할 수 있게 될 뿐 아니라, 자기가 전반적으로 시간을 얼마나 효율적으로 활용하고 있는지를 깨닫게 된다. 그렇게 되면 각 과목별로 구체적인 학습량을 잡아 목표를 세울 수 있게 되며, 전반적인 시간활용이 좀 더 효율적으로 이루어질 수 있는 방법도 모색할 수 있게 된다.

다섯째, 학업문제해결을 위한 내담자의 노력을 지원할 수 있는 강화 체제를 적극 활용한다.

학업문제의 해결을 위하여서는 내담자 자신의 노력이 가장 중요하며 학업문제가 해결되는 것 자체가 내담자에게 큰 기쁨과 보람을 주므로 변화에 가속도가 붙을 수 있다. 그러나 변화를 위한 노력을 경주하는 초기에는 어느 만큼의 목표를 달성할 때마다 스스로 혹은 주위로부터 강화를 받을 수 있도록 강화체제를 마련하면 훨씬 더 활기 있게 변화를 위한 노력을 할 수 있다. 예를 들어서, 매주 과목마다 정해 놓은 분량을 마쳤을 때마다 자기가 좋아하는 어떤 활동을 하거나 보상을 받도록 정해 놓는다면 계획대로 하기 싫을 때 좋은 자극제가 될 수 있다.

여기에서는 연수가 수학과 과학의 보충학습을 정해진 목표량만큼 매주 하도록 하고 또한 학교공부를 위한 예습, 복습을 빠뜨리지 않도록 하기 위하여 부모와 협

표 3-4 학습계획

	월(예)	화	수	목	금	토	일
00:00~	잠	잠	잠	잠	잠	잠	잠
01:00~							
02:00~							
03:00~							
04:00~							
05:00~							
06:00~	수업 예습 / 등교 준비						
07:00~	학교 수업						
08:00~							
09:00~							
10:00~							
11:00~							
12:00~							
1:00~							
2:00~							
3:00~							
4:00~							
5:00~	수학 학원						
6:00~							
7:00~	식사/휴식						
8:00~	학교숙제 및 복습						
9:00~							
10:00~							
11:00~							

의하여 다음과 같은 강화체제를 수립하였다. 즉, 매주 수학 보충학습에서의 목표량을 달성했을 때마다 좋아하는 텔레비전 프로그램을 한 시간씩 보고 물리와 화학은 그 주의 목표량을 달성했을 때마다 30분씩 좋아하는 프로그램을 본다. 그리고 수학, 물리, 화학 세 과목 모두의 목표량을 달성했을 때는 어머니에게 그다음 주의 용돈을 5천 원 올려 받는다. 또 매주 5일 이상 예습, 복습을 빠뜨리지 않고 하였을 때는 주말에 친구와 나가서 두 시간을 놀다 올 수 있다. 연수는 매일의 학습진행 상황을 자기 방문의 바깥에 눈에 띄게 표시함으로써 가족들의 관심과 강화를 받기 좋게 하였다.

여섯째, 대부분의 학업문제는 해결을 위해서 오랜 시간이 필요하므로 내담자가 희망과 끈기로 버틸 수 있도록 격려한다.

일시적인 학업곤란을 겪은 경우나 급작스런 시험불안의 경우를 제외하면, 대부분의 학업문제는 어떤 이유로 시작되든지 상담실을 찾은 상황에서는 이미 학업문제가 오랜 기간에 걸쳐 누적되어 온 경우가 많다. 특히 학습은 이전의 학습내용들이 다음 학습의 기초가 되는 특성이 있음으로 인해서, 한 시기의 학습에 문제가 있으면 다음 학습에도 문제가 생길 가능성이 높아진다. 이뿐만 아니라, 기초가 되는 이전 학습에서의 문제를 해결하지 않으면 다음 단계학습이 어려워진다. 따라서 내담자의 학업문제는 만족스러운 결과가 생기기까지 많은 시간과 노력이 소요되고 그만큼 상담자와 내담자, 그리고 부모의 끈기가 요구된다. 학업문제는 공부를 해야만 해결되는 부분이 상당히 많고 그 공부는 대부분 오랜 시간이 필요하기 때문이다.

상담자들이 접하는 많은 사례는 학업문제만 순수하게 갖고 있기보다는 가족관계문제, 또래들과의 문제, 비행문제, 진로문제 등이 얽혀 있는 경우가 대부분이며 내담자의 동기도 높지 않은 경우가 많다. 이런 경우, 상담자는 우선 내담자의 변화에 대한 동기를 유발하고 목표를 적절히 세우고, 구체적으로 한 번에 한 가지씩 문제를 하나 하나 풀어서 차분히 접근하는 끈기가 필요하다. 그중 학업문제는 여기에서 소개한 방법과 요령으로 접근하되, 여러 문제 중 가장 긴급하거나 가장 근원적인 것으로부터 접근하거나 혹은 가장 해결하기 쉬운 문제부터 접근하는 등 다양하고 융통성 있게 다룰 필요가 있다.

제4장
진로

최근 들어 학교에서의 진로지도가 매우 중요한 과제로 부각되고 있다. 진로진학 상담교사가 양성·배치되었고, 2015년 말에「진로교육법」이 제정되어 법적인 뒷받침도 받게 되었다. 중학교에서 실시되고 있는 자유학기제도 제대로 자리를 잡아 가고 있다. 학생 개개인의 능력과 소질을 계발하여 올바른 진로를 계획하고 선택하게 하는 일은 개인의 '자아실현'이라는 측면에서도 중요하고, 인적 자원의 적재적소 배치에 의한 '국가경쟁력의 향상'이라는 측면에서도 당연히 강조되어야 할 것임에 틀림이 없다. 그러나 지금까지는 학교에서의 진로지도가 주로 '진학지도'에 국한되었고, 모든 학생을 '공부'에만 전념하도록 한 데에서 가장 큰 문제의 소지를 발견할 수 있을 것이다. 본 장에서는 이와 같은 문제의식에 바탕을 두고 먼저 진로지도의 필요성과 목적을 논의한 후에 몇 가지 진로지도이론에 대하여 살펴볼 것이다. 다음으로 진로지도의 내용을 우리 청소년들이 불합리한 진로선택을 하게 되는 원인과 연결하여 고찰할 것이다. 끝으로 진로상담을 포함하여 학교에서 적용 가능한 진로지도의 방법을 다양하게 제시할 것이다.

1. 진로지도의 필요성

1) 청소년의 고민사항으로서의 진로문제

진로지도가 왜 필요하고 중요하게 다루어져야 하는지, 그리고 무엇을 목적으로 하고 있는지는 먼저 자신의 진로결정과 관련하여 청소년들이 겪고 있는 문제의 실태를 파악하는 것으로부터 시작되어야 할 것이다. 우리 청소년들이 고민하고 있는 문제에 대하여 조사한 연구들을 살펴보면 대체로 '성적 문제'와 '진로문제'로 집약된다.

이러한 진로문제는 중등학생 시절을 지나 대학생이 된다고 해결되는 것이 아니다. 전국 59개 대학의 신입생들을 대상으로 한 연구에 따르면 가장 큰 고민의 하나는 진로문제이며 대학 진학의 가장 큰 목적은 취업으로 나타났다(금명자, 남향자, 2010). 이 연구에 따르면 대학신입생들이 대학생활에서 가장 큰 어려움으로 예상하고 있는 문제는 진로문제와 학업문제로 확인되었다. '2019 청소년 통계'에 따르면 우리나라 13세 이상 청소년이 가장 고민하는 문제는 직업(30.2%)이며, 그다음으로 공부(29.6%), 외모(10.9%) 순으로 나타났다(통계청, 여성가족부, 2019).

2) 진로지도의 필요성

진로지도의 필요성과 목적을 이야기하는 이유는 현재 청소년들이 자신의 진로결정과 선택을 제대로 수행하고 있지 못하기 때문이다. 이와 관련하여 이재창(1994)은 청소년들이 불합리한 진로결정을 하는 원인으로서 ① 입시위주의 진로지도, ② 부모위주의 진로결정, ③ 자신에 대한 이해 부족, ④ 왜곡된 직업의식, ⑤ 일의 세계에 대한 이해 부족 등을 열거하고 있다.

장석민(1997)은 '개인 발달적 측면'에 관련된 진로지도의 필요성과 목적을 ① 적성과 능력을 포함한 자아특성의 발견과 계발, ② 다양한 일과 직업세계에 대한 이해, ③ 일과 직업에 대한 적극적 가치관 및 태도 육성, ④ 진로선택의 유연성과 다양성 제고, ⑤ 능동적 진로개척 능력과 태도의 육성 등으로 언급하고 있다.

진로지도의 필요성과 목적을 이야기할 때 대부분의 학자는 '개인적인 측면'과 '국가적인 측면'으로 나누어서 논의를 전개하고 있다. 물론 진로지도는 인적 자원의 개발 및 적재적소의 배치와 밀접한 관련이 있기 때문에 그러한 분석도 설득력이 없는 것은 아니다. 그러나 학교에서의 진로지도는 개인의 '자아실현'을 도와준다는 측면이 우선적으로 강조되어야 한다고 보기 때문에 여기에서는 주로 '학생개인'의 측면에 비중을 두어 진로지도의 필요성과 목적을 밝혀 보고자 한다.

(1) 청소년기의 발달적 특징과 진로지도

청소년기는 흔히 아동기로부터 성인기로 이행하는 혼란과 혼돈의 시기로 일컬어진다. Erikson(1963)에 따르면 발달상 이 시기의 핵심적 특징은 개인이 아동기에 이루어 놓은 동일시를 더 이상 중요하게 생각하지 않고, 보다 복잡한 조건과 상황 속에서 새로운 자아에 이르는 과정에서 자아탐색을 한다는 점이다. 이 시기의 발달과제인 정체감을 성공적으로 달성하지 못할 때 맞게 되는 위기는 역할의 혼미이다. 그래서 이 시기는 '자아정체감 대 정체감 혼미'라고 불리운다. 그는 이 시기에 형성되는 새로운 자기인식은 어린 시절의 장난기나 치기 어린 도전적 열정에 의한 것이 아니라 청소년들로 하여금 일생을 헌신할 만한 선택과 결정을 하도록 만드는 것이라고 하였다. 여기에서 Erikson은 진로의 선택과 한 직업에의 헌신이 정체감 형성에 중요한 영향을 미친다고 보았다.

또한 Piaget(1969)의 인지발달단계에 따르면 구체적 조작단계의 사고에서 형식적 조작단계의 사고로의 전환은 대략 12세경에 시작된다. 따라서 청소년기 초반에는 문제해결과 계획을 세우는 일 등이 상당히 비체계적이다. 그러나 고등학교를 마칠 때쯤 청소년들은 문제해결에 있어서 가설설정은 물론 추상적인 것을 다룰 줄 아는 능력과 더불어 정신적인 조작을 통해 문제를 해결하는 능력을 갖춘다. 이 단계가 되면 여러 상황에서 자기를 분석할 수 있으며, 성인의 직업세계에 자신을 투사할 수 있게 된다는 것이다.

이러한 점들을 고려해 볼 때 청소년기에 객관적인 자기이해를 전제로 한 진로지도는 무엇보다 중요하다고 할 수 있다. 청소년기에 올바른 진로지도를 통하여 분명한 진로목표를 설정하고 그를 달성하도록 촉진하는 일은 자아정체감의 형성은 물론 부적응적 행동의 예방이라는 차원에서도 매우 중요하게 다루어져야 한다.

(2) 노동시장 환경의 급속한 변화와 진로지도

현대사회는 여러 방면에서 상상하기조차 힘들 정도로 변화를 거듭하고 있다. 진로지도와 밀접하게 관련된 노동시장 역시 급속하게 변화하고 있다. 특히 우리나라에서 직업세계의 변화는 더욱 가속화되고 있다. 최근에 개정된 『한국직업사전』에 따르면 2018년말 기준으로 국내 직업의 종류는 모두 12,145개로 밝혀졌는데, 이는 지난 1986년 발간된 1판에 비해 1,576개가 늘어난 수치이다. 물론 그중 일부는 직업분류 방식의 변화에 따른 것도 있지만 상당수는 사회의 변화에 따라 새로 생겨난 직업들이다. 예를 들면, 인공지능 연구원, 인공위성 개발원, 초전도 연구원, 아바타 디자이너, 게임시나리오작가 등이 새로 생긴 대표적인 직업이다. 이처럼 새로운 직업이 시대의 변화에 따라 생겨난 반면 많은 직업이 자취를 감추었다. 예를 들면, 접골원, 주산학원강사, 활판인쇄원, 합성고무 건조원 등은 이제 직업사전에서 사라져 버렸다.

더구나 요즈음 들어 '노동시장 유연화'라는 기치 아래 우리가 많이 접하는 단어로 시장경제의 논리, 구조조정, 다운사이징, 아웃소싱 등이 있는데 이들은 모두 '경쟁력 향상'을 핵심 개념으로 하고 있다. 이러한 대안을 현실로 옮기는 과정에서 실업자의 수는 날로 증가하고 있고, 거기에서 파생되는 또 다른 여러 가지 문제가 우리를 괴롭히고 있다. 특히 대학 졸업을 앞둔 대부분의 예비 직업인은 취업문제 때문에 많은 고민을 하고 있다. 이제 평생직장은 추억 속으로 사라졌고, 평생직업만

직장에서 일하는 장면

이 남아 있을 뿐이다.

　이와 같은 변화의 소용돌이 속에서 우리는 앞으로 5~10년 이후에 노동시장에 진입할 청소년들의 진로를 지도해야 하는 입장에 있다. 따라서 청소년들로 하여금 변화를 정확하게 인식하고 수용하도록 해야 하며, 그러기 위해서는 체계적이고 효과적인 진로지도가 매우 중요함을 알 수 있다.

(3) 대학입시제도의 변화와 진로지도

　진로지도의 맥락에서 본다면 대학입시는 일단 '진학상담'과 관련된다. 그러나 상황이 많이 바뀌었다고는 하지만 여전히 대학입시는 중등학교 교육의 방향과 내용에 크게 영향을 미치고 있다. 지금까지 대학입시제도는 여러 가지 이유로 수없이 많이 변화해 왔다. 대학입시제도가 변화할 때마다 목적은 항상 '교육의 정상화'였지만 목적의 달성에는 한 번도 성공을 거두지 못한 것으로 평가된다.

　현재 대학의 입시는 수시모집과 정시모집으로 구분된다. 이 중 수시모집의 경우에는 대학별로 다양한 전형제도를 운영하고 있다.

　최근 수시전형에서 눈길을 끌고 있는 것은 학생부종합전형이다. 이 제도는 대학이 입학사정관을 채용하여 지원자의 성적, 환경, 잠재력, 소질 등을 종합적으로 판단해 신입생을 선발하는 제도이다. 이 제도는 평가기준이 성적에 그치지 않고 다변화되므로 '점수 올리기' 위주의 사교육 시장을 축소시킬 수 있다는 점, 각 대학이 자유롭게 전형절차를 운용할 수 있다는 점 등 여러모로 '새 시대에 걸맞은 대입 전형'이라는 평가를 받고 있다. 물론 일부에서는 이 제도의 객관성과 공정성에 의문을 제기하기도 한다. 이렇듯 최근 대학입시는 '대학별 자율화'를 통하여 다양한 방법의 입학 경향성을 보인다.

　새롭게 변화하는 대학입학제도는 학교에서의 진로지도가 직면하고 있는 구조적인 벽을 허무는 좋은 기회가 될 수도 있다. 그러나 새롭게 바뀐 제도에 적합한 진로지도 프로그램을 개발해서 모든 학생에게 체계적으로 지도하지 않는다면 이 제도가 지니고 있는 복합적인 성격 때문에 경우에 따라서는 진로준비와 진로선택이 더 어려울지도 모른다. 따라서 중등학교에서는 변화하고 있는 대학입학제도의 내용을 면밀히 숙지하고 그에 상응한 진로지도 방법과 프로그램을 개발하여 적용할 필요성이 요청되고 있다.

2. 진로지도이론

진로지도이론은 그 종류가 매우 다양하고, 이론을 분류하는 체계도 학자에 따라 다소 차이가 난다. 여기에서는 일반적으로 많이 언급되는 이론 몇 가지만 골라서 간략하게 소개하고자 한다.

1) 특성요인이론

특성요인이론은 개인적 흥미나 능력이 바로 직업의 특성과 일치하기 때문에 직업을 선택한다는 이론이다. 이 이론은 개인차 심리학과 응용심리학에 근거를 두고 있으며, 개인이 인생의 어느 특정한 시기에 직업선택과 관련된 의사결정을 할 때 도움을 줄 수 있는 이론이다. 대표적인 학자로는 Parsons, Williamson, Hull 등을 꼽을 수 있다.

고도로 개별적이고 과학적인 방법으로 개인과 직업을 연결시켜 주는 이론으로서, 과학적인 측정방법을 통해 개인의 제 특성을 식별하여 직업특성에 연결시키는 것이 핵심이다. 이러한 특성요인이론에 뿌리를 둔 진로지도와 상담 전략은 개인이 가지고 있는 흥미와 적성을 심리검사 등의 객관적 수단을 통해 밝혀내고, 각각의 직업에서 요구하는 요인이 무엇인지 직무분석을 통하여 알아낸 후, 개인의 특성에 가장 적합한 직업을 선택하도록 조언하는 것이다. 이 이론은 개인의 특성과 직업에서 필요로 하는 독특한 특징이 밀접히 연결될수록 조직의 직업적 생산성과 개인의 직업 만족 가능성이 커진다는 것을 전제로 하고 있다(김봉환, 2019).

특성요인이론에서 추출될 수 있는 진로지도상의 함의는 다음과 같다. 첫째, 학생의 흥미·적성·가치관 등을 측정하여 자신을 이해하고 분석할 수 있도록 도와주어야 한다. 이에 따라 학생의 특성을 분석하기 위하여 학생기록부, 심리검사, 질문지, 면담기록 등 모든 가능한 자원으로부터 정보를 모으고, 개인의 강점과 약점을 확인할 수 있도록 자료를 요약·종합하여 사용해야 한다. 둘째, 진로지도에서는 각각의 직업이 갖는 특성과 차이점을 이해시키고 개인의 특성과 관련된 직업과 직무에 대한 사전학습을 도와주어야 한다. 셋째, 진로지도의 과정에서 학생들에게 일과 자신의 특성을 잘 연결시킬 수 있는 의사결정 능력을 길러 주어야 한다.

2) 성격이론

성격에 관한 Holland의 연구는 유형론에 초점을 두고 있다. 그는 각 개인은 여섯 가지 기본 성격유형 중의 하나와 유사하다고 주장한다. 또한 여섯 가지 성격유형이 있듯이 여섯 가지 환경유형이 있는데, 이것도 성격과 같이 확실한 속성과 특성에 따라 설명될 수 있다. 환경은 환경에 속해 있는 사람들로부터 그 특징이 나타난다. 예컨대 학교에서 근무하는 사람의 성격유형은 일반 사무실에서 근무하는 사람의 성격유형과 다르다.

Holland의 이론은 다음과 같은 네 가지 가정을 기초로 하고 있다(Holland, 1992). 첫째, 대부분의 사람은 실재적(realistic), 탐구적(investigative), 예술적(artistic), 사회적(social), 설득적(enterprising), 관습적(conventional)인 여섯 가지 유형 중의 하나로 분류될 수 있다. 둘째, 실재적, 탐구적, 예술적, 사회적, 설득적, 관습적인 여섯 가지 종류의 환경이 있다. 셋째, 사람들은 자신의 능력과 기술을 발휘하고 태도와 가치를 표현하며 자신에게 맞는 역할을 수행할 수 있는 환경을 찾는다. 넷째, 개인의 행동은 성격과 환경의 상호작용에 의해서 결정된다.

여섯 가지 유형을 요약하여 제시해 보면 〈표 4-1〉과 같다(Holland, 1992).

표 4-1 Holland의 여섯 가지 직업적 성격의 특성

직업적 성격 유형	성격 특징	선호하는/싫어하는 직업적 활동	대표적인 직업
실재적 유형 (realistic type)	남성적이고, 솔직하며, 성실하고, 검소하며, 지구력이 있고, 신체적으로 건강하며, 소박하고, 말이 적으며, 고집이 있고, 직선적이며, 단순하다.	분명하고, 질서정연하게 그리고 체계적으로 대상이나 연장, 기계, 동물을 조작하는 활동 내지는 신체적 기술을 좋아하는 반면, 교육적인 활동이나 치료적인 활동은 좋아하지 않는다.	기술자, 자동차 및 항공기 조종사, 정비사, 농부, 엔지니어, 전기·기계 기사, 운동선수 등
탐구적 유형 (investigative type)	탐구심이 많고, 논리적·분석적·합리적이며, 정확하고, 지적 호기심이 많으며, 비판적·내성적이고, 수줍음을 잘 타며, 신중하다.	관찰적·상징적·체계적으로 물리적·생물학적·문화적 현상을 탐구하는 활동에는 흥미를 보이지만, 사회적이고 반복적인 활동에는 관심이 적다.	과학자, 생물학자, 화학자, 물리학자, 인류학자, 지질학자, 의료 기술자, 의사 등

예술적 유형 (artistic type)	상상력이 풍부하고, 감수성이 강하며, 자유분방하고, 개방적이다. 또한 감정이 풍부하고, 독창적이며, 개성이 강한 반면, 협동적이지는 않다.	예술적 창조와 표현, 변화와 다양성을 좋아하고, 틀에 박힌 것을 싫어한다. 모호하고, 자유롭고, 상징적인 활동을 좋아하지만, 명쾌하고, 체계적이고, 구조화된 활동에는 흥미가 없다.	예술가, 작곡가, 음악가, 무대감독, 작가, 배우, 소설가, 미술가, 무용가, 디자이너 등
사회적 유형 (social type)	사람들과 어울리기 좋아하고, 친절하며, 이해심이 많고, 남을 잘 도와주며, 봉사적·감정적·이상주의적이다.	타인의 문제를 듣고, 이해하고, 도와주고, 치료해 주고, 봉사하는 활동에는 흥미를 보이지만, 기계·도구·물질과 함께 명쾌하고, 질서정연하고, 체계적인 활동에는 흥미가 없다.	사회복지사, 교육자, 간호사, 유치원 교사, 종교지도자, 상담가, 임상심리사, 언어치료사 등
설득적 유형 (enterprising type)	지배적이고, 통솔력·지도력이 있으며, 말을 잘하고, 설득적·경쟁적·야심적·외향적·낙관적·열성적이다.	조직의 목적과 경제적 이익을 얻기 위해 타인을 선도·계획·통제·관리하는 일과 그 결과로서 위신·인정·권위를 얻는 활동을 좋아하지만 관찰적·상징적·체계적 활동에는 흥미가 없다.	기업경영인, 정치가, 판사, 영업사원, 보험설계사, 판매원, 관리자, 연출가 등
관습적 유형 (conventional type)	정확하고, 빈틈이 없으며, 조심성이 있고, 세밀하며, 계획성이 있고, 변화를 좋아하지 않으며, 완고하고, 책임감이 강하다.	정해진 원칙과 계획에 따라 자료를 기록·정리·조직하는 일을 좋아하고, 체계적인 작업환경에서 사무적·계산적 능력을 발휘하는 활동을 좋아한다. 그러나 창의적·자율적이며 모험적·비체계적인 활동은 매우 혼란을 느낀다.	공인회계사, 경제분석가, 은행원, 세무사, 경리사원, 컴퓨터 프로그래머, 안전관리사, 사서, 법무사 등

3) 사회이론

이 이론은 개인을 둘러싼 사회·문화적 환경이 개인의 행동에 영향을 미친다는 사회학적 지식을 바탕으로 발전되었다. Blau, Hollingshead, Miller 등에 의해서 대표되고 있으며, 주개념(主槪念)은 가정, 학교, 지역사회 등의 사회적 요인이 직업선택과 발달에 영향을 미친다는 것이다.

이 이론에 따르면 문화나 인종의 차이는 개인의 직업적 야망에 별로 큰 영향을 미치지 않는 데 반해, 개인이 속해 있는 사회계층은 지대한 영향을 미친다. 이러한 현상은 사회계층 자체에 의한 것이 아니라 사회계층에 따라 그 속에서 생활하고 있는 대다수 사람의 사회적 반응, 교육받은 정도, 직업적 야망, 일반 지능수준 등을 결정하는 독특한 심리적 환경이 조성되는데, 이것이 결과적으로 직업선택 및 발달에 영향을 미치게 된다는 것이다. 그래서 저소득층 가정의 자녀들이 열망하는 직업과 그들이 실제로 가질 수 있을 거라고 예상하는 직업 간에는 상당한 차이가 나타난다. 이러한 현상은 그들의 빈약한 교육수준이나 무능력에 기인하는 수도 있지만, 보다 근본적인 이유는 자신이 원하는 직업에 접근하는 것을 주위 환경이 허용하지 않을 것이라는 생각 때문이다. 즉, 환경을 의식해서 자신의 열망을 추구해 보지도 않고 체념해 버림으로써 충분히 발전할 수 있는 능력이 있음에도 불구하고 자신의 능력에 비해 보잘것없는 일에 머물러 버리는 것이다. 그렇다고 해서 저소득층 가정의 자녀가 모두 그렇게 된다는 것은 아니다. 부모가 어떠한 가정환경을 조성하느냐에 따라 자녀의 직업적 야망의 성취 여부는 얼마든지 달라질 수 있다.

이러한 점을 감안해서 진로지도와 상담을 전개할 때에는 다음과 같은 사회적 요인을 고려해야 한다.

- 가정의 사회·경제적 지위: 부모의 직업, 수입, 교육 정도, 거주지, 주거양식 및 윤리적 배경
- 가정의 영향력: 자녀에 대한 부모의 기대, 형제간의 영향, 가족의 가치관 및 개인(내담자)의 태도
- 학교: 학업성취도, 동료 및 교사와의 관계, 학교에 대한 태도
- 지역사회: 개인이 속한 지역사회에서 주로 하는 일, 지역사회 집단의 목적 및 가치관, 지역사회 내에서 특수한 경험을 할 수 있는 기회 또는 영향력
- 압력집단: 교사, 동료, 친지 등의 특정 개인이나 부모가 내담자로 하여금 어느 한 직업에 가치를 두도록 영향력을 지니고 있는 정도
- 역할 지각: 자신의 다양한 역할 수행에 대한 개인의 지각 및 그 사람에 대한 타인의 지각과 일치하는 정도

4) 발달이론

Super의 진로발달이론은 기본적으로 직업에 관심을 갖는 개인차에 관한 심리학과 평생에 관심을 갖는 발달심리학 그리고 사회계급의 기능으로서 직업적 이동에

초점을 둔 직업사회학 및 직업경험의 조직원으로 개인을 보는 성격이론 등의 다양한 학문을 기초로 발전되었다. Super는 개인의 전 생애라는 공간 속에서 통합적이고 포괄적인 접근 방식으로 아동·학생·여가인(餘暇人)·일반시민·근로자·가정관리자와 같은 생애 역할과 진로성숙(career maturity)의 경로와 같은 성장기·탐색기·확립기·유지기·쇠퇴기를 통합하여 생애진로무지개(life-career rainbow)를 그려 내었다. 〈표 4-2〉는 Super의 이론 중 가장 널리 알려진 것으로 1951년 진로유형연구(CPS)에서 소개되었는데, 상호 순환적인 진로발달단계와 특징이 제시되어 있다.

Super의 이론에서는 진로성숙이라는 개념을 개인의 연령수준에 적합한 발달과업의 수행 준비도로 정의하고 있다. 진로성숙은 개인의 진로계획, 진로탐색, 진로결정의 원칙, 직업에 대한 지식 등을 평가하는 주요 영향변인으로 보고 있다. 또한 생애단계를 통한 발달은 부분적으로 능력과 흥미의 자극 및 현실이해와 자아개념의 개발을 함께 도와줌으로써 지도된다고 강조하고 있다.

Super 이론의 교육적 함의를 보면, 첫째, 진로상담의 최종 목표를 직업선택으로 제한해서는 안 된다. 왜냐하면 개인의 진로발달이란 전 생애 안에서 이루어지는 연속적인 과정이기 때문에 의미 있고 만족스러운 생애를 영위하기 위하여 각각의 역할수행에 필요한 책임과 의무를 정확히 인식하고 실천할 수 있는 능력을 학교체제 안에서도 학습할 수 있도록 도와야 한다. 둘째, 개인의 진로성숙도를 분석하고, 그

표 4-2 Super의 진로발달단계와 특징

발달단계	청소년기 (14~25세)	성인초기단계 (25~45세)	중년단계 (45~65세)	장년단계 (65세 이상)
쇠퇴기	적은 취미시간 투자	체육참여의 감소	핵심적 활동에 초점	노동시간의 감소
유지기	직업선택의 확증	직위의 안정	경쟁의 반대적 입장	즐기는 것의 유지
확립기	선택 영역에서의 시작	안정된 지위로의 확립	새로운 기술의 개발	원하던 일의 수행
탐색기	많은 기회에 관한 학습	원하는 일을 위한 기회 탐색	일과 관련된 새로운 문제의 파악	정년 후의 일 선택
성장기	현실적인 자아개념의 개발	연관된 사람을 통한 학습	개인의 한계를 인정	직업과 관련 없는 역할의 개발

결과를 바탕으로 진로성숙의 취약한 부분을 보완할 수 있는 구체적인 진로발달 프로그램의 개발과 적용이 요구된다.

5) 사회인지 진로이론

사회인지 진로이론은 개인의 행동(behavior)이 환경(environment)과 개인(person) 요인의 상호작용에 의해 결정된다는 Bandura의 사회인지이론에 그 뿌리를 두고 있다. Brown, Lent 등에 의해 대표되는 사회인지 진로이론에서 개인의 직업흥미, 진로 선택, 진로 수행, 직업 및 삶의 만족도 등은 효능감, 결과기대, 목표로 대표되는 개인 인지적 요인, 환경적 지지와 장벽, 개인의 기질과 성, 인종 및 민족과 같은 맥락적 요인의 영향을 받는 것으로 간주된다(김봉환, 2019).

특성요인이론, Holland의 성격 유형 이론에서 흥미, 능력 등 개인 요인은 유전과 초기 학습경험에 의해 형성되는 비교적 안정적인 특성을 가지는 것으로 간주되는 반면, 사회인지 진로이론에서 개인의 인지적·행동적 요인은 일반적이라기보다는 구체적이며 영역특수적인 개념이다. 예를 들어, 효능감, 결과기대, 목표는 각각 특정 행동에 대한 신념을 반영하는 인지적 측면이 강조된다. 또한 환경적 요인을 이론의 구조 안으로 개념화하여 상호작용을 강조한 점도 사회인지 진로이론의 특징이라 할 수 있다.

이러한 특징에 따른 교육적 함의는 다음과 같다. 첫째, 자존감과 같은 개인의 일반적 특징에 비하여 구체적인 특정 행동에 대한 인지적 측면을 강조하는 효능감, 결과기대, 목표 등은 학습이 훨씬 용이하다. 예를 들어, 학교 장면에서 진로지도를 할 때 효능감 강화를 위하여 구체적으로 초점화된 접근이 더욱 효과적일 수 있으며, 효능감뿐만 아니라 결과기대와 목표 등의 인지적 요인을 고려할 필요가 있다는 것이다. 둘째, 이들 개인적 요인에 영향을 주는 환경 맥락적 변인의 영향을 고려하여 포괄적 관점에서 개인의 진로지도가 가능하다는 점이다. 개인의 효능감, 결과기대, 목표 등은 학습경험의 영향을 받으며 학습경험은 개인의 기질과 성, 인종 및 민족, 건강상태 등 배경 맥락적 요인의 영향을 받는다. 따라서 개인의 진로지도를 위하여 다양한 환경과 문화적 영향을 고려할 필요가 있을 것이다. 또한 개인적 요인에 직접 영향을 미치는 환경적 지지와 장벽 등을 고려한다면 학교 및 지역사회에서 지지망을 형성할 수 있도록 도와야 한다.

3. 진로지도의 목표와 내용

1) 진로지도의 일반적인 목표

(1) 자신에 관한 보다 정확한 이해 증진

Parsons(1909)가 특성요인이론을 제안한 이래 올바른 진로선택을 위한 첫 번째 핵심이 자기 자신에 관한 올바른 이해이다. 여기에서 올바른 이해란 보다 정확한 이해, 객관적인 이해를 의미한다. 오늘날 학교에서의 진로지도가 제대로 대응하지 못하고 있는 문제점의 하나는 일과 직업세계에 관련된 올바른 자기인식 능력을 길러 주지 못하고 있다는 것이다.

현대사회는 과학기술의 발전으로 인하여 산업이 고도로 분화되고 발전하였다. 이에 따라 직업의 종류도 수없이 많아졌고, 계속해서 전문화되는 추세를 유지하고 있으며, 일의 내용도 복잡해지고 있다. 이와 같이 복잡한 직업세계에서 자신에게 가장 적합한 직업을 선택하고, 성공적인 직업생활을 영위한다는 것은 결코 쉬운 일이 아니다. 직업의 종류에 따라 요구되는 능력과 적성, 기능, 역할이 다양하기 때문에 자신에게 맞는 일과 직업을 선택하기 위해서는 무엇보다도 자신의 가치관, 능력, 성격, 적성, 흥미, 신체적 특성 등에 대하여 올바르게 이해하는 일이 필수적이다. 따라서 진로지도는 자기이해를 중요한 목표의 하나로 삼아야 한다.

(2) 직업세계에 대한 이해 증진

개인적 측면에서 진로지도의 또 다른 목적은 현대사회에 존재하는 복잡하고 다양한 일과 직업의 종류 및 본질에 대한 객관적 이해가 절대적으로 요청되고 있다는 점에서 찾아볼 수 있다. 산업혁명 이래 직업의 전문화, 고도화가 급속하게 진전되었다. 이제 선진국의 경우는 2~3만 종류의 직업이 존재하게 되었고, 우리나라의 경우도 앞으로 이에 버금가는 직업의 종류가 존재할 것으로 전망되고 있다. 일부 미래학자의 예측에 의하면, 머지않아 현존하는 직업의 50% 정도는 없어지고, 새로운 직업이 생겨나며, 존속하는 직업의 경우도 일의 방법이 많이 바뀔 것으로 전망된다.

이러한 상황에서 장래성 있는 그리고 자신에게 맞는 직업을 선택한다는 것은 결코 쉬운 일이 아니다. 일과 직업의 세계에 대한 객관적인 정보와 이에 대한 체계적인 탐구 없이 진로 혹은 직업을 선택한다는 것은 무모한 일이다. 그러나 상담사례를 분석해 보면 청소년들은 일과 직업세계에 대해서 너무나 모르고 있으며, 설령 알고 있다고 해도 매우 피상적인 수준에서 단편적인 측면만을 숙지하고 있다는 사실을 확인할 수 있다. 따라서 일과 직업세계의 다양한 측면과 변화양상 등을 올바르게 이해할 수 있도록 하는 일은 진로지도의 매우 중요한 목표가 된다.

(3) 합리적인 의사결정 능력의 증진

진로지도의 최종 결과는 그것이 크든 작든 어떤 '결정'이라는 형태로 나타난다. 앞서 언급된 자신에 대한 정보, 직업세계에 대한 정보 등을 가지고 최종적으로 진로를 선택하는 의사결정을 해야 한다. 의사결정을 합리적으로 잘하느냐 그렇지 않느냐에 따라 자신에게 적합한 진로를 선택할 수도 있고 그렇지 못할 수도 있다. 아무리 훌륭한 능력과 정보를 가지고 있어도 이를 적절히 활용해서 최선의 선택을 할 수 있는 의사결정기술을 갖추고 있지 않으면 올바른 진로결정을 하기가 어렵다.

진로를 결정하는 일은 개인의 일생을 통해서 성취해야 할 가장 중요한 과업 가운데 하나이다. 진로선택의 결과는 우리 생활의 대부분에 영향을 미친다. 즉, 능력발휘의 기회, 거주지, 친구유형, 사회·경제적 지위, 정신 및 신체적 건강, 가족 간의 관계 등 생활의 모든 측면에 영향을 받게 된다(Tolbert, 1980). 그러나 이렇게 중요한 결정이 매우 불합리한 과정을 거쳐서 내려지는 경우도 많다. 자신에 대한 이해 없이, 또 일의 세계에 대한 정확한 이해 없이, 편견에 의해서, 부모의 요구에 의해서, 친구의 권유에 의해서, 또 다른 외적인 욕구를 추구하다가 불합리한 결정을 내리는 경우가 많다. 이렇게 내린 결정의 결과에 대해서는 만족하기보다는 불만을 갖게 되고 아울러 많은 부작용을 낳는다. 따라서 청소년들에게 올바른 진로결정을 할 수 있도록 의사결정기술을 증진시키는 일은 무척 중요하다.

이와 관련하여 Gelatt(1962)는 진로지도의 중요한 목적 가운데 하나가 학생들로 하여금 훌륭한 결정을 내릴 수 있도록 돕는 것이라고 가정하고, 결정은 결과만 가지고 평가할 것이 아니라 결정을 내리게 되는 과정에 의해서 평가되어야 한다고 주장한 바 있다. 따라서 진로지도는 청소년들의 진로에 관한 의사결정과정에 초점을 두고 의사결정기술을 증진시키도록 도와주는 것을 중요한 목표로 삼아야 한다.

(4) 정보탐색 및 활용능력의 함양

현대사회를 일컬어 '지식 및 정보화 시대'라고 한다. 이는 일상생활에 있어서 지식과 정보가 그만큼 중요한 역할을 하고 있으며, 고부가가치를 창출한다는 의미다. 따라서 이미 정보화 시대 속에 살고 있고, 앞으로 더욱 고도화된 정보화 시대를 살아갈 청소년들에게 정보를 탐색하고 활용하는 능력을 길러 주는 일은 결코 간과할 수 없다. 정보화 시대를 바람직하게 살아가는 모습 중 하나는 자신에게 필요한 다양한 정보를 신속하게 수집·분석·가공하여 적절하게 활용하는 능력을 갖추는 것이라고 할 수 있다.

진로지도 및 진로상담에서는 '정보제공'이 매우 큰 비중을 차지한다. 그 이유는 내담자로 하여금 직업세계에 대해서 정확히 알고 나서 선택을 하도록(informed choice) 도와주어야 하기 때문이다. 이때 상담자는 단순하게 내담자가 원하는 정보를 알려 주는 서비스를 제공해 주는 일도 해야 하지만, 학생 내담자 스스로가 필요한 정보를 탐색하고 활용하도록 안내하는 역할도 해야 한다. 이는 교사에게도 도움이 된다. 교사 혼자서 그 많은 직업정보를 수집해서 학생이 원하는 상태로 가공하여 제공해 주는 데에는 분명히 한계가 있다. 따라서 학생 스스로 정보를 탐색하는 '방법'을 알려 주고 실행에 옮기도록 안내하면, 학생들은 이러한 시도를 해 보는 가운데 자기가 필요한 정보를 스스로 수집해서 활용하는 능력을 체득하게 될 것이다. 이러한 능력은 단지 진로정보 탐색에만 국한되지 않고 결국 삶의 모든 영역에까지 확장될 수 있다.

(5) 일과 직업에 대한 올바른 가치관 및 태도 형성

진로지도의 중요한 목표 중의 하나는 학생들로 하여금 일과 직업에 대한 올바른 가치관 및 태도를 갖도록 하는 것이다. 가치관과 태도는 성장과정에서 이미 나름대로 어느 정도 형성되어 있겠지만 잘못되었거나 왜곡된 내용은 지도와 상담을 통해서 올바르게 수정해야 한다. 현대사회에서 일이란 부를 창조하는 원천이며, 직업은 생계의 수단으로서 뿐만 아니라 사회적 역할분담과 자아실현의 수단으로서 그 중요성이 더욱 증대되고 있다. 그러나 아직도 우리 사회는 특정 일을 천시하거나 싫어하는 풍조를 없애지 못하고 있다. 학교의 입시경쟁이 치열하게 된 원인의 하나도 따지고 보면 직업을 사회적 역할분담이나 자아실현의 수단으로 보기보다는 돈과 권력, 혹은 명예를 획득하는 수단으로 보는 생각에서 비롯되었다고 할 수 있다.

특히 전통적인 직업의식 중에서도 우리 사회에 만연되어 있는 지위 지향적 직업관, 직업에 대한 전통적 귀천의식, 블루칼라직에 대한 천시 풍조, 화이트칼라직에 대한 지나친 선호 등은 고쳐져야 할 가치관 또는 태도이다.

당연히 일을 하는 것은 생계수단 이상의 의미를 갖는다. 일이 갖는 본래의 의미를 깨닫고 올바른 직업관과 직업의식을 갖도록 하는 것이 진로지도의 중요한 목표 중의 하나가 되어야 한다. 이와 관련하여 이재창(1997)은 청소년들이 올바른 직업관과 직업의식을 형성하기 위해서는 고정관념, 즉 일 자체를 목적보다는 수단으로 여기는 생각, 직업 자체에 대한 편견, 성 역할에 대한 고정관념에서 벗어나야 한다고 주장한다. 학교에서는 진로지도를 통하여 이상과 같은 직업에 대한 잘못된 인식을 버리고 일과 직업에 대한 올바른 가치관과 태도를 형성하도록 부단히 노력해야 할 것이다.

2) 학교수준별 진로지도의 내용

앞에서 살펴본 진로지도의 목표는 모든 발달단계에 있는 학생들에게 공통적으로 필요하다. 따라서 맥락적으로 본다면 이 목표들이 곧 진로지도의 내용을 결정하는 기본적인 틀이 되는 것이다. 여기에서는 진로지도의 주안점과 필요점 그리고 방법론이 학교수준에 따라서 어떻게 적용되어야 하는가를 살펴보도록 하겠다.

(1) 초등학교

초등학교에서의 진로지도는 직업선택에 필요한 초보적인 지식 및 기능의 습득, 일에 대한 기본적인 태도와 가치관의 형성이 주요 목적이다. 구체적인 목표로서는 자신에 대한 이해, 다양한 직업역할 유형에 대한 인식 및 자기가 한 일에 대한 책임의식 고취, 그리고 협동적인 사회행동의 필요성에 대한 인식과 자세의 함양 등을 들 수 있다. Super(1953)의 진로발달단계에 의하면 초등학교 시기는 환상기와 흥미기에 해당된다. 즉, 진로결정에 있어서 욕구가 지배적이고 환상적인 역할연출이 중요하게 작용하거나, 개인의 취향이 목표와 활동의 주요 결정요인이 된다.

초등학교에서 진로지도를 할 때 저학년에서는 형식적인 조작이 불가능하기 때문에 구체적인 방법, 예컨대 견학, 시뮬레이션, 시범, 직업체험, 슬라이드, 비디오 상영 등으로 학생들이 가능한 직접 보고, 만지고, 행동으로 표현해 볼 수 있는 지도

방법을 활용해야 효과적이다. 이후 고학년이 되면서 점차 추상적 개념을 도입하도록 하는 것이 바람직하다.

(2) 중학교

중학교 시기는 진로탐색의 시기로서 특히 직업에 대한 지식과 진로결정 기술을 확립하도록 지도하는 것이 중요하다. 또한 중학교에서는 초등학교에서 강조되던 일에 대한 안내를 계속해 나가는 동시에, 긍정적인 자아개념의 발달과 의사결정능력의 증진을 기하고, 직업정보 및 탐색적인 경험을 제공해 주며 학생들로 하여금 자신의 진로계획을 세워 보도록 도와준다. Zunker(1999)도 중학교 진로지도에서 다루어야 할 내용으로, 의사결정과 문제해결 기술의 증진, 자아개념을 교육 및 직업적 목표와 연계시키는 일, 학생의 장점과 능력을 다루는 일, 직업탐색 등의 네 가지를 제안하고 있다.

중학교에서의 진로지도는 초등학교 때보다 좀 더 추상적인 방법을 사용할 수도 있다. 그러나 아직 학생들의 논리적 사고가 완전한 수준에 도달한 것은 아니기 때문에 추상적인 방법에 비해 구체적인 것이 효과가 더 큰 경우가 많다. 이 시기에는 특히 자신의 감정과 태도를 자연스럽게 표현하고 탐색할 수 있는 기회를 제공해 주는 것이 좋다. 이는 개인별로도 실시할 수 있지만 경우에 따라서는 집단토의나 집단상담을 이용하는 것이 좀 더 효과적일 수 있다. 또한 모든 교사가 학교에서 의도하는 진로지도의 목적과 관계되는 학습내용을 담당 수업시간에 지도할 때 보다 실제적인 진로지도가 될 수 있다.

(3) 고등학교

진로발달이론가들의 견해에 따르면 고등학교 시기는 잠정기와 전환기에 해당된다. 학생 개인의 욕구, 흥미, 능력, 가치관 등을 고려하여 잠정적인 진로를 선택하게 되고, 상상, 토론, 교과, 일 등을 통해서 시도된다. 그러나 이러한 선택은 현실적인 요인이 고려되지 않았기 때문에 진로계획은 잠정적인 것이다. 그렇기는 하지만 고등학생은 학교를 졸업한 후에 직면하게 될 현실을 심각하게 고려하지 않을 수 없다. 따라서 자신의 능력, 적성, 흥미, 경제적 여건, 직업포부, 중요한 타인의 의견 등을 고려해서 진로를 선택하고 개척해 나갈 수 있는 탐색과 준비를 해야 한다. 우리의 상황에서는 상급학교에 진학할 것인지 아니면 직업세계에 입문할 것인지를 결정해야 하기 때문에 진학지도와 취업지도가 중요한 과제로 등장한다.

고등학교에서의 진로지도 방법은 중학교에서 실시하던 방법 이외에 진학을 위한 상급학교와의 유기적인 협동 하에서의 연계 강화, 혹은 취업에 대비하여 현장실습이 가능한 산학협동 방안을 실현함으로써 그 효과를 증대시킬 수 있다.

(4) 대학교

현재의 대학교육은 진리탐구에 목적을 둔 소수 정예자에 대한 상아탑적 성격의 전문교육이라기보다는 졸업 후 취업을 목적으로 하는 다수 대중의 직업교육적 성격이 강하므로 졸업 후의 진로에 관한 지도 및 상담을 요구하고 있다(이무근, 1999). 특히 중등학교에서의 체계적인 진로지도 부재와 사회적 고학력화 추세로 자신의 적성과 장래희망보다는 일단 대학에 들어가야 한다는 사회적 분위기 속에서 입학한 학생들은 진로문제에 있어서 많은 갈등과 문제점을 나타내고 있다. 최근에는 교과목 이수에 대한 자율성이 커진 데 따른 수강과목 결정의 문제, 경제상황 악화로 취업의 어려움, 학비조달을 위한 부직 구하기의 곤란 등이 대학생들을 괴롭히고 있다. 따라서 대학생들이 자신의 인생목표를 설정하고, 이것과 대학생활을 연결시킬 수 있도록 도움을 주는 안내와 지도가 절실한 상황이다.

대학에서의 진로지도는 커리어센터, 학생생활연구소, 학생별 지도교수와 소속 학과의 교수, 선배, 재학생, 졸업 후 직업현장에 있는 선배 졸업생, 기타 지역사회 인사와의 유기적인 관계 속에서 이루어질 수 있도록 해야 한다. 최근에는 취업촉진을 위한 취업특강, 모의면접, 기업체 채용동향에 관한 정보제공, 학생능력 보증제, 리콜제 등도 새로운 방법으로 등장하고 있다.

4. 진로지도의 방법

진로지도의 방법은 일일이 열거할 수 없을 정도로 매우 다양하다. 이처럼 다양한 방법 가운데 어떤 것을 선택할 것인지는 진로지도의 목표, 지도의 내용, 지도대상의 특성, 내담자 호소문제의 성격, 학교의 환경적 여건 등에 따라 결정된다. 경우에 따라서는 다양한 방법이 혼용될 수도 있다. 여기에서는 학교장면에서 적용 가능한 일반적인 방법에 초점을 두어 살펴보기로 하겠다.

1) 교과학습을 통한 진로지도

학생들은 학교에서 대부분의 시간을 교과학습으로 보낸다. 물론 창의적 체험활동이나 학급활동 등이 있기는 하지만 교과지도 시간을 제외하고 별도의 시간을 할애하여 진로지도를 하기는 그리 쉽지 않다. 따라서 학교에서는 교과지도 시간을 이용하여 진로지도를 실시하는 방안을 구체적으로 생각해 보아야 한다. 현재 중등학교에는 '진로와 직업' 과목이 운영되고 있지만, 이 과목 이외의 모든 과목에서도 진로지도와 연결고리를 찾을 수 있다. 이를 위해 각 교과담당 교사들이 해당 교과를 그 자체의 학문체계로 가르치는 동시에 진로지도의 관점에서 삶의 문제와 직업 문제를 보다 밀접하게 관련시켜 가르칠 필요가 있다. 이렇게 함으로써 학생들은 교과를 보다 의미 있고 흥미 있게 배우게 된다. 물론 이 같은 일이 쉽게 진행되지는 않는다. 우선 각 교과담당 교사들이 진로지도의 관점에서 교과지도의 필요성을 인식하고, 그렇게 할 수 있다는 마인드가 형성되어 있어야 하며, 이를 실천에 옮기는 전략이 있어야 가능한 일이다.

이정근(1989)은 교과학습을 통한 진로지도와 관련하여 세 가지를 제안하고 있다. 첫째, 해당 교과의 학습이 장래 자신의 진로에서 어떠한 역할을 수행하는가를 설명한다. 둘째, 그 교과를 전공한 사람이 어떤 부류의 직업에 종사하는지를 이야기해 준다. 셋째, 그 교과를 통해 특정 직업에 대하여 준비를 시킨다. 예컨대 물리를 가르치는 것은 물리학자나 물리교사가 되기 위한 준비가 된다.

2) 학급관리를 통한 진로지도

한 학급을 단위로 볼 때 교과지도 시간 이외에 학생들을 가장 많이 접하는 사람은 담임교사이다. 담임교사는 자신의 재량으로 학급학생들과 공유할 수 있는 시간을 만들 수도 있다. 물론 기본적으로 조회, 종례, 학급회의, 자율학습시간 등이 주어진다. 담임교사가 학급관리를 하면서 학생들의 진로를 지도할 수 있는 방법은 다음과 같다.

첫째, 담임교사는 짧은 시간이지만 매일 갖는 조회시간이나 종례시간 등에 기본적인 사항의 전달이 끝나면 학생들이 자신의 진로에 대해서 진지하게 생각해 보고 성찰할 수 있도록 촉진하는 역할을 할 수 있다. 이러한 목표는 진로선택과 관련된 인상 깊은 예화를 들려주거나, 졸업한 선배의 모범적인 사례를 소개해 주거나, 졸업 후에 선택할 수 있는 진로유형을 설명해 주거나, 각종 직업교육훈련기관을 소개해 주거나, 관련된 인터넷 웹사이트의 메뉴를 알려 주면서 달성할 수 있다.

둘째, 담임교사는 한 시간 이상이 할애되는 시간을 통하여 진로탐색 프로그램을 집단상담 방식으로 운영할 수도 있다. 이 경우 가급적이면 집단상담의 회기를 5~6회 정도로 단축하도록 하고, 인원도 최대한 늘려서 대다수의 학생이 참석한 상태에서 진행할 수 있는 학급 단위의 담임교사 버전(version)을 만들어서 활용하는 것이 좋다.

셋째, 담임교사는 교실의 환경을 적절하게 구성하는 것으로 진로지도를 할 수 있다. 이 경우 학급의 게시판 등에 진로유형이나 혹은 특정 직업에 대한 정보제공을 주요 목표로 삼고 일주일 단위로 교체하는 방식을 택하면 큰 효과를 기대할 수 있을 것이다.

학급 담임교사가 학생들의 진로를 지도할 때 사용할 수 있는 전반적인 진로지도 내용을 모듈화하여 언제나 필요할 때 적합한 내용을 선택하여 활용할 수 있도록 하면 더욱 바람직할 것이다. 이와 같은 모듈에 포함될 수 있는 내용으로는 진로결정을 위한 나의 이해, 직업세계에 대한 이해, 미래사회의 변화, 능력과 자격증 시대, 직업선택과 준비, 직업윤리, 합리적인 의사결정, 바람직한 인간관계, 평생교육 등을 꼽을 수 있다.

3) 학교행사를 통한 진로지도

학교행사를 통하는 방법은 진로지도의 단위를 한 학교로 보고, 학교 전체를 대상으로 함으로써 대부분이 '행사'의 형식을 취하고 있다. 여기에서는 두 가지 예를 소개해 보기로 하겠다.

첫째는 '진로의 날' 행사를 들 수 있다. 진로의 날 행사를 실시하는 목적은 학생들에게 자신의 진로에 대한 관심을 고조시키고 자기이해와 각종 직업에 대한 이해도를 높여 현명한 진로를 추구할 수 있도록 하는 데 있다. 이를 위해서 월 1회 정도 진로의 날을 정하여 운영하되 형식적이 되지 않도록 유념해야 한다. 그러기 위해서는 행사의 목적을 분명히 하고, 목적달성에 적합한 활동을 구상하여 세밀한 사전조사와 준비를 해야 한다. 이때 행사에 포함될 수 있는 활동으로는 선배와의 대화, 직업인 초청 강연, 영상자료 상영 등이 있는데, 선배와의 대화시간에는 취업하여 일하고 있는 선배, 대학에 진학한 선배(2년제 대학, 4년제 대학별, 진학방법별로 구분), 취업 후 진학한 선배, 독학사과정을 공부하고 있는 선배, 특별한 자격증을 취득한 선배를 초빙하여 여러 가지 진로유형을 간접적으로 경험할 수 있게 한다. 또한 영상자료는 직업별 특성과 직무수행 방법을 알 수 있는 내용, 모듈화된 진로지도 방법을 보충ㆍ심화하는 내용, 직장인의 예절생활 등을 활용할 수 있다.

둘째는 '진로주간 행사'이다. 한 학기에 1회 정도 진로주간을 설정하고 관심 있는 대학과 직장을 방문하여 직접 알고 싶은 내용을 확인하고 체험할 수 있도록 지도한다. 대학을 방문할 경우 대학설립 목적, 설치된 학과, 교육과정, 교수진, 시설, 졸업 후의 진로상황 등을 확인한다. 직장을 방문할 경우에는 취업에 필요한 조건, 취업 후의 업무성격, 작업환경, 보수, 사용하는 기자재와 프로그램, 장래의 직업전망, 직업의 보람과 직원들의 만족도 등을 확인하여 보고서를 작성토록 지도한다. 그 밖에도 자원인사와의 면담, 토론회, 전시회, 각종 심리검사의 실시, 다양한 진로지도 프로그램의 실시 등을 행사에 포함시킬 수 있다.

행사가 끝난 후에는 반드시 평가회를 개최하여 행사의 성과와 부족한 점, 계속 발전시킬 사항에 관하여 논의하고 다음 행사를 계획할 때 충분히 반영되도록 해야 할 것이다.

4) 진로정보 제공을 통한 진로지도

진로정보란 개인의 진로선택 및 적응을 위해 필요한 모든 지식과 이해에 관련된 정보를 말한다. 따라서 학교교육에서 행해지고 있는 모든 교과활동이나 생활지도의 대부분이 진로정보와 관련된 것이라고 볼 수 있다. 그러나 이 모든 것을 진로정보라고 생각한다면 오히려 진로정보의 독자적인 영역을 모호하게 만들 가능성이 있으므로 일반적으로 학교현장에서 진로정보라고 할 때에는 크게 나누어서 상급학교 선택과 관련된 자료와 취업을 위한 고용정보를 중심으로 생각하는 것이 적절하다. 이정근(1989)은 중등학교에서 학생들의 진로선택에 관한 정보를 ① 학생 자신의 개성 및 가정환경에 대한 이해자료, ② 변천하는 직업의 세계에 대한 이해자료, ③ 상급학교 선택에 관한 자료, ④ 구체적으로 취업이나 진학을 준비하는 데 필요한 지식, ⑤ 장래의 자아실현에 필요한 사전지식 등으로 구분하고 있다.

정보를 수집하는 데 있어서 주요 원천은 고용주, 상급학교, 직업교육훈련기관, 정부기관(한국고용정보원, 고용센터, 한국직업능력개발원 등), 기업체, 사회단체, 직업종사자, 대중매체, 서적(한국직업사전, 한국직업전망 등), 인터넷 등이 될 것이다.

정보를 제공하는 방법은 다양한데, 가장 흔한 것은 인쇄매체를 통한 전달방법이다. 이 방법은 손쉽기는 하지만 일반적으로 다른 매체에 비해서 내담자의 흥미나 관심을 불러일으키지 못한다는 약점이 있다. 인쇄물 외에도 각종 시청각 매체를 통하여 정보를 전달 또는 보급할 수 있다. 게임이나 역할극 등의 탐색활동을 통하여 다양한 진로에 대한 간접 경험을 제공하는 시뮬레이션 방법을 도입할 수도 있으며, 때로는 학생들이 기업체나 학교 등을 방문하여 정보를 얻는 견학도 활용할 수 있다.

5. 진로상담의 적용

1) 학교 진로상담의 개요

진로상담은 개인상담 방식으로 진행할 수도 있고, 집단상담 방식으로 진행할 수도 있다. 학교장면에서는 가능하다면 집단상담을 채택하는 것이 여러 가지 측면에서 유익하다. 가장 큰 이유는 한 학급을 단위로 본다면 한 사람의 교사가 한 학급 전체를 지도해야 하기 때문에 개인상담을 채택할 경우 많은 시간과 노력이 필요하다. 그러나 특별한 지도가 필요한 학생이나 심리적인 문제를 동시에 가지고 있는 학생의 경우에는 개인상담을 병행하면 매우 효과적이다.

진로상담의 이상적인 모습은 Phillips(1992)가 지적했듯이 '문제가 없는 선택(problem-free choosing)'을 하도록 내담자를 도와주는 것이다. 진로상담에 있어서 '결정'의 문제가 매우 중요함을 인식한 진로상담 연구자들과 실천가들은 다양한 노력을 병행해 왔다. 연구와 실천의 측면에서 이들이 공유한 생각은 '차별적인 진단과 차별적인 처치'로 요약할 수 있다. 즉, 진로문제와 관련된 내담자에게 동일한 처치를 하기보다는 내담자 각각의 특성과 그들이 처한 상황에 맞는 가장 적합한 상담 전략을 선택하여 도움을 제공한다는 것이다. 이를 위해 우선 해결해야 할 과제는 진로상담 내담자 각각의 차별적인 진단이다(김봉환, 1997).

2) 진로상담 내담자의 진단체계

상담자는 진로문제에 관한 다양한 진단체계를 가지고 상담에 임해야 상담의 방향과 목표설정이 쉽다. 지금까지 제안된 진단체계는 매우 여러 가지가 있지만 대표적인 것을 살펴보면 다음과 같다.

(1) Williamson(1939)의 기술적(記述的) 분류

- 진로 무선택: 내담자가 진로를 결정한 바가 없거나 혹은 선호하는 진로가 몇 가지 있기는 하지만 어느 것을 선택할지 모르는 경우이다.
- 불확실한 선택: 선택한 진로가 있으나 자신감이 없으며 타인으로부터 자기가 그 직업에서 성공할 것이라는 위안을 받으려고 한다.
- 흥미와 적성 간에 모순이 되는 선택: 흥미를 느끼는 직업이 있으나 그 직업을 가질 능력이 부족하다. 적성이 있는 직업에는 흥미가 적고, 흥미가 있는 직업에는 적성이 낮다.
- 현명하지 못한 선택: 저능력, 저동기인 사람이 고능력, 고동기를 요하는 직업을 원한다. 특별한 재능을 요하는 직업을 가지려 하지만 그러한 특수재능이 부족하다. 흥미가 별로 없는 분야를 택한다. 자리가 많지 않은 직업을 원한다. 자신의 능력보다 훨씬 낮은 능력을 요하는 직업을 택한다.

(2) Bordin(1983)의 정신역동적 분류

- 의존성: 자신의 진로문제를 해결하고 책임지는 것을 어렵다고 느낀다. 내담자는 의존적인 갈등 때문에 문제해결이나 의사결정을 위해 적극적인 노력을 하지 못한다.
- 정보의 부족: 적합한 정보를 접하지 못해 현명한 선택을 못하는 경우이다. 체험폭의 제한, 체험의 부적절성, 필요한 기술을 습득할 기회의 부족 등도 여기에 포함된다.
- 내적 갈등: 내부의 심리적 요소 간의 갈등이나 자아개념과 환경 간의 차이가 심하다.
- 선택에 대한 불안: 여러 가지 대안 가운데 선택을 못하고 불안해한다. 특히 자신이 하고 싶어 하는 일과 중요한 타인이 기대하는 일이 다를 경우 불안과 갈

등을 심하게 느끼게 된다.

- 확신의 부족: 선택은 하였으나 스스로 확신을 갖지 못하고 타인으로부터 확신을 구한다.

(3) Phillips(1992)의 상담목표에 따른 분류

- 자기탐색과 발견: 자신의 능력이 어느 정도인지, 어떤 분야의 직업을 원하는지, 왜 일하는 것이 싫은지 등의 고민이 있는 경우이다.
- 선택을 위한 준비: 적성 및 성격과 직업 간의 관계, 관심 있는 직업에 관한 정보 등이 필요한 경우이다.
- 의사결정 과정: 진로선택 및 결정방법의 습득, 선택과 결정에의 장애요소 발견 등이 필요한 경우이다.
- 선택과 결정: 진로를 선택해야만 하는 상황에 직면한 경우이다. 여러 가지 여건을 고려하여 최선의 선택을 하고 만족할 만한 결정을 내리도록 돕는 것이 중요하다.
- 실천: 선택과 결정에 대한 만족여부와 확신의 정도를 확인하는 일이 중요하다.

3) 집단 진로상담의 활용

집단상담은 소규모 집단을 구성하여 운영할 수도 있고, 잘 구조화된 프로그램을 활용할 경우에는 동시에 보다 많은 학생을 참여시킬 수도 있다. 학교에서는 특히 집단 진로상담이 매우 효율적이다. 진로상담은 발달지향적인 성격이 강하기 때문에 적합한 프로그램을 개발한다면 한 학급 단위로도 지도가 가능하다.

4) 진로지도를 위한 컴퓨터의 활용

정보화의 총아라고 불리는 컴퓨터는 우리 생활의 거의 모든 영역에서 활용되고 있으며, 진로지도 분야에서도 마찬가지다. 진로지도에서 컴퓨터를 활용하는 방안을 몇 가지로 정리해 보면 다음과 같다.

첫째, 앞에서 살펴보았듯이 진로지도에서는 관련된 정보를 수집 · 가공 · 분류 ·

제공·관리하는 일이 매우 중요하다. 그러나 교사 혼자의 힘으로 이 일을 수행한다는 것은 거의 불가능하다. 예를 들어, 직업에 관한 정보만 하더라도 12,000여 종이나 되며 각각의 직업이 요구하는 직무내용과 수준은 시시각각 변하기 때문에, 교사가 이 많은 정보를 컴퓨터의 도움 없이 다루는 일은 불가능하다. 진학지도의 경우도 마찬가지이다. 진학지도를 올바로 하기 위해서는 학생 개개인의 특성을 파악해야 함은 물론 상급학교에 관한 정확한 정보를 가지고 있어야 한다. 취업 지도를 할 때에는 컴퓨터의 도움이 더욱 필요하다. 학생들의 취업범위가 전국에 걸쳐 있으므로 수많은 취업처에 대한 정보를 가지고 있어야 하고, 어느 회사가 언제 어떠한 형태의 인력을 필요로 하는가에 대한 구인정보는 시시각각 변하기 때문이다.

둘째, '정보의 바다'로 각광을 받고 있는 인터넷을 이용하여 정보수집은 물론 학생들에게 스스로 정보를 탐색할 수 있는 능력을 길러 줄 수 있다. 진로지도에 활용할 수 있는 웹사이트를 소개하면 다음과 같다.

- 워크넷(http://www.work.go.kr): 고용노동부의 고용 관련 사이트로서 관련된 방대하고 다양한 구직관련 정보를 접할 수 있다. 청년, 여성, 장년의 이용대상별로 채용정보와 직업정보, 직업상담을 받을 수 있고 직업심리검사를 받을 수도 있을 뿐만 아니라 해외 구인/구직 신청도 가능하다.
- 커리어넷(http://www.career.go.kr): 교육부의 진로정보 사이트로 초등학생에서부터 대학생·성인에 이르기까지 다양한 학과·직업에 관한 정보를 제공해 주며, 직업과 진로에 관련된 심리검사를 통하여 구체적인 진로탐색이 가능하다.

셋째, 컴퓨터를 이용하여 진로탐색 프로그램을 활용할 수 있다. 미국의 경우 SIGI, DISCOVER와 같은 프로그램이 매우 유명하다. 우리나라의 경우에는 커리어넷에 탑재된 '아로주니어' 및 '아로플러스' 등을 예로 들 수 있다.

커리어넷 홈페이지

5) 진로지도를 위한 검사의 활용

진로지도를 위해서는 우선 지도의 대상이 되는 학생들의 다양한 특성을 이해해야 한다. 학생들을 이해하는 방법에는 관찰법, 면접법, 자서전법, 질문지법 등을 비롯하여 여러 가지가 있지만, 진로지도에 있어서는 특히 검사를 통한 객관적인 이해가 필요하다. 일반적으로 검사를 실시하는 목적은 예측, 선발, 분류와 배치, 평가 등인데 이들은 모두 진로지도에서 관심을 두어야 할 영역이다. 진로지도의 과정에서 학생 이해를 위하여 검사를 실시한다고 할 때, 중요하게 다루어야 할 내용은 다음과 같다(청소년대화의광장, 1996a).

첫째, 가치관의 탐색이다. 가치관이란 개인이 어떤 상황에서 선택이나 결정을 내려야 할 때, 특정한 방향으로 행동하게 하는 원리나 믿음, 또는 신념을 말하는 것으로서 진로결정과 진로선택에 매우 중요한 영향을 미친다. 가치관을 측정하는 데 가장 많이 쓰이는 방법으로는 표준화 검사법과 가치명료화 프로그램이 있다.

둘째, 흥미를 알아보아야 한다. 흥미란 어떤 종류의 활동 또는 사물에 대하여 특별한 관심이나 주의를 가지게 하는 개인의 일반화된 행동경향을 말한다. 즉, 개인 스스로 잠재적으로 가치 있다고 생각하는 것에 주의를 기울이고 그것을 향해서 나아가려는 일반적인 정서적 특성이기 때문에 진로결정에 역시 중요하게 작용한다. 흥미를 알아보는 데 가장 많이 이용되고 있는 방법은 표준화 검사법이며, 우리나라에도 다양한 흥미검사가 개발되어 있다.

셋째, 진로지도를 위해서는 사전에 학생들의 성격을 파악하여야 한다. 성격이라는 개념 속에는 개인의 욕구, 자아개념, 성취동기, 포부수준, 대인관계 등 여러 가지 요인이 포함되어 작용한다. 여러 연구에 의하면 자신의 성격유형에 맞는 직업환경을 택해야 높은 직무만족을 느끼면서 직업생활에 임할 수 있다. 최근에는 성격을 유형으로 구분하는 검사가 많이 사용되고 있다.

넷째, 학생의 적성을 탐색하여야 한다. 적성이란 어떤 과제나 임무를 수행하는 데 있어서 개인에게 요구되는 특수한 능력이나 잠재능력을 의미한다. 즉, 어떤 특수부문에 대한 능력이나 그 능력의 발현 가능성을 말한다. 따라서 적성은 개인이 어떤 직업에서 얼마만큼 그 직무를 성공적으로 수행할 수 있을지를 예측하게 해 주는 요인이 된다. 적성을 파악하는 주요 방법에는 두 가지가 있는데, 하나는 표준화 검사이고 다른 하나는 관찰에 의한 방법이다.

다섯째, 개인 진로상담 및 집단 진로상담의 과정에서 보조로 활용할 수 있는 검사도구로는 진로 성숙도검사, 진로의식 발달검사, 의사결정 유형검사, 진로결정 수준검사, 진로탐색 행동검사, 불안검사 등이 있다.

검사도구를 선정할 때에는 검사의 타당도, 신뢰도, 실용도 등을 근거로 신중하게 평가해 보고 검사의 제작자, 제작의도, 사용대상, 제작연도 등을 면밀히 따져 보아야 한다. 그리고 검사결과를 절대적인 것으로 해석해서는 곤란하다. 검사결과는 방향을 제시해 주는 것이지, 그 진로를 선택했을 때의 성공여부를 보장해 주지는 않는다. 왜냐하면 한 가지 분야에서 성공을 거둔다는 것은 단순히 적성이나 흥미 또는 능력 등의 한 가지 요인에 의한 것이 아니라 다양한 요인의 상호작용으로 나타나는 결과이기 때문이다.

제5장
비행

이 장은 점점 더 심각해지고 있는 청소년의 비행문제를 이해하기 위해 상담자가 알아 두어야 할 내용들과 해결 및 예방을 위한 방안들을 소개하고 있다. 비행의 다양한 유형과 그 원인에 대한 대표적 관점들을 살펴보고, 비행에 관련되는 위험요인과 보호요인 및, 비행청소년의 상담접근과 유의사항들을 제시한다. 다음으로 최근 많은 청소년이 겪고 있는 미디어 과다사용(중독)을 상담하기 위해 상담자가 유념할 사항들 및 학교폭력의 예방과 상담을 위한 주요사항들을 살펴본다.

1. 비행의 유형과 원인

1) 비행의 의미와 유형

비행(delinquency)이란 다양하고 복잡한 행동들을 포함하는 용어로서, 명확하게 개념이 규정되어 있지 않다. 일반적으로 법률적 기준을 벗어나는 행동뿐만 아니라 도덕적 기준, 교육적 기준, 사회적 관습을 일탈한 행위로 규정되어서(이종원, 이순래, 정윤미, 2016; 이숙영, 이재규, 박승민, 최은영, 1996), 일탈행동(deviant behavior)으로 불리기도 하나 청소년의 일탈행동에 국한하는 경향이 있다. 즉, 청소년이 물건을 훔치거나 타인에게 상해를 입히는 것과 같이 「소년법」이나 「형법」 등 실정법을 위반하는 행위뿐만 아니라(법률적 기준), 거짓말을 상습적으로 하는 것과 같이 중요한 도덕적 규범을 위반하는 행위(도덕적 기준), 학교를 무단결석하는 것과 같이 중요한 학칙을 위반하는 행위(교육적 기준), 부모에게 욕설을 하거나 가출을 하는 것과 같이 사회적으로 중시되는 윤리적 규칙을 위반하는 행위(사회적 규범과 관습) 등 다양한 범위를 포함한다.

비행이 법률적, 도덕적, 교육적, 사회적 기준과 관습 등 다양한 기준에 의해서 정의되는 만큼 그 범위와 유형도 사회문화에 따라 달라질 수 있고 다양한 관점에서 분류될 수 있다. 비행의 빈도에 따라서는 단발적 비행, 단기간의 집중적이고 다양한 비행, 간헐적이지만 반복적인 비행, 지속적인 비행 등으로 분류될 수 있으며, 비행의 대상에 따라서는 사람에 대한 범죄행위, 재물에 대한 범죄행위, 비교적 사소한 위반행위 등으로 나눌 수 있다. 비행이 일어나는 상황에 따라 현실비행과 사이버비행으로 나누기도 한다. 또한 비행의 단계에 따라서는 실험적 비행, 비행화 형성과정 비행, 습관화된 비행 등으로 나눈다. 비행자의 심리적 특성에 따라서는, 심리적인 문제가 비교적 적거나 없고 비행하위문화의 구성원으로서 저지르는 사회적 비행과 심리적인 문제로 인하여 나타나는 심리적 비행으로 구분하기도 한다(이종원 외, 2016; 이숙영 외, 1996; Weiner, 1982). 성인이 동일한 행동을 할 때는 일탈행동으로 규정하지 않지만 그 행동을 하는 주체의 사회적 지위에 따라 일탈행동의 범위에 포함되는 비행유형도 있다. 이러한 비행유형을 지위비행이라고 부르는데, 음주와 흡연이 대표적 예이다.

비행의 정의와 분류를 어떻게 하며 어떤 행동을 비행에 포함하는가는 이처럼 매우 다양하여 오히려 혼란스럽기까지 하므로, 비행을 정의하고 분류하는 목적에 따라서 적절한 정의와 분류체계를 선택하여야 할 것이다. 예컨대, 사회질서를 유지하는 것이 목적인 경찰과 법조계의 시각에서는 폭력이나 절도와 같은 범법행위들만 비행에 포함시키겠지만, 아동과 청소년의 문제를 예방·해결하고 발달을 촉진하고자 하는 상담과 생활지도의 관점에서는 가출이나 권위체에 대한 반항, 게임중독과 같은 행동들도 포함시키는 것이다.

비행의 유형에 따라 원인을 달리 보기도 하고, 일시적으로 비행이 제한적이나마 적응적인 기능을 한다고 보기도 한다. 예컨대 사회적 비행은 단독으로 행하기보다는 집단으로 행하는 경우가 많고, 행위자의 입장에서 볼 때 비행하위집단 내에서 인정하는 방식으로 욕구를 실현하는 기능을 가지는 것으로 여겨지기도 한다. 인간이 사회적으로 용인된 목표와 방법에 의해서 소속감이나 자존감을 성취할 수 없는 경우 자신에게 자존감과 소속감을 줄 수 있는 새로운 하위집단을 형성하게 되는데, 그렇게 형성된 집단 중의 하나가 비행집단인 것이다.

사회적 비행은 소속된 비행하위집단 내에서는 자존감과 소속감을 가져다주므로 적응적인 행동양식이라고 볼 수 있는 측면이 있지만, 장기적인 측면에서는 적응적이라고 보기 어렵다. 비행하위집단 내에서 통용되고 인정되는 삶의 방식들은 전체 사회와 보다 긴 삶의 측면에서는 어려움을 가져올 수밖에 없는 제한적이고 편파적인 경우가 대부분이기 때문이다.

평소에 규범에 동조적이고 전반적으로 잘 적응하던 학생이 단발적으로 급작스럽게 비행을 하는 경우는 대체로 행위자의 긴장과 분노나 좌절감과 밀접하게 연관되어 있으므로 긴장과 분노 및 좌절감이 해결되는 즉시 비행도 없어지는 경향이 있다. 그러나 이런 것들이 초기에 확인되어 적절한 도움을 받지 못하면 비행이 장기화되고 그 비행 자체가 문제를 더욱 가중시키는 악순환에 빠지게 되어 사회적 비행이나 성격적 비행이 될 가능성도 있다. 이러한 점들로 인해 청소년의 비행은 그 최초 원인이나 유형을 막론하고 적절한 관심과 개입이 필요하다.

2) 비행의 원인

청소년비행의 원인을 설명하고자 하는 관점들은 비행자 개인의 특성에 초점을 맞춘 관점, 그 개인을 둘러싼 사회환경적 요인에 초점을 맞춘 관점, 및 개인과 환경의 상호작용에 초점을 맞춘 관점들로 구분할 수 있다.

(1) 개인특성적 원인론

비행의 원인을 비행자 개인의 특성에서 설명하려는 관점들은 생물학적 원인 및 심리학적 원인에 관심을 둔다. 생물학적인 원인론은 자극을 과도하게 추구하는 기질이나 염색체 이상 등 유전적 원인이나 뇌손상, 자율신경계 손상, 낮은 지능 등에 의해 비행이 발생된다고 설명한다. 비행자가 스스로 통제하기 어려운 생물학적 원인으로 설명하기 때문에 비행의 예방과 해결을 위한 교육적 시사점이 부족하다는 지적을 받는다.

심리학적인 원인론은 Freud의 정신분석적 관점이 대표적이다. 즉, 지나치게 강하거나 지나치게 약한 초자아, 통제기능이 약한 자아 등으로 설명한다. 초자아가 너무 약하면 원초아의 본능적인 쾌락추구적 충동을 통제하지 못하여서 비행을 저지르게 되는 한편, 초자아가 너무 강하여서 억압된 충동과 갈등이 무의식 속에 너무 많이 쌓이면 비행을 저지르게 되기도 한다고 본다. 또한 원초아의 본능적 충동과 초자아의 이상적 기준을 적절히 중재하며 현실에 적응하게 하는 자아의 기능이 약할 때도 비행이 나타나게 된다는 것이다.

Erikson의 심리사회적 발달단계에서 아동기 및 청소년기의 발달과업인 근면성과 자아정체성 확립이 제대로 이루어지지 않아 비행이 발생한다고 설명하기도 한다. 아동기의 발달과업인 근면성이란 하기 싫은 것도 해야 하면 참고 해낼 수 있으며, 하고 싶은 것이라도 하지 말아야 하는 것이면 하지 않고 참아낼 수 있는 능력을 말하는데, 이러한 능력이 아동기에 충분히 형성되지 못하면 아동청소년기에 점차 많아지는 학업 및 다양한 요구에 적절히 부응하지 못하게 되어 열등감과 부정적 자아개념을 갖게 되고 비행을 저지를 수 있다는 것이다. 또한 청소년기에 자신이 어떤 사람이며 앞으로의 삶을 어떻게 영위해야 할 것인지를 분명히 규정할 수 있어야 하는데 그러한 자아정체성을 제대로 확립하지 못하면 역할혼란과 좌절감을 겪으면서 비행을 하게 될 수 있다는 것이다.

아동기에 잠재적 비행의 다양한 현상을 나타내다가 청소년기에 비행의 정도가 더욱 심해지는 경우들 뿐 아니라, 전반적으로 규범에 잘 동조하며 적응하는 것처럼 보이다가 급작스럽게 자신의 심리적 갈등과 어려움을 표출하는 신경증적 비행도 심리적 원인론으로 설명될 수 있다. 예컨대 아동기 및 청소년기의 발달과업 수행이 원만히 이루어지지 않은 아동청소년의 경우 서서히 비행이 심해지기도 하지만, 표면적으로 드러나지 않다가 어느 순간에 급작스런 비행을 보이기도 하는 것이다.

신경증적 비행은 행위자가 자신의 욕구를 정상적인 방식으로 충족시킬 수 없는 경우에 그 욕구를 표현하는 방식으로 범하게 되는 비행이다. 주로 단독으로 그리고 급작스럽게 일어나며, 상황적으로 촉발되는 경우가 많다. 인간의 가장 기본적인 욕구인 타인에게 인정받고 사랑과 관심을 받고 싶은 욕구가 번번이 좌절될 때, 주변 사람에게 직접 말하기 두렵거나 당혹스러운 문제를 경험할 때, 도움을 받고자 하는 요청이 되풀이해서 무시된다고 느낄 때 등에, 이러한 점들을 알리고 욕구를 충족시키기 위해서 비행이라는 수단에 의지하는 것이다. 그래서 이들은 타인의 주목을 끌 수 있는 방식으로 비행을 저지르는 경우가 많다. 자기에게 별로 필요도 없는 물건을 가게 주인이 뻔히 보는 앞에서 훔친다거나, 교사가 쉽게 볼 수 있는 곳에서 술을 마시고 창문을 깬다거나, 사랑과 친밀함을 경험하는 수단으로 성관계를 갖는다거나, 임신을 해서 다른 사람의 눈에 띄게 하는 것과 같이 무모해 보이는 행동을 하는 것이다.

신경증적 비행자들은 전반적으로 건강하고 규범 동조적이며 안정된 가족 속에서 적절한 양육을 받고 성장하였으나, 일시적 혹은 장기적 가족 상황의 변화나 가족구성원의 개인적 발달로 말미암은 일련의 변화로 가족구성원들이 이전에 제공했던 관심과 애정을 더 이상 주지 못하게 되는 경우 발생하는 경향이 있다. 예를 들어, 자녀의 학년이 올라감에 따라 점점 더 부모가 공부를 강요하게 되고 자녀는 그러한 부모로부터 인정과 사랑보다는 간섭과 강요만 당하는 것 같은 느낌을 가져서 쌓여 온 좌절과 불만이 신경증적 비행으로 표출될 수 있는 것이다. 이러한 신경증적 비행은 행위자의 반사회적 성격구조에서 비롯되는 성격적 비행이나 질병 및 기질적 이상으로 인해 저지르는 기질적 비행과 구별되며, 빠른 개입을 통해 심리적 갈등과 혼란의 원인이 해소되면 정상적인 삶으로의 복귀가 비교적 수월하게 이루어질 수 있다. 그러나 신경증적 비행도 장기화·습관화되면 성격적 비행 및 기질적 비행자들이 보이는 주의집중력 결핍, 충동통제력 부족, 미래조망능력 부족, 낮은 자존감 등 특성을 보일 수 있으므로 주의깊게 판단하여야 한다.

(2) 사회환경적 원인론

비행의 원인을 비행청소년이 처한 사회적 환경이나 구조적 특성으로 설명하고자 하는 관점이다. 비행청소년 개인이 비행문제의 원인이 아니라 주변 환경이 원인이 된다고 보는 것이다. 예컨대 Hirschi(1969: Wiatrowski, 1978에서 재인용)가 제안한 사회통제이론에 따르면, 가정의 중요한 인물들과의 의미 있는 애착관계 및 학교 등 소속기관의 일상적인 활동에 적극적으로 참여하는 것, 사회의 전통적 가치 및 목표와 수단을 존중하고 수용하는 것 등 아동청소년이 가정 및 사회기관과 가지는 유대가 사회의 법과 규범을 지키도록 통제해 주기 때문에 비행을 범하지 않도록 지켜 준다. 만약 청소년과 가정·학교·사회와의 유대가 약하면 가정·학교·사회가 청소년에게 긍정적 통제력을 가지지 못하게 되어 비행을 할 가능성이 높아진다는 것이다.

(3) 상호작용적 원인론

생물학적 원인이나 심리학적 원인, 혹은 사회환경적 요인에서 비행의 원인을 찾는 시각들은 개인의 내적 혹은 외적 요인 중 한쪽에만 초점을 맞추어 원인을 설명하려고 했다는 제한점이 있다. 비행에 대한 상호작용적 원인론은 개인과 환경의 상호작용에 의해 비행이 발생한다는 관점을 제시하는데, 차별접촉이론, 사회학습이론, 낙인이론 등이 대표적이다.

차별접촉이론은 어떤 주변 인물들, 특히 또래들을 차별적으로 접촉하는지, 이런 접촉이 얼마나 오래, 강하게, 자주 이루어지는지에 따라 비행을 범하는 정도가 달라진다고 본다. 특정 또래집단을 차별적으로 접촉함으로써 그 집단의 하위문화 특성과 가치를 습득하고 표현하게 되는 상호작용이 일어나는 것이다. 학업성취의 수월성과 규범준수를 중요하게 여기는 또래들과 차별적으로 더 많이 접촉하는 청소년은, 가출·폭력·음주 등을 일삼는 또래들과 더 많이 접촉하는 청소년에 비해 비행의 가능성이 낮아진다. 비행을 범하는 또래들과 접촉이 많은 청소년은 서로 비행을 장려하고 강화하는 상호작용이 일어나기 때문에, 그러한 또래들과의 접촉을 차단하는 것이 비행을 중단하는 데 중요하다는 점을 차별접촉이론은 강조한다.

사회학습이론은 아동청소년의 비행이 관찰학습에 의해 일어난다고 본다. 또래와 부모를 포함한 주변 인물들뿐 아니라 대중매체, 만화, 인터넷, 게임 등에서 폭력·외설물·음주·흡연 등의 일탈적 행동을 관찰하고 모방학습이 일어난 결과 비행이 발생한다고 보는 것이다. 동일한 행동을 관찰하더라도 모든 청소년이 그 행동을 모방학습하는 것은 아니며 개인의 태도에 따라 폭력 등 일탈적 행동에 노출되는 정도도 달라지므로 개인적 요인이 관련되는 한편, 일탈적 행동을 많이 접할수록 관찰학습이 더욱 많이 일어나게 된다는 점에서 환경적 요인도 중요하다는 것이 상호작용적 관점을 보여 준다.

낙인이론이란, 청소년이 비행을 범했을 때 학교나 지역사회의 인물들이 비행청소년이라고 낙인을 찍음으로 인해 비행이 지속되고 심해진다는 관점이다. 물론 교사나 지역사회 인물들이 어느 청소년을 이유 없이 비행청소년이라고 낙인찍지는 않고, 어떤 연유나 과정에 의해서 청소년이 비행을 범하는 것으로 인해 낙인찍게 되는데, 사회적 통제가 심한 집단이나 기관일수록 그러한 경향이 심하다. 일단 비행청소년이라고 낙인찍히게 된 청소년은 스스로 주변의 시각을 받아들여 비행을 더 지속하게 된다. 낙인이론은 비행을 범한 청소년을 가정과 학교 및 지역사회가 배척하지 말고 수용하면서 변화를 위한 도움과 지지를 제공할 필요성을 시사한다.

2. 비행의 위험요인과 보호요인

앞에서 설명한 것 외에도 비행의 원인 및 관련 요인을 파악하기 위한 노력은 다양한 측면에서 이루어지고 있다. 청소년 개인의 자아존중감과 자기통제력, 정신질환과 성격, 반사회적 태도, 교육·진로 성취도, 가정의 낮은 사회경제적 지위, 가족구조, 부모 간 문제, 부모자녀관계 및 관여정도, 교사학생관계 등 변인이 중요하게 나타난다(김진석, 2013; 조주연, 김신영, 2010; Andrews, 1996). 비행 관련 요인들에 관한 연구들에서 제기되는 공통적인 문제는, 이와 같은 요인들이 비행을 초래하는 원인인지 혹은 비행의 결과나 징후인지를 명확히 구분하기 어렵다는 것이다(Carr, 1999; 김성이, 강지원, 구본용, 황순길, 1996; 박성수, 김혜숙, 이숙영, 김창대, 유성경, 1997). 그럼에도 불구하고, 이러한 요인들은 우리로 하여금 비행을 예방하고 해결하여 아동과 청소년이 보다 건강한 발달을 이룰 수 있도록 돕는 방안을 마련하는 데 많은 시사점을 주고 있다. 최근에는 청소년비행과 관련된 위험요인 및 보호요인들을 파악하여 위험요인의 속성을 평가해서 제거 혹은 축소시키는 한편 보호요인를 강화함으로써 청소년비행을 예방 및 해결하고자 하는 노력들이 시도되고 있다(좌현숙, 2016; 한상철, 2016; 유성경, 이소래, 송수민, 2000).

1) 위험요인

(1) 개인적 요인

① **낮은 자존감** 비행청소년들은 자기 자신에 대한 만족도 및 수용도가 낮다. 자기가 못났고 열등하며 쓸모없고 사랑받지 못할 존재라고 느끼고 자신감도 낮다(김진석, 2013; 이숙영 외, 1996). 자기 자신을 귀하게 여기지 못하며 훌륭한 존재로 성장할 수 있다는 희망을 가지지 못하기 때문에, 자신을 존귀하게 지키고 목표를 세워 좀 더 발전시키려는 노력을 하는 대신에 일시적인 충동이나 쾌락에 자신을 아무렇게나 내던지는 행동을 할 수 있다. 예컨대, 스스로 비행에 대해 부정적인 태도

를 가지고 있더라도, 성실하고 인정받는 생활을 하는 또래들과 어울리거나 닮으려고 애쓰기보다는 비행집단에 속한 또래들이 유혹의 손길을 내밀 때 '나 같은 놈이야……'라는 자기비하의 태도로 쉽사리 넘어가는 것이다.

스스로를 귀하게 여기지 못하면 타인의 인정에 더욱 급급한 법이다. 따라서 이들은 누구든지 자신의 존재가치를 알아주기만 한다면, 그것이 어떤 행동이든 하기도 한다. 그래서 비행집단의 인정을 받기 위해서 위험한 행동이건 나쁜 행동이건 시도하고, 그러한 시도로 얻게 되는 비행집단의 인정을 지속적으로 받기 위해서 비행을 계속한다. 그와 더불어 자신을 인정하지 않는 비행집단 외부의 인물들에 의해 자존감이 손상 혹은 위협될 때 이를 보상하고 공격하는 수단으로 비행을 다시 저지르기도 한다.

② **충동조절능력과 미래조망능력의 부족**　비행청소년들은 충동을 조절·통제하는 능력이 부족한 경우가 많다. 생리적 특성이나 정서적 불안정으로 인하여 주의가 쉽게 흐트러져 집중력이 부족하고, 같은 또래에 비해 과잉활동적으로 움직이며 쉽게 흥분하고 예민하게 반응하는 경향이 있다(조주연, 김신영, 2010; 이숙영 외, 1996; 박성수 외, 1997).

이들의 충동조절능력이 부족한 것은 생리적·정서적 이유로 인해 지속적으로 충동조절이 잘 안 되기 때문인 경우도 있지만, 더 많은 경우는 감정인식 및 표현능력과 문제해결능력이 부족하여 평소에는 공격적 행동을 오히려 지나치게 억제하다가 긴장과 분노가 억제할 수 있는 수준을 넘어서거나 극단적인 촉발자극이 주어지면 심한 공격적 행동을 폭발시키게 된다.

비행청소년들은 충동을 조절하고 통제하는 능력이 부족할 뿐 아니라 미래를 장기적으로 조망하고 적절하게 만족을 지연할 수 있는 능력 또한 부족하다. 그래서 장차 삶에서 가치 있고 귀중한 것을 얻기 위하여 장기적 계획을 수립하고 현재의 자신을 다스려 목표에 따라 생활을 차근차근 해 나갈 수 있는 능력이 부족하다. 또한 지금 당장 자신이 하는 행동이 자신에게 어떤 영향을 미칠지를 생각하고 그에 따라 행동을 조절하는 능력도 부족하다. 이는 Erikson(1968)이 아동기의 핵심적 발달과업으로 제시한 근면성(industry)이 형성되지 못한 것으로도 볼 수 있다. 이 발달과업은 하고 싶더라도 하지 말아야 하는 것이면 하지 않고 참아 낼 수 있고, 하기 싫더라도 해야 하는 것은 끝까지 인내하며 이루어 낼 수 있음을 의미한다. 가출과

학교무단결석을 하는 청소년들 중에 이 발달과업의 성취가 매우 더딘 경우가 많은 것도 이러한 관점에서 이해해 볼 수 있을 것이다.

③ **감정인식 및 표현능력의 부족** 비행청소년들은 자신의 감정이나 욕구를 분명히 인식하고 적절한 방법으로 표현하는 데 어려움을 겪는 경우가 많다. 자신의 욕구와 감정을 인정·수용받고 싶은 기본적 욕구가 부모나 주변 인물들에 의해서 반복적으로 무시되거나 좌절되는 경험을 함으로써 자신의 감정과 욕구를 자동적으로 부인 혹은 왜곡하는 경향을 갖게 된 것이다.

영아기나 유아기부터 부모에게 방임되거나 적절한 양육을 받지 못하면서 성장하게 되면 감정인식이나 표현의 능력이 부족할 것이라는 점은 쉽게 짐작할 수 있다. 그러나 부모가 물질적으로 풍요한 환경을 제공하고 나름의 애정 어린 지도를 하더라도 자녀의 생각과 감정과 행동들이 항상 부모의 틀과 기준에 맞아야만 자녀를 수용하고 부모의 기대에 벗어나는 감정이나 생각과 행동은 허용하지 않는다면, 그 역시 자녀의 욕구와 감정이 쉽게 표출될 수 없는 분위기 속에서 자녀가 성장하도록 강요하는 것이기 때문에 자녀는 자신의 감정과 욕구를 부인 혹은 왜곡하고 억압된 분노와 반항과 좌절을 비행으로 나타낼 수 있다.

물론 아동과 청소년이 성장하면서 모든 욕구를 충족시킬 수는 없으며, 또한 그래서도 안 된다. 욕구가 어느 정도 좌절되는 경험을 통하여 적절한 수준에서 조절할 수 있는 힘을 기르는 것은 발달의 중요한 측면이기 때문이다. 그러나 욕구가 좌절되거나 스스로나 외부에 의해 욕구를 억압하여야 할 때는 분노·반항·좌절감 등의 부정적인 느낌이 드는 것이 자연스러운 반응이며, 이러한 부정적인 감정을 적절하게 표현할 수 있는 수용적인 분위기가 허용되어야 감정을 인식하고 표현하는 능력이 발달하고 건강한 성장이 이루어질 수 있다. 실제로 많은 비행청소년이 분노와 좌절감에 쌓여 괴로워하면서도 자신의 감정을 부인하거나 분노를 조절하기 힘들어하는 것을 볼 수 있다. 이렇게 쌓여 있던 감정들이 더 이상 통제할 수 없는 지경에 이르게 되면 신경증적 비행으로 나타나기도 하고, 감정과 욕구를 부인하는 습성에 젖어서 자신과 주변에 대해 무관심한 모습을 보이기도 하는 것이다.

④ **자기중심적 인지왜곡** 청소년기의 발달적 특성 중의 하나는 자기중심적 사고이다. 청소년기 사고의 자기중심성은 흔히 ⓐ 자신은 특별하고 독특한 존재이므로

자기의 경험이나 감정 세계는 다른 사람과 근본적으로 다르다고 믿는 경향을 뜻하는 '개인적 우화(personal fable)'와 ⓑ 과장된 자의식으로 인해서 자기가 타인의 집중적인 관심과 주의의 대상이 되고 있다고 믿는 경향을 의미하는 '상상 속의 관중(imaginary audience)'이라는 말로 표현된다.

이 중에서도 개인적 우화 경향은 청소년으로 하여금 자신감을 갖게 하고 힘든 일을 성취하는 힘을 부여하는 긍정적 측면도 있지만, 한편으로는 위험하고 과격한 행동을 성인보다 쉽게 저지를 수 있게 하는 부정적 측면도 있다. 그래서 주변에서 오토바이를 타거나 본드를 흡입하는 등의 행동으로 친구가 죽거나 심하게 다치는 것을 보아도, 동일한 결과를 당할 수 있다는 생각을 못하고 같은 행동을 행하는 것이다.

비행청소년들은 일반 청소년들에 비해 이런 개인적 우화의 경향이 더욱 심각하고 오랫동안 지속되는 경우가 많다. 이러한 경향은 자신의 행동이 사회적·법률적·교육적으로 주변에서 용인되지 않음을 인식하면서 자신의 비행을 합리화하고 싶은 욕구와 겹치게 되어, 자신의 잘못이나 일탈적 행동의 탓을 다른 사람이나 사회에게 돌리고 비난하는 투사 형태의 방어기제로 이어지게 된다.

⑤ **문제해결능력의 부족**　비행청소년들은 일반 청소년들에 비해 가정·학교·또래관계·이성관계 등 다양한 영역에서 보다 많은 문제를 경험한다. 가정에서도 생활규칙·귀가시간·예절·형제 간 비교 등의 영역에서 보다 많은 불화와 갈등을 경험하며, 학교에서도 학습·교사와의 관계·친구들과의 경쟁·교칙문제·차별문제 등으로 스트레스를 심하게 경험한다(원호택, 1991; 김준호, 노성호, 곽대경, 1992).

일반 청소년에 비해 보다 문제를 많이 경험하는 것은 비행의 원인이 되기도 하는 한편 비행의 결과로 문제가 더욱 많아지는 악순환의 고리를 형성한다. 그러나 비행청소년들은 또래의 비행 유혹에 대한 거절능력이나 자신의 생각과 주장을 밝힐 수 있는 능력도 부족하며, 또래들과 여가 시간을 적절한 방식으로 보내는 능력도 떨어지기 때문에 이러한 악순환의 고리에서 벗어나기 더욱 어렵다. 또 이들은 스트레스를 주는 문제가 있을 때 그 문제를 분명히 인식하고 직면하여 해결책을 모색하는 대신, 스트레스에 압도되어 비행행동으로 일시적인 회피나 완화를 가져오고자 하며 문제가 없는 것처럼 굴거나 비행집단의 지지에 의지함으로써 문제해결이 효율적이지 못하다.

청소년기의 흑백논리적이고 단선적인 사고 경향도 비행청소년들에게 좀 더 강하게 나타나기 때문에 문제해결능력이 더욱 부족해 보인다. 상황과 경험을 이해하는 데 있어서 흑백논리적으로 양분된 사고를 하게 되면 극단적인 감정에 휩싸이고 충동적·즉흥적인 행동을 저지를 가능성이 높아진다. 또한 단선적인 사고를 하게 되면, 의사결정과정에서 다양한 대안의 장단점을 다각적으로 차근차근히 검토하고 신중한 결정을 내리기보다는 그냥 자기가 보는 단선적인 각도에서 처음 떠오른 생각으로 결정을 내려 버리기 때문에 섣부른 행동을 하기 쉽다.

⑥ **사회적 기술의 부족**   비행청소년들은 사회적 기술이 부족하고 대인관계가 부적절한 양상을 보인다. 이들의 부적절한 대인관계 양상은 성격적 비행자와 신경증적 비행자의 두 가지 유형으로 나누어서 이해하고 접근할 필요가 있다.

일부는 삶의 초기양육과정에서 부모로부터 심각하게 거부당하거나 적절한 보살핌과 애정을 받지 못하는 외상적 경험으로 인해 타인과 의미 있는 관계를 맺지 못한다. 타인으로부터의 배려와 돌봄을 거의 기대하지 않거나, 배려와 도움을 제공하려는 타인을 불신하고 두려워하는 것이다(Weiner, 1982). 따라서 자신의 욕구 충족이나 문제해결을 위해 필요한 도움을 주변 사람들로부터 적절히 구하지 못하며, 주변의 도움이나 배려에 오히려 적대적인 반응을 나타내기 쉽다. 타인에 대한 불신과 두려움에서 초래된 이들의 거칠고 부적절한 대인관계 양상은 결과적으로 타인들이 이들을 싫어하도록 만들게 됨으로써, 이들의 타인에 대한 불신과 두려움을 다시 확인시켜 주는 악순환에 빠지게 한다. 이러한 비행청소년은 성격적 비행자 유형에 속하는데, 상담과정에서도 관계 형성이 어렵고 오래 걸리는 경향이 있다.

반면, 삶의 초기과정에서 부모로부터 적절한 양육을 받고 자랐지만, 삶의 다양한 영역에서 부딪히는 문제들을 적절히 해결하는 기술이 부족함으로 인해 부모·교사·또래 등 주변 인물들과 많은 갈등을 겪고 이러한 갈등을 원만히 극복하지 못하게 되어 점차적으로 그러한 좌절과 분노가 쌓여서 타인들을 불신하고 미워하고 두려워하게 된 청소년들도 많다. 집단따돌림을 받았던 아동이나 청소년이 집단따돌림의 가해자가 되는 것이나, 청소년기의 독립하고자 하는 욕구를 적절한 방법으로 조절·만족시키지 못하고 부모나 교사와의 관계가 악화된 청소년들 중에 이런 경우가 많음을 볼 수 있다.

⑦ **학교성적의 저조함** 한국사회에서 학교성적은 청소년의 자아존중감뿐만 아니라 사회적 지위를 결정하는 중요한 잣대로 작용하는 것이 현실이다. 이런 현실에서 학교성적이 저조하거나 하락하는 것은 청소년의 비행뿐만 아니라 다양한 문제를 유발할 수 있는 위험요인이 된다. 학업성적이 지속적으로 낮거나 어떤 계기로 인해 학업성적이 하락하게 되는 청소년은 자신감과 학습의욕도 잃게 될 뿐 아니라, 부모나 교사 및 또래와의 관계에서도 질책·무시·불신 등을 경험하는 경우가 많다. 이러한 경험은 학교와 가정으로부터 청소년의 마음이 멀어지게 하는 반면 노는 아이들과 어울릴 가능성을 높이기 쉽다.

(2) 가족적 요인

'문제 청소년 뒤에는 문제 가정이 있다'는 사회적 통념은 실제 이상으로 비행청소년의 부모와 가족을 비난해 온 경향이 있다. 이러한 사회적 통념은 부모들에게 아동과 청소년을 양육하고 교육하는 과정에 많은 관심과 노력을 기울이고 끊임없이 자신들을 반성하도록 만드는 긍정적 효과도 있지만, 다른 한편으로는 비행청소년의 문제로 고민하고 갈등하는 많은 부모에게 지나친 죄책감을 유발하고 결과적으로 자녀를 더욱 부적절하게 지도할 수밖에 없는 쪽으로 몰아가는 부작용도 크다는 점을 인식할 필요가 있다.

이러한 통념은 '자녀의 잘못은 부모 탓'이라는 우리의 전통적 관념과 합쳐져서, 자녀가 비행을 저지르면 일단 부모는 자신이 '무엇인가 그동안 잘못해 왔다'고 느끼게 된다. 실상 청소년비행의 상당 부분은 부모가 일관성 있고 확고한 태도로 지도하는 것이 중요한 해결 요인인데, 부모의 지나친 죄책감과 흔들리는 태도는 비행을 해결하기보다는 오히려 악화시키는 결과를 가져올 수 있다.

청소년비행은 가족환경의 특성 때문에 유발될 수도 있지만, 청소년의 개인적 요인이나 학교환경, 또래환경, 지역사회환경, 혹은 돌발적 사건이나 발달적 위기 등에 의해서 촉발되고 유지될 수도 있다. 물론 가족환경이 최적의 상태에 있다면 다른 요인에 의해서 촉발된 비행문제가 빠르고 쉽게 해결될 수 있겠지만, 그러한 최적의 가족환경은 실상 일부에 지나지 않는다.

대부분의 가족환경은 어느 정도의 어려움과 갈등과 문제를 겪으면서 나름대로 성장해 나가고 있는 과정 속에 있다고 보아야 할 것이다. 가족도 개인과 마찬가지로 발달의 주기가 있고 단계별로 위기를 겪으면서 발달해 나가는(Carter &

McGoldrick, 2005) 살아 있는 체제이기 때문이다. 그러한 보통의 '정상적인' 가족환경이 발달의 위기에 있을 때, 예컨대 자녀가 청소년기를 맞게 되어 가족구성원들이 이에 적응하고 새로운 가족 체제로 거듭나야 하는 위기를 겪고 있을 때, 자녀 중의 하나가 비행행위를 했다면 이는 반드시 부모의 탓으로 보기는 어려운 것이다.

물론 어느 단계건 어떤 상황이건 부모는 가족 체제의 리더로서 가족구성원의 일부나 전체가 겪는 문제를 해결하고 극복하는 데 있어서 중추적인 역할을 담당해야 하는 것은 사실이다. 그러나 이러한 역할은 '다 부모 탓이다'라는 지나친 죄책감과 그에 병행하기 쉬운 지나친 분노나 혼돈보다는, 문제를 객관적으로 다각적인 관점에서 인식하고 해결하려는 자세에서 훨씬 더 잘 수행될 수 있다.

비행이 애초에 가족환경 때문에 발생하였는지 혹은 다른 요인에 의해서 발생하였는지를 따지는 것은 실상 상담자에게 그리 중요한 일이 아니다. 상담자의 도움이 필요할 만큼 비행이 문제가 된 시점에서는, 다른 요인에 의해서 비행이 촉발되었더라도 그 비행으로 인해 가족환경에도 문제가 생겨 있는 것이 일반적이기 때문이다. 예를 들어, 평소에 부모와 자녀 간에 비교적 갈등이 잘 해결되어 가던 가족이라도, 자녀가 학교를 빠지거나 가출을 하는 것과 같은 행동을 하게 되면, 그 충격으로 인해 극단적인 방법을 취하기 쉽고 가족 간의 갈등도 심각해져서 문제해결력이 떨어지는 것이 보통이다. 따라서 비행청소년의 가족환경이 보이는 특징으로 제시되는 점들은 반드시 비행을 유발하는 조건으로 보기보다는 비행청소년이 있는 가족이 보일 수 있는 현재 혹은 과거의 특징이라고 보는 것이 더욱 적절하다는 점을 유념하기 바란다.

① **자애로운 양육의 부족** 자녀를 사랑하고 온정과 자애로움으로 양육하는 것은 자녀를 건강한 인격체로 자라게 하는 밑거름이다. 그러나 비행청소년의 가족은 많은 경우 이러한 자애로운 양육이 부재하거나 부족하다. 부모 자신의 신체적·정서적·인지적 결함이나 부모 자신의 스트레스 등으로 인해 부모가 자녀양육에 무관심하고 참여가 낮거나, 부모가 아예 부재함으로써 양육이 제공되지 못하는 것이다.

부모가 자녀를 거부하거나 자녀에 대해 불만을 가지고 있으며, 비난하거나 무시하거나 부담스러워 하는 경향도 있다. 자녀는 무조건 부모 말에 따라야 한다고 믿고 자녀의 입장에서 자녀를 이해하는 능력이 부족하며, 자녀가 잘못된 행동을 했을 때 자녀가 부모를 화나게 만들고 괴롭히려고 일부러 그런다고 생각하며 분노하는 경향도 높다(Robin & Foster, 1989).

② **적절한 훈육의 부족** 자애로운 양육과 함께 아동 및 청소년을 성숙시키는 중요한 조건은 바로 부모의 확고하고 방향성이 분명한 훈육과 지도이다. 자녀가 지켜야 할 행동의 기준을 분명히 설정하고 그 기준에 적합한 행동을 하도록 일관성 있고 확고하게 적절한 강화와 처벌을 제공하여야 자녀가 행동의 적절성을 판단하고 지킬 수 있게 되는데, 비행청소년의 부모는 자신의 도덕적 결함이나 성격적 특징 및 정서적 문제 등으로 인해 자녀를 적절히 훈육하지 못한다. 자녀를 전혀 혹은 거의 훈육하지 않거나, 훈육을 제공한다고 하더라도 그 과정과 방법이 부적절하여 훈육이 없는 것과 마찬가지인 것이다. 동일한 행동에 대해서 어떤 경우에는 처벌하고 어떤 경우에는 강화하는 등 비일관적으로 행동하기도 하고, 혹은 행동의 잘못을 깨닫고 자제하도록 훈육하는 것이 아니라 모욕이나 멸시 및 지나치게 심한 벌을 주어서 반항심만 부채질하여 비행 행동을 악화시키기도 한다.

자녀에게 적합하고 긍정적인 삶의 방식을 부모가 직접 보여 주지 못하는 경우도 많다. 부모 자신이 사회의 법과 질서를 존중하지 않거나 충동적으로 행동하거나 삶에 대해 불성실한 태도로 살아가는 것을 보여 줌으로써, 자녀가 그러한 행동양식을 모방학습하도록 조장하는 것과 같은 결과를 가져오는 것이다. 반면, 사회적으로 바람직한 가치를 부모가 강제적·폭력적으로 자녀에게 습득시키려 하다가 오히려 자녀가 건전한 가치에 대해서는 부정적인 감정과 반항심이 늘게 되고 폭력성만 모방하게 되는 경우도 있다.

③ **자녀의 발달에 따른 관계조정의 실패** 자녀가 연령이 높아지고 발달해 나가면서 부모가 자녀와 관계를 맺는 양상과 지도하는 방법도 조정되고 변화되어야 한다. 자녀가 어릴 때는 부모가 자녀의 행동에 좀 더 많이 관여하고 구체적으로 이끌어 주는 사랑과 훈육이 필요하고, 커갈수록 자녀가 스스로 깨닫고 결정하여 자신의 영역을 넓혀 나갈 수 있도록 뒤에서 지지해 주는 것이 필요하므로 연령에 맞는 지도 방식으로 변화해야 하며 관계가 조정되어야 하는 것이다.

그런데 비행청소년의 가족 중 많은 경우가 이러한 조정에 실패한 것을 볼 수 있다. 예컨대, 일부 청소년의 부모는 '아이가 어렸을 때는 매를 보기만 해도 말을 잘 들었는데, 이제는 아무리 때려도 말을 듣지 않는다'고 하는데, 이는 단지 체벌의 무효용성을 의미하는 것만이 아니라 더욱 중요하게는 연령에 따른 지도방법 조정이 실패했음을 의미하는 것이다. 자녀의 연령과 발달수준에 따라 부모는 자녀가 현재 길러야 할 특성이 무엇이며 장차 길러야 할 특성은 무엇인지를 미리미리 생각할 뿐 아니라, 그 연령과 발달수준에 적합한 지도방법은 무엇이며 부모의 어떤 부분이 어떻게 변화되어야 하고 부모자녀관계는 또 어떻게 조정되어야 하는지 항상 숙고하는 자세가 필요하다.

④ **부모 간 불화**   부모 간 불화 또는 부모 간 폭력은 가족 전체에 부정적 영향을 미치며 청소년 비행의 위험요인으로 거론된다(유성경 외, 2000; Carr, 1999). 부모 간 불화는 그 자체로 청소년에게 심리적인 어려움을 겪게 함으로써 가족 밖의 또래집단에 의지하려는 경향을 강하게 한다. 또한 부모역할의 효율성을 저하시키고, 세대 간 경계를 흐리게 하며 부모-자녀 간 삼각관계 형성이나 가족 역할의 혼란을 가져오게 되는 등 가족 역기능을 초래한다. 이러한 가족 역기능은 청소년기 자녀의 발달에서 나타나는 다양한 어려움과 문제에 적절히 대처하는 능력을 떨어뜨림으로써 청소년의 비행을 촉발하고 유지하는 요인이 되는 것이다.

부모 간 불화는 부모 간 이혼으로 이어지는 등 가족구조의 와해 및 결손을 가져올 위험도 있다. 가족구조의 와해는 경제적 어려움을 동반하는 경우가 많음으로 인해서 또 다른 위험요인을 초래하는 결과를 낳기도 한다.

(3) 가족외적 요인

① **'노는 아이들'과의 어울림**   청소년기는 또래의 영향이 강력한 시기이다. 이러한 시기에 이미 비행경험이 있는 또래와 어울리거나, 소위 '노는 아이들'과 어울리는 것은 비행의 촉발과 유지에 중요한 위험요인이 된다(유성경 외, 2000) '노는 아이들'과의 어울림은 공부와 자기개발에 쓸 시간을 어울려 노는 데 쓰게 함으로써 학교성적을 떨어뜨리고 학업에 대한 자신감과 의욕을 잃게 한다. 또한 학교에서 '노는 아이'로 낙인찍히게 되어 교사나 다른 또래들과의 관계가 불편해지는 요인이 되기도 한다. 이렇게 낙인찍힌 청소년은 결과적으로 함께 노는 아이들이 유일한 지지체제가 되는 악순환에 빠져서 비행이 더욱 심화되는 과정에 들어가기 쉽다.

혼자서는 시도해 보지 못하는 비행도 비슷한 성향을 가진 또래라는 지지체제를 가짐으로써 시도하기가 수월해지며, 공부를 비롯한 학교생활의 힘든 과정을 함께 빠지거나 소홀히 하면서 술, 담배, 절도, 가출, 집단폭력 등을 하는 집단이 되는 것이다. 이러한 또래집단은 비행청소년이 가족이나 학교에서 받지 못하는 인정과 강화를 주는 유대관계를 가짐으로써 비행이 지속되도록 할 뿐 아니라, 어떤 계기에 의해서 비행을 그만두려고 시도하는 청소년에게 강력한 처벌적인 대응을 함으로써 비행이 유지되게 하는 위험요인이기도 하다.

② **학교와 지역사회의 무관심**   청소년이 건강하게 자라려면 부모의 사랑과 관심뿐만 아니라 사회 전체의 보호와 관여가 필요하다. 청소년에게 술 · 담배 등 유해물질을 제공하지 않는 것, TV프로그램 · 인터넷 · 게임 · SNS 등의 제작과 배포과정에서 청소년이 폭력 · 외설 등에 노출되지 않도록 모든 성인이 책임감 있게 행동하는 것, 올바른 가치를 성인들이 말로만 가르치는 것이 아니라 모범을 보이는 것 등 사회 모든 성인이 청소년에게 바른 환경을 제공하려는 노력이 필요하다. 그러나 학교와 지역사회가 청소년의 바른 성장에 대해 무관심하고, 심지어 탐욕을 채우기 위해 청소년을 이용하기까지 하는 사람들이 있는 현실은 청소년 비행을 부추기는 위험요인이 된다.

2) 보호요인

심각한 위험 요인들에 노출된 후 발달상 부정적 결과가 초래되는 정도를 조사하고자 1955년부터 40년간 지속했던 Werner와 Smith(1982, 1992)의 종단연구 결과는, 그런 위험요인들에도 불구하고 성공적인 적응과 발달을 이루어 낸 아동과 청소년들이 상당수 있다는 것을 발견하면서 발달의 보호요인에 대한 관심을 불러 일으켰다. 이후 심리적 탄력성(resilience)이라는 개념으로 많은 연구가 이루어졌는데, 이러한 심리적 탄력성은 범상치 않은 개인에게만 드물게 나타나는 희귀한 현상이 아니라 상당히 보편적인 현상(Masten, 2001; Rutter, 1990)임이 많은 연구에서 확인되었다. 이러한 맥락에서 비행과 관련해서도 위험요인뿐 아니라 보호요인에 대한 연구들이 상당수 이루어졌는데, 다음과 같은 요인들이 비행을 예방하거나 탈피하는데 도움이 되는 것으로 제시되고 있다(좌현숙, 2016; 정소희, 2009; 양종국, 김충기, 2002; 유성경 외, 2000).

① **믿고 이끌어 주는 성인의 존재**　　부모형제나 확대가족 중 한 사람, 교사, 종교지도자 등 성인이 청소년의 가능성을 믿고 무조건적으로 수용하며 애착과 이해의 관계를 일정기간 동안 청소년에게 제공하는 것은 비행을 예방·탈피하는 데 중요한 보호요인이 될 수 있다. 자신을 믿고 수용하며 바른 길로 이끌어 주려고 애쓰는 성인의 존재는 청소년으로 하여금 그 성인의 말을 귀담아들으려 하고 실망시키지 않으려는 동기를 부여하는 것이다. 이런 성인들은 애착·수용·지지의 관계뿐 아니라 청소년이 가지고 있는 자원을 발견하고 이러한 자원을 발현할 수 있는 기회를 주며 필요한 도움을 제공함으로써 비행을 예방하며 탈비행과정을 적극적으로 도울 수 있다.

② **학교교육에 대한 긍정적 가치 부여와 장래에 대한 뚜렷한 목표**　　제도교육권을 벗어난 청소년들이 사회에 성공적으로 적응하기가 매우 어려운 우리나라의 현실에서, 학교교육에 대해 긍정적 가치를 지니는 것은 비행을 예방하고 탈피하도록 하는 데 중요한 보호요인이 될 수 있다. 또한 장래에 대해 뚜렷한 목표를 가지며 그 목표가 달성가능하다는 희망을 가지면 그러한 목표 달성을 위해서 학교에 머물러 있고자 하는 구체적 동기가 되고 유혹과 역경을 이겨 낼 수 있는 힘을 가질 수 있다.

③ **소질 및 높은 지능**　　지능이 높거나 자신만의 분명한 특기나 소질을 가지는 것은 비행을 예방·탈피하게 돕는 보호요인이 될 수 있다. 높은 지능은 학업성취가 성공적으로 이루어지는 데 유리할 뿐 아니라, 학업에 한동안 소홀하거나 어려움을 겪었더라도 회복하게 하는 데도 도움이 된다. 교사나 부모 등 주변 성인들이 청소년에 대한 관심과 기대를 포기하지 않도록 하는 요인이 될 수도 있다. 지능이 높지 않더라도 자신만의 분명한 특기·흥미·소질이 있는 경우에도 성공경험을 할 가능성을 높이며 자신감과 희망을 갖게 하고 구체적 진로계획을 세울 수 있는 기반으로 작용할 수 있다. 다른 사람들보다 특별히 뛰어난 특기와 소질만이 아니라 남들이 보기엔 사소해 보일지라도 스스로 흥미가 있는 일을 추구하고 성공경험을 하게 되면, 주변 사람에게 인정과 칭찬을 받고 기존의 낙인찍혔던 이미지를 바꾸는 계기로 작용함으로써 계속적으로 노력하고자 하는 동기가 높아질 수 있다.

이 외에도 비행문제를 수정할 수 있는 행동규칙이 분명하게 규정되고, 이를 약속으로 정하여 지키는 것, 분석적 사고능력과 미래의식, 긍정적 삶의 자세, 이웃의 도움 등도 보호요인으로 거론되었다.

3. 비행청소년의 상담과 지도

비행으로 정의되는 행동의 종류나 심각도도 매우 다양하며 그 원인과 관련 요인도 많기 때문에, 비행청소년을 상담하고 지도하는 방안을 간단히 제시하기란 거의 불가능하며 또한 바람직하지도 않다. 비행을 하는 청소년 개개인별로 어떤 비행행동을 언제부터 얼마나 오랫동안 어떤 방식으로 해 왔는지 그 형성과정 및 원인을 면밀히 파악하고 개인적·가정적 특성 및 학교와 또래환경 등 다양한 배경도 함께 고려하여 비행문제의 해결과 예방을 위한 복합적인 노력을 해야 할 것이기 때문이다.

따라서 최근에는 비행문제별로 그 해결과 예방을 위한 독특한 접근방식이 집중적으로 연구되고 있다. 예컨대, 약물문제는 비행에 흔히 포함되어 논의되지만 문제 자체의 특수성으로 인해 독특하고 체계적인 접근이 필요하여 별도의 연구가 다수 이루어지고 있는데, 약물문제 외에도 가출·무단결석·폭력·절도·성문제 등 다양한 비행문제별로 국내외에서 그 이해와 해결 및 예방을 위한 시도들이 다양하게 이루어지고 있다. 여기에서는 이러한 다양한 접근방법들 속에서도 비행문제를 가진 청소년을 상담할 때 공통적으로 고려하여야 할 점들을 제시하고자 한다.

1) 비행청소년의 상담

청소년은 스스로 도움의 필요성을 느껴서 상담자를 찾기보다는 부모나 교사에게 이끌려 상담자를 만나는 경우가 많기 때문에 비자발적이고 상담의 동기가 낮은 경향이 많다(김혜숙, 공윤정, 박한샘, 1997). 더욱이 비행청소년은 비행이 형성되고 반복되어 온 과정과 결과에서 부모나 교사 및 주변 성인들과의 관계가 악화되어 성인들 전반에 대해서 반항과 불신감을 가지고 있는 경우가 많을 뿐 아니라, 일단 부모나 교사가 상담을 의뢰하게 되면 상담자도 부모나 교사와 같은 '한 편'일 것이라고 가정함으로써 상담자에 대해서 무관심뿐만 아니라 적대감마저 가지는 부정적 태도를 흔히 보인다. 특히 학교에서 비행청소년을 상담하게 되는 경우에는 학교 자체나 교사 전반에 대한 불신을 상담자에게까지 보이기도 한다.

또한 이들은 자신의 비행이 문제이며 그 문제를 해결하여야겠다는 생각을 하기보다는 자기는 아무런 문제가 없다고 보거나 자기행동의 책임을 다른 사람이나 환경의 탓으로 돌리기 때문에 변화의 동기도 쉽사리 나타나지 않는다. 따라서 상담자의 도움을 원하는 '고객' 유형의 내담자가 아니라 대체로 '불평자' 혹은 '방문자' 유형의 내담자(Berg & Miller, 1992; Cooper, 1995)에 해당된다고 볼 수 있다.

이러한 연유로, 비행청소년과의 상담에서는 상담관계를 형성하는 일이 무엇보다도 우선적이고 중요한 상담자의 과제이다. 물론 이들과 효과적인 상담관계를 형성하기 위해서 필요한 상담자의 태도는 일반적인 내담자와 상담관계를 형성하는 태도나 방법과 다르지 않다. 다만 그 중요성이 더욱 철저히 인식되어야 하며, 오랜 인내와 정성을 지속적으로 들여야만 되는 좀 더 어려운 작업이라는 점이 다를 뿐이다.

(1) 무조건적 존중

무조건적 존중이란 내담자의 배경이나 능력이나 행동의 잘잘못에 관계없이 한 사람의 인간으로 존중하고 수용하는 것을 의미하며, 이는 상담관계의 필수적 조건 중의 하나로 일컬어진다. 특히 비행청소년들은 성장과정이나 비행을 지속해 오던 과정에서 무조건적 존중을 받은 경험이 극히 부족하거나 없는 경우가 많기 때문에, 이들이 상담자의 도움을 받아들이고 긍정적 변화를 이루려면 우선 이들이 어떤 잘못을 하였건 어떤 말과 태도를 보이건 상관없이 상담자가 무조건적으로 존중하는 태도를 견지하는 것이 매우 중요하다. 상담자가 이들을 무조건적으로 존중하고 수용하는 태도는 상담자의 마음속에 가지는 것만으로는 불충분하며 상담자의 언행과 태도를 통해 반드시 이들에게 보이고 전달되어야 한다.

상담자가 무조건적 존중과 수용의 태도를 비행청소년에게 전달하더라도 이들이 쉽게 협조적인 태도로 응대해 오지는 않는 것이 보통이다. 비행청소년들은 초기양육과정이나 비행형성과정에서 성인들에게 속거나 거부되고 멸시 당했던 경험들이 상당수 있기 때문에, 성인인 상담자의 온정적이고 수용적인 태도를 자연스럽게 받아들이지 못하는 것이다. 그래서 이들은 상담자의 무조건적인 존중의 태도가 정말 신뢰할 만한 것인지 시험하는 행동을 여러 번 되풀이하는 경우가 많다. 이러한 시도는 한편으로는 상담자의 신뢰성을 시험하는 것이지만, 다른 한편으로는 상담자에게 의존하고 수용되기 원하면서도 다시 상처받을까 두려워하는 마음의 표현이기도 함을 상담자는 이해할 필요가 있다.

(2) 공감적 이해

어떤 내담자건 상담자는 내담자의 입장에서 내담자를 공감적으로 이해하고자 노력해야 한다. 이러한 공감적 이해는 비행청소년이 상담자에게 부정적이고 적대적인 태도를 보이고 상담자의 도움을 원치 않을 때조차도 이루어져야 한다. 이들은 가장 가까운 사람들로부터 거부당하거나 멸시를 받거나 속는 등 상처받은 경험이 많고, 자신의 욕구와 감정을 인식하고 표현하는 능력도 부족하며, 자신의 비행행위는 다른 사람이나 나쁜 조건의 탓이라는 시각을 가지고 있는 경우가 많다. 부모나 교사를 포함한 주변 성인들이 오히려 문제고 자기는 문제가 없다고 생각한다.

그러므로 비행청소년을 상담에 의뢰한 부모, 교사, 혹은 법적 기관의 견해를 상담자가 그대로 받아들여서 '문제 있는 비행청소년'을 돕고자 하면, 이는 비행청소년의 입장에서 보면 이미 공감적 이해가 이루어지지 않는 것이나 마찬가지이다. 물론 비행청소년이 상담에 의뢰된 것은 비행행위가 이미 저질러진 이후이므로, 당연히 문제가 있다고 볼 수 있다. 그러나 공감적 이해란, 해당 청소년이 그런 비행행위를 할 수밖에 없었던 이유와 과정, 배경, 그런 행위를 했기 때문에 혹은 했음에도 불구하고 가지는 복잡한 생각과 느낌과 바람 등을 그 청소년의 입장에서 이해하는 것을 의미한다. 그래야만 스스로도 인식하지 못하고 인정하지 못했던 자신의 모습을 수용하게 되고 변화할 수 있는 동기가 유발되는 것이다.

(3) 한계 내의 자유롭고 안전한 분위기 형성

비행청소년들은 학교나 가정 및 다른 사회제도 내에서 억압받고 제지받은 경험이 많기 때문에 자신의 감정이나 욕구 및 생각을 자유롭게 인식·표현하기보다는 왜곡하거나 숨기고 억제하는 경향이 있다. 비행청소년들이 자유롭게 자신을 인식하고 표현할 수 있는 힘이 생성되려면, 상담관계 속에서 무조건적인 존중과 공감적 이해가 이루어지고 전달되어야 하는 것이 기본이다.

그와 더불어, 정해진 공간의 정해진 의자에 앉아서 이야기만 나누는 식의 상담보다는 운동이나 연극, 음악, 미술활동 등 다양한 보조전략을 활용하거나, 함께 산책을 하거나 간단한 간식과 음료를 나누는 등 긴장을 풀고 분위기를 부드럽게 할 수 있는 방법들을 함께 동원하는 융통성 있는 접근이 이루어진다면 비행청소년들이 마음을 터놓기가 좀 더 수월해질 수 있다. 근간에 일부 상담자들은 비행청소년들이 상담실에 찾아오기를 기다리지 않고 이들이 모이는 장소에 찾아가서 상담을 시도하거나, 함께 노래하고 춤추고 운동도 하면서 이들의 세계에 자연스럽게 접근하고 있는데 이들도 이러한 노력에 포함될 수 있다. 상담자는 자신이 관심 있는 이야기만 들으려 하지 말고 이들이 관심을 가지는 주제에 관심을 보임으로써 자연스럽게 대화의 문을 여는 것이 상담초기에는 특히 좋다(Cormier & Cormier, 1985; Sommers-Flanagan & Sommers-Flanagan, 1997).

물론 이러한 자유롭고 편안한 분위기는 무엇이든 허용되는 무제한적인 자유가 아니라, 내담자가 지지와 수용을 느낄 수 있는 한편 적정한 한계가 있는 것이어야 한다(Sommers-Flanagan & Sommers-Flanagan, 1997; 박성수 외, 1997). 예컨대, 부정적인 감정을 표현할 때 타인에게 해를 끼치지 않는 범위를 지키도록 하는 것, 자기파괴적인 행동을 하고자 할 때 상담자가 비행청소년 자체는 무조건적으로 수용하되 건강한 행동양식을 키울 수 있도록 이끄는 것 등이 그러한 한계설정에 포함될 수 있다.

(4) 긍정적 측면의 인정과 활용

변화의 동기가 별로 없는 내담자들을 위해서 해결중심상담접근은 ① 아무것도 변화시키려 하지 말고 단지 그 사람의 대처·적응방식 중에서 긍정적인 어떤 측면들을 지적하고 인정하거나, ② 문제의 일부 측면, 특히 문제에 대한 예외적 경우들을 관찰하거나 생각해 보도록 하거나, ③ 즉각적으로 눈에 띄지는 않지만 그 사람이 변화시키고자 할 의욕이 있을 만하고 변화의 가능성이 있을 만한 다른 문제를 찾아서 그 문제를 해결하도록 하라고 권한다(Cooper, 1995). 이러한 제안은 변화의 동기가 낮고 상담에 비협조적인 비행청소년 내담자에게도 적용할 수 있는 것으로서, 내담자들은 스스로가 인식하든 않든 나름대로 풍부한 내적 자원들과 강점들을 갖고 있으며 눈덩이가 커지듯이 아주 작은 긍정적 변화가 조금씩 더 큰 변화들을 차례로 가져올 수 있음을 믿는 해결중심상담접근의 기본 가정들(Durant, 1995)에 기초하고 있다.

실제로 비행청소년들은 그동안의 반복된 좌절로 인하여 자신이 문제해결에 기여할 수 있다는 생각을 하지 못하고 자신 속에 문제해결을 위한 자원이 있다는 것도 인식하지 못하기 때문에 더욱 상담에 비협조적인 경우가 많다. 이럴 때 상담자는 이들이 변화할 수 있다는 것을 억지로 인식시키려 하기보다는, 아주 작더라도 긍정적인 비행청소년의 측면을 인정하거나, 극히 드물었더라도 문제로부터 비교적 자유로웠거나 문제가 적었던 경우, 즉 예외적 경우를 생각해 보도록 함으로써 긍정적 변화를 위한 씨앗을 심는 것이 훨씬 효과적이다.

(5) 욕구의 적절한 충족방법 익히기와 대인관계능력의 증진

현실치료(Reality Therapy)는 비행청소년 치료기관에서 일하던 Glasser가 제안한 상담접근이다. Glasser는 인간의 모든 행동은 생존, 자유, 힘, 즐거움, 소속 등 다섯 가지 기본욕구를 충족시키기 위해서 개인이 선택한 것이며, 인간은 자기 삶의 주인이 되어 삶을 통제할 수 있을 때 가장 행복하다고 보았다. 상담의 목표는 비행청소년 자신이 책임질 수 있고 만족하는 방법으로 자신의 욕구를 충족시키는 것이다. 이를 위해 3R, 즉 책임감(responsibility)을 느끼며 욕구충족과정을 수행하고, 현실파악과 수용에 근거하며(reality), 옳고 그름을 판단할 수 있는 도덕적 판단력(right or wrong)이 있어야 하므로, 이러한 능력을 청소년이 갖추도록 도와야 한다고 보았다. 비행을 통해서 청소년이 어떤 욕구를 충족시키고자 하는지 그 바람을 파악하고(W: want), 욕구충족을 위해서 어떤 행동을 하는지 파악하고(D: doing), 자신의 행동이 욕구충족에 효과적이며 책임감 있고 현실에 적합하며 옳은 것인지 평가한 후(E: evaluation), 보다 적절한 행동을 위한 계획을 수립하는(P: planning) 상담단계를 제안하였다(Corey, 2005).

내담자의 책임감과 현실파악 및 도덕적 판단력을 중요하게 본다는 점에서 현실치료는 비행을 예방하고 탈피하도록 돕기 위해 효과적 상담접근으로 활용될 수 있다. 또한 비행청소년들은 욕구와 감정을 적절하게 표현하기, 충동 조절하기, 행동에 대한 책임지기, 타인의 감정과 권리 존중하기, 타인을 배려하고 인정하기, 자신을 적절하게 주장하고 타인의 부당한 요구는 거절하기, 의견 조정하기, 시간 엄수하기, 정해진 시간 내에 일을 완수하기 등 대인관계와 사회생활에서 요구되는 기본적 태도와 능력이 부족한 경우가 많으므로 현실치료접근이 효과적일 수 있다.

기본적 능력과 더불어, 비행청소년에게 발생하기 쉬운 다양한 문제 상황에 대한 대처능력도 키울 수 있도록 돕는 것도 필요하다. 예컨대, 가족 내 폭력 상황에 대처하기, 부모와 형제 수용하기, 가족의 긍정적 요구 수용하기, 긍정적 감정 표현하기, 학업 스트레스에 대처하기, 교사와 학교에 대한 적응전략 개발하기, 친구의 비행 유혹 거절하기, 친구의 문제해결 돕기, 새로운 친구 사귀기, 여가활용방안 개발하기(이숙영 외, 1996) 등이 포함될 수 있다.

상담자는 이상의 다양한 능력 중에서 각 비행청소년에게 부족한 부분이 무엇인지를 파악하고 이를 증진하기 위한 교육과 훈련을 제공할 필요가 있다. 물론 이러한 교육과 훈련은 비행청소년 각각에 대한 충분한 이해가 이루어지고 촉진적 상담관계 형성이 이루어지며 비행청소년이 변화에 대한 동기를 조금이라도 보이기 시작할 때에 가능한 일이다. 지나치게 성급하게 시작되면 비행청소년 자신의 의사에 반해서 변화를 강요하는 또 다른 성인의 모습이 될 뿐이다. 변화의 주체는 어디까지나 내담자 자신이며 상담자는 그러한 변화를 돕고 촉진하는 조력자에 불과하기 때문이다.

2) 부모상담

비행청소년들은 스스로 상담자를 찾는 경우가 극히 드물고 주로 부모가 자녀를 데리고 상담실을 찾게 되며, 비행문제의 해결을 위해서는 부모의 적극적 협조가 어떤 방식으로든 매우 중요하다는 점에서 비행상담은 대체로 비행청소년의 부모를 상담하는 과정을 포함하게 된다. 혹은 비행청소년이 상담자를 만나는 것부터 거부함으로써 상담이 아예 시작되기 어려울 때는 부득이 부모를 상담함으로써 비행청소년을 간접적으로 돕게 될 수도 있다. 이렇게 부모상담은 비행을 해결하기 위한 노력에서 매우 중요한 부분을 차지하지만, 비행자녀를 둔 부모들이 모두 상담에 협조적이지는 않으며, 오히려 학교 및 상담자에 대해 부정적 태도를 지닌 부모들도 많다.

자녀가 비행을 저질러서, 혹은 학교나 법 기관에 의해 상담을 의뢰받은 부모는 누구나 심리적으로 불편한 상태에 있기 마련이다. 자녀에 대한 분노와 실망, 또래 친구들이나 학교 권위체에 대한 불만과 분노, 부모로서의 자신에 대한 회의 및 좌절감과 수치심, 배우자에 대한 원망 등등 갖가지의 부정적 감정을 가지고 오기 마련이다. 더불어서 '자녀의 잘못은 곧 부모의 잘못을 뜻한다'는 사회적 통념은 자녀 문제로 상담실을 찾는 부모의 입장을 더욱 방어적으로 만들기 쉽다. 부모 자신이 그러한 통념을 갖고 있을 가능성도 많고, 사회적으로 그러한 통념이 있다는 것을 알기 때문에 교사와 상담자를 포함한 다른 사람들이 자신을 그러한 눈으로 볼 것이라고 생각할 가능성도 많다.

이처럼 부정적이고 방어적인 태도를 가지고 상담에 임하는 부모가 많다는 것은 상담자가 그만큼 더 부모를 공감적으로 잘 이해하여 부모가 상담자에게 진정으로 이해받는다는 느낌을 가질 수 있도록 노력하여야 함을 뜻한다. 문제를 보는 부모의 시각, 자녀의 문제로 인한 부모의 당혹감, 자녀나 주위 환경에 대한 분노, 자신의 부모 자질에 대한 회의, 문제해결을 위한 그동안의 수많은 노력과 거듭된 좌절, 심지어 문제를 악화시키는 방향으로 반응을 할 수밖에 없었던 점까지 부모의 입장에서 공감적으로 이해하려는 노력이 필요하다. 어떤 상담접근법을 사용하든 상담자가 부모 자신을 충분히 이해했다는 느낌을 받지 못한다면 그 부모와 상담관계가 형성될 수 없고, 그러한 정서적 연결감 없이는 부모를 도울 수도 없으며 비행청소년 자녀를 돕는 것은 더욱 어려워진다.

(1) 문제해결 가능성에 대한 인식과 자원의 발견

비행청소년의 부모를 공감적으로 이해하는 것과 그 부모의 생각 및 느낌에 동조하여 맞장구를 치는 것과는 근본적으로 다르다. 부모는 상담자가 자기와 똑같이 느끼고 똑같이 생각해 주기를 바라지 않는다. 자녀의 비행문제에 대한 자신의 생각과 느낌을 이해해 주기를 바라는 한편, 자신이 보지 못하는 점—긍정적 변화를 위해 찾아야 할 점들—을 볼 수 있도록 도와주기를 바라는 것이다. 대부분의 부모는 '문제'에 초점을 맞추고 이야기를 하지만, 상담자는 그러한 부모의 이야기를 잘 들어서 부모가 이해받는다는 느낌을 가질 수 있도록 하는 동시에, 지나치게 문제에만 초점을 맞춤으로 인해서 문제를 더욱 심각해 보이게 하거나 무기력감에 빠지지 않도록 주의할 필요가 있다.

어떤 내담자나 상담실을 찾기 전에 나름대로 다양한 방법과 수단을 동원하여 문제를 해결하려고 노력해 보는 것이 일반적이다. 자녀에게 문제가 있다고 여기는 부모들은 더욱 그렇다. 상담자는 이러한 부모들의 노력을 이해하여야 한다. 그동안 자녀의 비행문제해결을 위해 노력해 왔다는 자체도 인정하고 이해하여야 하며, 어떤 방법을 시도하여 보았는지도 파악하여야 한다.

부모가 어떤 방법으로 자녀의 어려움을 해결하려고 노력하였는지를 파악하게 되면 앞으로의 변화를 위한 계획 수립에 많은 도움이 된다. 그동안의 노력이 실패했던 원인을 알 수 있으므로 앞으로 어떤 방법을 사용하지 말아야 할지 또 어떤 부분을 수정하여야 할지도 알 수 있을 뿐 아니라, 해결의 가능성이 보이는(즉, 그동안 비교적 성공적이었던) 부분들을 찾아낼 수 있다. 특히 그동안의 노력 중 비교적 성공적이었던 부분들 및 문제의 악화를 막아온 작은 '성공'을 찾아내면 이는 앞으로의 긍정적 변화를 위한 초석이 된다.

(2) 가족관계의 변화

부모와 자녀는 가족이라는 전체 구조 내의 하위 체제들로 상호작용하게 된다. 대체로 부부간의 경계가 세대 간(부모-자녀 간)의 경계보다 흐리고 부모세대가 자녀세대보다 좀 더 힘을 가진, 즉 적합한 위계를 이루고 있을 때 기능적인 가족이 된다. 비행문제로 상담자를 찾을 만큼 상황이 악화되면 가족구조상의 문제가 먼저인지 청소년 개인의 문제가 먼저인지를 따져 볼 필요도 없이 두 가지 문제가 공존하는 것이 보통이다. 청소년 개인에게 먼저 문제가 있었더라도 이미 그 문제로 인하여, 또 그 문제를 해결하고자 했던 이전의 비효과적인 시도들로 인하여 가족구조상에 문제가 초래되기 때문이다.

① **부모 간 유대의 강화** 부모 간 유대가 지나치게 약하면, 부모들이 서로 그 자녀를 어떻게 지도해야 할지에 대해서 합의에 이르지 못하도록 자녀가 제멋대로 힘을 행사함으로써 결국 자기가 원하는 대로 하거나 지도 및 훈육 자체를 피하게 될 수 있다. 이런 경우 상담자는 부모가 비행청소년 자녀에게 적용하여야 하는 규칙·규제·어길 경우의 결과 등에 대하여 합의를 도출하고 그 합의된 내용을 효과적으로 공동으로 적용할 수 있도록 도움으로써, 부모 간의 유대를 강화하고 자녀의 부정적 행동이 부모 간 유대를 약화시키지 못하도록 막는다. 이를 위해서는 부모가 자녀의 말을 귀기울여 들으면서도 의사결정과정에서 좀 더 권위를 갖도록 하거나, 부모 간에 합의에 이를 때까지 자녀를 잠자코 기다리도록 할 수도 있다.

부모 간의 유대가 강화되고 부모가 합의된 지도행동을 보이려 할 때, 지금까지 강력한 힘을 휘둘러 온 비행자녀가 거세게 반발하는 일이 종종 있다. 이런 가능성에 대해 상담자는 미리 부모와 논의를 하되, 부모가 강하게 서고 유대를 굳게 지킴으로써 예전의 패턴에 말려들지 않도록 강조한다.

② **왜곡된 세대 간의 유대 약화**   모든 자녀는 가끔씩 부모 중 한쪽을 자기 편으로 만들어서 자기가 원하는 바를 얻으려는 시도를 한다. 그러나 세대 간 유대가 청소년의 발달적 변화에 따른 갈등을 해결하고 심리적 고통을 극복할 수 있도록 융통성 있게 가족관계가 재구성되는 데 지장을 초래할 정도로 왜곡되거나 경직된 경우는 문제가 된다.

상담자는 세대 내, 특히 어머니-아버지 간의 유대는 강화하는 한편 왜곡된 세대 간 유대를 약화시킬 수 있도록 도울 필요가 있다. 예컨대, 어머니와 자녀가 유대를 맺어 아버지에 맞선다면, 어머니로 하여금 자녀에게 의견을 말하기 이전에 반드시 아버지와 먼저 이야기를 하도록 한다. 가정에서 부모와 자녀들이 따로 있는 시간을 마련하고 강화하는 것도 도움이 된다. 상담자가 자녀 없이 부모와만 상담을 하는 과정도 부모 간 유대를 강화하고 세대 간 유대를 약화하는 효과를 가져온다. 또 자녀와 부모를 함께 상담하는 경우라도 부모는 부모끼리, 자녀는 자녀끼리 앉도록 자리를 배치하거나, 자녀를 상담하는 상담자가 자녀와 특정 과정이나 기법을 사용하려 할 때 부모의 허락을 구하는 것도 좋다.

③ **부모의 양육능력 강화**   문제해결과 의사소통훈련, 인지적 재구조 기법, 긍정적 강화법 등 자녀를 지도하는 데 필요한 부모로서의 기술들을 상담의 과정 내에서나 별도의 부모교육을 통해서 부모가 익힐 수 있도록 돕는 것도 중요하다. 부모 간 유대가 약하고 세대 간에 왜곡된 유대가 형성된 가족의 부모는 대체로 자녀를 지도하는 기술도 부족한 경우가 많기 때문이다. 상담자는 효과적인 방식과 부적절한 방식을 부모에게 비교하며 설명하거나, 상담자 자신의 모델링을 통하여 부모가 배우게 하거나, 부모 간 혹은 상담자와 부모 간의 역할연습과 피드백 과정을 되풀이하는 등의 다양한 방법으로 부모의 의사소통행동 및 지도기술이 향상되도록 돕는다.

4. 미디어 중독(과다사용)의 상담

청소년의 삶에서 인터넷, 게임, 스마트폰 등은 편리함과 재미를 제공하기도 하지만, 이러한 문명적 이기의 지나친 사용은 청소년 비행의 일부로 지각될 만큼 심각한 문제로 대두되고 있다. 미디어 중독, 인터넷 중독, 스마트폰 중독, 게임 중독,

SNS 중독, 사이버 중독(혹은 과다사용) 등으로 용어는 통일되고 있지 못하나, 청소년의 인터넷·스마트폰 사용이 지나쳐서 일상생활에 심각한 신체적·정신적·경제적·사회적응적 기능손상이 초래되는 현상은 간과될 수 없는 교육적 문제로서 상담자의 관심을 필요로 한다. 특히 스마트폰 중독은 금단, 내성, 일상생활 장애 등 다른 인터넷 중독의 특성과 함께 휴대성과 즉시성으로 인해(김동일, 정여주, 이윤희, 김병관, 전호정, 2016) 더 많은 주의와 관심이 필요하다.

이 장의 앞부분에 제시된 비행의 위험요인은 대부분 청소년의 미디어 중독(과다사용)에도 적용되는 내용이지만, 인터넷 및 스마트폰의 접근용이성과 재미라는 점 때문에 상담자의 보다 특수한 이해와 관심을 필요로 한다. 다음과 같은 요인들이 위험요인으로 거론된다(이선종, 이민규, 2016; 박성길, 김창대, 2003; 박승민, 2005).

1) 미디어 중독의 위험요인

① **접근용이성**   대부분의 가정에 컴퓨터를 구비하게 되고 인터넷 전용선을 설치함으로써 인터넷 접근환경이 예전에 비해 매우 용이하게 된 것과 스마트폰의 보편적 보급 및 유행은 미디어 과다사용(중독)의 중요한 위험요인으로 작용한다.

② **또래문화**   부모의 영향이 상대적으로 감소되고 또래의 영향이 커지는 청소년 시기에, 친한 친구들이 인터넷에 매우 능하거나 대화 중 상당부분이 SNS를 통해서 이루어지고 대화내용도 인터넷 및 게임에 관한 경우, 청소년은 또래들과 어울리기 위해서 스스로도 인터넷에 능해야 한다는 생각을 하게 되고 실제로 인터넷이나 게임에 능한 것은 친구들에게 인기를 끄는 요인으로 작용한다. 이러한 또래문화는 청소년이 미디어 과다사용(중독)에 빠져들기 쉽게 하는 위험요인이 된다.

③ **콘텐츠 자체의 매력**   재미와 호기심을 즉각적으로 채워 주고 지속적으로 새롭게 달라지는 인터넷 게임 및 스마트폰 앱과 기타 콘텐츠 자체의 매력은 미디어 과다사용(중독)의 특수한 위험요인이다. 게임의 경우 많은 시간을 들일수록 게임숙달도가 높아지고 높아진 단계에 따라 새로운 콘텐츠가 제공되어 청소년에게 성취감과 만족감을 주게 된다. 특히 학교학습이나 기타 영역에서 성취감을 별로 느껴 보지 못한 청소년의 경우에 이러한 즉각적 만족과 성취감은 상당한 강화제가 된다.

인터넷 서핑이나 게임 및 SNS는 다른 취미생활의 통로를 제공하기도 하며, 청소년의 호기심을 유발하기에 충분한 다양성과 신속함을 제공하는 것이다.

④ **미숙한 대인관계** 현실생활에서 원만한 또래관계를 형성하지 못하거나 또래들로부터 인정을 받지 못하는 청소년의 경우에 인터넷과 SNS는 대인관계를 보다 쉽게 형성할 수 있다고 느끼게 하고 성취감을 경험하게 해 주는 가상공간이 된다. 롤플레잉게임이나 채팅 등은 대인관계가 서툰 청소년이 대인관계를 안전한 가상공간에서 연습할 수 있도록 해 주는 순기능을 가질 수도 있으나, 많은 청소년에게 어려운 현실적 대인관계를 회피하고 대신 안전한 가상공간에 머무르게 하는 것이다. 그래서 대인관계가 미숙한 청소년들일수록 미디어 과다사용에 빠지기 쉽고, 미디어 과다사용은 또다시 대인관계 발달을 저해하는 악순환에 빠져들 수 있다.

2) 미디어 중독(과다사용)의 상담

대부분의 중고등학교는 정기적으로 미디어 중독(과다사용)을 측정할 수 있는 척도들을 활용하여 청소년들의 인터넷과 스마트폰 사용 정도 및 위험성을 파악하고 있다. 가장 많이 사용되는 척도로는 한국정보화진흥원(2011)의 인터넷중독 자가진단척도 및 김동일 등(2016)이 개발한 청소년 스마트폰 자가진단 척도가 있다.

① **부모의 개입과 지지** 고위험 사용자군과 잠재적 위험 사용자군에 속하는 청소년의 경우 인터넷과 스마트폰 사용의 정도를 조절할 수 있도록 상담자 및 부모 등 주변 인물의 도움과 지지가 필요하다(서인균, 이연실, 2016; 박승민, 2005). 특히 부모는, 여러 가지 문제를 경험하면서도 중독에 빠져 있는 청소년 자녀를 인터넷 및 스마트폰으로부터 강제로 단절시키거나 모니터링함으로써 자녀가 게임행동을 조절할 수 있도록 하는 데 긍정적 영향을 미칠 수 있다. 이러한 강제적 단절이나 모니터링은 평소 부모의 인터넷 문화에 대한 이해와 공유 및 원만한 의사소통에 더하여 이루어지는 것이 바람직하며, 부모의 합리적 태도와 지지가 있을 때 효과적일 수 있다.

게임행동을 스스로 조절하지 못하는 청소년이 인터넷 중독을 벗어날 수 있도록 하기 위해서 국가적인 차원에서도 노력이 이루어지고 있다. 한 예로 2005년부터 한국청소년상담복지개발원과 각 지역 청소년상담복지센터 및 협력병원 등을 중심으로 미디어 중독 청소년을 위한 개인상담, 입원치료 및 가족상담, 집단상담, 인터넷치유캠프, 가족치유캠프 등이 제공되고 있어서 미디어중독의 치료와 예방을 돕고 있다. 이러한 외부적 도움은 부모의 개입과 함께 청소년이 미디어사용 조절 가능상태로 진입할 수 있게 하기 위해 효과적으로 사용될 수 있다.

② **목표의식**　청소년이 자신의 삶에 대해 분명하고 구체적인 목표의식을 갖게 되는 것은 미디어행동을 조절해야겠다는 강력한 의지를 갖게 하는 데 매우 중요한 요인이 된다. 상담자의 도움으로 청소년이 자신의 진로에 대한 구체적 목표와 계획을 설정하고 그러한 목표와 계획이 가능한 것으로 인식될 때, 인터넷 게임이나 스마트폰에 빠지는 것이 그러한 목표달성에 장애가 된다는 것을 인식하게 되고, 그로부터 자신을 빠져나오게 할 수 있는 동기가 활성화되는 것이다.

③ **현실의 자아상 확립**　가상세계인 인터넷에서의 역할과 자신을 동일시하는 것으로부터 현실세계의 자아상을 분리해 내고 분명히 인식하는 것은 청소년이 현실세계의 자신을 확립하려는 의지를 가지게 하는 데 도움이 된다. 현실세계에서의 자신의 모습과 가능성 및 자원들을 확인하고 만족스러운 부분을 찾아내며 그 부분을 키워 갈 수 있다는 자신감을 가지도록 하는 것이다.

5. 학교폭력의 예방과 지도

학교폭력은 단순히 성장과정에 있는 학생들 간에 발생하는 일시적 다툼으로 볼 수 없는 매우 심각한 비행이다. 피해학생에게 심한 심리적·신체적 고통을 초래할 뿐 아니라 가해학생과 주변학생 등 모두의 성장에 매우 부정적인 영향을 미친다. 따라서 교사와 상담자 및 부모는 학교폭력이 발생하지 않도록 미리 예방하도록 노력해야 하며, 학교폭력의 발생을 조기에 감지하고 해결할 수 있도록 주의해야 한다.

1) 학교폭력의 실태

학교폭력 예방과 실태 관련 조사 및 사안처리 등 일련의 과정이 원활히 이루어질 수 있도록 지원하고 학교폭력 관련 조사와 연구 및 교육을 체계적으로 추진할 전문기관이 필요하다는 인식이 확산됨에 따라 학교폭력예방 및 대책에 관한 법률이 제정되고 2012년에 한국교육개발원 내에 학교폭력예방연구지원센터가 설립되었고 이후 2018년에 한국청소년정책연구원으로 이관되어 학교폭력 예방과 근절대책의 효율성을 증대시키기 위한 노력이 이루어지고 있다. 학교폭력예방연구지원센터는 학생·교사·학부모를 대상으로 한 학교폭력예방프로그램을 개발하고 연수·교육·컨설팅을 실시하고 있다(www.stopbulling.re.kr, 2019).

2018년 전국 초등학교 4학년부터 고등학교 2학년까지 학생이 참여한 학교폭력 실태조사에 따르면, 2012년에 피해응답률이 8.5%였던 것이 2013년에 1.9%로 급격히 감소하였고 이후 2014년 1.2%, 2015년 0.9%, 2016년 0.8%로 서서히 감소하다가 2017년 0.9%, 2018년 1.3%로 다시 증가하였다. 학교급별 피해응답률은 초등학교가 2.8%로 가장 높았으며, 중학교는 0.7%, 고등학교는 0.4%로 학교폭력의 저연령화를 보여 준다. 학교폭력 피해유형은 언어폭력(34.7%)이 가장 많았으나, 집단따돌림(17.2%), 스토킹(11.8%), 사이버괴롭힘(10.8%), 신체폭행(10.0%)도 상당한 비중을 차지한다(교육부, 2018).

반면, 실태조사의 피해응답율이 감소하는 추세와 달리 학교폭력대책자치위원회의 심의건수는 증가하고 있다. 이는 학교폭력을 적극적으로 다루고자 하는 학교·학생·학부모의 인식 개선이 반영된 것(교육부, 2016)으로 볼 수도 있으나 학교폭력의 피해자에 대한 배려와 지원이 확대될 필요성을 반영하는 것이라 하겠다.

2) 학교폭력의 예방을 위한 통합적 노력

학교폭력은 예방이 최선이며 학교폭력의 예방을 위해서는 교사 및 상담자의 개인적 노력뿐만 아니라 학부모와 사회 전체의 인식 개선과 통합적 노력이 필요하다. 즉, 모든 성인이 학교폭력을 아이들의 일시적 장난이나 다툼으로 가볍게 여기지 않고, 반드시 근절하고 예방하여야 할 문제로 인식하고 대처해야 한다. 학교폭력의 가해자와 피해자가 발생하지 않도록 예방할 뿐만 아니라, 방관자와 동조자도 생기지 않도록 예방의 노력을 기울여야 한다. 학교상담과 생활지도가 문제를 경험하는 학생들만을 대상으로 삼는 것이 아니라 모든 학생의 건강한 성장을 돕는 조력활동 이라는 점이 학교폭력에도 적용되는 것이다.

학교폭력의 예방 노력은 생활지도와 상담을 통해서만 아니라 일반 교과수업과 도 통합하여 이루어져야 한다. 개인상담, 집단상담, 집단지도 등 소규모활동 뿐만 아니라 학급 단위로도 예방교육과 프로그램이 이루어져야 하며, 연계할 수 있는 교 과수업도 적극 활용하여 지속적 · 포괄적으로 이루어져야 하는 것이다. 그러기 위 해 학교상담자를 중심으로 교사들 간의 지속적 논의와 협조가 필요하며, 외부 전문 가 및 전문기관과도 연계함으로써 협력관계를 갖추고 효과적 접근방안을 모색하 여야 한다.

학교폭력의 예방을 위한 개입의 대상도 다층적으로 개념화할 필요가 있다. 각 학년별로 모든 학생을 대상으로 한 보편적인 인성교육과 상담프로그램도 필요하 지만, 학교폭력에 관련될 가능성이 높은 잠재적 위험군 학생들을 대상으로 한 선택 적 예방적 개입도 중요하다. 가해자 혹은 피해자의 가능성이 높은 학생들을 조기에 감지하고 각 대상별로 적합한 개인상담 및 집단상담프로그램을 적용해야 한다. 또 한 이미 학교폭력을 경험한 학생들을 대상으로 집중적인 상담을 제공하여 문제가 악화되지 않도록 예방하는 것도 중요하다. 한국청소년상담복지개발원 및 학교폭 력예방연구지원센터에서 다양한 프로그램을 개발하여 제공하고 있으며, 인성교육 에 관심이 많은 교사들이 각 학교의 성공적 예방교육프로그램 및 대처사례들을 공 유하고 있으므로 적극 활용하는 자세가 필요하다.

3) 학교폭력의 해결을 위한 회복적 정의모형

학교폭력을 해결하기 위한 기존의 처벌 및 분리 중심의 대처방법이 가지는 한계 가 지적되면서 보다 교육적이고 효과적인 대안으로 제시된 것이 회복적 사법(정의) 의 관점이다. 회복적 사법(restorative justice)은 학교폭력을 해결하기 위해서는 가해 학생에 대한 처벌 중심의 관점에서 벗어나, 학교폭력은 관계에 대한 침해이므로 갈 등해결과 관계복원에 초점을 맞추어야 한다고 본다. 대상별로 나누어 보면, ① 반 성 · 사과 · 원인치료를 가해학생과 부모를 위한 목표로, ② 용서 · 치유 · 피해회복 을 피해학생과 부모의 목표로 삼으며, ③ 평화로운 학교문화 속에 생활하는 것을 주변학생과 교사의 목표로, 그리고 ④ 안전한 환경조성을 지역사회의 목표로 삼는다. 이러한 접근에서 교사는 학생들에 대해 깊은 관심을 가지고 갈등해결을 위해 개입하는 한편 가해학생의 잘못에 대해서는 엄격하게 대처한다. 갈등해결을 위해 일반적인 중재자가 아니라 교사와 학생이 함께 대화를 통해 화해의 결과를 도출하고자 노력한다(이유진, 이창훈, 강지명, 2014; 김지연, 하혜숙, 2015; 장다혜, 김정연, 강지명, 설경옥, 2016).

제6장
성격과 인간관계

1. 성격

학생들을 책임 있는 시민으로 성장할 수 있게 도우며 빠른 속도로 하나 되는 지구사회(global society)에서 살아남을 수 있는 역량을 길러 주는 데 있어서 교육의 역할이 강조되고 있다. 앞으로는 공감능력과 소통이 뛰어나고 다방면에서 협업을 이끌어 내며 보편적 가치를 중시하는 사람들이 사회의 혁신을 주도할 것으로 보인다. 경쟁만능주의로 인한 황폐화된 교우관계, 공부 대신 쉬운 길로 성공의 정상에 오르려는 유혹, 한부모 가정, 다문화 가정 등 다양한 가족형태 그리고 정보통신기술의 융합이 이루어 내는 4차 산업혁명이 가져다주는 불안정감과 같은 다양한 요인이 학생들의 건강한 성장발달을 위협하고 있다.

공공성을 무시하고 지나치게 상업화되거나 선정적이고 편파적인 정보를 제공하는 인터넷 매체 또한 어떠한 삶이 의미 있는 삶이고 어떻게 성공할 수 있는지에 대한 학생들의 가치관에 악영향을 미치고 있다. 즉, 상업적 대중매체의 영향으로 땀 흘려 노력해서 거두는 성공과 타인에게 도움이 되는 삶의 가치 대신 연예인들과 같은 벼락치기 성공, 그리고 소비적이고 과시적인 삶에 대한 동경심을 품는 청소년의 수가 날로 증가하고 있는 우려할 만한 현상이 나타나고 있다. 이러한 위기적인 상황을 헤쳐 나가기 위해서는 21세기 한국의 교육은 달라져야 할 것이다. 단순히 인지적인 암기력만을 요구하는 획일적인 교육방식보다는 학생들의 다양성과 장점에 초점을 맞추어 교육하고 학생들의 정서적 · 사회적인 발달을 촉진하려는 노력을 교육현장에서 기울이는 것이 필요하다.

1) 성격의 개념

성격이란 무엇인가? 성격이라는 용어에 대한 정의는 많지만 보편적으로 받아들여지고 있는 단일한 의미는 존재하지 않는다. 대개 '환경에 대한 개인의 적응을 특징지우는 비교적 일관성 있고 독특한 행동양식과 사고양식'이라고 정의되는데(윤호균, 1988), 이때 말하는 성격의 특징적 요소 중 중요한 것은 일관성과 독특성이다. 즉, 어떤 사람이 상황의 변화나 시간의 흐름에도 불구하고 일관적인 사고와 행동양식을 보일 때 그의 행동은 성격을 나타내는 것이라고 할 수 있으나, 상황이 바뀔 때마다 다르게 행동한다면 그것은 성격이기보다는 상황 자체의 속성에 의하여 영향 받은 것이라고 할 수 있다. 성격의 특징인 독특성은 개인마다 성격, 즉 일관적으로 나타나는 사고와 행동양식이 서로 다르다는 것을 의미한다. 또한 Pervin(2002)은 "성격은 개인의 삶에 방향성과 형태(응집성)를 부여하는 인지, 정서 및 행동의 복잡한 조직체이다. 신체와 마찬가지로 성격은 구조와 과정이 있고 선천성(유전)과 후천성(경험) 둘 다를 반영하고 있다. 그리고 성격에는 현재와 미래의 구성물뿐만 아니라 과거에 대한 기억을 포함하는 과거의 영향도 포함되어 있다."고 주장한다. 많은 성격심리학자가 이야기하는 성격을 정리해 보면 성격이라는 구성개념에는 다음과 같은 측면들이 포괄되어야만 한다(Mischel, Shoda, & Smith, 2003).

- 성격은 지속성, 안정성 및 응집성을 보인다.
- 성격은 외현적 행동에서 사고와 감정에 이르기까지 다양한 방식으로 표현된다.
- 성격은 조직화되어 있다. 실제로 성격이 단편화되거나 조직화되지 못하는 것은 장애의 징후이다.
- 성격은 개인이 사회적 세계와 관계 맺는 방식에 영향을 주는 결정요인이다.
- 성격은 심리학적 개념이지만 또한 개인의 신체적, 생물학적 특징들과도 연결되어 있는 것으로 간주된다.

요약하자면, 성격이란 사회적 환경과 물리적 환경에 대한 행동 반응에 영향을 주는 육체와 마음을 가진 특정 개인의 독특하며 역동적인 특성들의 조직이다. 이 특성들 중에서 어떤 특성은 특정 개인에게만 있으며 다른 어떤 특성은 소수의 사람, 다수의 사람 또는 모든 사람이 공유한 것일 수 있다고 할 수 있겠다(Liebert & Liebert, 1998).

2) 성격이론

여기에서는 성격을 설명하는 다양한 이론 중에서 몇 가지를 선별하여 간단히 살펴보도록 하겠다.

(1) 정신분석이론

Freud는 무의식의 개념을 처음으로 성격이론으로 제시한 사람이다. 그는 인간의 심리가 원초아(id), 자아(ego), 초자아(superego)의 세 가지 구조로 이루어졌다고 하였다. 원초아는 성적 욕구, 공격 욕구 등 인간의 가장 기본적인 본능을 지칭한다. 원초아는 주변 상황이 어떠하거나 즉각적으로 만족을 얻으려는 쾌락원칙을 따른다. 자아는 본능적 에너지인 원초아의 욕구를 현실의 조건에 맞게 만족시키는 기능을 한다. 따라서 자아는 현실원리를 따르며 현실 여건에 적합한 방식으로 욕구를 만족시키기 위하여 욕구를 참거나 지연시키기도 한다. 초자아는 행동의 선악을 평가하는 기능을 하며 아이들은 부모나 사회의 도덕규범과 가치를 내면화함으로써 초자아를 형성해 나가게 된다. 초자아의 도덕규범에 부합되는 행동을 할 때 사람들은 자신에 대해 자부심을 느끼며 반대로 초자아에 역행하는 행동을 하면 자신을 스스로 비난하고 죄의식을 느끼게 된다. 즉각적인 본능의 만족을 원하는 원초아, 현실적 요구를 고려하여 여건이 성숙될 때까지 욕구충족을 지연시키려는 자아, 그리고 본능적인 욕구충족을 비도덕적인 것으로 비난하는 초자아 사이에는 긴장과 갈등이 생기기도 한다. 건강한 성격을 형성하기 위해서는 이러한 갈등과 긴장을 적절한 방식으로 해결하는 것이 필요하다.

Freud는 인간의 성격발달을 몇 개의 심리성적(psychosexual) 단계를 설정함으로써 설명하였다. 생후 1년간은 인간의 성적 욕구(libido)가 입술과 구강에 집중되는 시기이며 이때를 구강기라고 하고 그다음 1년 정도는 대변을 참거나 배출하는 데서 쾌락을 느끼는 항문기라고 한다. 그다음 1~3년, 즉 3~5세경은 성기부근에 욕구가 집중되어 성기를 만지거나 성적인 공상을 하는 데서 만족을 느끼는 남근기인데, Freud는 남근기를 설명하면서 유아성욕이라는 그 당시로서는 매우 충격적인 개념을 제시하였고 유아가 이성 부모에게 느끼는 성적 욕구로 인하여 경험하는 갈등을 오이디푸스(Oedipus) 콤플렉스와 엘렉트라(Electra) 콤플렉스라는 이론으로 설명하였다. Freud는 성적발달단계에서 욕구가 지나치게 억압받거나 혹은 지나치게 과잉충족되면 성격발달에 있어서 문제가 생긴다고 보았다. 즉, 구강기에 지나친 욕구충족이나 좌절을 경험하게 되면 구강성격을 형성하게 되고 구강성격의 소유자는 지나치게 의존적이어서 남들이 자기를 보살펴 주고 자기에게 많은 것을 베풀어 주기를 바라게 된다. 또한 남을 비꼬거나 논쟁하기를 즐겨하는 특징을 보이기도 한다. 항문기에 지나친 욕구좌절이나 욕구충족을 경험하면 지나치게 깔끔하고 고집이 세고 인색하거나, 아니면 지나치게 무질서하고 지저분하며 공격적이 되기도 한다. 남근기의 지나친 욕구좌절이나 욕구만족은 신경증(neurosis)의 원인이 되기도 한다고 보았다.

(2) 특성이론

특성(trait)은 한 개인과 다른 개인의 사고와 행동양식을 구별해 주는 특징을 나타낸다(윤호균, 1988). 예를 들어, 어떤 사람은 항시 웃는 얼굴을 하고 있고 느긋한 행동을 보이지만 다른 사람은 그렇지 못하다면 이들은 명랑성 혹은 낙천성이라는 특성에 있어서 차이를 보이는 것이다. 특성이론은 사람들의 행동이나 사고에 있어서의 차이들을 양적인 차이로 기술하려고 시도함으로써 심리검사의 발전에 크게 기여하였다. Allport와 Cattell의 이론은 가장 대표적인 특성이론이다. Allport는 한 개인의 사고와 행동에 영향을 미치는 범위에 따라 기본성향, 중심성향, 이차성향으로 구분하였다. 기본성향은 한 개인의 사고와 행동의 거의 전부를 사로잡는 강력한 영향력을 행사하는 특성으로서, 슈바이처 박사는 타인에 대한 봉사라는 기본성향에 의해 특징지어지는 삶을 살았다고 할 수 있다. 중심성향은 기본성향과 같은 영향력은 없지만 여전히 한 개인의 사고와 행동에 광범위한 영향력을 끼치는 특성으로서, 흔히 '명랑한' '솔직한' '침착한' '성급한' '소심한' 등으로 표현할 수 있는 성격특성으로 한 개인의 사고와 행동의 전형적인 특징을 잘 나타내 준다. 마지막으로 이차성향은 특정한 상황에 국한되어 나타나는 사고와 행동의 특성으로서, 어떤 사람이 평상시에는 명랑하고 말도 많으나 처음 보는 사람들 앞에서는 낯을 가려 조용히 있는 것은 그의 독특한 이차성향이라고 할 수 있다. Cattell은 특성을 모든 사람이 어느 정도씩 갖고 있는 공동특성(common trait)과 특정한 개인만이 갖고 있는 독특성(unique trait)으로 구별하였다. 또한 그는 겉에 드러난 외현적인 특징들로서 표면특성과 표면특성을 결정하는 기저의 원인이 되는 근원특성을 구분하였다. Cattell은 방대한 자료들을 분석하여 16개의 성격요인을 추출해 내어 16PF라는 성격검사를 제작하였다. 대부분의 성격심리학자는 특성이 성격의 기본단위라는 점에 동의했으나 특성의 수와 내용에 대해서는 서로 다른 의견을 지니고 있었다. 이에 1960년대부터 다양한 표본과 측정도구를 사용한 여러 연구에서 외향성(exptraversion), 개방성(openesss to experience), 우호성(agreeableness), 성실성(conscientiousness), 신경성(neuroticism)으로 지칭되는 다섯 개의 유사한 성격요인이 반복적으로 발견되었다. 성격의 5요인이론(big five)은 현재 가장 대표적인 특성이론으로 인정받고 있다.

(3) 학습이론

학습이론에서 성격이란 학습된 행동의 총합으로, 한 개인의 성격발달을 그가 강화(reinforcement)를 받았던 경험, 즉 강화역사를 나타내는 것이다. 성격은 강화에 의하여 형성된 습관적인 사고와 행동양식이라는 것이다. 예를 들어, 공격적인 사람은 어린 시절부터 공격적인 행동에 대한 긍정적인 결과, 즉 강화를 계속적으로 경험함으로써 습관화된 공격적 행동양식을 형성하게 된 것으로 본다. 이에 비하여, Bandura와 같은 사회학습 이론가들은 다른 사람이 하는 행동을 관찰한 뒤 이를 모방하고 따라 하는 것만으로도 행동이 학습될 수 있다는 관찰학습과 모방학습을 강조하였다. 즉, 아버지가 상습적으로 어머니를 폭행하는 것을 보고 성장한 남자아이가 결혼하여 배우자를 폭행하는 것은 모방학습의 불행한 결과라고 할 수 있다. 학습이론은 한 개인의 성격을 그가 처해 온 환경조건들에 의하여 형성된 것으로 간주함으로써 정신역동이나 특성이론과는 달리 개인의 욕구나 특성과 같은 내적인 요소보다는 행동을 유발하는 자극조건과 같은 외적인 상황을 중시하였다. 따라서 환경을 적절히 변화시킴으로써 잘못된 학습에 기인한 개인의 부적응행동을 변화시킬 수 있다고 보았다.

(4) 인본주의 이론

Freud가 무의식을 강조했다면 인본주의 심리학자들은 의식에서의 주관적인 경험과 삶에서 의미 있는 선택을 하는 능력을 강조한다. 대표적인 인본주의 심리학자인 Rogers에게 중심적인 성격 구조는 자기(self)이다. 자기란 개인적 특성에 관한 조직화된 일련의 자기지각을 말한다. 따라서 인간의 행동은 객관적으로 존재하는 현실에 대한 반응이 아니라 자기 나름으로 느끼고 생각하는 주관적 현실에 대한 반응이며, 인간은 대체로 자신을 성장시키고 한 단계 발전시키려는 자기실현 경향에 의하여 동기화된다고 보았다(윤호균, 1988). 이러한 자기실현 경향은 인간에게 고유한 것이며 그것이 좌절될 때 인간은 병적이며 부정적인 행동을 보이게 된다고 주장한다. 그러나 Rogers는 성격 발달에 있어서 핵심이 개인의 내부 역동보다는 개인을 둘러싼 환경, 즉 대인관계 속에 있다고 보았으며, 자기실현 경향이 좌절되어 부적응적 행동을 하는 사람도 주위 사람들로부터 무조건 긍정적인 존중을 받게 되면 다시 자기실현 경향을 추구하는 긍정적인 방향으로 나아가게 된다고 한다. 의미 있는 타인으로부터 긍정적인 관심을 받는 경우 개인은 긍정적인 자기 개념을 형성하게 되며 건설적인 방향으로 자기를 실현해 나가게 된다.

(5) 애착이론

애착이론은 부모-자녀 간의 상호작용이 자녀의 성격형성에 큰 영향을 미친다고 주장한다. 즉, 유아가 부모로부터 자신의 요구에 대한 지지와 보호를 제공받느냐 혹은 그렇지 못하냐에 따라 유아는 부모를 비롯한 타인에 대한 긍정적이거나 부정적인 표상을 형성하게 되고 또한 유아 스스로 판단하기에 자신이 부모로부터 사랑을 받는 소중한 사람이냐 혹은 그렇지 못하냐에 따라 자신에 대한 긍정적이거나 부정적인 표상을 형성하게 된다는 것이다. 애착이론은 발달과정에서 아동이 부모나 중요 타자(significant others)와의 반복적인 상호관계에서 내면화한 대인관계의 패턴은 성인이 된 다음에도 다른 사람과의 관계에서 계속 반복하는 경향이 있다고 주장한다. 따라서 애착이론은 아동이 어린 시절 부모나 중요 타자와의 관계에서 건강하지 못한 대인관계양식을 형성하게 되면, 성인이 된 다음 대인관계에서 나타나는 여러 가지 갈등과 성격장애를 경험할 가능성이 높아지게 된다고 주장한다.

Bartholomew와 Horowitz(1991)가 제시한 네 가지 애착유형에 따르면, 안정형 애착유형의 사람들은 자신과 타인을 모두 긍정적으로 평가함으로써 자기존중감이 높고 타인에 대한 신뢰감이 높으며 대인관계에서의 만족도가 높은 특성을 보여 준다. 양가형의 사람들은 타인은 긍정적으로 평가하면서도 자신은 사랑받을 가치가 없다고 평가한다. 따라서 양가형의 사람들은 타인으로부터 인정을 얻음으로써 자기존중감을 유지하려고 애쓰는 사람들이며 타인을 이상화하거나 타인에게 의존하는 경향이 있다. 안정형과 양가형과는 달리 거부-회피형과 공포-회피형은 대인관계를 회피하려는 사람들이다. 즉, 거부-회피형은 타인에 대해서는 부정적인 생각을 가지면서 동시에 자신에 대해서는 긍정적인 생각을 갖는다. 이러한 사람들은 타인과의 친밀한 관계를 회피하고 독립심을 유지함으로써 자신을 보호한다. 반면에, 공포-회피형은 타인이 차갑고 거부적이라고 생각하면서 동시에 자신은 사랑받을 가치가 없다고 생각한다. 이러한 유형의 사람들은 타인으로부터 거부당할 것을 두려워하여 타인과의 친밀한 관계를 회피한다.

3) 성격문제의 지도

점점 많은 수의 교사와 학교 행정가들이 인성지도 측면에서 학생들의 심리·사회적 성숙과 발달을 지도하는 데 관심을 기울이고 있다. 그러나 증가하는 관심만큼 일선 교육현장에서 학생들의 심리적 성장을 도모할 수 있는 환경이 실제로 조성되지는 못하고 있다. 즉, 과도한 수업부담을 지닌 교사는 수업 이외에 학생들을 지도할 여유를 찾지 못하며 설사 시간을 내어 학생들을 지도하려고 해도 무엇부터 시작해야 할지 막막한 입장이다. 다음에서는 오늘날 학교에서 학생들을 지도할 때 어려움이 있는 몇 가지 문제들과 이와 관련된 성격에 대해 알아보고자 한다.

(1) 집단따돌림

'괴롭히다, 혹은 괴롭힘을 당하다'라고 하는 관계는 한쪽이 다른 한쪽보다 힘이 우세하거나 상대가 혼자인 데 비해 다수인 경우가 많다. 괴롭힘의 특색은 강한 입장에 있는 쪽이 약한 입장에 있는 쪽을 압박하여 그쪽이 당황하고 곤란을 느끼고 괴로워하는 모습을 즐기는 것에 있다. 괴롭히는 쪽은 안전권에 있기 때문에 상대가 공격해 오지 않는다는 것을 알고 있는 것이다(박아청, 2001)

집단따돌림과 관련하여 박아청(2001)은 다음과 같이 설명하고 있다. 괴롭히는 아이들은 대체로 다음과 같은 특징이 있다. 대개 신체가 크고 힘이 세다. 또 기민하여 행동이 빠르다. 부하와 같은 아이들에게 둘러싸여 있다. 직접적으로 표면에 나서서 괴롭히지 않고 배후에서 지시하는 등 교사로부터 발견되지 않도록 교묘하게 일을 꾸미는 능력이 있다. 공부하는 것이 싫어 의욕이 없는 경우가 많다. 이 경우에는 학습면에서의 부진을 약자를 괴롭히는 것으로 보상하려고 한다. 제멋대로의 성격으로 공격성, 감정의 불안정감, 질투심이 많고 성질이 급한 것 등의 성격적 특징이 보인다. 괴롭히는 아이는 가정에서 별로 애정을 받지 못하고 있는 경우가 많다. 부모가 엄격하고 과도한 기대를 갖고 있으며, 자신이 그 기대에 부응하지 못하기 때문에 질책을 받고, 부모에게 사랑을 받지 못하고 있다는 생각에 빠져 있는 경우가 많다.

괴롭힘을 받는 아이의 경우를 살펴보면 지금은 어떤 아이도 괴롭힘을 당할 수 있다. 그러나 쉽게 괴롭힘을 당하고 벗어나지 못하는 아이가 있는가 하면 별로 괴롭힘을 당하지 않는 아이가 있다. 괴롭힘을 당하기 쉬운 아이의 특징은 다음과 같이 정리할 수 있다. 우선 학급의 집단행동에 익숙하지 않는 아이가 있다. 동작이 느리고 전체의 흐름에 따라가지 못하는 아이들이 있다. 지각을 잘하거나 잊어버리는 물건이 많은 아이, 학습면에서 떨어지는 아이, 정직하고 얌전한 아이, 고립되기 쉬운 아이도 집단괴롭힘의 대상이 되기 쉽다. 이와는 반대로 '좋은 성적' '양호한 외모' '유복한 환경' 등 기성사회가 성공으로 삼는 조건을 가진 학생이 가해 대상이 되기도 한다. 가해자는 대상 학생에 대한 못마땅한 행동을 '재수없는 것'으로 평가한다. 청소년 시기에 발생하고 있는 집단따돌림은 기성사회가 높게 인정하는 가치기준도와 그것으로 인한 차별을 부정하고 저항하려는 이데올로기적 성격이 반영되기도 한다(구난희, 2010). 또는 교사에게 귀여움을 받고 있는 아이가 괴롭힘을 당하는 일도 있다. 매우 유감스럽지만 '멍청해 보이는' '어벙해 보이는' '외모가 이상한' '신체가 약한' '만만한' 등으로 표현되는 사회적 약자에 대한 따돌림 대상이 되기도 했다. 실제로는 공부를 잘하는 아이가 또래들의 신망을 얻어 학습전체에서 중심이 되는 경우도 있지만 건방지다는 이유로 집단괴롭힘을 당하는 경우도 있다. A가 괴롭힘을 당하고 B가 당하지 않는다는 차이를 말하는 요인은 매우 복잡하다.

집단괴롭힘을 방지하는 것이 쉽지는 않지만 다음과 같은 몇 가지 방지책을 생각할 수 있다.

• 집단생활에 필요한 기본적 생활습관을 철저하게 몸에 익히도록 가르칠 것

- 자기주장훈련 프로그램 등을 통해 대인관계에서 자신의 의견을 적절하게 표현하는 방식을 익힐 수 있게 할 것
- 사회적으로 받아들여지거나 상호이익을 도모할 수 있는 방식으로 타인과 상호작용하는 사회성 기술을 가르칠 것
- 사회의 습성, 생활의 규율을 가르칠 것

　이상의 네 가지는 어느 것이든 태어나면서부터 갖고 있는 것이 아니라 주위의 사람에게서 배워 가는 것들이다. 인간은 일반적으로 사랑을 받고 그것을 즐겁게 느끼면 자신을 사랑해 준 사람에게 친밀감을 갖게 되고 그 사람을 즐겁게 해 주려고 한다. 사람과 사람 관계의 기초가 되는 친밀성이라는 감정은 이와 같이 형성되어 간다. 괴롭히는 아이의 마음은 이 친밀감이 결여되어 있다. 전체적으로 마음이 황폐화되어 있다고 볼 수 있다. 괴롭히는 아이는 누구한테도 사랑을 받고 있지 않다고 느끼기 때문에 왠지 초조하고 불안한 마음의 상태가 계속되어 이것이 약한 아이를 괴롭히는 모습으로 발산된다. 괴롭힘을 당하는 아이는 특별히 약한 아이라고 하지만 괴롭힘을 당하는 아이나 부모는 다음의 몇 가지를 생각해 볼 필요가 있다. 우선은 기본적인 생활습관을 제대로 몸에 익혀 다른 친구들이 싫어하는 행동은 하지 않도록 한다. 또한 하찮은 공격이나 괴롭힘에 과잉반응을 하지 않도록 한다. 좌절감을 견디고 그것을 극복할 수 있도록 마음의 힘이 필요하다는 사실을 인식할 필요가

아이들이 함께 어울리는 모습

있다(박아청, 2001). 또한 교사는 따돌림 받고 있는 아이의 호소를 진지하게 듣고 자기 편이라는 것을 확신시켜 주며 신고한 아이에게 피해가 없는 학급 체제를 만드는 것이 필요하다.

최근에는 온라인 공간에서 발생하는 사이버따돌림[1]이 증가하고 있으며 이는 또 다른 유형의 학교폭력이다. 사이버따돌림 피해 및 가해의 원인으로는 인터넷이나 소셜네트워크 이용 등 매체 관련 변인, 학교만족도나 부모와의 관계 등이 거론된다. 온라인 매체를 많이 사용할수록 사이버따돌림에 많이 노출되며 학교만족도가 높을수록 사이버따돌림 피해경험은 낮고(신나민, 안화실, 2013), 부모와의 친밀도가 떨어질수록 사이버따돌림을 더 당하는 것으로 나타났다(Accordino & Accordino, 2011). 따라서 학교생활만족도를 놓이고 부모와의 대화를 촉진함과 동시에 사이버 윤리의식 수준을 높이며 인지적 공감능력을 키울수록 사이버따돌림이 발생할 가능성을 줄일 수 있다.

(2) 은둔형 외톨이

기존의 연구들에서 사용한 은둔형 외톨이의 정의를 정리하면 은둔형 외톨이란, 첫째, 최소한의 사회적 접촉 없이 3개월 이상 집안에 머물러 있고, 둘째, 진학, 취업 등의 사회 참여 활동을 할 수 없거나, 하지 않고 있으며, 셋째, 친구가 하나밖에 없거나 혹은 한 명도 없고, 넷째, 자신의 은둔상태에 대한 불안감이나 초조감을 느끼고 있으며, 다섯째, 정신병적 장애 또는 중증도 이상의 정신지체(IQ 50~55)가 없는 경우를 의미한다(백형태, 김붕년, 신민섭, 안동현, 이영식, 2011). 외톨이 청소년이 생기는 외적인 원인은 부모의 부적절한 양육방식과 집단따돌림 경험으로 알려져 있다. 외톨이 청소년의 심리사회적 특성은 크게 다섯 가지로 볼 수 있는데, 대인예민성, 불안, 공격성, 사회적 기술의 부족, 사회적 철회(위축)가 그것이다. 이러한 특성을 구체적으로 살펴보면 각각 다음과 같다(한국청소년상담원, 2006).

대인예민성 대인예민성이란 다른 사람들의 반응, 자신에 대한 다른 사람들의 생

---

1) 사이버따돌림이란 인터넷, 휴대전화 등 정보통신기기를 이용하여 학생들이 특정 학생들을 대상으로 지속적, 반복적으로 심리적 공격을 가하거나, 특정 학생과 관련된 개인정보 또는 허위사실을 유포하여 상대방이 고통을 느끼도록 하는 일체의 행위를 말한다(출처: 「학교폭력예방 및 대책에 관한 법률」 제2조)

각에 예민한 반응을 보여 일상생활에 불편함을 경험하는 것이다. 외톨이 청소년의 경우 대인관계에서 많은 어려움을 호소한다. 특히 자신이 한 일에 대해 다른 사람이 어떻게 생각하고 있는지에 대해 매우 민감하여 그들의 반응에 촉각을 곤두세운다. 하지만 때로는 전혀 둔감하게 반응하는 등 이들의 행동은 예측이 어렵기도 하다. 외톨이 청소년의 대인예민성은 특히 자신에 대한 부정적 자기상을 더욱 확고히 하며, 친구들과의 관계형성을 어렵게 하는 요인으로 작용하게 된다. 친구관계 형성을 위해서 필요한 신뢰와 믿음, 동질성의 확보는 이들에게 매우 어려운 과제이며, 타인에 대한 불신과 의심은 친구 사귀기를 더욱 어렵게 한다. 다른 사람이 자신을 싫어한다는 비합리적인 믿음은 기존의 친구관계에도 부정적인 영향을 미쳐 연락을 하지도 받지도 않으며 만남 자체를 피하게 된다.

불안　불안이란 긴장되고, 안절부절못하며 심리적인 안정상태가 유지되지 못하는 상태를 의미한다. 심리적 불안정 상태인 불안은 긴장되고 경직된 행동 철회를 동반하며 이로 인해 일상생활에 많은 불편함을 경험한다. 외톨이 청소년은 자신의 상태가 지속되는 것에 대한 불안과 이 상태가 깨어지는 것에 대한 불안으로 정서적 불안정감을 경험한다. 외톨이 청소년의 경우 특히 가족 간 불화가 심하거나 가족 간의 심리적 갈등이 높기 때문에 만성적인 불안상태가 나타난다. 이러한 불안은 가족의 전반적인 분위기가 된다. 또한 친구관계, 학교 부적응 등 다양한 문제로 인한 불안은 청소년이 자신이 처한 상황을 회피하게 하는 주된 원인이 된다.

공격성　공격성이란 사람이나 사물을 정복하거나 이기기 위하여 또는 이러한 상황이 접근을 포기하고 자신의 안으로 피해 버리기 위하여 과격하게 표현되는 행동뿐 아니라, 분노를 촉발하는 정서 상태를 의미하며 이러한 정서 상태는 현대사회의 일상생활에 크고 작은 사건을 일으킨다. 외톨이 청소년의 경우 거부적인 위축행동의 형태로 공격성이 표출된다. 즉, 이들은 공격적인 행동이나 욕설, 난폭, 지나친 자기중심성, 혐오감을 주는 신체, 외모, 거짓말 등으로 현실과 접촉을 차단하고 자신을 보호하려 한다. 특히 분노의 감정이 대상에게 해를 입히려는 적대적이며 충동적인 행동으로 나타나는데 이는 아동기에 부모나 친구로부터 거부당하거나, 폭력을 당하거나, 공격과 박해의 대상이 되었던 경험에 의하여 형성되어 반응적으로 표현되는 공격성이기도 하다. 사실 외톨이 청소년이 사회적으로 관심을 받게 된 계기는 이러한 청소년이 보인 공격적인 행동으로 인한 경우가 많았다. 이러한 이유로 외톨이의 극단적인 경우 패륜아 등의 부정적 인식을 갖게 된 직접적인 원인이 되기도 하였다.

사회적 기술의 부족　외톨이 청소년의 경우 적극적인 문제해결방법인 사회적 기술이 부족함을 볼 수 있으며, 이는 전반적인 부적응을 낳게 한다. 사회적 기술 부족으로 친구가 없고, 틀어박혀 있는 고립된 활동, 심리적 불안이나 불안정, 적대감이나 편집성 등 타인에 대한 부정적 감정과 관련된 심리적 증상도 보인다.

사회적 철회(위축)　위축, 철회란 다른 사람이나 사회적 상황에로의 접근을 스스로 포기하고자 자기 안으로 숨어드는 행동 특성을 말한다. 이러한 위축행동은 크게 소극적 위축행동, 거부적 위축행동으로 나뉜다. 소극적 위축행동은 부정적인 자아지각, 불안, 부끄러움, 무관심, 냉담, 소심함, 과민 등과 관련되며 거부적 위축행동은 지나친 자기중심성, 난폭, 공격적인 행동이나 욕설 등의 언어, 혐오감을 주는 신체, 외모, 거짓말 등과 관련된다. 외톨이 청소년의 경우 친구관계나 대인관계의 어려움, 자신에 대한 부정적인 자기지각, 대인예민성, 불안 등으로 인해 위축행동이 나타나게 된다. 이러한 위축행동은 주변 인물들과의 상호작용에 대한 거부감, 상호작용을 어떻게 할 것인가에 대한 지식의 결핍, 상호작용에 대한 두려움으로 인하여 발생하게 된다.

이러한 외톨이 청소년을 지원할 때에는 심리적, 의료적, 학업적 등 다각적인 통합지원이 필요하며, 외톨이 청소년이 지닌 긍정적인 부분에 대한 평가, 즉 '어떤 가능성이 있는지, 바라는 것이 무엇인지, 이를 위해 할 수 있는 것이 무엇인지'를 명확하게 평가하는 것이 도움이 된다. 외톨이 청소년의 무력감과 좌절감을 공감하고, 긍정적 동기를 확인하는 동시에, 불안을 공감하고 말로 표현하는 일은 외톨이 청소년과 협력관계를 만드는 첫걸음이 된다. 외톨이 청소년의 자가진단 내용을 존중하고, 힘을 북돋우어 주는 것에 중점을 두는 것이 필요하다(한국청소년상담원, 2006).

(3) 지나친 수줍음
넓은 의미에서 수줍음은 사회적 상호작용을 회피하고 사회적 상황에 적절히 참여하지 못하는 경향으로 정의되기도 한다. 그러나 Cheek과 Buss를 비롯한 대부분의 심리학자는 좀 더 특정한 범위 내에서 수줍음을 '낯선 사람이나 새로운 사회적 상황에서 느끼는 불편함으로 인해 제대로 행동하지 못하는 것'으로 정의하였다. 즉, 수줍음은 모든 사람에 대해서 나타내는 반응이라기보다는 낯설거나 새로운 사람 혹은 새로운 상황에서 나타나는 행동이기 때문에 대부분의 수줍은 아이들은 친한 친구나 가족들에게는 긴장하거나 억제된 행동을 나타내지 않는다(박유나, 2005).

Engfer는 수줍음의 세 가지 구성요소를 제시하였는데, 첫째는 낯가림, 둘째는 낯선 사람들에 대한 공포심, 그리고 셋째는 사회적 위축이다. 이 같은 특성은 다른 친구들로부터 무시당하거나 거절당하는 것과 밀접한 관계가 있는데 결과적으로 수줍음을 타는 아이들은 또래관계에서 많은 어려움을 겪고, 자아존중감이 낮으며, 사회적 기술이 부족하고, 소극적인 특성 등을 가지고 있다(박유나, 2005).

수줍음은 중요한 대인관계 상황을 준비하고 대비하도록 하며, 바람직하지 않은 개인행동을 억제함으로써 협동적인 단체생활을 촉진하는 등 긍정적인 측면도 분명히 있다. 그러나 일반적으로는 바람직하지 않은 성격특성으로 간주되고 있다. 빈번하게, 강도 높게, 그리고 광범위한 상황에서 수줍음을 경험하는 지속적인 경향은 자기패배적인 행동패턴을 낳게 되고, 그 결과 개인의 안녕감과 사회적 적응, 그리고 직업적인 성취에 장애물이 된다(오가혜, 2002).

수줍음에 관한 대표적 연구소인 미국의 스탠포드 수줍음 연구소는 수줍음으로

교실에서 발표하는 장면

인해 어려움을 겪는 사람들에게 도움을 주기 위한 목적으로 프로그램을 개발하였다. 이 연구소에서는 수줍음의 증상이 사회적 불안, 낮은 자아존중감, 사회적 기술의 미숙과 같은 요인에 의해 유발된다고 보았기 때문에 프로그램 내용에 자기 자신 이해하기, 수줍음 이해하기, 자아존중감 형성하기, 사회적 기술 습득하기를 포함시켰다. 또한 수줍음 수준이 높은 아이들을 다루는 데 있어서 효과적인 전략 중의 하나로 집단 내에서 자신에 관해서 자랑하기의 방법 및 긍정적인 언어로 표현하기, 자기 자신에 대한 기술을 바꿔 보는 연습 등을 소개하고 있다. 이 외에도 수줍음을 많이 타는 아이들의 대인관계를 향상시키기 위해 인사하기, 사회적 주도 행동하기, 질문하고 대답하기, 칭찬하기, 가까이 접근하기, 함께 참여하고 놀기, 협동하기, 정감적 반응 등의 여덟 가지 요소를 가지고 모방학습, 시범 보이기, 또래와의 상호작용 연습을 훈련방법으로 사회적 기술 훈련 프로그램을 실시한 결과 또래와의 이러한 상호작용적 경험이 사회적 기술을 증진시킨다고 주장한 연구도 있다.

수줍음과 수줍음 극복에 대한 국내외 선행연구들에서 사용된 다양한 방법론은 수줍음의 원인이자 동시에 수줍음으로 인해 발생한 문제들을 긍정적인 방향으로 향상시키고자 하는 필요에 의해 개발된 것이라 볼 수 있다. 개발된 프로그램들에 포함된 내용을 중심으로 국내외 연구를 살펴본 박유나(2005)는 다음과 같은 공통점을 제시하였다. 첫째, 수줍음의 증상 가운데 상호관계에 대한 불안에 초점을 두어 이완훈련을 실시한다. 둘째, 자기 장점 발표하기 및 상호 긍정적 피드백 주고받기 등의 방법을 적용한 자아존중감의 향상이다. 셋째, 사회적 기술 훈련을 통한 사회적 기술의 향상을 목표로 한다. 구체적인 사회적 기술 훈련에는 자기주장 훈련 및 자기표현 훈련이 포함된다.

이와 같은 연구결과들을 고려했을 때 지나친 수줍음을 보이는 아이들 지도에 있어서는 먼저 정서적으로 불안을 감소시키면서 행동적으로 사회적 기술을 훈련하는 지도가 수반되어야 할 것이다.

(4) 지나친 이기심

현대사회가 급속한 산업화와 도시화로 변화되고 여성의 사회 진출 기회가 확대되면서 가정의 환경은 물론 그 기능면에서도 많은 변화를 가져왔다. 우선 현대사회의 아동과 청소년들은 핵가족화와 친족관계의 약화로 훌륭한 '대리부모' 역할을 하던 조부모의 부재를 낳았다. 또한 수평적 인간관계의 학습에 도움이 되던 형제 수의 감소로 인해 여러 세대가 함께 동거하면서 다양한 인간 접촉을 통한 폭넓은 인간관계 경험과 사회성 훈련을 받을 기회도 그만큼 어려워졌다. 결국 대인관계에서는 사회성과 질서 및 규범의식이 부족하고 자기중심적이고 이기적인 성향들이 나타나고 있다(송병호, 2005).

일반적으로 자신의 욕구만을 충족시키고, 자기 권리만을 주장하여 다른 사람에게 피해를 주는 행동을 이기적인 행동이라고 한다. 이기적인 행동은 친구를 사귈 때나 함께 놀 때 많이 부딪치게 만들기 때문에 문제가 되며, 어떤 집단도 한 개인의 지나친 요구를 계속해서 받아 줄 수는 없다. 그렇기 때문에 이기적인 행동이나 말을 하는 아이들은 또래 집단뿐만 아니라 훗날 사회에 나가서도 따돌림당하기 쉽다.

이기적인 행동을 보이는 원인으로는, 첫째, 아이가 미성숙하여 자기중심적인 사고를 벗어나지 못해 다른 사람들의 요구나 주장을 받아들이거나 이해하지 못하는 경우, 둘째, 아이를 지나치게 응석받이로 키워서 자신이 모든 것의 중심이 되고 모든 사람이 자기 생각과 요구를 들어줄 거라고 믿는 경우, 셋째, 부모나 교사의 양육과 보살핌이 불충분하면 자신이 스스로를 돌보아야 된다고 느끼고 자신 이외에는 신뢰할 사람이 없다고 생각하는 경우이다. 이러한 아이들은 타인을 위해서 자신이 뭔가를 해 줄 수 있는 동기를 찾지 못해 이기적인 행동을 보이게 된다.

이기적인 행동을 보이는 아이를 위해서는, 다른 사람의 행동이나 감정을 이해할 수 있도록 아이가 사랑을 받아 보아야 하고 배려나 이해심도 경험해 보아야 한다. 또한 가장 가까운 사람들, 즉 부모나 교사의 모델링을 통해 자신의 행동을 수정해 볼 수 있도록 하는 것도 중요하다. 그리고 지나치게 버릇없이 키우거나 아이의 요구를 너무 많이 들어주기보다는 되는 것과 안 되는 것을 일관성 있게 지도하는 것이 필요하다.

이를 위해 부모나 교사는 다음과 같은 원칙을 가지고 아이를 대하는 것이 필요하다(홍주란, 2008).

- 아이에게 관심과 사랑을 주어 타인을 배려하려는 계기를 경험하게 하기
- 아이가 자신의 행동을 수정할 수 있도록 좋은 본보기 보여 주기
- 아이의 요구를 들어주는 예외 상황을 반복해서 만들지 않기
- 이기적인 행동에 도덕적으로 훈계하기보다는 자신의 행동에 대한 결과와 사회적 행동의 중요성에 대해 알려 주기

이를 위한 구체적인 방법으로는 다음과 같은 방법들을 생각해 볼 수 있다(이혜범, 2008).

- 자신보다 다른 사람을 먼저 챙기고 배려한 멋진 영웅들(위인전 인물, 영화 속 주인공 등)의 일화를 통해 어떤 사람이 진정 멋진 사람인지 아이의 머릿속에 구체적인 그림을 그려 준다.
- 동물들의 우화는 아이들이 재미있게, 거부감 없이 도덕적인 교훈을 얻을 수 있는 통로이므로 많이 들려주는 것이 좋다. 자기밖에 모르는 이기적인 행동으로 다른 동물들에게 괴로움을 주고 따돌림 당하다가 결국 숲에서 쫓겨나는 동물의 이야기를 통해 아이는 다른 사람을 배려하는 것이 함께 사는 사회에서 무엇보다 중요하다는 것을 깨닫게 된다.
- 아이와 TV를 보거나 책을 읽을 때, 아이가 각각의 등장인물의 입장에서 생각해 보도록 유도하는 것도 효과적이다. "네가 저 아이라면 저렇게 행동하겠니?" "네가 연약한 토끼라면 사자한테 무시당하고 마음이 어떨까?" 또 동화책이나 교과서를 보면서 보호자와 아이가 함께 역할극을 해도 좋고, 아이가 어리다면 인형놀이나 로봇놀이를 통해 보호자가 아이에게 전하고 싶은 메시지를 간접적으로 전하는 것도 효과적이다.
- 아이가 이기적이라고 나무라지만 말고, 친구를 배려하는 구체적인 방법을 하나하나 일러 주는 것이 좋다. 먼저 인사 건네기, 과자 나눠 먹기, 친구들 이야기 귀담아들어 주기, 준비물이나 학용품을 안 가져온 친구에게 내 물건 빌려주기, 친구가 잘한 일이 있으면 많이 칭찬해 주기, 적절한 상황에서 '고마워' '미안해' 같은 말 꼬박꼬박 하기 등 아이에게 가장 필요한 행동 지침 열 가지 정도를 공책에 적어 주고, 보호자가 함께 체크하면서 학교에서 있었던 이야기도 나누고 아이 스스로 하루를 돌아볼 수 있게 도와준다. 또 각 항목을 체크할 때는 검사하는 투로 일방적으로 묻지 말고, 아이가 구체적으로 누구에게 어떤 행동을 했는지 원인과 결과를 분명히 이야기할 수 있게 도와준다. 열 가지 중 몇 가지 이상을 지켰을 때 작은 상을 주는 것도 효과적이다.

2. 인간관계

우리 인간은 이 세상에 태어나면서부터 다양한 인간관계 속에서 생활하게 된다. 아리스토텔레스가 언급한 '인간은 사회적 동물'이라는 말 속에는 이미 인간과 인간의 관계 속에서 우리의 삶이 영위되고 있음을 전제하고 있는 것이다. 우리는 여러 모습의 인간관계 속에서 기쁨과 환희, 그리고 희망과 친밀감을 느끼기도 하지만, 때로는 슬픔과 분노, 그리고 시기와 질투를 경험하며 마음의 상처를 받기도 한다. 이렇게 볼 때 인간관계라는 것은 우리가 살아가는 동안 계속해서 직면하고 해결해야만 하는 중요한 과업인 것이다. 더구나 인간관계라는 과업이 학습과 지도에 의해서 개선될 수 있는 것이라고 가정한다면 청소년기에 이에 대한 올바른 지도는 매우 중요한 교육적 과제가 된다.

여기에서는 먼저 인간관계의 기초가 되는 지식으로서 인간관계의 형성과정과 호감을 촉진하는 요인에 대해서 살펴볼 것이다. 다음으로 청소년기에 중요한 인간관계 영역으로 간주되는 이성과의 관계, 친구와의 관계, 가족과의 관계, 그리고 교사와의 관계를 중심으로 각 영역의 인간관계상의 특징과 갈등요인을 살펴볼 것이다. 끝으로 대인기술 및 인간관계의 개선과 지도를 위한 구체적인 방법들에 대해서 논의해 보기로 한다.

1) 인간관계의 형성과정

인간관계의 형성은 부모자녀관계나 형제관계처럼 자신의 선택이 아니라 운명적으로 주어지는 경우도 있고, 친구관계나 연인관계처럼 서로가 원해서 이루어지는 경우도 있다. 여기에서는 후자의 관점에서 인간관계의 형성을 살펴보고자 한다.

(1) 인상형성의 과정

첫인상은 대인관계에서 매우 중요한 역할을 한다. 그 이유는 어떤 사람이나 어떤 대상에 대한 전반적인 신념이나 지식 또는 기대를 형성하는 데 첫인상이 결정적인 역할을 하기 때문이다.

사람들은 단 몇 분간의 만남 속에서도 상대방의 다양한 특징(지능, 연령, 성격, 취미, 습관 등)을 평가하려고 한다. 그런데 대부분의 사람은 타인이 가지고 있는 특징들을 모두 고려해서 공정하게 인상을 형성하기보다는 매우 한정된 정보에 기초해서 타인들에 대한 광범위한 인상을 형성하려고 든다. 사람들이 타인에 대한 인상을 형성할 때 생기는 편향(bias)은 매우 다양하다. 대체로 첫 만남에서는 외모나 외적인 분위기가 첫인상 형성에 영향을 미치게 되는데 이를 초두효과(primacy effect)라고 한다. 첫 만남에서 형성된 인상이나 개인이 어떤 대상에 대해 지닌 고정관념은 상대방에 대한 전반적인 인상을 형성하는 데 영향을 미치게 된다. 이를 후광효과(halo effect)라고 한다. 그러나 장기간 사귀다 보면 처음에 형성된 인상은 차츰 사라지고 개인이 가지고 있는 다양한 특성이 전반적인 인상형성에 영향을 미치게 되는데 이를 최신효과(recency effect)라고 한다(김애순, 2015).

(2) 호감을 촉진하는 요인

남들에게 매력적으로 보이고 싶고, 타인들이 자신에게 호감을 갖기를 바라는 마음은 누구나 마찬가지이다. 그러나 실제적인 인간관계에 있어 어떤 사람에게는 점점 더 마음이 가는 데 비하여 또 어떤 사람에게는 점점 더 마음이 떠나는 경우도 있다. 이러한 이유를 알아보기 위하여 사람들이 어떤 경우에 서로에게 호감을 느끼게 되는가를 살펴보자.

① 근접성

우리는 일상생활을 하면서 가까운 거리에 있고, 자주 접촉하는 사람들과 친해진다. 보지도 않고 만나지도 않는 사람에게 좋은 감정도 싫은 감정도 생길 수 없음은 당연한 이치이다. 가까이 있을수록 서로 좋아지는 첫 번째 이유는 필요한 경우에 서로에게 도움이 되기 때문이다. 따라서 앞으로도 계속적인 접촉을 해야 될 사람은 싫어하기가 어렵다. 두 번째 이유는 자주 접촉하게 되면 상대방의 감정이나 태도, 행동을 더 잘 예측할 수 있어서 서로를 더 잘 이해할 수 있기 때문이다. 그렇다면 매일 가깝게 접촉하는데도 좋아지지 않는 경우는 어떻게 설명할 수 있을까? 근접성이 호감을 촉진하기 위해서는 최소한도 첫인상이 중간 수준 이상으로는 형성되어야 한다. 최초의 만남에서 첫인상이 부정적으로 형성된 경우에는 아무리 가까이 접근해도 호감이 일어나지 않을 수 있으므로, 최초의 만남에서 부정적인 인상을 주지 않는 것이 무엇보다 중요하다(홍대식 역, 1993).

② 유사성

유사성의 인지가 대인매력의 원천이라는 주장은 이미 오래전부터 있어 왔다(정인석, 1988). 즉, 사람들은 자기와 비슷한 성격, 가치관, 능력, 교육수준, 태도, 흥미, 취미 등을 가지고 있는 사람에 대해서 보다 호의적인 태도를 갖게 된다는 것이다. 특히 부부나 연인처럼 장기간 지속되는 인간관계에서는 유사성이 두 사람의 관계에 중요한 영향을 미친다. 흔히 우리는 자신이 좋아하는 사람과는 실제보다 더욱 유사한 것처럼 과장하지만 싫어하는 사람과는 실제보다 더욱 다른 것처럼 지각하는 경향이 있다. 즉, 친숙할수록 더 유사한 것처럼 느낀다는 것이다. 우리가 자신과 유사한 사람을 좋아하는 이유는 자신과 비슷한 가치나 신념, 사회적 배경, 흥미 등을 소유한 사람이 있다는 사실 자체가 자기 존재에 대한 정당화를 시켜 주기 때문이다(김애순, 2015).

③ 상보성

이는 호감의 촉진과 관련하여 유사성과 어느 정도 대조적인 입장이다. Winch의 연구에 따르면 사람들은 자기와는 비유사한 특성을 가진 사람, 혹은 자기에게 없는 특성을 가지고 있는 사람에 대해서 호의적인 태도를 갖게 되는 경향이 있다고 한다(정인석, 1988). 예컨대 의존성이 강한 학생이 자기와 똑같은 학생보다는 반대의 특성을 가진 학생을 친구로 선택하는 경우이다. 결국 유사성이 호감을 촉진하기도 하지만 상보성 역시 호감을 촉진하는 또 다른 요인으로 작용할 수 있음을 알 수 있다.

④ 상호 호혜성

사람들은 자신의 욕구를 충족시켜 주거나 보상을 주는 사람을 좋아한다. 아마도 인간에게 가장 좋은 보상은 누군가가 자신을 좋아한다는 사실일 것이다. 우리는 나를 좋아하는 사람은 좋아하지만 나를 싫어하는 사람을 좋아하기는 어렵다. 한 실험 연구(Aronson & Linder, 1965)에서, A(피험자)는 우연히 칸막이 안에서 B(실험조수)가 C(실험자)에게 자신을 좋은 사람이라고 말하고 있는 것을 엿듣게 되었다. 그 후 C는 A에게 B가 어떤 사람인가를 물었다. 그랬더니 A 역시 B를 좋은 사람이라고 말했다고 한다. 만약에 처음에 B가 A를 나쁜 사람이라고 평가했다가 나중에 가서 점점 좋게 평한 경우에는 어떻게 될까? 우리는 상대방이 나를 좋아하면 자연히 나도 상대방을 좋아하게 된다. 더욱이 자신이 부정적으로 몰린 상황에서 자신을 긍정적으로 인정해 주는 사람이 있다면 더욱 그를 좋아하게 된다. 그러나 아부나 이익을 위한 칭찬은 호감을 절감시킬 수 있다.

⑤ 개인적인 특성

우리는 처음 다른 사람을 만났을 경우 그의 외모나 분위기에 따라 호감을 느끼게 된다. 그리고 신체적으로 매력이 없는 사람보다는 있는 사람에게 더 호감이 가게 된다. 그러나 개인마다 취향이 다를 수는 있다. 한 연구(Berscheid & Walster, 1974)에 의하면 실제로 우리는 신체적으로 유사한 사람들끼리 인연을 맺고 함께 사는 경향이 있다고 한다. 그러나 오랜 기간 동안 인간관계를 맺다 보면 신체적 특성보다는 성격이나 능력 등이 호감도에 더 큰 영향을 미치게 된다. 다른 조건이 같다면 누구나 능력이 있는 유능한 사람을 더 좋아한다. 그러나 보통 사람들은 너무 완벽한 사람보다는 유능하면서도 어딘가 허점이 있는 사람을 더 좋아한다(Aronson, Willerman, & Floyd, 1966).

그러나 인간관계에서 호감도에 중요한 영향을 미치는 것은 역시 성격적인 특성이다. 일반적으로 사람들은 냉정한 사람보다는 온화하고 따스한 성격을 지닌 사람을 좋아한다(Folkes & Sears, 1977). 우리는 타인들을 좋아하고 칭찬하며 잘못을 비평하기보다는 있는 그대로 인정하고 긍정적으로 수용할 때 다른 사람들에게 따스한 사람으로 보인다. Anderson(1968)은 사람들이 상당한 정도로 호감을 느끼는 성격 특성으로 '성실하다' '정직하다' '이해심이 많다' '충실하다' '진실하다' '신뢰할 수 있다' '지적이다' '사려 깊다' 등을 지적하고 있다.

2) 인간관계의 영역

인간과 인간이 맺는 관계는 수없이 다양하다. 상황과 대상에 따라서 분류한다 해도 이루 헤아릴 수 없을 것이다. 여기에서는 이처럼 무수한 인간관계 중 청소년기에 맺을 수 있는 인간관계 영역을 크게 이성, 친구, 가족 및 교사로 대별하여 차례로 살펴볼 것이다.

(1) 이성과의 관계

사춘기에 접어들면서 청소년들에게 가장 민감한 문제 중의 하나가 바로 이성문제이다. 이와 같은 사실은 청소년들이 각종 상담기관을 찾아와서 호소하는 문제 중 이성문제가 매우 높은 비율을 차지하고 있는 것에서 분명하게 나타난다. 이전에 비해 더 어린 연령에서 신체적 성숙이 일어나기 때문에 자연스레 이성교제가 더 빠른 시기에 일어난다. 또한 입시 위주의 경쟁적인 학교 교육에서 오는 스트레스를 풀기 위한 탈출구의 하나로 이성교제가 있을 수 있다. 이뿐만 아니라 이성에 대한 관심은 지극히 자연스러운데, 사회 전반적 분위기는 이전에 비해 개방적으로 되었으나 아직 청소년들의 이성교제에 대해서는 사회적 전통이나 도덕적 관심에 의해 부정적으로 보고 있는 것이 현실이다. 그러다 보니 청소년기 이성교제가 음성적으로 이루어지게 되고 이로 인해 사전지식이나 준비가 없어서 더 많은 부작용을 유발하게 된다(한국청소년상담복지개발원, 2013).

연령에 따른 발달단계상으로 볼 때 초등학생들과 중등학생들에게 있어서 이성과의 관계는 친구의 범주 내에서의 이성관계로 볼 수 있지만, 대학생이 되면 결혼이 반드시 전제되지는 않지만 사랑이라는 개념으로 발달하기 시작한다. 여기에서는 중등학생들의 이성친구에 초점을 두기로 하겠다.

① 이성관계의 특성

많은 사람은 초등학교 상급학년과 중등학교 시절에 경험하였던 이성과의 친구관계를 매우 아름다운 추억으로 간직하고 있다. TV에서 방영되는 어느 프로그램에서도 청소년기의 이성친구를 찾는 사례가 가끔씩 소개되고 있다. 이는 아마도 청소년기의 이성과의 친구관계는 여타의 다른 인간관계와는 구별되는 독특한 특성과 역할을 지니고 있기 때문인 것으로 생각된다. 그러한 특성과 역할 중 몇 가지를 살펴보기로 하겠다.

첫째, 이성과의 친구관계는 이중적인 관계로 형성되는 경우가 대부분이다. 이성친구는 다른 동성친구와 마찬가지로 허물없이 편안한 대상이 될 수도 있지만 동시에 '이성'과의 관계라는 또 다른 영역이 자리 잡고 있다. 물론 두 가지 관계 중 한 가지 측면만이 주도적일 수도 있지만 대부분의 경우 두 가지 측면이 공존하기 마련이다. 따라서 서로가 이러한 두 가지 역할을 무리 없이 수행해 낼 때 지속적인 친구관계가 유지될 수 있다.

둘째, 청소년기의 이성친구는 매우 강력한 심리적 지지자가 될 수 있다. 청소년기에는 부모나 교사보다는 또래집단과의 교류가 매우 강력한 것이 하나의 특징이다. 그렇기 때문에 그 누구보다도 친구들의 인정을 받고 싶어하고, 부모의 견해와 친구들의 입장이 대립되었을 때 서슴없이 친구의 입장에 동조하게 되는 것이다. 여기에서 특히 이성의 친구는 자신의 일상생활이나 행동양식에 더욱 비중 있는 영향을 미치게 된다. 이성친구와 공부를 열심히 하기로 약속을 하고 나서 그 약속을 지키기 위해 노력하고, 결과적으로 성적이 향상되는 예는 이를 단적으로 보여 주고 있다.

셋째, 이성과의 친구관계는 매우 다양한 경로로 이루어질 수 있다. 가장 전형적인 형태는 물리적으로 가까운 거리에서 시작되는 경우이다. 즉, 같은 동네, 이웃 등에서 함께 자라면서 맺어지는 이성친구가 이 범주에 속한다. 그리고 최근에 이르러 남녀 혼성학급이 점차로 증가하면서 같은 학급의 이성과 친구가 되는 경우이다. 이는 학년의 진급과 학급이 바뀜에 따라서 변화될 수도 있는 관계이다. 다음으로 각종 동아리 활동이나 단체활동, 종교기관 등도 이성과 친구관계를 맺을 수 있는 또 다른 통로를 제공해 준다. 이처럼 친구관계를 맺는 경로가 다름에 따라 이성 친구 간의 친밀도나 지속성에 있어서도 차이가 나게 마련이다.

넷째, 이성친구는 이성에 대해서 보다 깊은 이해를 제공해 주는 모니터 역할을 수행해 준다. 사춘기에 접어든 청소년들은 이성에 대한 관심은 물론 강한 호기심을 갖게 마련이다. 이러한 호기심을 합리적인 경로를 통해서 충족시키지 못하면 자칫 이성을 막연하게 신비로운 존재로 여길 수도 있다. 이성친구를 통해서 서로 간의 성역할을 깨달을 수 있고, 이성을 대하는 예절을 배울 수 있을 뿐만 아니라 이성에 관한 관심과 막연한 호기심을 자연스럽게 해결해 주는 데 더없이 좋은 기회를 제공받게 된다.

다섯째, 이성과의 친구관계는 어느 정도 과도기적 성격을 지니게 된다. 이는 이성친구가 계속적으로 '친구'로 남을 수도 있고, 시간의 경과에 따라서 '연인'으로 발전할 수도 있음을 의미하는 것이다. 그렇기 때문에 이성 간의 친구관계는 때때로 당사자들로부터 '정체성'에 의문을 제기받게 된다. 언제인가 청소년들 사이에서 유행하였던 「사랑과 우정 사이」라는 노래는 아마도 이러한 상황을 잘 대변해 주고 있는지도 모른다.

② 이성관계의 지도

청소년기의 이성관계는 바람직하게 이루진다면 긍정적인 효과도 많지만, 잘못

방향 지워지면 여러 가지 부작용을 낳게 된다. 예컨대 충동적인 육체관계로 다양한 문제를 야기할 수도 있으며, 이성관계에의 지나친 집착으로 본래의 임무인 학업에 소홀해진다거나 일상생활에 규칙을 잃고 방황할 수도 있다. 따라서 부모나 교사는 청소년들의 바람직한 이성관계에 대해서 확고한 입장을 견지하고, 그에 따라 올바른 지도를 펼쳐 나가야 할 것이다. 이때 유념해야 할 사항을 몇 가지 언급해 보면 다음과 같다.

첫째, 청소년기에 접어들면서 이성에 대한 감정을 느끼게 되는 것이 자연스러운 것임을 깨닫게 해 줄 필요가 있다. 많은 청소년은 이성에 대해서 관심과 호기심을 느끼는 것이 바람직한 것이 아니라고 생각하며, 때로는 그러한 자신을 질책하게 된다. 이때 부모나 교사들은 청소년들로 하여금 이성에 대한 관심은 발달단계상으로 보아 청소년기에 느끼는 자연스럽고 당연한 현상임을 가르쳐 주어야 한다. 그렇게 되면 학생들은 이성에 대한 관심이 자신만이 느끼는 특이한 현상이 아니며, 자신이 비정상적이지도 않다는 것을 깨닫게 될 것이다.

둘째, 어느 한 이성과의 교제가 점차 깊어져서 다양한 충동의 형태로 나타나는 것에 대해서 특히 주의를 기울여야 한다. 청소년기의 성관계는 원하지 않은 임신이나 성적 질병들을 유발할 뿐만 아니라, 심각한 성적 행위들은 우울증, 폭력, 약물남용, 가정의 불화, 낮은 학업성적, 낭만적 관계의 낮은 질과 같은 수많은 문제와 연관이 있다(Collins & Furman, 2009; 한국청소년상담복지개발원, 2013). 본래 성적인 충동이란 어느 정도 맹목적인 요소를 가지고 있는 것이 사실이지만, 그러한 충동을 조절하는 힘은 인간을 한 단계 더 성숙하게 도약시키는 데 중요한 역할을 하는 것이다. 따라서 이러한 성적인 충동을 건전하게 발산시킬 수 있는 다른 대안을 제시해 주는 것이 일차적인 지도방법이 될 것이다.

셋째, 청소년기의 이성교제는 가급적 집단적으로 하도록 유도하고, 이성에 대한 예의를 지키도록 지도해야 한다. 중등학교 시절에는 일대일의 이성관계보다는 여럿이 함께 어울리는 이성관계가 여러 가지 측면에서 바람직하다. 그리고 이성과의 만남을 통하여 그에 필요한 예절을 습득하는 계기로 삼는 것도 교육적으로 중요한 의미를 갖는다.

넷째, 사춘기의 이성교제는 결혼을 전제로 하는 것이 아니고 성장해 감에 따라서 자연스럽게 인생을 배우는 것임을 알려 준다. 청소년들은 이성교제를 통해 이성의 역할 및 이성과의 적응 방법을 경험하게 되면서 사회화의 기능을 학습하게 되고 이

것은 또한 이후의 배우자와의 관계를 준비하는 과정이 될 수 있다.

다섯째, 이성문제와 관련하여 혼자서 해결하지 못해 고민할 경우 언제나 교사나 상담전문가의 도움을 요청할 수 있음을 알게 해 준다. 이를 위해서는 교사가 이성문제와 관련하여 학생들이 편안하게 이야기할 수 있는 대화 상대자가 될 수 있음을 평소에 알려 줄 필요가 있다. 이것이 어려운 경우 인근의 전문상담기관이 있음을 주지시켜 주고, 특히 대면관계의 상담을 불편해하는 호소문제일 경우 전화상담 혹은 사이버상담의 방법을 활용할 수 있음도 알려 주면 도움이 될 것이다.

(2) 친구와의 관계

일생을 살면서 좋은 친구를 갖는다는 것은 매우 복된 일임에 틀림없다. 이처럼 소중한 친구를 얻을 수 있는 좋은 시기가 바로 청소년기인 것이다. 친구는 청소년들의 다른 동반자인 이성친구, 부모, 교사와는 구분되는 또 다른 중요한 인간관계다. 최근 우리나라에서는 청소년들 사이의 '집단따돌림'이 사회적인 문제로 부각되어 있다. 이러한 집단따돌림의 현상과 대책에 대해서는 본 장의 앞부분에 다루어져 있다.

① 친구의 특성과 역할

친구관계는 성립과 해체가 비교적 자유롭고, 매우 자율적으로 맺어지는 관계이기 때문에 나름대로의 독특한 특성을 지니고 있다. 우선 친구관계는 실리적인 이득의 추구나 목표지향적이 아니고, 대부분 아주 순수한 인간지향적인 대인관계로서 상호 대등한 위치에서 맺어진다. 아울러 친구는 여러 가지 측면에서 이질성보다는 유사성을 지니고 있고, 서로 공유할 수 있는 삶의 영역이 넓기 때문에 그 어떤 인간관계보다도 자유롭고 편안하다. 또한 삶의 체험내용과 경로가 유사하기 때문에 서로를 이해하고 공감할 수 있는 공유영역이 가장 넓은 관계이기도 하다.

그렇다면 친구는 우리의 일상생활에서 어떤 기능을 수행하는가? 선행연구(권석만, 2004; 한국청소년개발원, 1993)를 토대로 이를 정리해 보기로 한다.

첫째, 유희성의 충족 기능을 들 수 있다. 청소년들은 성인들에 비해 활동성이 왕성한 시기이기 때문에 놀이중심의 문화를 적극적으로 형성할 가능성이 크다. 친구관계에서는 이러한 유희성이 비교적 적극적이고 활동적으로 추구된다.

둘째, 친구는 중요한 정서적 공감자이자 지지자가 된다. 친구는 만나서 편안하고 서로 힘을 줄 수 있어야 한다. 서로를 이해하고 공감하며 인정하는 정서적 지지는 친구관계를 유지하고 심화시키는 중요한 요인이 된다.

셋째, 친구는 자신과 자신의 삶을 평가하는 중요한 비교준거가 된다. 우리는 타인과의 비교를 통해 자신을 평가한다. 자신과 여러 가지 조건에서 차이가 있는 사람보다는 비슷한 사람과의 비교자료가 자신을 평가하는 신뢰할 수 있는 자료가 된다.

넷째, 친구관계는 소속감과 정체성을 확립하는 데 도움을 준다. 청소년들은 자신들의 주변적인 위치에서 오는 정체성 위기를 극복하기 위하여 자신을 특정집단에 소속시키고자 하는 경향이 있다. 이때 친구집단은 청소년이 가족으로부터 분리되어 나오는 과정을 도움으로써 정체성 확립에 큰 역할을 한다.

마지막으로, 친구는 삶에 있어서 현실적인 도움을 준다. 현실적인 곤경이나 도움이 필요한 상황에서 그러한 도움을 요청할 수 있는 주된 대상이 친구이다. 현실적으로 도움이 되는 친구관계는 잘 유지될 수 있다. 이러한 현실적인 도움은 재정적 또는 물질적 도움뿐만 아니라 지식과 정보의 제공 및 교환 등을 포함하고 있다.

② 친구만들기

청소년기에는 일단 친구관계가 형성되면 자유로운 형태로 유지된다. 특히 친구관계는 성립과 해체가 자유롭기 때문에 자율성을 지니고 있다. 따라서 문제는 친구관계를 형성하는 데 달려 있다. 그러나 친구를 사귀는 마술적인 공식이 있는 것은 아니다. 단지 심리학적인 연구결과를 토대로 우정을 발달시키고 유지하는 데 필요한 몇 가지의 원칙은 제시될 수 있다(Feldman, 1989).

첫째, 자신을 드러내 보일 필요가 있다. 사람들은 특정인에게 매력을 느끼기 전에 그가 누구이며 어떤 사람인가를 알고자 한다. 두 사람의 관계를 발전시키기 위해서는 자신에 대한 정보를 상대방에게 알려 주는 것이 필요하다. 자신에 관한 사항을 스스로 말하기 전에 다른 사람이 알아낼 수 있을 것이라고 가정해서는 안된다. 그러나 친구관계를 발전시키는 데 있어서 지나치게 빠른 자기노출은 불리한 결과를 초래할 경우도 있음을 기억해야 한다.

둘째, 다른 사람으로 하여금 자신이 그들을 좋아한다는 것을 알게 하여야 한다. 상호친숙성에 관련된 이론에 따르면 사람은 자신을 좋아하는 사람을 좋아하게 된다. 그렇기 때문에 만약 자신이 누군가를 좋아한다면, 상대방에게 그 사실을 말할 필요가 있는 것이다. 물론 말에 의해서가 아니라 행동으로라도 표현하는 것이 좋다. 비록 자신의 감정을 솔직하게 털어놓는 것이 거절당할 위험을 안고 있다 하더라도 그것은 진실된 우정을 발전시키는 데 가장 합리적일 수 있다.

셋째, 다른 사람을 인정하여야 한다. 우정의 표시는 상대방을 자신이 좋아하는 방법에 의해서가 아니고 있는 그대로 인정하는 것이다. 다른 사람을 인정하는 데 있어서 어떤 조건을 부여할 필요는 없다. 완전한 사람은 아무도 없으며 모든 사람은 근본적으로 착하지만, 한편으로 바람직하지 못한 특성도 함께 가지고 있음을 명심해야 한다.

넷째, 같은 활동에 참여하는 것은 큰 도움이 된다. 근접성과 매력의 관계에 관한 이론은 같은 활동에 참여하는 것이 우정 발달에서 중요한 요인이라는 것을 밝히고 있다. 우정이란 자랄 수 있는 시간이 필요하고, 서로 만족할 만한 활동을 공유하는 것은, 비록 그것이 단순히 앉아서 이야기하는 정도일지라도 지속적인 우정의 발달을 촉진하게 된다.

다섯째, 관심과 보살핌을 보여야 한다. 잊어버리기 쉬운 본질이지만 관심과 보살핌은 우정을 형성하고 지속시키기 위한 선행조건이 된다. 상대방의 좋은 일에 관심을 표명하고 불행과 슬픔을 같이 나누어야 할 것이다.

(3) 가족과의 관계

부모와 형제자매로 구성되는 가족은 일생을 통하여 가장 긴밀한 관계를 맺게 되는 인간관계의 또 다른 중요한 장이다. 청소년들에게 있어서 가족은 소속감과 안정감을 제공해 주는 베이스 캠프와 같은 곳이다. 청소년들이 가족 내에서 맺는 인간관계는 크게 부모자녀관계와 형제관계로 대별해 볼 수 있을 것이다. 이 중 청소년기에 주로 갈등을 야기시키는 것은 형제관계보다는 부모와의 관계이다. 그래서 여기에서는 부모자녀관계에 한정하여 살펴볼 것이다.

① 부모자녀관계의 특성

화목한 가족관계를 위해서는 부모와 자녀 간의 조화로운 관계가 필수적임은 말할 것도 없다. 부모자녀관계는 나름대로의 독특한 몇 가지 특징을 지닌다(권석만, 2004).

첫째, 인간관계 중에서 가장 혈연적인 관계이다. 아울러 부모자녀관계는 선택의 여지 없이 숙명적으로 주어지는 인간관계로서 관계의 가입과 탈퇴가 불가능하다.

둘째, 가장 수직적이고 종속적인 관계이다. 부모와 자녀는 20~30여 년의 나이 차이와 더불어 능력과 경험에 현저한 차이가 있어서 자녀는 일방적으로 부모를 따르고 의존해야 한다. 부모 역시 어리고 미숙한 자녀를 일방적으로 보호하고 양육해야 하는 지배적인 위치에 있게 된다.

셋째, 한 인간의 인격형성에 있어서 가장 중요한 관계이다. 자녀의 입장에서는 태어나서 최초로 맺는 인간관계이며 부모의 양육을 통해 성격을 형성해 가는 토양을 제공받게 된다.

넷째, 중요한 교육의 장이다. 자녀는 부모를 통해 사회의 기본적인 적응기술을 배운다. 또한 부모는 자녀에게 사회의 도덕적 규범과 가치를 가르친다. 즉, 가장 기본적인 사회화 과정이 부모자녀관계 속에서 일어난다.

마지막으로, 세월이 흐르면서 관계의 속성이 현격하게 변화한다. 부모자녀관계는 자녀가 어릴 때는 일방적으로 의존하는 관계이지만, 자녀가 점차 성장해 가면서 의존적 관계에서 독립적 관계로 변화해 간다. 특히 자녀가 청소년기에 접어들면서 부모의 보호나 통제에서 벗어나려 하며 부모자녀관계에 현저한 변화와 갈등이 초래된다. 자녀가 점차 성숙해짐에 따라 부모는 노쇠해 간다. 따라서 자녀는 노쇠한 부모를 봉양해야 되는 보호자의 위치에 서게 된다.

② 부모자녀관계의 갈등

부모자녀관계는 가장 사랑이 넘치는 밀착된 관계가 될 수도 있지만, 동시에 갈등이 초래될 소지도 많다. 청소년기나 청년기 초기에 있는 자녀와 부모의 관계를 중심으로 갈등이 초래되는 요인을 살펴보기로 한다(권석만, 2004; 김애순, 2015).

첫째는 가치관의 차이이다. 사람은 누구나 자신이 살아온 사회적 상황과 그 특수성에 따라 사회화 과정을 통해 사물을 보는 관점이나 개인적인 가치관을 형성하게 된다. 중년기에 있는 부모세대와 20대 전후의 자녀세대는 자신들이 살아온 성장배경과 역사적 경험이 다르기 때문에 가치관에서 세대차이가 나게 마련이다. 이처럼 부모와 자녀가 여러 가지 현상(예: 정치, 경제, 사회, 직업, 이성관계 등)을 바라보는 관점이 서로 다른 것은 부모자녀 간에 갈등을 초래하는 중요한 이유 중의 하나가 된다.

둘째, 독립과 보호의 갈등이다. 부모는 어린 자녀를 보호하게 되고 어린 자녀는 부모에게 의존하게 된다. 그러나 자녀는 청소년기에 접어들면서부터 자율적인 존재로 독립하고자 하는 욕구가 생겨난다. 이 시기에 자녀는 자신의 행동과 진로를 스스로 결정하고 행동하고자 하는 반면, 부모는 여전히 자녀를 어리다고 생각하여 자녀의 행동과 진로에 관여하고자 한다. 따라서 독립적인 존재로 성장하는 이 시기에 자녀와 부모 간의 갈등이 생겨나기 쉽다.

셋째는 애정표현의 방식이다. 모든 부모는 자녀에 대해 무조건적인 애정을 갖는다. 그러나 부모가 자녀에게 애정을 표현하는 정도나 방법은 다양하다. 어떤 부모는 자녀를 지나치게 보호하고 통제하는 방식으로 애정을 표현하고, 어떤 부모는 자녀가 원하는 대로 허용함으로써 애정을 표현한다. 어떤 자녀는 부모가 사사건건 개입하고 간섭한다고 불만을 토로하고, 그 부모는 자녀가 부모의 애정을 무시하고 몰라준다고 서운해한다. 이렇듯 부모의 애정표현 방식과 자녀의 기대 간에 차이가 있게 되면 부모자녀 간에 갈등이 싹트게 된다.

넷째는 발달시기에 따른 주 관심사의 차이이다. 20대의 자녀세대는 부모로부터 심리적으로 독립해서 자신의 정체감을 새롭게 정립하고, 제2의 인생을 위한 준비로 여념이 없다. 이들은 상급학교 진학문제, 군대문제, 직업선택문제로 고민하게 된다. 한편, 부모세대는 신체 및 생리적인 힘의 감퇴와 성적 재생산 능력의 상실로 인하여 자신이 노쇠해져 가고 있음을 감지하게 된다. 이들은 신체적 건강과 직업세계에서의 은퇴, 노후생활 등을 생각하게 된다. 이처럼 부모자녀 간에 주 관심사가 다르고 서로가 서로를 배려할 마음의 여유가 없어서 부모자녀 간의 갈등이 심화될 수도 있다.

다섯째는 의사소통의 방식이다. 다른 인간관계와 마찬가지로, 부모자녀관계도 의사소통방식에 의해 영향을 받게 된다. 특히 부모자녀관계는 종속적인 관계이기 때문에 부모는 자녀에 대해서 보호와 양육을 위한 다양한 의사전달을 하게 된다. 자녀 역시 자신의 의견과 요구를 위해 부모에게 다양한 표현을 하게 된다. 이러한 의사소통과정에서 부모와 자녀 간에 갈등이 초래될 수 있다. Gordon(1975)은 부모가 자녀에게 의사를 전달하는 전형적인 방법을 다양하게 제시하면서, 제언하기, 칭찬·동의하기, 지지·공감하기 등의 의사소통방법을 자주 사용하는 것이 좋은 부모자녀관계를 위해서 바람직하다고 권유하고 있다.

③ 부모자녀관계의 갈등해결

이상에서 우리는 왜 부모자녀 간에 갈등이 일어나는지를 여러 가지 측면에서 살펴보았다. 어떻게 보면 부모자녀 간의 갈등이란 부모와 자녀가 애착을 형성했다가 분리되어 나가는 과정에서 생기는 자연스러운 현상인지도 모른다. 부모자녀 간의 미움은 결코 애착이 없음을 의미하지는 않는다. 그러나 건강하지 못한 부모자녀관계는 이러한 갈등이 평형상태로 회복되지 못하고 장기간 지속되는 경우이다. 이에 대한 해결방안으로 다음과 같은 사항들을 고려해 볼 수 있을 것이다(김애순, 2015).

첫째, 폭넓은 의사소통을 하는 것이다. 먼저 어떤 문제가 생겼을 때 폭넓은 대화를 통해 해결해 보려고 시도하는 것이 일차적인 노력일 것이다. 특히 평소에 부모와 학교생활, 이성교제, 진로문제, 그리고 생활방식 등 폭넓은 내용에 대해서 대화를 나누고 서로의 생각과 가치를 교환하면서 세대차이를 줄여 나갈 수 있다.

둘째, 민주적인 양육 속에서 부모와 자녀 간의 갈등은 최소화될 수 있다. Elder(1963)는 부모가 정당한 권력을 민주적인 방법으로 사용하고 그 이유를 자유로운 의사소통을 통하여 알려 줄 경우에는 청소년에게 긍정적인 효과가 있다고 했다. 그는 부모의 양육형태를 여러 가지 유형으로 구분하였는데, 민주형은 자녀들이 자유롭게 의사표시를 하고 결정을 내리는 데 참여할 수 있으나 마지막 결정은 부모와 협의하여 내리는 경우를 의미한다.

셋째, 부모의 진정한 사랑은 자녀의 분리를 관용하고 후원해 주는 것이다. 청년기에 부모로부터 독립을 추구하려는 자녀와 자녀를 보호하려는 부모 사이에서 일어나는 갈등은 성장과정에서 불가피하게 일어나는 정상적인 현상이다. 문제가 되는 대상은 자녀가 분리되어서 독립해 나가지 못하도록 과보호하는 부모와 분리와 독립을 추구하지 않는 청소년들이다.

넷째, 부모와 자녀가 서로의 발달적 특징을 이해하는 것이 중요하다. 중년부모와 청년자녀는 서로 다른 발달시기에 처해 있기 때문에 주 관심사가 다르다. 그런데 중년부모는 청년자녀들에 대해 그리고 청년자녀는 중년부모들에 대해 너무 정보가 부족하다. 부모와 자녀가 서로 관심을 가지고 상대편을 이해해 보려고 노력하면서 얻는 발달적 특징에 대한 정보는 관계개선에 많은 도움이 될 것이다.

(4) 교사와의 관계

교사와 학생 간의 관계는 본래 가르치고 배운다는 교육장면을 전제로 한 만남이지만, 그 어떤 형태의 인간관계보다 독특한 측면을 가지고 있다. 필자가 사범대학에 재학 중인 학생들을 대상으로 면담조사를 실시해 본 결과, 많은 학생이 중등학교 시절에 선생님의 영향을 받아서 사범대학에 입학하였고, 현재의 학과를 선택하였다고 진술하였다(김봉환, 1997). 이처럼 교사는 학생들의 진로선택에 영향을 줄 뿐만 아니라 학창시절에 맺어진 '사제관계'는 평생을 통하여 지속될 수도 있는 것이다. 여기에서는 학생의 인간관계 대상자로서의 교사의 역할 및 교사에 대한 학생의 태도를 먼저 알아보고, 이어서 교사학생관계의 갈등과 그 해결방법에 대해서 살펴보고자 한다.

① 인간관계 대상자로서의 교사의 역할

교사의 역할과 자질에 대해서는 늘 상당히 많은 덕목이 제시되어 왔다. 여기에서는 학생의 인간관계 대상자로서의 교사의 역할만을 선별하여 살펴보려고 한다.

먼저 교사는 모형으로서의 역할을 수행하게 된다. 학교교육을 통한 학생들의 사회화 과정에서 모형학습이 큰 비중을 차지한다는 점에서 모델의 역할은 매우 중요하다. 교사는 학생들에게 있어서 가장 대표적인 모델이 된다. 따라서 교사의 행동과 사고방식은 학생들의 성장과 발달에 커다란 영향을 미치므로 교사는 학생들의 모델로서의 역할에 항상 주의를 기울여야 한다.

다음은 인생 안내자로서의 역할이다. 학교생활을 하는 동안 학생들은 교사와의 인간적인 상호작용을 통하여 성장하고 발달하게 된다. 따라서 교사는 학생들의 인간적인 성숙을 기하기 위하여 다양한 역할을 수행하게 되는데, 이를 인생 안내자로서의 역할이라 할 수 있을 것이다. 교사는 학생들보다는 이미 다양한 경험을 했으므로 이러한 경험들이 학생들의 학습지도나 진로지도는 물론 일상생활에서 당면하는 문제들을 해결하는 데 중요한 도움을 주게 된다. 또한 어떤 경우에는 다정한 친구로서의 역할을 담당해야 하기도 하고, 또 어떤 경우에는 애정상대자로, 부모대행인으로서의 역할도 수행하게 된다.

② 교사에 대한 학생의 태도

초등학교 저학년의 경우는 교사에 대해 친애적인 감정이 높아 교사를 절대시 또는 우상시하는 경우가 많으나, 초등학교 고학년 내지 중학생이 되면서부터는 이러한 감정이 줄어들고 교사에 대한 불만이나 저항 등의 적대적 태도를 갖게 되는 발달적 변화가 나타난다. 이를 발달적인 관점에서 살펴보기로 하자(마정건, 이상우, 이영재, 1989).

- 초등학교 저학년: 교사를 우상화하고, 신뢰적 · 의존적 · 개방적 · 긍정적 · 친화적 태도의 기조 위에서 교사의 지시와 명령에 대한 충실한 실천 · 순종 · 교사행동의 예찬, 존경심이나 교사에 대한 동일시가 강하다.
- 초등학교 고학년: 교사를 지도자라는 관점에서 평가한다. 긍정적 · 존경적 · 신뢰적 · 공명적 태도를 보이면서, 한편으로는 비판적 경향도 보이게 된다.
- 중등학교 단계: 자아의식과 자주적 태도의 발달에 따라 교사에 대해서 이전에 지녔던 태도 위에 부정적 · 독립적 · 폐쇄적 태도가 점차로 나타나기 시작하며, 학습지도에 대한 비판, 사생활에 대한 비판, 반항적 태도가 나타나게 된다. 그리고 수직적인 관계가 점차로 수평적인 관계로 변모하면서 인격적 접촉도 가능하게 된다.

③ 교사학생관계의 갈등 요소

가르치고 배우는 것을 기본전제로 만난 교사와 학생 간에 인간관계상의 '갈등'을 말하는 것이 이상하게 들릴 수도 있으나 학교장면에서 늘 접하게 되는 교사와 학생은 또 다른 인간관계를 형성하게 된다. 교사학생 간의 관계에 있어서 갈등은 다양한 경로를 통하여 일어날 수 있지만 그 주요 요인을 몇 가지로 나누어 보면 다음과 같다.

첫째는 교사의 편애문제이다. 교사교육에서는 훌륭한 교사상의 하나로 학생들에 대해서 편견을 갖지 않을 것을 강조하고 있다. 머리가 영리한 학생이든 지능이 낮은 학생이든 훌륭한 교사에게는 모두 똑같이 보인다는 것이다. 그러나 교사도 인간이기 때문에 감정과 편견을 갖게 마련이다. 교사에게 사랑받고 인정받고 싶은 것이 대부분의 학생의 바람이다. 따라서 학생들에게 교사의 편애가 지각될 경우 편애의 대상에서 제외된 학생들은 교사에게 좋지 못한 감정을 갖게 되고 이것이 결국은 원만한 교사학생관계의 형성과 유지를 저해하는 요인으로 작용하게 된다. 한 조사결과(한국청소년개발원, 1993)에 의하면 학생들은 좋아하는 선생님의 첫 번째 조건으로 '어느 학생에게나 공평한 선생님(24.0%)'을 꼽고 있다.

둘째는 공부문제이다. 입시위주의 교육풍토가 지배하고 있는 우리의 중등교육 현장에서는 학생을 평가하는 일차적인 기준은 역시 성적이다. 물론 공부를 잘하는 학생들은 자신의 주어진 임무에 충실했다고 볼 수 있기 때문에 좋은 평가를 받는 것이 정당하게 보일 수도 있다. 그러나 공부를 잘한다는 평가를 받는 학생들은 한 학급을 단위로 보아도 그리 많은 편은 못된다. 대부분은 그 반대의 입장에 서게 된 다. 특히 성적이 뒤떨어진 학생들도 좋은 성적을 받고 싶은 욕망에 있어서는 결코 뒤지지 않는다. 학생을 평가하는 교사의 기준이 성적이라는 것을 알아차리게 되면 많은 학생은 처음부터 교사와의 인간적인 관계를 회피하게 될 것이다.

셋째는 진로문제를 둘러싼 갈등이 있을 수 있다. 중학교시절에는 상급학교 진학 과 관련하여 일반계 혹은 특성화 고등학교를 선택하여야 하며, 고등학생이 되면 문 과 혹은 이과의 선택, 취업과 진학의 선택, 진학의 경우 대학의 선택과 계열 내지 학과의 선택 등을 해야만 한다. 교사의 입장에서는 이 모든 것을 진로지도라는 범 주에 포함시킬 수 있을 것이다. 이 각각의 경우 교사의 조언이나 권고와 학생의 희 망이 일치하면 별다른 문제가 없지만, 그것의 불일치 정도가 크면 보이지 않는 갈 등이 야기될 수도 있다. 이때 학부모의 또 다른 견해가 개입된다면 그 갈등은 매우 복잡한 양상으로 나타나게 된다.

넷째는 교사가 싫어하는 행동을 하여 교사의 눈 밖에 나는 경우이다. 아무리 공 부나 성적이 중요하다고는 하나 공부를 잘한다고 해서 다른 친구들을 업신여기거 나 버릇없는 태도로 교사를 대하는 학생들을 교사들은 무척 싫어한다. 학생에 대한 총체적인 평가는 역시 인간적인 품성이 그 잣대가 된다. 이러한 측면에서 교사가 싫어하는 범주에 드는 학생들로서는 '이기적인 학생' '예의 없는 학생' '약속을 지키 지 않는 학생' '거짓말하는 학생' 등이 포함된다(한국청소년개발원, 1993). 물론 이 경 우 궁극적으로 교사는 이런 학생들을 잘 지도해야 할 책임이 있지만 인간관계의 측 면에서는 매우 어려운 상황임이 틀림없다.

다섯째는 학생의 일탈행동이다. 청소년들의 일탈행동은 어제오늘의 일이 아니 지만 최근 들어 그 양상은 더욱 심각한 모습으로 전개되고 있다. 단순한 교칙위반 행위에서부터 심하게는 폭력, 절도 등 사회적인 범법행위에 이르기까지 매우 다양 하다. 이러한 범주에 드는 학생 중의 일부는 이미 교사의 통제를 벗어난 경우도 있 고, 사제관계의 의미가 상당히 퇴색되어 버린 경우도 있다. 이러한 경우 교사학생

간의 원만한 인간관계를 기대하기란 참으로 힘든 일이다.

④ 교사학생 갈등관계의 해결

학교생활에 애착을 느끼며 즐겁게 생활하고, 학업성취를 높이기 위해서는 교사와의 인간관계가 원만하게 형성되어야 한다. 교사와 학생 관계에 갈등이 발생했을 경우, 그 해결에 대해서 보다 책임을 느끼는 쪽은 아무래도 교사일 것이다. 그러나 문제의 원인은 교사 쪽에 있을 수도 있고 학생 편에 있을 수도 있다. 이에 따라서 그 해결전략은 달라져야 할 것이다.

먼저, 어떤 경우이든 공통적으로 필요한 것은 교사와 학생 간의 대화가 촉진되어야 한다는 것이다. 특히 학생이 내면세계의 이야기를 많이 할 수 있도록 교사는 표현을 촉진하는 방법들을 적절하게 구사하여야 할 것이다. 이러한 방법들에 대해서는 뒤에서 논의될 것이다.

다음으로, 학생들의 문제로 인하여 교사가 곤란을 겪을 경우, 그에 대한 대화는 나-전달법(I-message)으로 시작하는 것이 도움이 된다. 이 경우 특히 문제를 일으키는 학생의 행동과 상황, 그러한 행동이 교사에게 미친 영향, 그리고 그 때문에 발생한 감정을 구체적으로 이야기해 주어야 한다. 아울러 나-전달법으로 이야기를 한 후에는 다시 수용적 태도로 돌아와야 한다는 것도 중요하다(박성수, 1992). 나-전달법에 대해서도 후술되는 효율적인 대화기법에서 자세하게 설명될 것이다.

끝으로, 교사학생관계의 갈등해결을 위해서는 '호출상담'을 적극적으로 활용할 필요가 있다. 호출상담은 학생 스스로 교사를 찾아와서 상담을 요청하기를 기다리는 것이 아니라 교사가 해당 학생을 불러서 상담장면으로 이끄는 것이다. 아마도 이는 학교현장만이 가질 수 있는 장점이 될 것이다. 단지 이때 교사는 학생을 자연스럽게 호출하는 방법을 생각해 내야 할 것이다. 그리하여 상담관계가 성립되고, 이야기를 지속하다 보면 갈등문제가 자연스럽게 해결됨은 물론 학생이 안고 있는 또 다른 문제의 해결에도 도움을 줄 수 있을 것이다.

3) 인간관계의 지도

앞에서 우리는 인간관계의 기초로서 인상형성의 과정과 호감을 촉진하는 요인들에 대해서 알아보았고, 청소년기에 중요한 인간관계 장면을 이성, 친구, 가족, 교사로 나누어서 살펴보았다. 여기에서는 모든 인간관계에 공통적으로 필요한 내용들을 알아보고 이를 지도하는 방법에 대해서 살펴보고자 한다. 먼저 인간관계기술이라고 할 수 있는 대인기술에 대해서 알아본 다음, 구체적인 지도방법을 서술하기로 한다.

(1) 대인기술

① 대인기술의 의미와 특징

일상생활을 하다 보면 어떤 사람들은 다른 사람들과 비교적 관계를 잘 맺고, 바람직한 방향을 유지하는 반면, 또 어떤 사람들은 인간관계문제로 많은 고민을 하고 있음을 보게 된다. 이와 같은 차이의 하나로 인간관계를 맺고 유지하는 '능력'을 상정해 볼 수 있을 것이다. 이 분야를 연구하는 사람들은 이처럼 인간관계를 성공적으로 이끌어 갈 수 있는 사교적 능력을 대인기술(interpersonal skill)이라고 칭한다. 보다 구체적으로 Phillips(1978)는 대인기술을 '자신의 권리, 요구, 만족, 또는 의무를 효율적으로 수행하며 동시에 타인의 유사한 권리, 요구, 만족, 의무를 훼손시킴 없이 타인과 자유스럽고 개방적인 교환관계 속에서 자신과 타인의 권리 등을 생산적으로 공유하는 방식으로 타인과 의사소통할 수 있는 능력'이라고 정의한다.

한편, Michelson, Sugai, Wood와 Kazdin(1983)은 대인기술의 특징을 다음과 같이 네 가지로 정리하고 있다. 첫째, 대인기술은 기본적으로 학습을 통해 획득되는 것이다. 대인기술은 출생 후의 성장과정에서 후천적 경험을 통해 의식적 또는 무의식적으로 배워 습득되는 것이다. 둘째, 대인기술은 언어적 행동과 비언어적 행동으로 구성된다. 인간의 중요한 의사소통수단인 언어뿐만 아니라 다양한 비언어적 행동 역시 대인기술에 포함된다. 셋째, 대인기술의 적절성과 효과는 행위자, 상대방 그리고 상황의 특성에 의해 결정된다. 행위자와 상대방의 나이, 성별, 지위 등에 따라서 특정한 사회적 행동이 적절할 수도 있고 그렇지 않을 수도 있다. 이뿐만 아니라 특정한 행동이 행해지는 상황이나 시기에 따라 그 효과는 달라질 수 있다. 즉, 대인기술에 있어서는 인간관계에 관련된 사람의 특성과 상황적 특성에 대한 고려가 중요한 요소가 된다. 마지막으로, 대인기술은 타인으로부터의 사회적 보상을 극대화한다. 즉, 적절한 대인기술은 인간관계에서 얻게 되는 긍정적 성과를 최대화한다.

② 대인기술의 유형

대인기술은 크게 언어적인 영역과 비언어적인 영역으로 구분할 수 있다. 인간의 의사소통의 주된 수단은 역시 언어이다. 언어는 인간의 내면적인 상태와 의도를 전달하는 가장 효과적이고 강력한 의사소통수단이다. 따라서 대인관계를 촉진하는 언어적 대인기술은 원만한 인간관계의 형성에 매우 중요한 역할을 한다. 이에 포함되는 요소로는 경청하기, 공감하기, 반영하기, 자기공개하기, 자기주장하기 등이 포함된다.

다음으로 비언어적 대인기술은 비언어적인 행동을 통해 자신의 의사와 감정을 표현하는 기술을 의미한다. 동양문화권에 속하는 한국사회는 서구사회에 비해 언어적 행동보다는 비언어적 행동을 통해 의사소통을 하는 비언어적 문화를 지니고 있다(권석만, 2004; 최상진, 1993). 따라서 비언어적 행동을 잘 구사하여 자신의 의사를 표현하는 기술이 중요하다. 이뿐만 아니라 비언어적 행동에 의해서 표현되는 타인의 의도와 감정을 잘 파악하는 것이 매우 중요하며 이러한 능력을 '눈치'라고 한다. 비언어적 대인기술로서 활용될 수 있는 소통수단으로는 얼굴표정 · 눈마주침 · 몸동작이나 제스처 · 몸의 자세 등을 포함하는 몸의 움직임, 그리고 악수 · 어루만짐 · 팔짱 낌 · 어깨에 손 얹기 등을 포함하는 신체적 접촉, 머리모양 · 옷차림새 · 장신구 · 화장 등과 같은 외모의 치장, 그리고 만남의 장소 · 상황 · 분위기 등의 환경적 요인, 끝으로 부언어(副言語)라고 일컫는 말의 강약 · 완급 · 음색 · 말하는 방식 등을 들 수 있다.

(2) 대인기술의 지도방법

① 공감적 이해 훈련

공감적 이해는 과학적인 이론만으로 사람을 이해하거나 밖으로 나타난 행위 그 자체를 이해하는 것과는 달리, 인간의 심리적인 세계에서 주관적으로 움직이는 내면세계를 이해하는 것과 관련된다(박성수, 1992). 따라서 자신이 직접 경험하지 않고도 다른 사람의 감정을 거의 같은 내용과 수준으로 이해할 수 있게 되는 것이다. 이러한 기법은 상담자 훈련에서 많이 강조되고 있지만, 원만한 대인관계를 형성하고 유지하기 위해서는 모든 사람에게 매우 중요하다.

공감적 이해는 감수성과 의사소통의 두 가지 차원으로 이루어진다(김애순, 윤진,

1997). 먼저 감수성 차원이란 상대방이 한 말이나 얼굴표정, 제스처 속에 숨겨져 있는 중요한 감정이나 생각을 민감하게 알아차리는 것이다. 대개의 사람들은 자신의 감정이나 생각을 모조리 겉으로 표출해 버리지는 않는다. 마음속 깊이 숨겨 두는 것도 있다. 이 모두를 민감하게 느낄 수 있을 때 공감적 이해는 가능한 것이다. 또한 의사소통 차원이란 내가 상대방의 감정과 생각을 이해하고 있다는 사실을 상대방에게 적절하게 전달해 주는 것이다. 아무리 내가 상대방의 속마음을 이해했다 할지라도 그 사실을 상대방이 모른다면 그는 자신이 이해받고 있다고 느끼지 못할 것이다. 사람들 중에는 유난히 남의 얘기를 잘 들어 주고 공감해 주는 사람이 있다. 그러나 이러한 능력은 다른 사람에게 관심을 기울이려는 마음가짐과 끊임없는 노력과 훈련에 의해 습득된다.

감정과 정서 읽기   인간의 기본정서는 공포, 분노, 슬픔, 기쁨이다. 그러나 우리들이 일상생활에서 경험하는 정서들은 불안, 성공감과 실패감, 자존심, 수치심과 죄책감, 사랑과 증오, 시기와 질투 등 여러 가지가 섞인 혼합정서들이다. 그래서 남의 감정을 잘 읽는다는 것은 결코 쉬운 일은 아니다. 일반적으로 감정이나 정서의 표현은 언어를 통해서 표출되나 주로 얼굴표정이나 음성의 크기, 몸짓 등 비언어적인 의사소통을 통해서 가장 많이 표출된다. 어떤 면에서는 언어보다는 비언어적인 표출이 더 진실한 내면의 표출일 수 있으며 행동은 말을 앞선다. 남의 감정과 정서를 읽기 위해서는 먼저 그 사람의 감정이 좋은지 나쁜지 일반적인 범주를 구별할 필요가 있다. 그다음에 감정의 종류와 강도를 더 자세하게 파악하는 것이 효율적일 것이다.

경청하기   사람들은 마음속에 있는 생각이나 느낌, 욕구 등을 언어라는 수단을 사용하여 표현한다. 그러나 언어를 통하여 마음속에 있는 생각, 느낌, 욕구 등을 표현하는 과정에서 어떤 부분은 생략되기도 하고 어떤 부분은 왜곡되기도 한다. 따라서 사람의 마음을 헤아리면서 듣는다는 것은 그리 쉬운 일이 아니다. 상대방의 말을 통하여 그 사람의 마음까지 헤아리려면 경청을 해야 하는데, 경청이란 말하는 사람의 얼굴표정과 몸짓에 주의를 기울이고 관심 어린 태도로 그 사람의 말과 표정, 몸짓을 통해 표현하는 모든 것을 듣는다는 것을 의미한다. 여기에서 표현된 말 그 자체보다도 상대방이 전달하고자 하는 메시지가 무엇인지를 알아차리려고 세

심하게 노력하면서 듣는 것을 특히 '적극적 경청'라고 한다.

② 자기표현훈련

여러 가지 자기표현법 대인관계를 하다 보면 남을 이해하고 수용해야 될 때도 있지만 자신의 감정과 생각을 주장하고 표현해야 될 때도 있다. 이때 자신의 생각이나 감정을 표현하는 방식은 두 사람 간의 관계에 매우 중요한 영향을 미치게 된다. 어떤 사람들은 너무 수줍거나 무능력하여, 혹은 체면이나 앞으로 닥칠 위협이 두려워서 상대편의 기분에 맞추어 자신의 감정과 생각을 제대로 표현하지 못한다. 이를 소극적 표현이라고 한다. 반면에 남의 감정은 아랑곳하지 않고 지나치게 충동적이고 공격적으로 자신의 감정이나 생각을 표현해서 남에게 상처를 주는 사람도 있다. 이를 공격적 표현이라고 한다. 또한 우리는 가끔 상대방의 인격과 권리를 존중하면서도 자신의 감정과 생각을 정확하게 전달하는 표현을 하기도 한다. 이를 자기주장적 표현이라고 하는데 이러한 표현은 인간관계를 원만하게 향상시키는 데 많은 도움이 된다.

대인관계에서 자신을 적절하게 표현하지 못하는 데는 몇 가지 근본적인 원인이 있다. 그중 하나는 우리가 성장과정에서 자신을 표현하는 방법을 제대로 배울 기회를 갖지 못했거나 자신을 억제하고 표현하지 않은 것이 강화되었기 때문이다. 또는 대화기술의 완벽성에 집착해서 실수할까 봐 자신을 제대로 표현하지 못하는 데도 그 원인이 있다. 또 다른 원인은 소신을 버리면서까지 남에게 수용받고자하는 비합리적인 신념에서 비롯되기도 한다.

그러나 이러한 부적절한 자기표현은 타인들에게 상처를 주거나 솔직하지 못하고 진실하지 못하다는 인상을 준다. 또한 자기 자신에게는 좌절과 분노, 혼란과 갈등을 불러일으키며 자신의 무능에 대해 만성적인 불안을 느끼게 되어 신체적 · 정신적 노화를 촉진하게 된다. 이와 같이 자기를 표현하는 방법이 선천적인 특징이라기보다는 성장과정에서 후천적으로 학습된 것이라고 볼 때, 우리는 자신을 표현하는 방법을 재학습과 훈련을 통해서 변화시킬 수 있다는 희망이 있다.

우리 속담에 "말 한마디로 천 냥 빚을 갚는다."라는 말이 있다. 이는 인간의 삶에서 말이 얼마나 중요한가를 단적으로 나타내 준다. 그리고 "무엇을 말하는가보다는 어떻게 말하는가가 중요하다."라는 말도 있다. 이는 말하는 내용보다는 방법이 중요하다는 것을 의미한다. 일반적으로 인간관계에서 상호의사소통을 방해하는 대화의 종류들이 있다. 그 하나는 '일방적인 해결책을 제시하는 말투'이다. 예를 들면, 명령이나 지시, 경고, 위협하는 말, 또는 설교나 충고하는 말들이 여기에 속한다. 다른 하나는 '심리적 좌절감을 불러일으키는 말투'이다. 예를 들면, 비판이나 우롱하는 말, 심리분석이나 진단하는 말, 비교하는 말 또는 욕설이다. 그러면 효율적인 대화법은 어떤 것들이 있는지 살펴보자.

나-전달법과 너-전달법   나-전달법(I-message)은 '나'를 주어로 하여 상대방에 대한 나 자신의 감정, 생각, 신체적 상태 등을 표현하는 대화법이다. 예를 들면, "네가 수업시간에 자꾸 장난을 치니까 선생님은 짜증이 나는구나!"라고 말하는 경우다. 즉, "네가 ……(행동)…… 하니까, 나는 ……(감정)…… 게 느낀다."라는 방식의 표현이다. 이러한 표현에 대해서 학생은 별로 반발심을 느끼지 않으며 오히려 교사가 곤란을 겪는다는 것을 전달받음으로써 시끄럽게 하지 말아야겠다는 생각을 자발적으로 할 수 있게 된다. 일상생활에서도 이러한 방식의 표현을 하면 상대방에게 개방적이고 솔직하다는 인상을 줄 뿐만 아니라 상대방에게 나의 생각과 감정을 솔직하게 전달하기 때문에 상호 간의 이해를 증진시킨다.

이에 비해 너-전달법(you-message)은 '너'를 주어로 하여 상대방의 행동에 대한 평가나 비평을 하는 대화방식이다. 예를 들면, "너는 도대체 수업시간마다 왜 그렇게 시끄럽니?"라고 말하는 경우이다. 즉, "너는 …… 하다."의 표현방식이다. 이러한 표현은 학생이 자발적으로 행동을 변화시키려는 의도를 약화시킬 뿐만 아니라 교사학생 간의 관계형성에도 해를 주게 된다. 즉, 이러한 표현방식은 상대방의 마음에 상처를 주어 인간관계를 파괴시킬 뿐만 아니라 상대방에게 일방적으로 강요하거나 공격하는 느낌을 준다. 따라서 상대방은 반감을 갖고 방어적으로 대처하거나 저항을 하게 된다.

Do 언어와 Be 언어   Do 언어는 상대방의 문제가 되는 행동을 구체적으로 가리켜 표현하는 말이다. 예를 들면, 자주 지각하는 친구에게 "너 자주 늦는구나." 하는 식의 표현이다. 이러한 표현방식은 상대방의 문제행동을 평가나 비판이 없이 구체적으로 지적해 주기 때문에 상대방이 자신의 어떤 행동이 잘못된 것인지를 인식하고 태도나 행동을 변화시킬 수가 있다.

그러나 Be 언어는 상대방의 문제행동을 지적해 준다기보다는 그 행동을 전반적인 성격특성이나 인격으로 확대시켜서 표현하는 말이다. 예를 들면, 자주 지각하는 친구에게 "넌 왜 그렇게 게으르니?" 하고 말하는 경우다. 이럴 경우 그 친구는 무엇 때문에 자기보고 게으르다고 그러는지 확실히 영문도 모르면서 기분이 몹시 불쾌해질 것이다. 이러한 표현방식은 구체적인 문제행동이 무엇인지 명백하게 전달되지 않고 하나의 행동을 전반적인 특성으로 일반화해 버리는 경향이 있다. 따라서 상대방은 자신의 인격이 평가된 듯한 느낌을 받게 되고 상호 간에 감정이 손상될 우려가 있다.

③ 상담전문가에게 도움받기

청소년들이 인간관계의 부적응으로 인해 극심한 고통을 겪고, 일상생활과 학교생활의 적응에도 큰 지장을 가져오는 경우라면 개인적인 노력으로 극복하기가 어려울 수도 있다. 이때는 전문상담가의 도움을 받는 것이 필요하다. 예컨대, 청소년상담복지센터, CYBER1388 청소년상담센터, 그리고 대학에 설치된 학생상담센터 등에 배치된 상담전문가는 개인이 처한 인간관계의 어려움을 좀 더 객관적이고 심층적으로 파악할 수 있는 능력을 지니고 있다. 이뿐만 아니라 그 개선방법에 대해서도 보다 전문적이고 체계적이며 구체적인 방법을 제시하여 실질적인 도움을 줄 수 있다.

전문상담기관에서는 인간관계를 개선시키는 다양한 집단 프로그램도 개설하고 있다. 이러한 프로그램에 참여하면 커다란 도움을 얻을 수 있다. 유사한 인간관계 문제를 지닌 사람들과 함께 프로그램에 참여하면서 자기문제에 대한 인식을 증진하고 구체적인 개선방법을 습득할 뿐만 아니라 때로는 참여자들과 깊이 있는 인간관계를 맺을 수도 있다. 전문상담기관에서 인간관계 개선을 위해 개설하는 집단 프로그램은 다양하다. 그중 흔히 개설되는 주요한 프로그램에는 다음과 같은 것이 있다(권석만, 2004). 다른 사람과의 효율적인 대화방식을 익히는 의사소통훈련 프로그램, 다른 사람에 대한 느낌과 감정을 좀 더 구체적으로 느끼고 자각하는 일을 도와주는 감수성 훈련 프로그램, 자신의 의사와 감정을 효율적으로 표현하는 다양한 방법을 교육과 실습을 통해 학습하는 자기표현훈련 프로그램, 자신의 권리와 바람을 다른 사람에게 효율적으로 주장하여 효과적인 대인관계를 맺을 수 있도록 돕는 자기주장훈련 프로그램, 불안과 긴장이 심하여 대인관계에 어려움을 겪는 사람들을 위해 긴장과 불안을 조절할 수 있는 기술을 습득하는 긴장이완훈련 프로그램 등이

다. 개인적 노력에 의해 부적응적인 인간관계가 개선되지 않을 때는 이러한 전문가
나 전문기관의 도움을 받는 것이 바람직하다.

제7장
청소년기 정신장애

청소년기는 아동기에서 성인기로 성장해가는 단계로서 신체적, 인지적, 사회적 발달을 급격하게 경험하게 되는 시기이다. 또한 부모와 사회의 기대 속에서 많은 스트레스를 경험하게 되어 내적 갈등이 많고, 심리적으로 불안정한 시기이다.

우리나라 청소년은 발달단계상의 과도기적 특성에서 오는 문제뿐 아니라, 입시 위주의 사회·문화적 압박으로 인하여 신체적, 심리적 및 사회적 스트레스를 받게 되며 과도한 스트레스는 불안, 우울, 강박증 등과 같은 정신건강상의 문제와 가출, 약물남용 및 자살 등 행동상의 문제를 초래하기도 한다. 2017년의 청소년전화 1388의 상담 건수는 86만 3천 건으로 2014년보다 15% 증가하였으며 매년 증가하는 추세이다(여성가족부, 2018). 또한 최근에는 청소년 자해문제가 심각하게 대두되고 있으며 2018년 자해 청소년 상담지원 건수는 2만 7,976건으로 전년보다 세 배 이상 높아졌다(한국청소년상담복지개발원, 2019).

청소년 정신병리 및 문제행동의 중요한 점은 많은 유형의 정신장애나 문제행동이 단지 학령기에 국한된 것이 아니라 평생 지속되거나 시간이 지나면서 특성이나 강도를 달리하여 변화된 형태로 나타남으로써 사회적응, 가정생활, 직업 등에 지속적으로 부정적인 영향을 미칠 수 있다는 것이다. 따라서 청소년의 정신병리 및 문제행동과 관련하여 그 개인이나 가족이 일생동안 겪는 후유증과 사회가 감당해야 하는 경제적 손실은 막대하다. 이런 점에서 우리는 청소년의 정신건강에 더욱더 깊은 관심을 갖고 문제 해결을 위한 방안 모색에 힘써야 할 것이다.

이 장에서는 현재 전 세계적으로 가장 널리 사용되고 있는 DSM-5의 분류기준에 따라 청소년기 정신병리의 특성과 원인에 대해 알아보고자 한다. 또한 청소년에게 중요한 영향을 미치는 학교 교사와 상담자들이 청소년의 심리적 부적응을 이해하여 정상적인 발달을 도와주고, 가정, 학교, 사회에서의 적응을 향상하기 위해 어떻게 접근해야 할 것인지에 대해 살펴보고자 한다.

1. 청소년기 정신장애의 평가 및 진단

청소년의 정신장애를 진단하기 위해서는 학교 및 청소년이 속한 사회나 문화적 배경을 고려하여 청소년의 정서, 인지, 신체 및 행동의 기능 상태를 파악하고 평가해야 한다. 이런 맥락에서 파악된 증상이나 진단, 문제점의 우선순위에 따라 그 중요도를 파악한 후, 효과적인 치료 계획을 세운다.

청소년 정신장애의 임상적 심리평가와 진단을 위해 사용되는 방법으로는 부모 또는 청소년 면접법, 행동관찰법, 심리검사, 뇌파검사, 뇌전산화단층촬영, MRI, 염색체검사, 호르몬검사 등이 있다. 이러한 심리평가 자료에 근거하여 개인의 부적응 상태를 특정한 정신장애에 할당하는 작업을 심리진단이라고 한다. 진단은 다양한 정보를 종합하여 청소년이 보이는 문제에 대해 병인과 예후를 탐구하기 위함이지 평가 대상자들에게 진단명을 부여하는 것을 의미하는 것은 아니다.

1) 면담

임상 면담은 대화나 의사소통을 통해 환자의 심리적 특징과 정신병리를 탐색하는 방법으로 장애를 진단하고 평가하는 데 가장 중요한 방법이다. 면담의 대상은 청소년 자신, 부모, 가족 등이며 청소년의 연령이 어릴수록 부모를 먼저 면담하게 된다. 각각 별도로 면담하는 것이 가장 바람직한 방법이나 필요할 경우 부모와 청소년이 함께 면담하거나 가족이 모두 함께 면담하는 경우도 있다.

면담의 주요 내용은 가족과 관련된 사항과 또래관계이다. 가족과 관련된 사항을 면담하기 위한 대표적인 방법은 가계도를 통해 가족의 구조, 관계, 가족 기능을 포함한 다양한 측면을 평가하여 면담하는 것이다. 또래관계 파악을 위해서는 학교(학원 등 포함)의 출결석 사항, 급우들 간의 관계, 따돌림, 폭력 여부, 용돈 사용 방법, 하교 이후 시간 보내는 방법, 여가 및 놀이 방법, 이성 교제, 특별활동 수행, 학업성취도 등을 평가한다.

2) 행동관찰

행동관찰이란 임상가가 개인이 면담 시 보고하는 정보 이외에 특정한 상황에서 어떻게 행동하는지를 관찰하여 그 사람의 심리적 특성을 구체적으로 기술하고 그 빈도나 강도를 수량화하는 방법이다. 행동관찰 방법으로는 자연스러운 상황 관찰, 구조화된 상황 관찰, 자기관찰 등이 있으며, 행동관찰은 평정척도를 사용하여 양적으로 평가한다. 이는 환자의 자기 보고에 의존하지 않고서 임상가나 관찰자의 직접 관찰로 평정한 자료로서 환자의 증상 정도나 기능적 손상의 지표로서 매우 유용하다.

3) 심리검사

심리검사는 진단과 평가를 위해 매우 중요한 자료이다. 심리검사는 심리적 특성을 평가하기 위한 구체적인 검사 문항과 채점체계를 갖추고 있으며, 검사결과를 해석할 수 있는 규준과 해석지침이 있다. 심리검사의 종류로는 지능검사, 객관적 성격검사(MMPI-A, 간이정신진단검사, 우울측정검사, 불안측정검사 등), 투사적 성격검사(로샤검사, 집-나무-사람 검사, 주제통각검사 등), 신경심리검사 등이 있다.

4) 의학검사

정신장애의 의학적 원인을 규명하기 위한 검사로는 호르몬 검사, 혈청검사 및 뇌척수검사, 신경전달물질, 대사물 및 효소 측정, 염색체 및 유전자검사 등이 있으며 뇌 구조 및 기능을 파악하기 위해 구조적 뇌영상검사(brain CT, MRI, SPECT/PET), 뇌기능검사(EEG, ERP) 등이 시행된다.

2. 청소년기 정신장애의 유형별 특성과 치료

정신장애의 유형별 사례를 통해 청소년기의 정신장애의 특성과 장애의 원인, 그리고 치료 방법에 대해 살펴 보고자 한다.

1) 주의력 결핍/과잉행동 장애

주의력 결핍/과잉행동 장애(Attention-Deficit/Hyperacitivity Disorder: ADHD)란 매우 산만하고 부주의한 행동을 나타낼 뿐만 아니라 자신의 행동을 적절히 통제하지 못하고 충동적인 과잉행동을 나타내는 부적응 증상을 말한다. 다음은 ADHD 증상을 보이는 청소년의 사례이다.

> 수호는 학교에 가는 지하철에서 매우 산만한 행동을 보인다. 지하철이 정차했는데도 혼자 비틀거리고 지하철 안을 계속 왔다 갔다 한다. 함께 지하철을 탄 엄마의 얼굴이 화끈거리기 시작한 건, 수호가 앞에 앉은 아줌마에게 계속 침을 뱉어서이다. 아줌마가 아이의 상황을 알고 크게 화내지 않으며 하지 말라고 해도 수호는 웃으면서 계속 침을 뱉는다. 겨우 도착한 학교의 수업시간이 수호가 자리에 가만히 앉아 있기에는 너무나 긴 시간이다. 수업이 시작한 지 5분도 지나지 않았는데 자리에서 안절부절못하고 무언가를 만지작거리고 꼼지락거리며 가만히 앉아 있지 못한다. 선생님의 질문에 반 아이들 모두 손을 들었는데 수호는 선생님이 지명하기 전에 먼저 답을 말하는 등 참지 못하고 성급하다. 조별 활동에서는 조원들의 의견을 들으려 하지 않고 혼자 말을 많이 하며, 지나치게 다른 사람의 활동을 방해하고 간섭하며 다른 사람의 물건을 가로채거나 만져서 조원들이 조를 바꿔 달라고 선생님에게 건의하였다.

(1) 증상 및 특징

ADHD의 두 가지 핵심증상은 부주의와 과잉행동-충동성이다. 이런 특성은 대부분 어린 아동에게 일반적으로 나타나는 것이지만 점차 성장하면서 줄어들게 된다. 그러나 나이에 비해 부적절하게 이러한 부적응적 행동 특성이 나타나게 될 때 ADHD로 진단할 수 있다. DSM-5의 ADHD 진단기준에 의하면 ADHD인 청소년은 손발을 가만히 두지 못하고 의자에 앉아서도 몸을 꼼지락거린다. 또 부적절한 상황에서 지나치게 뛰어다니고 외부의 자극에 쉽게 산만해지며, 조용한 활동에는 참여하거나 놀지 못한다. 그리고 지속적으로 주의를 집중할 수 없고 다른 사람의 활동을 방해하고 간섭한다. 학교에서는 수업시간에 교사의 지시대로 따라 하지 못하거나 여러 가지 말썽을 피워 지적을 당하게 되는데, 대부분 문제아로 지목되어 교사가 특별히 지도하게 되거나 부모가 자주 학교에 불려 가게 된다. DSM-5에서는 ADHD를 주의력 결핍형, 과잉행동-충동형, 혼합형의 세 하위유형으로 구분하고 있다. 행동특성은 진단기준에서 여섯 개 이상의 증상이 6개월 이상 지속적으로 나타나야 하며 증상은 사회적, 학업적, 직업적 활동에 직접적으로 부정적인 영향을 미친다.

ADHD 청소년에게 흔히 동반되는 부적응 증상으로는 지능수준에 비해서 저조한 학업 성취도, 또래 친구들에게 거부당하거나 소외될 가능성, 학습장애, 의사소통장애, 운동조정장애 등이 있다. 또한 이 장애를 지닌 아동·청소년은 가정과 학교에서 크고 작은 말썽과 사고를 자주 일으키기 때문에 부모나 교사로부터 꾸중을 듣거나 처벌받기 쉽다. 따라서 부정적 자아개념을 형성하고 정서적으로 불안정하며 공격적이고 반항적인 행동을 나타내는 경향이 있는데, ADHD를 지닌 아동의 60%가 나중에 품행장애의 진단을 받는다(Weyandt et al., 2014).

ADHD의 경과와 예후는 매우 다양하다. 청소년기에는 ADHD가 호전되는 경향이 있으나 성인기까지 지속되는 경우도 있다. 대부분 과잉행동은 개선되지만, 부주의와 충동성은 오래 지속되는 경우가 흔하다.

(2) 원인

ADHD로 진단되는 청소년들은 매우 다양하고 다른 행동 양상을 나타내며 그 원인 역시 매우 다양하다. 일반적으로 이 장애는 유전적 요인이나 미세한 뇌손상(출산 시 고열, 감열, 외상 등) 등의 생물학적 요인과 부모의 성격이나 양육방식과 같은 심리·사회적 요인이 복합적으로 작용하여 유발되는 것으로 여겨지고 있다. 심리·사회적 요인 중에서도 가족 요인이 중요하게 여겨지는데 가정의 경제적 곤란, 가족 간의 갈등, 부모가 높은 스트레스 수준을 가지고 있는 성격, 갈등적인 부모-자녀 관계와 같은 가정 문제들이 청소년의 ADHD와 관련이 있는 것으로 연구되었다. 특히 부모의 물질장애 중 알코올 중독, 성격장애 등이 관련될 경우 더 높은 발병률을 나타내기도 한다(Goodman & Stevenson, 1989; McGee et al., 2002).

(3) 상담 및 치료

교사와 상담자는 ADHD 청소년을 면접하여 양육자, 가정환경, 부모의 성격, 학교생활 적응도 등을 체계적으로 질문하고, 측정도구로 객관적인 평가를 한 후에 적절한 생활지도와 상담으로 치료적 접근을 해야 한다. ADHD 청소년을 위한 상담과 치료의 구체적인 접근방법은 다음과 같다.

첫째, ADHD로 진단된 청소년은 자극에 아주 민감하게 반응하기 때문에 주변 환경을 차분하게 만들어 줄 필요가 있다. 가정에서는 조용한 공간을 제공하는 일이 중요하며, 방의 벽지나 가구 등도 요란스럽지 않은 색깔로 꾸며 주는 것이 좋다. 학교에서는 또래와 놀이를 할 때 한꺼번에 여러 친구가 있으면 산만하여 적절한 놀이가 이루어지지 않을 가능성이 크기 때문에 한두 명의 친구들과 함께 놀면서 익숙해지면 점차 많은 친구와 놀도록 도와준다. 특히 놀이할 때는 순서를 지키지 않거나 충동적인 행동으로 따돌림 당하는 경우가 많으므로 어른들과 함께 놀면서 이러한 행동을 즉시 지적해 주는 것이 도움을 줄 수 있다.

둘째, ADHD로 진단된 청소년은 모든 자극에 대해 반응하는 특성이 있으므로 교육을 받는 상황에서도 이것을 고려해야 한다. 일대일 상황에서는 집중을 잘할 수도 있으므로 가능하면 적은 수의 학생과 학습할 수 있는 환경조성이 필요하다. 좌석도 앞 좌석으로 배치하여 산만한 행동에 대해 즉각적으로 주의를 줄 수 있도록 하는 것이 바람직하다. 초기 단계에서는 학습시간을 짧게 하여 자주 학습하고, 서서히 학습시간을 길게 잡는 것이 도움을 줄 수 있다. 또한 교과과정이나 학습 내용에 대해서는 구조화를 철저히 하는 것이 효과적이다.

셋째, ADHD 청소년을 위한 대표적인 치료법이 행동치료와 인지치료이다. 행동치료는 보상, 긍정적 강화, 환경자극, 자극조절 등의 기제를 통해 일단 시작한 한 가지 업무를 완성하도록 유도한다. 그러나 행동치료는 단조롭고, 치료대상이 독립심, 자율성, 자존감을 위협하는 것으로 느낄 수 있으므로 때로는 행동치료보다 인지치료가 더 적합한 경우도 있다. 인지치료는 청소년이 주변 상황을 평가하고 계획을 더 정확히 세우고, 문제해결능력을 높이고 자신의 지각능력을 정확히 인식하도록 돕는다. 예를 들면, 문제가 무엇인가, 어떻게 해야 하는가, 계획한 대로 잘되는가, 계획대로 잘 끝났는가를 생각할 수 있도록 지도한다.

넷째, ADHD 청소년의 상담과 치료에는 부모상담이 필수적이다. ADHD 청소년의 부모는 흔히 자녀에게 죄책감, 분노를 느끼거나 비애에 빠지거나 무관심할 수 있다. 또는 정반대로 과보호 할 수도 있다. 부모는 자녀의 문제가 양육을 잘못해서가 아니라는 것을 알게 되면 안도하게 될 것이다. 이런 이유로 부모에게 부모와 교사, 의사, 또래들이 모두 치료의 일원이며 'ADHD는 변할 수 없는 성격 문제가 아니라 치료 가능한 병'이라는 긍정적인 사고를 갖도록 도와주는 것이 필요하다. 그러므로 부모상담이 필요하다. 부모-자녀 관계가 문제가 되어 이 질환이 발병되는 것은 아니지만 아동의 지속적인 문제행동이 2차적으로 부모-자녀 관계를 악화시킬 수 있다. 따라서 부모 상담을 통한 ADHD 청소년 자녀를 지도하는 방법에 대한 교육이 도움을 줄 수 있다. 한꺼번에 모든 문제행동을 고치려고 하면 상당한 무리가 따르므로 이에 대한 교육을 하면서 상과 벌을 주는 방법 등에 대하여 상담을 할 수 있다.

다섯째, ADHD로 진단된 청소년에게는 다양한 치료법을 병합하는 것이 효율적이다. ADHD 청소년은 다양한 증상을 동반하는 경우가 많으며 증상의 원인도 명확하지 않거나 복합적이므로 대개 한 가지 방법만으로 만족스러운 결과를 얻기 어렵다. 따라서 각 청소년의 상태를 고려해 환경치료, 약물치료, 행동치료, 인지치료, 특수교육, 부모상담 등을 모두 병합하는 것이 바람직하다.

2) 우울장애와 양극성 장애

우울장애(depressive disorders)는 슬픔, 공허감, 짜증스러운 기분과 함께 동반되는 신체적, 인지적 증상으로 개인의 기능을 현저하게 저하시키는 부적응 증상을 의미한다. 양극성 장애(bipolar disorder)는 우울한 기분과 고양된 기분이 교차되어 나타나는 부적응 증상을 말한다.

최근 DSM-5에서는 우울장애와 양극성 장애가 증상은 물론 원인, 경과, 치료반응 등의 측면에서 뚜렷한 차이를 나타내고 있다고 하여 이들을 각각 독립적인 장애 범주로 분류하였다.

(1) 우울장애

우울장애는 삶을 매우 고통스럽게 만드는 정신장애인 동시에 '심리적 독감'이라고 부를 정도로 매우 흔한 장애이기도 하다. 또한 우울장애는 개인의 능력과 의욕을 저하해 현실 적응을 어렵게 만드는 주요한 요인이 되기도 하며, 극단적인 경우에는 자살에도 이르게 하는 치명적인 심리 장애이기도 하다. 그로 인해 전문가들은 우울장애가 앞으로 점점 더 심각한 문제가 될 것으로 예상한다. 다음은 우울장애 증상을 보이는 청소년의 사례이다.

지난달에 민정이는 거의 매일 자살에 대해 생각했었다. 민정이가 가장 많이 한 상상은 차 앞으로 뛰어드는 것이다. 그러나 직접 시도 한 적은 없다. 민정이는 같은 반 여자 아이들로부터 괴롭힘을 당하거나 뒷담화를 듣는 것을 더 이상 견딜 수가 없다. 지난 학기 동안 같은 반 여자 아이들은 줄곧 모욕적인 말(예: '쟤 찐따잖아')을 하거나 나쁜 소문을 내며 민정이를 조롱하곤 했다. 민정이는 현재 자신이 부족한 존재이고 미래에 대한 희망이 없다는 생각에 사로잡혀 있다. 자신은 실패자라고 생각하여 하루에도 몇 번씩 운다. 그리고 항상 자신을 걱정해 주는 어머니와 언니에게 부담을 주고 있다고 느낀다. 민정이는 요즘 삶에서 즐거운 것을 거의 찾을 수 없고 밤에는 하루 종일 자신이 한 일들에 대해 생각하느라 잠이 들기까지 한 시간 이상 소요된다. 이러한 증상은 학교에서 괴롭힘을 당하기 시작한 시점과 일치했다.

① 증상 및 특징

주요 우울장애(major depressive disorder)는 가장 심한 증세를 나타내는 우울장애의 유형이다. 주요 우울장애의 경우 하루의 대부분 동안 거의 매일 지속되는 우울한 기분이 주관적 보고나 객관적 관찰을 통해 나타난다. 이때 거의 모든 일상 활동에 대한 흥미나 즐거움이 뚜렷하게 저하된다. 또한 거의 매일 무가치감이나 과도하고 부적절한 죄책감을 느끼며, 죽음에 대한 반복적인 생각을 한다. 특정한 계획 없이 반복적으로 자살에 대해 생각하거나 자살 기도를 하며 자살하기 위한 구체적 계획을 세우기도 한다. 이러한 증상을 포함하여 DSM-5에 나타나 있는 아홉 가지의 증상 중 다섯 개 이상의 증상이 연속적으로 2주 이상 나타나고, 우울 증상으로 인해 일상에서 심각한 고통을 겪거나 사회적, 직업적, 기타 중요한 기능영역이 손상될 경우 주요 우울장애로 진단한다.

주요 우울장애는 우울한 기분을 주된 증상으로 하는 기분장애이지만, 우울 외의 다양한 심리적 문제를 동반한다. 우선, 우울장애 상태에서는 슬픈 감정을 비롯해

좌절감, 죄책감, 고독감, 무가치함, 허무감, 절망감 등과 같은 고통스러운 정서상태가 지속된다. 또한 우울하고 슬픈 감정이 강해지면 자주 눈물을 흘리며 울기도 한다. 심한 우울장애 상태에서는 무료하고 무감각한 정서 상태를 나타낼 수도 있다. 청소년의 경우에는 우울장애 상태에서 분노나 불안정하고 짜증스러운 감정이 나타나기도 한다. 이러한 우울한 기분과 더불어 일상 활동에 대한 흥미와 즐거움이 저하되어 매사가 재미없고 무의미하게 느껴진다. 또 어떤 일을 하고자 하는 의욕이 현저하게 저하되어 생활이 침체되고 위축된다.

이처럼 우울장애는 개인을 매우 고통스러운 부적응 상태로 몰아넣는 무서운 장애이지만 전문적인 치료를 받으면 회복이 가능한 장애기도 하다. 그러나 우울장애를 지닌 많은 사람이 이러한 사실을 잘 알지 못하기 때문에 적절한 치료를 받지 않은 채 고통스러운 삶을 살아가는 경향이 있다.

국내에서 우울장애는 정신건강의학과를 찾는 청소년 환자가 겪는 장애 중에서 불안장애, 조현병과 함께 가장 빈도가 높은 장애이다. 청소년기에는 우울장애가 급증하며 여자가 남자보다 두 배 정도 높은 유병률을 나타낸다(Schuch et al., 2014).

② 원인

최근 들어 아동과 청소년의 우울증에 부쩍 관심이 증가하고 있다. 청소년 우울증의 원인으로는 유전적, 사회적, 심리적, 인지적 요인, 부모와의 관계 및 또래관계가 있다. 우울장애의 원인을 구체적으로 살펴보면 다음과 같다.

첫째, 유전은 사춘기 이전 아동보다는 청소년의 우울증에 더 크게 영향을 미친다(Scourfeld et al., 2003). 생애 초기의 불안에 영향을 미치는 유전자는 아동이 성장하면서 우울증을 초래하는 환경적 영향을 더 많이 받게 만들고, 우울 증상을 발달시키는 기질적 특성에도 영향을 미친다(Compas, Connor-Smith, & Jaser, 2004). 둘째, 사회적, 심리적 영향은 분리나 상실에서 비롯된다고 할 수 있다. 상실은 실제적인 것일 수도 있고(부모사망, 이혼), 상징적일 수 있다. 상실한 사랑의 대상에 대한 동일시와 그 대상을 향한 양가적 감정은 사랑하는 대상에 대한 적대적 감정을 자기 자신에게로 돌리는 결과를 초래하게 된다. 이로 인하여 우울한 청소년은 사회적 기능에 결함이 있고, 대인관계에 대한 기대와 지각이 부정적이며, 다른 사람들로부터 호감을 얻지 못한다고 알려져 있다. 셋째, 인지적 요인의 원인으로 Beck(1967)은 우울증이 자신과 타인, 그리고 장래에 대한 부정적인 시각에서 비롯되는 것이라고 가정한다. Beck은 우울한 사람들은 특정한 사고오류를 일으키며 그 결과 별것 아닌 사소한 일조차도 왜곡시켜 자기를 비난하고 스스로 실패했다 생각한다고 말했다. 우울한 청소년은 파국을 예상하고 과잉 일반화하며, 부정적인 사건에 선택적으로 주의를 기울이는 경향이 있다. 넷째, 우울한 부모가 있는 가정에서 자란 청소년이 심리적 장애를 일으킬 위험이 크다는 것을 발견하였다. 부모가 우울증으로 아이에게 정서적 지원을 제대로 해 주지 못하고 아이의 행동에 민감하게 반응하지 못하는 것은 부모와 자녀 간의 애착을 불안정하게 만드는 강력한 요인으로 작용한다. 다섯째, 또래관계 문제는 우울증을 일으키고 지속시키는 역할을 하는데, 이것은 우울증이 대인관계에서 비롯된다는 점을 강조하는 주장과 일치한다. 즉, 또래관계 문제는 우울증을 일으킬 뿐 아니라 우울증의 결과이기도 하다.

③ 상담 및 치료

교사와 상담자는 우울장애의 주요 특성을 이해하고 일상적인 활동(학습, 또래관계, 생활적응)에 곤란을 겪는 청소년을 파악해야 한다.

청소년의 우울장애 치료는 내담자뿐만 아니라 가족, 학교, 사회적 환경에서 만날 수 있는 사람들, 그 외 다른 사람들에 대한 개입 등 다양한 측면에서 수행되어야 한다. 보통 정신건강의학과 치료와 함께 개인상담과 가족상담이 병행되어야 하며 약물치료가 필요할 수 있다. 대표적인 치료 방법을 살펴보면 다음과 같다.

첫째, 우울장애에 대한 행동치료는 청소년의 적응적 반응을 강화하고 환경으로부터 처벌을 줄이는 것이다. 행동치료는 사회적 능력향상 기술과 대인관계 기술을 가르치고 불안관리 훈련과 이완훈련을 포함한다.

둘째, 인지치료는 사고와 신념체계의 비합리성을 깨닫게 하고 합리적으로 교정하며 이를 실천하기 위해 적절히 자신을 조절하게 하는 것이다. 자신의 비관적이고 부정적인 사고, 억압적인 신념과 편견, 실패에 대해서는 자신을 비난하고 성공에 대해서는 자신을 인정하지 않는 귀인양식을 깨닫도록 도와주는 것이다. 일단 이런 억압적인 사고 패턴을 인식하게 되면, 청소년은 부정적이고 비관적인 관점을 긍정적인 관점으로 바꾸는 방법을 배우게 된다. 자기조절법은 자신의 장기목표에 맞게 행동을 조직화하는 방법이다. 청소년은 자기 조절법을 통해 자신의 생각과 기분을 스스로 모니터하고 단기보다 장기목표를 중시하여 좀 더 적응적인 방식과 현실적인 자기평가 기준을 가질 수 있으며, 자신을 신뢰하고 자기처벌적인 사고를 줄일 수 있다.

셋째, 인지행동 치료는 심리·사회적인 중재의 가장 일반적인 형태인 행동적, 인지적 요소와 자기조절법 등을 통합시킨 접근법이다. 인지행동 치료는 귀인양식에 대한 재훈련을 통해 비관적인 신념을 바꾸고자 한다.

넷째, 대인관계 치료는 우울을 지속시키는 가족 간의 상호교류를 탐구한다. 우울한 청소년에 대한 개인치료에 가족치료 회기를 보충적으로 실시하여 자신의 부정적인 인지양식과 우울이 다른 사람들에게 어떤 영향을 미치는지 이해하게 하고 또래들과 즐거운 활동을 더 많이 하도록 격려한다. 그리고 우울한 청소년이 다른 사람과 연합하고 다른 사람에게 지지받고 있다는 것을 느끼도록 안전하고 지지적인 환경을 제공하여 청소년의 자존감을 향상시키고 우울 증상을 줄일 수 있다.

(2) 양극성 장애

양극성 장애란 지나치게 고양되거나 저조한 기분상태가 주기적으로 반복되어 심각한 부적응을 초래하는 부적응 증상을 말하며, 조울증(manic depressive illness)이라고도 한다. 우리는 누구나 기분의 변화를 경험하며 살아간다. 인생의 어떤 시점에서는 소망하는 일들이 잘 이루어져 기분이 좋고 즐거울 때가 있다. 그러나 때로는 생활 속에서 실패와 좌절이 반복되어 기분이 침체되고 우울해지며 불행감이 밀려들 때가 있다. 하지만 대부분의 경우, 기분이 들뜨거나 가라앉는 정도가 그다지 심하지 않아서 생활에 큰 지장을 받지 않을 뿐만 아니라 시간이 흐르면 침울했던 기분이 회복되고 들떴던 기분도 안정된다. 그러나 기분이 지나치게 들떠서 매우 불안정하거나 산만해지고 무모한 행동을 하게 되면 여러 가지 부적응적 문제를 유발할 수 있다. 다음은 양극성장애 증상을 보이는 청소년의 사례이다.

18세 종혁이는 초등학교 때부터 반장을 도맡아 하고 자존심이 세고, 경쟁심이 강하여 누구에게도 지기 싫어하는 성격이다. 종혁이의 부모님은 학교에서 모범생이고 반장을 도맡아 하는 종혁이에게 기대가 컸다. 하지만 종혁이는 경쟁심이 강하고 지기 싫어해 반 친구들과 자주 마찰을 빚었고 싸움하는 횟수도 점점 늘어갔다. 고등학생이 되면서 부모님은 공부를 잘해야 한다며 종혁이에게 비싼 과외를 듣게 하고 좋은 대학 가라는 잔소리도 점점 더 많이 했다. 처음에는 종혁이도 의욕이 충만했지만, 공부 스트레스가 점점 심해져서 두통과 복통증상이 나타나게 되었다. 점점 스트레스가 심해지자 공부만 생각하면 구역질이 올라오게 될 정도였지만 공부를 하기 싫다는 종혁이에게 부모님은 심하게 혼을 내었다고 한다. 그러나 고3이 되면서 종혁이는 갑자기 자신이 서울대에 갈 수 있다고 말하고 다니고 잠을 자지 않아도 피곤하지 않다며 하루에 세 시간만 자기 시작했다. 또한 점점 더 말이 많아지고 서울대 장학생이 될 것이라고 과장된 목표를 말하였다. 반 친구들은 이제 종혁이 말을 거의 믿지 않게 되었다. 반면, 부모님은 종혁이의 말을 듣고 이제 아들이 정신을 차리고 공부를 열심히 한다며 칭찬하였다. 하지만 시험기간 중에 공부를 하지 않는 모습을 보고 아버지는 종혁이를 크게 야단쳤으며, 그 일로 집을 나간 종혁이는 골목길에 주차되어 있는 차의 문을 열려고 하다가 경찰에 연행되었다. 경찰서에서도 크게 소리 지르는 등 행동조절이 되지 않는 종혁이의 모습을 보고 경찰은 정신건강의학과 진료를 권유하였고, 종혁이는 조울증 진단을 받게 되었다.

① 증상 및 특징

양극성 장애의 증상은 조증 상태와 우울한 상태가 번갈아 나타나는 것이다. 조증 상태에는 기분이 몹시 고양되고 평소보다 훨씬 말이 많고 빨라지며 행동이 부산해지고 자신감에 넘쳐 여러 가지 일을 벌이는 경향이 있다. 때로는 자신에 대한 과대망상적 사고를 보이며 잠도 잘 자지 않고 활동적으로 일하지만 실제로 이루어지는 성과는 없으며 결과적으로 현실에 대한 심한 부적응을 나타내게 된다. 조증의 증상은 심하게 과장된 자신감을 보이는 것, 수면 욕구감소(예: 단 세 시간 수면으로 충분하다고 느낌), 평소보다 말이 많아지거나 계속 말을 하는 것, 사고가 비약적이거나 연달아 계속해서 일어나는 경험을 하는 것이다.

우울한 상태에는 감정이 슬프고 이유 없이 눈물이 나며 절망적으로 변화한다. 사람을 만나거나 활동하는 것에 대한 흥미를 잃고 쉽게 피로를 느끼며 기운이 없어진다. 또 죄책감을 느끼거나 자신이 쓸모없다는 자책감에 빠지게 된다. 따라서 죽음이나 자살에 대한 생각을 반복적으로 하게 된다.

청소년 조증의 경우 조현병이나 반사회적 인격장애와 구별이 어렵다. 또한 약물남용이나 자살 시도, 학업 문제, 철학적 사고, 강박 증상, 다양한 신체 증상, 싸움이나 다른 반사회적인 행동들이 나타날 수도 있다. 그리고 매우 공격적으로 변해서 신체적으로 위협을 가하기도 하며, 자살충동에 사로잡히기도 한다. 기분은 빠르게 분노나 우울증으로 바뀔 수 있는데, 우울 증상이 순간적으로 나타나거나 몇 시간 동안 혹은 며칠 동안 지속될 수도 있으며, 우울과 조증 증상이 동시에 나타나기도 한다.

② 원인

양극성 장애는 유전을 비롯한 생물학적 요인에 의해서 많은 영향을 받는 장애로 알려져 있다. 양극성 장애로 진단되는 경우, 가족 중에 동일한 장애나 주요 우울장애를 겪었던 사람이 있는 경우가 많다. 부모 중 한 사람이 양극성 장애가 있는 경우에 그 자녀가 양극성 장애를 나타낼 가능성은 약 12%로 보고되고 있다. 유전적 요인 외에는 신경 전달 물질, 신경내분비 기능, 수면 생리 등이 양극성 장애와 관련된 것으로 보고되고 있다. 생물학적 요인은 양극성 장애를 유발하는 취약성을 제공하며 양극성 장애의 발병 시기나 발병 양상은 심리·사회적 요인에 큰 영향을 받는다. 정신분석적 입장에서는 양극성 장애를 무의식적 대상의 상실로 인한 분노와 원망의 에너지가 외부로 방출된 것이라고 주장하였고, 인지적 입장에서는 인지적 왜곡으로 인해 생활경험을 해석하는 과정에서 획득과 성공을 할 것이라는 자동적 사고를 보인다고 한다.

주요 우울장애를 반복적으로 나타내는 청소년 중 약 10~15%가 심한 형태의 양극성 장애로 발전된다는 보고가 있다. 주요 우울장애는 여성에게 많이 나타나며, 심한 형태의 양극성 장애는 대체로 남자와 여자에게서 비슷하게 나타난다.

③ 상담 및 치료

교사와 상담자는 양극성 장애의 주요 특성을 이해하여 일상적인 활동(학습, 또래관계, 생활적응)에 곤란을 겪는 청소년을 파악해야 한다.

심한 형태의 양극성 장애에 조증 증상이 나타날 때는 입원치료와 약물치료를 우선으로 고려해야 한다. 조증으로 인해 자신과 타인에게 큰 피해를 줄 우려가 있는 경우에는 입원치료가 필요하며 이때 조증 약물이 처방된다. 그러나 약물치료만으로 양극성 장애를 조절하는 데는 한계가 있으므로 심리치료를 병행하는 것이 필수적이다. 양극성 장애는 흔히 만성적인 경과를 나타내며 재발하는 경향이 높으므로 환자는 자신의 증상을 주시하면서 생활을 조절하는 것이 중요하고 스스로 심리적 안정을 취하거나 전문가의 치료를 받아야 한다. 또한 가족들은 양극성 장애의 증세를 유심히 관찰하여 청소년이 현실생활에 잘 적응할 수 있도록 돕는 것이 필요하다.

치료 방법 중 가장 대표적인 치료는 인지행동치료이며 조증 증세를 나타내는 사람은 현실 해석에 있어서 인지적 왜곡이 있다고 본다. 조증환자는 특히 획득과 성공에 관한 자동적 사고를 보이는데, 자신의 생활에서 획득과 성공 경험에 무조건적으로 긍정적인 가치를 부여한다. 이들은 자신의 노력에 비해 비현실적으로 긍정적 결과를 기대하고 자신의 능력을 과대 추정하여 자신감을 가지고 활동수준을 높인다. 양극성 장애에 대한 인지행동치료는 일상생활에서 경험하는 부정적 경험을 인지적으로 재구성할 뿐만 아니라, 조증 삽화의 시작 증상을 감지하고 완전한 기분 삽화로 발전하지 않도록 인지와 행동을 수정할 수 있게 돕는다. 아울러 규칙적인 일상생활과 수면을 유지하는 것을 강조하는 동시에 과도한 목표추구 행동을 수정하는 데 초점을 맞춘다. 그리고 심리교육을 통해서 양극성 장애에 대한 지식을 습득하도록 돕고 약물치료의 중요성을 인식시킴으로써 약물치료를 받도록 돕는다. 또한 조증 증상의 예방을 위해서 감정조절 및 의사소통 기술을 습득시키며 조증 증상의 시작 증상을 알아차리고 효과적으로 대처하도록 돕는다.

3) 불안장애

불안장애(anxiety disorders)란 병적인 불안으로 과도한 심리적 고통을 느끼거나 현실적인 적응에 심각한 어려움을 겪는 부적응 증상을 말한다. 병적인 불안은 현실적인 위험이 없는 상황이나 대상에 대해서 현실적인 위험의 정도에 비해 과도하게 심한 불안을 느끼는 경우를 말한다. 또한 불안을 느끼게 한 위험 요인이 사라졌음에도 불구하고 불안이 과도하게 지속된다. 다음은 불안장애 증상을 보이는 청소년의 사례이다.

11세 수진이는 항상 걱정이 많다. TV에서 사고나 사건에 의한 죽음을 보면 이에 대해 계속 묻고 걱정이 돼서 잠들지 못한다. 집에 도둑이 들까 봐 자기 전에 항상 방문을 잠그고, 외출해서도 현관문이 잠겼는지 계속 걱정한다. 또 갇힐 것을 걱정해서 혼자서는 엘레베이터를 타지 못하고, 시험 보기 전날에는 다 외우지 못한 것 같아 책을 손에서 놓지 못하고 잠에 들지 못한다. 이러한 걱정과 불안으로 항상 긴장되어 있어 쉽게 피로를 느끼고, 신경이 예민해져 짜증을 잘 내며, 주의집중에 어려움이 있어 성적이 떨어지고 있다. 또한 긴장하면 소변을 자주 보거나 배가 아프다고 한다.

(1) 증상 및 특징

불안장애에는 분리불안장애, 특정공포증, 공황장애, 광장공포증, 사회불안장애, 선택적 무언증, 범불안장애 등이 있다. 청소년기에 가장 많이 나타나는 불안장애는 분리불안장애로, 애착 대상으로부터 분리되는 것에 극심한 스트레스를 느끼거나 분리되어야 하는 상황을 피한다. 가령 분리불안장애를 겪는 청소년은 엄마나 중요 대상과 분리되는 것에 과도한 불안을 느껴 학교생활 중에 지나친 불안감을 보이고 학교생활이나 대인관계에 부적응적인 행동을 나타낸다. 특정공포증은 특정한 대상(예: 뱀, 개, 거미)이나 상황(예: 높은 곳, 폭풍)에 대한 공포를 나타내는 것을 말하며, 공황장애는 갑작스럽고 반복적인 극심한 불안 발작(attacks)을 보이는 것을 말한다. 광장공포증은 즉각적인 분리나 특정 대상이나 상황에 대해 두려움을 느끼거나 회피하는 것을 말한다. 사회불안장애는 다른 사람으로부터 평가받는 사회적 상황에 대한 과도한 불안과 공포를 느끼는 경우를 말한다. 선택적 무언증은 특수한 사회적 상황에서 지속적으로 말을 하지 않는 행동이다. 마지막으로 범불안장애는 여러 가지 대상이나 상황 혹은 활동 등 미래에 발생할지 모르는 다양한 위험에 과도한 불안을 느끼거나 걱정을 하는 것을 말한다.

불안장애는 남아보다 여아에게 더 자주 나타난다. 범불안장애는 청소년의 불안장애 중 가장 흔한 장애이며(Wicks-Nelson & Israel, 2003), 주로 아동기나 청소년기에 발병을 보고하지만 20세 이후의 발병도 적지 않다.

(2) 원인

정신분석적 입장에서는 무의식적 갈등이 불안을 유발한다고 주장한다. 불안의 원인이 무의식적 갈등에 있으므로 환자 자신은 불안의 이유를 자각하기 어렵다. 인지행동적 입장에서는 불안의 원인이 독특한 사고경향에 있다고 본다. 위험에 관한 인지도식(schema)이 발달되어 있기 때문에 특정한 환경적 자극에 선택적으로 주의를 기울이며 자극의 의미를 특정한 방향으로 해석한다. 즉, 더 위협적인 단서에 주의를 집중하거나, 같은 상황을 더 위험하게 받아들이는 인지 편향을 갖고 있다는 것이다.

유전적 요인과 뇌생리학적 기제에 원인이 있다는 보고도 있으며, 불안을 뇌의 후두엽과 관련되어 있다고 보고 약물로 불안을 감소시키는 연구가 집중적으로 진행되었다.

(3) 상담 및 치료

교사와 상담자는 불안장애의 주요 특성을 이해하여 청소년의 일상적인 활동 수행을 어렵게 만드는 상황을 파악해야 한다. 불안장애를 치료하는 방법은 약물치료, 인지행동치료, 정서중심의 심리상담 치료 등 다양하지만 청소년의 자각 수준을 고려해서 비교적 단시간에 효과를 볼 수 있는 치료법으로 행동수정치료와 인지치료법을 들 수 있다. 불안장애 청소년을 도울 수 있는 대표적인 행동수정치료는 이완훈련, 체계적 둔감법, 홍수법 등이 있다. 이완훈련은 공포와 불안 문제를 야기하는 자율적 각성을 감소시키는 방법으로 요가, 명상, 호흡법, 일반 운동 등이 이에 해당한다. 체계적 둔감법은 공포를 야기하는 자극을 상상하면서 '공포' 자체를 이완에 이용하는 것으로 내담자가 실제 공포를 야기하는 자극에 점진적으로 접근하거나 점진적으로 노출되게 한다. 홍수법은 개인이 오랫동안 충분한 강도로 공포 자극에 노출됨으로써 시간이 지났을 때 소거 저항 과정을 통해 불안 수준을 감소시키는 방법이다. 그 밖에도 아동과 청소년 공포증의 성공적인 치료법으로 다른 사람이 공포 자극에 접근하거나 공포활동에 참여하는 것을 관찰한 후 유사한 행동을 더욱 쉽게 수행할 수 있게 하는 모델링 방법도 있다.

인지행동치료는 불안해하는 청소년의 생각, 신념, 지각을 변화시키려는 방법이다. 대표적인 방법으로 '걱정 사고 기록법'을 들 수 있다. 자신이 언제, 어떤 내용의 걱정을 얼마나 오랫동안 하는지 관찰하여 '걱정사고 기록지'에 기록하는 방법으로 흔히 경험하는 주된 걱정의 내용을 치료시간에 떠올리게 하여 이러한 걱정의 비현실성과 비효율성을 논의하고 인식하게 하는 동시에 걱정에 대한 긍정적 신념을 수정하게 한다. 그 밖에도 걱정 사고 내용에 반대되는 대안적 생각을 되뇌는 방법, 하루 중 '걱정하는 시간'을 정해 놓고 다른 시간에는 일상적 일에 집중하는 방법, 불안을 유발하는 걱정에 대한 사고나 심상에 반복적으로 노출시켜 걱정에 대한 인내력을 증가시킴으로 걱정의 확산을 방지하는 방법, 고통을 유발하는 사고나 감정을 회피하기보다는 이를 수용하도록 하는 방법 등을 활용하여 걱정을 조절하고 통제하는 능력을 향상시킨다.

행동수정이나 인지치료 외에 가족치료 방법도 유용하다. 가족이 함께하는 가족 프로그램을 통해 부모에게 아동을 다루는 법, 불안을 다루는 법, 의사소통 및 문제해결 기술 등을 훈련시킬 수 있다.

4) 강박 및 관련 장애

강박 및 관련 장애(obsessive compulsive and related disorders)는 개인의 의지와 상관없이 어떤 생각이나 충동이 자꾸 의식에 떠올라 그것에 집착하며 그와 관련된 행동을 반복하게 되는 부적응 증상을 말한다. 다음은 강박장애 증상을 보이는 청소년의 사례이다.

민호는 8세 때부터 많은 상황에서 세균에 감염되어 질병에 걸리는 것에 대한 강한 두려움을 호소하였다. 민호는 자신이 더러워졌다고 여길 때마다 반복적으로 세게 손을 씻었고 이런 과도한 손 씻기로 인해 찰과상을 입기도 했다. 학교에서 집으로 오는 시간은 걸어서 보통 15분이 걸리지만 민호는 한 시간이 걸린다. 집으로 오는 길 위에 타일을 하나라도 밟지 않으면 불안하고 견딜 수 없어서 다시 왔던 길을 돌아가며, 신호등도 자신이 마음속으로 세고 있는 숫자에 맞을 때만 건너기 때문이다. 또한 집에서는 집안의 가스와 수도를 확인하는 데 많은 시간을 보내고 있는데, 이것을 확인해야지만 집에 있는 것이 안심되기 때문이다. 민호는 여러 가지 다양한 오염에 노출되는 것에 대한 두려움과 위험에 대한 두려움으로 점점 회피하는 것이 많아졌고 결국에는 학교에도 갈 수 없게 되었다.

(1) 증상 및 특징

강박장애는 그 증상에 따라 강박사고와 강박행동으로 구분된다. 강박사고(obsession)는 본인의 의지와 관계없이 반복적으로 고통스러운 생각, 충동 또는 심상이 떠오르는 사고를 말하는데 이러한 강박사고는 매우 다양한 주제를 포함한다. 흔한 예로는 음란하거나 공격적인 생각, 오염에 대한 생각(악수할 때 병균이 묻지 않을까?), 반복적인 의심(자물쇠를 제대로 잠갔나?), 물건을 순서대로 정리하려는 충동이 있다. 환자는 이러한 생각이 부적절하다는 것을 인식하지만 잘 통제할 수 없고 반복적으로 의식에 떠오르는 생각으로 고통스러워한다. 따라서 이러한 사고를 없애기 위해서 여러 가지 노력을 하게 되는데 이러한 노력은 흔히 강박행동으로 나타난다.

강박행동(compulsion)은 불안을 감소시키기 위해서 반복적으로 하는 행동을 말한다. 강박행동은 씻기, 청소하기, 정돈하기, 확인하기와 같이 외현적 행동으로 나타날 수도 있고 숫자 세기, 기도하기, 속으로 단어 반복하기와 같이 내현적 활동으로 나타나는 경우도 있다. 환자는 강박행동이 지나치고 부적절하다는 것을 잘 알지만, 강박행동을 하지 않으면 심한 불안을 느끼기 때문에 이러한 행동을 반복한다.

청소년에게 가장 많이 보고되는 강박 증상은 세균이나 더러움에 대한 두려움, 불길한 사건들에 대한 걱정, 과도한 씻기나 치장, 반복적인 확인행동 등이 있다(Zetin & Kramer, 1992).

(2) 원인

강박장애의 원인은 생물학적, 유전적, 심리 · 사회적 관점에서 살펴볼 수 있다. 첫째, 생물학적으로 세로토닌이라는 신경전달물질의 이상을 강박장애 발생의 주된 원인으로 본다. 둘째, 유전적 요인도 크다고 보고 있다. 모든 강박증 환자가 강박증이 있는 부모에게서 태어나는 것은 아니지만 강박장애 청소년의 부모에 관한 연구에서 약 71%가 최소한 한쪽 부모에게서 강박증상(52%), 또는 강박장애(19%)가 발견되었다고 보고하였다(Riddle et al., 1990). 셋째, 심리적 요인으로 인지행동적 입장에서는 '침투적 사고'와 '자동적 사고'라는 개념을 통해 설명한다. 침투적 사고(intrusive thought)는 우연히 의식에 떠오르는 원치 않는 불쾌한 생각(예: 오염이나 실수에 대한 생각)을 의미하며, 이 침투적 사고는 그에 대해 의미를 부여하는 자동적 사고를 유발한다. 자동적 사고(automic thought)는 침투적 사고에 대한 사고를 말한다. 자동적 사고는 침투적 사고를 억제하기 위해 거의 반사적으로 나타나는데, 역설적으로 이러한 노력은 침투적 사고가 더 자주 의식에 떠오르게 하는 결과를 초래한다.

(3) 상담 및 치료

교사와 상담자는 강박장애의 주요 특성을 이해하여 일상적인 활동(학습, 또래관계, 생활적응)에 곤란을 겪는 청소년을 파악해야 한다.

강박장애 청소년을 위한 치료 방법으로 행동수정치료와 인지행동치료 방법을 들 수 있다. 행동수정치료 방법으로는 노출 및 반응방지법이 효과적이라고 알려져 있다. 이는 학습이론에 근거하여 강박장애 청소년이 두려워하는 자극(더러운 물질)이나 사고(손에 병균이 묻었다는 생각)에 노출시키되 강박행동(손 씻는 행동)을 하지 못하게 하는 방법이다. 노출에는 실제의 불안 상황에 직접 맞닥뜨리는 실제적 노출(공중화장실 문손잡이를 실제로 만지는 것)이 있다. 노출은 일반적으로 약한 불안을 느끼는 자극에서부터 시작해서 점차 강한 불안을 느끼는 자극으로 진행한다.

　인지행동치료에서는 인지치료자가 치료의 원리, 즉 침투적 사고는 위험하지도 중요하지 않은 정상적인 경험이라는 점을 설명한다. 즉, 침투적 사고의 내용이 어떤 것이든 누구나 경험하는 보편적 현상이므로 자연스러운 것으로 받아들이면서 통제하려고 하지 않으면 저절로 사라진다는 것을 인식시킨다. 치료자는 자동적 사고의 중요성을 강조하면서 환자가 가지고 있는 자동적 사고를 찾아내어 변화시킴으로써 강박적 사고와 행동을 감소시킨다. 아울러 사고에 과도한 중요성을 부여하고 사고를 통제하려는 욕구와 불확실성을 견디지 못하는 완벽주의와 같은 역기능적 신념을 확인하고 변화시킨다.

　모든 치료에서 가족들은 강박장애가 어떤 장애인지에 대해 이해하고 있어야 하며 환자의 응원군이 되어야 한다. 이때는 환자를 무조건 안심시키는 것보다는 중립적인 태도가 중요하다.

5) 자살

　자살(completed suicide)은 자신의 목숨을 끊거나 목숨을 끊기 위해 시도하는 행동 및 사고에 대한 전반적 범위를 지칭한다. 자살은 실제로 자살하는 것(completed suicide), 자살을 시도(attempted suicide)하는 것, 자살하려는 생각(suicidal ideation) 모두를 포함하여 폭 넓게 접근해야 하는 부적응 증상이다. 다음은 자살한 청소년들의 사례이다.

　2일 오전 10시 12분께 부산진구의 한 모텔 2층 객실에서 대학생 A(20 · 여 · 대구 북구) 씨와 B(18 · 서울 동대문구) 양이 착화탄과 활성탄 등을 피운 채 쓰러져 있는 것을 모텔 주인 이 모(68 · 여) 씨가 발견해 경찰에 신고했다. 이 씨는 "지난달 31일 모텔에 투숙한 A 씨 등이 방을 비워야 하는 날인데도 인기척이 없고 문이 잠겨 있어 119에 신고했다."라고 진술했다. 발견 당시 A 씨는 이미 숨졌고 B 양은 의식이 없는 상태였다. 이들이 머문 객실의 출입문과 창문 틈은 청테이프로 막혔고 방 안에는 수면제와 착화탄 등이 남아 있었다. 방 안 침대 위에는 B 양의 글씨로 보이는 "주인 아주머니 죄송해요. 장기 기증해 주세요."라고 적힌 메모지가 발견됐다. 경찰 조사 결과 A 씨는 경북지역 모 대학 간호학과를 다니다 2년 전

휴학해 전과를 시도했다. 하지만 학업 부진으로 우울증을 앓아 왔고 3일 전 자살을 암시하는 유서를 남기고 가출한 것으로 드러났다. 고등학교를 자퇴한 B 양은 독학으로 대학 입시를 준비했지만, 학업 스트레스로 우울증을 앓아 왔다고 경찰은 밝혔다.

출처: 부산일보, 2014. 4. 3.

(1) 증상 및 특징

청소년 자살의 특징을 살펴보면 다음과 같다. 첫째, 청소년이 보인 자살시도의 대다수가 충동적으로 일어나는 경우가 많다. 청소년기는 인생의 주기 중 가장 에너지가 넘치는 시기로서 다른 어떤 시기보다 자살과 같은 위험행동을 충동적으로 저지르는 경우가 많다. 자살계획이 없는 상태에서도 부모가 화가 나서 '나가 죽어라'라고 말하면 '좋아, 죽으라면 죽지.'라는 반응으로 충동적으로 자살을 시도하는 경우도 있다. 이처럼 청소년이 보이는 자살시도는 현실 도피적으로 문제를 해결하려는 충동적 방식으로 나타나는 경우가 많다.

둘째, 청소년의 자살은 자신의 심리적 고통을 극단적인 방법으로 표현하는 경우가 많다. 청소년의 자살시도는 삶에 대한 완전한 포기보다는 가정, 사회에 대한 감춰진 호소, 즉 도움을 청하는 울음(cry for help)이라는 것이다. 청소년의 자살생각이 실제 자살로 이어지는 치명적인 결과를 가져올 수 있음을 밝힌 연구들이 있음에도 불구하고, 많은 청소년이 자살생각을 마음속으로만 품고 겉으로 표현하거나 드러내지 않기 때문에, 청소년 자살을 임상적으로 예측한다는 것은 매우 어렵다. 그러므로 자살생각을 미리 감지하고, 이를 사전에 효과적으로 예방하는 것이 중요하다.

셋째, 청소년기 자살은 또래와 동반자살을 시도한다는 특징이 있다. 청소년기에 또래와의 관계는 어느 시기보다 중요하며, 자살과 관련된 문제에서도 마찬가지로 나타난다. 즉, 청소년은 다른 연령에 비해 자신의 내적 자살동기보다 외적 요인의 영향을 많이 받기 때문에 동반자살을 감행하는 경우가 많다. 최근에는 인터넷 자살 사이트를 통해 알게 된 청소년들이 동반자살을 시도하는 경우도 있으며, 점점 치사율이 높은 방법을 선택하고 있다.

마지막으로, 청소년은 판타지 소설류나 인터넷게임 등의 영향으로 죽음에 대한 환상을 가진다. 따라서 현실세계에서 강한 압력을 받을 때 죽음을 일종의 도피수단으로 보고, 자살을 선택함으로써 문제를 해결하려는 의존성을 지니고 있다.

(2) 원인

청소년이 자살을 생각하는 이유는 다양하다. 일반적으로 가정불화, 사회적 고립, 학업 스트레스, 우울증 등이 청소년이 자살생각을 하는 요인들로 알려져 있다. 이에 대해 자세히 살펴보면 다음과 같다.

첫째, 자살을 시도하는 청소년은 부모와 갈등이 있거나, 가정에서 부모 간에 많은 갈등이 있을 수 있다. 또한 가정 내 심한 폭력이 존재하거나, 부모가 자녀에게 부정적이고 거부적인 태도를 보였을 수도 있다. 둘째, 사회적 고립은 청소년이 애착대상에 대한 상실에 매우 취약하도록 만들며, 이로 인해 자살을 시도하기도 한다. 자살을 시도하는 청소년은 종종 어떤 어른에게도 친밀감을 느끼지 못하며 주변의 중요한 사람들과 의사소통을 하는 데도 어려움을 느낀다. 셋째, 우리나라는 입시위주 교육정책으로 청소년이 자살하고 싶은 이유 중 학업 스트레스가 가장 높은 비율을 차지하고 있다. 이러한 정책은 청소년에게 미래가 불확실하며 경쟁에서 밀리거나 사회의 낙오자가 될 수도 있다는 생각을 하게 함으로써, 학업성적에 과도하게 집착하는 등의 불안감을 유발할 수 있다. 청소년은 불안감을 해소하기 위해 약물 오·남용과 중독 등에 빠지기도 하며, 해결책이 없다고 판단될 때는 자살을 시도하기도 한다. 넷째, 우울증은 자살의 가장 보편적인 요인으로, 최근의 생활 스트레스에 뒤따라 발생할 수 있다. 우울증인 청소년은 하루의 대부분 동안 거의 모든 일상 활동에 대한 흥미나 즐거움이 뚜렷하게 저하되어 있고, 사소한 일에도 공격적이 되거나 반대로 아예 무슨 일도 하지 않으려고 한다. 또한 부적절한 죄책감을 느끼며, 자신을 해치는 위험한 행동(자해), 죽음에 대한 반복적인 생각을 하게 되고, 때때로 죽고 싶다는 이야기를 하며 실제로 자살을 시도하기도 한다.

(3) 상담 및 치료

교사와 상담자는 자살의 주요 특성과 징후과정을 이해하고 자살을 시도했거나, 자살행위를 보인 학생은 반드시 가족, 병원 또는 전문기관에 알려야 한다.

청소년 자살이 충동적이고 우발적이어서 예측할 수 없을지라도 자살 징조를 파악해서 미연에 방지하는 방안이 강구되어야 한다. 자살은 가까운 가족도 전혀 예상하지 못하는 경우도 있지만, 대체로 이전에 자살 시도의 가능성을 알려 주는 경우가 많다.

자살 징후를 보이는 청소년을 도와주는 방법은 다음과 같은 것이 있다. 첫째, 가족의 역할이 중요하다. 자살 징후를 보일 경우, 부모나 가족은 당사자를 야단치거나 자극적인 언사를 피하고, 우선 다가가서 정서적으로 지지해 주며 자살 동기를 이해하려는 태도를 보이는 것이 중요하다. 아이의 단점보다 장점을 찾아 격려해 주고 분위기를 바꾸기 위해 청소년의 요구 조건을 일부 들어주거나 가족 외식, 여행을 하는 것도 좋다. 이런 모든 방법으로도 별 진전이 없으면 정신과 전문의나 상담 전문가를 찾아 필요한 치료와 상담을 받도록 한다.

둘째, 친구의 역할이 필요하다. 우리나라의 경우 청소년은 친구에게 고민과 걱정거리를 상담하는 경우가 가장 많다는 점을 고려하면, 청소년기에 친구 집단은 가장 중요한 지킴이이자 상담자 역할을 하는 영향력 있는 집단임을 알 수 있다. 특히 최근에 우리나라에서 또래상담 제도가 정착되어 실효를 거두고 있으므로 또래의 친구가 도움을 줄 기회가 증대되었다. 자살 위험이 있거나 자살하려는 친구를 발견하여 동료로서 친구의 이야기에 귀를 기울이고, 문제의 심각성을 부정하지 않고, 친구의 긍정적인 측면을 지지해 주며 만일 친구가 자살하려는 전조를 보이면 주저하지 말고 부모에게나 어른의 도움을 요청하는 등 신속한 조치를 취할 수 있다.

셋째, 자살생각에 사로잡혀 있거나 자살을 시도하려는 청소년을 발견하였을 때는 그 청소년을 설득하여 적절한 상담과 치료를 받게 해야 한다. 자살 의도가 분명하고 위험성이 높으면 정신과적 진단과 치료가 필수적이다. 심각한 자살 시도자는 반드시 입원시켜 평가하고 치료해야 생명을 구하고 자살 행위의 재발을 막을 수 있다. 일단 치료가 위기 상황을 넘기고 진단평가가 이루어지면 관련된 정신장애 치료와 자살에 대한 정신 치료적 접근이 이루어 진다. 이때는 자살의 동기, 가족의 상실이나 연애 실패, 성적 저하 등 개인 심리적 갈등과 절망, 분노와 좌절 등을 다루어 줘야 한다. 특히 가족이 역기능적이거나 정서적 지지가 없는 청소년의 경우, 부모와 가족이 기능을 회복하고 지지망을 회복하도록 도와야 한다. 이것은 앞으로 다시 청소년의 자살 시도가 일어나지 않게 하는 가장 중요한 요소이다.

6) 외상후 스트레스장애

외상후 스트레스장애(posttraumatic stress disoder)란 충격적인 외상 사건을 경험하고 난 후에 다양한 부적응 증상이 나타나는 경우를 말한다. 다음은 외상후 스트레스장애 증상을 보이는 청소년의 사례이다.

중학교 3학년인 초롱이는 중1 때 옆집 오빠에게 성폭행을 당했다. 초롱이는 그 일을 어머니에게 알렸고 옆집 오빠는 재판 후 소년원에서 복역하게 되었다. 초롱이는 성폭행을 당하게 된 것이 자신의 탓인 것만 같았고, 학교에 소문이 나는 것에 대해 불안해하고 무기력감에 시달려 이사와 전학을 하였다.

초롱이는 전학을 간 학교에서 적응을 잘하고 친구들과 잘 어울리는 등 겉보기에는 비교적 안정적인 생활을 하였으나 실제로는 가해자인 옆집 오빠가 등장하는 악몽을 반복적으로 꾸기 시작하여 불안감과 우울감이 지속되었다. 또한 성폭행을 당했던 시기만 되면 이런 증상이 더욱 심해졌고, 복통, 어지럼증, 두통 등 신체증상을 호소하여 병원에서 진료를 받았다.

2년 뒤 우연히 길에서 성폭행했던 옆집 오빠를 보았는데 아무렇지도 않은 듯 웃으며 지나가는 모습을 보니 분노가 치밀었고 이후 지속해서 신체증상과 불안감, 우울감이 악화되어 죽고 싶은 충동이 들었다. 게다가 친구들이 얘기하고 있으면 마치 자신의 얘기를 하는 것같이 느껴져 불안했으며, 교실에 앉아 있으면 갑갑하고 가슴이 터질 것 같아서 양호실에서 쉬는 시간이 많아졌다. 병원에 입원하여 약물치료를 받으면 잠시 좋아지는 것 같았지만 다시 우울감에 빠져 약물을 먹거나 손목 긋기 등의 자해행동을 계속하고 있다.

(1) 증상 및 특징

외상 사건은 죽음 또는 죽음의 위협, 신체적 장애, 성폭력과 같이 개인에게 심각한 충격을 주는 다양한 사건(예: 지진이나 화산폭발과 같은 자연재해, 전쟁, 살인, 납치, 교통사고, 화재, 강간, 폭행)을 의미한다. 생명의 위협이나 심각한 신체적 상해의 위협을 느낄 만큼 충격적인 사건을 경험하면 사건 이후에도 그러한 충격적 경험이 커다란 심리적 상처가 되어 오랜 기간 피해자의 삶에 영향을 미친다. 이러한 외상경험은 개인이 외상 사건을 직접 경험한 경우뿐만 아니라 타인에게 일어난 외상 사건을 가까이에서 목격하거나 친밀한 사람(가족이나 친구)에게 외상 사건이 발생했음을 알게 된 경우에도 생길 수 있다.

외상후 스트레스장애의 특징은 환경적인 스트레스 사건과 그에 대한 개인의 부적응적 반응으로 다음과 같은 네 가지 유형의 심리적 증상을 특징적으로 나타낸다. 첫째, 외상 사건과 관련된 기억이나 감정이 자꾸 의식에 침투하여 재경험된다. 둘째, 고통스러운 외상 경험을 떠올릴 수 있는 모든 자극이나 단서(사람, 장소, 대화, 활동, 대상, 상황)를 회피하려고 노력한다. 셋째, 외상 사건의 중요한 부분을 기억하지 못하거나 사건의 원인이나 결과를 왜곡하여 받아들임으로써 자신이나 타인을 질책할 수 있으며 자신, 타인 및 세상에 대한 과도한 부정적 신념을 나타내기도 한다. 마지막으로, 다양한 신체적 불평, 과민한 각성 반응을 나타내어 쉽게 놀라고 식욕, 수면과 집중력에 문제를 보이며, 성적 저하, 무감각증으로 인한 고립감, 가출, 공격성을 유발하기도 한다.

DSM-5에서는 외상 사건을 경험하고 난 후 이러한 네 가지 유형의 증상들이 1개월 이상 나타나서 일상생활에 심각한 장해를 받게 될 때 외상후 스트레스장애로 진단한다. 이러한 장애는 외상 사건을 경험한 직후에 나타나는 경우가 대부분이지만 사건을 경험한 후 한동안 잘 지내다가 몇 개월 또는 몇 년 후에 뒤늦게 나타나는 경우도 있다. 외상후 스트레스장애는 아동기를 포함한 어느 연령대에서도 발생 가능한 장애로서 증상은 대부분 사건발생 후 3개월 이내에 일어나며 증상이 지속되는 기간은 몇 개월에서 몇 년까지도 지속될 수 있다.

(2) 원인

동일한 외상 사건을 경험했더라도 이에 대한 청소년의 심리적 반응은 매우 다양하게 나타난다. 이러한 다양한 반응은 개인적으로는 외상 사건에 대한 부모나 중요한 타인의 반응과 관련이 있으며, 성격적 특성, 아동기의 외상 경험 등과도 관련이 있다. 생물학적 입장에서는 유전적 취약성과 신경전달물질의 이상이 원인이라고 보고 있으며, 정신분석적 입장에서는 외상 사건이 유아기의 미해결된 무의식적 갈등을 불러일으켜 퇴행이 일어난 결과 억압, 부인, 취소 등의 방어기제가 동원되면서 증상이 나타난다고 보고 있다. 행동주의적 입장에서는 외상 사건이 무조건 자극이 되고 외상과 관련된 단서들이 조건자극이 되어 불안 반응이 나타난다는, 조건형성의 원리를 통해 설명하고 있다.

(3) 상담 및 치료

교사와 상담자는 외상후 스트레스장애 청소년 면접 시 외상 사건만 보지 말고 삶 전체를 살펴보며 외상 사건이 당사자에게 어떤 의미인지 파악해야 한다. 또한 청소년과 지지적인 관계를 형성하여 면접 시 외상 사건을 생생하게 이야기할 수 있도록 하여 정서적 충격을 정화할 수 있도록 돕는다. 동시에 학급에서 충동성과 분노로 인한 공격적인 행동을 통제하고 조절할 수 있도록 분노와 스트레스 방지, 사회적 기술에 대해 교육한다. 교사의 흔들림 없는 태도가 대단히 중요하며, 일관성 있는 보상과 처벌의 규칙을 만들어 행동을 긍정적으로 강화하는 것이 필요하다.

인지행동치료에는 분노조절 훈련과 긴장, 스트레스, 불안의 대처기제인 이완훈련이 있다. 외상 사건을 단계적으로 떠올리게 하여 불안한 기억에 반복적으로 노출시켜 외상 사건을 큰 불안 없이 직면할 수 있도록 지속적 노출요법을 유도하는 방법도 있다. 글쓰기 치료를 통해 외상 경험을 자세히 기록하고 읽음으로써 외상 기억을 회피하려고 하는 것과 감정을 극복하게 하고 외상 사건에 대한 잘못된 신념을 탐색하고 수정하여, 자책과 죄의식을 유발하는 부정적 신념을 변화시켜 외상 경험을 수용할 수 있도록 인지처리를 하는 방법도 효과적이다.

또한 트라우마가 당사자와 가족 모두에게 영향을 주게 되므로 외상후 장애 청소년에게 정서적 지지를 제공할 수 있도록 가족치료가 병행될 필요가 있다.

7) 섭식장애

섭식장애(eating disorders)는 청소년에게 일반적으로 발생할 수 있는 부적응 증상으로 신체와 관련된 장애이며, 개인의 건강과 심리 · 사회적 기능을 현저하게 방해하는 부적응적인 섭식행동과 섭식-관련 행동을 의미한다. 섭식장애에는 신경성 식욕부진증과 신경성 폭식증이 있다. 다음은 섭식장애 중 신경성 식욕부진증 증상을 보이는 청소년의 사례이다.

중2인 소연이는 부모님의 말씀을 잘 들으며, 소심하고 내성적인 성격으로 어려서부터 친구들과 어울려 놀기보다는 혼자 소꿉놀이를 하거나 책을 보며 지내는 것을 더 좋아하였다.

체육수업을 위해 교실에서 체육복을 갈아입던 중 친구들이 자신의 치마 치수를 보고 생각보다 크게 입는다며 비아냥거리는 소리를 들었을 때부터 소연이는 자신이 살이 쪘다는 생각에 다이어트를 시작했다. 소연이는 다이어트를 시작한 지 3개월이 지나면서부터는 거의 식사를 하지 않고 하루에 한 끼만 소량으로 먹었으며, 인터넷으로 저칼로리 식단을 검색하여 스스로 음식을 만들어서 먹거나 열량이 낮은 곤약이나 채소만 섭취하였다. 또한 하루에 대여섯 시간씩 달리기나 걷기 등의 운동을 하며 다이어트에 열중해 20kg 정도의 체중을 감량했다. 현재 소연이는 27kg이 되었지만, 자신이 말랐다고 생각하지 않고 계속해서 식이조절과 운동에 대해 집착하고 있다. 식사를 권유하는 부모를 피해 친구들과 어울려 하루 종일 외출을 하고 밖에서도 계속해서 움직이며 살을 빼는 운동을 지속하였으며, 규칙적이었던 생리가 사라졌다.

(1) 증상 및 특징

신경성 식욕부진증인 경우, 체중 증가와 비만에 대한 불안과 두려움이 있으며, 신체상에 왜곡이 있어 매우 말랐음에도 불구하고 자신을 뚱뚱하다고 인식한다. 내성적이고 모범적이며 완벽주의적인 여자 청소년에게 흔히 나타나며, 대인관계 회피, 심한 감정의 변화, 불안과 우울, 수면장애의 증상을 나타낸다. 정상체중보다 적어도 15% 이상의 체중 감소가 나타나고, 무월경, 변비, 복통, 추위에 대한 내성 저하, 무기력감, 심각한 저혈압, 저체온, 느린 맥박, 피부건조증 등이 발생할 수 있다.

신경성 식욕부진증의 진단기준은 다음과 같다. 첫째, 음식섭취를 제한함으로써 현저한 저체중 상태를 초래할 수 있다. 둘째, 심각한 저체중이면서 체중증가와 비만에 대한 극심한 두려움을 가지고 체중이 증가하지 않도록 하는 지속적인 행동을 나타낸다. 셋째, 체중과 체형을 왜곡하여 인식하고, 체중과 체형이 자기평가에 지나친 영향을 미치며 현재 나타내고 있는 체중미달의 심각함을 지속적으로 부정한다. 신경성 식욕부진증은 90% 이상이 여성에게 발생하며 특히 청소년기의 여성에게서 흔하다.

신경성 폭식증은 짧은 시간 내에 많은 양을 먹는 폭식행동과 이로 인한 체중증가를 막기 위해 구토 등의 보상행동을 반복하는 경우를 말한다. 흔히 체중증가에 대한 두려움을 가지고 체중조절을 위해 노력하지만, 종종 하루에 필요한 열량의 30배를 먹는 등의 폭식행동이 반복되어 나타난다. 먹은 음식을 배출하기 위해 토하거나 설사제 등의 약물을 복용하나 정상체중을 유지한다는 점에서 신경성 식욕부진증과 다르다.

신경성 폭식증의 진단기준은 다음과 같다. 첫째, 일정한 시간 동안 반복적인 폭식행동이 나타난다. 둘째, 폭식 행위 동안 먹는 것에 대한 조절 능력을 상실하고, 설사제, 이뇨제, 관장약, 기타 약물의 남용 또는 금식이나 과도한 운동과 같이 체중증가를 억제하기 위한 보상행동이 나타난다. 폭식행동과 부적절한 보상행동 모두 평균적으로 적어도 일주일에 1회 이상 3개월 동안 일어나야 신경성 폭식증으로 진단한다. 체형과 체중이 자기 평가에 과도한 영향을 미치며, 이상의 문제행동들이 신경성 식욕부진증에 의해서 나타나는 것이 아니어야 한다. 신경성 폭식증은 90%가 여성에게 발생하며 특히 청소년기 여성과 젊은 성인 여성에게 나타난다.

(2) 원인

섭식장애는 원만하지 못한 대인관계에서 비롯되는 경우가 많다. 섭식장애자는 만족스러운 대인관계를 맺지 못하는 경향이 있는데, 이러한 대인관계의 갈등이 음식에 대한 갈등으로 대치된다. 즉, 식욕부진증 청소년은 먹기를 거부함으로써 사람에 대한 공격적 감정을 통제하는 반면, 신경성 폭식증 청소년은 폭식함으로써 사람들을 상징적으로 파괴하고 자기 속에 통합시키려 한다. 또한 섭식장애는 자아와 초자아의 강도에 따라 식욕부진증과 폭식증으로 나타나는 경향이 있다. 일반적으로 신경성 식욕부진증은 자아강도가 강하고 초자아의 통제력이 강한 데 비해, 폭식증은 자아강도가 약하고 초자아가 느슨하여 충동조절에 어려움을 나타내며 자기파괴적인 성관계나 약물남용을 보이는 경우가 많다.

섭식장애는 유전적 요인 중 일란성 쌍생아에서 일치율이 높고, 가족력에서는 우울증, 알코올 의존 또는 섭식장애가 있는 경우 높게 나타난다.

(3) 상담 및 치료

교사와 상담자는 섭식장애 청소년 면접 시 섭식장애의 특징을 이해하고 지지적인 관계를 통해 심리적, 행동적 도움을 줄 수 있어야 한다. 청소년의 이상행동에 대한 관찰을 통해 섭식장애의 이상 징후 행동을 발견할 수 있다.

신경성 식욕부진증에 대한 인지행동치료는 신체 이미지에 대한 감정과 단점 찾기를 통해 인지왜곡을 교정해 나가는 것이다. 이때 체중증가 행동은 강화하고 체중감소 행동은 처벌한다. 규칙적인 생활을 하도록 격려하고, 다이어트와 굶기의 장점, 단점에 대해 이해를 높여 주며 식사 일기 작성, 대체행동카드 만들기, 스트레스 대처하기, 행동제한(많이 움직이는 것)하기 등을 실시할 수 있다.

신경성 폭식증 청소년의 경우 장기적으로 건전한 식사 습관을 통해 적절한 체중을 유지하면서 신체상에 대한 적응적인 생각을 발전시키는 것이 중요하다. 인지행동치료는 음식을 먹되 배출행위를 금지함으로써 토하지 않아도 불안하지 않다는 것을 배우게 한다. 인지재구성을 통해 음식과 체중에 대한 비합리적인 신념과 태도를 확인하고 이를 수정하도록 가르친다. 이때 신체상 둔감화나 자신의 몸에 대한 긍정적 평가기법 등이 사용된다. 영양상담을 통해 건강하고 균형 잡힌 식이요법과 영양학적 정보를 제공하고 운동 프로그램을 지속하도록 한다.

가족치료를 통해 섭식 장애 청소년 가족의 식사과정에 개입하여 성장과 발달에 필요한 양육과 정서적 지지를 촉진하고, 건강한 섭식을 악화시키는 가족 내의 의사소통방식, 생활스트레스에 관심을 갖고 이를 교정한다.

8) 품행장애

품행장애(conduct disoder)는 폭력, 방화, 도둑질, 거짓말, 가출 등과 같이 난폭하거나 무책임한 행동을 통해 타인을 고통스럽게 하는 행위를 반복적으로 하는 부적응 증상을 말한다. 다음은 품행장애 증상을 보이는 청소년의 사례이다.

감정기복이 심한 어머니와 욱하는 성격의 아버지는 종석이가 5세 때 잦은 부부싸움과 부의 가정폭력 끝에 이혼하였고, 이후 종석이는 어머니와 함께 지내다 초등 1학년 때 경제적으로 어려워지면서 아버지와 함께 살게 되었다. 아버지는 회사 일과 회식 등으로 일주일에 한 번 정도 종석이와 함께 있었으며 종석이는 주로 할머니와 함께 지냈다. 아버지는 종석이가 거짓말을 하거나 어른에게 대드는 모습을 보면 때리는 등 엄하게 대했고 자주 화를 냈으며 자신의 기분이 좋지 않으면 종석이를 때렸다. 종석이는 초등 5학년 때 불량한 친구들과 어울리며 담배를 피우기 시작했으며, 초등 6학년 때 할머니가 돌아가시고 아버지가 재혼하게 되면서 다시 어머니와 함께 지내게 되었다. 종석이가 인터넷 게임을 밤늦게까지 하지 않기로 약속하였으나 지키지 않자 어머니는 화가 나서 종석이의 뺨을 때리고 같이 살 수 없으니 옷과 신발도 놔두고 집에서 나가라고 하여 종석이는 길거리에서 자기도 하였다. 중학생 때는 같은 반 여학생의 옷에 손을 넣어 가슴을 만지는 성추행을 하여 학교에서 벌을 받게 되었고 이로 인해 학교생활을 견디기 힘들다며 무단결석을 하다 다른 학교로 전학했다. 하지만 일주일 만에 반 친구의 돈을 빼앗고, 다시 무단결석과 가출을 하였고, 소년원에서 나온 친구 형의 자취방에서 함께 지내기 시작했다. 가끔 집에 들어갈 때면 종석이는 어머니에게 욕을 하거나 돈을 주지 않는다며 어머니를 폭행하였다. 또한 아버지에게 전화를 걸어 욕을 하고 물건을 부수거나, 칼을 들고 협박하는 등 공격적인 행동을 보였다. 편의점 아르바이트를 하다가 담배와 돈을 훔치고, 본드를 흡입하였으며, 법적 절차를 밟을 때도 경찰, 의사나 판사 앞에서 공격적인 언행을 보였다.

(1) 증상 및 특징

품행장애 청소년의 핵심증상은 난폭하고 잔인한 행동, 기물파괴, 도둑질, 사회적 규범을 위반하는 행동을 하며, 타인의 감정을 이해하거나 받아들이는 데 어려움을 겪는다는 것이다. 또한 자신의 잘못에 대해 반성하는 기능이 떨어지며, 충동적이고 지루한 것을 참지 못하고 끊임없이 자극을 찾아다닌다. 또 다른 특징으로는 가정환경에서 부모의 폭력, 학대, 알코올 중독, 방임적 양육태도 등에 노출된 경험이 높으며 부모 중 아버지는 알코올 중독, 반사회적 성격장애, 폭력 등의 문제를 보이고 어머니는 우울장애를 보이는 경우가 많다. 대부분 부모와의 안정애착이 되어 있지 않으며 유아 및 아동기 때 정서적으로 방치되어 있었을 가능성이 크다.

타인이나 타인 소유의 물건에 대해 공격, 파기 및 파손시키는 행위를 하는 청소년을 품행장애로 진단 및 평가하기 위해서는 장애특성을 충분히 고려한 전문적인 진단 및 평가가 필요하다. 그 이유는 다른 장애를 공동으로 가지고 있다든지, 가면적 우울감을 나타낼 수 있기 때문이다. 품행장애가 갖는 다른 장애와의 가장 큰 차이는 기본적으로 타인에게 감정 이입하는 것을 어려워하며 양심의 기능이 발휘되지 않는다는 점이다.

DSM-5에서 품행장애는 사람과 동물에 대한 공격, 재산파괴, 사기나 절도, 중대한 규칙위반 등 네 개의 문제행동으로 나뉘며, 열다섯 개 항목 중 세 개 이상이 12개월간 지속되고 이 중 한 개 항목 이상이 6개월 동안에 반복적으로 나타날 때 품행장애로 진단된다. 발병 연령에 따라 아동기 발병(10세 이전)과 청소년기 발병(10세 이후)으로 구분되며, 증상의 정도에 따라 경미한 정도, 상당한 정도, 심한 정도로 분류된다. 품행장애는 소아기와 청소년기에서 상당히 흔한 장애로, 갑자기 발병되지 않으며 시간을 두고 서서히 여러 가지 증상이 발생하다가 결국은 심각한 수준에 이르게 되며, 여자보다 남자가 4~12배 정도 많은 것으로 보고되고 있다.

(2) 원인

품행장애는 다양한 요인이 복합적으로 작용하여 발생되는 것으로 가장 주목 받는 원인은 부모의 양육태도와 가정환경으로 추정되고 있다. 부모의 강압적이고 폭력적인 양육태도, 무관심하고 방임적인 양육태도는 품행장애를 촉발할 수 있으며, 부모의 불화, 가정폭력, 아동학대, 결손가정, 부모의 정신장애나 알코올 사용 장애 등도 품행장애와 밀접한 관련을 맺고 있다.

정신분석적 입장에서는 품행장애의 원인을 초자아 기능의 장애로 간주하기도 한다. 품행장애를 지닌 청소년은 성숙한 대인관계의 형성에 필수적인 심리적 특성인 '좌절감에 대한 인내력'과 윤리의식의 발달이 결여되어 있으며, 타인의 고통에 무관심하고 사회적 규범을 준수하지 않는다. 학습이론에서는 부모를 통한 모방학습이나 조작적 조건형성에 의해서 품행장애가 습득되고 유지되는 것이라고 주장한다. 그 밖에도 낮은 교육수준, 높은 실업률, 경제적 곤란, 가족생활 파탄, 가정교육 부재 등의 사회문화적 요인도 품행장애를 유발할 수 있다.

(3) 상담 및 치료

교사와 상담자는 솔직하고 수용적인 태도로 품행장애 청소년과 치료적 동맹을 형성하여 청소년이 자신의 문제를 잘 드러낼 수 있도록 격려해 주어야 한다. 또한 품행장애 청소년을 면접할 때 양육사, 가정환경, 부모의 성격, 학교생활 적응도 등을 체계적으로 질문하고 적합한 측정도구로 객관적인 평가를 한 후에 일관적인 태도로 적절한 지도활동과 상담으로 접근해야 한다. 더불어 다른 장애가 품행장애로 오인된 경우가 많으므로 품행장애의 주요 특성을 이해하는 것이 중요하다.

행동치료로는 문제 행동을 직접 교정하고 훈련한다. 모델링(modeling), 재강화(reinforcement), 연습(practice), 역할수행(role playing)과 같은 직접적인 수련을 통해 새로운 행동 양식을 습득하게 하는 방법이 있다. 인지행동적치료에는 분노대처 프로그램(분노조절, 조망수용, 정서인식, 사회적기술 등)과 이완훈련, 스트레스 조절 및 대처전략 세우기 등이 있다. 또한 가족치료를 통해 부모역할을 하는 것과 일관적으로 훈육하는 것을 도움으로써 긍정적인 부모-자녀 상호작용을 증진시킨다. 부모의 적절한 행동패턴과 자녀에게 보상하는 방법을 교육하며, 가정불화가 있는 가정의 경우 부부갈등이나 갈등표현방법을 변화시키도록 유도한다.

9) 담배 관련 장애

담배 관련 장애(tobacco-related disorders)는 중독성 물질인 니코틴을 함유하는 여러 종류의 담배를 사용함으로 인해 발생하는 다양한 심리적 장애를 말한다. 담배 관련 장애는 물질 관련 및 중독 장애 중 하나로 학교현장에서 문제가 되는 담배 사용장애에 관하여 살펴보고자 한다.

(1) 특징과 진단
담배는 단기적으로 심리적 각성을 높여 주의집중력을 향상해 주고 불안이나 우울과 같은 부정적 감정을 감소시켜 주는 등의 긍정적인 효과를 나타내지만, 장기적으로 매우 부정적인 효과를 지니고 있다. 신체적 질병(기관지염, 만성 호흡기장애 등)으로 인해 담배를 끊어야 함에도 불구하고 계속 담배를 피우는 사람의 경우 심각한 건강문제가 발생할 수 있다. 이러한 문제들이 12개월 이상 지속되어 사회적, 직업적 또는 다른 중요한 기능에 현저한 곤란이 초래될 때 담배 사용장애로 진단될 수 있다.

(2) 원인
담배는 흔히 청소년기에 가족 또는 친구들의 영향에 의해서 처음 피우기 시작한다. 흡연하는 친구들의 권유, 부모나 친구의 흡연행위에 대한 모방, 매스컴이나 영화 등에서 빈번하게 나타나는 흡연행동, 담배회사의 대대적인 광고 등이 청소년으로 하여금 담배를 피우게 한다.

담배 사용장애는 니코틴의 신체적 의존이 나타나는 생물학적 입장과 타인과 함께 있을 때 담배를 피우는 사회형, 자극을 위한 자극형, 편안함을 위한 긴장이완형,

부정적 감정을 느낄 때 담배를 피우는 고독형, 사회적 능력이나 자신감을 키우기 위한 자신감 증진형, 담배 피우는 동작과 감각에서 즐거움을 느끼는 감각운동형, 식욕억제를 위한 음식대체형, 자각 없이 담배를 피우는 무지각형 등이 있다. 담배를 끊기가 어려운 이유는 담배에 대한 갈망은 매우 집요하고 금단증상이 매우 불쾌한 반면, 담배를 구하기는 너무 쉬운 사회적 환경 때문이다.

(3) 상담 및 치료

교사와 상담교사는 담배 관련 장애의 주요 특성을 이해하여, 금연의 동기를 강화하고 구체적 계획을 스스로 작성하게 하며, 인지행동적 기법을 통해 금연계획을 실행에 옮길 수 있도록 적절한 지도활동과 상담을 시도한다.

인지행동치료로는 자신이 매일 담배를 피우는 시간, 상황, 담배개비 수를 관찰하여 기록하게 하거나, 흡연상황을 회피하거나 변화시킴으로써 담배를 피우지 않도록 자기강화를 하는 방법이 있다. 니코틴이 들어있는 껌이나 패치를 사용하는 니코틴 대체치료, 여러 개비의 담배를 한꺼번에 빨리 피우게 하는 급속흡연으로 기침, 목의 따가움, 가슴 답답함, 구토 등의 혐오적 조건형성이 일어나게 만드는 혐오치료, 혐오적 상상을 연합시키는 혐오치료 등도 있다.

청소년의 건전한 자아상과 정체성을 확립하기 위해서는 부모의 역할이 매우 중요하다. 가족치료를 통해 부모-자녀 간 대화기술, 담배에 대한 가정규칙 세우기, 금연하는 모습 보이기 등 재발을 방지하기 위해 부모교육을 한다.

담배 등 물질 관련 장애에서 치료보다 더 중요한 것은 예방교육이다. 성인기의 물질남용은 주로 대부분 청소년기에 물질을 접해 본 뒤 나타나는 경우가 많으므로 예방교육이 청소년기에 이루어져야 한다. 학교나 보건소에서는 물질중독의 원인이 되는 낮은 자존감과 스트레스 대처능력의 저하 등에 초점을 맞춘 심리교육적 프로그램을 제공해야 할 것이다. 더불어 방송프로그램의 캠페인 등을 통해 국가적 차원에서 흡연과 알코올 섭취의 위험성에 대해 경고하고 예방교육을 실시하는 노력이 필요하다.

청소년기의 정신 발달은 건강한 성인으로 성장하는 데 기반이 된다. 따라서 우리는 청소년의 정신건강 문제의 예방과 치료에 주목해야 한다. 이를 위해 먼저 면접 및 검사를 통해 청소년의 특성을 면밀히 파악하고 각종 검사를 통해 객관적 평가를 내리는 과정이 필요하다. 다음으로 문제의 생물학적 요인 및 선천적인 요인,

환경적 요인, 심리·사회적 요인에 대해 다각적으로 접근하고 이해하여 청소년 개인의 개별적 특성과 그가 처한 맥락적 상황을 고려하여 상담과 치료를 시행해야 한다. 그리고 정신건강의학과 의사, 상담심리사, 상담교사, 교사, 사회사업가 등 전문가들 간의 긴밀한 협력이 이루어져야 하며, 특히 부모를 포함한 가족들의 정서적 지지와 학교 및 청소년 병리와 연관된 정부기관의 적극적인 지원이 있어야 할 것이다.

제8장

상담

20세기에 인간이 만들어 낸 것 가운데 가장 훌륭한 것 중의 하나가 상담이다. 상담을 통하여 현재의 삶을 보다 행복하고 의미 있게 만들 수 있고, 많은 학생으로 하여금 학교생활을 보다 신나고 충실하게 하도록 도울 수 있다. 이 장에서는 상담이 무엇인지 그 의미를 파악하고 학생들을 대상으로 할 때 상담의 목표가 무엇인지 알아본다. 또한 상담을 방식과 형태에 따라 다양하게 분류하여 학생들을 대상으로 어떤 유형의 상담이 가능한지 살펴본다. 그리고 상담의 원리와 과정을 살펴본 후, 마지막으로 다양한 상담이론을 제시함으로써 상담에 대한 이해의 폭을 넓히고자 한다.

1. 상담이란

1) 상담의 특성

상담에 대한 정의는 인간관이나 인간의 본성에 대한 이해가 서로 다르기 때문에 학자들마다 서로 차이가 있다. 그러나 여러 학자가 제시한 상담의 정의를 볼 때 상담의 몇 가지 특성을 알 수 있다.

첫째, 상담이 성립되려면 도움을 필요로 하는 내담자와 도움을 주는 상담자가 있어야 한다. 상담은 내담자나 상담자 중 어느 한 사람만 있어서는 성립되지 않는다. 상담자와 내담자가 개인 혹은 집단의 어떤 형태를 유지하건 둘 다 존재할 때 상담은 성립될 수 있다.

둘째, 상담은 전문적으로 교육받고 훈련받은 상담자에 의해서 제공되는 전문적 활동이다. 상담관계는 일상적인 관계와는 달리 상담자가 내담자를 긍정적인 방향으로 변화시킬 책임을 가지고 수행하는 전문적 관계이다. 따라서 상담자는 전문적 지식과 기술을 갖추어야 한다.

셋째, 상담은 상담자와 내담자의 관계에 기초를 둔 과정이다. 상담은 개인 존중에 기초한 상담자와 내담자의 상호협력활동이다. 바람직한 상담관계는 상담자와 내담자가 대등한 위치에서 상담에 임하고 또한 서로 합의해서 상담의 목표를 설정하며 그것을 구체화하는 것이다.

넷째, 상담은 의사결정과 문제해결에 관여한다. 상담에서 다루어지는 문제의 다양성에도 불구하고 결과적으로 상담은 의사결정과 문제해결에 직·간접으로 관여한다. 내담자로 하여금 의사결정기술과 문제해결방법을 가르치는 것은 상담의 중요한 기능이다.

다섯째, 상담은 내담자로 하여금 새로운 행동을 학습하거나 새로운 태도를 형성하도록 하는 것이다. 그동안 반복적으로 해 오던 내담자의 행동은 문제를 해결하기보다는 오히려 더욱 복잡하게 할 가능성이 많다. 따라서 변화를 위하여 새로운 행동을 학습할 필요가 있고 새로운 가치관을 형성할 필요가 있다. 그리하여 결과적으로 내담자의 행동변화를 가져오게 된다.

여섯째, 상담은 내담자의 성장과 발전을 안내하고 조력한다. 내담자가 지니고 있는 잠재적 능력을 개발하고 의사결정기술을 가르치며 일상생활에서 부딪치는 다양한 문제를 스스로 다루어 나갈 수 있는 힘을 길러 줌으로써 궁극적으로 내담자의 성장과 발전을 가져오는 것이 상담의 목표이다. 이 과정에서 상담자는 내담자 곁에서 안내자로서 촉진적인 역할을 수행하게 된다.

2) 상담의 목표

상담의 궁극적인 목표는 인간으로 하여금 자신의 잠재력을 최대한으로 발휘하도록 돕고 일상생활에서 보다 건강하고 행복한 삶을 누릴 수 있도록 도와주는 것이라고 말할 수 있다. 그러나 상담이론이나 내담자의 발달단계, 그리고 내담자가 제시하는 문제의 성격에 따라 상담의 목표는 다르게 진술될 수 있다. 여기서는 학생들, 즉 청소년들을 상담할 때 보편적으로 제시할 수 있는 상담의 목표를 살펴본다.

(1) 행동변화의 촉진

상담은 내담자로 하여금 행동의 변화를 촉진하는 것이다. 대부분의 상담이론을 보면 내담자로 하여금 좀 더 생산적이고 만족스러운 삶을 살 수 있도록 내담자의 행동변화를 가져오는 것을 상담의 목표로 하고 있다. 즉, 사고, 감정, 행동의 변화를 가져오는 것이 상담의 목표이다.

(2) 적응기술의 증진

상담은 내담자로 하여금 적응기술을 증진시키는 것이다. 청소년 내담자들은 일반적으로 적응하는 데 여러 가지 어려움을 경험하게 된다. 이들은 아직 성장과정에 있으면서 여러 가지 변화를 경험하게 된다. 즉, 신체의 변화, 정서의 변화, 인지능력의 변화 등 변화의 소용돌이 속에서 생활하고 있다. 따라서 청소년들은 다른 어느 단계의 내담자들보다 적응의 문제가 심각하다.

(3) 의사결정기술의 함양

상담은 내담자로 하여금 의사결정기술을 함양하게 하는 것이다. 우리의 삶은 선택과 결정의 연속이고 합리적인 의사결정을 필요로 한다. 대부분의 청소년은 합리적인 의사결정에 익숙하지 않다. 즉각적이고 충동적인 결정을 내리는 경우가 많고 따라서 문제를 야기하게 된다. 상담은 가장 합리적인 의사결정 과정이라고 할 수 있다. 청소년 내담자에게 합리적인 의사결정을 경험하도록 하는 것은 대단히 의미 있는 일이다.

(4) 인간관계의 개선

상담은 내담자로 하여금 인간관계를 원만히 하도록 하는 것이다. 청소년기는 또래들과 어울리고 또래들의 가치와 규범을 따르며 또래들에게 인정받기를 원하는 시기이다. 그러므로 다른 어느 시기보다 친구관계, 즉 인간관계가 생활에서 중요한 역할을 하게 된다. 따라서 인간관계를 원만히 할 수 있도록 하는 것은 청소년상담의 중요한 목표가 된다.

(5) 잠재능력의 개발

상담은 내담자의 타고난 잠재능력을 개발하여 저마다 자기를 실현하는 사람이 되도록 돕는 것이다. 인간은 무한한 잠재력이 있지만 극히 일부만 활용하고 있다. 상담은 내담자로 하여금 자기탐색의 기회를 갖도록 한다. 자기탐색의 과정을 거쳐서 자신의 능력과 특성을 발견할 수 있는 것이다. 특히 청소년들은 아직 미숙하기 때문에 자신에 대해서 탐색할 기회가 부족하고 자신을 왜곡해서 지각하는 경우가 많다. 따라서 청소년들로 하여금 자신의 능력을 새로이 발견하고 왜곡해서 지각했던 자신의 특성을 바르게 지각하도록 도와줄 필요가 있다.

(6) 자아정체감의 확립

상담은 내담자로 하여금 자아정체감을 확립하도록 하는 것이다. 청소년기는 아동기와 성인기 사이에 있다. 이미 아동기는 지나쳤고 그렇다고 성인은 아닌 상태, 즉 성인의 역할이 유보된 상태이다. 신체적인 발달과 함께 이들은 항상 자신들의 존재 의의와 역할에 대해서 의문을 갖게 된다. 다시 말해서 자아정체감을 확립하려고 노력한다. 자아정체감의 확립은 청소년기의 가장 중요한 발달과업이며 이를 성취하지 못하면 정체위기를 경험하여 문제상황에 빠지게 된다. 결국 청소년들이 자아정체감을 확립하도록 돕는 것은 대단히 중요하다.

(7) 긍정적 자아개념의 형성

상담은 내담자로 하여금 긍정적 자아개념을 형성하도록 하는 것이다. 긍정적 자아개념을 갖게 되면 매사에 자신감을 갖고 행동할 수 있으며 타인과도 원만한 관계를 유지할 수 있다. 또한 긍정적 자아개념은 삶을 보다 긍정적으로 바라보게 만든다. 문제행동을 보이는 많은 청소년은 일반적으로 부정적 자아개념을 지니고 있으며 자신감이 부족한 것을 볼 수 있다. 따라서 청소년들을 대상으로 상담할 때에는 그들로 하여금 긍정적 자아상과 자아개념을 형성하도록 해야 한다.

(8) 건전한 가치관 확립

상담은 내담자로 하여금 건전한 가치관을 확립하도록 하는 것이다. 가치관은 개인의 사고와 행동의 기준이 된다. 개인이 올바른 가치관을 가지고 있으면 바른 행동을 할 가능성이 높고, 반대로 부정적인 가치관을 가지고 있으면 바른 행동을 기대하기 어렵다. 청소년들은 특히 가치관의 혼란과 갈등을 많이 경험한다. 따라서 청소년들에게 바른 가치관을 정립하여 올바른 삶의 태도를 가지고 생활하게 하는 것은 특히 청소년들을 대상으로 상담할 때 중요한 목표가 된다.

3) 상담의 유형

상담의 유형은 그 기준에 따라 다양하게 분류될 수 있는데, 첫째, 이론적 배경에 따라 정신분석적 상담, 행동주의적 상담, 인본주의적 상담, 인지주의적 상담 등으로, 둘째, 상담대상의 발달수준에 따라 아동상담, 청소년상담, 성인상담, 노인상담 등으로, 셋째, 상담대상의 형태에 따라 개인상담, 집단상담, 가족상담 등으로 분류된다. 넷째, 상담목적에 따라 치료상담, 예방상담, 발달상담 등으로, 다섯째, 상담내용에 따라 학습상담(학업상담), 진로상담, 정신건강상담, 비행상담, 물질남용 및 중독상담, 성상담, 가족문제상담, 위기상담, 목회상담 등으로 분류된다. 여섯째, 상담방법에 따라 대면상담, 전화상담, 우편상담(서신상담), 사이버상담(인터넷상담) 등으로, 일곱째, 내담자 조력수단에 따라 놀이치료, 미술치료, 음악치료, 무용/동작치료, 원예치료, 작업치료, 독서치료(문학치료), 최면치료, 심리극/사회극 등으로 분류된다(오만록, 2017).

표 8-1 상담의 유형

유형	설명
개인상담	한 명의 상담자와 한 명의 내담자가 직접 대면하거나 혹은 매체를 통하여 간접적으로 만나서 상담관계를 형성하고, 내담자가 자기 자신과 환경에 대해 의미 있는 이해를 증진하도록 함으로써, 내담자의 성장과 발달을 촉진하는 심리적인 조력의 과정

집단상담	한 명 혹은 그 이상의 상담자와 여러 명의 집단 구성원이 일정 기간 동안 정기적으로 만나면서 일상생활에서 부딪치는 문제에 대한 그들의 태도와 행동을 점검하고 변화시키기 위한 목적으로 현실에 대한 방향 점검, 감정 정화, 상호신뢰, 이해, 수용, 지지, 허용 등과 같은 치료적 기능을 포함한 의식적 사고와 행동에 초점을 둔 역동적 인간상호관계의 과정(Hansen, Warner, & Smith, 1980)
다문화상담	상담자와 내담자가 문화적 배경, 가치관 그리고 생활양식에 있어서 다른 상담관계를 통해, 문화적 다름에 의해 생겨나는 문제들을 집중적으로 다루는 상담(Speight, Myers, Cox, & Highlen, 1991).
미술 치료	내담자의 요구와 다룰 문제에 적합한 다양한 미술 재료를 사용하여 자신들의 감정을 보다 잘 이해하고 내적 및 외적 문제들에 대처하도록 돕는 데 목적을 둠. 다양한 미술 재료는 사람들이 말로 표현하는 것을 배우기 전에 마음속에 존재하는 이미지를 표현하는 데 도움을 줌(Malchiodi, 2003; 2005)
무용/동작치료	자신이나 다른 사람들의 감정, 심상, 기억들을 동작이나 춤을 통해서 표현함으로써 이해하고, 이 과정에서 사람들의 심리적, 생리적 과정들을 동작이나 춤을 통해 연관 지을 수 있도록 돕는 것에 목표를 둠
드라마 치료 (심리극)	드라마 심리치료는 연극이라는 직접적인 경험을 통해 사람들과 집단에게 변화를 불러올 수 있는 수단으로 활용함. 심리극은 개인 자신의 문제를 말 대신 행동으로 표현하는 방법이며 드라마 심리치료의 한 형태로 간주됨
음악 치료	음악을 기본 자극인 동시에 치료적으로 적용하여 행동 평가와 변화를 강조하는 것에서부터 심각한 장애까지 광범위하게 활용됨. 음악은 내담자를 자극하거나 마음을 달래 주고 비폭력적인 행동 장려, 말하는 행동 증가, 스트레스를 경감시키는데 사용함(Crowe, 2004; Frohne-Hagemann, 2007)

2. 상담의 원리와 과정

1) 상담의 원리

상담의 원리는 몇 가지로 구분하여 논할 수 있다. 첫째는 상담관계형성의 원리이다. 상담이론을 망라하여 볼 때 상담관계의 중요성을 인식하지 않는 상담이론은 없다. 정도의 차이는 있지만, 모든 이론에서 상담관계가 상담의 과정 혹은 결과에 미치는 영향을 간과하지 않는다. 둘째는 동기유발의 원리이다. 상담에 대한 동기수준이 낮은 내담자에게 좋은 상담결과를 기대하기는 어렵다. 내담자의 동기수준이 높다고 해서 언제나 상담의 결과에 긍정적인 영향을 미친다고는 볼 수 없으나 낮은 동기수준은 상담결과에 부정적인 영향을 미친다. 셋째는 지도의 원리이다. 학교 상황에서 학생들을 상담할 때에는 그들의 정상적인 발달을 도모하여 학교생활을 유지할 수 있도록 돕기 위한 경우가 대부분이다. 학생 내담자들은 대부분 정신과적인 문제를 지니고 있기보다는 발달상의 어려움을 지니고 있거나 학업수행에 어려움을 지니고 있는 경우가 많다. 따라서 내담자를 대상으로 학습전략을 가르치거나 또래들과 원만한 관계를 유지하는 데 필요한 기술을 가르치는 것이 상담과정에서 상담자가 담당해야 할 중요한 과제인 경우가 많다.

(1) 상담관계형성의 원리

상담이란 내담자와 상담자 간의 상담관계를 핵심으로 하여 내담자가 자신의 문제를 보다 객관적으로 바라볼 수 있도록 하고, 나아가 그 문제를 해결함으로써 자신의 삶의 질을 보다 향상시키도록 도와주는 일련의 과정이다. 상담관계란 일반적인 인간관계와 대비되는 것이다. 이는 특정한 인간관계기술을 사용하여 내담자가 행동적, 정서적, 인지적인 면에서 스스로 성장, 변화해 나가야겠다고 결심을 하고, 실제로 변화를 추진해 나갈 수 있도록 도와주는 의도적이고 체계적인 관계로 정의된다. 따라서 상담관계를 형성하고 발달시키는 것이 상담효과를 높이는 데 가장 중요한 변인이라 할 수 있다. 상담관계의 형성을 위해 필요한 몇 가지 요소들을 생각해 보면 다음과 같다.

공감적 이해　공감적 이해란 내담자의 입장에서 그들의 내면세계를 이해하는 것을 말한다. 공감적 이해는 내담자를 정확히 이해하고 내담자와 정서적으로 연결되었을 때, 그리고 상담자가 자기를 이해하고 동시에 자신과 정서적으로 연결된 것을 내담자가 느낄 수 있을 때 온전한 것이 된다. 물론 지적인 이해, 정서적 연결, 이해의 전달은 어떤 정해진 순서에 따라 일어나는 것이라기보다는 동시적으로 일어나는 것이라고 생각된다.

상담자가 내담자와 정서적으로 연결되어 있다는 것은 내담자가 표면적으로 보여 주는 행동이나 말 이면의 감정들을 마치 자기의 감정인 것처럼 상담자가 느끼고 그것을 고리로 하여 내담자의 경험세계를 주관적으로 경험하게 되는 과정을 의미한다. 이때 상담자는 내담자가 미처 표현하지 못한 감정까지도 함께 느끼고 내담자로 하여금 이 감정을 안전한 상담관계 속에서 재경험하고 표현할 수 있도록 도와줄 수 있어야 한다.

내담자를 공감적으로 이해하기 위해서 상담자는 무엇보다도, 먼저, 자기의 틀을 벗을 수 있어야 한다. 내담자의 신을 신고, 그의 눈으로 보며, 그 사람의 귀로 듣고, 그 사람의 심장으로 느낄 수 있을 때 내담자를 공감적으로 이해할 수 있게 된다. 둘째, 다양한 인간의 감정을 이해할 수 있어야 한다. 인간 감정의 다양성을 이해하기 위해서는 먼저 그 종류와 내용을 아는 것이 중요하다. 감정의 종류와 표현 방식에 문화적인 영향을 배제할 수 없기 때문에 내담자가 속해 있는 문화에 대해 상담자는 관심을 가져야 한다. 셋째, 내담자의 감정을 깊고 정확하게 경험하고 수용할 수 있는 능력이 있어야 한다. 상담자는 내담자가 언어적, 비언어적으로 전달하는 모든 메시지를 통합하여 내담자 자신도 아직 실체화하지 못한 감정까지도 대신 느껴 줄 수 있는 감수성이 필요하다.

무조건적 존중　상담자는 내담자의 행동이나 감정, 사고를 무조건적으로 존중하며, 내담자를 하나의 전체적인 인간으로 아끼고 사랑할 수 있어야 한다. 만일 내담자를 무조건적으로 존중할 수 없으면 내담자와 진정한 상담관계를 형성할 수 없다. 내담자들은 일반적으로 다른 관계 속에서 많은 것을 박탈당한 사람들이다. 따라서 상담자가 그들에 대한 인간적 존중감이 없이 그들을 대하게 되면 내담자는 상담자와의 관계 또한 다른 관계와 비슷한 것으로 경험하고, 이것은 경우에 따라서 치명적인 상처를 줄 수도 있다. 그러나 내담자를 무조건적으로 존중해 주면 이제껏 가지고 있었던 방어의 벽을 허물고 안전한 상담관계 속에서 자기탐색을 활발히 하게 된다.

상담자가 내담자를 무조건적으로 존중하는 모습은 다음의 몇 가지로 나타난다. 첫째는 내담자를 위한 헌신(commitment)이다. 상담자는 내담자를 인간적으로 존중하며 내담자의 성장을 돕기 위해 가능한 모든 것을 시도해야 하며, 자기의 이익을 위해 내담자를 이용해서는 절대로 안 된다. 이러한 태도는 보다 구체적으로 상담자가 상담시간을 정확히 지키는 것, 내담자를 위해 약속시간을 확보해 두는 것 등으로 나타난다. 둘째, 상담자는 내담자를 진정으로 존중하며 내담자의 비밀을 보장해 준다. 비밀보장이 전제될 때 내담자는 자신의 모습을 있는 그대로 노출할 수 있게 된다. 셋째, 상담자가 내담자를 존중하면 판단적인 태도를 유보할 수 있게 된다. 이 것은 다시 말해서 내담자의 특정 생각이나 행동을 지지·동의하거나 비난·반대하지 않고 내담자의 표현을 있는 그대로 받아들이는 것이다.

신뢰성 내담자는 상담자를 신뢰할 때 상담자에게 자신을 의뢰할 수 있다. 상담 초기에 내담자는 보통 상담자에 대한 신뢰수준을 결정하기 위하여 끊임없이 시험해 본다. 이때 상담자가 능력 있고 솔직하며, 진지하고 숨겨진 의도를 갖고 있지 않다고 판단되면 내담자는 상담자를 신뢰하게 된다. 일단 상담자를 신뢰하게 되면 상담관계는 공고해진다. 그러나 상담이 진행되는 과정에서도 여전히 내담자는 상담자에 대하여 신뢰 여부를 확인해 보고자 한다. 결국 상담과정에서 '이 상담자는 나를 진심으로 생각하고, 나를 위해 최선을 다하고 있다'라는 신뢰성에 대하여 내담자가 잠시라도 의문을 가진다면 그 상담에서는 진정한 도움이 이루어지기 어렵다.

예컨대, 내담자가 상담자를 정말 이해할 수 있는지를 시험해 보기 위하여 상담자에게 사실적인 정보나 의견을 물어 오는 경우가 간혹 있다. 이런 경우 상담자는 내담자가 가진 이해받고 싶은 마음과 자기 경험이 상담자에게 수용될 수 있는지를 걱정하는 마음을 공감해 줄 필요가 있다. 결국 표면상 나타난 내담자의 요구나 질문 이상으로 상담자의 솔직성, 의도, 개방성 등을 시험하는 심층적인 동기를 이해하지 못하고 피상적인 질문이나 요구에 응한다면 신뢰감 확보에 실패하게 되며 나아가 그 상담관계는 피상적인 수준을 뛰어 넘지 못하게 된다.

안전성 내담자는 상담자와의 관계에서 안전함을 느낄 수 있어야 한다. 안전한 관계 속에서 내담자는 자기의 감정을 자유롭게 느끼고 다양한 행동 대안을 탐색해 볼 수 있다. 안전한 관계 속에서 내담자는 자기의 모습을 적나라하게 내보일 수 있다. 내담자의 심리적 안정을 위해서는 정서적으로 상담자와 연결되고, 존중받는다는 사실을 느끼며, 상담자를 신뢰할 수 있어야 한다. 또한 내담자가 상담에 대한 올바른 오리엔테이션을 받음으로써 상담과정에서 어떤 행동을 하고 어떤 것을 기대해야 하는지를 확실히 알 때 내담자는 덜 불안하게 된다. 또한 보다 구체적인 상담내용을 구체적인 용어로 다루어 나갈 때 내담자들은 안전감을 느끼게 된다.

(2) 동기유발의 원리

상담관계는 한번 형성된다고 해서 그 성격이나 기능이 계속 똑같이 유지되는 것은 아니다. 상담이 진행되는 동안 상담관계는 계속적으로 변화를 겪는다. 상담자는 상담의 효과를 높이기 위해서 가능한 한 효과적이고 치료적인 상담관계를 유지해 나가기 위하여 부단히 노력해야 한다. 여러 가지 이유로 인하여 역기능적 상담관계로 빠졌을 때에도 상담자는 내담자로 하여금 상담에 대한 적극적인 동기를 유지할 수 있도록 도와야 한다. 그리하여 내담자 스스로 자기 변화와 성장을 희망적으로 기대하고 나아가 여러 가지 대안적인 행동과 사고를 시도해 볼 수 있도록 해야 한다.

동기유발의 방법으로는 우선 상담자는 내담자가 상담에 대해 얼마나 분명한 목표를 가지고 있는지, 자기성장과 발전에 대해 어떠한 느낌을 가지고 있는지, 그리고 상담을 통한 변화에 대해 어떠한 생각을 가지고 있는지를 잘 살펴야 한다. 그리고 현실적이고 적절한 목표를 설정하고 이를 활성화하며 가능한 한 많은 목표를 달성할 수 있도록 내담자를 동기화해야 한다. 이뿐만 아니라 적절하게 도전적인 수준의 목표를 설정하고 내담자의 동기화를 돕는 과정에서 상담자는 현실적인 한계를 염두에 두고 있어야 한다.

(3) 지도의 원리

학교 상황에서 상담자는 많은 학생을 상대해야 한다. 즉, 많은 학생을 내담자로 한꺼번에 상담해야 하는 상황이 발생할 수도 있다. 물론 그중에서 개인적으로 상담해야만 하는 학생들도 있을 수 있으나 많은 학생을 보다 효율적으로 상담하기 위해서는 집단으로 상담하는 것이 나을 때도 있다. 이뿐만 아니라 집단으로 심리교육을 함으로써 한꺼번에 많은 학생을 교육하고 그들에게서 발생할 가능성이 있는 문제들을 사전에 예방할 수 있다.

학생들을 상담할 때에는 그들이 지니는 잠재적 발달의 가능성을 최대한 구현하도록 도와야 한다. 인간은 주어진 시간과 상황에서 취할 수 있는 수많은 행동의 가능성을 지니고 있다. 현재 보이고 있는 행동은 그 많은 가능성 중에서 일부에 지나지 않는다. 학생들이 보이고 있는 행동과 성취에만 관심을 갖기보다는 잠재가능성에 더 큰 관심을 가지고 학생들을 지도하고 상담해야 한다.

학교 상황에서 학생들을 상담할 때에는 먼저 학생내담자의 속성에 대하여 알아야 한다. 그들의 발달적 특성과 상황적 특성 등 다른 집단과 비교하여 그들만이 가지는 제반 특성을 알고 지도할 때 그들에게 꼭 필요한 것들을 가르치고 제공할 수 있다. 만일 그들이 어떤 사람들이고 원하는 것이 무엇인지 정확하게 파악하지 못하면 진정으로 그들을 돕는 것은 불가능할 것이다. 예컨대 학생 내담자들은 일반적으로 교사와의 관계에서는 피동적이다. 특히 교사에게 자신의 신변에 관한 이야기를 하는 것을 부담스러워하고 그 내용이 자신의 부정적인 측면일 경우에는 더욱 그러하다. 교사는 자신을 평가할 수 있고 경우에 따라서는 자신의 장래에 지대한 영향을 미칠 수 있는 가능성을 가지고 있기 때문이다. 결국 학생과 교사는 아주 편하게 대화할 수 있는 관계만은 아니다. 이러한 점을 사전에 생각한다면 학생을 상담할 때 교사로서 취해야 할 태도와 행동은 평상시와는 달라야 한다.

2) 상담의 과정

상담은 내담자와 상담자가 만나기 시작해서 그 만남을 종결할 때까지 진행되는 일련의 과정이다. 이 과정은 상담자, 내담자, 문제의 특성, 접근방식, 상황 등에 따라서 각각 다른 모습을 보일 수 있으며, 많은 이론에서 제시하는 상담의 목표에 따라 상담의 과정이 달라질 수 있다.

그럼에도 불구하고 전형적인 상담 주기의 관점에서 보면 상담은 진행과정에 따라 초기, 중기, 종결 단계로 구분할 수 있다(권형자 외, 2017; 오인수, 2016). 상담 초기는 상담자와 내담자의 안정된 상담관계를 형성하고 내담자의 문제를 이해하고 상담의 목표를 설정하는 단계이다. 초기 단계는 때때로 '탐색 단계'로 불리기도 한다(Hill & O'Brien, 2004). 상담의 중기 단계는 내담자가 드러낸 문제를 중심으로 변화를 위한 구체적 노력이 진행되는 문제해결 단계라고 부르기도 한다. 내담자는 자신의 장·단점 및 자원 그리고 문제의 본질에 대해 새로운 관점으로 좀 더 깊은 수준의 탐색과 이해에 참여하는 '통찰 단계'로 묘사된다. 마지막으로 상담의 목표를 달성해서 내담자가 문제를 다룰 능력에서 자신감을 얻게 되면 회기의 빈도나 길이를 줄여 상담을 종결할 시점이 된다. 상담의 단계들은 성인 내담자를 중심으로 개발되었으며, 학교 현장에서 청소년을 상담할 경우 더욱 산발적으로 진행되는 경향이 있다(Hill & O'Brien, 2004; 오인수, 2016).

이장호(1998)는 상담의 과정을 7단계로 보았다. 문제의 제시 및 상담의 필요성에 대한 인식단계, 촉진적 관계의 형성단계, 목표설정과 구조화 단계, 문제해결의 노력단계, 자각과 합리적 사고의 촉진단계, 실천행동의 계획단계, 마지막으로 실천결과의 평가와 종결단계이다. Peterson과 Nisenholz(1999)는 상담의 과정을 의사를 결정하고 행동전략을 수립해 나가는 과정으로 보고 그 과정을 5단계, 즉 도입 및 준비단계, 탐색단계, 이해단계, 행동단계, 종결단계로 구분하였다. 각 단계의 마지막에는 의사결정을 통하여 상담을 계속해 나갈 것인지 아니면 다른 상담자에게 의뢰할 것인지를 결정하게 된다.

이 장에서는 이장호의 7단계 과정을 크게 4단계로 구분하여 설명하고자 한다. 첫째는 문제를 이해하고 촉진적 관계를 형성하는 단계이다. 둘째는 목표를 설정하고 그 목표를 달성하기 위하여 노력하는 단계이다. 셋째는 합리적 사고를 촉진하고 실천행동을 계획하는 단계이다. 마지막으로 그동안의 과정을 평가하고 상담을 종결하는 단계이다.

(1) 제1단계: 문제의 이해와 촉진적 관계의 형성단계

내담자가 상담자를 찾아온 이유를 설명하고 상담자와 내담자 사이에 솔직하고 신뢰할 수 있는 관계를 형성하는 시기이다.

내담자의 문제제시 및 상담의 필요성 인식   내담자는 자신의 문제와 상담을 받기 위해서 찾아온 이유를 말한다. 스스로 상담을 신청한 경우에는 다르지만, 특히 타인에 의해서 이끌려 온 내담자의 경우에는 상담의 필요성을 느끼지 못하는 경우가 많다. 그러므로 문제의 배경 및 관계 요인을 토의한 후 내담자가 상담과정에 적극적으로 참여하도록 돕는 것이 중요하다. 상담자는 내담자의 문제를 이해하기 위하여 내담자의 진술에 주의하면서 그의 비언어적 행동을 면밀히 관찰해야 한다.

촉진적 관계의 형성   상담자와 내담자 사이의 솔직하고 신뢰할 수 있는 관계는 상담에 있어서 필수적인 것이다. 상담과정에서 촉진적 관계를 형성하기 위해서는 상담자는 내담자를 공감적으로 이해하고, 무조건적으로 존중하며 상담자 스스로 솔직하고 진지한 태도를 견지해야 한다. 또한 내담자가 언어적, 비언어적으로 표현하는 감정과 사고를 적극적으로 경청하는 것이 필요하다. 촉진적인 관계가 일단 형성되어야 문제해결을 위한 다음 단계로 진입할 수 있다.

(2) 제2단계: 목표설정과 문제해결의 노력단계

목표를 설정하고 그 목표를 달성하기 위하여 노력하는 단계이다. 이 단계에서는 상담과정의 방향과 골격을 분명히 하고 현재의 문제행동과 바람직한 목표행동에 대한 내담자의 자각과 문제해결과정에서의 실제적인 노력을 촉진한다.

목표설정과 구조화   상담과정을 통하여 이루고 싶은 것, 변화하고 싶은 정도 등 나아갈 방향을 설정하고 이를 목표로 제시한다. 목표를 설정하지 않고 상담을 하는 것은 방향타가 없는 배를 타고 항해하는 것에 비유할 수 있다. 상담의 목표는 상담자와 내담자 모두에게 상담에 대한 동기를 높여 준다. 그리고 상담과정에서의 현재의 위치를 알게 해 준다. 따라서 내담자가 상담의 목표를 설정하고 상담에 대하여 높은 동기를 소유함으로써 상담의 진행과정에 대한 두려움을 줄일 수 있다.

그리고 상담의 진행과정에 대한 궁금증을 줄이고 상담의 효과를 최대한으로 높이기 위하여 상담자는 내담자에게 상담의 기본 성격, 상담자 및 내담자의 역할 한계, 바람직한 태도 등을 설명하고 인식시킨다. 이러한 구조화는 상담의 초기 단계뿐만 아니라 그 이후에도 필요한 경우에는 반복적으로 실시할 수 있다.

문제해결의 노력   문제해결의 시작은 내담자가 자신의 문제를 말하고 그것과 관련된 정서를 표현하는 것이다. 특히 부정적인 정서의 표현과 그에 따른 상담자의 공감적 이해와 무조건적 존중은 문제해결의 주요 활동 중의 하나이다. 또한 내담자가 제시한 문제를 다시 구체적으로 정의하고 분류하여 해결방법을 모색한다. 특히 문제의 성질을 명확히 하고 각 문제에 따른 해결방법과 절차를 결정하는 것은 대단히 중요하다. 문제해결의 과정은 내담자가 제시한 문제의 성질이나 상담에 대한 요구 및 상담자의 이론적 입장에 따라서 달라지게 마련이다.

이장호(1998)에 의하면 문제해결의 노력은 일반적으로 다음의 과정을 거치게 된다.

① 문제를 명확히 정의한다.
② 문제해결을 위한 방향과 가능한 방안을 정한다.
③ 문제해결 방안에 관련된 정보를 수집한다.
④ 수집된 자료를 바탕으로 대처행동을 의논한다.

⑤ 검사와 심리진단 자료 등을 참고로 바람직한 행동절차 및 의사소통의 실제계획을 수립한다.

⑥ 계획된 것을 실제생활에서 실천해 본다.

⑦ 실천 결과를 평가하고 행동계획을 수정·보완한다.

(3) 제3단계: 합리적 사고의 촉진 및 실천행동의 계획단계

합리적 사고를 촉진하고 실천행동을 계획하는 단계이다. 상담자는 내담자로 하여금 자기이해와 합리적 사고를 갖출 때까지 적극적으로 상담에 임하도록 도울 뿐만 아니라 내담자의 새로운 견해나 인식이 실생활에서 실현될 수 있도록 내담자의 의사결정이나 행동계획을 돕는다.

자각과 합리적 사고의 촉진　내담자에게 있어서 자신의 모습과 중요한 사람들과의 관계, 그리고 과거의 주요 경험 등에 대하여 과거와는 다른 새로운 시각에서 볼 수 있게 되고, 또한 세상을 보는 시야가 넓어지는 단계이다. 과거의 비합리적 사고로부터 보다 합리적인 사고로 변화되고, 왜곡된 관점과 정형화된 시야로부터 벗어나서 분명하고 통합된 시야를 가짐으로써 내담자는 새로운 세상을 경험하고 과거와는 다른 자유로움을 경험한다. 이러한 경험을 반복적으로 할 수 있도록 하여 일상생활에서도 이런 경험을 할 수 있게 되는 것이 상담의 중간목표이다. 따라서 내담자는 상담의 목표에 도달하기 위해 자기이해와 합리적 사고를 갖출 때까지 적극적으로 상담에 임해야 한다. 이 단계에서 상담자가 주의해야 할 점은 내담자가 상담을 도중에 그만두려고 하거나 직·간접적인 저항을 보일 수 있다는 점이다. 자기를 탐색하고 사고방식을 변화시키는 것이 내담자 스스로에게 쉽지 않을 뿐만 아니라 심리적으로 부담을 주는 일이기 때문이다.

실천행동의 계획　자각과 합리적 사고의 달성만으로 상담이 끝나는 것은 아니다. 보다 중요한 것은 일상생활에서까지도 계속해서 합리적으로 사고해야 하는 것이다. 실제로 상담 중에는 앞으로의 생활이 긍정적이고 합리적이며 모든 문제가 잘 해결될 것 같아 보인다. 하지만 실제 생활에 부딪쳤을 때에는 당황하는 경우가 많다. 상담 상황과 실제 상황은 그만큼 서로 다른 것이다. 상담 시에는 상담자가 보이는 태도와 치료적 상담관계로 인하여 내담자는 일상생활과는 다른 소위 진공의 상태에 있는 것이다. 따라서 이 단계에서 이루어야 할 목표는 내담자로 하여금 일 상생활 속에서 실천할 수 있도록 내담자의 구체적인 행동 절차를 협의하고 세부적 인 행동계획을 작성하는 것이다.

(4) 제4단계: 평가 및 종결단계

그동안 상담을 통하여 성취한 것들을 평가하고 목표를 달성했다고 판단될 때 상 담을 종결하는 단계이다. 만일 목표에 도달하지 못하였다면 그 원인을 살펴보고 상 담을 지속할 수 있다. 상담을 종결할 때에는 내담자와 상담자가 서로 합의하여 내 담자의 상태와 목표달성 정도 등을 고려하여 신중하게 해야 한다. 내담자가 종결을 원하더라도 상담자가 보기에 아직 불충분하다고 판단될 경우에는 종결을 유보하 는 것이 바람직하다. 이때 한정된 기간 동안 상담을 권유함으로써 일상생활에서 잘 대처해 나가는지를 서로 확인해 보고 차후에 상담의 종결을 재론하는 것이 바람직 하다.

상담의 진행이 지루하고 효과가 나타나지 않을 경우에 상담자는 종결을 권유함 으로써 이를 전략적으로 활용할 수도 있다. 이때 내담자는 상담을 정리하기 위하 여 이제까지의 태도를 바꾸어 보다 진지한 태도로 상담에 임하게 되어 상담이 더욱 효과적으로 이루어질 수 있다. 이처럼 상담의 종결이 내담자에게 주는 의미는 다양 하다.

종결은 종결되기 2~3회기 전에 내담자에게 권유하는 것이 좋다. 사전에 종결을 준비하면서 일상생활에서 자신의 적응 정도를 스스로 확인하도록 하여 상담의 효 과를 인식하도록 만든다. 특히 상담의 종결이 자기를 배척하는 것으로 생각하는 내 담자에게는 사전에 종결을 고지해야 한다. 이렇게 함으로써 갑작스러운 종결에 의 해서 받을 수 있는 충격을 최소화한다. 내담자와 종결에 대한 생각, 감정 등을 나누 고 장래의 계획을 이야기함으로써 내담자 스스로 홀로서기를 준비하도록 기회를 제공한다. 잊지 말아야 할 것은 내담자에게 문제가 생기면 언제라도 다시 찾아올 수 있다는 추수상담의 가능성을 제시하는 것이다.

3. 상담이론

상담이론은 상담의 과정을 체계적으로 관찰할 수 있도록 해 준다. 그리고 상담자의 다양한 행동이나 태도와 관련하여 그 효율성을 평가할 수 있는 체제(framework)를 제공해 준다. 상담이론은 그것이 지향하는 철학적 관점, 인간관, 성격이론, 심리적 문제를 보는 시각 등에 따라서 다양하다.

복잡하고 다양한 인간의 문제는 어느 하나의 관점이나 이론적 체계를 통하여 이해한다는 것이 무리이다. 하나의 이론을 가지고 다양한 사회경제적 지위와 문화적 배경을 가진 내담자들, 혹은 내담자가 가진 모든 유형의 문제들을 설명하고 문제해결에 적용하는 것이 사실상 불가능하기 때문이다. 다양한 이론과 관점을 최대한 활용하여 인간을 이해하는 것이 보다 효과적일 것이다.

상담자는 내담자의 감정, 사고, 행동 모두에 관심을 가져야 한다. 그중 어느 한 요인이라도 소홀하게 되면 완전한 상담은 불가능하다. 완전한 상담을 위해서는 이 세 가지 측면을 모두 강조해야 한다. 각각의 상담이론은 인간의 감정, 사고, 행동 중 하나의 측면을 보다 강조한다고 말할 수 있다. 만일 인간 경험의 어떤 요인을 배제시키게 되면 그것은 불완전한 상담이 될 것이며, 따라서 상담자로서 보다 완전한 상담을 실천하기 위해서는 하나의 이론만이 아닌 다양한 이론을 참고하여 인간 경험의 모든 측면을 통합할 필요가 있다. Prochaska와 Norcross(2009)에 의하면 34%에 가까운 심리학자와 약 26%의 사회사업가, 그리고 23% 정도의 상담자가 이론적으로 통합절충주의를 지향한다. 이처럼 대부분의 정신건강 전문가들에게 가장 인기 있는 접근법이 절충적 혹은 통합적 방식들이다. 이 비율은 해를 거듭할수록 증가할 가능성이 높다. 결국 상담자는 상담적 접근을 통합하기 전에 한 이론에 기반을 두고 다른 상담적 접근법들에 관해 전반적으로 지식을 가지고 있어야 할 필요가 있다. 본 내용에서는 다양한 이론을 제시함으로써 인간에 대한 폭넓은 이해를 돕고 보다 완전한 상담의 실천에 도움을 주고자 한다.

1) 정신분석적 상담

Freud에 의해서 창시된 정신분석적 상담이론에 의하면 인간은 비합리적이고 결

정론적인 존재이다. 인간의 행동은 기본적으로 어린 시절의 경험들
과 심리성적인 에너지에 의해서 결정된다. 이러한 여러 가지 경험
은 인간의 무의식 속에 잠재해 있게 되는데 무의식적인 동기와 갈등
이 인간의 현재 행동에 영향을 주는 중심적인 역할을 한다. 다시 말
하면 인간의 행동은 기본적인 생물학적 충동과 본능을 만족시키려
고 하는 욕망에 의해서 동기화된다. 이러한 욕망은 성적이며 공격적
인 충동으로서 비합리적인 강한 힘으로 인간의 행동을 주도한다. 또
한 정신분석적 상담에서는 어린 시절의 발달 상황을 대단히 중요하
게 보고 있는데 그 까닭은 뒤에 나타나는 성격적인 문제들이 그 뿌

Sigmund Freud(1856~1939)

리를 찾아가 보면 결국은 억압된 어린 시절의 여러 가지 갈등으로부터 기인하기 때
문이다. 이렇게 볼 때 정신분석적 상담이론은 인간의 긍정적인 측면보다는 부정적
인 측면을 더욱 강조하는 것으로 생각할 수 있다.

　성격의 발달은 심리성적 발달을 말하는 것으로 정상적인 성격발달이란 심리성
적 발달단계를 얼마나 성공적으로 해결하고 통합했느냐에 달려 있다. 잘못된 성격
발달은 특정한 발달단계에서 부적절하게 해결하였기 때문에 나타난 결과다. Freud
는 다섯 가지 보편적인 심리성적 발달의 단계, 즉 구강기, 항문기, 남근기, 잠복
기, 생식기를 가정하고, 이러한 단계들을 거치면서 인간의 성격이 발달해 간다고
하였다. 성격은 세 가지 구조, 즉 원초아(id), 자아(ego), 초자아(superego)로 구성
된다. 그런데 이것은 각각 구분되기보다는 오히려 전체로서 작용하는 개인의 성격
기능이다. 이 세 가지 구조는 무의식, 전의식, 의식의 세 가지 의식수준 중 하나나
둘 또는 전체에 걸쳐 존재한다.

　불안은 기본적인 갈등을 억압한 결과로서 나타난다. 다시 말하면 자아가 욕구충
족의 과정에서 맞게 되는 여러 가지 압력을 적절히 처리하지 못할 때 불안이 생기
고 이것이 무의식의 수준에서 인간의 행동에 영향을 미친다. 개인의 조정자(ego)가
합리적이고 직접적인 방법으로 불안을 조절할 수 없을 때 비현실적인 방법들, 즉
자아 방어기제들, 예컨대 부인, 투사, 합리화, 승화, 반동형성 외 기타 다른 여러 기
제에 의존하여 조절한다.

　정신분석적 상담이론의 경우 어린 시절의 경험들이 무의식적 수준으로 억압되
어 있고 그것이 여러 가지 행동들을 제어하며 그러한 무의식적 동기가 지속적으로
영향을 미치기 때문에 상담의 목표는 결국 내담자가 가지고 있는 자기 행동의 무의

식적 동기를 각성하여 의식수준에서 행동할 수 있는 성격으로 변화할 수 있도록 돕는 것이다. 이것은 곧 지적으로 각성시킴으로써 내담자의 기본적인 성격을 재구조화하는 것이다. 그리하여 내담자가 다른 사람을 사랑할 수 있고 열심히 일할 수 있는 잘 적응하는 개인으로 변화할 수 있게 되는 것이다.

정신분석적 상담이 견지하는 치료적 관계를 살펴보면 우선 상담자는 익명으로 남아 있으며, 내담자는 상담자에 대하여 투사를 키워 나간다. 상담자가 거울의 역할을 함으로써 내담자는 상담자에 대해서 전이현상을 일으키게 된다. 이 접근법에서 가장 강조하는 것은 전이를 발달시키고, 그것을 다루고 해결하는 것이다. 전이는 내담자로 하여금 과거 중요한 사람들과의 관계에서 해결하지 못한 과제를 상담자에게 귀인하도록 만든다. 내담자가 과거를 재구성하고 소생시킴으로써 어린 시절의 감정과 갈등이 표면화된다. 전이는 내담자가 과거의 심한 갈등을 소생시켜 재경험하고 그것을 상담자에게 귀착시킬 때 일어난다. 전이를 다루어 나가는 것(훈습)은 내담자가 과거와 현재의 경험 사이의 유사점들을 탐구하는 것이다. 내담자는 자신의 무의식적 심리역동에 대한 통찰을 얻고 따라서 자아인식은 내담자의 조건에 자동적인 변화를 가져온다.

내담자는 오랜 기간 동안 치료를 받게 되며, 갈등을 드러내기 위하여 자유연상을 하게 되고 말을 함으로써 통찰을 얻게 된다. 상담자는 과거와 연결되어 있는 현재의 행동이 무엇을 의미하는지 가르쳐 주기 위하여 해석을 하게 된다. 상담의 과정을 살펴보면 네 단계를 거치는데 시작단계, 전이의 발달단계, 훈습단계, 마지막으로 전이의 해결단계이다. 주요 기술로는 자유연상, 저항의 분석과 해석, 전이의 분석과 해석, 꿈의 분석과 해석 등을 들 수 있다.

현대정신분석이론은 자아분석이론(ego-analytic theory)과 대상관계이론(object relations theory)을 중심으로 살펴본다. 두 이론은 모두 인간의 성장과 발달에 기본이 되는 것은 대인관계라고 강조한다.

선도적인 자아분석가로는 Erikson, Hartmann, Rapaport 등이 있다(Nugent, 2000). 그중에서 가장 잘 알려진 사람이 전생애 발달이론으로 유명한 Erik Erikson이다. 자아분석가들은 Freud의 핵심적인 생각을 거부한다. 즉, 원욕 혹은 본능적 욕구가 인간의 행동을 주장하고 자아는 원욕의 충복으로서 비교적 약한 것이라고 믿지 않는다. 또한 그들은 원욕의 충동에 의해 압도당하는 것으로부터 자신을 보호하기 위하여 방어기제를 발달시키는 것이 자아의 주요 역할이라고 보지 않는다. 그

것보다는 오히려 자아는 원욕으로부터 유래하는 것이 아닌 그것 자체로서의 에너지를 가지고 있다고 믿는다. 기억하고 생각하고 받아들이는 일들은 행동에 영향을 주는 자아의 주요한 과정이다. 자아의 기능은 성격의 구조를 발달시키는 하나의 방법으로 환경에 적응하고 숙달하는 것이다.

부적응 행동이란 심리사회적 발달과정 중 부모 혹은 보호자와의 비효과적이거나 파괴적인 관계로부터 유래하는 것으로서 일종의 미해결 갈등을 말한다. 자아분석가들은 병리적인 것보다 발달상의 정상적 갈등에 더욱 관심을 가진다. 그들은 전통적인 정신분석 기법들을 활용하지만 보다 단기적인 상담을 위해 이를 수정하여 활용한다. 자아분석가들은 전통적인 정신분석가들에 비해 보다 직접적이고 적극적이며 내담자와 보다 친밀한 경향이 있다. 전이와 저항은 상담관계에서 중요하다. 과거 경험보다는 현재적인 관계를 더욱 중요시한다.

대상관계이론에 의하면 인간은 다른 사람들(대상들)과 관계를 맺거나 동일시하려는 욕구에 의해서 동기화된다. 대상관계이론의 초기 주창자는 Fairbairn이다. 그는 "자아의 주요 기능은 외부세계의 대상들을 찾고 관계를 맺는 것이다."(Hall, Lindzey, & Campbell, 1998, p. 180)라고 주장했다. 자아의 자율적 본질에 대한 자아분석가들의 견해와 마찬가지로 Fairbairn은 다음과 같이 주장하였다. "자아는 …… 자체의 역동적 구조가 있다. 그리고 그것은 자체 에너지의 원천이기도 하다. …… 자아의 주요 기능은 외부세계의 대상들을 찾고 관계를 맺는 것이다. …… 성격발달의 주요 문제는 본능적 욕구 충족을 위해 에너지를 집중하는 것이 아니라, 유아적 의존성과 대상에 대한 일차적 동일시 수준에서 대상으로부터 자기를 분리하는 수준으로 발달하는 것이다."(Hall et al., 1998, pp. 180-181)

Ronald Fairbairn(1889~1964)

대상관계이론가들 중에서 가장 영향력 있는 사람 중 하나가 Heinz Kohut이다. 그는 자아발달에 있어서 적절하게 양육해 주는 가정, 즉 1차적인 보호자가 반응의 대상인 유아에게 충분한 역할을 수행할 수 있는 가정의 필요성을 집중적으로 강조했다. Kohut에게 가장 중요한 주제는 다음과 같은 내용이다. "공감적이고 사랑하는 관계가 있느냐 없느냐. 건강한 반영과 이상화는 자율적 자아를 지닌 건강한 성격유형을 발달시킨다. …… 건강하지 못한 자아대상(self-objects)에 의해 양육되면 친밀감이 없

Heinz Kohut(1913~1981)

고 공허하거나 혹은 상처입은 자아를 지닌 아이가 된다."(Hall et al., 1998, p. 182)

대상관계이론은 많은 연구와 저작물들을 이끌어 냈다. 잘못된 자아의 원인으로서 그 관심이 다시금 초기 아동기의 관계로 전환되었지만 초기 정신분석적 사고와는 질문이 전혀 다르다. 현재의 이론은 관계성의 결핍과 치료에 관심이 집중되어 있다.

2) 아들러 상담

Alfred Adler(1870~1937)

정신분석의 결정론에 대한 반작용과 인본주의적 신념의 반영으로 Alfred Adler가 창시한 개인심리학(individual psychology)은 아들러치료(Adler therapy)라고도 불린다. 개인심리학이라는 명칭은 사람은 분리할 수 없는 통합적인 존재라는 점을 강조하기 위함이다. 한때 개인심리학은 피상적이며 아동에게만 적합하다 취급했으나 오늘날 가치 있게 인정받고 있다. 또한 치료보다는 예방을 목적으로 하여 학생, 부모와 교사를 위한 심리교육 분야에 폭넓게 활용되고 있다. 아들러 상담은 개인을 재교육하고 사회를 재조성하는 데 관심을 두고 있다.

Adler는 인간을 현상학적인 장 내에서 가상의 목표를 향해 움직이는 창조적인 존재로 보았다. 즉, 각각 인간 존재의 경험은 독특하기 때문에 각자의 관점으로부터 이해되어야 한다.

아들러 상담에서 인간 존재는 근본적으로 사회적이고, 목표 지향적이며, 창조적이기 때문에 개인적 실현(personal fulfillment)은 일, 우정, 사랑, 자기수용, 목적 또는 의미, 그리고 회복적 여가와 관련된 생활 과업(life tasks) 완수에 기초한다. 이러한 과업 수행의 기반이 유아기에 확립되긴 하지만 이 과업들을 청소년기 동안에 더욱 중요해지기 때문에 상담자는 행동의 목표 뿐만 아니라 생활 과업을 달성해 나아가는 과정을 이해하기 위한 질문을 하기도 하고, 청소년의 인생관과 동기부여의 원천에 대해 다루기도 한다. 예를 들어, 상담자는 행복, 두려움, 또래 집단, 진로 계획 등에 관련된 열린 질문을 사용할 수 있다.

사람에게는 타고난 열등감이 있으며 열등감은 어린 시절 부모의 과잉보호, 무관심 또는 왜소한 신체 등 뜻대로 되지 않는 경험 때문에 발생한다. 그러나 열등감은 삶에서 우월한 위치를 차지하고 성공하기 위해 노력하는 원동력이 되며, 열등감을 극복하고 성공적인 삶을 위한 노력은 삶의 핵심 주제가 된다. 우월성의 추구가 실패하면 다른 사람에 비해 무능력하고 무가치하다는 열등 콤플렉스가 나타난다.

초기 아동기에 열등감을 극복하는 과정, 즉 개인적인 방식으로 완전성이나 우월감을 획득하면서 생활양식이 형성된다. 대부분 4~5세에 결정되며 그 이후에는 거의 변하지 않으며 삶에서 드러나는 생활양식의 표현은 어린 시절의 생활양식이 정교화된 것이다. 아동이 자신의 생활양식을 개발하는 데에 영향을 미치는 것으로 출생 순위 및 가족구도를 들 수 있다. 가족은 여러 면에서 사회의 축소판으로 언급되기에 출생 순위와 가족 안에서 정해진 역할은 사회와 관계 맺기, 생활양식에 영향을 미치는 것으로 볼 수 있다. 부모-자녀의 관계는 사회적 관계를 맺고 협력하기 위한 선천적 능력 또는 소질을 지속적으로 개발하는 데에도 영향을 준다. 사회적 관심은 타인에 대한 존중, 타인과의 협력, 타인에 대한 관심, 타인과의 관계로 특징지어진다. 사회적 관심이 발달한 사람은 책임감 있고, 협력적이고, 그리고 창조적인 사람이다. 사회적 관심이 높은 사람들은 자기 자신, 타인, 그리고 삶을 즐기고 좋아한다. 청소년은 또래와 긍정적인 관계를 형성할 때 사회적 관심을 나타내고 경험한다.

아들러 상담의 과정은 상담관계 형성, 분석, 해석, 방향 재설정의 4단계를 거친다. 아들러는 상담에서 내담자와의 작업동맹(working alliance)을 강조하였으며, 상담은 상담자와 내담자가 평등한 관계를 맺는 것으로 시작한다. 상담자와 내담자는 상호 합의된 목표를 성취하기 위한 적극적인 파트너가 되어 주며 수립된 좋은 관계는 상담이 종결될 때 까지 지속된다. 상담자는 격려를 통해 내담자의 변화를 시도하며 이때 내담자의 협력이 필요하다. 두 번째 단계에서 상담자는 내담자의 신념과 감정, 동기와 목표를 이해하기 위해 생활양식, 가족구도와 같은 객관적인 정보를 탐색하고 그것들이 현재 어떻게 기능하고 있는지 이해하는 데 목적을 둔다. 세 번째 단계에서는 내담자의 가족구도와 초기 회상을 요약하고 해석하여 자기이해와 통찰의 과정을 거친다. 해석을 통해 상담자는 내담자의 거울이 되어 주고, 내담자가 그릇된 행동과 지각에 변화를 이끌어 이해와 통찰을 통해 건설적인 활동으로 옮겨 갈 수 있도록 돕는다. 상담자의 해석과 자유로운 조언을 받아들이는 것은 선택이다. 마지막으로 이전 단계에서 얻은 통찰을 바탕으로 태도, 신념, 인식 및 목표를 변화시키고 새로운 방향을 설정하고 행동으로 실행한다.

3) 행동주의 상담

Burrhus F. Skinner(1904~1990)

Skinner에 의해 시작된 행동주의 상담에서는 인간의 행동을 학습의 결과로 본다. 인간은 좋지도 나쁘지도 않은 상태로 이 세상에 태어났기 때문에 어떻게 배워 나가느냐에 따라서 인간의 행동이 결정된다는 것이다. 인간과 환경은 서로 영향을 주기도 하고 받기도 한다. 인간은 자기지도의 능력이 있다. 이 접근의 초기에는 인간이 유전과 환경에 의해 결정된다는 결정론적 입장이었으나 최근에는 인간의 능동적인 면도 강조된다. 즉, 인간은 자신의 행동을 스스로 수정할 수 있는 능력이 있다는 점이 강조되고 있다. 결국 행동주의 상담의 인간관은 기계론적이고 결정론적인 데서 인본주의적인 인간관으로 변모해 가고 있다고 볼 수 있다.

행동주의 상담에서는 내담자의 외현적 행동, 치료의 목표를 세분화시키는 것, 상담계획을 발전시키는 것, 상담의 결과를 객관적으로 평가하는 것 등에 관심을 둔다. 그리고 비교적 일관성 있는 인간의 특성에는 관심이 적다. 상담도 학습이론의 원리를 그 바탕으로 한다. 학습원리에 의해 어떤 행동이 나타났다가 역시 학습에 의해 그 행동이 사라진다. 따라서 바람직한 행동과 바람직하지 못한 행동 모두 같은 학습의 원리에 의해서 학습된다. 정상적인 행동은 보상과 모방에 의해서 학습한 것이다. 이상행동은 잘못 배운 결과이다. 행동주의적 접근은 과거나 미래의 행동에 관심을 갖기보다는 현재의 행동에 관심을 둔다. 겉으로 드러난 구체적인 현재의 행동을 강조하기 때문에 성격의 구조나 발달, 역동성보다는 행동의 변화에 더 관심이 있다.

상담의 목적은 바람직하지 못한 행동을 소거시키고 보다 효과적인 바람직한 행동을 학습시키는 것이다. 이를 위해서 잘못 학습된 행동의 소거와 바람직하고 효과적인 행동의 학습에 도움이 되는 조건을 찾아내거나 조성하려 한다. 비현실적인 공포나 불안의 제거와 학습을 통한 행동수정이 중요한 목표였으나 최근에는 자기지도가 강조되고 있다. 상담목표는 내담자가 결정하며, 하나의 상담목표는 구체적인 세부 단계의 목표로 나뉜다.

상담자는 능동적이고 지시적이며, 내담자에게 보다 효과적인 행동을 가르치는 데 있어서는 교사나 조련사 같이 기능한다. 내담자도 마찬가지로 능동적이고 새로운 행동을 실험적으로 실천해야 한다. 상담자와 내담자의 관계는 기계적이고 조작적이며 비인간적인 부분이 있지만, 반면에 상호 신뢰적인 치료적 관계는 행동수정의 과정을 실천하는 데 기초가 된다.

상담의 과정은 학습과정의 특별한 형태이다. 이 학습과정은 학습이론에 따라 서로 차이를 보이고 있기 때문에 이 접근에서는 통일된 하나의 상담과정을 제시하기 어렵다. 특히 행동주의 상담에서는 개개인에게 맞는 개별적인 상담목표를 강조하기 때문에 더욱 그렇다. 여기에서는 일반적인 상담과정을 제시한다. 상담의 과정은 일곱 단계로 볼 수 있는데, 첫째는 상담관계의 형성, 둘째는 문제행동의 규명, 셋째는 현재의 상태파악, 넷째는 상담목표의 설정, 다섯째는 상담기술의 적용, 여섯째는 상담결과의 평가, 일곱째는 상담의 종결이다. 물론 이 과정은 반복적으로 나타날 수 있다. 주요기술로는 주장훈련, 체계적 감감법, 홍수기법, 혐오기술, 강화, 대리경제체제, 조형, 시범, 역할연기, 행동연습, 사고중지, 지도하기, 인지적 행동수정 등이 있다.

4) 인간중심상담

Rogers에 의해서 창시된 인간중심 상담이론은 인간을 대단히 긍정적인 시각으로 바라본다. 무엇보다도 인간을 마음껏 기능할 수 있는 경향성을 가진 존재로 여긴다. 인간은 자신 속에 자기를 이해할 수 있고 자아개념의 기본적인 것을 변경시킬 수 있는 방대한 자원을 가지고 있으며, 이러한 자원은 촉진적인 심리적 분위기만 제공되면 개발될 수 있다. 치료적인 관계, 즉 촉진적인 심리적 분위기 속에서 내담자는 예전에는 알아차리지 못했던 어떤 감정들을 경험하게 된다. 내담자는 자신이 지니고 있는 가능성을 실현시키고 점점 무엇인가를 깨닫게 되며 자발성을 증가시키고 자신을 신뢰하며 자신의

Carl R. Rogers(1902~1987)

중심을 향하여 점차로 변화한다. 인간중심 상담이론은 인간을 합목적적이고, 건설적이며, 현실적인 존재인 동시에 아주 신뢰할 만한 선한 존재로 본다.

성격의 중요한 구성개념은 유기체와 자아이다. 유기체는 개인의 사상, 행동 및 신체적 존재 모두를 포함하는 전체로서의 한 개인을 지칭한다. 이러한 유기체의 주관적 경험의 세계를 현상적 장이라고 하며 이것이 개인의 실제 세계이다. 자아는

이러한 현상적 장에서 분화하여 발달한 것으로 자신에게 속한 것 혹은 자기의 일부와 자신이 지각하는 다른 모든 대상 사이를 구별할 수 있게 된다. 정신적으로 건강하다는 것은 이상적 자아와 현실적 자아가 일치하는 것을 말한다. 부적응이라는 것은 되고자 하는 것과 현재 상태와의 차이로부터 기인하며, 부적응 행동의 심각성은 자아와 유기체가 경험하는 세계와의 불일치의 정도에 기인한다. 따라서 현재 상황에서 느끼는 감정과 경험이 대단히 중요하다.

상담의 목표는 내담자로 하여금 충분히 기능하는 인간으로 성장하도록 하는 것이다. 이를 위해 안전한 분위기를 제공해 주고 자신을 탐색하게 만든다. 이렇게 함으로써 성장을 방해하는 요인이 무엇인지를 알게 하고, 과거에 부인하고 왜곡했던 자신을 순수하게 경험하도록 만드는 것이다. 따라서 결과적으로 내담자로 하여금 자신을 개방하고 신뢰하며 기꺼이 변화할 수 있도록 하고, 나아가서는 자발성을 증가시키고 보다 생동감 있게 살아 나갈 수 있도록 도와준다. 상담은 개인 속에 잠재해 있는 능력을 해방시키는 것으로 볼 수 있다. 그리하여 상담자는 특수 문제의 해결이나 특수한 행동변화를 상담의 목적으로 설정하기보다는 오히려 한 개인을 전체적이고 계속적인 성장의 방향으로 향하게 하는 데 그 목적이 있다고 말할 수 있다. 이 접근에서는 내담자가 개인적 성장을 위해 사용할 수 있는 관계성을 어떻게 제공해 주느냐를 크게 문제 삼는다.

인간중심상담에서 가장 중요한 것은 상담자와 내담자와의 관계이다. 진실성, 존중, 공감적 이해, 수용적 태도, 허용적 태도, 이러한 모든 것을 내담자에게 전달하는 것 등 상담자의 질적 측면이 강조된다. 상담자는 이러한 촉진적인 실제적 관계를 활용해서 내담자가 배운 것들을 다른 관계에 전이할 수 있도록 돕는다. 이 접근에서는 상담과정을 구체적 단계로 나누기는 어려우며, 상담과정에서는 내담자의 책임과 주체성이 강조되고, 내담자가 주체적으로 자신의 문제해결에 대해 충분한 통찰을 얻도록 하는 내용이 포함된다. Rogers는 상담의 과정을 성격의 변화가 일어나는 과정으로 보고 그 성격변화의 과정을 고정성으로부터 변화성, 경직된 구조들로부터 유동적 구조로, 그리고 고정된 상태로부터 과정으로 이어지는 연속선상에서의 변화과정이라는 개념으로 발전시켰다. 그리하여 그는 내담자의 표현의 질이 어떤 특징을 갖느냐에 따라서 상담의 과정을 일곱 단계로 구분하여 기술하고 있다. 이 접근에서는 초기에는 기술에 많은 관심이 주어졌으나 최근에는 진실성, 무조건적 긍정적 수용, 공감적 이해와 같은 상담자와 내담자의 관계가 중요시되고 있다.

5) 합리적 · 정서적 행동상담

Ellis에 의해서 창시된 합리적 · 정서적 행동상담 이론은 인간을 합리적이고 올바른 사고를 할 수 있을 뿐만 아니라, 비합리적이고 왜곡된 사고를 할 수도 있는 존재로 본다. 이러한 사고의 경향성 때문에 비합리적 사고의 피해자가 될 가능성도 있고, 비합리적 신념을 가지고 자신을 세뇌시킬 수도 있다. 인간은 외부적인 어떤 조건에 의해서보다도 자기 스스로가 자신의 정서적 혼란을 일으키는 여건을 만든다. 특히 정서적 혼란을 가져오는 신념을 만들고는 그 신념에 따라 스스로를 정서적으로 혼란하게 만드는 경향성을 지닌다. 인간은 또한 동시에 사고하고, 느끼고, 행동하는데 이들은 서로 중대한 영향을 주고받는다.

Albert Ellis(1913~2007)

인간의 신경증이란 비합리적 사고와 행동을 말한다. 성격의 발달 중 이상성격의 발달에 보다 관심이 많다. 이상성격은 타고난 경향성으로서의 생득적인 면, 사회적인 면, 심리적인 면에 기초한다. 특히 비합리적 사고와 신념체제가 자신을 계속 재교화시켜서 자기파괴적이 되도록 한다. 즉, 인간의 신념체제가 정서적 문제의 원인이다. 따라서 내담자에게 자신이 지니는 신념체제의 타당성을 시험하도록 도전하고, 이러한 과학적 방법을 일상생활에 적용하도록 한다.

상담의 목적은 내담자의 자기파괴적인 신념들을 줄이고, 내담자가 보다 합리적이고 현실적이며 관대한 신념과 인생관을 갖게 하여, 더욱 융통성 있고 생산적인 삶을 살아가도록 내담자를 돕는 것이다. 다시 말하면 여생을 살아 나가는 동안 과학적인 방법을 활용하여 정서적인 문제, 행동적인 문제들을 해결해 나가도록 내담자를 돕는 것이다. 이를 위해 우선 무엇보다도 내담자 자신에게 관심을 가지고 진실하도록 하며, 내담자가 자신의 삶에 대해 책임을 지고, 대부분의 자기 문제를 독자적으로 처리할 수 있는 자기지도력을 갖도록 한다. 또한 내담자가 보다 관용적으로 생각하고 행동할 수 있도록 하며, 보다 융통성 있게 생각하도록 한다. 우리 인간이 불확실성의 세계에 살고 있다는 사실을 내담자가 수용하도록 하고, 내담자가 과학적으로 생각할 수 있도록 한다. 내담자가 자기 이외의 사람이나 사물 또는 생각 등 어떤 것에도 자기의 심신을 최대한 투입할 수 있도록 하며, 내담자가 자신을 수용할 수 있도록 한다. 이뿐만 아니라 내담자로 하여금 사회적 관심, 모험, 비유토피

아적 이념 등에 관심을 갖도록 한다.

합리적·정서적 행동상담에서 상담자는 교사와 같이 기능하고 내담자는 학생처럼 기능한다. 상담자와 내담자 사이에 친밀한 관계가 꼭 필요한 것은 아니다. 내담자는 자신의 문제에 대하여 통찰을 얻고 난 후 자기를 파괴하는 행동을 변화하기 위하여 적극적으로 실천해야만 한다. 상담의 과정에서는 내담자가 현재 경험하고 있는 것에 초점을 둔다. 지금-여기에서의 경험과 내담자가 어릴 때 획득한 신념과 정서의 형태를 바꿀 수 있는 내담자의 현재 능력을 강조한다. 상담과정을 간단히 말하면 ABCD로 표현할 수 있다. 풀어서 설명하면, 첫째, 내담자에게 비합리적인 신념을 보여 주고, 둘째, 비합리적 신념은 자신의 재교육에 의한 것임을 자각하게 하며, 셋째, 내담자의 비합리적 신념을 바꾸도록 하고, 넷째, 합리적이고 능률적인 인생관을 갖게 하는 것이다. 상담기술로는 인지적 기술, 정서적·환기적 기술, 행동적 기술로 대별한다. 구체적으로 논박, 과제제시, 독서법, 자기진술, 수용 등이 있으며, 행동주의 상담에서 사용되는 많은 기술을 그대로 사용한다. 이 접근에서 활용하는 기술은 다른 접근에 비해서 더욱 설득적이고 지시적이며 교수적인 것이 특징이다.

6) 게슈탈트 상담

Ferderick S. Perls(1893~1970)

게슈탈트 상담이론은 Perls에 의해서 창안된 것으로 인간을 본질적으로 선하지도 악하지도 않은 존재로 본다. 인간은 전체를 추구하는 존재로서 사고, 감정, 행동을 통합하고자 한다. 다시 말하면 인간은 신체, 정서, 사고, 감각, 지각 등 모든 부분이 서로 관련을 갖고 있는 전체로서 완성되려는 경향이 있다. 또한 게슈탈트 상담은 인간에 대한 반결정론적 시각을 지니는데, 인간은 어렸을 적의 영향이 현재 나타나는 어려움과 어떻게 관련되어 있는지를 깨달을 수 있는 능력을 가지고 있는 것으로 본다. 인간은 그가 속한 환경을 떠나서는 이해될 수 없으며, 내·외적 자극에 대해 능동적으로 반응하고 그에 대해 책임을 질 수 있다. 이뿐만 아니라 인간은 자신의 삶을 효과적으로 통제할 수 있는 능력을 가지고 있다.

게슈탈트 상담에서는 인간이 지금-여기의 상황에서 무엇을 어떻게 경험하는지에 대하여 대단히 중요하게 생각할 뿐만 아니라 내적 요구와 외적 요구에 따라 전경과 배경이 바뀐다는 것도 중요시한다. 인간의 성격은 자아, 자아상, 존재로 구성된다. 성격의 발달은 사회적 단계, 정신 · 신체적 단계, 영적 단계를 거친다. 인간의 부적응 행동은 각성의 결여, 책임의 결여, 환경과의 접촉상실, 형태완성능력의 부족, 욕구의 부인, 자아의 미분화에서 그 원인을 찾는다.

상담의 목적은 내담자가 현재의 환경에의 적응을 방해하는 요인을 제거시키고 그때그때 일어나는 전경을 보다 더 분명하게 부각시킬 수 있도록 도와주어서 자신의 삶에 대한 책임을 질 수 있는 하나의 통합된 자아형성을 하도록 도와주는 것이다. 통합된 자아는 개인이 사회 혹은 환경에 맞추어 가도록 하기보다는 오히려 그러한 환경 속에서 자신을 발견하도록 도와줌으로써 가능하다고 본다. 이를 구체적으로 표현하면, 첫째, 내담자로 하여금 순간 순간의 경험을 각성할 수 있도록 돕는 것이다. 각성을 통해서 내담자는 자아상, 즉 외부에 의한 조정에 좌우되지 않고 자아를 조절함으로써 진실된 자기가 되며, 그리하여 그 개인은 건강한 삶을 살 수 있게 된다. 둘째, 현재, 여기에서의 삶을 살아가도록 돕는 것이다. 인간은 과거나 미래에 집착해서 살게 되면 자신의 삶에 대한 책임을 운명이나 다른 사람들에게 전가시키게 된다. 그러므로 지금-여기가 우리에게는 유일한 현실이므로 순간 순간마다 완전히 자신의 느낌에 몰두하고 그 경험에서 무엇인가 얻어 낼 수 있어야 한다.

상담자는 내담자를 위해서 해석하지는 않으나 내담자로 하여금 그 의미를 스스로 해석할 수 있도록 도와준다. 내담자는 현재의 기능을 방해하고 있는 과거로부터 해결되지 않은 어떤 문제를 알아차리고, 그리고 그것을 해결하도록 기대된다. 해결되지 않은 과거의 어떤 문제를 해결하는 과정에서 내담자들은 과거의 충격적인 상황이 마치 현재 일어난 것처럼 재경험함으로써 그 해결이 가능하게 된다. 게슈탈트 상담에서는 상담자가 그 상담의 중심이 된다. 상담과정에서 어떤 활동을 할 것이며, 누구와 또 언제 그런 활동을 할 것인가는 대부분 상담자에 의해서 결정되고 인도된다. 내담자로 하여금 순간순간 스스로의 경험에 대한 명확한 각성을 하도록 하기 위하여 상담자는 여러 가지 기술, 게임, 활동 등을 책임지고 계획하고 지도한다. 게슈탈트 상담은 형태의 생성과 소멸을 방해하는 요인을 제거하는 모든 과정이 상담과정에 포함된다. 주요 기술로는 현재 중심과 각성기법, 언어적 접근기법, 비언어적 각성기법, 환상접근기법, 과거와 미래에 대한 기법, 감정에 대한 접근기법 등이 있다.

7) 의사교류분석 상담

Eric Berne(1910~1970)

Berne에 의해서 창시된 의사교류분석 상담이론은 인간의 모든 것은 어릴 때 결정되나 변화될 수 있다는 입장을 취한다. 즉, 인간은 환경과 경험들에 의하여 과거에 이미 결정, 형성되어 있는 자신의 행동양식들을 이해할 수 있고, 또 나아가서는 그러한 행동들을 새롭게 다시 선택, 결정할 수 있는 자율적 존재이다. 인간이 비록 과거에 내린 결정이나 과거의 생활양식에 의한 피해자라 할지라도 자신이 내린 과거의 결정을 이해하고 이에 대해 다시 결정을 내림으로써 자신을 파괴하는 측면을 변화시킬 수 있다. 이러한 변화는 의사교류분석 상담에서 제시하는 여러 가지 조력의 방법들을 통하여 보다 쉽게 이루어질 수 있다는 것이다.

내담자가 다른 사람들과 교류할 때 친밀한 관계를 회피할 목적으로 벌이는 게임에 관심을 둔다. 성격은 부모(parent), 어른(adult), 아이(child)의 세 가지 자아로 구성되어 있다고 본다. 그리고 의사교류 상황에서 이들 중에서 어떤 자아로 기능할 것인가를 내담자는 배워 왔다고 생각한다. 인간행동의 동기로 생리적 욕구와 자극의 욕구, 구조의 욕구, 자세의 욕구와 같은 심리적 욕구를 가정한다.

상담의 궁극적 목적은 자율성의 성취라 할 수 있다. 자율성은 자신의 세계에 대한 현실적 이해와 게임형식을 취하지 않고서도 정서를 표현할 수 있는 능력, 그리고 다른 사람들과 사랑을 나누고 친교할 수 있는 수용능력의 회복을 통하여 실현될 수 있다. 의사교류분석 상담은 또한 내담자로 하여금 이미 결정한 것을 다시금 살펴보고 현실적 이해에 근거하여 새로운 결정을 할 수 있도록 도와준다. 이를 구체적으로 설명해 보면 부모, 어른, 어린이 자아 사이에 혼합과 배타가 없도록 자아상태를 바꾸어서 필요에 따라 모든 자아를 적절히 사용할 수 있는 능력, 특히 어른 자아를 충분히 활용할 수 있는 능력을 갖게 한다. 부적절하게 결정된 생활자세와 생활각본으로부터 해방될 수 있도록 도와주어서 자기 긍정과 타인 긍정의 생활자세와 생산적인 새로운 생활각본을 형성할 수 있게 한다.

의사교류분석적 상담자와 내담자는 동등한 관계이다. 다시 말하면, 상담자의 지위에 대하여 강조하지 않는다. 내담자는 상담자와 계약을 하여 원하는 변화를 가져온다. 계약이 완료되면 상담은 끝나게 된다. 상담자에 대한 의존과 전이는 관심의

대상이 아니다. 상담은 상담자와 내담자와의 계약, 구조분석, 의사교류분석, 게임
분석, 생활각본분석 등의 과정을 거친다. 상담자들은 상담과정에서 자신들이 개발
한 기술들을 사용함은 물론 상담목표 달성에 유리하다고 생각되는 기술들이면 다
른 이론적 접근에서 개발한 기술들일지라도 기꺼이 차용한다. 주요 기술로는 허용,
보호, 상담자의 잠재능력, 조작 등이 있다. 이들 중 앞의 세 가지는 특수기술이라기
보다는 오히려 상담분위기를 조정하는 데 필요한 상담자의 태도 및 자질을 말하는
것이고, 네 번째의 조작이 바로 상담기술이라고 할 수 있다. 치료적 조작의 기본기
술로서 여덟 가지의 기술을 들 수 있는데 질의, 특별 세부반응, 맞닥뜨림, 설명, 실
증, 확립, 해석, 구체적 종결 등이다.

8) 현실치료

1950년대 이후 Glasser에 의해 개발된 현실치료는 현재의 행동에
초점을 맞추고 개인적인 책임을 강조한다. 현실치료는 인간 본성에
대한 결정론적 철학에 의존하지 않고 인간은 궁극적으로 자기결정
을 하고 자기 삶에 책임을 갖고 있다는 가정에 근거한다. 인간은 자
유롭고 자신의 목표를 스스로 선택하고자 하는 욕구를 지닌다. 따라
서 내담자로 하여금 다른 사람의 자유를 침해하지 않고 다른 사람에
게 고통을 주지 않으면서 자신의 자유를 성취할 수 있는 방법을 배
우도록 하는 것이 필수적이다.

William Glasser(1925~)

인간에게는 다섯 가지의 기본적 욕구, 즉 소속의 욕구, 힘의 욕구,
자유의 욕구, 즐거움의 욕구, 생존의 욕구가 있다. 소속의 욕구는 누구에게 소속감
을 느끼는 것뿐 아니라 사랑하고 협동하는 것을 포함하며, 인간이 살아남는 데 중
요한 역할을 한다. 힘의 욕구는 자신의 삶을 효과적으로 통제할 수 있다고 지각하
는 것을 말하며 경쟁하고, 성취하고, 중요한 존재이고 싶어 하는 속성을 말한다. 자
유의 욕구는 자기의 행동을 스스로 선택하고자 하는 욕구이며 이동하고 선택하는
것을 마음대로 하고 싶어 하는 속성을 의미한다. 즐거움의 욕구는 새로운 것을 배
우고 놀이를 통해 즐기고자 하는 속성을 말한다. 우리가 하지 않아도 되는 일을 자
의적으로 할 때 즐거움의 욕구는 충족된다. 마지막으로 생존의 욕구는 살고자 하고
생식을 통한 자기확장을 하고자 하는 속성을 의미한다. 인간은 이상의 다섯 가지

기본적 욕구를 추구하고자 할 때 우선순위를 결정하는 데 있어서 끊임없이 갈등하고 그것을 해소하려는 과정에서 충족과 좌절을 경험하게 된다. 이때 인간은 내적인 욕구가 실현될 수 있도록 감각기관, 지각체계, 행동체계를 통해 자신의 환경을 통제하고 선택할 수 있다.

현실치료의 목표는 내담자가 자신의 현재 행동을 평가하고, 만약 행동이 자신의 욕구를 충족시키지 못하고 있으면 더 효과적인 행동을 할 수 있도록 심리적인 힘을 개발할 수 있는 조건을 제공하는 것이다. 그리하여 소속감, 힘, 자유, 즐거움과 같은 욕구를 충족시켜 주는 좀 더 효율적인 방법을 찾게 하는 것이다. Glasser는 상담이란 내담자가 생활의 통제를 다시 획득하고 좀 더 효율적으로 살아가는 방법을 배우도록 도와주는 것이라고 강조하였다.

상담자의 역할은 실제적으로 내담자의 욕구를 성취시키는 것이다. 내담자를 현실과 맞서도록 하고, 내담자 스스로가 자신의 행동을 평가하도록 한다. 그리고 상담자는 선택이론을 가르치는 교사로서의 기능을 담당한다. 이때 상담자는 내담자가 스스로의 책임을 인정하도록 하며, 어떤 구실도 받아들이지 않는다. 내담자의 현실을 무시하지 않고 누구에게도 책임을 전가시키는 것을 허용하지 않는다. 그러나 상담자는 내담자의 갈등을 함께 공유한다. 이때 상담자는 치료적 규칙과 한계 등을 명확하게 정하고 시간 구조화를 엄격하게 한다. 또한 내담자를 이해하고 공감하며 인간적인 태도를 갖는 것이 중요하다.

현실치료의 진행절차는 간략하게 W(Wants), D(Doing), E(Evaluation), P(Plan)로 표기된다. 이를 상술하면, 첫째, 바람, 욕구와 지각의 탐색으로서 내담자에게 그들의 '바람'과 관련된 질문들을 던지는 것이다. 상담자의 질문을 통해서 내담자는 자신의 욕구를 만족시킬 수 있는 방법을 인식하고, 정의하고, 세련되게 만든다. 둘째, 현재 행동에 관심을 두고 과거 사건은 내담자가 현재 행동하는 데 영향을 미치는 경우에만 관심을 둔다. 과거는 내담자가 더 나은 내일을 위한 계획을 세우는 데 도움을 줄 수 있는 경우에만 논의된다. 현실치료는 단순히 태도나 감정만을 바꾸려는 것이 아니라, 현재의 전체 행동을 변화시키려는 것이다. 셋째, 내담자가 자신의 전체 행동의 각 요소를 스스로 평가하도록 한다. 이처럼 스스로 평가함으로써 자신이 원하는 것과 행동 사이의 거리를 스스로 돌아볼 수 있도록 도와준다. 넷째, 상담자와 내담자의 공동 노력으로 계획이 수립되면 그 계획이 수행되도록 실천에 대한 계약을 체결해야 한다. 내담자를 돕는 일은 대부분 그들의 욕구를 충족시켜 줄 구체적 방법을 찾는 것이다. 상담의 기술로는 숙련된 질문 기술, 적절한 유머, 토의와 논쟁, 맞닥뜨림, 역설적 기법 등이 있다. 이러한 기술은 내담자와 상담자 간에 관계가 잘 형성되었을 때 사용할 수 있다. 만일 두 사람 사이에 친밀한 관계가 형성되지 않았는데 이러한 기술을 적용하면 오히려 역효과가 날 수 있다.

9) 해결중심상담

해결중심상담은 가족치료에서부터 시작한 이론으로 지금은 부부와 가족뿐만 아니라 다양한 내담자를 대상으로 개인상담을 위해 다양한 장면에서 광범하게 활용되고 있다. 이 접근법은 Steve de Shazer와 Bill O'Hanlon에 의해서 1980년대부터 시작되었다. 이들 모두는 단기치료의 창시자인 Milton Erickson에 의해 직접적으로 영향을 받았다. 이 접근법에서 뛰어난 상담자와 이론가로는 Michele Weiner-Davis와 Insoo Kim Berg가 있다(Gladding, 2007).

Steve de Shazer(1940~2005)

해결중심상담은 인간본성에 대해 종합적인 관점을 갖지 않는다. 오히려 Milton Erickson의 아이디어, 즉 인간은 자신 안에 자신의 문제를 해결할 수 있는 능력과 자원을 지니고 있다는 생각을 받아들인다. 그는 어느 한 사람의 작은 행동이 간혹 문제의 맥락에서 더 큰 변화를 가져오는 데 있어서 꼭 필요한 것이라고 믿었다.

Milton Erickson의 전통 이외에 해결중심상담은 인간을 본질적으로 구성주의자로(constructivist) 본다. 즉, 현실은 관찰과 경험의 반영이라는 것이다. 마지막으로 해결중심상담은 인간은 진정으로 변화를 원하고 그 변화는 불가피하다는 가정에 기초한다.

상담자의 첫 번째 역할은 내담자가 변화의 과정에서 얼마나 적극적이고 헌신적인가를 결정하는 것이다. 내담자는 보통 세 유형으로 나뉜다.

- 방문자형: 문제가 없다고 생각하거나 상담에 참여하기를 원하지 않는 사람
- 불평형: 문제를 기꺼이 논의하지만 해결책은 타인의 행동과 같이 다른 곳에 있다고 보는 사람
- 고객형: 자신이 특정한 문제를 가지고 있고 그 문제를 해결하기 위해 어떤 것

을 하기를 원하는 사람

해결중심상담자는 참여를 결정하는 것 외에 내담자가 자신의 자원과 강점을 발견할 수 있도록 도와주는 변화의 촉진자 역할을 수행한다. 내담자들은 자원과 강점을 이미 가지고 있지만 잘 모르고 있거나 혹은 활용하지 않는 사람들이다. 따라서 상담자들은 용기를 북돋워 주고, 도전하고, 변화에 대한 기대를 갖도록 한다. 그들은 비난하거나 "왜?"라고 묻지 않는다. 그들은 기본적으로 내담자를 자신의 인생에 대한 전문가로 인정한다. 즉, 내담자는 자신의 삶에 있어서 하나의 전문가로 인정되는 반면, 상담자는 치료적 환경을 창조하는 데 있어서 전문성을 가진다.

해결중심상담의 주요 목표는 내담자로 하여금 내적 자원을 개발하고 그들이 스트레스를 경험하는 때에 대한 예외사항을 알도록 돕는 것이다. 결국 상담의 목표는 이미 예외 속에 존재하는 것, 즉 문제를 해결하는 쪽으로 지향하도록 하는 것이다. 따라서 상담회기와 내담자에게 주어지는 과제는 긍정적인 것과 현재 혹은 장래에 대한 가능성에 초점을 맞춘다.

해결중심상담은 상담자와 내담자 간에 협동적인 과정이다. 즉, 상담자는 내담자에게 따뜻하고 긍정적이며 수용적인 관계를 제공하고 내담자는 이해되고 존중받는다고 느껴지는 협력적 '결합'을 발달시키려고 노력한다. 상담자는 내담자로 하여금 문제를 경험하는 때와는 다른 예외적인 경우를 찾아보도록 격려하는 것 외에 다양한 기법들을 활용한다. 예컨대, 기적질문은 기본적으로 문제가 사라진 가설적인 상황에 집중하는 것이다. 만약 문제가 해결되거나 더 나아진다면, 내담자가 자신의 삶이 그렇게 될 것이라는 것을 가능한 한 분명하고 명확히 기술하도록 도와주는 미래지향적인 질문이다. 다른 기법은 척도화인데 이것은 1점(낮음)에서 10점(높음)까지 해당하는 점수에 현재의 문제를 평가하도록 함으로써 문제가 얼마나 심각한지를 평가하기 위한 것이다. 척도화는 내담자로 하여금 그 문제와 관련하여 어디쯤 있고 또 목표를 달성하기 위하여 현실적으로 어떻게 해야 하는지를 이해하도록 해 준다. 척도화의 목적은 내담자들이 확인할 수 있는 작은 목표를 세우고, 진전을 측정하고, 또 행동의 우선순위를 설정하도록 돕는다. 척도화를 통하여 내담자의 동기와 확신을 평가한다.

또 다른 기법은 내담자를 칭찬하는 것인데 이것은 내담자가 가지고 있는 강점을 칭찬하기 위해 고안된 메시지로서 내담자들에게 '긍정적 사고(yes set)'를 만들어 준다(예: 어려움을 헤쳐 나갈 수 있다는 신념). 칭찬은 보통 내담자에게 과제를 내기 직전에 준다. 그 외에도 단서(clues)와 만능 열쇠(skeleton keys) 등이 있다.

4. 상담에서 윤리적 쟁점

학교상담은 학생들의 학업발달, 진로발달, 개인·사회성 발달을 도모하는 전문가가 주도하는 상담이다. 따라서 학교상담을 주도하는 상담자는 학교상담 영역에서 자신의 가치를 입증하고 사회의 책무를 완수하기 위해 노력해야 한다. 또한 사전 동의, 비밀 보장, 다중관계 등과 관련된 윤리적 쟁점들은 학교상담 장면에서 흔히 직면하게 되며, 이런 상황들이 상담과정을 어렵게 하기도 하지만 학생을 보호하는 중요한 지침을 제공하기도 한다. 많은 상담전문가는 내담자와 상담자를 보호하기 위해 윤리적 규준을 발전시켜 왔다. 윤리적 규준은 상담전문가가 해야 하는 것과 하지 말아야 하는 행동의 구체적인 원칙을 포함하며, 옳은 답을 제공하기 보다는 책임감 있는 태도와 윤리적 쟁점을 해결하는 지침이 된다. 여기에서 제시하는 윤리적 쟁점에 대한 내용이 완전하거나 자세한 것은 아니지만 학교상담의 핵심적인 측면 몇 가지를 살펴보도록 한다.

1) 사전 동의

사전 동의란 상담자가 상담에 대해 충분하고 적절하게 설명한 것에 근거하여 내담자가 상담에 동의하는 것을 말한다. 사전 동의 과정을 통해 내담자는 상담자가 설명하는 내용에 대하여 충분히 이해하고, 심사숙고하여 합리적인 결정을 내릴 수 있어야 한다. 또한 상담자는 내담자가 상담에서 무엇을 얼마만큼 말할 것인지에 대해 스스로 의사결정 할 수 있도록 돕는다.

2) 비밀보장

비밀보장은 윤리적인 개념으로 상담과정에서 얻은 정보뿐만 아니라 내담자의 신변을 보호하고 사생활을 존중해 주어야 할 상담자의 의무를 뜻한다. 이 개념은 상담관계와 상담과정에서 알게 된 내담자의 정보를 내담자의 동의 없이 제3자에게 누설하지 않고 보호해 줄 것이라는 약속이다. 비밀보장이 지켜짐에 따라 내담자가 상담자를 신뢰하고 진정성 있게 상담에 임할 수 있게 된다. 또한 비밀보장에도 예외가 있으며 상담자는 내담자에게 비밀보장의 예외적인 경우에 대해서 사전에 알려야 한다. 강진령(2003)은 비밀보장 원칙과 관련하여 학생 내담자의 경우, 사생활 보호의 범위를 다음의 네 가지로 언급하였다. 첫째, 학생이 상담을 받고 있다는 사실, 둘째, 대기실에서 누구인지 알려지지 않게 하는 것, 셋째, 제3자에게 상담 회기 녹음을 포함하여 상담 기록을 노출하지 않는 것, 넷째, 검사 결과 관련 서류와 파일을 내담자의 동의 없이 알리지 않는 것이다.

표 8-2 비밀보장 원칙의 예외적인 경우

예외 경우	상황 및 상담자의 대처 행동
자해 · 자살 의도	• 내담자가 자신을 해하거나 자살하려는 의도를 드러냄 • 섭식장애, 물질오남용, 성행동, 범법행위 등 기타 위험한 행위가 비밀보장 원칙을 파기할 정도
사회의 안전 위협	• 내담자가 상담과정에서 다른 사람을 해하려는 의도가 명백할 때 • 이 경우 상담자는 비밀보장 원칙을 파기하고 잠재적 피해자에게 위협에 대한 정보를 알리고 경고해 줄 윤리적 책임이 있음
전염성이 있는 치명적 질병	• 전염성이 있는 치명적인 질병(예: AIDS)에 감염되었다는 사실을 밝힘
법원명령	• 내담자가 연루된 사건 판결에 있어서 판사가 상담자에게 내담자에 관한 정보와 상담자의 전문적 관점을 요청함
아동학대 · 방치	• 아동학대나 방치에 관한 사실이 노출되었을 때

출처: 강진령(2003).

상담자는 다른 사람과 대화를 나눌 때 학생 내담자와 상담한 내용이 그 사람에게 도움이 된다하더라도 비밀을 유지하도록 해야 하며, 내담자에게 무슨 일이 있는지 단순히 궁금해하는 사람들이 정보를 요구할 때 거절하는 방법에 대해서도 알고 있어야 한다(오인수, 2016). 그러나 학생 내담자의 상담 중 가장 힘든 것은 그들이 미성년자라는 점에서 법적으로 사생활에 대한 권리가 제한되며, 학생의 상담 내용을 알 권리를 주장하는 학부모 및 학교장을 포함한 지도(담임) 교사와 학생 사이의 비밀 보장에 대한 지침을 세우는 것이다. 내담자가 미성년자이면서 재학생이라는 점을 고려할 때, 학부모와 학교장(을 포함한 지도교사)은 「아동복지법」 제4조에 따라 자녀지도의 이유로 상담내용에 대해 알 권리가 있다. 자녀지도의 이유로 상담내용을 요구할 때, 상담자는 그들에게 상담이 비밀보장을 전제로 한 것임을 알리고 학생에게 직접 물어보도록 제안한다(강진령, 2003).

3) 다중관계

다중관계는 "이미 관계가 설정된 사람과 상담관계를 추가적으로 맺는 것"(강진령, 2003, p. 104)을 뜻한다. 예를 들어, 내담자가 친구 혹은 친척의 자녀이거나 동료를 상담하는 경우, 상담자는 내담자와 두 가지 이상의 역할로 다중관계를 형성하게 된다. 따라서 상담자라는 고유한 역할과 그 외의 역할 사이에 명확한 경계가 필요하다. 이러한 어려움을 극복하는 방법은 가능한 한 최선을 다해 상담자로서의 명확한 경계와 객관성을 유지해야 한다. 만약 다중관계를 피할 수 없다면 사전 동의를 구하거나, 외부 전문가에게 의뢰를 하는 등 다중관계가 상담에 영향을 미치지 않도록 최선을 다하는 것이 중요하다.

5. 사이버 상담

인생의 빠른 변화처럼 세상 역시 놀라운 속도로 변화하고 발전하고 있다. 이러한 사회의 변화는 사회를 구성하는 사람들에게, 특히 환경의 변화에 민감한 청소년들에게 많은 영향을 미친다. 이제는 변화하는 시대에 발맞추어 학생들에 대한 교육과 지도도 그 접근방법이 달라져야 한다. 우리의 삶에 너무나 많이 보편화되어 있는 컴퓨터나 인터넷이 그 예로서, 컴퓨터나 인터넷이 생활지도의 접근방법으로 활용될 때의 특징과 방법에 대해 살펴보고자 한다.

국내의 사이버 상담은 1990년대의 인터넷 환경 구축과 PC 보급에 힘입어 확대되기 시작하였으며 현재까지 서비스 대상과 목적에 따라 활발히 제공되고 있다. 청소년사이버상담센터(www.cyber1388.kr)와 같은 전문 사이버상담 기관을 중심으로 전국 청소년상담복지센터, 원스톱지원센터, 대학 상담센터 등 일반 상담기관에서 제공하는 게시판상담과 스마트폰을 활용한 형태의 사이버상담을 운영 중인 현 상황을 바탕으로 사이버상담이 주요 상담형태의 한 축으로 자리 잡았음을 알 수 있다 (한국청소년상담복지개발원, 2012).

사이버 상담은 사이버(cyber)와 상담(counseling)이라는 두 단어가 만나서 만들어 진 합성어로서 사이버 상담의 배경과 역할을 함축하고 있다. 정보통신기술의 발달 은 실제의 세상이 아닌 사이버 세계라는 가상의 세계를 형성하고, 컴퓨터와 스마트 폰을 통해 대화가 가능해지면서 인간의 문제를 돕는 상담마저도 이 공간에서 가능 해지게 되었다.

사이버 상담은 내담자와 상담자가 컴퓨터와 스마트폰을 매개로 하여 문자언어 혹은 대화를 통하여 문제를 해결해 나가는 과정이라고 할 수 있다. 상담자와 내담 자가 직접 대면하지는 않지만, 만남과 대화가 가능하도록 하는 물리적 환경이 전통 적인 의사소통(상담)과 구별되는 사이버 상담의 몇 가지 특징을 만들어 낸다. 첫째, 시간이나 공간의 제한 없이 자유롭게 의사소통할 수 있다. 즉, 상담자와 내담자가 동일한 시간과 장소에 있지 않으면서 각자의 가장 편안한 시간을 이용해 상담이 이 루어질 수 있다. 둘째, 익명성과 다중 정체성으로 자신의 신분을 노출하지 않고 상 담할 수 있다. 사이버 공간에서 상담자와 내담자는 자신이 원한다면 실명을 사용하 지 않고서도 상담을 진행할 수 있기 때문에 내담자는 자신에게 일어나고 있는 많은 문제가 공개된다는 부담을 갖지 않고 상담을 받을 수 있다. 셋째, 국내에서 제공되 고 있는 사이버 상담의 경우 현재까지 대부분 무료로 실시되고 있는 경우가 많기에 내담자들이 경제적인 비용으로 이용할 수 있다. 넷째, 상담자와 내담자가 서로 마 주 보지 않아도 되므로 심리적으로 편하게 상담할 수 있다. 즉, 내담자는 자신의 행 동이나 감정에 대한 즉각적인 비판을 염려하지 않아도 되며, 자신의 인적사항을 대 면상담에서보다 덜 공개해도 상담이 가능하다. 다섯째, 내담자가 신청함으로 의해 상담이 진행된다. 청소년상담에서, 대면상담은 부모나 교사에 의해 억지로 상담실 에 오게 되는 경우가 많지만 사이버 상담에서는 청소년 내담자 본인이 스스로 문제 의식을 가지고 문제를 해결하기 위해 상담을 요청하기 때문에 문제해결에 대한 동 기가 높다고 할 수 있다. 여섯째, 대면상담에서보다 상담관계 형성이나 종결이 훨 씬 쉽고 간단하다. 대면상담에 비해 강제적인 결속력이 약하기 때문에 한쪽이 원 한다면 언제든지 관계를 끝낼 수 있다. 마지막으로, 상담내용의 저장, 유통 및 가공 이 용이하며 영구적으로 보관할 수 있다.

대부분의 비자발적인 내담자가 자신을 보호하는 데 많은 관심을 가지고, 자신을 있는 그대로 솔직하게 개방하는 것을 매우 어려워한다는 것을 고려할 때 사이버 상담의 이러한 특징은 전통적인 대면상담을 부담스러워하는 학생들에게 효과적이라고 할 수 있다.

앞서 살펴본 사이버 상담의 특징을 바탕으로 생활지도에 적용하여 사이버 상담의 장단점을 살펴보면 다음과 같이 정리할 수 있다.

표 8-3 사이버 상담의 특징에 따른 장단점

특징	장점	단점
각종 제한에서 자유로운 편의성	상담에 대한 심적인 부담이 적음	내담자의 문제에 대한 깊이 있는 접근 어려움
익명성과 다중 정체성	비교적 자유로운 내담자 반응 유도	상담관계에 대한 책임성과 신뢰성 낮음
경제성과 효율성	시·공간적 제약을 적게 받음으로써 상담에 쉽게 임할 수 있음	내담자의 반응에 신속한 대처가 불가능
심리적 편안함	상담에 대한 심적인 부담 감소	
내담자의 주도성	내담자의 자발적 참여 정도가 높음	상담의 연속성이 떨어짐
관계 형성 및 단절의 융통성	신속한 상담관계 형성	응급 상담 시 개입에 한계
상담기록 저장의 용이성	편리하고 신속한 자료정리 및 활용	

제3부

학교상담과 생활지도의 방법

제9장
집단지도와 집단상담

　학생들의 인성교육과 생활지도 방법에는 학급운영을 통한 생활지도처럼 지속적으로 이루어지는 방법 외에 개인상담, 집단지도 및 집단상담, 검사 및 평가처럼 별도의 시간에 특수한 목적을 가지고 하는 방법이 있다. 개인상담과 비교해 볼 때 심리적 장애를 치료한다는 관점에서 본다면 집단상담은 개인상담만큼의 효과가 있다(Burlingame, Fuhiman, & Johnson, 2004a, 2004b; Piper & Ogrodniczuk, 2004). 미국학교상담협회에 의하면 '집단상담은 미국학교상담협회(American School Counselor Association: ASCA) 국가모델의 전달에 있어서 필수적이고, 학생들의 학업, 진로, 개인/사회성 발달적 주제를 다루기 위한 효율적이고 긍정적인 방법'(ASCA, 2014)이다. 특히 국내 초·중등학교의 현실을 고려할 때, 집단상담은 개인상담에 비해 훨씬 적합하고 효과적인 방법이라 할 수 있다. 왜냐하면 집단지도나 집단상담은 교사가 비교적 많은 학생 대상에게 쉽게 접근할 수 있으며 꽤 심층적이고 교정적인 경험을 효과적으로 제공할 수 있기 때문이다.

　물론 개인상담과 비교해 볼 때 집단지도나 집단상담은 아주 심각하거나 위기에 처한 학생들을 돕기에는 다소 부적절하다는 한계를 가지고 있다. 그러나 집단지도나 집단상담은 조금만 노력하면 친구들끼리 함께 모여 직접 도움을 주고받게 하여 그들 사이에 깊은 만남의 관계를 촉진할 수 있다. 이 장에서 필자는 교사들이 학교에서 집단지도와 집단상담을 운영하는 데 필요한 기초적인 지식을 제공하고자 한다. 이 장에서 소개할 집단상담 운영을 위한 기초지식에는 집단지도와 집단상담의 의미와 유형, 집단상담의 원리, 집단상담에서 발견할 수 있는 인간변화의 요인 등 이론적인 내용과 집단을 운영하는 방식 및 집단의 발달과정, 그리고 집단을 운영하는 사람의 역할 및 집단 중에 나타나는 문제점 등과 같은 실제적인 내용이 포함된다. 그 밖에 집단지도나 집단상담 중에서 특별히 초·중·고등학교에서 할 수 있는 구체적인 프로그램이나 활동요소, 그것들을 선택·운영할 때 고려할 요소, 그런 프로그램과 활동요소를 개발할 때의 절차에 대해서는 제12장 '생활지도 프로그램 1: 소집단 단위'에서 논의할 것이다.

1. 집단지도와 집단상담

학교에서 교육이라는 이름으로 이루어지는 모든 활동은 결국 학생들의 긍정적인 변화라는 목적하에 이루어진다. 단지 그러한 변화를 기대하는 영역이나 변화 촉진 방식에 따라 그 활동들은 다양한 형태로 구분된다. 예컨대 학생들의 지적인 영역의 변화를 기대하고 하는 개입을 학습지도라 하는 반면, 학생들의 정서적인 영역과 인격의 변화를 기대하고 하는 개입을 생활지도라고 한다. 생활지도의 한 가지 방법으로 지난 20여 년 사이에 크게 부각되기 시작한 활동이 집단지도와 집단상담이다. 집단지도나 집단상담은 교사나 학생에게 수련활동이라는 이름으로도 많이 알려져 있다. 그러나 수련활동의 학문적 기초나 핵심적인 원리는 집단상담에서 찾을 수 있다. 이 장의 초반부에서는 집단지도와 집단상담의 의미와 차이점을 간략하게 살펴보고, 후반부에서는 그중에서 최근 학교생활지도에 많은 시사점을 제공하는 집단상담의 원리와 목표, 그리고 방법에 대해 설명할 것이다.

1) 집단지도와 집단상담의 의미

'집단지도'라는 용어는 그 의미가 모호하여 약간의 설명이 필요하다. 우선 가장 넓은 의미에서 집단지도는 학생의 변화를 촉진하기 위해 교사와 학생이 일대일로 하는 작업과 대비되는 활동, 즉 교사 한 사람이 전체 학급이나 그중 몇 사람을 대상으로 하는 모든 지도활동을 의미한다. 따라서 이러한 의미에서 집단지도란(일대일

관계가 아닌) 집단을 대상으로 이루어지는 학습지도나 생활지도 활동을 모두 포함하는 포괄적인 개념이다. 그러나 학교현장에서는 집단적인 학습지도는 '수업'으로 명명되기 때문에 집단지도라는 말 속에 학습지도는 잘 포함시키지 않는 경향이 있다. 따라서 집단지도는 사실상 집단적인 학습지도보다는 '집단적 생활지도'를 의미하는 경우가 많다. 이런 맥락에서 집단지도는 '집단적 생활지도'와 혼용되며 집단상담과 그 밖의 활동을 모두 포괄한 생활지도를 의미한다.

그러나 관점에 따라서는 집단지도의 개념을 매우 좁게 규정하기도 한다. 좁은 의미의 집단지도는 생활지도활동의 일부이지만 '상담'처럼 과정중심이거나 상호작용중심적이며 덜 구조화된 형태로 이루어지는 학습경험이 아니라 좀 더 인지적인 측면의 발달을 추구하고 과업중심적이며 단기적이고 구조화된 활동을 통한 학습경험을 의미한다. 지금까지의 논의를 정리하면 집단지도의 의미는 다음과 같이 대체로 세 가지로 규정되며 그 각각의 위치는 〈표 9-1〉과 같이 설명할 수 있다.

표 9-1 학교에서 이루어지는 교육활동 중 '집단지도'의 위치

목표 방식	학습지도	생활지도
개인	개인적인 학습지도 개별적인 보충학습 개별적으로 부과하는 과제	개인적인 생활지도 개별면담 개인상담 개인심리검사
집단(i)	집단적인 학습지도(수업)	집단적인 생활지도(ii) 집단지도, 집단교육, 훈련(iii) 집단상담 집단검사

이 책에서는 우선 제목이 '학교상담과 생활지도'인 만큼 집단지도 역시 생활지도 영역에서 이루어지는 집단지도 그중에서도 특히 집단상담에 국한하여 논의하고자 한다.

(i) 넓은 의미의 집단지도: 학교에서 이루어지는 모든 활동 중에서 개인적인 지도 활동과 상대되는 의미의 집단지도

(ii) 중간 의미의 집단지도: 집단적인 학습지도는 주로 수업이라고 지칭되기 때문

에 집단적인 학습지도 부분을 제외한 영역의 집단지도, 즉 집단적인 생활지도

(iii) 좁은 의미의 집단지도: 집단상담과 대비하여 집단상담보다 지적이고 과업 중심적이며 단기적이고 구조화된 교육·훈련 중심의 집단적 생활지도

집단상담이란 학자와 그들이 강조하는 측면에 따라 달리 정의된다. 이장호(1995)에 의하면 집단상담이란 '한 사람의 카운슬러가 몇 명의 내담자를 상대로 각 내담자의 관심사, 대인관계, 사고 및 행동양식을 변화시키려는 노력'이다. 이 정의는 매우 간결하지만 포괄적이고 객관적으로 기술된 것으로 인간의 변화를 위해 개인이 아닌 집단을 대상으로 특정한 개입이 이루어진다는 점에 초점을 맞추고 있다. 그러나 이 정의에는 카운슬러가 집단을 대상으로 상담한다는 것을 제외하고는 집단상담의 과정에 대한 특성이 잘 기술되지 않고 있다. 한편, 집단을 지도하는 카운슬러의 특성, 집단과정의 특성 및 분위기 등을 포함하고 있는 것으로는 이형득 외(2002)이 내린 정의를 들 수 있다. 그는 '집단상담은 적은 수의 비교적 정상인들이 한두 사람 전문가의 지도하에 집단 혹은 상호관계성의 역학을 토대로 하여 믿음직하고 수용적인 분위기 속에서 개인의 태도와 행동의 변화 혹은 한층 높은 수준의 개인의 성장발달 및 인간관계발달의 능력을 촉진하려는 의도에서 이루어지는 하나의 역동적 대인관계 과정'이라고 정의했다.

이 정의를 학교상황에 적용하면 학교에서 이루어지는 집단상담의 지도자는 교사이며 집단원은 학생들이 될 것이다. 그리고 집단상담 목표에 따라서 집단원의 구성이 달라질 수 있다. 예컨대 성격문제, 신경증, 비행 등을 포함한 심각한 문제를 다루는 집단에서는 그러한 문제를 가진 특정 소수의 학생들이 집단원이 되겠지만 친구관계, 이성관계, 가족관계, 집단따돌림, 청소년기의 고민, 학습의욕 등 발달적인 문제는 사실 거의 모든 청소년이 수시로 경험하고 있기 때문에 집단의 대상은 거의 모든 학생이 될 수 있다. 그러나 심각한 문제일 때는 학교현실에서 시간이나 공간적 제약, 행정가의 지지 정도, 교사들이 받은 상담훈련의 양 등 여러 가지 측면에서 제약이 있기 때문에 오히려 전문상담기관에 의뢰하는 것이 좋고 학교에서 교사는 비교적 정상적인 학생들의 발달적인 문제를 다루는 집단을 제공하는 것이 현실적이고 효율적일 것이다.

따라서 학교에서 이루어지는 집단상담은 '교사나 집단지도자가 적은 수의 비교적 정상적인 학생을 대상으로 집단역동 혹은 인간관계의 역동을 활용하여 학생이

경험하는 발달적 문제의 해결이나 행동변화, 더 나아가서는 다양한 측면에서의 성장과 발달을 촉진하려는 노력'이라고 할 수 있다. 학교에서 집단에 참여하는 학생들의 성장과 문제해결을 돕기 위해 제공하는 다양한 경험은 교사와 소수의 학생들로 구성된 집단에서 교사와 학생, 또는 학생과 학생간의 복합적인 대인 간 관계 및 역동을 활용하기 때문에 학생들로 하여금 한결 더 풍부하고 다양한 지적, 정서적인 학습효과를 기대할 수 있다.

2) 집단지도와 집단상담의 비교

앞에서도 살펴보았듯이 집단상담은 '집단적 생활지도'라는 중간 의미의 집단지도에 속하기도 하면서 좁은 의미의 집단지도와는 구별되는 활동이다. 이 절에서는 좁은 의미의 집단지도와 집단상담의 특성을 비교함으로써 집단상담이 단순히 여러 학생을 모아 놓고 인격의 도야방법에 대해 가르치거나 훈련하는 방식의 지도와는 질적으로 다른 독특한 활동이라는 점을 설명할 것이다.

집단상담의 유형을 하나의 연속선 위에 놓고 볼 때 토의집단에서 정신과 환자들로 구성된 집단에 이르기까지 다양하다(〈표 9-2〉 참조). 이 표에 의하면 학교에서 생활지도라는 틀 안에서 이루어지는 집단활동에는 토의집단, 집단지도, 잠재력 증진집단, 상담/치료집단 등이 속하는데, 우측으로 갈수록 집단의 목적과 기능 측면에서는 문제행동, 신경증, 성격구조를 다루며 지적인 내용을 전달하는 데 그치지

표 9-2 연속선상에서 본 집단지도와 집단상담

토의집단	집단지도	잠재력 증진집단	상담집단	신경증 환자 집단	정신건강의학과 환자 집단
교육적 모델					의학적 모델
인지적 경향					정서적 경향
과업중심					과정중심
단기집단					장기집단
정상적으로 기능하는 사람들을 대상			현실감각에 문제가 있는 사람들을 대상		
동일한 집단목표			서로 상이한 각자의 목표		
기술이나 지식의 증진에 초점을 둠			성격의 재구조화에 초점을 둠		
부가적인 독서나 과제물 부과			개인상담과 약물치료 병행		

않고 집단의 과정(process)과 역동에 초점을 맞추며, 인지보다는 정서적 기능을 활용하는 경향이 강하다. 결과적으로 집단상담의 길이나 횟수는 우측으로 갈수록 장기화된다. 따라서 집단상담은 집단지도에 비해 과정중심적이고 집단원들의 정서적 역동을 많이 다루는 경향이 있지만, 심리적, 성격적으로 심각한 개인의 문제를 장기적으로 다룰 수 없는 학교의 현실을 고려할 때 학교에서 이루어지는 집단상담은 다소 정상적으로 기능하는 학생들을 대상으로 그들의 발달과 성장을 촉진하는 목적으로 이루어지되 집단지도보다는 과정중심적이고 정서를 활용한 방법을 많이 사용하며 결과적으로 집단지도보다는 장기적으로 진행되는 경우가 많다.

3) 집단상담의 유형

여기에서는 집단상담의 가장 대표적이라고 할 수 있는 만남의 집단, 가이던스 집단, 상담집단, 치료집단, 자조집단에 대해 간략히 알아보도록 하겠다. 이러한 집단들은 집단상담의 궁극적인 목표, 원리, 절차 및 과정, 기술 측면에서 공통적인 한편, 구체적인 목표나 기대, 치료적 효과, 강조하는 집단과정, 집단지도자의 역할, 참여하는 집단원들의 특성에 있어서 차이가 있다.

(1) 만남의 집단

만남의 집단은 자신과 타인 간의 좀 더 의미 있고 진정한 만남과 인격적 접촉을 통해 인간관계에 대하여 체험적으로 이해하고 통찰하며, 더 나아가서는, 인간의 실존을 자각하고 체험하는 것을 목적으로 운영되는 집단이다. 만남의 집단은 그 주창자나 목적에 따라 참 만남 집단(Encounter group: E-group), 훈련집단(Training group: T-group), 민감성 훈련집단(Sensitivity training group: S-group), 인간관계집단(Human relations training group), 잠재력 향상집단, 성장집단 등의 다른 이름으로 명명되지만, 지금-여기에서의 경험과 느낌을 교환하게끔 격려하고, 개방적이고 솔직하며 친밀한 관계를 형성하게 하고, 그러한 관계를 맺고 유지하는 방법을 학습하게끔 돕는다는 점에서 공통적이다. 이 집단에서는 집단원들의 상호작용을 촉진하기 위해 신체 접촉, 감수성 훈련 등의 비언어적 기법이 활용된다. 따라서 집단에서 겪는 '지금-여기'의 경험을 통해 집단원들의 느낌이나 지각을 중심으로 자유롭고 솔직한 대화가 중요한 집단활동의 기제가 된다. 현재중심의 대인 간 교류 및 상호작용은 집단원들로 하여금 '지금-여기'의 집단상황에서 자신이 보다 살아 있다는 느낌을 갖게 하고, 자발적인 참여, 타인과의 진지한 상호작용, 경험에 대한 인식 등을 가능하게끔 한다. 따라서 상담자에게는 특정한 구조화된 프로그램 없이 집단원들이 솔직한 현재의 느낌을 자유롭게 표현하게끔 하고 표현된 것들을 허용적이고 수용적인 자세로 격려하는 촉진자, 그러한 전체 과정에 함께하는 참여자의 역할이 강조된다. 따라서 이러한 체험중심의 집단의 실시와 효과는 지도자의 훈련과 경험에 따라 상당한 차이를 보일 수 있으며, 비교적 정상적인 집단원들을 대상으로 집단의 구조가 느슨한 상태에서 진행된다. 성장중심의 집단은 참여자들에게 타인과의 교류능력을 개발하게 할 뿐만 아니라 자신의 내적 가치, 자기가능성 및 잠재력 등을 증진하는 목적을 추구한다. 예를 들면, 참 만남 집단과 유사한 목적을 가지고 있지만 프로그램의 구조가 좀 더 체계화된 인간관계훈련 프로그램은 소집단에서의 피드백 주고받기, 새로운 행동을 해볼 수 있는 실험적 분위기, 지금-여기 중심의 상호작용 등을 중심으로 집단원들의 말을 열심히 듣고 구체적으로 반응하고 피드백 주기, 솔직하게 이야기하기, 자신의 경험을 집단원들과 함께하기, 자신의 상호작용 양식에 대한 다른 집단원들이 피드백 듣기, 집단에서 '지금-여기'에서 체험되는 느낌 나누기 등의 활동으로 구성된다(Egan, 1970).

(2) 가이던스 집단

참 만남 집단과 대조적으로 가이던스 집단(guidance groups)은 구체적인 교육적인 목표를 가지고 있으며, 집단에서의 '지금-여기'에서의 감정을 체험하는 것보다는 강의, 교수 등의 구조화된 방법들을 활용한다. 따라서 집단의 방향과 진행내용, 방법들이 사전에 계획되고 구조화된 형태의 집단활동들이 많이 활용되는데, 여기에서 집단지도자는 교육자, 촉진자의 역할을 담당한다. 구조화된 형태의 집단활동을 많이 활용하는 집단을 구조화 집단(structured group)이라고 하는데, 이런 형태의 집단상담은 집단원들로 하여금 특정한 주제에 대해 이해하고 기술을 개발하거나 생활에서 당면하는 적응문제의 해결에 도움이 되도록 일정한 주제, 구조, 내용을 가지고 진행된다. 주로 다루어지는 주제는 스트레스 관리, 대인관계능력 증진, 대화기술, 문제해결기술, 갈등해결, 감정조절기술 등이 포함되는데, 이런 주제에 관심 있는 집단원을 대상으로 그들의 문제를 이해하고 극복하게끔 돕는 목적으로 이루어진다. 예를 들어, 섭식장애, 스트레스 관리, 불안장애, 우울증 관리, 자기

주장, 자기관리, 자살후유증 등의 문제를 가지고 있거나 관심이 있는 집단원들에게 문제에 대한 정보제공, 효율적인 관리방법, 문제와 관련된 심리적·환경적 문제의 해결방법 등으로 구성된 프로그램 안에서 교육, 토론, 연습, 실제생활에의 적용 등의 방법을 활용하여 교육한다. 가장 흔한 예로는, 학교에서 실시되는 심리교육활동으로서 학생들에게 문제예방이나 의사결정 및 발달촉진의 측면에서, 진로, 성, 진학 등에 관한 특정주제에 대한 정보와 효과적인 생활기술들을 교육하는 것을 들 수 있다. 프로그램에 관한 워크북이 있고 실제적용과 숙제 등의 과제가 포함되는 경우도 많다.

(3) 상담집단

개인상담과 마찬가지로 집단에 참여한 집단원들의 대인관계문제, 자기이해증진, 부적응 행동의 극복 등을 도와주는 상담집단(counseling groups)은 주로 정신과적 문제를 갖고 있는 사람들보다는 일상생활에서 어려움이나 발달상의 어려움을 경험하는 학생들과 일반인들을 대상으로 한다. 따라서 성장, 발달, 문제예방, 자기자각 또는 의식증진, 적응기술의 개발 등을 목표로 하며, 과거의 문제나 관계의 역동보다는 현재의 생활, 느낌, 사고 등에 초점을 둔다. 치료를 목적으로 하는 장기집단에 비하여 비교적 단기간으로 진행되며, 집단에 참여하는 내담자들을 문제이해 및 상담목표, 개입전략의 측면에서 개인상담의 수준에서와 같은 능력과 자질이 지도자에게 요구된다.

(4) 치료집단

치료집단(therapy groups)은 상담집단과 집단의 목표, 지도자의 역할, 개입전략 등에 있어서 많은 공통점을 갖지만, 주로 병원이나 임상장면에서 신경증적 장애, 성격장애, 정신과적 장애 등의 문제를 가진 사람들을 대상으로 이루어진다. 치료집단은 성격의 분석 및 재구조화, 증상의 완화 등의 목적을 가지고 있는데, 그러다 보니 장기적으로 운영되는 경우가 많다. 치료집단에서 다루어지는 주제들로는 일반적인 생활적응의 문제보다는 과거경험, 무의식, 성격, 행동변화, 임상적 증상 등이 포함되며, 행동장애, 정서장애, 성격장애 등에 관한 집중적인 치료와 개입이 실시된다. 일반 상담자교육 훈련에는 치료집단을 운영하는 데 필요한 분석방법, 정신병리적 과정, 진단, 신경심리, 약학 등에 관한 교육이 충분하지 않기 때문에 상담자는 이와 같은 분야에 대해 추가적 훈련을 받을 필요가 있다.

(5) 자조집단

자조집단(self-help groups)은 공통의 문제나 관심을 가지고 있는 사람들이 모여, 문제로 인한 스트레스를 해결하고 자신의 생활양식을 바꾸거나 효율적으로 대처해 나갈 수 있도록 동기를 갖게 하며 서로가 서로에게 도움을 주고받으면서 문제를 해결해 가는 집단을 의미한다. 이 집단은 각각의 참여자에게 하나의 지지체계로 기능하는데, 이 집단에서 집단원들은 자신의 경험을 나누고 서로에게 충고, 조언, 정보제공, 지지 및 격려 등을 제공하며 삶에 대한 희망을 가진다. 자조집단의 예로는 비만, 음주, 흡연의 통제를 위한 집단, 가족 중 알코올중독 또는 도박중독자가 있는 사람들을 위한 집단, 암환자 가족집단, 조현병 환자의 가족집단 등을 들 수 있다. 이러한 자조집단은 전문지도자에 의해서가 아닌, 같은 문제로 어려움을 겪고 있는 집단의 일원이 전체적인 조정을 하며, 가끔씩 전문가들을 초청하여 정보나 도움을 받기도 하는 형식으로 운영된다. 자조집단은 집단원들에게 서로에 대한 이해와 수용, 격려, 의지감, 문제의 보편성에 대한 인식, 희망을 통해 정서적으로 보살핌을 주고받는 효과가 있는 한편, 인지적 측면에서는 자신의 상황이나 문제에 대해 새롭게 통찰하게 하고, 행동적 측면에서는 새로운 행동변화에 대한 결단, 각오, 실행을 촉진하는 효과가 있다.

2. 집단상담의 역사적 배경과 원리

1) 역사적 배경

집단상담은 1905년 Joseph Pratt이라는 의사가 자신의 수고와 노력을 덜 들이고 가정간호에 대한 정보를 환자들에게 전달하기 위해 사용했던 집단교육으로부터 시작했다. 그 후 그는 집단이 단순한 정보제공 외에 집단원 상호 간의 지지, 동일시, 회복에 대한 희망의 고취, 집단에 대한 몰두 등의 독특한 효과가 있음을 인식하게 되었다. 한편, 학교에서의 집단상담은 1907년 제시 데이비스(Jesse B. Davis)에 의해 시작됐다. 그는 매주 진로 및 도덕생활지도를 학생들에게 가르치기 위해 집단을 실시했다. 진로상담 영역에서 중요한 인물로 잘 알려져 있는 프랭크 파슨스 (Frank Parsons) 역시 진로상담을 위해 집단상담 방법을 활용했다.

초기 집단상담에 관한 연구는 군중심리에 대한 연구로 시작되었는데, 이 영역의 연구에는 1930년대에 장이론(field theory)을 소개하고 집단역동(group dynamics)이라는 말을 처음 사용한 쿠르트 레빈(Kurt Lewin)이 공헌한 바가 크다. 집단정신치료(group psychotherapy)라는 용어는 전통적인 개인정신분석에 반기를 들었으며 심리극의 창시자로 알려져 있는 모레노(Moreno)가 1931년에 처음으로 사용했다. 이후 집단상담은 다양한 주제와 형태로 발전했다. 알코올 중독자였던 두 의사에 의해 1935년 미국에서 시작된 이후, 지금까지 지속적으로 발전해 온 A. A.(Alcoholic Anonymous), 1940년대 영국에서 '병원 내의 모든 것이 치료적이 되어야 한다.'고 주장했던 맥스웰 존스(Maxwell Jones)에 의해 발전된 치료적 지역사회 (therapeutic community), 1950년대에 미국 조현병 환자의 가족연구를 통해 '이중속박이론(double binding theory)'이 주목을 받으며 등장하게 된 가족상담 등이 이에 속한다.

현재 집단상담의 전형이라고 알려진 훈련집단은 1947년 미국에서 지역사회 지도자 훈련을 위해 창설된 '전국훈련연구소(National Training Laboratories for Group Development: NTL)'의 훈련기법으로 널리 보급되었다. 지금은 다양한 계층의 정상적인 사람들이 참여함으로써 집단을 통해 자신을 탐색하고 성장시킬 수 있는 교육과정으로 인정받고 있는데, 이는 나중에 감수성 훈련(sensitivity training), 감수성집단으로 불리기도 했다. 그 후, Rogers가 자신의 상담이론을 기초로 개발한 참 만남 집단 등도 등장했다.

한국에서는 1970년 한국카운슬러협회 제6차 연차대회에서 집단상담에 대한 학술적 논의가 처음으로 시작되었으며, 전남 광주와 대구 경북, 서울에서 집단상담 실제가 처음 소개된 시기는 1971년이다(구본용, 1988; 이형득, 김성희, 설기문, 김창대, 김정희, 2002). 이렇게 보면 한국에서 집단상담의 역사는 거의 50년이 가까워온다(권경인, 김창대, 2008). 그 후 대학상담센터에서 대학생들을 위한 구조화 프로그램이 만들어지기 시작했는데, 그중 대표적인 것으로는 이형득이 개발한 '자기성장 프로그램'을 들 수 있다(윤홍섭, 이형득, 1980). 이 프로그램은 구조화된 집단상담 프로그램으로서 일종의 소집단 교육프로그램의 성격이 강한데, 이는 여러 형태로 변형되어 다른 대학에까지 많은 영향을 끼쳤다. 한 가지 예로, 서울대학교에서는

2000년부터 '자기성장 프로그램'과 유사한 구조화 프로그램인 '대인관계능력개발 프로그램'이 개발되어 학부 및 대학원생들을 대상으로 현재까지 운영되고 있다.

초·중등학교에는 학생들의 품성개발, 정서교육을 위한 수련활동의 형태로 보급되기 시작했다. 수련활동의 형태로 보급된 프로그램 중 비교적 대규모 연구 작업을 거쳐 개발된 프로그램으로는 문용린, 김창대, 임철일과 신종호(2004)의 '초등학생의 자기리더십 개발프로그램'을 들 수 있다. 이것은 4, 5, 6학년 학생들을 대상으로 수업시간 중에 실시할 수 있게 개발된 프로그램으로서 별도의 독립적인 교육과정으로 운영될 수 있는 형태로 개발되었다. 이 프로그램은 비록 과정을 중시하는 집단상담의 형태와는 다소 거리가 있지만 정서교육, 집단적 상호작용의 촉진이라는 집단상담의 원리를 학교의 현실에 맞게 구현할 수 있도록 개발되었다는 점에서 의미가 있다. 이 밖에도 많은 연구자나 교사들이 자체적으로 프로그램을 개발하여 사용하고 있다. 구체적인 프로그램의 예나 관련 정보들은 제12장에 제시되어 있다.

2) 집단상담의 목표

집단상담의 목표는 다양한 차원에서 설명할 수 있는데, 첫째는 집단상담이 기초하고 있는 상담이론이 표방하는 목표이고, 둘째는 집단상담과정에서 상담자가 구체적인 개입을 통해서 성취하고자 하는 목표이며, 셋째는 위에서 성취된 구체적인 목표들을 하나둘씩 성취함으로써 궁극적으로 집단상담이 끝난 후 해결할 수 있는 현실적인 문제의 차원에서 기술되는 목표이다.

(1) 집단상담이론에서 표방하는 목표

집단상담의 목표는 개별 집단상담의 이론적 근거에 따라 차이가 있다. 이론적 관점에 근거하여 설정하는 목표를 임상적 목표라고도 하는데, 상담자나 교사는 근거하고 있는 이론적 관점, 집단원의 특성, 집단의 목표, 집단이 실시되는 맥락 등에 따라서 한두 가지의 이론에 기초하여 집단상담을 운영하거나 여러 이론들의 접근 방법을 절충, 통합하여 적용할 수 있다. Corey, Corey와 Corey(2014)는 〈표 9-3〉에 제시한 바와 같이 여러 상담이론을 크게 네 개의 범주로 구분하고, 각 범주에 속하는 상담이론이 강조하는 점을 기술하였다.

표 9-3 상담이론 범주별로 강조하는 목표

상담이론 범주	강조점	이 범주에 속하는 이론
정신역동접근	상담에서의 통찰 강조	정신분석, 아들러
체험 및 관계중심접근	감정, 주관적 체험 강조	실존주의, 인간중심, 게슈탈트, 심리극
인지행동접근	사고와 행동의 역할과 기능, 행동 수행 강조	행동주의, 인지상담, REBT, 현실치료
포스트모던 접근	내담자의 주관적 세계의 이해, 개인이 변화를 위해 현재 가지고 있는 자원의 활용 강조	해결중심, 이야기치료, 여성주의

그리고 Corey(2012)는 각 범주에 속하는 상담이론이 추구하는 목표를 추가로 설명했는데, 그 내용을 요약하면 〈표 9-4〉와 같다.

표 9-4 집단상담 이론모형별 목표에 대한 관점 비교

모형	목표
정신분석	초기 가족관계의 경험을 재경험 하게끔 하는 분위기를 제공하는 것. 현재 행동까지 영향을 끼치는 과거 사건과 관련된 억압된 감정을 드러내는 것. 잘못된 심리적 발달의 근원에 대한 통찰을 촉진하고 교정적 정서경험을 자극하는 것
아들러	내담자의 삶에 대한 기본적 가정을 탐색하는 치료적 관계를 조성하고 삶의 양식에 대한 포괄적인 이해를 하게끔 하는 것. 집단원들이 자신의 강점과 변화하는 힘을 자각하게끔 돕는 것. 사회적 관심에 대한 감각을 키우고 삶의 목표를 발견하게끔 하는 것
심리극	억압된 감정을 밖으로 방출하고 통찰을 제공하며 내담자가 새롭고 좀 더 효율적인 행동을 하게끔 돕는 것. 내담자가 현재에 살게끔 돕는 것. 개방성, 진솔성, 자발성을 개발하는 것. 아직 탐색해 보지 못한 갈등해결과 창의적 삶의 가능성에 개방적인 태도를 가지게끔 하는 것
실존주의	자기-자각을 극대화하고 성장을 막는 장애물을 감소하는 조건을 제공하는 것. 집단원들로 하여금 선택의 자유를 발견하고 사용하게끔 도우며, 그것에 대해 책임을 지도록 돕는 것. 집단원들이 다른 집단원들을 지금-여기에서 만나고 집단을 소외라는 감정을 극복하는 장소로 활용하게끔 하는 것
인간중심	집단원들이 자신의 감정과 경험을 전 영역에서 탐색할 수 있는 안전한 환경을 제공하는 것. 집단원으로 하여금 새로운 경험에 대해 더욱 더 개방적이 되고 자신과 자신의 판단에 대해 자신감을 가지게 되는 것

게슈탈트	집단원들이 순간순간의 경험에 주목함으로써 그동안 자신의 부분으로 인정하지 않았던 부분을 자각하고 통합하게끔 하는 것
교류분석	내담자로 하여금 그들이 상호작용할 때 각본과 게임으로부터 자유롭게 되게끔 돕는 것. 초기 결정을 재검토하고 자각을 바탕으로 새로운 결정을 하는 것
인지행동	집단원들로 하여금 자신의 생각이 그들의 행동에 영향을 어떻게 끼치는지 평가하게끔 돕는 것. 집단원들로 하여금 부적응적인 행동을 제거하고 새롭고 좀 더 효율적인 행동패턴을 학습하게끔 하는 것(광범위한 목표를 구체적인 하위목표로 분화시킴)
합리, 정서, 행동적 접근	집단원들로 하여금 무조건적인 자기수용과 무조건적인 타인수용을 성취하게끔 하는 것. 삶에 대한 자기 파괴적인 관점을 제거하고 좀 더 유연하고 합리적인 것으로 대체하는 것
현실치료	집단원들로 하여금 현실적이고 책임지는 행동을 학습하게끔 인도하는 것. 집단원들이 자신의행동을 평가하고 변화를 위한 행동계획을 결정하게끔 돕는 것
해결중심	집단원들로 하여금 문제에 대해 이야기하는 것으로부터 해결책에 대해 이야기하는 쪽으로 태도나 언어를 전환하게끔 돕는 것. 그들이 집단에서 성취하고자 하는 목표를 선택하게끔 돕는 것. 집단원들이 자신을 새로운 가능성의 세계로 이끌 자신의 능력과 강점을 알아치리게끔 돕는 것

각 이론에서 표방하는 목표는 비록 학자들과 상담전문가들에게는 더 정확하고 의미가 있지만 학교 현장이나 학생 또는 내담자에게는 그 속뜻이 분명하지 않아 큰 의미가 없을 수 있다. 예컨대, Rogers의 이론에서 중시하는 자기실현이나 '새로운 경험에 대해 더욱 개방적이 됨'과 같은 목표는 매우 중요하고 인간변화과정을 설명하는 데 필수적인 개념이지만 학생들이나 비전문가들에게는 큰 의미가 없다. 그들에게는 오히려 학습능력의 개선, 집단따돌림의 개선, 사회불안 개선 등이 의미가 있는 목표이다. 따라서 교사는 상담이론에서 추구하는 목표와 학생, 학부모, 행정가들에게 의미 있는 목표 사이의 관련성을 이해할 뿐 아니라 알기 쉽게 설명할 수 있어야 한다. 이뿐만 아니라, 그들은 학생, 학부모, 행정가가 의미를 두는 목표를 이론적인 관점에서 재해석할 수 있는 능력을 가지고 있어야 한다.

(2) 집단상담 과정 상의 목표

실제 집단상담에서는 집단상담의 전체적 목표, 대상, 집단상담의 맥락 등에 따라 여러 가지 이론이 복합적으로 적용되기 때문에 특정 이론에만 기초하거나 특정 이론에서 설정한 목표만을 가지고 집단을 운영하기 어렵다. 상담자들은 그들이 채택하는 이론에 관계없이 집단의 운영과정에서 공통적으로 가지고 있는 목표가 있는데 이들은 그 자체로 목표가 되면서 특정 집단이 궁극적으로 성취하고자 하는 목표의 필요조건이 되는 목표이다. 예컨대, 궁사가 활을 쏘아 과녁을 맞추어야 하는 상황에서 과녁은 궁극적인 목표인 반면 활을 과녁에 맞추기 위해서 해야 하는 일, 즉 손가락의 감각을 제대로 느끼는 것, 바람의 방향을 올바로 읽는 것, 어깨의 힘을 조절하는 것 등은 화살을 올바른 방향으로 보내기 위해 순간순간 점검해야 하는 것들이다. 이러한 것들이 과정목표이다. 집단상담을 제대로 해서 목표를 달성하기 위해서는 이처럼 집단상황에서 순간순간 점검해서 달성해야하는 것들이 있다.

집단상담의 일반적인 과정목표에는 다음과 같은 것들이 있다(Corey, 2012).

- 자신과 타인에 대한 신뢰감 형성
- 자신에 대한 지식의 습득과 정체성의 발달
- 인간의 욕구나 문제들의 공통성과 보편성의 인식
- 자기수용(self-acceptance), 자신감, 자기존중감의 증진과 자신에 대한 시각의 개선
- 정상적인 발달문제와 갈등들을 해결하는 새로운 방식의 발견
- 자신과 타인에 대한 주도성, 자율성, 책임감의 증진
- 자신의 결정에 대한 자각과 지혜로운 결정능력 증진
- 특정 행동 변화를 위한 구체적 계획수립과 완수
- 보다 효과적인 사회적 기술의 학습
- 타인의 욕구와 감정에 대한 민감성 증진
- 타인에 대해 배려하고 염려하는 마음을 가지면서 동시에 정직하고 솔직하게 직면하는 방식 습득
- 타인의 기대에 부응하는 태도에서 벗어나 자신의 기대에 맞게 사는 방식의 습득
- 가치관을 명료화하고 수정 여부와 수정 방식의 결정

이 밖에도 최근 국내 집단상담 프로그램 개발연구들에서 다루어지는 과정변인들 중 몇 가지 예로는 학교적응유연성(김정은, 2016), 정서조절능력(김종운, 이지혜, 2016), 사회적 효능감(김종운, 장인영, 2013), 자기효능감, 회복탄력성(서윤주, 임성옥, 2016), 자아탄력성(오영숙, 유형근, 김현경, 2010) 등을 들 수 있다. 이 목표들은 집단지도자가 채택하는 이론적 관점에 거의 관계없이 집단이 잘 운영되었다고 할 때 성취되는 집단원들의 정서, 태도, 집단원들간의 관계 등에 있어서 보이는 변화들이다. 따라서 집단상담자는 그 어떤 이론적 관점을 가지고 있든지 자신의 개입을 통해서 이러한 변화들이 집단 내에서 발생하도록 자신의 개입방법이나 집단활동을 선택할 필요가 있다.

(3) 집단상담을 통해 궁극적으로 성취하려는 목표

교사나 집단상담자는 집단을 구성할 때 그들이 학생들에게 바라는 행동변화, 해결하고자 하는 문제 등을 목표로 설정해 놓고 시작하는 경우가 있다. 다시 양궁을 예로 들면, 이러한 형태의 목표는 곧 양궁에서 10점을 맞추기에 해당한다. 이러한 목표에는 '집단따돌림 현상의 감소' '가출의 감소' '인터넷 및 스마트폰 중독행동 감소' '학교 부적응행동 감소' '시험불안 감소'처럼 문제행동을 감소시키려는 목표, 즉 양궁에서 '과녁 밖으로 나가지 않게 하기' '1점이나 2점 피하기' '자꾸 오른쪽으로 휘지 않게 하기'처럼 부정적인 것을 하지 않도록 하는 방식으로 목표를 세울 수 있다. 반면, 양궁에서 '10점 맞추기'처럼 '학급 내 교우관계의 증진' '또래 도움행동의 증진' '자기이해 및 성장' '자기리더십'과 같이 학생들의 긍정적인 특성의 고양이라는 목표를 세울 수 있다. 이처럼 문제해결을 목표로 하는 집단상담일 경우는 치료적 집단의 형태를 띠는 반면, 긍정적 특성을 고양시키려는 집단상담은 수련활동의 형태를 띤다. 교사나 집단상담자는 이와 같은 목표에 도달하기 위해 필요한 활동을 계열과 순서에 맞게 배열하고 각 단계나 개입의 하위목표를 하나하나 효과적으로 성취해감으로써 결국 궁극적인 목표를 성취하려고 노력해야 한다.

3) 집단상담에서 집단원의 변화를 촉진하는 요인

집단상담은 개인상담과 그 역동이 다르고, 개인상담과 구별되는 독특한 변화요인들이 있다. 다음과 같은 요인들은 집단을 통해서 집단원들이 변화하는 데 기여하는 중요한 요인들로서 교사는 학생들과 집단상담을 운영할 때 이런 변화요인들이 집단에서 활성화되도록 집단을 이끌 필요가 있다.

집단상담은 개인상담과 그 역동이 다르고, 개인상담과 구별되는 독특한 치료적 요인들이 있다. Yalom, Corey, 홍경자 등이 중요하다고 했던 집단원의 변화 촉진 요인은 다음 〈표 9-5〉와 같다.

표 9-5 집단상담에서 변화를 촉진하는 요인

Yalom(1985)	Corey 등(2014)	홍경자 등(1996)
희망의 주입	신뢰와 수용	
보편성	공감과 배려	
정보교환	희망	모방행동
이타주의	실험을 해 보는 자유	이타심
일차적 가족관계 재현	변화하겠다는 결단	보편성
사회화 기법 발달	친밀감	변화를 시도하는 자유
모방행동	감정 정화	안정감과 긴장감
대인관계 학습	인지적 재구조화	피드백
집단의 응집성	자기개방	정보교환
카타르시스	직면(맞닥뜨림)	인간관계형성의 습득
실존적 요인들	피드백	

이들 중 Yalom(1985)의 개념을 중심으로 의미를 간략히 설명하면 다음과 같다.

- 희망의 주입: 집단을 통해서 뭔가 자신에게 변화가 일어날 것이라는 희망을 가지게 되는 것을 의미한다.
- 보편성: 지금까지 자신만의 문제인 줄만 알고 있었던 것들이 집단상담에서 서로 자신의 고민과 생각을 내어놓고 이야기함으로써 다른 사람들도 유사한 생각과 고민을 가지고 있음을 알게 되는 것을 의미한다.
- 정보교환: 집단상담에서 유사한 문제에 대해 다른 집단원들이 어떤 방식으로 그 문제를 극복했는지, 도움을 받을 곳은 어디인지 등에 대한 정보를 주고받는 것을 의미한다. 개인상담에서는 정보의 출처가 상담자에 국한되지만 집단 상담에서는 유사한 문제를 경험하고 있는 사람들로부터 정보를 얻기 때문에 매우 다양한 정보를 빠른 시간 내에 자신과 유사한 문제를 직접 겪었던 사람들로부터 직접 구할 수 있다.

- 이타주의: 집단이 진행되면 각 집단원은 다른 사람에게 도움이 되는 자신을 발견하고 이러한 경험은 개인의 자긍심을 고양시키는데 도움이 된다.
- 일차적 가족관계 재현: 개인상담에서처럼 집단상담에서도 집단원들은 지도자에 대해 특별한 감정을 가지는 경우가 많다. 예컨대 집단원들은 집단지도자나 보조지도자를 아버지나 어머니로 간주하고 집단원들을 형제자매로 보는 경우가 있다. 집단지도자는 이러한 현상이 일어날 때 가족관계에서 일어나는 대인관계 패턴이 집단 속에서 반복되지는 않는지 잘 관찰할 필요가 있다.
- 사회화 기법 발달: 개인상담과는 달리 집단상담에서는 동등한 입장에 있는 다른 집단원들과 사회적 관계를 형성하면서 다양한 사회화 기법들을 체득하게 되는데 이를 사회화 기법발달이라고 한다.
- 모방행동: 집단원들은 집단을 하면서 다른 집단원이나 집단지도자의 행동 중에서 받아들일만한 것은 모방을 통해 습득할 수 있다.
- 대인관계 학습: 집단상담은 집단원들이 많아 실제 대인관계에서 일어나는 문제들을 집단내에서 집단원들과 시연함으로써 새로운 행동을 습득할 수 있다.
- 집단의 응집성: 집단상담을 하면서 집단의 응집성은 개인에게 소속감과 안정감을 준다.
- 카타르시스: 내면에 억압된 여러 가지 감정과 생각들을 집단상담을 통해서 노출하고 다른 집단원들에게 수용되며 카타르시스를 하게 되면 내담자의 정서적인 변화가 생긴다.

이러한 치료적 요인을 나열하는 데 그치지 않고, 범주화하려는 시도도 있었는데, 이윤주(2015)는 1994년부터 2013년까지 약 20년간 국내외 학술지에 게재된 치료적 요인 관련 연구(국내 39편, 국외 40편)를 분석하여 기존의 문헌과 연구에서 제시된 치료적 요인을 다음과 같이 범주화했다.

표 9-6 치료적 요인 분류

요인	의미	선행연구에서 제시된 유사 치료적 요인명
관계-분위기 (relationship-climate)	• 집단 내에서 지지, 이해, 돌봄 혹은 배려를 받거나 주고 있으며, 집단에 속해 있다는 체험과 생각 • 집단 내에서 무엇이든 안전하게 할 수 있을 것 같은 안심과 의욕을 갖게 되는 집단문화와 심리적 환경	수용, 응집성, 이타주의, 안전하고 수용적인 분위기와 관계
표출-정화 (disclosure-catharsis)	• 집단 안팎을 모두 포함하여 자신의 생활사나 대인관계에 관련된 감정이나 생각, 정보를 드러냄 • 이러한 표출을 통해 놓여나거나 가벼워지는 느낌을 가짐	감정정화, 자기공개, 정서표현, 정화적 자기노출
통찰-진보 (insight-improvement)	• 자신의 문제가 집단원들의 것과 비슷하거나 공유된다는 것을 인식하거나 자신에 대해 의미있고 중요한 어떤 것을 알게 됨 • 자신이 현재 나아지고 있거나 나아졌음을 인식하거나 혹은 앞으로의 향상에 대해 낙관적 느낌을 가짐	보편성, 자기이해, 통찰, 실존적 요인, 교정적 원가족 재연경험, 이해와 통찰, 문제 확인과 변화, 희망 고취
참여-도전 (involvement-challenge)	• 집단원들과 상담자를 관찰함을 통해 자신에게 가치 있는 것을 이해함 • 집단에서 조언과 피드백을 받음. 자신도 집단원들과 상담자에게 새로운 대안행동을 해 봄	상호작용학습, 사회화기술 발달, 사회학습, 대리학습, 모방학습, 대인관계학습-입력, 대인관계학습-출력, 참여, 사회화기술 발달, 도전과 직면, 지도 및 조언, 정보전달

3. 집단지도 및 집단상담의 실제

1) 집단의 구조: 크기, 빈도, 시간의 길이 등

목적에 따라 약간씩 차이는 있지만, 집단상담의 구성원은 성인의 경우 여덟 명에서 열두 명 정도가 적절하다. 그러나 집단의 크기는 여러 가지 요인, 즉 집단원의 연령, 집단상담자의 경험수준, 집단의 유형, 집단에서 다룰 주제 등에 따라 달라질 수 있다. 이는 집단원들의 집중력, 한 집단상담자가 집단원들의 사고와 행동을 어느 정도 조절할 수 있는 정도 등에 따라 달라진다. 집단이 커지면 그만큼 다양한 사람이 참여해 다양한 학습기회를 제공할 수는 있겠지만, 집단원 개인에게 개입할 기회가 줄어들고, 어떤 경우에는 집단원들이 매우 수동적이 되는 수도 있다. 한편, 집단의 크기가 작을 경우는 집단 내 각 개인에게 집중할 기회는 많아지는 반면 집단역동을 충분히 활용할 수 없고 경우에 따라서는 구성원 개인에게 지나친 부담을 주기도 한다.

일반적으로 대인관계경험 및 자신의 정서적 성장을 위한 훈련목적의 집단(훈련집단, 감수성 훈련집단 등) 보다는 적응적·심리적 문제를 해결하기 위한 상담집단의 크기가 작고, 상담집단보다는 임상진료를 위해 병원에서 이루어지는 치료적 집단이 작은 경향이 있다. 학교에서는 비교적 위기상황이거나 심각한 문제를 겪는 학생들을 위한 집단은 비교적 소규모로 이루어지는 한편, 긍정적인 특성을 개발하기 위한 집단은 학교의 현실을 고려하여 한 학급 규모로 이루어지는 경우도 있다. 집단원들이 성별이나 연령, 교육정도 등의 측면에서 이질적인 것과 동질적인 것 사이에 어느 것이 효과적인지에 대해서는 상담자에 따라 이견이 있지만, 일반적으로는 아주 동질적이거나 반대로 한두 사람만 특별히 이질적인 경우보다는 전체적으로 적절히 이질적인 집단이 학습경험을 풍부하게 할 수 있어서 효과적이다.

앞에서 언급했듯이, 집단상담은 여러 측면에서 개인상담과 차이가 있다. 이와 같은 차이점으로 인해 학생에 따라서 개인상담보다는 집단상담에 더 적합한 대상, 또는 그 반대의 경우들이 있다(Corey, 2012; Corey al., 2014). 예를 들면, 집단상담에 적합한 대상으로는 ① 부끄러움이 많거나 고독한 사람으로, 자기만 그런 것이 아니라 많은 사람이 그러한 문제를 공유하고 있음을 배울 필요와 가능성이 있는 사람, ② 상담자에게만 의지하려는 지나친 의존심을 타인에게 확산할 필요가 있는 사람, ③ 대인관계에서 타인과 교류가 적어 자신의 능력이나 특성에 대해 타인과 지나치게 다르게 평가하고 있는 사람, ④ 사회적 기술을 습득할 필요가 있는 사람, ⑤ 자신의 성장을 위해 집단을 교육적 목적으로 활용하고 싶은 사람, ⑥ 특정 외상(trauma)을 경험하고 그것으로부터 회복하는 데 유사한 경험을 가진 다른 사람의 도움이 필요한 사람, ⑦ 개인상담을 하면서 상담자 외에 다양한 사람으로부터 피드백을 받으면 도움이 될 사람, ⑧ 권위를 가진 사람에게 극도의 두려움을 가진 사람 등이다.

반면, 다음과 같은 사람들은 대개 집단상담에 적합하지 않다. 예컨대, ① 매우 복잡한 위기의 문제를 가지고 있어서 심층적인 탐색이 필요한 사람, ② 대인관계가 전혀 되지 않아 사람이 많은 곳 자체를 두려워하는 사람, ③ 여러 사람 앞에서 이야기하는 것에 대한 두려움이 너무 커서 집단상담에 참여할 수 없는 사람, ④ 남의 인정이나 주목에 대한 욕구가 너무 강해 집단을 혼자 주도해 갈 우려가 있는 사람, ⑤ 정신병의 흔적이 보이거나 반사회적 특성이 강한 사람 등이다. 물론 이러한 사람들이라고 해서 집단상담에 전혀 참여할 수 없는 것은 아니지만, 적합한 집단유형을 찾기 위해 세심한 주의를 기울여야 한다(이장호, 1995).

2) 집단의 형식

집단은 구조화 집단과 비구조화 집단으로 나뉜다. 구조화 집단은 집단에서 이루어질 활동들이 정해져 있어서 집단의 지도자는 계획된 순서에 따라 집단을 운영한다. 반면, 비구조화 집단은 최소한의 구조(시간, 횟수, 집단원 간에 지켜야 할 윤리적 문제 등)만 부여하고 나머지는 전적으로 집단원과 카운슬러가 운영한다. 전자는 주로 집단훈련, 후자는 상담집단이나 치료집단에 많이 활용된다.

또한 집단은 개방집단과 폐쇄집단으로도 구분되는데, 어떤 유형으로 운영할 것인가는 집단의 목적에 따라 미리 결정해야 한다. 개방집단은 일단 시작된 후에라도 집단이 허용하는 범위에서 새로운 사람들을 받아들이는 집단으로서, 새로 들어오는 사람에 의해 집단의 흐름이 끊기는 수도 있지만 오히려 활기를 띨 수도 있다. 폐쇄집단은 집단이 시작할 때의 구성원으로 집단이 끝날 때까지 유지하는 것이다. 만약 중간에 이탈하는 집단원이 있어도 새로운 구성원을 받아들이지 않는다. 따라서 응집력과 깊이 등의 측면에서 개방집단보다 우월하지만 규모가 아주 작아질 우려도 있다. 집단원들이 만나는 빈도나 1회기의 길이 등은 집단의 유형, 지도자의 경험 등에 좌우된다. 일반적으로는 1주에 1회, 두세 시간 정도가 집단의 상호작용을 위해 적절하다.

3) 집단지도자의 자질, 역할 및 기본 과제

(1) 효율적인 집단상담자의 특성
집단상담을 하는 교사는 상담자로서 개인상담과 동일한 자질 및 전문성을 가지고 있어야 하는 한편, 집단상담에 대한 지식과 훈련을 통해 효율적인 집단상담자로서 요구되는 전문성을 가져야 할 것이다. 현재 국내 학회로는 한국상담학회(www.counselors.or.kr) 산하로 한국집단상담학회가 있어 집단상담과 관련된 전문적인 교육을 시행하며, 그 밖에는 상담 관련 대학원이나 각종 상담기관에서 집단상담전문가를 위한 교육을 시행한다. 집단을 운영하려는 교사는 집단이론에 관한 지식, 집단상담에 적용되는 다양한 기법과 전략을 습득하고, 다양한 유형의 집단에 참여하거나 지도하는 경험을 쌓음으로써 집단의 역동을 활용하는 데 자신감과 편안함을 가져야 한다. 여기에서는 Corey(2012)가 설명하는 효율적인 집단상담자의 특성에 대해 소개해 보도록 하겠다. 집단상담을 운영하려고 하는 교사들은 다음에 제시된 특성들을 잘 살펴서 집단상담을 시작하게 전에 자신의 모습을 돌아보아야 할 것이다.

- 정서적으로 함께함: 집단원의 기쁨과 고통, 어려움 등을 함께 경험하는 것으로 집단원의 경험에 대한 공감과 온정을 갖는 것을 포함한다.
- 개인적 능력: 자신감과 집단원에 대한 자신의 영향력을 인식하는 것을 의미한다.
- 용기: 집단원과의 상호작용에 진실한 모습으로 임하는 용기를 의미하며 집단에서 새로운 행동을 해 보기도 하고 실수를 인정하기도 하며 취약한 면을 드러내기도 하고 직면과 집단의 과정을 촉진 또는 평가하는 행동 등을 포함한다.
- 자신을 기꺼이 직면함: 집단을 진행하는 자신의 동기와 행동 등이 올바른지에 대한 지속적인 자기성찰과 직면을 의미한다.
- 자기인식: 집단상담자 자신의 성격, 태도, 문제 등에 관련된 인식과 이해를 의미한다(욕구, 동기, 개인적 갈등 및 문제, 방어 및 약점, 미해결 과제 등 상담자 자신의 문제나 특성이 집단과정에 미칠 수 있는 잠재적 영향 등).
- 진실성: 집단원의 정신적 안녕을 찾고 건설적으로 발전할 수 있는 능력에 대한 상담자의 진지한 관심을 의미한다(예: 집단원에게 직접적으로 말하거나, 집단원들이 듣기 싫어하는 것들에 대해서도 말할 수 있는 것 등).
- 진솔성: 집단상담자가 진지하고 진실되며 정서, 언어, 체험 등이 일치하는 정직한 사람이어야 함을 의미한다. 즉, 자신을 적절히 공개하고 집단에서 나타

나는 감정과 반응들에 대해 함께 나눌 수 있는 솔직함이 있어야 한다는 의미이다.

- 정체성: 집단원들의 자기이해를 돕기 위해서는 먼저 상담자 자신이 자신에 대한 명확한 이해(가치관, 생활방식, 인간과 삶에 대한 견해 등)를 가지고 있어야 함을 의미한다.
- 집단과정에 대한 신념과 열정: 상담자의 집단상담의 활동과 가치에 대한 신념과 열정은 집단원들의 집단참여에 대한 동기와 성실함 등에 중요한 영향을 미친다.
- 창의성: 창의적 방법들, 신선한 생각으로 집단상담에 대해 접근하여 집단경험을 의미있게 만들 수 있는 능력을 의미한다(예: 새로운 경험, 시도 등에 대한 개방적 자세).
- 힘: 집단진행으로 인한 신체적, 정신적 소모로부터 상담자 자신의 심리적 건강, 에너지 수준, 활기 등을 유지하는 것을 의미한다.
- 삶의 중심유지능력: 집단에서 활기차고 생생하게 움직이기 위하여 상담자 자신의 삶에서 중심을 유지하고 활기 있게 생활해 나가는 것을 의미한다.

(2) 집단지도자의 기술

집단을 구성하고 유지, 발전시켜 나가는 데 필요한 기본적인 집단지도자의 역할을 살펴보면 다음과 같다.

- 집단의 구성 및 유지: 집단에 적합한 집단원을 선정하고 선정된 집단원들이 안정되게 지속적으로 참여하고 집단에 대한 동기와 흥미를 가질 수 있도록 집단의 분위기 및 집단원간의 편안하고 신뢰로운 관계를 형성하는 것을 의미한다.
- 집단분위기의 조성: 집단원들의 자유롭고 풍부한 상호작용, 즉 의견교환, 자발적인 자기표현 및 집단원의 적극적인 참여를 유도하는 분위기를 형성하는 것이 중요하다. 즉, 표현의 자유와 정직성, 비밀보장, 피드백의 원리 등에 대해 가르쳐 주고 집단에서의 활발한 의사소통을 촉진하는 한편, 집단원들이 누구나 다 안전감을 느낄 수 있게끔 지지적이며 허용적인 분위기를 조성하도록 한다

- 집단규범의 설정: 집단의 역동적 관계에서 파생될 수 있는 저항이나 문제행동을 예방하고 집단을 효율적으로 진행하기 위해 자기공개의 격려, 솔직하고 자연스러운 언행의 촉진, 상호이해적 태도의 촉진, 비생산적인 행동의 처리 과정(침묵, 화제의 독점, 피상적 화제의 지속 등)과 관련된 집단의 규범을 세우고 집단으로 하여금 지켜 나가도록 한다.
- 의사소통 및 상호작용의 촉진: 집단의 원활하고 의미 있는 상호작용을 촉진하는 데 필요한 기술들을 활용하여 집단원들 간의 의사소통이 이루어지도록 한다.
- 집단상담의 문제를 윤리적인 자세로 다루기: 집단상담에서 집단과정의 참가, 의사결정, 사생활의 공개, 집단으로부터의 조언을 받아들이는 문제 등과 관련된 집단원들의 권리보장, 비밀보장의 원칙을 준수하지만, 예외가 될 수 있는 상황에 대한 적절한 처리, 집단과정에서 야기되는 신체적, 심리적 위협으로부터 집단원을 보호하기 등 상담과정에서 파생되는 문제들을 윤리적, 전문적 수준에서 다룰 수 있어야 한다.
- 집단상담자로서의 모델링: 집단과정에서 촉진되어야 할 바람직한 행동들의 시범을 상담자가 보임으로써, 집단원들로 하여금 관찰, 모방에 의해 바람직한 행동을 강화받을 수 있도록 한다. 특히 집단원들이 새로운 생각, 행동을 시도해 볼 수 있도록 용기 있고 모험적인 행동을 시범적으로 보여 줄 수 있다.
- 집단과정의 정확한 이해 및 치료적 활용: 집단의 전체적인 상호작용과 역동을 잘 파악하고, 집단원들이 자신의 행동에 대한 학습과 통찰을 얻게끔 적절한 해석과 논평을 할 수 있어야 한다.

집단을 효과적으로 진행하기 위하여 집단상담자에게 필요한 기술은 기본적으로 개인상담에서 활용되는 기술이지만, 그것들이 집단상담의 맥락에서 어떻게 적용될 것인가에 대한 이해와 경험이 필요하다고 하겠다. 우선 기본적으로 집단참여자들의 자기공개와 활발한 의견교환을 도와주는 기술을 살펴보고, 그 후에 응집력과 상호작용을 토대로 보다 적극적인 차원에서 집단원들의 학습과 변화를 가져오는 데 필요한 기술들을 살펴보겠다.

- 경청하기: 집단원들의 경우, 사고와 감정의 혼란을 경험하고 집단상담자 전문

적 기술이 부족한 경우가 많기 때문에 집단원들이 하는 이야기를 경청함으로써 그 안에서 하고자 하는 중심요소들을 파악하는 것이 중요하다.

- 반영하기: 집단원이 하고자 하는 말의 내용과 그 의미, 말에 담겨 있는 생각과 감정을 파악하여 다른 참여자들과 함께 그 의미에 대해 생각해 볼 수 있도록 도와준다
- 명료화하기: 집단원들이 정리되지 않은 생각과 감정으로 인해 문제에 포함되어 있는 혼돈과 갈등을 가려 내어 의미를 설명하는 것이다.
- 요약하기: 집단에서 나오는 많은 이야기를 중심주제에 맞게 요약하여 집단상담의 목적과 방향을 잡도록 하는 것으로서, 매 회기마다 집단시작과 끝에 집단에서 나온 이야기의 내용과 진행과정을 간략히 요약하거나 집단원들이 요약해 보도록 하는 기술을 의미한다.
- 촉진하기: 집단원들의 자기표현을 촉진, 격려하고 상호 간에 피드백을 주고받을 수 있도록 하는 기술을 의미한다.
- 질문하기: 집단원들로 하여금 새로운 시각에서 생각해 보게끔 자극이 될 만한 질문을 던지는 것으로서 주로 개방적인 질문을 활용한다.
- 연결짓기: 집단원들이 제각기 말한 생각이나 느낌 등의 공통점을 찾아 내어 집단의 주제와 관련시켜 설명하는 것을 의미한다.
- 자기공개하기: 지도자의 경험이나 생각을 이야기함으로써 집단원들이 다른 시각에서 생각해 볼 수 있도록 한다.
- 해석하기: 집단원들로 하여금 자신의 내면적인 갈등과정을 깊이 이해하고 표현하는 능력을 줌으로써, 자신들이 미처 깨닫고 있지 못한 부분들에 대한 충분한 종합적 이해를 갖게 하는 것을 의미한다.
- 직면하기: 집단원의 말이나 행동의 모순이나 불일치들을 지적함으로써 자신의 행동의 의미나 모순 등을 깨닫게 하는 것을 의미한다.

4) 집단의 과정

집단의 과정은 맨 처음의 집단준비단계, 초기단계, 과도기단계, 작업단계, 종결단계 그리고 집단이 끝난 후의 추후작업단계까지 여섯 단계로 구분된다.

(1) 집단준비단계

집단준비단계는 집단을 본격적으로 시작하기 위한 준비단계로, 이 단계에서 지도자는 집단원들에게 집단의 목적과 운영방식 등을 알려 주고 집단원들은 이 집단을 통해 어떤 경험과 도움을 받을 것인지 미리 생각해야 한다. 또한 지도자는 집단의 목적, 구성 및 형식, 그리고 필요한 정보에 대해 가능한 한 문서로 작성하여 구성원들에게 미리 알려 주며, 집단원을 선별해야 한다. 또한 공동 지도자(co-leader)가 있을 때에는 그와 협조관계를 맺고 집단원들끼리 미리 알고 집단의 규범을 소개할 수 있는 사전집단을 준비한다.

(2) 초기단계

초기단계는 일종의 오리엔테이션과 탐색이 이루어지는 시기로 집단원들끼리는 "집단에 속할 것인가, 배제될 것인가?"와 "이 집단이 얼마나 안전하고 신뢰할 만한 것인가?"의 두 가지 주제가 주로 부각된다. 이 시기는 침묵이 많고 집단원들이 서로 어색하게 느끼며 혼란스러워하는 단계이다. 지도자는 한 사람의 집단원으로서 모델이 되어 주고 구성원으로 하여금 집단의 목표와 개인의 목표를 정하도록 도와주며, 집단원들이 자신에게 지나치게 의존하지 않도록 지도자 자신의 책임 한계에 대해서도 분명히 선을 그어야 한다. 초기단계는 이렇게 집단의 안전성에 대한 탐색과 전체적인 구조화가 함께 이루어지는 단계이다.

(3) 과도기단계

과도기 단계는 저항이 다루어지는 단계로 주로 집단원의 불안감과 방어적 태도가 두드러지며 집단내에서 힘과 통제력을 놓고 갈등이 일어난다. 또한 과도기 단계에서는 집단 지도자의 역할과 능력에 도전하는 행동이나 말이 표현되며 이러한 불안감, 힘의 갈등, 지도자에 대한 도전 등이 어우러져 집단원들의 저항이 다양한 형태로 표현되기도 한다.

이 단계에서 지도자는 집단원들이 자신의 불안감을 표현하게 하고, 갈등 자체를 건강한 것으로 인식하는 긍정적이고 개방적인 태도를 가지게 함으로써 그들의 힘으로 갈등을 건설적으로 해결할 수 있도록 돕는다. 이를 위해 지도자는 집단원들이 자신에게 하는 도전과 저항에 대해 솔직하고도 개방적인 태도로 접근하는 모범도 보여 주어야 한다.

(4) 작업단계

작업단계는 집단에 응집력이 생기고 생산적인 활동이 이루어지는 시기이다. 이 시기에 집단원은 "나는 혼자가 아니다" "나는 내가 생각했던 것보다 사랑받을 가치가 있는 사람이다" "친해진다는 것은 한편 두렵지만, 좋기도 하다" "나는 미래에 대해 희망을 가질 수 있다" "이 집단에 믿을 수 있고 친한 사람이 많다" 등의 느낌을 가진다. 또한 이 단계에서 집단원들이 보이는 특성으로는 지금-여기에 초점을 맞추게 되고, 집단에 강한 소속감을 느끼며, 집단에 대해 반복적으로 만족감을 표현한다. 집단원들은 자신들의 문제나 목표를 쉽게 개방하고, 자신이 주도적이고 독립적으로 해야 할 부분과 지도자에게 의존할 부분을 분명히 알게 된다. 집단원들 내에서는 각자가 이야기하는 것과 타인의 이야기를 듣는 것이 조화롭게 이루어지며, 집단에 대해 만족감을 표현하고, 행동의 변화를 위해 집단 내에서 연습한 것을 밖에서 시도하기도 한다.

이 단계에서 지도자는 집단의 응집력을 강화하고, 맞닥뜨림이나 공감 같은 적절한 반응의 모범을 보이며, 집단 전체와 개인이 보이는 패턴에도 관심을 가지고 자신이 관찰한 것을 개방한다. 또한 지도자는 집단에서 치료적 요인에 항상 주목하고 이러한 요인들을 최대한으로 활용해야 한다.

(5) 종결단계

종결단계는 지금까지 했던 작업을 다지고 집단을 마무리하는 시기이다. 이 단계에서는 주로 종결과 헤어짐에 대한 감정을 다루고, 지금까지 집단이 집단원 각자에게 주었던 영향을 평가하며, 서로에 대한 피드백과 해결되지 않은 주제를 마무리하고 앞으로 개인의 성장을 위해 어떻게 살 것인가를 전망하는 활동이 전개된다.

(6) 추후작업단계

추후작업은 지금까지 해온 집단의 효과를 재검토하고 집단이 어떤 부정적인 영향은 없었는지, 집단이 일상생활에 어떤 긍정적 영향을 끼치고 있는지, 집단의 효과가 지속되고 있는지 등을 돌아보는 단계이다. 이것은 정규집단이 끝나고 일정 기간이 지난 후에 개인적으로든 집단적으로든 여건이 허락하면 가질 수 있는 회기로 지도자는 집단원과 집단에 대해 평가하고, 의뢰가 필요할 경우에는 의뢰에 필요한 정보를 제공하기도 한다.

5) 집단에서의 저항

개인상담에서와 같이 집단상담에서도 집단의 흐름을 방해하는 특유의 저항이 나타난다. 저항은 집단운영에 방해될 수도 있지만 그것을 잘 활용하면 매우 효과적일 수도 있다. 집단에서 나타날 수 있는 저항에는 다음과 같은 것들이 있다.

- 침묵: 집단에서의 침묵은 집단 지도자에 대한 불만, 타 집단원이나 지도자의 반응에 대한 불만, 또는 집단에 제시된 정보나 자료를 각 개인이 내적으로 처리하고 있다는 신호를 뜻할 수도 있다. 지도자는 침묵의 의미를 정확히 파악하고 반영이나 해석 등을 통해 명료화시키는 것이 필요하다.
- 독점: 한 사람이 타인의 이야기를 듣지 않고 자신의 이야기만 하거나 집단을 주도하는 것을 의미한다.
- 지나친 의존: 집단 초기는 지도자가 카운슬러가 자신들에게 무엇인가를 지시하고 문제를 해결해 주기를 집단원들이 기대하는 현상이 자주 나타난다. 집단이 진행되면서 집단원들은 집단에서 주도적인 역할을 하는 특정 집단원에게 의존하기도 한다.
- 집단의 양립화나 소집단화: 집단이 두 개, 또는 그 이상으로 분리돼 집단 전체적인 역동이 이루어지지 않고 소집단별로 전체와는 다른 주제에 대해 이야기하거나 때에 따라서는 전혀 집단에 참여하지 않고 침묵하기도 하는 현상이다.
- 주지화: 집단에서 자신의 내면적인 세계를 개방하기보다는 지적인 토론을 벌이는 현상이다.
- 역사가 출현: 집단에서 옛날에 일어났던 일, 또는 떠난 사람에 대해 사실적으로만 이야기하는 현상이다.
- 지도자와의 동일시: 특정 집단원이 지도자의 역할을 맡아 다른 집단원에게 질문하거나 충고하는 현상이다.

4. 학교에서 운영되는 집단상담

지금까지 일반적인 집단상담의 특징과 운영지침에 대해 소개했다. 이제부터는 이러한 일반집단상담의 원리와 방법이 학교집단상담에 적용될 때 고려할 점에 대해 설명하고자 한다. 학교집단상담은 ① 초·중·고등학생들의 발달적 특성과 ② 학교의 구조적 특성으로 인해 일반집단상담과 다른 특징이 있다. 이 절에서는 학교집단상담을 운영할 때 고려해야 할 학생들의 발달적 특성, 학교의 구조적 특성, 그리고 이 특성들을 반영한 학교집단상담의 운영방법에 대해 설명할 것이다.

1) 학생의 발달특성을 고려한 학교집단상담의 특징

학교집단상담은 구성원이 청소년기의 학생이라는 점에서 일반성인 대상의 집단상담과 다른 특징들이 있다.

(1) 초·중·고등학생들에게는 문제의 치유 외에 교육적·발달적 목적도 중요하다

집단상담의 목적을 치료적 목적과 발달적 목적으로 구분한다면, 학교집단상담은 치료적 목적보다는 발달적, 교육적 목적이 훨씬 강하다. 이장호와 최승애(2015)는 전자를 문제중심 집단상담, 후자를 성장중심 집단상담으로 구별하면서 성인과 달리 아동·청소년들에게는 집단상담의 성장촉진 기능이 중요함을 강조하였다. 물론 초·중·고등학생들도 발달과정에서 학업부진, 교칙 위반, 학업에 대한 무기력한 태도, 잦은 결석, 부모나 가족 간의 갈등, 열악한 가족관계로 인한 정서·사회적 결핍을 비롯하여 과도한 호전성, 패배감, 상실감, 우울과 불안, 신체적·성적 학대, 또래 괴롭힘, 약물남용 및 각종 중독(인터넷 등)의 어려움을 겪는다(Corey et al., 2014). 집단상담은 이러한 어려움을 해결하고 극복하는 데 도움을 줄 수 있다. 그동안 학교에서 이루어진 생활지도와 상담이 학생들의 '문제'에 초점을 맞추는 경향이 있었는데, 이러한 경향은 교사와 학생들에게 문제학생들만 대상이 된다는 소극적이고 부정적인 인식을 심어 줌으로써 일반 학생들에게는 자신은 '문제아'가 아니므로 상담을 통해서 얻을 것이 없다고 생각하게 만들었다. 이뿐만 아니라 사후조치에만 초점을 둠으로써 생활지도와 상담의 효율성을 저해하는 문제도 야기했다(강진령, 연문희, 2009). 학교생활지도와 상담의 일환으로 이루어지는 학교집단상담에서는 학생들의 교육, 성장, 발달을 촉진이라는 목적도 강조할 필요가 있다. 예컨대, 초등학생의 경우 부모로부터 심리적인 독립을 향해 발달하고 그 과정에서 부모 외에도 또래의 영향력이 커진다는 점, 사회적 지식과 기술을 배우고 시험하는 시기라는 점(천성문, 함경애, 박명숙, 김미옥, 2017), 초등학생 시기에 특별히 초점을 두어야할 성장영역으로는 올바르고 적응적인 생활습관의 형성, 친구관계 맺기와 헤어짐 등을 꼽을 수 있다. 한편, 중·고등학생 시기는 자기정체성을 확립하고 진로에 대해 조금씩 성찰하기 시작한다는 점을 고려할 때 학생 개인의 정체성을 확립하는 과제, 올바른 친구관계를 형성하는 과제를 비롯하여 자신의 진로를 탐색하고 실험하는 발달과제가 중요한 주제로 다루어질 필요가 있다.

(2) 학생, 특히 중·고등학생들은 상담에 대해 비자발적인 경우가 많다

학교에서 문제해결보다 성장과 발달에 초점을 둔 집단상담이 중요하지만 현실에서는 소위 문제 있는 학생들을 대상으로 상담이 많이 이루어진다. 이는 신체적인 영역에서 이상적으로는 질병의 예방과 건강의 증진이 중요하지만, 현실적으로는 환자들의 질병을 치료하는 데 많은 인력과 예산을 투입하는 것과 마찬가지이다. 학교에서 문제 있는 학생들을 대상으로 상담을 할 때에 가장 어려운 주제 중 하나가 참여자들의 비자발성이다. 특히 중·고등학생들은 심리상담에 대해 동기가 낮고 비자발적이다. 이 점은 학교집단상담도 마찬가지이다. 그들은 대부분 자신이 원해서이기보다 부모나 교사가 필요 때문에 집단상담에 참여한다. 또한 그들은 자신이 겪는 성적하락, 일탈, 친구관계, 정서적 어려움의 책임이 자신에게 있다고 생각지 않는다. 이뿐만 아니라 '너의 책임이다'는 말을 '너의 선택에 의해 좌우된다'는 의미보다는 '너의 잘못이다'로 받아들여서 집단상담을 자신의 문제에 대한 처벌로 받아들인다. 따라서 이 학생들은 상담이 필요한 사람으로 낙인찍히는 것을 싫어하며 자신의 여러 가지 어려움이나 문제를 인정하지 않는다. 따라서 이런 경우 참여자들에게 자발성을 기대하기는 무척 어렵다. 이런 내담자를 상담할 때에는 타인을 조종하거나 변화를 유도하거나 역설적 강요도 아닌 자신의 선택에 대한 권한을 존중함으로써 자신의 욕구를 방어하고 고집할 필요에서 자연스럽게 벗어나게끔 도와야 한다. 이뿐만 아니라 기존의 일방적 관계가 아닌 상호 책임지는 색다른 관계, 청소년들의 체면을 세워 주는 관계가 필요하다(Edgette, 2006 참조).

(3) 학생, 특히 중 · 고등학생들은 자신의 변화에 대해 독특한 관점을 가지고 있다

또래들과 함께 자신을 탐색하고 체험적으로 이해하며 성장하는 과정을 즐기는 학생들도 있지만, 그러한 과정을 불편해하는 학생들도 있다. 특히 자신이 주체적이라는 느낌을 갖고 싶어 하는 중 · 고등학생들은 상담에 의한 변화를 자발적이 아닌 타인의 강요에 의한 변화과정이라고 생각하는 성향이 있다. 이럴 경우 강요에 의해 변화하고 성장하기보다 차라리 현상을 유지하려는 경향을 보이기도 한다. 이와 관련하여 Edgette(2006)은 상담을 통한 자신의 성장과 변화에 대해 중 · 고등학생들이 가지고 있는 독특한 관점을 다음과 같이 기술했다. 첫째, 어떤 청소년은 그들의 행동이나 태도에 변화를 줄 때, 그것을 상담자의 눈 밖에서 은밀히 하고 싶어 한다. 따라서 교사나 상담사 앞에서는 자신의 현재 상태를 유지하려고 고집을 피우는 것처럼 보이기도 한다. 둘째, 많은 청소년은 그들의 변화에 대해 공공연하게 축하해주는 것을 불편하게 여긴다. 자신의 변화에 대해 누군가 축하하는 것은 좋지만 그것이 너무 공공연하게 드러나는 것은 마치 자신이 어린아이인 것처럼 느끼게 한다. 셋째, 어떤 청소년은 자신의 변화가 반드시 스스로 선택한 것이라고 느끼는 것을 좋아한다. 따라서 상담사는 상담장면에서 청소년들이 스스로 선택하는 기회를 주면서도 긍정적인 변화를 촉진하는 예술적인 능력을 가질 필요가 있다. 넷째, 청소년은 얼핏 보면 부적절한 논리에 근거해 선택과 결정을 하는 것 같지만, 그들의 마음과 개인적 경험에 비추어보면 그것은 이해 가능한 것이다. 따라서 상담사는 방임과 구별되는 내담자에 대한 전적인 이해나 신뢰를 내담자에게 보일 수 있어야 한다. 다섯째, 어떤 청소년은 자신이 '맞다'는 것을 매우 중요하게 여겨서 자신의 관점에 오류가 있다는 것을 알면서도 인정하기 힘들어한다. 여섯째, 어떤 청소년은 자신의 문제를 '스스로' 해결하지 않는 한 가치가 없다고 믿는다. 그래서 '스스로' 해결할 방법을 모르거나 '스스로' 해결하는 상황이 주어지기 전까지는 변화하려고 하지 않을 수 있다. 일곱째, 어떤 청소년은 만약 자신이 언쟁을 그만둔다면 자신이 패배했다고 사람들이 생각할까 봐 염려한다. 그래서 자신도 속으로는 이미 버린 관점도 겉으로는 끝까지 고수하려고 한다. 이런 점들은 학교집단상담을 준비할 때나 운영할 때 알아 두면 학생들을 더 깊이 이해할 수 있다.

(4) 청소년들은 상담사의 특정 개입에 대해 특별히 혐오하는 반응을 보인다

성인상담에서는 중립적이면서 내담자의 성찰을 촉진한다고 여겨지는 반응이지

만 중 · 고등학생에게는 혐오감을 자극하는 상담자의 반응들이 있다. 이에 대해서는 Edgette(2006)이 잘 설명하고 있는데, 그의 설명을 간략히 요약하면 다음과 같다. 우선, 성인상담에서 감정을 탐색하는 반응으로 자주 사용되는 "그래서 그때 어떻게 느꼈는지?"와 같은 질문에 대해서 청소년들은 이 질문을 전형적이고 예측가능하며 심지어 불필요하다고 생각하여 상담을 초기에 종결하려고 한다. 왜냐하면 자신이 어떻게 느끼는 것에 대해 상담사가 모른다는 것, 그리고 너무 당연한 것을 질문으로 끌어내리려고 하는 것을 모욕적으로 느끼기 때문이다. 그래도 상담사가 감정을 탐색할 필요가 있을 때에는 특정 상황의 결과로 어떤 감정이 있었는지를 질문하는 것이 아니라 내담자가 특정 상황을 만들어가거나 상황이 꼬이게 하는 행동이나 말을 했을 때, 그 배경에 어떤 감정이 있었는지를 질문하는 것이 낫다. 즉, '그때 그 일을 당했을 때 어떻게 느꼈니?'보다는 '그런 말(행동)을 하고서는 상황이 꼬였는데, 그 이면에는 어떤 감정이 있었기에 그런 말(행동)을 하게 됐니?'로 질문하는 것이 나은데, 그 이유는 후자가 내담자의 주체성에 대한 신뢰를 좀 더 인정하는 것으로 전달되기 때문이다.

또한 "그게 좋은 생각이라고 생각하니?"와 같은 개입은 매우 중립적인 것처럼 보이지만, 사실은 상담사의 의도를 숨기고 있는 경우가 많아 상담사의 진솔성을 해치고 청소년 내담자와의 관계를 훼손한다. 오히려 "왜 그런 행동을 하려고 하니?"라는 질문이 더 솔직하다. 다만, 한 가지 유념할 점은 이 질문이 그런 행동을 하지 말라는 의미가 아니라 정말 궁금하다는 의미로 전달해야 한다. 상담사가 청소년과 다른 가치관을 가지고 있고 그것을 전달한다는 것과 그것을 강요한다는 것 사이의 구별을 명확하게 안 상태에서 이와 같은 질문을 해야 한다. 상담사는 자신의 가치관을 청소년에게 강요하지 않는 한 청소년과 다른 가치관을 가질 수도 있으며, 그것을 말할 수도 있다.

끝으로, "왜 그렇게 했니?"라는 질문은 두 가지 측면에서 문제가 있다. 하나는 '왜'라는 말이 '그렇게 하지 말아야 한다.'로 전달되는 경우가 많아 상담사의 가치관을 강요하는 것으로 전달될 수 있기 때문이다. 다른 하나는 청소년내담자는 자신이 왜 그렇게 했는지 잘 모르는 경우가 대부분이기 때문이다. 사실 성인도 자신이 한 행동의 이유를 잘 모르는 경우가 많은데, 청소년이 이유를 알기는 더 어렵다. 이 질문은 상담을 지루하고 딱딱하게 만들 뿐 새로운 통찰을 이끌어 내지 못한다. 오히려 '그런 상황에서 나올 줄을 모르는구나.' 또는 '네가 다른 방식으로 그 일을 처리하는 것을 보고 싶구나.' 또는 '그거 참 안타까운 선택이었구나.'라고 말하는 것이 더 솔직하게 전달된다(Edgette, 2006). 학교집단상담자는 집단상담을 개발하고 운영할 때 뿐 아니라 구체적인 개입을 할 때에도 이러한 점들을 고려할 필요가 있다.

2) 학교의 구조적 특성을 고려한 학교집단상담의 특징

학교집단상담은 교육활동의 일환이며 집단상담자 또는 교사가 학교라는 장면에서 학생들을 대상으로 운영하는 상담이다. 학교라는 구조적 특성 때문에 발생하는 학교집단상담의 특징은 다음과 같다(천성문 외, 2011).

(1) 학교집단상담의 목적은 학교의 교육목표를 벗어날 수 없다

집단상담의 목표가 아무리 고상해도 그것이 학교의 교육목표를 벗어나거나 학교장면에서 달성하기 어려운 형태의 목표일 경우 학교집단상담은 성립되기 무척 어렵다. 학교집단상담을 운영하는 상담사는 집단상담 프로그램의 목적이 학교의 교육목표에 적합한지 항상 고려하면서 개발, 운영해야한다. 사실 인간의 긍정적인 성장을 추구하는 상담이 학교 교육과 질적으로 다른 것을 추구하고 있다고 보기는 어렵다. 그러나 질적으로 동일한 것을 추구하더라도 그것을 표현하는 방식이 학교의 교육목표와 다를 때 학교의 운영책임자인 학교장이나 타 교사, 학부모들에게 학교집단상담의 필요성을 설득하기 어려운 경우가 있다. 따라서 필요할 때에는 학교집단상담의 목적을 학교교육 목표를 기술하는 언어체계로 번역하는 것이 효과적이다. 학교집단상담자는 학교의 교육목표와 프로그램의 목적 간의 일관성이 있음을 학교의 운영책임자인 학교장과 타 교사, 그리고 학부모들과 공유하면서 진행할 필요가 있다.

(2) 학교교육의 책임자 및 보호자의 승인과 관련자의 협조를 필요로 한다

학교에서 이루어지는 집단상담은 학교장의 승인을 필요로 하며, 행정적인 절차를 밟아야 하고, 학교시설을 관리하는 담당자까지도 협조를 구해 두는 것이 효과적이다. 이뿐만 아니라 아무리 훌륭한 취지로 집단상담을 운영한다고 해도 참여하는 학생들의 부모에게도 사전에 동의를 받아 둘 필요가 있다. 때때로 일반집단상담만 운영해 보던 집단상담자는 이러한 과정을 학교집단상담의 운영을 방해하는 '장애물'로 여기는 경우가 많은데, 그보다 이러한 절차가 학교집단상담을 효과적으로 운영하기 위해 학교장, 행정 관련자, 그리고 부모를 협조자로 만들기 위한 과정으로 이해할 필요가 있다.

(3) 대상이 미성년자라는 이유로 보호자 및 교육적 필요에 의한 비밀유지에 제한이 있다

학교집단상담을 운영할 때에도 위기나 특별한 상황에서 비밀유지에 제한이 있다는 사실, 그 사실을 사전에 내담자나 집단원에게 알려 주고 동의를 얻어야 한다는 사실, 그리고 정보를 알리기 전에 먼저 학생에게 동의를 구하겠다고 안내한다는 등의 일반적인 지침을 따른다는 점에서 일반집단상담이나 개인상담과 동일하다. 다만, 학교상담의 대상들이 미성년자이고 또 학교장면에서 이루어진다는 점 때문에 학부모나 학교장에게 알려야하는 부분이 더 많을 수 있다. 학교집단상담 운영자는 이 상황을 '부조리'한 것으로 여기기보다 학교라는 특수한 장면에서 비밀유지에 제한을 두는 상황, 시점, 내용 등에 대하여 개인정보보호 관련 법규, 전문가 윤리지침, 학교에서의 규정 등을 고려하여 학교장, 교사, 부모, 행정가들 사이의 합의를 이루어 내고자 노력하는 것이 중요하다. 이에 대한 합의가 이루어진 후에는 앞에서 언급한 비밀유지의 한계를 다루는 절차에 따라 사전에 학생들에게 알리고 타당성을 설명하며 동의를 구하는 것이 좋다.

(4) 학교의 정규수업이나 교육활동과 같은 조건에 영향을 받는다

학교의 일차적 목적이 학업에 있으므로 정규수업시간을 중심으로 운영되며 여러 가지 활동이 학급 단위로 이루어지는 경우가 많다. 이러한 특성은 학교집단상담을 운영하는 데 도움이 되기도 하지만, 반대로 제한점으로 작용하기도 한다. 예컨대, 학교집단상담은 휴식시간을 무시하지 않는 한 회기의 길이가 정규수업시간의 길이와 맞출 수밖에 없다. 또한 집단상담을 학급 단위로 운영하려고 할 때에는 일반적인 집단상담보다 집단의 규모가 훨씬 크기 때문에 상호작용 중심이나 체험적 집단상담보다는 활동중심이거나 집단상담자가 다소 일방적인 집단의 형태를 띨 수밖에 없다. 이뿐만 아니라 집단상담을 위해 일부 학생들을 따로 모으게 되면, 낙인효과가 발생할 수도 있으며, 방과 후에 진행하려고 해도 보충수업이나 방과 후 프로그램 등으로 인해 집단상담을 운영할 시간을 확보하기 어렵다. 이러한 어려움을 극복하기 위해서는 학교집단상담은 교과시간에 가능한 형태, 상호작용을 강조하는 집단상담보다는 다소 일방적인 집단지도 형태, 특별활동 시간을 활용하는 형태, 또는 1년 전체 일정에 맞추어 이루어지는 크고 작은 활동 속에 집단상담의 특성을 반영하여 학생들의 상호작용과 상호 이해를 촉진하는 형태 등에 대한 논의가 이루어지고 있다. 이재규(2005)는 학교의 상황적 특성을 고려해 볼 때 다음과 같은 공개상담을 통한 집단상담, 학습단위의 단회 문제해결 집단상담, 뒤풀이 집단상담, 훈화 집단상담, 또래 집단상담, 학급운영 집단상담, 교과과정을 활용한 집단상담, 소그룹 집단상담, 학기 또는 연 단위 학급경영 집단상담 등 창의적인 형태의 집단상담이 적합할 것이라고 제안하였다. 다양한 형태의 학교집단상담에 대해서는 제12장에서 좀 더 상세하게 논의할 것이다.

(5) 집단지도자가 담임이나 교과목 교사일 경우 이중관계에 빠질 수 있다

담임이나 교과목 교사가 학생들을 훈육하고 지도하는 교육자의 역할과 학생들을 이해하고 수용하는 상담자의 역할을 동시에 수행할 경우 이 두 역할은 미묘하게 갈등을 일으키는 경우가 있다. 학생들 입장에서도 한 사람의 교사가 충돌하는 역할과 태도를 보일 때 혼란을 겪는다. 이 문제는 학교 내에서 전문상담교사가 담임이나 교과목을 전혀 담당하지 않고 온전히 상담사 역할만 담당하는 시점이 오지 않는한 완전히 해결되기는 어렵다. 그러나 관점을 전환해 보면 한국 교육체계에서 담임은 학생 각각의 생활과 내면세계에 대해 매우 깊이 이해하기에 좋은 위치에 있다. 어쩌면 온전히 학생들의 교과목 선택, 문제학생의 단기적 개입, 타 교사에 대한 교육 등을 담당하는 외국의 사례보다 학생들의 사정을 깊이 파악하고 좀 더 많은 관심과 애정을 기울이기에 좋은 입지에 있다. 따라서 일정 수준 제한이 있겠지만, 담임과 상담사의 역할을 수용하고 최대한 조화를 이루는 방법을 찾아갈 필요가 있다. 그리고 이 두 역할 사이에 충돌이 발생할 경우 어떤 입장을 선택할지에 대해 교육목적과 자신의 가치관을 고려하여 마음을 정리해 둘 필요가 있다.

3) 학교집단상담의 준비 절차

일반 사설기관에서 집단상담 프로그램을 운영할 때와는 달리 학교에서는 그 프로그램이 학교에서 실시된다는 이유로 집단상담을 실시하기 전에 학교 행정체계에 따라 밟아야 하는 특별한 절차가 있는데, 그 절차는 다음과 같다(Corey et al., 2014; 천성문 외, 2011). 이 절차는 대부분의 학교에서 고려하고 밟아야 하는 절차이지만 학교의 특성에 따라 추가 또는 건너뛸 수 있다.

(1) 집단상담운영 계획서 작성

집단상담 운영계획서는 기안을 작성하기 전에 관련되는 책임자나 교사에게 취지를 설명하고 의견을 듣기 위한 잠정적인 계획서로서 다른 사람과 논의해 가면서 수정, 보완하는 과정을 거치게 된다. 이 계획서에는 집단상담이 목적과 목표, 주제, 대상, 회기, 외부 전문가 초빙 여부 등이 포함된다. 집단의 목적과 목표는 명료하게 기술하며 필요하면 이론적 근거도 간략히 설명하는 것이 좋다. 그리고 집단상담의 과정과 평가절차에 대한 설명과 함께 선택한 집단의 접근방법의 특별한 강점과 이유도 포함한다. 필요할 때에는 관련 자료도 함께 첨부한다.

(2) 기안문 작성

집단상담 기안문에는 집단상담의 대상, 목적, 목표, 내용, 일정을 비롯하여 집단상담 운영을 위한 강사 초빙, 자료집 제작, 회기별 준비물 등을 위한 예산이 포함된다. 이러한 계획을 세울 때에는 학교 교육과정 운영과 연중 계획을 참고하여 담당부장과 협의할 필요가 있다. 담당부장과 협의한 후, 최종 기안을 작성하고 교감, 교장의 결재를 받는다.

(3) 담당교사 및 학교 행정가와 협의

앞서 언급했듯이 학교집단상담을 효과적으로 운영하기 위해서는 관련된 사람들, 예컨대 담임교사, 담당교사, 학교 행정가 및 학부모와 좋은 협력관계를 유지해야 한다. 이를 위해 집단상담 운영의 취지, 목적, 효과 등에 대해 설득력 있게 설명하고 협의할 수 있어야 한다.

(4) 학생대상 홍보

실시할 집단상담을 학생들에게 홍보하여 신청을 받는다. 홍보할 때에는 학생들의 관심을 끌 수 있는 문구, 삽화, 캐릭터 등을 활용하여 자료를 제작하고, 그 자료를 학교 홈페이지, 학교 게시판, 상담실 게시판, 학교신문 등에 게시한다. 집단상담자가 직접 교실을 방문하여 집단에 대해 소개할 수도 있으며 이전에 참여했던 사람의 구전이 효과적인 상담의 특성을 고려하여 이전에 집단에 참여했던 학생들을 홍보에 활용할 수도 있다. 때에 따라서는 집단상담을 소개할 수 있는 소책자를 제작할 수도 있는데, 이를 위해서는 연초부터 치밀한 계획을 세워 학교 안내용 소책자에 집단상담 프로그램 관련 내용을 게재할 수도 있다.

(5) 학부모 동의를 구하기 위한 통신문

학생들의 신청을 받은 후에는 희망학생들의 학부모에게 가정통신문을 발송하여 집단 참여에 대한 동의를 구한다. 가정통신문에는 집단운영의 목적과 내용, 집단의 특징(이점, 유용성, 접근방식 등), 집단의 모임 시간과 전체 회기, 비용과 장소, 집단 구성원, 집단상담자의 자격과 이름, 보호자 및 학생의 서명란 등을 포함한다.

(6) 활용자원, 장소 확보

집단상담에 필요한 자원(필요물품, 간식, 상품 등)을 확인하며 미비한 때에는 학교 행정부서에 미리 요청해 두어야 한다. 그리고 집단상담을 할 수 있는 장소를 마련할 때에는 조용하고 안정되면서도 주변 학급에 방해도 되지 않으면서 집단의 비밀 역시 보장될 수 있는 공간을 구한다.

(7) 사전 오리엔테이션

참여하는 학생들을 대상으로 한 오리엔테이션은 집단상담의 첫 회기에서 할 수도 있겠지만, 필요할 때에는 사전에 별도로 할 수도 있다. 이때에는 실시하려는 집단이 학생들의 기대와 일치하는지 여부, 다른 형태의 상담이 더 적합한 학생은 없는지 여부 등을 확인하며, 비밀보장의 원칙과 비밀보장의 한계 등에 대해서도 이 시간에 알려 줄 수 있다. 때때로 집단상담자가 두 명 이상일 때에는 집단상담자들 사이에서도 사전에 오리엔테이션을 실시할 수 있다. 이때에는 집단프로그램의 내용, 방법, 집단운영의 원칙 등에 대해서 의견을 조율한다.

(8) 집단상담 실시

앞의 모든 절차가 준비된 후, 집단상담을 실시한다. 최종참가자가 결정되면 담임교사, 교과담당교사 등에게 학생의 집단상담 참가를 알리고 교사들의 협조를 구한다.

4) 학교집단지도 및 집단상담의 운영 시 고려점

성인대상 집단의 경우 집단의 규모가 여덟 명에서 열두 명 정도가 적당하지만, 초등학생 집단은 서너 명으로도 운영할 수 있다. 중·고등학생의 경우 심리교육집단의 규모는 열두 명 또는 그 이상도 가능하지만, 성장,지지, 상담, 치료집단은 그보다 작은 규모, 즉 여덟 명 내외로 진행하는 것이 좋다(Corey et al., 2014). 이뿐만 아니라 학교에서 비교적 위기상황이거나 심각한 문제를 겪는 학생들을 위한 집단은 비교적 소규모로 이루어지는 한편, 긍정적인 특성을 개발하기 위한 집단은 학교의 현실을 고려하여 한 학급 규모로 이루어지는 경우도 있다. 집단의 크기가 커질 경우 공동 집단상담자가 필요할 수도 있다.

집단 시간 역시 초등학생의 집중력이나 학교수업시간을 고려할 때, 중·고등학생이나 성인에 비해 20~40분 내외의 시간으로 주 2회 또는 그 이상 만나는 것이 효과적이다(이장호, 최승애, 2015; 천성문 외, 2017). 중·고등학생의 경우는 보통 45분 내외로 진행하는데, 이는 학교 수업시간 운영과 일치시키는 것이 효율적이기 때문이다. 다만, 하루에 긴 시간 집단상담을 운영해야 할 경우 45분씩 2회를 진행할 수도 있다. 회기 수는 심리교육집단일 경우 1~2회로 진행할 수 있지만, 문제행동 감소를 목적으로 하는 경우 연중 실시되기도 한다(천성문 외, 2017). 학교에서는 학교의 현실적인 구조 때문에 주 1회 이상 집단을 운영하기 어려우며, 시간의 길이 역시 수업시간에 맞추어 이루어져야 하는 경우가 대부분이다. 방과 후에 따로 모여서 집단상담이나 프로그램을 하는 경우도 있으나 방과 후 학생들의 과외 활동 때문에 여러 가지 제약이 많다. 그리고 학교에서 마라톤 집단은 거의 불가능해 보인다.

집단원들의 동질성/이질성 정도에 대해서는 상담사에 따라 이견이 있지만, 일반적으로 적절한 수준의 이질성을 선호한다. 다만, 초등학생일 경우에는 성별을 달리하고, 중·고등학생의 경우는 연령은 동질화하는 것이 효과적이라는 견해가 많다(이장호, 1995; Corey, 2012; Corey et al., 2014). 따라서 학교에서 한 학급내의 학생들 중 몇 명을 선정하여 집단상담을 하는 경우는 별문제가 없겠지만 학교 전체에서 몇 학생을 선정해 집단을 구성할 경우에는 학년을 동일하게 하는 것이 좋다.

집단의 구조화 정도는 나이가 어릴수록 모호함을 견디기 어렵기 때문에 비구조화보다는 구조화 집단을 사용하는 것이 효과적이다. 초등학생이나 중학생의 경우는 비구조화 집단을 거의 운영하기 어렵고, 고등학생의 경우 여학생은 비교적 감정의 자각능력이나 언어능력이 남학생보다 상대적으로 나은 성향이 있기 때문에 비구조화 집단을 적용하기에 다소 수월한 것 같다. 그러나 학교에서 이루어지는 집단상담은 기본적으로 구조화된 집단을 운영하면서 수시로 필요할 때 비구조화 집단의 특성을 가미하는 방법으로 운영하는 것이 좋다.

개방집단과 폐쇄집단의 경우 어떤 유형으로 운영할 것인가는 집단의 목적에 따라 미리 결정해야 한다. 다만 학교에서는 현실적으로 개방집단을 운영하기는 어려운 점이 많다. 학급에서 학생의 이동도 불가능할 뿐 아니라 특별하게 선별된 학생들을 대상으로 하는 경우에도 학교의 조직구조상 개방집단을 운영하기는 어려운 것 같다.

끝으로 초등학생 집단은 언어 외에 다른 도구들, 예컨대 그림이나 율동을 많이 활용할 필요가 있는데, 이는 지루함을 견디기 어려운 초등학생들의 흥미를 돋우기에 적합하기 때문이다. 한편, 중·고등학생의 경우 집단에서 도구보다 언어를 활용할 가능성이 상대적으로 높아지겠지만, 그래도 각종 도구를 활용하는 것이 효과적일 때도 많다.

학교집단상담은 학생들의 발달적 특성, 학교라는 환경이 가진 제약 등으로 인해 고려할 점이나 집단상담을 운영하기 위해 동의를 구하고 해결해야 하는 점이 훨씬 많다. 그럼에도 집단상담은 일반 학교의 지식교육이나 개인상담과는 다른 독특한 특성, 예컨대 체험을 통한 성장을 추구한다는 점, 또래들 간의 상호작용을 백분 활용할 수 있다는 점, 낙인효과가 개인상담보다 적다는 점 등의 장점을 가지고 있다. 어렵지만 학생들에 대한 사명감과 의욕을 가지고 이러한 점을 충분히 활용한다면 효과적인 생활지도가 이루어질 것이라 생각한다.

제10장
심리검사

다양한 측면에서 학생들을 바르게 알고 이해하는 것은 그들을 상대로 가르치고 돕고 나아가 성장을 촉진하기 위해 대단히 중요하다. 학생들을 정확하게 이해하지 못할 때 그들에게 무엇이 문제이고, 그들이 필요로 하는 것이 무엇이며, 그들에게 무엇을 가르쳐야 할 것인지를 바르게 아는 것이 거의 불가능하기 때문이다. 학생들을 이해할 수 있는 방법은 다양하다. 검사도구를 활용하여 이해할 수도 있고 관찰이나 면접, 혹은 사례연구 등을 통하여 이해할 수도 있다. 본 장에서는 학생들을 이해하는 중요한 수단으로서의 검사, 특히 심리검사가 무엇인지 알고 그것을 잘 활용하기 위하여 심리검사의 정의와 목적, 학교에서의 심리검사 활용, 심리검사의 과정, 지적영역 평가, 진로 및 생애계획 평가, 성격평가 등에 대하여 기술하고자 한다.

1. 심리검사

심리검사는 학교 현장이나 상담장면에서 많이 활용되고 있다. 특히 학교 상황에서는 학생들을 이해하는 데 필요한 자료를 심리검사를 활용하여 수집·분석하고 학생들이 학교생활을 보다 잘 해 나가도록 돕는다. 심리검사가 무엇이고, 어떤 심리검사가 어떻게 그리고 어떤 목적을 위해서 활용되고 있는지 자세히 아는 것은 심리검사를 보다 잘 활용하기 위해 꼭 필요한 일이다. 많은 경우에 학교상담자들이 표준화된 심리검사를 실시하는 것은 아니지만 학생, 학부모, 교사들에게 검사 결과에 대하여 해석해 줄 수 있어야 한다.

1) 심리검사의 정의와 목적

Anastasi와 Urbina(1997)에 의하면 심리검사는 행동의 표본을 표준화된 방식으로 측정하는 기법이고, Cronbach(1984)에 의하면 심리검사는 두 사람 이상의 행동을 비교하는 체계적 과정이다. 또한 박영숙(1994)에 의하면 심리검사는 심리적 현상에서의 개인차를 비교하고 개인의 정서적·인격적·행동적 측면을 이해하기 위한 심리학적 측정과정이고 김영환, 문수백과 홍상황(2006)에 의하면 심리검사는 지적 능력, 정의적 특성 등 직접 측정이 불가능한 속성을 측정하기 위하여 사용되는 도구이다.

이들 정의에 의하면, 첫째, 심리검사는 대표적인 행동표본을 심리학적 방식으로 측정하는 것이고, 둘째, 이러한 심리학적 측정은 표준화된 방식에 따르며, 셋째, 심리검사는 체계적 과정으로서, 넷째, 심리검사는 인간의 개인차를 비교하고 나아가 개인을 다각도로 이해하기 위한 과정인 것이다.

또한 학교상담의 관점에서 강진령(2015)은 심리검사를 과학적이고 체계적인 학교상담 서비스에 꼭 필요한 것으로서 행동표본을 표준화 또는 비표준화된 방식으로 측정하기 위한 도구이며, 학생 개개인의 심리적 특성을 파악하여 학생 이해를 도모하고 도움을 필요로 하는 학생을 사전에 파악하는 도구로서 예방에 역점을 두고 있는 학교상담에서 중요한 도구로 보았다.

심리검사의 목적은 개인의 심리적·행동적 속성을 측정하여 개인에 대한 심층적인 이해를 얻고 개인 간 혹은 개인 내 비교를 하기 위한 것이다. 개인의 심리적·행동적 속성에는 개인의 성격, 흥미, 적성, 지능, 학력, 태도 등이 포함된다. 심리검사는 성격검사뿐만 아니라 수준별 학교학습의 이해 정도를 파악하기 위한 학력검사, 회사에서 선발용으로 실시하는 적성검사, 병원이나 상담소에서 내담자의 상태를 파악하기 위하여 실시하는 신경심리검사 등 모두를 포함한다.

학생에 대한 객관적인 자료와 정보 수집이 주를 이루는 학교현장의 관점에서 강진령(2016)은 심리검사의 목적을 다음의 여섯 가지로 기술하고 있다. 첫째, 학생 개개인의 심리적 특성을 이해한다. 개개인의 심리적 특성을 이해하는 것은 학생의 발달 촉진과 더불어 문제예방 및 사후처치의 효율성을 높일 수 있다. 둘째, 개개인의 객관적 자료(예: 학업, 지능, 적성, 흥미, 성격 등)를 교실 안팎에서 활용하여 학생지도와 수업의 효과성을 높일 수 있다. 셋째, 심리검사를 통해 자신의 흥미, 적성, 가치관, 태도, 성격, 능력, 욕구 등을 이해함으로써 학생의 자기이해를 높일 수 있다. 넷째, 심리검사를 통해 수집된 학생의 심리적 특성에 대한 객관적인 자료를 학부모의 자녀이해와 자녀를 위한 의사결정의 근거자료로 활용하는 등 자녀양육 효율성 향상에 도움을 줄 수 있다. 다섯째, 학생 배치와 선발(예: 영재아 등 특정 서비스를 필요로 하는 경우)에 객관적인 근거자료로 활용될 수 있다. 여섯째, 학생의 학업성취도나 성격적 특성의 변화나 진척 정도를 파악할 수 있다.

상담의 측면에서 심리검사의 목적은 문제해결모형의 입장에서 살펴볼 때 보다 분명해진다(Hood & Johnson, 2007). 다음에 제시되는 문제해결모형의 각 5단계는 심리검사를 통해서 얻은 정보의 필요성들을 잘 설명해 준다.

첫 번째 단계는 내담자가 문제를 깨닫고 수용하는 단계이다. 만일 내담자가 문제를 인정하지 않는다면 올바르게 그 문제를 다룰 수 없다. 거의 모든 검사는 잠재하는 문제들에 대하여 민감해지도록 해 준다. 검사는 내담자들에게 자아각성과 자아탐색을 증진시켜 주고 발달적 문제가 실제 생활에서의 문제로 발전하기 전에 그 문제들을 다룰 수 있도록 도와준다.

상담자는 내담자들을 위한 프로그램을 계획할 때 유사한 집단이나 계층을 사전에 조사함으로써 고려해야 할 일반적인 문제나 관심사를 알아낼 수 있다. 알코올 중독자 진단검사(alcohol screening inventories)와 성적 행동 질문지(sexual behavior questionnaires)와 같이 욕구를 측정할 수 있는 다양한 검사도구는 바로 이러한 목적을 위해 만들어졌다. 상담자와 내담자 모두는 문제를 인식해야 한다. 문제되는 상황을 인식한 후에야 비로소 문제해결모형과 같은 체계적인 방법으로 문제에 대한 접근을 시도할 수 있다.

두 번째는 문제를 확인하는 단계로서 상담자와 내담자는 가능한 한 자세하게 문제를 확인한다. 검사는 내담자가 지니고 있는 문제를 분명하게 해 준다. 예컨대 문제점검표(problem checklists) 혹은 증상대조표(symptom checklists)는 내담자가 보이는 관심의 정도와 유형을 평가하는 데 사용될 수 있다. 성격검사는 상담자와 내담자에게 문제 상황의 저변에 깔려 있는 성격역동을 이해할 수 있도록 해 준다. 내담자의 문제를 확인하는 과정에서 얻어진 정보는 상담의 목표를 구체화하는 데 활용될 수 있다.

문제의 확인은 내담자와의 의사소통을 증진시켜 준다. 만일에 상담자와 내담자가 문제의 본질에 대하여 서로 동의한다면 내담자는 상담을 계속해서 받을 가능성이 많다. 문제의 확인은 또한 상담을 의뢰해 온 기관이나 사람들과의 의사소통도 도와준다.

세 번째는 여러 가지 방안을 만드는 단계로서 상담자와 내담자가 문제를 해결하기 위한 다양한 방안을 만든다. 검사는 상담자와 내담자가 문제를 해결하기 위한 방안을 찾아낼 수 있도록 해 준다. 예컨대, 흥미검사는 내담자에게 대안적인 진로선택을 제시할 수 있다. 또한 문장완성검사와 같은 자유연상검사 혹은 학습전략검사와 같은 점검목록들은 방안을 찾아내는 데 활용될 수 있다.

검사결과는 내담자에게 문제를 다른 각도로 볼 수 있도록 해 준다. 예컨대, MBTI와 같이 성격유형을 측정하는 검사를 통하여 내담자는 자신이나 다른 사람의 행동을 다른 각도에서 볼 수 있는 기회를 얻는다. 상담자는 검사를 활용하여 내담자가 어려움을 극복하고 발전해 나갈 수 있는 힘을 발견할 수 있도록 도와줄 수 있다.

네 번째는 의사결정의 단계이다. 문제에 대한 해결방법을 결정할 때 내담자들은 다양한 해결책의 결과를 예상해 보아야 한다. 고전적인 의사결정이론에 의하면 선택은 성공할 확률과 바람직한 결과의 함수이다(Horan, 1979). 이러한 함수관계는 가능한 해결책들이 어느 정도 마음에 드는지 그리고 성공가능성은 어느 정도인지 모두 평가해야 함을 의미한다. 내담자는 결국 마음에 드는 정도에 따라서 성공가능성이 가장 높은 해결책을 선택하고자 할 것이다.

상담자는 내담자에게 적절한 개입방법을 결정하고 조언해 주기 위해 검사도구를 활용할 수 있다. 예컨대, 다면적 인성검사(MMPI)를 활용하여 그 결과에 따라 내담자에게 필요한 치료프로그램의 유형을 결정하는 데 도움을 줄 수 있고, 학업성취도검사를 활용하여 그 결과에 따라 학생에게 필요한 수강과목을 결정하는 데 조언을 해줄 수 있다(김계현, 황매향, 선혜연, 김영빈, 2004).

다섯 번째는 검증의 단계로서 상담자는 상담의 효과를 평가해야 한다. 그들은 내담자의 문제가 해결되었거나 감소되었는지를 확인해야 한다. 이뿐만 아니라 상담자는 문제가 언제 해결되었는지를 내담자가 어떻게 알았는지 내담자와 의논해야 한다. 이 단계에서는 목표를 분명하게 상술하고 특정한 행동적 목표로 진술하며 현실적으로 성취가능성이 있는 목표를 세워야 한다. 이러한 목적을 위한 검사로는 목표달성척도, 자아검색(self-monitoring)기법 등이 있고, 상담과정에서 이미 실시한 검사를 재실시할 수도 있다.

2) 심리검사의 유형

심리검사는 그 종류가 매우 다양하며 심리검사의 유형을 분류하는 방식 또한 다양하다. 그 유형을 분류하면 다음과 같다.

(1) 표준화검사와 비표준화검사

표준화검사는 검사의 제작에서부터 실시, 그리고 해석에 이르기까지 일정한 준거에 합당한 검사이다. 표준화검사는 검사의 실시 및 채점을 표준화된 절차에 따라서 진행하고, 검사결과도 표준화된 규준에 따라서 해석하게 된다. 예컨대, 집단지능검사의 경우 검사지에 제시된 안내문을 따라서 검사를 실시하고 그 결과를 채점한 후 표준화된 규준에 따라서 산출된 점수를 해석하게 된다. 피검사자의 성별과 연령에 따라서 규준이 다르기 때문에 규준을 무시하고 해석하게 되면 전혀 다른 결과로 해석하게 된다. 표준화검사는 또한 엄밀한 검사제작의 과정을 거쳐서 이루어졌기 때문에 신뢰도와 타당도가 높은 것이 특징이다.

비표준화검사는 전국적인 규준이 마련되지 않은 검사로서 보통은 연구자가 특정의 관심사를 평가하기 위하여 제작한 검사이다. 따라서 비표준화검사는 표준화검사에 비하여 신뢰도와 타당도가 떨어진다. 그러나 표준화된 기존의 심리검사가 측정할 수 없는 인간의 행동이나 환경을 측정할 수 있는 장점이 있다. 실제로 상담장면에서 활용되는 많은 심리검사를 보면 표준화되지 않은 경우가 있다.

(2) 양적 검사와 질적 검사

양적 검사는 검사도구를 활용하여 피검사자의 특성을 척도상의 점수로 나타내는 검사를 말하며, 질적 검사는 피검사자의 특성을 여러 개의 범주 중 하나에 포함될 수 있는 행동이나 상황에 대한 언어적 기술로 나타내는 검사이다. 대부분의 심리검사는 특정 점수를 산출하는 양적 검사이다. 양적 검사는 질적 검사에 비하여 신뢰도와 타당도에 근거하여 철저하게 연구되어 있다. 그러나 질적 검사는 내담자에 대한 전체적이고 종합적인 견해를 제공한다.

(3) 개인검사와 환경검사

개인검사는 개인의 능력이나 특성을 측정하는 검사고 환경검사는 개인을 둘러싸고 있는 환경변인들, 즉 프로그램과 주변 환경들을 측정하는 검사이다. 대부분의 심리검사는 개인을 대상으로 그들의 속성을 측정한다. 그러나 사회를 형성하고 사는 인간을 보다 깊이 이해하기 위해서는 그들을 둘러싸고 있는 환경을 이해할 필요가 있다. 예컨대 가정환경 진단검사를 통하여 가정의 물리적 조건과 심리적 과정, 가정의 집단적 성격 등을 이해할 수 있다. 최근에는 내담자 행동을 결정하는 데 있어서 환경의 영향에 대해 상담자들이 더욱 많은 관심을 두게 되었다.

(4) 최대능력검사와 대표적 행동표현검사

최대능력검사는 피검사자 자신의 능력을 최대로 시범하여 보일 수 있도록 최선을 다하여 응답하는 검사이다. 검사를 실시하는 데 일정한 시간이 주어지고 그 주어진 시간 안에 피검사자 자신의 능력을 최대한 발휘해서 문항에 응답해야 한다. 검사의 각 문항은 정답이 있어서 피검사자의 점수는 주어진 시간 안에 몇 문제를 맞추었는지에 따라서 결정된다. 지능, 학력, 적성 등 지적 영역의 검사들이 여기에 포함된다.

대표적 행동표현검사는 피검사자가 일상생활에서 흔히 보이는 행동이나 혹은 가상적으로 주어진 상황에서 취할 확률이 가장 높은 행동을 측정하는 검사이다. 검사를 실시하는 데 있어서 일정한 시간제한이 없고 각 문항에는 정답이나 오답이 없다. 성격, 흥미, 가치관 등 정의적 영역의 검사들이 여기에 속한다.

3) 심리검사의 특성

심리검사는 그 목적에 따라 다양하게 구분할 수 있지만 어떤 유형의 심리검사를 막론하고 모든 심리검사는 다음의 몇 가지 공통적인 특성을 갖는다(Anastasi & Urbina, 1997; Shum, O'Gorman, & Myors, 2006). 즉, 심리검사는 어떤 행동표본에 대한 객관적이고도 표준화된 측정도구로서 신뢰롭고 타당해야 한다는 것이다.

(1) 행동표본

심리검사는 본질적으로 표본행동을 측정한다. 개인의 행동을 측정한다고 할 때 개인의 수많은 행동을 모두 측정한다는 것은 불가능하다. 따라서 수많은 행동들 중에서 표본행동을 추출하여 측정하는 것이다. 그러나 어떤 행동을 표본행동으로 선택하여 측정할 것인지 결정하는 것은 검사의 대표성 여부를 결정하는 것이고, 검사의 진단적 또는 예언적 가치를 결정하는 것이다. 대표성 있는 행동표본으로 이루어진 검사를 보다 좋은 심리검사라고 할 수 있다. 예컨대 지적 능력을 측정하기 위한 지능검사가 수리력은 제외하고 어휘력만을 측정한다면 그 검사는 완전한 검사가 되지 못할 것이다.

(2) 표준화

심리검사는 표준화된 측정도구이다. 여기에서 표준화란 검사를 실시하고 채점할 때의 절차의 단일성을 의미한다. 우선 심리검사는 표준화된 조건하에서 실시되어야 한다. 표준화된 조건이란 검사실시에 주어지는 시간, 검사가 실시되는 장소의 환경적인 조건, 즉 소음, 조명, 습도, 온도, 검사반응의 요령에 대한 설명 등이 모든 사람에게 동일하게 적용되어야 함을 의미한다. 동일한 검사를 실시할 때마다 환경조건 및 지시사항에서 많은 차이가 난다면 아무리 그 검사가 잘 만들어졌다고 하여도 검사점수를 신뢰하기는 어려울 것이다. 이러한 차이는 심리검사의 점수에 큰 영향을 줄 수 있기 때문이다.

심리검사는 채점하는 데 있어서 명확한 규칙이 있어야 한다. 응답자가 동일한 반응을 했어도 채점 규칙이 명확치 않아서 개인마다 다른 점수를 얻었다면 그 검사는 올바른 검사라 할 수 없다. 대부분의 검사가 채점규칙을 가지고 있어서 한 개인의 반응을 여러 사람이 채점하더라도 동일한 점수를 얻게 된다. 그러나 TAT나 로샤검사 등 투사적 검사에서는 주관적인 규칙에 의해서 점수가 계산된다. 따라서 피검사자의 동일한 반응에 대하여 채점자에 따라 다른 점수를 부여할 수 있을 것이다. 잘 만들어진 심리검사라면 이러한 점수 차이가 거의 없도록 채점규칙을 좀 더 명확하고 자세하게 만들어야 한다.

(3) 객관적인 난이도 측정

앞에서 이미 기술한 바와 같이 심리검사는 그것을 시행하고 채점하며 점수를 해석하는 일들이 객관적이어야 한다. 이를 위해서는 먼저 심리검사를 제작할 때부터 검사의 객관성을 목표로 삼아야 한다. 심리검사는 각 문항의 난이도가 수준별로 골고루 분포해야 하고, 어떤 문항이나 어떤 검사 전체의 난이도 수준을 결정하는 과정은 객관적이고 경험적인 절차에 기초해야 한다. 만일 쉬운 문항 위주로 구성되어 있든지 혹은 어려운 문항 위주로 구성되어 있을 경우 그 검사는 좋은 검사라고 말하기 어렵다. 피검사자 대부분이 맞출 수 있는 문항들, 즉 비교적 쉬운 문항들에서부터, 비교적 소수의 피검사자만이 풀 수 있는 문항들, 즉 어려운 문항들까지 모두 포함할 때 난이도가 골고루 분포되어 있다고 말할 수 있다. 만일 해당 검사에서 쉬운 쪽이나 어려운 쪽으로 극단의 문항들이 너무 많이 몰려 있으면 일부 문항들을 빼 버릴 수 있다. 또한 만일 난이도 범위의 어떤 특정 수준에서 문항들이 부족할 경우 새로운 문항들을 첨가해서 부족한 부분을 채워야 한다.

(4) 신뢰도

심리검사는 그 검사를 통하여 얻어진 점수를 믿을 수 있어야 한다. 즉, 검사 점수가 측정하는 사람에 따라, 검사 실시의 시기에 따라, 혹은 검사 문항의 표집에 따라 점수 변화의 정도가 어느 정도 안정적으로 일관성을 유지해야 한다. 만일 한 학생이 월요일에 실시한 검사에서는 120의 지능지수를 얻고 토요일에 재검사했을 때에는 80의 지능지수를 얻었다면 어느 한쪽의 점수도 믿을 수 없을 것이다. 검사 점수가 시간의 변화에도 얼마나 일관성 있게 측정되는지의 정도를 나타내는 신뢰도가 높을수록 그 검사를 통하여 얻어진 결과를 믿을 수 있을 것이다.

(5) 타당도

하나의 검사는 그 검사가 측정하고자 하는 내용을 충실하게 측정해 내야 한다. 만일 지능을 측정하기 위한 검사도구가 실제로는 성격을 측정하려 한다든지 혹은 학력을 측정하려 한다면 그것은 지능검사 본래의 기능을 이행하지 못하고 있는 것이며 따라서 타당한 검사라고 말할 수 없다. 타당한 검사가 되기 위해서는 하나의 검사가 본래 목적했던 내용을 충실히 측정해야 하고 또한 그렇게 될 때 그 검사는 믿을 수 있는 검사가 된다.

검사의 타당도를 결정하는 일은 그 검사가 측정하고자 한 것이 무엇이든 간에 독립적인 외부의 준거를 필요로 한다. 예컨대, 직업적성검사는 새로 채용된 종업원들로 구성한 시행집단의 직무성공을 통해 타당화될 수 있고, 비행적성검사는 비행훈련 성취도를 통해 타당화될 수 있다.

2. 학교에서의 심리검사 활용

심리검사는 학교 현장에서 다양한 목적으로 활용되고 있다. 학생들을 보다 정확하게 이해하고 학생들에게 적합한 교육 프로그램을 운영하며 궁극적으로 학생들이 학교생활을 보다 잘하여 각 단계의 발달과업을 성취하도록 돕기 위하여 심리검사를 활용한다.

1) 학교상담의 특징

학교상담은 일반상담과 달리 학교라는 특수한 공간에서 이루어질 뿐만 아니라 교육활동의 한 부분으로 진행된다. 그렇기 때문에 일반상담과는 달리 예방적, 발달적, 종합적 성격이 강조되며 이러한 활동들이 원활하게 이루어지기 위해서는 체계적이어야 한다. 손현동(2007)은 학교상담의 정의와 특성에 대한 연구물들(김계현, 2002; 김서규, 2005; 연문희, 강진령, 2002; 이종헌, 2005; Schmidt, 1999)을 개관하고 학교상담의 특징을 다음과 같이 정리하였다.

첫째, 학교상담은 학교라는 장소에서 진행된다. 둘째, 학교상담을 실시하는 사람은 상담과 교육에 대해 전문적으로 훈련받은 '전문상담교사'이다. 다시 말하면 교사와 상담자의 소양을 동시에 갖춘 전문가가 수행하는 전문적인 활동이 학교상담이라는 것이다. 셋째, 학교상담은 모든 학생을 대상으로 한다. 즉, 부적응 학생뿐만 아니라 전체 학생들의 발달을 돕는다. 또한 학생 발달을 돕기 위해 학부모, 교사, 행정가, 지역사회 인사들까지도 서비스 범위에 포함시킨다. 넷째, 학교상담은 모든 학생들이 학교에서 성공할 수 있도록 돕는 것이 목적이다. 학교에서의 성공이라는 것은 학생들의 효율적인 학습과 적절한 진로 선택, 자기이해를 통한 변화로 인간적인 성장이 일어나는 것을 의미한다. 다섯째, 학교상담은 전체적인 교육과정 속에서 이루어지는 교육활동의 한 부분이다(연문희, 강진령, 2002). 유치원에서 고등학교까지 전체적인 체계 속에서 종합적으로 접근한다는 것이 특징이다. 마지막으로, 학교상담은 문제예방에 더욱 중점을 두며, 모든 학생이 자신의 잠재력을 최대한 발휘할 수 있도록 돕는 교육적 모형에 기초를 두고 있다.

2) 심리검사에 대한 태도

심리검사 실시의 목적은 한 인간의 복잡한 심리적 체계를 이해함으로써 보다 건강하고 행복한 삶을 살아갈 수 있도록 돕기 위한 것이다. 심리검사를 다루는 사람들은 이러한 목적을 염두에 두어야 한다. 만일 심리검사를 통하여 내담자 혹은 학생이 더욱 불행해진다면 그것은 심리검사 본래의 목적에 위배된다고 말할 수 있다.

심리검사는 문제해결이나 내담자를 이해하는 데 있어서 도움이 되는 하나의 정보매체로 받아들여야 한다. 심리검사의 결과에 절대적인 의미를 부여하는 것은 위험하다. 그것은 단지 내담자에 대한 대략적인 판단의 자료인 것이다. 보다 중요한 것은 상담과정을 통해 파악한 내담자의 실제 모습이다. 만일 심리검사의 결과와 상담자가 파악한 내담자의 실제 모습이 일치하지 않을 때에는 좀 더 시간을 가지고 내담자를 파악하도록 노력해야 할 것이다. 특히 학교상황의 경우 많은 학생을 대상으로 심리검사를 실시한 후 그 결과를 맹신하여 섣부르게 학생들을 판단하고 낙인을 찍을 경우 그 후유증은 심각할 수 있다.

심리검사는 누구나 실시하고 해석할 수 있는 것이 아니다. 검사를 실시하고 해석하는 데에는 지식과 임상경험이 필요하다. 어떤 검사는 비교적 수월한 것도 있지만 특히 투사적 검사의 경우는 실시하고 결과를 해석하는 데 있어서 많은 지식과 임상경험을 필요로 한다. 상담자들은 서로 다른 배경을 가지고 있는 내담자에게 어떤 검사를 적용하고 어떻게 실시하고 해석할 것인지에 대해 알고 있어야 한다. 또한 상담자들은 상담과 검사를 종합할 수 있는 능력을 갖추어야 한다. 그렇게 해야 내담자가 자기를 이해하고 스스로 의미 있는 결정을 할 수 있도록 도움을 줄 수 있을 것이다.

상담자들은 상담에 사용되는 심리검사에 대해 장점과 한계를 모두 알고 있어야 한다. 그래야 상황에 적절하게끔 심리검사를 활용할 수 있고, 그 결과에 대한 해석도 내담자에 맞게 제공할 수 있다. 심리검사는 각 검사가 지니는 장점이 있는 반면에 단점 혹은 한계를 동시에 가지고 있는 경우가 대부분이다. 장점만을 보게 되면 지나치게 낙관적으로 검사를 활용할 가능성이 있고 단점만을 보게 되면 부정적 시각 때문에 검사를 효과적으로 활용하기가 어렵게 된다.

심리검사를 다루는 사람들은 심리검사와 관련된 윤리를 알고 있어야 한다. 물론 앞에서 다룬 내용들이 윤리와 무관한 것은 아니지만 그 외에도 관련된 윤리사항에 대하여 철저하게 알고 그것을 지켜야 한다. 그렇게 할 때 내담자들이 해를 입지 않고 심리검사 본래의 목적을 달성할 수 있을 것이다. 어떠한 이유에서든지 심리검사의 결과는 내담자 본인에게 불리하게 활용되어서는 안 된다.

3) 학교에서의 심리검사 활용

학교장면에서 심리검사는 행정적 목적, 교실활동 목적, 상담목적 등 세 가지 목적으로 활용되고 있다.

첫째, 행정적 목적이란 학생지도 행정에 도움을 받기 위한 것으로서 다음의 것들이 포함된다. 해마다 학생들의 변화나 진보의 정도를 측정하는 것, 학생들의 특성 변화를 파악하는 것, 서로 다른 특성이나 능력수준의 학생들에게 학교 교육과정이 적합한지를 결정하는 것, 외부 기관에 정보를 제공하는 것, 학생들의 배치나 학급·계열 결정을 위하여 정보를 제공하는 것 등이다.

둘째, 교실활동을 돕기 위한 목적이란 학생들로 하여금 교실생활을 보다 즐겁게 하고 수업시간에 보다 적극적으로 참여하여 수업의 효과를 극대화하도록 도와주기 위한 것으로서 다음의 것들이 포함된다. 학급의 수업활동에서 학생들을 집단으로 편성하는 것, 수업개별화 활동과 같이 개별 학생들의 수업활동을 지도하는 것, 특별한 연구나 보충수업이 필요한 학생을 확인하는 것 등이다.

셋째, 상담목적이란 학생들을 상담하는 과정에 다양한 측면에서 도움을 받는 것으로서 다음의 것들이 포함된다. 학생들에게 교육이나 직업의 목적을 세우도록 돕는 것, 학생들이 직업을 선택하거나 진학계획을 세울 수 있도록 돕는 것, 학생들이 미처 의식하지 못하고 있는 흥미를 발견하도록 돕는 것, 상담자, 교사, 부모들의 이해를 돕는 것, 학생들이 적절한 학습과정을 선택하도록 돕는 것, 앞으로의 학업성공을 예언하는 것 등이다.

4) 심리검사 활용의 일반적 원칙

심리검사는 학교 혹은 상담장면에서 다양한 목적으로 활용된다. 그러나 그것을 즉흥적으로 실시하기보다는 사전에 검사활용계획을 세워서 무슨 검사를, 언제, 누구에게, 무슨 목적으로, 어떻게 실시할 것인지 먼저 생각해 보는 것이 그 활용효과를 높일 수 있는 방법이다. 학교장면에서 검사를 활용할 때 본래의 목적을 성공적으로 달성하기 위해서 지켜야 할 일반적 원칙들에 대해 박성수(1998)는 다음과 같이 제시하였다.

첫째, 검사는 전체 교육활동에 통합된 것이어야 한다. 심리검사의 활용은 교육의 목적에 통합되어야 하며 교육적 목적이 아닌 곳에 활용되어서는 안 된다.

둘째, 검사활동은 검사를 실시하고 그것을 활용할 사람들, 즉 교사, 상담전문교사, 교장 등이 모두 협력하여 공동으로 계획하여야 한다. 검사의 선정, 검사의 실시, 검사 결과의 해석이나 활용 등은 전문적 지식을 갖춘 전문가에 의해서 이루어져야 한다. 그러나 그들뿐만 아니라 학교 관계자들에게 검사에 대한 이해를 증진하고 협력할 수 있도록 하는 것은 활용효과를 높이는 데 대단히 중요한 일이다.

셋째, 검사활동은 포괄적으로 이루어져야 한다. 특히 검사를 해석하고 그 결과를 실제 교육장면에서 활용하고자 할 경우에는 한 영역의 능력이나 특성을 이해하려고 하기보다는 다양한 방법과 과정을 통하여 학생의 전체적 행동을 포괄적으로 이해할 수 있도록 노력해야 한다.

넷째, 검사활동의 목표는 학생, 교사, 학부모 등 관련된 모든 사람에게 바르게 인식되어야 한다. 피검사자가 검사를 통하여 무엇을 얻을 수 있는지, 어떤 도움을 받을 수 있는지 정확하게 인식할 때 검사에 응하는 자세가 보다 진지할 것이다. 검사자도 그 목표가 명확할 때 검사의 선택과 실시, 그리고 해석에 이르기까지 목표와 일관되게 활동을 수행할 것이다.

다섯째, 검사활동은 체계적으로 이루어져야 한다. 검사는 준비에서부터 검사실시, 결과 해석 및 교육적 활용에 이르기까지 전문가의 지휘하에 체계적으로 이루어져야 한다.

3. 심리검사의 과정

다양한 상황에서 활용되는 심리검사는 여러 단계의 과정을 거쳐서 실시된다. 우선 상담장면에서는 내담자의 문제를 파악하는 접수면접 동안에 혹은 상담이 한참 진행되는 동안에 내담자에게 검사가 필요한지, 필요하다면 어떤 검사가 필요한지를 결정하게 된다. 그리고 학교장면에서는 상담전문교사 혹은 담임교사가 교장 혹은 교감선생님과 함께 학생들에게 심리검사를 실시할 필요가 있는지 먼저 생각해 보고 만일에 심리검사가 필요하다면 어떤 종류의 심리검사가 필요한지 결정을 하게 된다. 그다음 심리검사를 실시하고 채점한 후 그 결과를 규준에 맞게 해석하고 교육 혹은 상담과정에 유용하게 활용한다.

1) 검사의 필요성 확인

심리검사는 개인의 심리적 속성을 측정하는 표준화된 과정이다. 학교장면에서 이루어지는 심리검사는 일반적으로 학급 단위, 학년 단위, 혹은 학생 전체를 대상으로 실시된다. 어느 한 개인의 특성을 알기 위한 목적보다는 학생들의 전반적인 추세, 학생들 간의 비교 등이 목적이다. 특별한 경우 상담실에서 상담을 받는 도중에 필요성을 느껴서 특정한 심리검사를 실시하는 경우도 있다. 이 경우는 상담교사가 자신의 전문적인 지식에 의해서 필요한 검사를 선정하고 실시하게 된다. 그 외에는 거의 모두 대단위로 검사를 실시하게 되고 그 필요성은 학교장 혹은 상담교사가 확인한다.

2) 심리검사의 선택

심리검사는 상담이나 교육과정의 한 부분으로 간주해야 하며, 그것을 하나의 방해물로 보아서는 안 된다. 물론 검사를 대할 때 피검사자는 자신이 감추고 싶은 내면세계를 드러내게 될까 봐 간혹 불안을 느끼기도 한다. 특히 적성검사나 성취도검사는 실패에 대한 두려움 때문에 더욱 그러하다. 검사에 대한 불안은 상담의 전과정에 영향을 줄 수 있다. 흥미검사나 성격검사의 경우도 취약점이나 바람직하지 않은 특성들을 나타내는 개인의 특성들을 보여 줄 수 있다. 따라서 검사의 위협적인 면을 감소시키기 위해서 상담자는 검사의 목적이 자기이해를 위한 정보를 제공하기 위한 것이며, 상담자가 내담자를 평가하기 위한 것이 아니라는 사실을 분명하게 해야 한다. 상담자는 내담자에게 어떤 결과가 나오더라도 그들을 수용할 것이라는 점을 전달해야 한다.

가능하면 내담자들은 상담장면에서 사용할 검사를 선택하는 데 있어서 적극적으로 참여해야만 한다. 내담자가 특정한 검사에 대하여 그 본질과 목적을 배우게 될 때 검사결과로부터 더욱더 많은 것을 얻을 수 있게 된다. 내담자가 검사의 유용성을 확신하게 되면 능력검사에서 그들이 최선을 다하고, 흥미검사나 성격검사에서 문항에 대하여 반응할 때 보다 정확하고 진실되게 할 수 있다. 검사의 사용을 결정하는 상황에 참여함으로써 내담자는 방어함 없이 검사결과나 그 해석을 보다 쉽게 받아들일 수 있으며 검사결과를 보다 객관적으로 받아들일 수 있게 된다.

학업이나 진로상담의 경우 내담자들은 자주 검사에 의존적인 태도를 보인다. 그들은 상담자가 자신들이 무엇을 해야 하는지 말해 줄 검사를 선택해 줄 전문가라고 받아들인다. 검사의 선택에서 내담자가 적극적으로 참여함으로써 이러한 경향을 타파할 수 있게 해 준다.

검사의 필요성에 대한 내담자의 진술을 액면 그대로 받아들일 필요는 없다. 성격검사를 실시해 달라는 요구를 받게 되면 그것을 그대로 받아들이기보다는 요구의 의미가 무엇인지 탐색해 보아야 한다. 왜냐하면 특정 검사에 대한 요구가 자신의 문제와 관련된 요청이기도 하고 경우에 따라서 내담자는 불안이나 우울 등을 경험하고 있을 수도 있기 때문이다. 내담자는 특정한 문제와 관련하여 도움을 요청하고 있지만 문제를 노출하는 것이 어렵다든지 혹은 직접적으로 도움을 요청하는 것이 어려울 수도 있다. 따라서 검사를 요청함으로써 핵심적인 문제의 실마리를 노출할 수 있다.

검사의 선택에서 생각해야 할 또 다른 중요한 원리는 내담자의 다른 자료들도 탐색해야 한다는 것이다. 예컨대, 고등학교의 상담실에 연합고사 성적, 중학교 성적, 고등학교 성적 등이 있을 때에는 적성검사를 통해서 얻는 것은 그리 많지 않을 수도 있다.

검사를 실시하는 데 걸리는 시간이 간혹 어떤 검사를 실시할 것인가를 결정하는 데 중요 요인으로 작용한다. 검사의 가격도 제한된 예산을 가지고 운영하는 기관이나 상담소에서는 중요한 요인으로 작용한다. 검사지를 재사용할 것인가, 어떻게 채점할 것인가, 채점하고 해석하는 데 걸리는 시간, 컴퓨터 채점에 소요되는 경비 등 모든 요소를 고려해야 한다.

3) 심리검사 실시

심리검사의 주요 목적은 다른 상황에서의 행동을 추론하고 예언할 수 있는 표본행동을 얻기 위한 것이다. 표준화검사의 경우, 표본행동은 표준화된 조건하에서 표준화된 지시를 통하여 특정한 방법으로 얻어져야 한다. 검사를 실시하는 사람은 지시문에 익숙해야만 하고 검사실시와 관련된 다른 측면에 대해서도 익숙해야만 한다. 검사실시에 필요한 지식은 어떤 검사냐에 따라서 다르다. 예컨대, 표준화된 학업적성검사는 비교적 덜 훈련받은 상태에서도 실시가 가능하다. 그러나 개인지능검사는 집중적인 수업과 실제적인 훈련을 통하여 검사실시에 필요한 지식과 기술을 습득한 경우에만 실시가 가능하다. 대부분의 검사실시 요강은 특정한 검사를 실시하는 데 필요한 자세한 지시문을 포함하고 있으며 그것을 철저하게 따라야 한다. 표준화된 지시문 때문에 한 사람의 점수를 다른 사람 혹은 다른 집단의 점수와 비교할 수 있는 것이다.

검사를 실시할 때 검사자는 피검사자로부터 흥미와 협조를 이끌어 내야 한다. 상담관계를 형성할 때 검사자는 피검사자에게 검사의 결과가 유용하고 그들이 시간을 허비하고 있지 않다는 사실을 확신시켜 주어야 한다. 노련하지 못한 검사자들은 간혹 검사자 역할의 중요성을 확실히 인식하지 못한다. 검사자는 능력검사 혹은 적성검사에서 피검사자들에게 지시문을 정확하게 따르고 그들이 할 수 있는 한 최대한으로 잘 수행할 것을 독려해야 한다. 어린아이들의 경우에 검사는 게임처럼 제시되어야 한다. 흥미검사나 성격검사의 경우 무의미한 결과를 없애기 위하여 피검사자들이 솔직하게 응답하도록 해야 한다. 검사자는 현재 실시하고 있는 검사에 대하여 잘 알아야 한다. 검사에 대한 자신감이 온정적인 태도와 함께 나타나야 한다.

의자배치, 조명, 환기상태, 실내기온 등 환경적 상황이 검사를 실시하는 데 적합해야만 한다. 소음이 없어야 하고, 방해를 받지 말아야 한다. 시간을 정확하게 엄수해야 하고 정확하게 측정되어야 한다. 검사실시 상황에서의 어떤 문제는 검사결과를 해석할 때 고려되어야 한다.

최근에는 개인용 컴퓨터가 많이 보급되면서 컴퓨터로 검사를 실시하는 것이 보편화되었다. 컴퓨터에 의한 검사는 전통적인 지필검사와 비교하여 많은 이점을 갖는다. 예컨대, 검사를 실시하는 데 필요한 시간이 짧고, 검사수행에 대한 즉각적인 피드백이 가능하며, 검사수행 과정이 더욱 표준화되고 행동이나 위계적 문제를 제시하는 새로운 유형의 문항을 사용하며, 응답자의 사전반응을 고려하여 응답자에게 적절한 검사절차를 활용할 수 있다. 컴퓨터를 매개로 하여 검사를 실시하기 위해서는 우선 피검사자가 컴퓨터에 익숙해야 하고, 또한 검사에 활용할 컴퓨터를 주기적으로 점검하여 언제나 기능이 잘 되도록 해야 한다. 만일에 피검사자가 컴퓨터에 익숙하지 않거나 혹은 컴퓨터에 이상이 생겨서 검사를 실시하는 도중에 문제가 발생한다든지 할 경우 그 결과는 피검사자의 능력이나 적성 혹은 성격특성을 올바로 나타내 준다고 말하기 어렵다.

4) 채점

검사는 손이나 컴퓨터로 채점할 수 있다. 손으로 채점하는 경우에는 정답과 오답을 확인하기 위해서 답안지 위에 올려놓을 수 있는 채점판을 보통 활용한다. 어떤 경우에는 피검사자가 답안지 후면에 있는 정답지를 활용하여 스스로 채점하기도 한다. 자가채점 답안지를 활용하는 검사지의 예로는 MBTI와 Kuder식 일반흥미검사 등이 있다. 여러 가지 검사를 실시할 경우 손으로 채점하는 것은 시간도 많이 걸리고 실수를 범할 수 있다. 손으로 채점할 경우 가능하다면 결과의 확실성을 위하여 다른 사람이 다시 채점해 보는 것이 필요하다.

컴퓨터로 채점하는 것이 손으로 채점하는 것과 비교하여 더욱 빠르고 정확하며 확실하다. Strong 흥미검사나 Kuder 직업적성검사 등과 같이 사실상 손으로 채점하는 것이 거의 불가능한 검사도 정교한 채점 프로그램을 만들어 컴퓨터 채점이 가능하게 되었다. 컴퓨터를 활용하면 컴퓨터에 채점규칙이나 알고리즘(algorithms)을 기억시킴으로써 검사 점수뿐 아니라 검사 결과에 대한 해석문까지 제공하게 할 수 있다.

현재 우리나라에도 컴퓨터의 보급이 폭발적으로 증가하면서 컴퓨터를 활용하여 채점하는 심리검사의 수가 증가하고 있다. 심리검사를 제작하여 판매하는 출판사 혹은 연구소에서 채점 프로그램을 개발하여 사용하는 경우도 있고 경우에 따라서는 심리검사를 많이 활용하는 기관에서 프로그램을 자체적으로 개발하거나 혹은 채점 프로그램을 구매하여 사용하는 경우도 있다. 예컨대, 인싸이트 심리검사연구소의 경우 그들이 개발하거나 제작하여 판매하는 심리검사에 대하여 채점 프로그램을 개발해서 컴퓨터를 활용하여 채점하고 그 결과를 해석하고 있다. 이처럼 채점과 결과해석에 컴퓨터를 활용할 수 있는 심리검사의 수가 증가하고 있다.

5) 결과해석

심리검사란 심리적 특성을 수량화하는 과정으로서 사실상 그것은 직접적인 측정이 불가능한 특성들이다. 예를 들면, 지능, 자아강도, 사회적응 등 추상적인 구성개념들이다. 따라서 이러한 심리적 특성들을 수량화하였다 하더라도 그 결과를 어떤 규준에 맞추어 어떻게 해석하느냐에 따라 전혀 다른 결론에 도달할 수 있다. 결과의 해석은 심리검사에 대하여 전문적인 지식을 가진 사람에 의해서 이루어지는 것이 안전하다. 그렇지 못할 때에는 적어도 해당 검사에 대해서만이라도 전문적인 지식을 가진 사람이 결과를 해석하는 것이 바람직하다.

심리검사의 결과는 그것 하나만을 독립적으로 떼어 놓고 해석하는 것은 무리가 있다. 물론 심리검사가 만들어지는 과정에서 신뢰롭고 타당한 검사도구라는 사실을 확인하지만 그 검사만을 가지고 인간을 이해하고 설명하려는 것은 위험하다. 인간을 이해하는 방법은 매우 다양하고 또한 인간은 그만큼 복잡하다. 심리검사의 결과는 인간의 한 부분만을 설명해 주는 것이고 그 결과를 보다 바르고 정확하게 해석하기 위해서는 다른 검사들을 통하여 그 결과를 보완해야 하고, 이뿐만 아니라 다양한 인간이해의 방법을 동원하여 그 결과를 지속적으로 보완해야 한다. 심리검사의 결과는 최대한 신중하게 이해하고 해석하는 것이 바람직하다.

검사의 결과에 의해서 피검사자를 낙인찍지 않도록 주의해야 한다. 예컨대 성격검사의 경우 단지 이론적으로 가정된 특성을 측정할 뿐이지 실제로 존재하는 특성을 측정하는 것은 아니다. 따라서 검사결과를 해석할 때 단정적 표현을 삼가야 한다. 왜냐하면 심리검사의 결과는 충분한 검토를 거쳤다 하더라도 때로는 현실이 아닌 하나의 가설일 수 있으며 이러한 가설의 타당성에는 언제라도 의문이 제기될 수 있기 때문이다.

검사의 결과는 언제나 그 검사가 보유하는 규준에 따라서 해석해야 한다. 많은 경우 심리검사는 규준집단 내에서의 상대적인 위치를 나타내 주는 점수로 요약된다. 예컨대 성격검사에서 내향성 점수가 높게 나왔다면, 그 높은 점수는 단지 동년배 집단의 수준에 의해서 결정된 상대적 위치의 점수인 것이다. 비교할 대상집단이 달라지면 그 점수는 의미를 상실하게 된다. 결국 하나의 심리검사 점수는 규준집단에 의해서 의미가 주어지는 것임을 명심해야 한다.

6) 상담과 교육에의 활용

심리검사 실시의 목적은 한 인간의 복잡한 심리적 체계를 이해하고 보다 건강하고 행복한 삶을 살아갈 수 있도록 돕기 위한 것이다. 심리검사를 통하여 한 인간이 더욱 불행해진다면 그것은 심리검사 본래의 목적에 위배된다고 말할 수 있다. 다시 말하면 심리검사는 피검사자를 돕기 위한 과정에서 시행되는 전문적 작업이므로 이러한 목적에만 한정하여 심리검사 결과가 사용되어야 한다.

심리검사의 결과는 한 인간을 이해할 때 대략적인 판단의 자료로 활용해야 하며 절대적인 의미를 부여하는 것은 위험하다. 예컨대 지능지수를 마치 불변하는 지적 능력을 나타내는 수치로 믿는다면 대단한 오류를 범하는 것이다. 과거 학교 상황에서 지능검사의 결과를 맹신하여 교사들이 지능지수가 낮게 나온 학생들을 둔재인 양 취급했던 적이 있다. 물론 현재는 많은 교사가 지능지수에 대한 이해의 정도가 깊어져서 과거처럼 이러한 오류를 범하지는 않는다. 그러나 다른 많은 심리검사에 대한 이해가 충분하지 못하기 때문에 이와 흡사한 오류를 범할 가능성은 여전히 존재하고 있다.

검사의 결과는 학생들을 보다 잘 이해하고 그들로 하여금 학과선택이나 직업선택에 필요한 객관적인 자료를 얻을 수 있도록 활용되어야 한다. 다양한 검사결과를 통해 학생들은 자신이 미처 파악하지 못했거나 혹은 충분한 주의를 기울이지 않았던 자신의 새로운 능력을 발견할 수도 있다. 검사자는 심리검사 시 학생들에게 이러한 가능성을 알려 줌으로써 학생들 스스로 자신을 객관적으로 이해하려고 하는 동기를 더욱 높이고 따라서 보다 정확한 자료들을 얻도록 할 수 있다.

심리검사의 결과는 피검사자에게 도움이 되는 방향으로만 쓰이고 활용되어야 하며, 결코 타인에게 불필요하게 공개되어서는 안 된다. 만일 검사의 결과가 타인에게 공개되어 그것이 악용된다면 심리검사 본래의 목적에 위배될 뿐만 아니라 윤리적인 문제까지도 포함하게 된다. 어떠한 이유에서든지 심리검사의 결과는 피검사자 본인에게 불리하게 활용되어서는 안 된다.

4. 지적 영역 평가

지적 영역의 속성이나 능력을 측정하는 검사에는 지능검사, 적성검사, 학력 및 학업 관련 검사, 창의성검사 등이 있다. 학생 청소년들을 상담할 때 지적 영역의 평가는 거의 필수적이다. 이들에게는 학업문제가 매우 중요하고 또한 진로발달과 관련하여 적성을 이해하고 개발하는 것이 매우 필요하기 때문이다. 따라서 학생들을 대상으로 하는 상담자는 이들의 발달적 특성을 고려하여 지적 영역의 평가에 익숙할 필요가 있다.

1) 지능검사

지능은 어떤 시각에서 보느냐, 그리고 어떤 요인들을 포함시키느냐에 따라서 각각 다르게 정의된다. 지능검사는 이러한 개념규정을 기반으로 제작되어 학생들의 학업에서의 성공과 실패를 예언하는 데 활발히 활용되었다. 지능검사는 인간의 지적 능력에 있어서 개인차가 있다는 사실을 확인하는 데 기여하였다. 그러나 개인차를 일으키는 원인이 무엇인지, 지적 능력이 부족한 학생에게 무엇을 가르쳐야 할 것인지 밝혀 주지는 못했다.

지능검사는 일반지능을 종합적으로 측정하려는 일반지능검사와 특수한 정신능력을 독립적으로 측정하려는 특수지능검사로 나뉜다. 일반지능검사는 여러 가지 정신능력을 측정하는 반면에 특수지능검사는 추리력검사, 기억력검사, 주의력검사처럼 각 정신능력을 독립적으로 측정한다. 또한 지능검사는 검사의 문항이 주로 언어에 의존하는 언어검사와 문항 구성에 있어서 언어자극을 최대한으로 극소화시켜 취학 전 아동, 문맹자, 언어 장애자, 노인, 외국인들을 대상으로 지능을 측정하기 위한 비언어검사가 있다. 그리고 검사를 실시할 때 피검사자 한 사람을 대상으로 검사를 실시하는 개인지능검사와 한 번에 여러 사람에게 동시에 검사를 실시하는 집단지능검사가 있다. 우리나라에서 활용되는 개인용 지능검사에는 '고대-

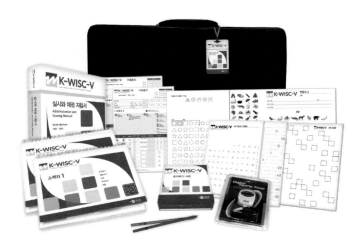

K-WISC

비네검사'(전용신), 'K-WAIS(Korean Wechsler Intelligence Scale)'(한국임상심리학회), 'K-ABC(Korean Kaufman Assessment Battery for Children)'(문수백), '인물화지능검사'(김재은, 김동극, 여광응), '아동용 개인지능검사(KEDI-Wechsler Intelligence Scale for Children, KEDI-WISC)'(한국교육개발원) 등이 있다.

K-WAIS는 WAIS-R을 염태호, 박영숙, 오경자, 김정규, 이영호(1992)가 한국판으로 표준화하였고, 현재는 미국 원판인 WAIS-IV를 한국판으로 번안하고 표준화한 K-WAIS-IV(황순택, 김지혜, 박광배, 최진영, 홍상황, 2012)가 사용되고 있다. K-WAIS-IV의 피검자 연령은 16세 0개월부터 69세 11개월까지로 연령, 성별, 지역, 거주지, 학력 변인을 고려하였다. 특히 지능이 낮거나 교육수준이 낮은 피험자까지 고려하여 표집하였다. 이전판인 K-WAIS(WAIS-R의 한국판)과 비교할 때, 이전 판에서 제공되던 언어성 IQ, 동작성 IQ, 전체 IQ에서 전체 IQ만 제공되고 언어성 IQ, 동작성 IQ는 제공되지 않는다. 각 점수와 관련된 보다 구체적인 내용은 실시요람을 참고하기 바란다.

아동용 웩슬러 지능검사는 2001년에 WISC-III를 바탕으로 곽금주와 박혜원이 K-WISC-III로 제작한 것에 이어서 WISC-IV를 한국의 문화적 특성에 맞게 번안한 K-WISC-IV(곽금주, 오상우, 김청택, 2011)가 사용되다가 2019년 2월에 K-WISC-V(곽금주, 장승빈, 2019)가 출시되었다. K-WISC-V는 가장 최신의 포괄적인 지능검사 도구로서 K-WISC-IV의 개정판이다. 이것은 개인용 지능검사로서 만 6~16세

K-WAIS 기록용지의 예

11개월까지를 대상으로 활용할 수 있다. K-WISC-V는 아동의 폭넓은 능력(broad ablity)을 충분히 고려하기 위하여 K-WISC-IV의 4개 요인, 즉 언어이해, 지각추론, 작업기억, 처리속도 요인을 5개 요인 즉, 언어이해, 시공간, 유동추론, 작업기억, 처리속도 요인으로 확장하였다. K-WISC-V는 K-WISC-IV의 지각추론 요인을 제거하고 시공간, 유동추론 요인을 추가함으로써 임상적으로 더욱 명확한 해석이 가능하도록 하였다(Wechsler, 2014). 각 요인의 점수와 관련된 보다 구체적인 내용은 실시요람을 참고하기 바란다.

K-ABC-II는 문수백이 아동의 정보처리와 인지능력을 측정하기 위해 Kaufman 과 Kaufman의 K-ABC를 한국판으로 2014년에 재표준화한 것이다. 이것은 아동용 지능검사로서 18개의 하위검사로 이루어졌고 인지처리 능력을 평가하는 것이다.

앞에서 제시된 검사 외에 국내에서 활용되고 있는 지능검사에는 중·고생을 대상으로 하는 'L-S식 진단성지능검사'(이상로, 서봉연), 만 4~7세를 대상으로 하는 '종합인지능력검사(A·B형)'(송인섭, 문정화, 박정옥), 유아를 대상으로 하는 '유아지능검사(KISC)'(한국행동과학연구소), 유아부터 대학생에 이르기까지 각급 학교별로 대상을 달리하여 제작된 '일반지능검사'(정범모, 김호권; 임인재; 김호권), 각각 중학

K-ABC

생과 고등학생을 대상으로 하는 '종합능력진단검사(지능·적성)'(한국행동과학연구소), 초등학생, 중학생, 고등학생을 대상으로 한국행동과학연구소에서 제작한 '지능검사', 초등학생, 중학생, 고등학생, 대학생을 대상으로 하는 '한국교육개발원지능검사시리즈(1, 2, 3, 4)' 등이 있다.

이들 중 대다수는 집단용 지능검사로서 실제 학교현장에서는 개인용 지능검사보다 집단용 지능검사를 많이 활용하고 있다. 그러나 집단용 지능검사는 개인용 지능검사에 비해 대단위로 실시할 수 있어서 경제적이고 편리한 점은 있으나, 신뢰도나 타당도가 낮고 개인의 다양하고 구체적인 지적 특성을 파악하는 데 어려움이 있다.

2) 적성검사

적성도 역시 지적 능력을 말하는 것으로 사실상 지능과 구별하기 어려운 개념이다. 그러나 Cronbach과 Snow(1977)는 적성을 '어떤 주어진 과제에서 한 개인의 성공가능성을 예언해 주는 어떤 특성'으로 정의하고 지적 능력뿐만 아니라 성격적 요인, 태도, 신체적인 측면 등을 포함해야 한다고 제안하였다.

적성검사는 피검사자의 검사수행 정도를 통해 특정한 상황이나 과제에 대한 수행을 예언하기 위한 것이다. 적성검사는 그 내용에 따라서 종합적성검사와 특수적성검사로 나뉜다. 종합적성검사란 각 적성요인을 총괄적으로 측정하여 어떤 직무에 적합한가를 알아보는 검사이고, 특수적성검사는 각 적성요인을 분리해서 개인이 어떤 특정 직무를 수행하는 데 필요한 능력을 갖추고 있는지의 여부를 측정하는 검사이다. 그리고 적성검사는 검사의 목적에 따라서 고등학교의 계열이나 문·이과의 적성을 예언하거나 대학 계열별 전공 영역에서의 학업성취 또는 성공여부를 예언하는 데 활용하기 위한 진학적성검사와 개인의 적성이 어떤 직업에 적합한지를 예언하는 데 활용하는 직업적성검사로 나뉜다. 우리나라의 적성검사는 진학적성과 직업적성을 동시에 측정하는 검사가 대부분이나 한국행동과학연구소의 'KAT-A 적성검사'는 진학적성을, 박수병의 'GATB 직업적성검사'와 김재은의 '직업적성검사'는 직업적성을 주로 측정하는 검사이다.

우리나라에서 활용되는 적성검사는 거의 대부분이 종합적성검사로서 개인이 소유하고 있는 특수한 능력, 즉 적성을 종합적으로 측정하는 검사이다. 이에는 중학생부터 성인에 이르기까지 활용이 가능한 'GATB 적성검사'(박수병)와 '적성진단검사'(이상로, 김경린), 중·고생을 대상으로 하는 '직업진학적성검사'(정한택), '진로적성검사'(임인재), 'KPTI 적성검사'(김인수), '표준적성검사'(임인재, 장상호), 중학생을 대상으로 하는 'KAT-M 적성검사'(한국행동과학연구소) 등이 포함된다. 특수적성검사에는 시각능력검사, 청각능력검사, 기계적성검사와 같은 특별한 능력을 측정하는 검사와 의학, 법률, 공학 및 과학이나 교직 분야의 적성을 측정하는 직업적성검사, 미술, 음악, 문예 등의 능력을 측정하는 예술적성검사가 있다. 그러나 우리나라에서는 특수적성검사가 거의 개발되지 않고 있다.

고용노동부는 청소년의 자기이해 및 진로탐색을 돕기 위해 중학생 적성검사와 고등학생 적성검사를 온라인(www.work.go.kr)검사와 지필검사를 통해 실시할 수 있도록 제공하고 있다. 온라인 검사는 워크넷(worknet) 회원가입 후 즉시 가능하며 검사결과는 검사 완료 직후, '검사결과 보기'를 통해 확인할 수 있다. 또한 지필검사는 해당 지역에서 가까운 고용복지센터를 방문하여 실시할 수 있다.

3) 학력 및 학업 관련 검사

학력검사, 즉 성취검사는 학교현장에서 가장 많이 사용되며 학습자가 무엇을 얼마만큼 학습했는가를 평가하기 위한 도구(강진령, 2016)로 초·중·고등학교 등 각급 교육과정에서의 학업성취도와 깊이 관련되어 있다. 하위 교육과정에서 학습한 내용을 기본 바탕으로 하여 상위 교육과정의 내용을 학습해 나가기 때문에 각급 교육과정에서의 학업성취도는 상급 학년 또는 상급 학교로 진학하는 데 기본이 된다. 따라서 각급 교육과정에서의 학업성취도를 평가해 보는 것은 매우 중요하다.

학력검사로서 대표적인 것이 대학입학 수학능력시험(수능)이다. 1993년도에 처음으로 실시한 수능은 한국교육과정평가원에서 검사문항의 출제뿐만 아니라 실시 및 채점에 이르기까지 전 과정을 담당한다. 대학교육에 필요한 수학능력을 측정하여 학생 선발의 공정성과 객관성을 높이는 것을 목표로 하고 있으며, 고등학교 교육과정의 내용과 수준에 맞추어 통합교과적인 문제가 출제된다. 과거와는 달리 2004년부터 시행된 수능은 학생의 능력, 진로, 필요, 흥미를 중시하는 제7차 교육과정의 기본정신에 따라 시험 영역과 과목을 학생이 선택할 수 있다. 전체적으로 '국어, 수학, 영어, 한국사/사회/과학/직업탐구, 제2외국어/한문'의 5개 영역으로 구성된 수능은 국어와 영어를 제외하고는 세부적인 시험영역을 선택하도록 되어 있다. 또한 직업탐구영역은 고등학교에서 전문계열의 전문교과를 80단위 이상 이수한 학생에 한하여 응시가 가능하다.

그 외에 학습 관련 검사로는 유치원부터 초등학교 6학년까지의 아동을 대상으로 하는 개인용 학력검사인 기초학습기능검사(박경숙, 윤점룡, 박효정, 1989), 초등학교 1~3학년 아동을 대상으로 실제 학생들이 배우는 기초학습기능에 근거하여 학생의 수행을 평가하는 기초학습기능 수행평가체제 읽기검사(김동일, 2000)가 있다. 또한 학습에 대한 동기로 작용하는 학습흥미를 인지양식별 학습흥미와 교과별 학습흥미로 나누어 초등학교 4~6학년과 중·고등학교 전 학년을 대상으로 실시 가능한 학습흥미검사(조봉환, 임경희, 2003)가 있다. 김아영(2003)이 제작한 학업동기검사는 초등학생부터 대학생까지를 대상으로 개별 혹은 집단으로 실시가 가능한 것으로, 다양한 동기변인 중 학습자가 자신의 수행능력에 대해 보이는 기대나 신념인 '학업적 자기효능감'과 자신의 실패경험에 대하여 건설적으로 반응하는지 여부를 나타내는 '학업적 실패내성'을 측정하고 평가한다. 또한 김만권, 한종철(2001)이 제작한 U&I 학습유형검사는 학생이 학습과정에 보일 수 있는 행동 및 태도, 성격 양식을 바탕으로 학습에 있어 개인의 성격적인 특성을 측정한다.

마지막으로 김동일(2007)이 개발한 청소년 학습전략검사(Assessment of Learning Strategies for Adolescents: ALSA)는 초등학교 고학년부터 고등학생까지를 대상으로

학습전략을 검사하는 도구이다. 이 검사는 학생들의 학습전략 프로그램인 '알자
(ALSA)와 함께하는 공부방법 바로 알기'와 연계하여 청소년의 학습동기를 높이고
적합한 학습능력 탐색의 기회를 제공한다. 또한 효과적인 학습전략을 알려 주어 궁
극적으로 청소년 자신에게 적합한 학습방법을 제시해 준다. 그리고 이 검사는 학습
전략 자체만 측정하는 것을 넘어서 자아효능감과 학습동기 및 학습전략을 동시에
점검함으로써 학업성취의 정서적 측면과 교수적 측면을 모두 포함하고 있다.

4) 창의성검사

창의성이란 지적인 능력뿐만 아니라 창의적인 성향까지 포함하는 인간의 지적,
정의적 특성이라고 할 수 있다. 이 두 측면은 서로 구분되는 별개의 특성이라기
보다는 창의성을 바라보는 측면에 따라서 강조점을 두는 측면이 달라지는 점을 반
영하고 있다. 또한 창의성은 과정과 결과를 동시에 판단의 기준으로 포함해야 할
것이다. 특히 교육의 입장에서 볼 때 한 인간을 창의적으로 기르기 위해서는 결과
적 측면뿐만 아니라 과정적 측면에 중점을 두어야 한다. 창의적이 되기 위해서는
어떠한 지적·정의적 측면이 필요한가를 파악하고 그러한 측면을 하나의 과정으
로 교육시킬 수 있다면 한 개인은 보다 많은 성장의 기회를 가질 수 있으며, 그 과
정의 결과물에서 또한 점점 더 창의적인 면을 발견할 수 있게 될 것이다.

우리나라에서 활용되고 있는 창의성검사에는 초등학교 4~6학년을 대상으로 하
는 '간편창의성검사'(정원식, 이영덕)와 '창의성검사'(정원식, 이영덕), 중·고생을 대
상으로 하는 '창의성검사'(정원식, 이영덕), 유아를 대상으로 하는 '유아용종합창의성
검사'(전경원) 등이 있다. 이들 창의성검사에서 공통적으로 측정하고 있는 창의성
요인으로는 유창성, 융통성, 독창성 등이다.

5. 진로 및 생애계획 평가

Hood와 Johnson(2007)은 진로 및 생애계획을 평가하는 검사에 진로선택 및 진
로발달에 초점을 둔 검사와 가치관검사 그리고 흥미검사 등을 포함시키고 있다. 아
동·청소년들이 발달과업을 완수하고 한 인간으로서 건강하게 성장하며 자신의

삶을 독립적으로 영위해 나갈 수 있기 위해서는 올바른 진로선택과 진로발달을 성취해야 한다. 진로발달이론에 따르면 인간은 일생 동안 몇 단계의 발달과정을 거친다. 각 단계마다 서로 다른 발달과업이 있고 그 발달과업을 잘 완수해야 다음 단계에서 성공적으로 살아갈 수 있다. 진로를 선택하는 것은 중요한 발달과업 중 하나다.

1) 진로선택 및 진로발달에 초점을 둔 검사

진로선택 및 진로발달에 초점을 둔 검사로는 진로계획에 대한 태도 측정, 진로성숙도 측정을 목표로 하는 검사들이 포함된다. 진로계획에 대한 태도는 진로신념 측정과 진로결정의 측정으로 구분할 수 있다. 진로신념을 측정하는 검사로는 이경희(2001)가 번안하고 타당화한 진로신념검사(Career Beliefs Inventory: CBI)가 있다. 진로결정을 측정하는 검사로는 진로미결정검사(Career Decision Scale: CDC; 고향자, 1992), 진로정체감검사(김봉환, 1997) 등이 있다.

고향자(1992)가 번안하고 타당화한 진로미결정검사는 진로선택 과정에 있는 고등학생과 대학생을 주요 대상으로 하며, 검사가 짧아서 10분 이내에 실시할 수 있고 2분 이내에 채점이 가능하다. 아직 표준화 작업을 하지 않았기 때문에 규준이 마련되어 있지 않은 것이 이 검사의 약점이지만 상담자들은 미결정 척도 문항들을 활용하여 내담자의 진로미결정의 원인이 무엇인지 탐색할 수 있다. 각 문항 하나하나를 통해 상담과정에서 탐색해 볼 가설들을 도출할 수 있다. 김봉환(1997)이 번안

진로성숙도검사

하고 타당화한 진로정체감검사는 자신의 목표, 흥미, 성격, 재능 등에 관해 개인이 가지고 있는 심상을 평가하는 것으로 역시 표준화 작업을 하지 않았기 때문에 규준이 마련되어 있지 않다. 그러나 이 검사를 통해 진로상담의 필요성이 시급한 학생들을 선별할 수도 있고, 각 문항에 대한 학생들의 반응에 대해 질문함으로써 학생들과 자연스럽게 진로상담을 개시할 수 있다.

진로성숙도의 측정은 진로발달에 대한 포괄적 평가를 의미하는 것으로 진로계획 태도와 진로계획 능력의 두 가지 지표를 포함한다. 진로성숙도를 측정해 주는 검사로는 진로발달검사(Career Development Inventory: CDI)와 진로성숙도검사(Career Maturity Inventory: CMI; 임언, 정윤경, 상경아, 2001)를 예로 들 수 있다. 한국직업능력개발원에서 개발하고 표준화 작업을 마친 진로성숙도검사는 중학교 2학년부터 고등학교 3학년까지의 학생들을 대상으로 실시할 수 있으며 다음의 몇 가지 목적에 활용될 수 있다. 첫째, 진로성숙과 관련된 다양한 요인을 총괄적으로 포함함으로써 다양한 진로지도의 목적과 적합하게 활용할 수 있다. 둘째, 검사의 과정 자체가 진로발달을 촉진하는 교육적 경험을 제공한다. 셋째, 진로성숙만이 아니라 진로미결정의 이유에 대한 진단을 통하여 상담을 위한 구체적인 자료를 제공해 준다(임언 외, 2001).

U&I 진로탐색검사는 개인의 진로성숙도와 진로흥미, 진로성격을 종합적으로 진단할 수 있는 검사이다. U&I 진로탐색검사는 흥미와 성격을 모두 측정하고 성격적인 특성을 고려한 학과와 직업에 대한 정보 등 진로 결정에 도움이 되는 정보를 제공하고 있다.

2) 가치관검사

가치는 한 개인이 '무엇을 중요하게 생각하는가?'로 정의할 수 있고 흥미는 한 개인이 '무엇을 좋아하는가?'로 정의할 수 있다. 가치는 흥미에 비하여 직무만족도와 더 높은 상관을 보이는 반면에 흥미는 전공과 진로선택과 더 밀접한 관련이 있다. 가치관검사는 직업가치관검사와 개인적 가치관검사로 나누어 볼 수 있다.

직업가치관을 측정하는 검사로는 중학교 3학년생 이상을 대상으로 하는 Minnesota Importance Questionnaire(MIQ)로서 이요행(2002)이 번안하고 수정하였다. MIQ는 이상적인 직업에서 중요한 것과 관련된 20가지의 작업욕구 혹은 가치에 대해 평가하도록 요구한다. 20가지 욕구는 요인분석 결과 6개 가치영역으로 분류되었다. MIQ는 비교형과 순위형의 두 가지 유형의 검사가 있다. 비교형은 두 가지 서로 상반되는 욕구의 쌍 가운데 하나를 선택하도록 만들어진 190문항으로 구성되어 있다. 간편형인 순위형은 5개의 욕구를 그 중요도에 따라 순위를 매기는 21개의 문항으로 구성되어 있다. 대부분 간편형을 더 선호하며 검사에 소요되는 시간은 약 20분 정도다. 채점은 컴퓨터로 자동 채점된다.

우리나라에서 제작되어 활용이 가능한 가치관검사로는 고교생부터 성인에 이르기까지 광범하게 활용할 수 있는 '개인가치관검사'(황응연, 이경혜), '대인가치관검사'(황응연, 이경혜)가 있다.

3) 흥미검사

흥미란 '어떤 현상이나 사물에 대한 관심 또는 어떤 활동에 적극적으로 참여하려는 성향'을 말한다. 이러한 성향은 크게 학업에 대한 것과 직업 · 진로에 대한 것으로 나누어 측정되고 연구된다. 흥미검사도 이와 맥을 같이하여 학업에 대한 흥미를 측정하는 검사와 직업 · 진로에 대한 흥미를 측정하는 검사로 대별한다. 진로 및 생애계획에서 가장 많이 활용되는 흥미검사는 Holland 검사, Strong 검사, 고용노동부의 직업선호도검사이다(김계현 외, 2004). 그러나 고용노동부의 직업선호도검사는 성인을 위한 직업심리검사이다.

Holland 진로탐색검사

Holland의 직업선호도검사(Vocational Preference Inventory: VPI)로 출발하여 그
후 여러 번의 개정과정을 거쳐서 현재에 이르고 있는 진로탐색검사(Self-Directed
Search: SDS; Holland, Powel, & Fitzshe, 1994)는 안창규(1996)가 번안 및 표준화 과정
을 거쳐 중고생용(Holland 진로탐색검사) 및 대학생 및 성인용(Holland 적성탐색검사)
으로 개발하여 여러 상담기관에서 활용되고 있다. Holland 진로탐색검사는 직업
성격유형찾기, 활동, 성격, 유능감, 직업, 능력평정의 여섯 가지 영역으로 구성되어
있으며 채점은 자가채점과 컴퓨터 채점 모두 가능하다. 이 검사는 중학생 이상, 즉
만 13세 이상이고 한글을 해독할 수 있으면 누구에게나 실시할 수 있다. 그러나 진
로성숙도가 낮은 학생이나 특수한 학생들을 대상으로 진로탐색검사를 실시할 때
에는 직업이나 학과에 대한 보다 상세한 보충설명을 해 주는 것이 바람직하다. 이
검사는 개별적 혹은 집단적으로 모두 실시가 가능하며 검사에 소요되는 시간은 대
략 40~50분 정도이다.

Strong 검사는 다양한 직업세계의 특징과 개인의 흥미 간의 유익한 자료를 제
공해 주는 도구로서 현재 세계 각국에서 활용되고 있는 흥미검사이다(김계현 외,
2004). 중·고등학생용인 Strong 진로탐색검사는 Strong 흥미검사를 근간으로 김
정택, 김명준, 심혜숙(2001) 등이 수정 개발하였다. 이 검사는 진로성숙도검사와 직
업흥미검사의 두 부분으로 구성되어 있다. 1부인 진로성숙도검사에서는 진로정체
감, 가족일치도, 진로준비도, 진로합리성, 정보습득률 등을 측정하고, 2부인 직업
흥미검사에서는 직업, 활동, 교과목, 여가활동, 능력, 성격특성 등을 측정하여 피검

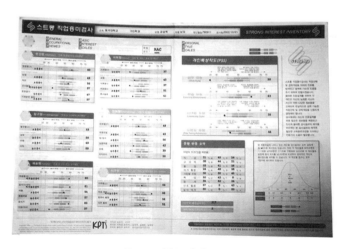

Strong 진로탐색검사

자들의 흥미유형을 포괄적으로 파악할 수 있도록 한다. Strong 진로탐색검사 결과 자료들은 학생 개개인에게 적합한 직업관련 경험과 행동을 하도록 조언해 줌으로 써 그들에 대한 진로상담 자료로 활용될 수 있다.

청소년용 직업흥미검사는 1980년대부터 사용되어 온 직업흥미검사를 전면 개정하여 청소년들의 직업지도를 위해 2000년 새롭게 개발된 검사로 현재 고용노동부 고용안정센터 및 공단 지방사무소의 전문상담원들을 통해 일선 중·고등학교와 직업지도 시범학교, 각종 직업지도 프로그램 등에서 활용되고 있다(김계현 외, 2004). 청소년용 직업흥미검사는 Holland의 6가지 흥미유형을 찾아 주고, 13가지 기초 흥미분야에 대한 선호를 밝혀 준다. 이 검사의 사용자 가이드에 의하면, 첫째, 내담자와의 관계형성 및 검사 해석과정에 대한 안내, 둘째, 전체 응답률 및 각 하위 척도별 긍정반응률의 확인과 해석, 셋째, Holland 6가지 흥미유형에 대한 해석, 넷째, 기초 흥미척도의 해석, 다섯째, 직업 및 학과 선택 등 각 단계를 거쳐서 해석해 줄 것을 제안한다(한국산업인력공단, 2002).

다면적 진로탐색검사(Multidimensional Career Inventory: MCI)는 진로의사결정을 효과적으로 하기 위해 Holland 이론을 바탕으로 자신에 대한 이해와 직업에 대한 이해를 하도록 함으로써 보다 종합적으로 진로에 대한 탐색을 할 수 있도록 설계된 검사도구이다. 이 검사는 아동용 MCI(초등 4~6학년), 청소년용 MCI(중·고등학생), 성인용 MCI(대학생 이상)으로 구성되어 있다.

6. 성격평가

성격이라는 용어가 다양한 의미로 사용되지만 심리적 평가도구에 그 용어를 적용할 때 성격검사는 개인의 적성, 성취, 흥미를 측정하는 검사도구와 구별하여 개인의 정서적이고 사회적인 특성과 행동을 평가하는 검사에 국한하여 보다 좁은 의미로 사용된다(Hood & Johnson, 2007). 성격평가 방식도 성격에 대한 정의와 성격이론이 다양한 만큼이나 다양하다. 예를 들면, 문장완성방식 성격검사, 욕구진단방식 성격검사, 자아실현검사방식 성격검사, 체크리스트 방식 성격검사, 투사방식 성격검사, 임상적 성격검사, 통계적 성격검사 등이 있다. 여기에서는 Hood와 Johnson(2007)이 구분한 것을 참고하여 성격검사를 크게 자기보고식 성격검사, 투사적 성격검사, 대인관계 검사, 정신건강 검사로 나누어 설명한다.

1) 자기보고식 성격검사

자기보고식 성격검사로는 성격유형검사(MBTI), California Psychological Inventory(CPI), KPI 성격검사, 16 성격요인검사(16PF), 다요인 인성검사, NEO 인성검사-개정판(NEO-PI-R), 자아존중감검사, 자아개념검사 등이 있다(김계현 외, 2004). 이 중에서 아동청소년을 대상으로 실시할 수 있는 검사를 중심으로 간단히 설명한다.

MBTI는 인간행동을 개인의 인식과 판단에 대한 선호방식에 따라 체계적으로 설명하는 Jung의 이론에 기초하여 사람들의 다양한 성격유형을 구분하기 위한 검사로서 1988~1990년 심혜숙과 김정택에 의해서 시작되었다. 아동과 청소년을 대상으로 할 때에는 어린이 및 청소년 성격유형검사(MMTIC)를 활용한다. 성격유형검사 결과 성격유형은 4개의 문자로 요약되는데 이는 4개 영역에 대한 개인의 선호방향을 가리키며, 모든 가능한 조합은 16개의 성격유형으로 나타난다. 성격유형검사는 다양한 상담상황에서 활용된다. 특히 대인관계 문제, 가족 구성원 간의 관계 탐색, 진로 및 직업상담을 위해 사용된다.

KPI 성격검사는 CPI를 모델로 하여 한국행동과학연구소에서 개발한 검사로서 대학생 및 성인용과 중·고등학생용이 있다. 중·고등학생용 KPI는 개개인의 올바른 진로선택을 위하여 성격을 객관적으로 파악하는 데 목적을 둔다. 즉, 정상적인

KPI

청소년들을 대상으로 학습 및 생활 장면에서의 특징과 대인관계, 문제해결 양상을 파악하여 성격을 이해하고 예언하는 데 그 목적이 있다. KPI를 해석할 때에는 단순히 수치로만 이해해서는 안 되며 하위요인 간 상호관련성을 통한 전문가의 해석이 필요하다. KPI의 결과는 진학 및 직업지도, 성격지도, 학습지도에 활용할 수 있다.

다요인 인성검사는 16PF를 바탕으로 하여 염태호와 김정규(2000)가 표준화한 것으로 중학생을 대상으로 하는 검사이다. Cattell이 주장한 근원특성을 중심으로 요인분석을 통해 성격특성들을 추출하였다. 다요인 인성검사는 지필검사로 되어 있으며 소척도로는 타당도 척도인 무작위 반응척도와 14개의 성격척도들(온정성, 자아강도, 지배성, 정열성, 도덕성, 대담성, 예민성, 공상성, 실리성, 자책성, 진보성, 자기결정성, 자기통제성, 불안성)로 구성되어 있다. 이 검사는 성격진단, 임상진단, 직업적성 진단, 연구 목적 등 다양한 목적에서 활용될 수 있다.

NEO 인성검사-개정판(NEO-PI-R)은 5요인 성격이론에 근거하여 개발된 검사로서 5개 차원, 즉 심리적 민감성(neuroticism), 외향성(extroversion), 지적 개방성(openness), 유순성(agreeableness), 성실성(conscientiousness)에 대한 각각의 점수를 산출할 수 있고, 각 차원은 6개의 하위척도로 나누어 각각의 점수를 산출할 수 있다. 검사 결과는 각각의 점수와 프로파일로 제공되며, 컴퓨터 채점과 해석도 가능하다. 현재 국내에서 사용되고 있는 NEO 인성검사로는 기업의 임직원을 대상으로 표준화하고 타당화한 민병모, 이경임, 정재창(1997)과 중·고등학생을 대상으로 표준화하고 타당화한 하대현, 황해익, 남상인(2005)의 검사가 있다.

자아존중감 검사는 개인의 자아존중감, 즉 자기존중 정도와 자아승인 양상을 측

인성검사-개정판(NEO-PI-R)

정하는 검사로서 전병제(1974)가 Rosenberg(1965)의 자아존중감 척도(Self-Esteem Scale)를 번안하였다. 모두 10문항으로 구성된 이 척도는 긍정적 자아존중감 5문항과 부정적 자아존중감 5문항으로 되어 있다. 표준화되지는 않았으나 간편하여 내담자를 이해하는 데 보다 쉽게 활용할 수 있다.

자아개념검사는 자신을 어떻게 지각하고 있는가, 즉 자기 자신에 대한 긍정/부정적인 생각, 느낌, 기대 등을 평가하는 검사이다. 10세부터 중·고등학생까지 사용할 수 있는 검사는 송인섭의 자아개념 진단검사가 있다. 이 검사는 3차원적 요인 구조로 구성되어 있는데, 1요인은 일반적 자아개념, 2요인은 학문적 자아개념, 중요타인 자아개념, 정서적 자아개념, 3요인은 7개의 하위요인으로 구성되어 있다.

2) 투사적 성격검사

투사검사는 비구조화된 과제를 피검사자에게 제시하여 그들의 욕구, 경험, 내적 상태, 사고과정 등이 주어진 과제를 통해 나타나도록 하는 것이다(김계현 외, 2004; Hood & Johnson, 2007). 문장완성, 연상, 이야기 반응 등으로 나타나는 피검사자의 반응이 매우 다양하기 때문에 투사검사를 실시하고 해석하기 위해서는 많은 훈련과 경험이 필요하다. 이러한 이유 때문에 학교상담자들의 경우 투사적 검사를 직접 실시하기보다는 필요한 내담자가 있을 경우 투사적 검사를 다룰 수 있는 전문가에게 의뢰하는 것이 바람직하다. 여기에서는 투사적 검사에 대하여 간단히 소개한다.

대표적인 투사적 검사는 로르샤흐 잉크반점검사(Rorschach Ink Blot Test)이다. 종이의 한 면에 잉크를 칠한 후 반으로 접어 잉크반점을 만든 것을 검사자료로 제시하고, 피검사자가 그 잉크반점을 무엇이라고 생각하는지 이야기하도록 하여 그의 성격을 평가하는 방법이다. 10장의 잉크반점 카드로 구성된 검사도구는 일부는 흑백, 일부는 컬러로 되어 있다. 로르샤흐 잉크반점검사는 주로 임상장면에서 사용되며, 우울증이나 조현병, 강박증 등의 정신건강을 진단하거나, 사고의 융통성, 생각의 특이성과 같은 인지 사고기능 검사, 감정조절방식, 애정욕구와 같은 정서상태, 대인관계, 자아상을 확인하고자 실시한다.

주제통각검사(Thematic Apperception Test: TAT)는 31매의 흑백사진 카드로 구성되어 있고 그 중 한 장은 백지로 되어 있다. 30매의 카드 중 청소년을 포함하여 피검사자의 성별과 연령에 따라 20매의 카드를 2회로 나누어 실시하도록 되어 있으

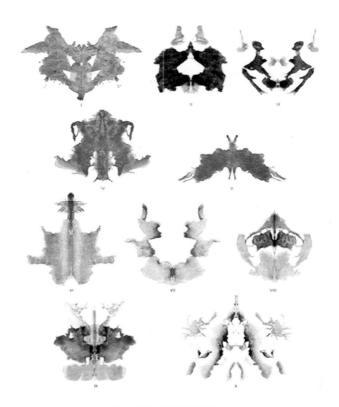

로르샤흐 잉크반점검사

나, 간편하게 9~12매의 그림으로도 실시한다. TAT는 주로 임상장면에서 사용되지만 상담자도 초기면접에서 몇몇 카드를 선택하여 사용하는 경우가 많고, 주로 상담 초기에 라포를 형성할 때와 상담시간 중 내담자에게 이야기할 기회를 제공하는 정도로 사용되고 있다(김계현 외, 2004). TAT와 같은 방식으로 아동에게 적절한 자극 장면을 제시하고 그들의 반응을 통하여 아동의 심리적 특성을 이해할 수 있는 투사적 검사가 한국판 아동용 투사적 성격검사(Korean Children Apperception Test: K-CAT)이다. 1976년에 김태련, 서봉연, 이은화, 홍숙기에 의해 만들어진 K-CAT는 임상장면에서 유용하게 사용된다.

문장완성검사는 응답자에게 있을 수 있는 갈등 혹은 정서와 관련된 문장의 일부를 완성하는 검사이다. 다른 투사적 검사에 비해 검사 자극이 보다 분명하고 그 내용은 응답자가 지각할 수 있도록 구성되었기 때문에 응답자로부터 보다 의식된 수준의 심리적 현상 반응이 나타나는 경향이 있다. 대부분의 문장완성검사는 가족관계, 교우관계, 신체관계, 직장관계, 일반적인 대인관계, 학교관계, 감정, 일상생활

주제통각검사

태도 등의 반응영역을 측정하는 데 많이 활용된다. 그러나 검사문항을 만드는 것이 어렵지 않기 때문에 상담자들은 내담자에게 적합하게 갈등과 정서를 표현할 수 있는 검사를 직접 개발하기도 한다. 특히 교육 및 진로상담, 대인관계문제, 학업수행에 대한 상담 등에 상담자가 개발한 문장완성검사가 자주 사용된다(김계현 외, 2004).

집-나무-사람 검사(House-Tree-Person Test: HTP)는 집, 나무, 인물에 대한 그림을 통해 성격을 진단하는 투사적 검사이며, 과제그림검사이다(김계현 외, 2004). 보통 개별 그림당 소요되는 시간은 10분 정도이다. 다른 투사적 검사와 마찬가지로 HTP 검사의 해석도 다른 심리검사의 결과를 참작하고, 그림을 그린 후 질문에 대한 피검사자의 답을 참작하며, 피검사자의 면접 외 행동관찰과 검사 시의 태도 등에서 얻을 수 있는 임상소견을 고려한다.

동작성 가족화(Kinetic-Family-Drawing: KFD) 검사는 HTP와 같이 움직임이 없는 그림검사와는 달리 피검사자에게 가족구성원들의 움직임을 추가하여 그리도록 요구함으로써 피검사자의 자아개념 및 대인관계의 영역에서 자신의 감정을 표출하도록 하는 데 도움을 줄 것이라는 가정에 근거하고 있다. 검사 실시 방법은 피검사자에게 가족의 동작을 가정해서 그리도록 하며 검사 시간의 제한은 없고 필요할 경우 부가적인 질문을 통해 정보를 수집할 수 있다. 검사의 해석은 정적인 인물 자체보다는 그림 내 인물의 행동이나 움직임에 초점을 두게 된다.

3) 정신건강 검사

MMPI

　정신건강 검사에는 전반적인 임상검사와 구체적인 임상검사로 나누어 볼 수 있다. 전반적인 임상검사는 미네소타 다면적 인성검사(MMPI)와 같이 정신병리의 서로 다른 측면들을 평가하기 위하여 다양한 하위척도를 포함하는 검사를 말한다. 반면에 구체적인 임상검사는 우울, 불안, 섭식장애 등 상담자들이 관심을 가지는 특정 유형의 심리적 문제에 초점을 맞추는 검사를 말한다(Hood & Johnson, 2007).

　전반적인 임상검사로는 18세 이상의 내담자를 대상으로 사용할 수 있는 MMPI-2와 14~18세 청소년 내담자를 대상으로 사용할 수 있는 MMPI-A, 그리고 4~17세의 아동 및 청소년을 대상으로 사용할 수 있는 한국판 아동행동척도(Korea-Child Behavior Checklist: K-CBCL)가 있다. MMPI-2는 프로파일 형식으로 총 4개의 타당도 척도와 10개의 임상척도로 이루어져 있다. MMPI-A는 원래 MMPI에 있던 많은 문항들이 청소년에게 맞게 수정되었다. 내용척도 중에도 4개의 척도, 즉 학교문제, 낮은 포부, 정신이상, 행동장애 등은 특별히 청소년들의 문제를 다루도록 고안되었다. 그리고 한국판 MMPI는 중학생 이상의 내담자를 대상으로 성별, 학교급별 규준치를 마련하고 있기 때문에 12세 이상의 읽기능력을 갖고 있는 내담자는 사용이 가능하다. K-CBCL은 아동과 청소년을 대상으로 중요하게 다루어야 할 사회능력과 문제행동증후들을 광범하게 다루고 있기 때문에 아동의 행동 전반을 평가할 목적으로 많이 사용되고 있다. 부모가 평가하는 검사나 부모가 없는 경우 함께 거주하는 양육자가 평가할 수도 있고, 검사 소요시간은 15~20분 정도이다. K-CBCL은 상담장면과 학교장면에서 유용하게 활용될 수 있다.

　구체적인 임상검사로는 먼저 우울 정도를 평가하는 것으로 Beck의 우울검사(Beck's Depression Inventory: BDI), 아동용 우울검사(Children's Depression Inventory: CDI)가 있다. 불안과 공포 수준을 평가하는 것으로는 상태-특성 불안검사(State-Trait Anxiety), Beck의 불안검사(Beck's Anxiety Inventory: BAI) 등이 있다.

　학생정서・행동특성검사는 전반적인 정서발달 상태를 알아보기 위한 검사로 2006년 「학교보건법」 개정과 학생정신건강문제 파악 및 조기개입 요구의 증가로

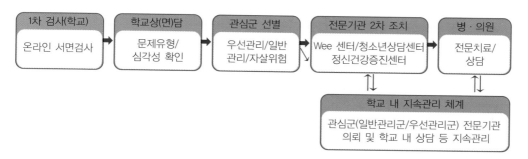

[그림 10-1] 학생 정서 · 행동특성검사 절차(교육부)

인해 2007년 '학생정신건강검사사업' 시범 운영을 거쳐 전국 초 · 중 · 고등학생(약 670만 명, 2012년)에게 시행되었다. 이 검사는 초등학생용(CPSQ-Ⅱ)과 중 · 고등학 생용(AMPQ-Ⅲ)이 있으며, 정서 · 행동문제와 성격특성 영역을 평가한다. 초등학교 1학년, 4학년, 중학교 1학년, 고등학교 1학년을 대상으로 실시하며 온라인 또는 서 면으로 응답할 수 있다(교육부, 2017).

제11장
학급경영

'학급경영'은 '학급운영' '학급관리'라고도 한다. 영어로는 다 같이 classroom management에 해당하는 용어라고 보면 되겠다. 학급경영에는 크게 두 가지가 있다. 하나는 담임교사의 학급경영이고, 다른 하나는 수업교사의 학급경영이다(성태제 외, 2007). 학급경영을 잘하는 교사는 학생들이 학업활동에 투입하는 시간을 최대화하기 위하여 적절한 환경을 조성하는 능력과 기술을 가지고 있다. 교사의 효율성을 평가하는 데 있어서 교사의 학급경영능력은 매우 중요한 위치를 차지한다.

1. 학급경영

1) 두 가지 학급경영

(1) 담임교사의 학급경영

우리나라의 초·중·고등학생은 학급에 소속되며 학급에는 담임교사가 배정되어 있다. 담임교사는 자기 학급 학생들의 학교생활 지도에 대한 일차적인 책임을 가지고 있다. 특히 초등학교 학급담임은 학급경영은 물론 영어 및 예체능 과목을 제외한 거의 모든 과목에 대한 수업까지 담당하고 있을 만큼 담임교사로서의 임무

학급경영에는 담임교사의 학급경영과 수업교사의 학급경영이 있다.

와 책임이 막중하다.

학급경영자로서 담임교사의 대표적 임무는 출결석 관리, 교실환경 관리, 학생들의 학력 관리, 품행지도, 진로지도, 각종 행사지도와 문서관리 등 다양하다. 담임교사는 학년 초부터 학년 말까지 1년 동안 학급에 대한 전반적인 책임을 진다. 학년 초에는 주로 학생에 대한 신상을 파악하고 기본적인 사항을 생활기록부에 기록한다. 그리고 학생의 성격이나 인지적 능력, 기타 개인적인 사항 등을 파악하기 위해서는 개별적인 상담을 해야 한다. 즉, 앞에서 설명한 생활지도의 조사활동이다.

학기가 진행됨에 따라서 학급은 환경미화, 체육대회, 합창대회 등 교내 행사에 참여하게 된다. 담임교사는 이런 행사를 통해서 각 학생들이 참여, 협동, 봉사, 단결을 경험하도록 배려해야 한다. 즉, 담임으로서의 리더십을 발휘해야 한다. 학기 중간고사 혹은 기말고사에서 학생들이 좋은 성적을 받을 수 있도록 독려하는 것도 담임교사의 일이다. 그 외에도 학교에서 학부모들에게 전달하는 사항을 중재하는 역할도 담당하며, 그것을 거두어서 학교에 전달하는 것 또한 담임교사를 통해서 이루어진다. 학생들의 품행과 행동문제에 대해서도 일차적으로 담임교사가 책임을 진다. 행동문제가 심각할 경우에는 학교의 학생부장, 상담부장, 혹은 학교폭력담당교사 등이 담당하지만 그런 상태가 되기 이전까지는 담임교사가 지도를 담당한다.

(2) 수업교사의 학급경영

학급경영은 수업교사로서의 임무와도 관련된다. 수업은 40~50분 정도로 전적으로 교사에게 맡겨진다. 수업시간에 발생하는 각 학생의 학습행동, 수업태도, 학습효과 등은 수업교사에게 달려 있다. 물론 과제를 학생이 제대로 수행하는지 확인하고 감독하는 것도 수업교사의 할 일이다. 하지만 학생들 역시 수업시간에 지켜야 할 규율이 존재한다. 특별한 사정이 있지 않은 한 수업에의 출석은 필수 요건이다. 그리고 수업 중에 타인의 수업을 방해하는 행동은 금지된다. 수업 중에 잠을 자거나 산만한 행동을 하는 등 수업 참여를 게을리하는 것도 문제가 된다.

수업 중에 떠드는 학생이 있는 경우 어떤 방법으로 지도할 것인가? 수업 중 잠을 자는 학생을 어떤 방법으로 지도할 것인가? 과제물을 해 오지 않는 학생을 어떻게 지도할 것인가? 이런 질문에 대해서 몇 가지 교육심리학적인 원리가 제공되어 있다(임규혁, 임웅, 2007). 지도원리의 근간은 바람직하지 않은 행동에 대해서는 소거(extinction) 혹은 처벌의 방법을 사용하면서 그 대안이 되는 바람직한 행동에 대해서는 강화시키라는 것이다. 그러나 이 문제가 이론에서 제공하는 원리와 같이 간단하게 해결되지는 않는다. 수업을 방해하는 학생을 지적하고 나무랐을 때 그 학생이 반항을 하면서 복종하지 않는다면 교사는 매우 어려운 상황에 봉착하기 때문이다. 보편적 지도원리는 교육심리학 이론에서 나오지만 구체적인 방법에 대해서는 대체로 선배 교사들에게서 전수되는 방법을 배우거나 교사단체에서 마련한 생활지도 지침서 등을 참고한다.

학교에서 잘못을 저지른 학생에게 하나의 처벌방법으로서 체벌을 사용해도 되는지 쟁점이 되고 있다. 특히 '매'로 대변되는, 즉 학생의 몸을 때리는 체벌이 문제시되고 있다. 쟁점은 체벌의 전면 금지를 주장하는 측과 '교육적 목적의 체벌'의 존속을 주장하는 측으로 대별된다. 한 가지 분명한 것은 폭력이나 다름없는 체벌(교사가 화가 나서 학생을 때리는 것)에 대해서는 누구나 반대한다는 것이다. 교사에 의한 학생 폭력과 체벌(교육적 목적의 체벌)은 분명히 구분되어야 한다.

2) 학급구조의 형성

학급구조(classroom structure)란 효과적으로 학급을 운영할 수 있게 하는 조직적 기반이다. 잘 구조화된 학급에서는 많은 갈등 및 문제행동들이 미리 예방될 수 있다. 그 이유는 학생들이 그들에게 기대되고 요구되는 행동과 그에 따른 결과가 무엇인지 명확히 알 수 있기 때문이다. 학기 초에 명확한 학급구조의 형성이 중요함에도 불구하고 많은 교사는 이러한 점을 무시하는 경향이 있다. Jones(1987)는 학급구조 형성에 대하여 교사들이 흔히 가질 수 있는 편견을 다음과 같이 제시한다. 먼저, 학생에게 바람직한 행동에 대한 규칙을 가르치는 것은 부모가 할 일이라는 생각이다. 그러나 학교에서 학급규칙을 세우고 학생들에게 그 규칙을 따르게 하는 책임은 일차적으로 교사에게 있다. 학부모들은 어느 정도의 도움이 될 수 있는 보조적인 역할을 수행할 수 있다.

두 번째는, 초등학교 저학년을 제외한 중·고등학생들은 이미 자신들에게 무엇이 기대되는지 잘 알고 있으므로 새삼스럽게 학급규칙을 가르칠 필요가 없다는 생각이다. 그러나 교사마다 학생들에게 요구하는 가치나 규칙들은 모두 다르다. 학생들에게 독립적인 행동을 가장 중요하게 강조하는 교사가 있는 반면, 협동심을 강조하는 교사도 있다. 학기 초에 교사가 강조하는 가치나 그에 따른 행동규칙을 가르치는 것은 저학년 학생뿐만 아니라 중·고등학교 학생에게도 반드시 필요하다. 저자의 경우에도 중학생이 된 첫 수업시간에 담임선생님이 정직한 행동의 중요성에 대하여 역설하시던 모습이 아직까지 잊히지 않는 것을 보면 교사가 학기 초에 학생들에게 가르치는 학급규칙과 학급운영에 대한 목표와 가치의 중요성은 아무리 강조해도 지나침이 없어 보인다.

세 번째, 학급규칙을 제정하고 학생들에게 가르치는 일에 정성을 기울이는 것은 수업을 하고 진도를 나가야 하는 시간을 허비하는 것이라는 생각이다. 그러나 학기 초에 학급규칙을 명확히 제정하는 것이 학기 중 문제행동을 사전에 예방하는 효과가 크다는 사실은 많은 연구를 통해 밝혀졌다. 따라서 학기 초에 학급규칙을 제정하고 학생들이 납득할 수 있도록 충분히 설명해 주는 것은 빨리 진도를 나가는 것보다 중요하다고 할 수 있다.

네 번째, 교사가 엄하지 않으면 학생들은 규칙을 따르지 않고 교사를 무시한다는 생각이다. 그러나 학생들을 존중하는 마음 없이 교사가 엄하기만 하다면 오히려 학생들로부터 반발을 사고 배척을 당한다. 규칙을 일관되게 학급운영과 학생지도에 적용하는 교사의 확고함(firmness)은 학생들에게 수용되고 인정받게 되나, 학생들에게 두렵고 위협적인 존재가 됨으로써 교사가 갖는 엄격함(strictness)은 학생들의 반발을 살 위험이 크다.

마지막으로, 학급규칙을 명확히 제정하고 확고히 실행하면 학생들은 반발한다는 생각이다. 그러나 자신의 학급을 느슨하지 않게 운영하는 교사는 미리 규칙을 제정하고 일관되게 실행에 옮기는 교사이다. 대부분의 학생은 이러한 열의에 찬 준비된 교사를 존경하게 된다.

3) 학급규칙

학급규칙에는 두 가지 종류가 있다. 하나는 이론적인 학급규칙(rules in theory)이며 다른 하나는 실천적인 학급규칙(rules in practice)이다. 이론적인 학급규칙은 개념적이고 가설적이며 학생들이 어떻게 행동하는 것이 바람직한 것인가에 대한 교사의 희망과 기대를 요청이나 지시의 형태로 말하는 것이다. 이에 반하여 실천적인 학급규칙은 구체적이며 행동적이다. 실천적인 학급규칙은 이론적인 학급규칙과는 달리 말보다는 실제적인 행동으로 규칙을 보여 주는 것이다. 이론적인 학급규칙이 선포된 후 학생들은 이른바 시험하는 행동(testing behavior)을 보인다. 학생들의 시험행동은 이론적인 규칙을 교사들이 과연 실제적인 행동으로 지키는가를 확인해 보려는 행동이다. 이러한 학생들의 시험행동에 교사가 일관되게 규칙을 실천해 보일 때 규칙은 실천적인 규칙으로서 확고히 자리매김을 하게 된다. 이론적인 규칙이 실천적인 규칙이 될 때 학생들은 시험행동을 포기하고 규칙을 받아들이고 지키게 된다.

(1) 이론적인 학급규칙의 예

다음의 두 경우는 이론적인 학급규칙의 예이다. 유치원의 경우는 아침 수업 시간에 아이들이 바닥에 둥그런 원의 형태로 앉아 있고 교사는 한가운데 의자에 앉아 동화책을 읽고 있다. 철이는 앞에 앉은 영희의 등을 발로 찌르고 영희의 머리를 손으로 잡아당긴다. 이때 교사는 "철아, 공부하는 동안에 앞에 앉은 사람을 발이나 손으로 건드려서는 안 된다."라고 하면서 "이렇게 앉아 있어야지." 하면서 올바로 앉는 자세를 아이들 앞에서 시범을 보인다.

중학교의 경우는 수업시간에 몇몇의 아이들이 연예인 사진을 보고 있다. 서로 사진을 바꿔 가며 보고 연예인 이야기로 시끄럽다. 이때 교사는 "학교에 연예인 사진을 가져와서 보려면 쉬는 시간이나 점심시간에 봐라. 이제부터 수업시간에 보는 연예인 사진은 선생님이 모두 압수해서 보관하겠다."라고 말한다.

(2) 실천적인 학급규칙의 예

유치원에서 교사의 지적을 받은 후에 철이는 몇 분간 잠잠하더니 다시 영희의 등을 발로 찌르기 시작한다. 이때 만일 교사가 "철아, 아까 선생님이 뭐라고 말했니? 앞에 앉은 사람을 손이나 발로 건드리지 말라고 했지? 똑바로 앉아."라고 말한다면 이론적인 규칙은 여전히 실천적으로 규칙화되지 못하고 이론적인 수준에서 맴돌게 된다. 이 경우 교사가 "철아, 너는 계속 앞사람을 건드리니까 이제부터 수업시간 내내 친구들과 떨어져서 혼자 앉아 있어야 겠구나." 하면서 철이를 친구들과 떨어져 혼자 앉게 한다면 교사는 더 이상 말이 아닌 행위로써 규칙을 실천으로 만드는 것이 된다.

중학교에서 연예인 사진을 수업시간에 보면 압수하겠다는 이론적인 규칙을 제정한 후 며칠이 지났다. 또다시 수업시간에 몇몇의 학생들이 연예인 사진을 보고 있다. 이 경우 교사가 "저번에 선생님이 수업시간에 연예인 사진을 보면 압수한다고 그랬지? 진짜로 압수하기 전에 빨리 사진들 가방에 집어넣어."라고 한다면 교사는 이론적인 규칙을 실천적인 확고한 규칙으로 만들 수 있는 좋은 기회를 놓치는 것이다. 또한 학생들은 마음속으로 "선생님은 말로만 연예인 사진을 빼앗는다고 하고 실제로는 빼앗지 않는구나. 이제부터 수업시간에 연예인 사진을 봐도 되겠다."라는 메시지를 은연중에 받게 된다. 그러나 학생들이 수업시간에 연예인 사진을 보았을 때 교사가 그 사진들을 실제로 압수한 경우 '수업시간에 연예인 사진을 보면 압수 당한다'는 규칙은 학생들의 마음속에 실천적인 규칙으로 자리 잡게 된다.

4) 학기 초 첫 한 달

매년 교사들은 규칙을 무시하고 교사의 권위를 인정하지 않는 학생들의 수가 점차 증가함을 체험하고 있다. 이러한 학생들의 훈육 및 생활지도에 대부분의 교사는 혼란과 갈등을 경험하고 있다. 벌과 통제 위주의 훈육방식은 신세대 학생들의 문제행동지도와 교정에 큰 효과를 발휘하지 못하는 실정이다. 효과적인 학급질서를 형성하는 것은 벌과 통제위주의 훈육방식을 대체할 수 있는 가장 좋은 방법이다. 그럼에도 불구하고 많은 교사는 학기 초에 학급구조를 형성하는 일을 소홀히 하는 경향이 있다. 교사가 학기 초 첫 한 달 동안 학급운영에 대한 규칙을 명확히 세우고 학생들에게 자신의 교육관과 학급운영 원칙에 대해 자세히 설명하는 일에 최우선의 가치를 둘 때 차후에 일어날 수 있는 많은 문제행동을 사전에 예방할 수 있다. 즉, 학기 초에 만들어지는 학급분위기는 1년 전체를 좌우하게 된다. 교사가 꼼꼼하게 학급을 운영해 나갈 계획을 세우고 그에 따라 분위기를 잡아 나가면 학급운영이 원칙 없이 무질서하게 떠돌게 되는 것을 미리 막을 수 있다.

(1) 학생들과의 첫 만남

교사들마다 학생들과 새 학기 첫 번째 만남을 가지는 방식은 다양하다. 어떤 교사는 교실 문 앞에 서서 학생들을 일일이 악수로 맞이하는 교사도 있고, 학생들에게 자신이 손수 만든 명함을 돌리는 교사도 있으며, 첫 시간부터 교사의 학급운영 철학과 1년간의 학급운영에 대한 오리엔테이션을 구체적으로 실시하는 교사도 있다. 어떤 경우든 학생과의 첫 만남을 중요시하여 잘 준비한 교사는 학생들에게 첫만남의 신선한 감동을 주게 된다. 첫 만남의 감동을 느낀 학생들은 교사에 대한 긍정적인 기대와 친밀감을 형성하기 쉽다. 가정환경조사서의 피상적 정보에 만족하지 못하는 교사는 학생들을 좀 더 깊이 파악하기 위하여 첫 시간에 학생들에게 자기소개서를 쓰게 하는 경우가 있다. 이렇게 쓴 학생들의 자기소개서를 학기 초 텅 빈 게시판에 붙여 전시하는 것은 교육적 효과가 크다. 즉, 자기소개서로 넘치는 게시판은 본격적으로 교실 꾸미기가 완성되는 3월 중순이나 말까지 훌륭한 장식품이 되며 학생들의 관심을 받는 만남의 광장이 되기 때문이다(가우디, 1999).

일반적인 자기소개서 외에 학생들에게 자기광고를 만들게 하는 방법도 있다. 즉, 교사는 학생들에게 3~4일의 시간을 주고 포스터, 라디오나 TV 광고, 잡지나 신문의 광고들을 참고하여 자기의 강점과 기술에 대한 광고를 만들어 오게 하면 학생들이 재미있어 한다. 학생들은 자기에 대한 광고를 만들기 위하여 자신의 장점에 대하여 구체적으로 생각해 볼 기회를 가지며 이러한 과정을 통해 학생들의 자존감은 높아질 수 있다. 학생들이 제작하여 가지고 온 자기광고를 반 동료들 앞에서 돌아가며 차례로 발표하게 하고, 발표가 끝난 뒤 학생들의 자기광고들을 교실 게시판에 붙여 전시하면 학기 초 썰렁한 교실분위기를 훈훈하게 만드는 효과가 있다.

학기 초 학생들로 하여금 서로가 서로에 대하여 갖는 관심을 증진시키기 위하여 '금주의 학생'을 뽑는 방법도 생각해 볼 수 있다. 즉, 학생들에게 종이를 나눠 주고 자신의 이름을 쓰게 한 후 그 종이를 모두 거두어 상자에 집어넣는다. 그리고 매주

한 번씩 학생들이 보는 앞에서 교사는 무작위로 한 장의 종이를 뽑아 '금주의 학생'을 선출한다. 교사는 학생들에게 모든 사람은 다 장점이 있음을 강조하면서, 금주의 학생으로 뽑힌 학생의 장점을 구체적으로 이야기해 보도록 한다. 대개 학생들은 다음에 자신도 금주의 학생으로 뽑힐 수 있다는 사실을 인지하므로 진지한 자세로 임하게 된다. 친절하다, 농담을 잘하고 재밌다, 웃는 모습이 귀엽다, 운동을 잘한다 등 학생들이 열거한 금주의 학생의 장점 중 6~10개 정도를 뽑는 것이 좋다. 다음 날 금주의 학생에게 사진을 가져오게 하여, 교실 게시판에 금주의 학생란을 만들어 금주의 학생 이름, 사진, 그리고 동료 학생들이 열거한 장점들을 함께 전시한다. 교사의 재량에 따라 기한과 횟수를 조정할 수 있다.

(2) 학급규칙의 제정

학급규칙을 정하는 방법은 다양하다. 먼저 교사가 정하여 학생들에게 제시하는 경우도 있고, 학생들에게 공모해서 표결을 통해 결정하는 방법도 있다. 또한 절충안으로 교사와 학생이 서로 토론함으로써 학급규칙을 결정하는 방법도 있다. 학급규칙은 교사가 학생들에게 규칙준수를 일관되게 주장할 수 있는 중요하고 핵심적인 것으로 삼아야 하기 때문에 학급규칙을 제정하기에 앞서 교사는 학생들이 어떤 행동을 하기를 진정으로 원하는지에 대하여 깊이 생각해 보는 시간을 갖는 것이 필요하다. 학급규칙은 많은 수의 규칙보다는 상대적으로 적은 수의 규칙을 정하는 것이 효과가 크며, 규칙은 간단하고 명료해야 한다. 복잡한 규칙은 학생들에게 혼란만 주게 된다. 학급규칙 제정에 대한 학생들의 참여와 동의를 높이기 위해 교사는 집단토론을 이끌 수도 있다. 만일 교사가 효율적인 토론 촉진자(discussion facilitator)의 역할을 잘 수행한다면 제정할 학급규칙에 대하여 학생들이 활발히 토론하는 기회를 갖는 것은 매우 교육적이다. 토론에서 다루어져야 하는 주제는 대략 다음과 같다.

- 좋은 학급이란 어떤 학급인가?
- 좋은 선생님은 어떤 선생님이고 좋은 학생은 어떤 학생인가?
- 학급구성원 모두의 공동적 이익을 도모하기 위하여 학급구성원 개개인이 가지는 의무와 책임은 무엇인가?
- 어떤 행동들이 학급분위기를 망칠 수 있나?

• 학생들이 원하는 학급규칙은 과연 무엇인가?

이렇게 학기 초에 실시하는 학급규칙에 대한 토론은 교사와 학생들 사이에 학급 운영에 대한 목적과 가치를 공유하는 기회를 마련함으로써 학생들이 학급규칙 제 정에 참여한 만큼 학급규칙에 대한 애정을 갖게 되는 계기를 마련하는 것이다. 학 급규칙에 대한 공모를 실시하는 경우에도 미리 학생들에게 학급규칙 공모를 알린 뒤 3~4일 정도 시간을 주고 나서 학급회의 시간을 통해 결정하는 것이 좋다. 공모 된 학급규칙들 중 교사가 보기에 적당하다고 판단되는 것들을 일차로 걸러 낸 뒤 학급회의 시간에 제안자의 제안설명을 들은 다음 표결을 통해 결정한다. 학급규칙 이 정해지면 교사는 학생들에게 학급규칙을 옮겨 적도록 한다. 정해진 학급규칙과 그에 따른 학급내규를 학부모에게 가정 통신문 형태로 통보하여 서명을 받아 오게 하는 방법도 있다. 학생의 행동을 책임지고 있는 교사와 학부모가 학급규칙과 교사 의 교육방침에 대한 이해를 공유하는 것은 학생 지도에 매우 긍정적인 영향을 주게 된다.

기본적인 학급규칙이 정해진 후 교사는 구체적인 학급운영에 대한 세부절차인 학급내규를 정하게 된다. 학급내규는 학급규칙보다 더욱 구체적이고 행동 지향적 이다. 예를 들어, 조례와 종례에 관련된 행동, 수업시간에 지켜야 할 행동, 그리고 화장실, 세면대, 구내식당, 도서관과 같은 교실 외 영역에서의 행동들이 구체적인 학급내규에 해당된다. 학급규칙과 학급내규를 정하는 경우 유의할 사항은 어떤 부 정적인 행위를 하지 말라는 식보다는 건설적인 행위를 하라는 식으로 규칙과 절차 를 제정하는 것이 바람직하다. 예를 들어, '수업시간에 다른 사람과 떠들지 않는다' 보다는 '수업시간에 조용히 자기 공부에 집중한다'가 규칙으로 삼기에 더욱 좋다.

일단 학급규칙과 학급내규가 정해지면 교사는 학생들로 하여금 자신들의 행동 을 학급규칙에 비추어 점검하게 하도록 돕는 것이 중요하다. 특히 학기 초 한 달 동 안은 계속적으로 규칙들이 점검되고 재검토되어야 하는데, 학급규칙이 정해진 후 4~6주간은 학생들이 규칙을 시험해 보려는 행동을 많이 보이기 때문이다. 학급규 칙의 실천을 촉진하기 위하여 반가(class song)로 만들어 부르는 경우도 있다. 즉, 학급규칙이 추구하는 행동강령들을 가사로 만들어 저학년의 경우 만화영화나, 고 학년의 경우 대중가요의 익숙한 음에 붙여 학생들에게 부르게 하면 학생들로부터 높은 호응을 얻게 되며, 학생 간의 소속감과 친밀감을 길러 주는 데 도움이 된다.

(3) 규칙위반에 대한 결과 개발

학급규칙을 제정하는 것만큼 규칙을 위반했을 때 학생들이 경험해야 하는 결과를 개발하는 것도 중요하다. 교사는 합리적인 학급규칙을 개발함과 동시에 그러한 규칙을 학생들이 위반하였을 때 학생들이 어떤 책임을 지는가에 대한 규칙위반에 대한 결과도 개발하여 알리고 규칙을 위반하는 학생들에게 일관성 있게 적용하는 것이 중요하다. 예를 들어, 종례시간에 학생들은 조용히 하여 교사가 신속하게 중요사항을 전달하고 종례를 마칠 수 있게 한다는 규칙을 제정한 후에도 종례시간은 대개 아수라장이 되기 쉽다. 교사가 학생들의 소음수준을 넘어 악을 써 가면서 전달사항을 외쳐 대는 것은 매우 비효율적인 행동이다. 이러한 경우 교사는 사전에 학생들과 종례시간에 조용히 하여 종례를 신속하게 마칠 수 있게 한다는 규칙을 개발함과 동시에 규칙 위반의 경우, 즉 종례시간에 학생들이 떠드는 경우를 대비한 결과를 개발해야 한다.

한 중등학교 교사는 종례시간에 학생들이 떠드는 경우 조용히 교무실로 가서 30분 후에 다시 돌아와 종례를 늦추어 하는 결과를 개발함으로써 종례시간의 시끄러움을 바로잡은 예가 있다. 즉, 한시라도 빨리 집에 가기 위하여 학생 스스로 종례시간에 조용히 하게 되는 것이다. 이와 같이 교사가 사전에 학급규칙을 위반했을 경우 학생들이 경험해야 하는 결과를 개발하여 학생들에게 명확히 알리고 학생들이 규칙을 위반할 때마다 그 결과를 일관된 행동으로 보여 주면 학생들은 학급규칙을 결코 만만히 보지 못하게 된다.

(4) 학부모회의

학기 초 첫 한 달 안에 교사와 학부모들 간의 만남을 가지는 것은 중요하다. 대개 학부모회의는 어떤 큰 문제가 발생되었을 경우 문제해결을 위하여 소집되는 경우가 많다. 그러나 학부모회의는 문제가 발생한 후에 불안하고 부정적인 분위기에서 소집되는 것보다는 문제가 발생하기 이전에 밝은 분위기에서 행해지는 것이 훨씬 효과적이다. 문제가 심각해지기 이전의 긍정적인 분위기에서 학부모회의를 개최하는 것은 교사와 학부모가 효과적인 협력관계를 형성하는 것을 촉진함으로써 미래에 있을 수 있는 학생들의 문제를 사전에 예방할 수 있는 효과를 나타낸다.

학부모회의에서 논의할 내용은 학기 초인 만큼 생활지도, 혹은 학업태도와 같은 학부모들이 큰 관심을 나타내는 주제를 선택한다. 또한 교사는 학급운영 방침과 목적 그리고 학급규칙에 대해 학부모에게 설명하고 가정에서 아이들을 지도하는 데 도움이 될 만한 정보를 제공한다. 학부모회의가 무르익어 갈 무렵이면 대개 학부모들은 자기 아이의 문제를 이야기하고 교사의 조언이나 상담을 공개적으로 요구하는 경우가 있는데, 이와 같이 개별 학생의 문제를 학부모회의에서 공개적으로 다루는 경우 교사가 모든 것을 다 상담하려고 하기보다는 학부모들 사이에 토론을 유도하게 하면 훨씬 폭넓고 현실적인 문제해결에 대한 대안책을 모색할 수가 있다.

5) 조례와 종례

하루를 여는 조례와 하루를 마무리하면서 내일을 준비하는 종례는 학급운영의 핵심적인 활동이며 따라서 학생들의 자발적인 참여가 이루어지도록 다양한 방식으로 운영되는 것이 필요하다. 그러나 인사, 학생들의 출석, 전달사항으로 이어지는 지금의 조례와 종례는 교사에 의하여 일방적으로 운영되고 있으며 학생들이 참여할 여지가 거의 없는 실정이다. 최근 시도되고 있는 학생참여와 학생자치 개념의 조례와 종례의 방식은 매우 신선하며 동시에 교육적이다. 이런 관점에서 조례와 종례에 대한 가우디(1999)의 중등 교육 활동 지도서의 내용을 소개하겠다. 최근의 조·종례는 과거 설교 위주의 권위주의적 형태를 탈피하여 이야기가 있고 주제가 있는 대화식 조·종례를 지향하며, 동시에 학생들의 참여를 유도하는 것을 중요시한다.

예를 들어, 조례시간마다 학생들에게 자신의 좌우명을 3분 정도의 분량으로 정리하여 발표하게 하거나 다양한 주제를 만들어 주제조례를 운영하기도 한다. 즉, '내가 앞으로 3일만 살 수 있다면' '내가 대통령이 되면' 등의 다양한 주제를 만들어 그에 맞는 소감을 학생들에게 발표시키는 것도 매우 재미있는 일이다. 또한 역사적 사건이 있었던 날 아침에 역사적 사건과 관련된 감동적인 이야기를 교사가 준비하여 학생들에게 들려주는 역사조회는 매우 교육적이며, 교사가 생각해 볼 가치가 있는 신문 기사(칼럼, 만화, 만평 등)를 뽑아 조례시간에 학생들에게 설명해 주는 시사조회도 학생들에게 세상을 보게 하는 훈련이 되므로 유익하다. 이 밖에 좋은 노래를 뽑고 악보를 준비하여 함께 음악을 감상하고 노래를 부르는 시간으로 조·종례를 활용하거나 명상 테이프나 CD를 이용하여 명상을 하면서 자신을 되돌아보게 하는 조·종례도 효과가 크다.

스스로 하루를 정리하는 종례시간을 만들기 위하여 학생들로 하여금 그날 하루 생활을 마무리하면서 학급에서 있었던 일을 앞에서부터 번호대로 돌아가면서 발표하게 하는 종례를 하면 교사는 학생들의 하루하루의 삶에 대해 보다 구체적으로 알 수 있게 되며, 발표할 차례가 된 학생은 그날 하루를 정신 차리고 유심히 생각해 보게 된다. 또한 "날씨가 좋다고 괜히 딴 곳으로 가지 말고 집으로 곧장 가서 공부해."라는 말로 끝내는 종례보다는, 예를 들면 "지금 날씨가 너무 좋구나. 오늘은 집에 가면서 파란 하늘을 한번 보고 가자. 사람은 하늘을 보고 살아야 한다."라는 덕담으로 마감하는 종례가 학생들의 마음을 움직이게 한다.

6) 모둠활동

모둠을 통한 학급운영이 점차 일반화되어 가고 있다. 학기 초에 교사가 학생들의 성적이나 그 밖의 정보에 따라 일방적으로 모둠을 구성하거나, 그 반대로 학생들에게 자율적으로 모둠을 구성하게 하는 방법도 있으나, 대개 교사는 학급운영의 목표와 원칙에 맞는 모둠의 종류를 학생들에게 제시한 후, 그 모둠에서 활동하고 싶은 학생들의 지원을 받아 모둠을 구성하게 된다. 학생들의 지원을 받게 되면 많은 인원이 어느 특정한 모둠에 집중적으로 지원하는 경우가 발생하는데, 이럴 때는 교사가 학생들의 성적, 성격, 체력 등의 조건을 고려하여 인원을 골고루 조정해야 한다. 즉, 성격이 소극적이거나 산만한 아이들이 어느 한 모둠에 집중되어 있게 되면, 그 모둠은 활동에 큰 장애를 겪게 되므로 아이들을 적절히 안배하는 데 신경을 써야 한다. 다음은 가우디(1999)의 중등 교육 활동 지도서에 소개된 전라남도 부영여자고등학교 이현종 교사의 사례를 통해 모둠 구성을 살펴보겠다.

- 놀이모둠: 학급에 노래 및 놀이를 보급한다. 각종 행사, 응원, 생일잔치, 소풍 등에서 오락을 책임진다.
- 독서모둠: 독서권장, 학급문고 관리, 책 소개, 도서대여 관리, 독후감 관리를 책임진다.
- 편집모둠: 학급신문 제작, 교지 편집 참여, 글쓰기 원고 관리를 책임진다.
- 환경모둠: 교실의 청결과 환경을 관리하고 쓰레기 분리수거, 재활용품 관리, 청소관리를 맡는다.

- 건강모둠: 각종 체육대회와 단합대회의 체육행사 등의 활동을 계획하고 실천한다.
- 연극모둠: 촌극공연, 학급잔치 공연, 학교행사에 참여, 장기자랑에 출연한다.
- 봉사모둠: 어려운 급우 도와주기, 불우이웃이나 고아원 방문계획을 세워 실천한다.
- 꾸미기모둠: 학급 게시물 관리 및 월중 행사판, 시간표, 환경판 꾸미기를 관리한다.

모둠편성이 끝나면 본격적인 모둠활동을 하기 위한 기본적인 체제를 갖추어야 하는데, 첫째, 모둠별로 자리배치를 한 후, 둘째, 모둠원이 돌아가면서 모둠장을 하거나 아니면 투표로 모둠장을 선출하고, 셋째, 모둠장의 주관으로 모둠이름, 모둠규칙, 모둠구호, 모둠노래 등을 정하고, 마지막으로, 모둠원 각자의 역할을 정하도록 한다. 이러한 기본적인 체제가 일단 갖춰지면, 교사는 모둠별로 집단상담을 가져 서로 친해지는 계기를 마련할 수 있다. 모둠을 중심으로 학급운영을 해 나갈 때 교사가 경계해야 하는 것은 모든 것을 모둠에 떠넘기는 식의 학급운영이 되어서는 곤란하다는 점이다. 모둠은 교사가 학급운영의 짐을 학생들에게 떠넘기고 편해지려는 수단으로 악용되어서는 안 되고, 또한 모둠 간의 경쟁을 유발하여 반 성적을 올리려고 해도 곤란하다. 모둠은 어디까지나 같은 모둠구성원끼리 공동체적 활동과 생활을 함께함으로써 서로에 대한 이해를 증진시키고 인간애를 키워 나가는 마음의 훈련장이어야 한다. 따라서 교사는 모둠활동을 일일이 간섭하고 통제하기보다는 모둠구성원에게 많은 재량권을 넘겨주고 결과중심의 모둠운영보다는 과정중심의 모둠운영을 해야 한다. 즉, 당장 눈앞에 보이는 결과가 좋지 않더라도 모둠원 전원이 함께 참여하는 데 의의를 두어야 하고, 따라서 모둠활동을 몇몇 학생들이 주도하여 다른 학생들이 모둠활동에서 소외되는 일이 없도록 세심한 주의를 기울여야 한다(가우디, 1999).

2. 학급경영과 상(償)

많은 수의 교사는 학생지도와 훈육을 위하여 칭찬이나 벌에 지나치게 의존하는 경향이 있다. 상이나 벌로써 학생들의 행동을 조정하려는 행동주의적(behaviorism) 방법은 학교에서 심한 부적응적인 행동을 보이는 초등학생의 경우 큰 효과를 나타낼 수 있으나 지나치게 상이나 벌과 같은 수단으로 학생들의 행동을 지배하려는 경우 장기적인 입장에서 학생들의 동기에 영향을 미칠 수도 있다. 그럼에도 불구하고 상과 벌은 학급경영의 가장 효과적인 수단 중의 하나이므로 교사는 상과 벌에 대해서 잘 알아야 한다.

1) 효과적인 강화인자

상과 관련된 첫 번째 문제는 효과적인 강화인자(reinforcer)를 발견하는 것이다. 교사의 칭찬이나 좋은 성적은 문화를 초월하여 가장 보편적으로 사용되는 강화인자이다. 하지만 좋은 성적이 모든 학생에게 강화인자가 되는 것은 아니다. 학생 스스로 자신이 아무리 노력해도 좋은 성적을 거둘 수 없다고 생각하는 경우 교사가 아무리 좋은 성적을 유인가로 제시하며 학생에게 학업에 대한 열의와 노력을 요구해도 좋은 성적은 강화인자로서 효력을 발휘하지 못한다. 또한 사춘기 학생들의 경우에도 학교성적은 효과적인 강화인자로서의 매력을 많이 상실하게 되는데 그 이유는 사춘기 학생들에게는 친구들로부터 받는 인정이 가장 강력한 강화인자로 효력을 발휘하기 때문이다. 더욱이 비행청소년 집단의 경우 나쁜 성적과 불손한 행동이 또래집단 내에서 긍정적으로 인정받게 되므로 좋은 성적은 긍정적인 강화물로써 효과를 발휘하지 못하는 것이다. 교사와 학생 간에 무엇이 긍정적인 강화를 형성하느냐에 대한 지각이 정반대인 경우도 있다. 예를 들어, 교사로부터 꾸지람을 받는 아이들 중 몇몇은 교사의 꾸중을 관심으로, 즉 긍정적인 강화로 지각하는 경우도 있다. 이러한 경우 교사가 벌을 준다는 의도로 학생의 잘못된 행동에 대해 꾸지람하는 경우 실제로는 학생의 잘못된 행동을 강화하는 결과를 초래할 수 있다.

긍정적인 강화인자를 자신의 노력 여하에 따라 얻을 수 있다고 지각하는 것은 강화인자가 효력을 발휘하기 위하여 매우 중요하다. 아무리 노력해도 '일류 대학교'

에 합격할 수 없다고 믿는 고등학생에게 일류 대학교는 아무 의미가 없다. 힘은 들겠지만 열심히 노력하면 나도 일류 대학교에 합격할 수가 있다고 생각하는 학생에게만 일류 대학교 합격은 생각만 해도 가슴이 뛰는 긍정적인 강화인자가 되는 것이다.

가지고 있는 능력보다 훨씬 낮은 성적을 받고 그러한 성적에 안주하는 아이들에 대해 안타까움을 표시하는 교사들이 많다. 그런 학생들에게 "너는 조금만 노력하면 지금보다 훨씬 더 좋은 성적을 얻을 수 있다."라고 설득해도 소용이 없는 경우가 있다. 이러한 학생의 경우 마치 성적에 초월한 듯 좋은 성적을 거두는 것에 대해 전혀 무관심해 보이지만 실제로는 "나는 아무리 노력해도 좋은 성적을 얻을 수 없으니 좋은 성적은 나와 상관이 없다."라는 무기력한 생각으로 좋은 성적을 긍정적인 강화인자로서 지각하지 못하는 것이다. 이러한 경우 학습된 무기력에 먼저 초점을 맞추어 교정해 주는 것이 급선무이다.

좋은 성적과 그에 따른 인정과 칭찬이 강화인자로서 강력히 작용하는 것은 좋은 성적을 현실적으로 얻을 수 있는 학업우수아의 경우이다. 학업우수아들은 자신의 노력 여하에 따라 현실적으로 좋은 성적을 얻을 수 있다고 믿기 때문이다. 그러나 학업부진아의 경우 이야기는 달라진다. 우리나라와 같이 획일적이고 상대평가적인 시험 제도 안에서 학업능력이 학업우수아에 비해 현저히 떨어지는 학업부진아들은 자신들의 노력 여하에 따라 좋은 성적을 얻을 수 있다는 신념, 즉 노력과 좋은 성적간의 연관성(contingency)을 학습할 기회를 갖기 힘들다. 열심히 노력해도 학업우수아들과의 힘겨운 경쟁에서 좋은 성적을 얻기 힘든 학업부진아의 경우 "열심히 노력해서 좋은 성적을 얻어 좋은 대학에 가라."라는 교사의 격려가 그리 마음에 와 닿지 않을 것이다.

다시 말해서, 학업부진아에게는 절대평가적인 인정과 격려가 필요하다. 교사는 학업부진아를 다른 학생들과 상대적이고 일률적으로 비교하지 말고, 학업이 부진한 학생의 현재 능력으로 달성 가능한 학업목표를 부과해 주고 그러한 목표에 비추어 학생의 개선되고 향상되는 면을 성공적으로 평가해 준다. 그렇게 함으로써 학업부진아라도 자신의 성취에 대하여 칭찬을 받도록 하는 방식을 채택하는 것이다.

이와는 달리 상습적인 '수업방해꾼'들은 어떻게 다루어야 할까? 행동주의 이론에 의하면 부적절한 행동을 무시하는 소거와 부적절한 행동과 양립할 수 없는 바람직한 행동에 대한 칭찬을 동시에 병행하는 것이 효과적이라고 한다. 그러나 수업방해꾼들의 도저히 참고 넘어갈 수 없는 도가 지나친 행동들을 마치 아무 일도 없는 듯이 무시하고 넘어가는 것은 현실적으로 매우 어렵다. 더욱이 아무리 칭찬하려고 해도 도무지 칭찬할 행동을 별로 보이지 않기에 칭찬하기도 생각보다 쉽지 않다. 그러나 도가 지나쳐 타인에게 방해가 되는 행동을 제외한 웬만한 행동은 무시하고 지나치다가 조그마한 것이라도 바람직한 행동을 보였을 때 즉시 칭찬해 주면 점차로 그들의 행동이 바람직한 방향으로 변화되어 간다는 연구결과가 보고되고 있다.

박성희 등(2006)이 쓴 생활지도서에 의하면 교사는 창의적인 노력에 의해서 칭찬 거리를 찾아내는 '눈'을 가질 수 있다고 한다. 학업성취도가 낮은 학생에게는 결과보다는 과정에 집중해서 칭찬거리를 찾을 수 있다. 비록 성적이 높아지지는 못했어도 학생의 노력 과정을 인정하고 알아주는 방식으로 칭찬을 해 주는 것이다. 필자들은 바로 이 '알아줌'이 가장 교육적인 칭찬이라고 주장한다. 학생의 노력에 대해서 교사가 무조건적으로 수용하고 이해하려는 상담자적 자세를 가질 때 이러한 칭찬과 인정이 가능할 것이다.

2) 외적 보상과 내적 보상

학생들의 바람직한 행동을 보상하여 그러한 행동을 증가시키고, 반대로 학생의 부정적인 행동을 처벌함으로써 그러한 행동을 감소시키려는 행동주의적 학급운영 방식은 매우 인기를 누리며 널리 펴져 있다. 초등학교에서 주로 쓰는 토큰 경제(token-economy) 등과 같은 학급운영은 상을 통해 긍정적인 행동을 증가시키고 처벌을 통해 부정적인 행동을 감소시키려는 조작적 조건형성(operant conditioning)을 통하여 학생들의 행동을 통제하려는 것을 주목적으로 하고 있다. 그러나 Reeve (1996)와 같은 학자들은 학급운영에 행동주의적 기법을 지나치게 중요시하는 경향에 대해 경고하면서 교사들이 겉에 드러나는 학생들의 행동에만 주목할 것이 아니라 학생들이 내적 자원(예: 동기나 가치)을 개발하고 활성화시키는 것에 눈을 돌려야 한다고 역설하였다. 이렇듯이 학급운영에 있어서 행동주의적 접근방식(behavioral approach)과 동기주의적 접근방식(motivational approach)은 시각차이를 보이고 있다. 1970년대와 1980년대를 통하여 행해진 많은 연구에서 외적 보상과 처벌로 대표되는 행동주의적 접근에 대한 부작용이 보고되어 왔다. 즉, 사람들이 어떤 행위를 그 자체의 내적인 만족감을 느끼지 못한 채 그 행동을 하는 것에 대한 외적 보상만을 받게 되면 그 행동을 하는 것 자체에서 오는 내적인 만족과 기쁨이 크게 줄어들게 되며, 또한 사람들의 관심의 초점이 일 자체보다는 일을 함으로써 얻게 되는 외적인 보상에 집중되게 될 때 일의 능률과 질이 떨어지게 된다는 것이다. 이와 같이 외적인 보상을 통한 행동통제기법이 사람들의 동기나 정서적 발달에 나쁜 영향을 줄 수도 있다는 연구결과는 자칫 외적 보상의 사용이 어떤 경우든 금지되어야 한다는 편견을 불러일으키게 한다.

그러나 최근의 연구에서 외적인 보상이 가져올 수 있는 부작용은 보상의 사용 그 자체에서 오는 것이 아니라 어떤 보상을 사용하는가? 혹은 어떻게 보상이 제공되는가? 등의 전후 맥락적 정보에 의하여 결정됨이 밝혀지고 있다. Brophy(1998)는 외적인 보상이 어떤 행위 자체에 대한 내적인 만족을 감소시키며 행위의 효율성을 저하시키는 경우는 외적인 보상이 다음과 같이 사용될 때라고 언급하고 있다.

지나친 선명성   어떤 행위의 결과로 제공되는 외적인 보상이 너무나 매력적이어서 행위자의 주의를 강하게 사로잡는 방식으로 보상이 제공되는 경우를 말한다. 예를 들면, 좋은 대학에 합격하면 스포츠카를 사 준다는 등의 귀가 솔깃한 보상을 부모가 약속하는 경우 오히려 자녀의 학업에 대한 내적 동기를 감소시킬 수 있다. 월드컵, 올림픽 등 세계 스포츠 대회 때마다 등장하는 거창한 포상은 일회적으로는 효과가 있지만 학생 생활지도와 자녀 교육에서는 그다지 바람직한 방법이 되지 못한다.

목표 관련성 부재   행동에 대한 보상이 어떤 목표를 달성하였을 때 제시되는 것이 아니라 단지 어떤 행위를 하는 것만으로 제시되는 경우, 즉 하루에 수학문제를 몇 문제 풀어야 하고 몇 개를 맞추어야 보상이 제공되는 경우 노력을 기울여서 특정한 목표를 달성함으로써 보상을 받게 되는 것이므로 보상의 효과는 긍정적일 수 있으나 단지 책상에 앉아 수학 문제지를 펴 놓고 공부한다는 이유로 부모가 보상하는 경우 보상의 효과는 부정적일 수 있다.

부자연스러움   행동에 대한 보상이 행동의 자연스러운 결과로서 제공되는 것이 아니라 서로 아무런 연관이 없어 보이는 것을 행동통제의 수단으로 인위적으로 연결한 경우, 즉 집을 사고 싶은 사람에게 절약해서 돈을 모아 저축하면 집을 살 수 있다라고 하는 것은 절약하고 돈을 모으는 행위의 자연스러운 결과로서 집을 사게 되는 보상이 자연스럽게 연결될 수 있으므로 효과적일 수 있다. 그러나 부모님을 기쁘게 해 드리기 위해서 공부를 잘하라는 것은 서로 내용적으로 연관이 없는 것을 인위적으로 연결한 경우라 할 수 있다. 즉, 공부는 부모님을 기쁘게 하려는 착한 심성으로 잘 할 수 있는 것이 아니라 고차원적인 인지적 능력이 공부를 잘하게 하는 것이므로 공부를 잘하는 것과 부모님을 기쁘게 해 드리는 것을 연결시키는 것은 서로 실질적인 내용상 연관이 없는 것을 행동통제의 목적으로 인위적으로 연결한 경우라 할 수 있다. 따라서 능력 이상의 성과를 바라는 부모님의 기대를 너무 의식하여 공부하고 싶은 마음이 점점 없어지는 부작용이 나타날 수 있다.

교사가 학생들의 노력이나 성과에 대하여 상을 주는 것은 당연하다. 교사가 학생에게 줄 수 있는 상은 ① 물질적인 상(토큰 경제의 경우 스티커나 교환상품), ② 선호활동(게임을 하게 하거나 원하는 활동을 할 수 있도록 특권을 주는 것), ③ 성적(좋은 성적을 주거나 표창하는 것), ④ 칭찬이나 사회적 인정(말로써 칭찬하거나 그림을 잘 그린 경우 그림을 전시하는 것), ⑤ 교사의 개인적인 관심(교사가 칭찬의 대상이 되는 학생에게 관심을 보이고 개인적인 교류를 가지는 것) 등과 같이 다양하다. 앞에서 언급하였듯이 칭찬이나 보상은 올바로 사용할 경우 행위자의 내적 동기를 감소시키는 부작용 없이 효과적으로 사용될 수 있다. 다음에는 구체적으로 어떤 상황 조건에서 어떻게 칭찬하고 보상하는 것이 효과적인지 살펴보기로 하겠다.

3) 보상의 기능

보상은 행위의 질(quality)보다는 노력의 양(quantity)을 증가시키는 데 더욱 효과적으로 사용된다. 즉, 창조적이고 도전적인 일을 잘하도록 하기보다는 구체적이고 예측 가능한 일상적인 일을 열심히 하게 하고 더 많은 양의 성과를 거두게 하는 데 보상이 효과적으로 사용될 수 있다는 것이다. 창조적이고 도전적인 일을 하는 사람들의 경우 어떤 외적 보상을 위하여 일을 하기보다는 일을 하는 그 자체에서 오는 내적 만족감을 중요시 여기는 경우가 많다. 위험을 무릅쓰고 바위산을 오르는 전문 록클라이머들이 가장 전형적인 예가 될 것이다. 또한 열심히 노력을 하면 보상을 얻을 수 있다고 믿는 사람에게 보상은 내적 동기를 감소시키기보다는 오히려 동기

유발요인(motivator)의 효과를 나타내게 된다. 앞에서도 언급되었듯이 일류대에 합격할 수 있다고 믿는 고등학생에게 일류대 합격이라는 보상은 힘든 수험 공부를 포기하지 않고 열심히 할 수 있게 하는 동기유발요인으로서 긍정적 효과를 발휘하게 된다.

4) 효과적 보상 방법들

보상은 학생이 무언가 훌륭한 것을 성취한 경우에 하는 것이 효과적이다. 단순히 어떤 바람직한 일을 한다고 해서 보상하는 것은 옳지 않다. 예를 들어, 교사가 학생들의 독서와 독후감 쓰기에 대하여 칭찬하려 할 때 단지 독후감에 인용한 책의 숫자가 많고 많은 페이지의 독후감을 썼다는 이유로 혹은 독후감을 깨끗한 글씨로 예쁜 종이에 써냈다는 이유로 학생들을 칭찬하는 것은 그리 효과가 없다. 그러나 책 내용의 핵심을 파악하고 그것을 논리 정연하게 독후감으로 쓴 학생에게 "너는 책의 저자가 말하려고 하는 바를 올바로 파악해서 논리적으로 기승전결에 따라 독후감을 잘 썼구나."라는 말과 함께 칭찬을 해 주는 경우 매우 효과적일 수 있다. 즉, 단순히 어떤 외적인 형식보다 구체적인 속 내용에 대해 칭찬하는 것은 칭찬받는 학생들에게 '네가 잘한 것이 구체적으로 무엇무엇이므로 너는 칭찬받는다'라는 정보를 학습할 기회를 주기에 효과적이다. 즉, 칭찬은 학생이 노력을 기울여 어떤 핵심적인 아이디어나 기술을 습득하여 자신의 능력을 신장시킨 경우 교사가 학생이 거둔 성과의 구체적인 내용에 대해 언급하면서 칭찬하는 것이 효과적이라는 뜻이다.

Midgley와 Urdan(1992)은 교사가 학생을 칭찬하려 할 때 다음과 같은 점을 염두에 둘 것을 권고하고 있다. 첫째, 학생의 성취의 양보다는 질에 초점을 두고 칭찬하라는 것이다. 특히 학생이 어떤 새로운 일에 도전하여 자신의 능력범위를 확대하는 성과를 거둔 경우 그러한 것을 인정해 주는 칭찬은 효과적이다. 둘째, 비슷한 맥락으로 학생이 과거의 일상적인 방법에서 탈피하여 새롭고 창조적인 방법으로 어떤 문제를 해결하려고 할 때 교사는 학생의 문제해결 과정의 참신성(novelty)을 칭찬해 줄 수 있다. 셋째, 학생들의 다양성을 고려하여 칭찬과 인정을 하는 다양한 기준을 마련하는 것이 필요하다. 즉, 교사가 칭찬을 하는 단 하나의 고정된 기준을 가지고 있다면 학생들을 그 기준에 맞추어 일률적으로 비교하게 되며 따라서 몇몇의 학생만 칭찬받을 수 있게 된다. 즉, 교사의 칭찬이 오직 학업성취에만 해당된다면 오직 공부를 잘하는 학생만 항시 칭찬받게 되고 공부는 떨어지나 친구를 잘 돕는 학생, 혹은 운동이나 예능 방면에 뛰어난 학생들은 칭찬받을 기회가 없게 된다. 따라서 학생들의 다양한 능력과 강점을 인정해 줄 수 있는 폭넓은 칭찬의 기준을 교사가 가지고 있는 것이 중요하다.

박성희 등(2006)도 칭찬의 방법을 다음과 같이 제시하였다. ① 운, 우연, 다른 사람의 덕택 등 외적인 요인보다는 노력과 능력 등 학생의 내적 요인에 귀인하는 칭찬을 한다. ② 구체적으로 칭찬한다. ③ 학생 개개인에게 적합한 칭찬을 한다. ④ 계속적 강화와 간헐적 강화를 적절히 적용한다. ⑤ 다양한 방법으로 창의적으로 칭찬한다. ⑥ 한 학생에 대한 칭찬이 다른 학생의 좌절이 되지 않도록 주의한다.

Brophy(1998)는 학생을 칭찬하는 데 있어 다음과 같은 점을 강조하였다. 첫째, 교사가 학생을 칭찬하는 경우 진정한 마음에서 칭찬해야 한다. 칭찬하고 싶은 마음이 없는 학생을 억지로 칭찬하려는 경우 겉으로 칭찬의 말은 하지만 대개 교사의 표정, 목소리 그리고 태도와 같은 비언어적인 메시지에는 따뜻함이나 정감이 나타나지 않는다. 따라서 말과 비언어적인 태도가 일치하는, 마음에서 우러나오는 칭찬이 가장 효과적이다. 둘째, 칭찬의 남발은 칭찬이 적은 것보다도 더욱 부작용이 크다. 학생들이 무언가 잘한 것이 있을 경우에 칭찬하는 것이 중요하다. 교사가 학업부진아나 문제아들을 격려하는 차원에서 별로 잘한 일이 없는데도 칭찬을 남발하는 경우 오히려 교사의 신의를 떨어뜨리게 되는 역효과를 가져온다. 셋째, 틀에 박힌 상투적인 말로 칭찬을 하기보다는 학생들이 무언가를 성취하고 진일보한 면을 언급해 주는 다양한 표현의 칭찬이 필요하다. 즉, 그저 '잘했다'는 칭찬보다는 학생이 잘한 것이 무엇이고 어떤 새로운 것을 성취였는가에 대하여 언급하면서 다양한 표현 어구를 쓰는 칭찬이 효과적이다. 넷째, 칭찬할 학생을 교실 앞으로 나오게 하여 다른 학생들이 모두 보는 앞에서 공개적으로 칭찬을 하기보다는 개인적으로 칭찬을 하는 것이 더 효과적이다.

3. 학급경영에서 벌(罰)의 사용

교육에서 벌의 사용은 항상 논쟁의 주제였다. 특히 학교나 가정에서 사용되던 체벌은 그 불용(不用)론과 가용(可用)론 혹은 필요론 간에 뜨거운 논쟁이 지속되고 있다. 그러나 벌의 종류에는 체벌만 있는 것이 아니라 말로 하는 간단한 꾸중이나 타임아웃 등 보다 체계적인 벌에 이르기까지 다양한 종류의 벌이 있기 때문에 학급 및 수업을 운영하는 교사의 입장에서는 여러 가지 다양한 벌의 기능에 대해서 잘 알아 두어야 한다.

1) 벌의 이론

(1) 벌을 사용할 때 기대하는 효과

교사가 학생에게 벌을 사용하는 목적은 다양하다. 그런데 교육심리학에서는 벌의 가장 주요한 목적을 어떤 행동을 감소시키기 위한 것이라고 주장한다(이성진, 2004). 예컨대, 학교에서 흡연을 하다가 들킨 학생에게 모종의 처벌을 내리는 본질적 목적은 그 학생이 다시는 흡연을 하지 못하게 하기 위함이다. 지각한 학생에게 교문에서 단속을 하고 꾸중을 하는 것은 지각을 반복하지 않도록 하기 위함이다. 따라서 벌의 사용은 벌의 목적이 학생에게 전달되도록 하는 것이 중요하다. 단순히 '흡연하다가 들켰으니까 처벌받는다' '지각했으니까 벌받는다'가 아니라 '처벌받지 않으려면 흡연을 하지 말아야 한다' '교문에서 벌받지 않으려면 지각하지 말아야 한다'라는 식으로 목적하는 행동의 감소(소거) 의지가 보여야 한다.

(2) 벌의 부작용

낮은 성적을 받거나 공개적으로 선생님께 꾸중을 듣는 것과 같은 벌은 학생들에게는 무척 고통스러운 것이다. 따라서 학생들은 최선을 다해 벌을 피하려고 한다. 교사가 처벌을 남발하는 경우 학생들은 벌을 피하려고 하는 동기로 모든 일을 수행할 것이다. 어떤 일을 못해서 처벌받는 것을 피하려는 동기, 즉 방어적이고 회피동기로 무장되어 있는 학생의 수행의 질은 어떤 일을 잘해서 칭찬과 인정을 받겠다는 동기, 즉 적극적인 접근동기로 일을 하는 학생의 수행의 질보다 훨씬 떨어지게 된다는 것은 이미 널리 알려진 사실이다. 따라서 벌의 부작용은 적극적이고 도전적인 태도를 감소하게 하고 방어적이고 회피적인 태도를 증가시키는 데 있다.

정권이 바뀔 때마다 대대적으로 부정부패 공무원의 비리를 조사하면 공무원들의 무사안일한 태도가 늘어나게 되는 것은 벌의 부작용 때문이다. 즉, 새롭고 성취적인 일에 도전하여 뭔가 실수하고 잘못함으로써 처벌을 받기보다는 실수할 가능성이 적은, 이미 잘 알고 익숙해진 일상적인 일만 되풀이하려는 태도를 증가시킬 수 있다. 예를 들어, 교사가 과제를 제시간에 제출하지 않는 학생만을 처벌하고 학생이 제출한 과제의 질은 문제 삼지 않으면 학생들은 과제를 제시간에 제출하기 위하여 남의 것을 베끼거나 답을 아무렇게나 써서 내는 식의 행동을 보일 것이다. 이러한 경우 과제를 잘해서 칭찬받으려는 동기는 적어지고 과제를 제시간에 제출하지 못하여 처벌받는 것을 피하려는 동기만이 강해진다.

벌은 상과 마찬가지로 적절히 사용하지 못하면 부작용이 있다. 예를 들어, 어떤 학생이 열심히 공부를 하였지만 그의 제한된 능력으로 인하여 좋은 성적을 못 거둔 경우 교사가 단지 낮은 성적만을 이유로 그러한 학생을 처벌한다면 학생이 열심히 노력한 것의 대가는 상이 아니라 벌이 된다. 이러한 경우, 비록 낮은 성적을 거뒀지만 열심히 노력한 것만은 인정해 주고 칭찬하는 것이 마땅하다.

노력을 하지 않고 게으름을 피운 학생에게는 벌이 효과적일 수 있다. 즉, 노력을 하지 않고 게으름을 피운 결과가 부정적이라는 것을 경험하고 학습하는 것은 교육적이다. 그러나 위의 경우에서처럼 학생이 열심히 노력을 했음에도 불구하고 성적이 나쁘게 나온 경우 교사가 오직 결과만을 보고 학생을 처벌할 때 학생은 상처를 받게 되고 더 이상 열심히 노력을 기울이고 싶은 마음이 사라질 것이다. 따라서 교사는 이 점을 주의해야 한다. 학생이 '선생님이 나에게 화풀이했다' '저 선생님은 학생을 화풀이 대상으로 삼는다'라는 인식을 하지 않도록 주의해야 한다. 같은 꾸중을 들었어도 어떤 선생님에 대해서는 화풀이했다고 인식하지만 반대로 다른 선생님에게는 '나를 걱정하는 마음에서 꾸중을 하셨다'라고 인식하기도 한다. 이러한 차이는 어디에서 나올까? 앞으로 교사가 되고자 준비하는 사람들은 반드시 심사숙고해야 할 질문이다.

2) 벌의 방법

(1) 대안 행동 가르쳐 주기

벌은 문제행동에 대한 처벌이지만 문제행동에 대한 대안책이 무엇인지 가르쳐 주지 않는다. 따라서 교사는 학생의 문제행동을 처벌하면서도 긍정적 행동이 무엇인지 강조해야 한다. 예를 들어, 수업시간에 옆 사람과 떠들다가 벌을 받게 되는 학생에게 "옆 사람과 떠들지 말라."라고 말하는 것보다는 "수업 중에는 조용히 선생님 말씀을 집중해서 들어야 한다."라고 말해 주는 것이 더욱 좋다.

(2) 감정의 조절

학생을 벌하는 경우 감정이 격해져 심한 말이 오가는 상황을 피해야 한다. 이런 사태가 일어날 것 같으면 학생을 교실 뒤편에 서 있게 하거나 교무실에 가 있게 한 후 수업이 끝나고 격해진 감정이 가라앉은 상태에서 차분하게 이야기를 시도한다.

(3) 본보기 처벌 삼가기

공개적인 질책이나 본보기 질책을 삼가야 한다. 교사가 자신의 권위를 세우고자 어떤 학생을 희생양으로 삼아 본보기 질책을 하는 경우 심각한 부작용이 발생한다. 학년 초 새 학급에서 권위를 세우고자 본보기 질책을 주로 사용하는 교사가 있는데, 본보기 질책을 당한 후 받은 심리적인 상처로 괴로워하며 상담을 청하는 학생도 있다. 본보기 질책은 어떠한 경우에도 사용하기를 피해야 한다.

(4) 벌의 이유 설명

학생들에게 벌을 줄 때 학생들이 어긴 규칙이 무엇이고 왜 벌을 받는지에 대한 이유를 설명해 주어야 한다. 즉, 학생들이 벌을 받을 때 자신이 왜 벌을 받는지를 알아야 무엇을 고쳐야 하는지 명확해짐으로써 잘못의 교정이 촉진되는 것이다. 벌을 주거나 꾸중을 할 때 사람 자체를 비난하지 말고(예: "너는 사람됨이 글렀어" "넌 인간이 왜 그 모양이니?") 그 사람이 잘못한 구체적 행동을 지적해 주어야 한다.

(5) 모욕적 언사 삼가기

학생들에게 벌을 줄 때 적대적이고 모욕적인 말을 삼가야 한다. 학생에게 위협적이거나 모욕적인 말로써 벌을 주게 되면 적개심과 반발만 불러일으키게 된다. 벌을 줄 때 교사는 학생의 잘못된 행동을 처벌하는 것이지 학생 자체를 무시하거나 나쁘게 생각하는 것은 아니라는 점을 강조해야 벌이 교육적 효과를 가질 수 있게 된다. 모욕적이고 공격적인 언사는 학생과 교사 간의 관계가 악화되는 결과를 초래할 뿐이다. 학생들은 교사가 자기들을 교육하려는 선한 의도에서 벌을 주는 것이 아니라 자기들을 미워하거나 화풀이하기 위해서 벌을 사용한다고 인식할 수 있다.

(6) 일벌백계(一罰百戒)의 적절한 활용

일벌백계는 자칫 오해하면 앞에서 언급한 본보기 처벌과 혼동하기 쉽다. 실제로 본보기 처벌의 의미로 일벌백계라는 말을 사용하기도 한다(여러 사람이 같은 잘못을 했을 때 어느 한 사람만 처벌하는 경우). 그러나 여기서 말하는 일벌백계란 개인 내의 경우에만 적용하는 의미이다. 한 개인이 같은 잘못을 반복한다고 할 때 모든 행동을 다 벌하기는 실제로 어렵다. 잘못을 여러 차례 눈감아 줄 수도 있는 것이다. 그러나 일단 벌이 필요하다고 판단되어 벌을 줄 때는 정확하고 구체적으로 잘못을 지적하고 확실하게 벌을 가해야 한다.

(7) 벌과 칭찬의 균형

벌과 칭찬의 균형을 생각하면서 벌을 줘야 한다. 학생들로 하여금 벌에 대한 지나친 공포심을 갖지 않게 하기 위하여 교사는 벌과 칭찬이 균형을 이루도록 하여야 한다. 벌을 자주 받는 학생은 칭찬을 거의 받지 못하면서 학교생활을 한다. 이런 학생에게서 칭찬거리를 발견하는 일은 비록 어렵지만 유능한 교사가 되는 가장 중요한 조건이다. 벌을 주로 받던 학생이 모처럼 선생님의 칭찬을 받았을 때 예상치 못한 큰 교육적 효과가 나타날 수도 있다.

(8) 일관성

벌에는 일관성이 있어야 한다. 학생을 벌하는 기준은 모든 학생에게 공평하게 일관적으로 적용되어야 한다. 일관성이 없는 기준으로 학생을 벌하는 경우 학생들은 교사의 사적 감정에 의하여 불공정하게 처벌을 받았다고 느끼며 따라서 처벌자인 교사에 대하여 강한 적개심을 가질 수 있다.

(9) 비교 삼가기

학생을 벌하면서 다른 학생과 비교를 하는 것을 피해야 한다. 학생을 처벌하면서 "다른 아이들은 잘하는데 너는 왜 이 모양이냐." 하는 식으로 다른 학생과 비교하고 처벌받는 학생을 부정적으로 낙인찍는 말을 함부로 해서는 곤란하다.

3) 체벌 규정

학교에서의 체벌은 뜨거운 논쟁의 주제이다. 그러나 교사 개인에게는 이것이 단지 철학적 논쟁의 주제가 아니라 학급 내에서 자신이 그것을 사용할 수도 있고 사용하지 않을 수도 있는 당사자 입장이 된다는 점에서 더욱 절실하다. 학교에서 체벌은 원칙적으로는 금지되어 있지만, 교육적으로 필요하다고 판단되는 경우 체벌을 허용하는 경우도 있다. 그렇기 때문에 교사는 체벌에 대해서 자신의 원칙과 철학을 분명히 가져야 한다. 자칫 교사가 체벌을 원칙 없이 잘못 사용하는 경우 '교권 남용' 혹은 '폭력 교사' 등의 비난을 받거나 심한 경우 징계를 당할 수도 있음을 인식해야 한다. 최근에는 처벌받던 학생으로부터 교사가 신체적 위협을 받거나 학부모의 보복을 당하는 경우도 보고되기 때문에 교사는 이런 가능성마저도 대비해야 한다.

여기서는 학교에서 시행되는 벌에 대한 규정의 예시로서 강원도 교육청에서 1998년경 도내 각급 학교에 보낸 지침을 소개한다. 1990년대 말은 학교 체벌의 문제가 가장 첨예한 쟁점으로 드러났던 시기이다. 우리나라의 모든 시·도 교육청은 이와 유사한 지침을 정해 놓고 있다. 각 학교는 이 지침을 토대로 학교 나름의 벌·

김홍도「서당」
학생에게 체벌을 가한 훈장의 괴로워하는 표정에 주목하자.

체벌·상벌 규정을 정한 바 있다. 우리나라 학교에서는 이처럼 오래전부터 체벌을 제한하고 그 대체 방법을 모색해 오고 있다. 다만, 아직 그 대체방법이 정착되지 못한 것으로 평가되고 있음이 아쉽다. 체벌 문제는 이후에도 지속해서 사회의 쟁점이 되었고, 그것이 학교 현장에서 적용되는 기준 역시 다양하게 변화를 겪었다. 이 책에 제시된 자료는 비록 오래전의 것이지만, 학교에서의 체벌문제가 우리나라 교육현장에서 어떤 식으로 다루어졌는지를 이해하는 데에 도움이 될 것이다.

(1) 체벌에 관한 규정 제정 시행의 기본 취지
- 이 예시 규정은 「교육기본법」 제12조 제1항 「초·중등교육법 시행령」 제31조 제7항의 법정신에 입각하여, 학생체벌을 교육적으로 적용함으로써 새로운 학교문화를 이룩하려 하는 내용인 바,
- 현재 각급 학교에서는 교사의 체벌이 무질서하고 광범위하게 이루어지고 있어서, 그로 인하여 학생들이 위축되고, 학교교육에 대한 불만과 불신이 초래되고 있으며,
- 체벌로 인한 부작용은 학생뿐 아니라 교사에게도 때에 따라 심각한 책임문제로 대두되고 있으므로,
- 이제 비교육적, 즉흥적으로 이루어지고 있는 학생 체벌을 제도적으로 제한함으로써 학생·교사 모두를 보호하고자 함
- 체벌규정을 지침으로 하지 않고 학교 자율성을 부여한 것은 생활지도의 효율성을 위한 것이므로 각급 학교는 최선을 다하여 합리적으로 제정하실 것

(2) 체벌규정 제정의 방향
- 이 예시규정은 학생 징계영역 중 「초·중등교육법 시행령」 제31조 제7항의 '교육상 불가피한 때를 제외하고는 학생에게 신체적 고통을 가하지 아니하는 훈육·훈계 등의 방법으로 행하여야 한다'에서, 교육상 불가피할 경우의 체벌에 관한 내용임
- 학교에서 비공식적으로 행하여지고 있는 각종 체벌로 인하여 육체적, 정신적, 법률적 문제가 발생되고 있으므로 체벌을 제한적으로 허용함으로써, 교사, 학생 쌍방 간의 다툼과 부작용을 없애도록 함
- 학생지도를 체벌방법에 의존하려는 일부 교사의 관행적 태도는 학생 간의 학

교폭력을 생산해 내는 원인이 되고 있으므로 체벌규정을 학교별로 제정·적용함으로써 사회상규(常規)를 벗어난 체벌을 금지하여 학생 지도방안을 새롭게 창출하도록 함

- 체벌의 주체, 대상, 상황, 시기, 종류, 장소, 정도, 절차 등을 구체적으로 규정함으로써 교사 개인의 자의적인 체벌을 원천적으로 방지하고, 학생의 기본적 인권을 보호함

- 체벌규정으로 인하여 학생 생활지도가 오히려 어려워질 수 있으나 이는 행동발달 평가제의 강화, 학칙의 엄격한 적용 등 법치적 문화를 높이고, 학생·교사의 의식전환으로 해결될 수 있으므로 각급 학교는 규정의 제정 시행과 동시에 학생, 학부모에 대한 교육·홍보, 교사에 대한 연수 등 후속 조치에 만전을 기하여야 함

- 이 예시규정에서의 학생징계는 기합 → 매 → 교내봉사 → 사회봉사 → 특별교육 이수 → 퇴학처분 등의 단계로 되어 있으나 정황과 교육적 효과에 따라 반드시 기합은 매의 전 단계, 매는 교내봉사의 전 단계로만 하지 않을 수도 있음

- 학생의 사소한 잘못(예: 청소·숙제 기피, 심한 장난 등)을 훈계할 경우에는 반드시 체벌이나 다른 징계를 통해서만 지도하지 않고 이 규정에 명시되어 있지 않은 방법을 강구할 수 있음(예: 청소하기 등)

- 각급 학교는 규정에 의한 체벌이라 하더라도 체벌의 행사는 가능한 한 자제하여야 함

- 각급 학교에서 시행되는 규정은 규정의 조항이 이해곤란, 해석의 다의성, 추상성 등으로 인하여 문제가 발생치 않도록 적정한 문장으로 진술해야 함

체벌에 관한 규정(예시)

제1장 총칙

제1조(체벌) 학생의 훈육·훈계를 위하여 행하는 체벌은 원칙적으로 금한다. 다만, 교육상 불가피할 때에는 학생에게 매(일명 사랑의 매라고도 한다) 또는 그 외의

신체적 고통(이하 기합이라 한다)을 가할 수 있다.

제2조(목적) 체벌(매 또는 기합에 의한 것을 뜻한다)은 학생으로 하여금 체벌받음에 대한 수치심을 느끼고 반성하게 하여 교육적인 효과를 얻도록 함에 목적을 둔다.

제3조(규정 준수) 학생에게 체벌을 주고자 할 때에는 이 규정을 준수하여야 한다.

제4조(체벌의 제한) 체벌은 기합 또는 매에 의하여 이루어져야 하며, 그 외의 방법은 허용하지 않는다.

제5조(사전 확인)

① 체벌의 징계를 결정하였다 하더라도 교사는 체벌 직전에 학생의 신체적 · 정신적 이상(질병 등) 유무를 확인하고 만약 이상이 있을 경우에는 체벌을 하여서는 아니 된다.

② 교사는 체벌 전 학생에게 체벌수용 여부에 대한 의사를 묻고 체벌을 수용한다는 의사표시가 있을 경우에만 체벌을 행한다. 만일 당해 학생이 체벌을 거부하고 그에 상응한 체벌 외의 다른 조치를 원할 때에는 학교가 이를 수용해야 한다.

③ 제②항의 체벌에 상응하는 다른 조치는 다음 각 호의 1로 한다.

1. 행동발달 평가상의 불이익

2. 기합 또는 매에 의한 교체 체벌

3. 학교 내 봉사 이상의 징계

  * 기타 가능한 항목 삽입

제6조(구두 허락) 학생에게 체벌을 주고자 할 때에는 학교장 또는 교감에게 사전 구두 허락을 얻고 실시하여야 한다. 다만, 부득이한 경우에는 체벌 후 사후보고를 할 수 있다.

제7조(전체 체벌금지) 체벌의 대상이 되는 특정학생이 불분명할 경우 전체를 대상으로 하는 집단체벌을 금한다.

제8조(체벌장소)

① 매에 의한 체벌을 할 경우 체벌 현장이 다른 학생들에게 노출되지 않은 교장실 또는 교사가 여럿이 근무하는 방 등이어야 한다.

② 기합에 의한 체벌은 체벌 현장이 다른 학생들에게 노출되는 장소여서는 안 된다.

제9조(체벌자)

① 체벌은 학생을 지도하여야 할 당사자인 교원이 행한다. 다만, 학생부로 이관 되었을 경우에는 학생부 교사가 행할 수 있다.

② 필요한 경우 교장, 교감이 행할 수도 있다.

제10조(벌칙) 이 규정을 어기고 자의적인 체벌을 가했을 때에는 학교장은 해당 교사 에 대하여 학교장 경고 등 자체조치를 취하여야 하며 사안이 중대하다고 판단 될 때에는 교육감에게 징계를 요구할 수 있다.

제2장 기합에 의한 체벌

제11조(징계의 단계) 기합에 의한 체벌의 징계는 (   )의 전 단계로 한다. 다만, 사안 의 정황, 학생의 성품 및 교육적 효과를 고려하여 징계의 단계를 지키지 않을 수 도 있다.

제12조(기합의 종류) 기합은 다음과 같은 종류로 한다.

1. 양팔을 땅과 수평으로 들고 무릎을 45°로 굽혔다 폈다 하기
2. 무릎을 꿇고 앉아 있기
3. 앉아서 걷기(일명 오리걸음)
4. 일정한 거리를 뛰기
5. 청소하기
    * 기타 학교별 규정 삽입 가능

제13조(기합의 강도 제한) 기합은 학생의 발달단계, 체력, 성별 등을 사전에 고려하여 무리가 가지 않는 범위에서 행하여야 한다.

제14조(기합에 의한 체벌) 기합에 의한 체벌은 다음의 경우에 행한다.

1. 이유 없이 교사의 훈계를 2회 이상 어겼을 경우
2. 남의 자유, 권리, 재산을 침해하여 타인을 괴롭히는 사례가 2회 이상 반복 될 경우
3. 남에게 폭력·폭언·협박·공갈 등으로 타인으로 하여금 육체적·정신적 고통을 느끼게 하는 경우
4. 생활태도가 불성실하여 교사가 훈계를 하였으나 이를 반복하여 어겼을 경우
5. 기타 기합에 의한 체벌이 필요하다고 인정되는 경우

제3장 매에 의한 체벌

제15조(징계의 단계) 매에 의한 체벌의 징계는 (   )의 전 단계로 한다. 다만, 사안의 정황, 학생의 성품 및 교육적 효과를 고려하여 징계의 단계를 지키지 않을 수 있다.

제16조(매의 재질, 형태 및 크기)

① 매는 나무로 된 재질을 사용한다.

② 매의 형태는 회초리형과 주걱형으로 하되 실제 사용은 두 가지 중 하나로 한다.

③ 매의 크기는 다음 두 가지 종류로 한다.

  1. 회초리형: 길이 60cm 이하, 지름 1.5cm내의 것으로 표면이 매끄러운 것
  2. 주걱형: 길이 60cm 이하, 주걱부분 15cm×30cm×1.5cm 이하

제17조(매에 의한 체벌) 매에 의한 체벌은 다음 각 호의 1의 경우에 행한다.

  1. 교사의 개인적인 훈계내용을 이유 없이 반복하여 어길 경우
  2. 학습태도가 불성실·태만하여 교사의 반복적인 지도에도 변화가 없을 경우
  3. 남의 권리를 침해하거나 신체·정신·인격 또는 물품 등에 손상·손해를 끼치는 사례가 반복될 경우
  4. 음주·흡연·약물 오남용·문란한 이성교제 등으로 학생으로서 자신의 정신과 육체를 손상시키는 행위를 반복할 경우
  5. 타인을 협박·공갈·위협하는 언행으로 남에게 정신적 피해를 주는 행위를 반복할 경우
  6. 남을 해칠 목적으로 흉기 등을 소지하는 경우
  7. 고사 중 부정행위를 저지른 경우
  8. 출입금지지역에서 싸움 등 불미스런 행위를 할 경우
  9. 다른 학생을 상습적으로 괴롭히는 경우
  10. 기타 매에 의한 체벌이 필요하다고 인정될 경우
     * 기타의 경우는 학교별로 규정

제18조(매의 횟수제한)

① 매에 의한 체벌을 할 경우 매의 종류에 불문하고 하나의 사안에 대한 징계로 10대를 넘지 못한다.

② 사안별로 매의 횟수제한은 다음과 같다.

　　* 학교별로 규정

　　(예시) 1. 이유 없이 교사의 정당한 지시를 4회 이상 어겼을 경우 5대

　　(예시) 2. 학교생활이 불성실하여 4회 이상의 주의를 받고도 개전의 정이 없을
　　　　　　 경우 5대

　　(예시) 3. (학교별로 규정)

제19조(매를 대는 부위) 매를 대는 부위는 신체 중 가장 안전한 부위로 한다.

　　* 제13조는 남녀별로 가장 안전한 신체부위를 선택하여 자체 규정

제20조(매의 비치) 학교는 매를 교무실 등 학생의 일상 생활공간이 아닌 장소에 비치
　　해 놓는다.

제21조(사전, 사후 처리)

　① 체벌의 징계를 받은 사실에 대하여 학부모 또는 보호자에게 그 사실을 통보
　　하여야 한다.

　② 생활태도가 불량하여 체벌을 받을 가능성이 있을 경우 해당교사는 사전에 체
　　벌 징계가 가해질 수 있다는 예고를 보호자에게 전달하여 가정에서의 교육력
　　발휘를 촉구한다.

부칙

제1조 이 규정은 1998년 ○월 ○일부터 시행한다.

제2조 이 규정의 개정은 학교운영위원회의 재적의 3분의 2 이상 찬성으로 한다.

제3조 이 규정에 명시되어 있지 않은 사안에 대한 체벌의 징계는 선도위원회의에서
　　결정한다.

제4조(상급생의 체벌금지) 이 규정 정신에 입각하여 상급생이 지도 명목(예: 군기잡기)
　　으로 하급생을 체벌하는 것을 일절 금하며, 만약 사안을 발생시킨 경우에는 징
　　계 규정에 의하여 처분한다.

제12장
생활지도 프로그램 1: 소집단 단위

'소집단 단위' 생활지도 프로그램이란 집단상담, 집단지도 또는 심리교육 형태의 프로그램 중에서 3~4명에서 12명 내외의 학생으로 구성된 소집단을 대상으로 진행하기에 적합한 활동요소나 그런 요소들을 모아 체계적으로 구성한 프로그램을 의미한다. 그리고 『학교상담과 생활지도』의 초판이 출간되었던 2000년대 초, 이 장의 일차 목적은 초·중·고등학교에서 '소집단 단위'로 수행되는 생활지도 프로그램과 활동요소를 소개하는 것이었다. 당시만 해도 초·중·고등학교에서 소집단 단위 생활지도 프로그램과 활동요소가 지금만큼 보편화되지 않아 그것들을 범주별로 소개하는 것이 의미가 있었다. 하지만 본서의 초판이 출간된 지 거의 20년에 이르는 지금의 상황은 당시와 비교할 때 몇 가지 점에서 차이가 있다.

- 초·중·고등학생들의 생활지도 방법으로 집단상담, 집단지도 또는 심리교육이 보편화되었다.
- 초·중·고등학생들의 생활지도를 목적으로 사용할 수 있는 활동요소와 그것들을 모아 체계적으로 구성한 프로그램이 많이 개발되었다.
- 개발된 다양한 활동요소와 프로그램들이 많은 교재, 연구보고서, 학위논문 등으로 출판되었다.
- 선택할 수 있는 프로그램과 활동요소의 수와 다양성이 증가했으며, 교사나 상

담사들은 자신이 속한 학교와 학생의 특성에 맞는 활동요소와 프로그램을 개발하여 운영하기 시작했다.

따라서 초판에서 이 장이 당시 기준으로 소위 '괜찮은' 활동요소와 프로그램을 독자들에게 직접 소개했다면, 이제는 독자들로 하여금 개발된 프로그램과 활동요소의 특징을 이해하고 독자들이 속한 학교의 학생들에게 가장 적합한 프로그램과 활동요소를 선택할 수 있는 분별력을 가지게끔 돕는 내용을 제시할 필요가 있다. 게다가 최근에는 집단상담, 집단지도 또는 심리교육 프로그램을 직접 개발하는 교사와 학교상담사들이 증가하는 점을 고려할 때, 그들이 완전히 프로그램과 활동요소를 개발하거나 기존의 프로그램을 수정하고 재구조화하게끔 이 장의 내용을 구성할 필요가 있다. 따라서 본 장에서는 이전처럼 주요활동을 나열하기보다 집단프로그램과 활동요소를 개발·선택할 때 고려할 특성을 논의하고, 각 특성을 잘 보여주는 샘플 프로그램을 1~2개 제시하고자 한다. 그 후, 집단상담, 집단지도 또는 심리교육 프로그램 및 활동요소의 개발절차와 그것들에 대한 평가과정을 논의함으로써 교사와 학교상담사들로 하여금 소집단 단위 집단상담 프로그램과 활동요소의 단순 소비자에서 벗어나 좋은 프로그램과 활동요소를 선별하는 지혜로운 소비자, 그리고 그것들을 만들어내는 창의적 설계자의 역량을 갖게끔 돕고자 한다.

1. 소집단 단위 생활지도 프로그램의 의미

프로그램의 의미란 "특정 목표를 달성하기 위해 체계적으로 조직된 활동"(Royse, Thyer, Padgett, & Logan, 2001)이며, 그 구성요소에는 ① 목적 및 목표, ② 내용 및 활동구성의 원리, ③ 구체적 내용 및 활동이 포함된다(김창대, 김형수, 신을진, 이상희, 최한나, 2011). 이런 관점에 의하면 학교에서 이루어지는 생활지도 프로그램이란 ① 학생들의 생활지도를 목적으로 하되(목적 및 목표), ② 그 목적을 달성하는 기제(mechanism)에 대한 이론적 모형과 원리를 바탕으로(내용 및 활동구성의 원리) ③ 체계적으로 조직한 구체적이고 다양한 일련의 활동(내용 및 활동)을 의미한다.

학생들을 대상으로 하는 생활지도 프로그램은 표적대상(target)의 크기에 따라 1명을 단위로 하는 프로그램에서부터 10명 내외의 학생을 대상으로 하는 프로그램, 좀 더 크게는 한 학급이나 학교 전체를 단위로 하는 프로그램이 있다(김창대 외, 2011). 물론 학회나 지자체, 그리고 정부기관에서는 지역사회나 국가 단위로 학교의 생활지도 프로그램을 설계하기도 하는데, 이때의 프로그램은 규정, 제도, 또는 법의 형태를 띤다. 이 프로그램들은 표적대상의 크기는 다르지만 학생들의 생활지도라는 목적과 목표를 추구하는 특정 원리에 따라 체계적으로 계획되고 조직된 일련의 개입활동이라는 점에서 넓은 의미의 생활지도 프로그램에 속한다.

이 장에서 다룰 소집단 단위 생활지도 프로그램이란 학습지도 영역에 속하는 지적능력의 함양보다는 인격함양, 진로발달, 학교적응, 사회성함양, 각종 심리·정서·행동·사회적 문제의 감소와 같은 생활지도의 목적에 도움이 되는 프로그램으로서 3~4명에서 12명 내외의 소집단 또는 소규모의 학급을 대상으로 운영할 수 있는 프로그램을 의미한다. 이런 프로그램에는 집단상담, 집단지도, 심리교육 등이 포함될 수 있는데, 이 장에서는 '(소규모 단위)집단상담', 그리고 '집단지도'와 '심리교육' 중에서 소집단으로 운영될 수 있는 프로그램과 활동요소까지 포함하여 논의하고자 한다.

표 12-1 표적대상의 크기에 따른 생활지도 프로그램의 예

표적대상의 크기	생활지도 프로그램의 예
국가	국가단위 사업·제도·정책, 전문상담교사제도, 청소년상담복지센터, 학생 및 청소년대상 공익광고, wee 프로젝트 등
지역사회	개별 지자체 내 사업·제도, 지역사회 캠페인, 지자체 내 교육소외 청소년 대상 멘토링 등
개별학교	개별학교의 운영방침, 주간·월간·연간 학교 대상 기획 프로그램 등
개별학급	집단지도, 심리교육, 학급경영 등
소집단	집단상담, 집단지도, 심리교육 등
개인	개인상담, 개별지도, 개별 멘토링 등

소집단 단위 생활지도 프로그램은 적으면 2~3개에서 많으면 수십 개의 '활동요소'들이 모여서 하나의 프로그램의 형태로 구성된다. '활동요소'란 '가치관 경매' '난파선' '마술가게'와 같은 것으로 대부분 활동의 목적보다는 활동의 내용상 특징이 드러나는 명칭을 붙인다. '활동요소'는 학교 급별 수업시간(초등학교 40분, 중학교 45분, 고등학교 50분)을 고려하여 가능한 한 단위 시간 내에 마칠 수 있게끔 설계

된다. 소집단 단위 생활지도 프로그램은 이러한 '활동요소'를 여러 개 모아 체계적으로 조직하여 설계하는데, 이때에는 '진로탐색 집단프로그램' '자기성장 집단프로그램' '효율적 학습방법 프로그램' 등 프로그램의 목적을 나타내는 명칭을 붙이는 경우가 많다. 다만 프로그램을 "특정 목표를 달성하기 위해 체계적으로 조직된 활동"(Royse et al., 2001)으로 정의할 경우 '활동요소' 역시 최소단위의 프로그램이라고 볼 수도 있고, 프로그램 개발자나 교재의 저자에 따라서는 '활동요소'를 프로그램으로 부르는 경우도 있다. 이 점에서는 개념상 모호한 부분이 있으나 아직은 이 두 가지를 명료히 구별하지 않고 맥락에 따라 서로 바꾸어 가며 사용하고 있다.

2. 소집단 단위 생활지도 프로그램의 이점

소집단 단위 생활지도 프로그램은 표적대상이 개별학생인 경우나 개별학급보다 큰 경우에 비해 몇 가지 장점이 있다. 첫째, 개체 간의 상호작용을 최대한 활용할 수 있다. 개별학생을 대상으로 하는 프로그램은 교사 또는 학생 1인과 대상 학생 1인 사이에서 발생하는 상호작용([그림 12-1])에 의존한다. 즉, 일대일로 이루어지는 상호작용은 깊이가 있을지 모르지만 상호작용의 다양성 측면에서 빈약하다. 반대로 개별학급보다 큰 표적을 대상으로 하는 프로그램에서는 주로 교사의 일방적인 교육과 지시에 의존한다([그림 12-2]). 즉, 깊이도 부족하고 그러한 규모의 집단에서 일어나는 상호작용은 쌍방 간 상호작용으로 보기 어렵다. 이에 비해 소집단 단위 생활지도 프로그램은 다수의 개체 사이에서 일어나는 다양한 상호작용([그림 12-3])을 활용할 수 있다. [그림 12-3]을 보면 소집단 프로그램에서는 학생 H를 중심으로 볼 때, ① 1명의 학생(H)이 다수의 학생으로부터 받는 작용, ② 1명의 학생(H)이 다수의 학생에게 끼치는 작용, ③ 1명의 학생(H)이 다른 학생(A, F, G, E 등)과 함께 집단적으로 특정 학생(C)에게 끼치는 작용, ④ 1명의 학생(H)이 다른 학생(A, F, G, E 등)과 함께 다른 학생들(B, C, D)에게 끼치는 작용, ⑤ 1명의 학생(H)이 다른 학생들 간(B, C, D, E)의 상호작용에 직접 참여하지는 않더라도 그들을 관찰하면서 받게 되는 영향 등 다양한 상호작용이 일어난다. 이러한 상호작용은 다양한 배움과 성찰의 경험을 제공하는데, H라는 한 학생에게만 제공되는 것이 아니라 참여하고 있는 모든 학생에게 동시에 제공된다.

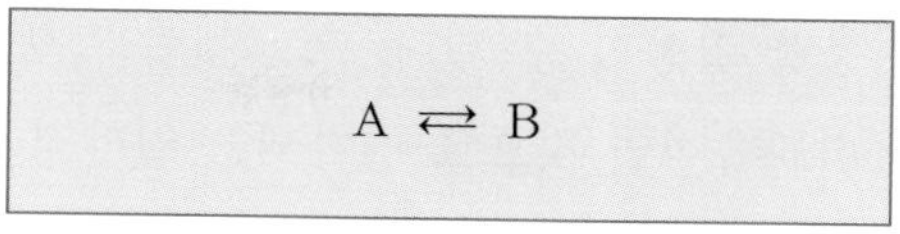

$$A \rightleftarrows B$$

[그림 12-1] 개별학생 대상 생활지도 프로그램의 상호작용

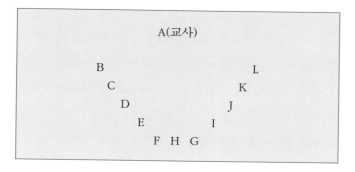

[그림 12-2] 개별학급보다 큰 단위 생활지도 프로그램의 상호작용

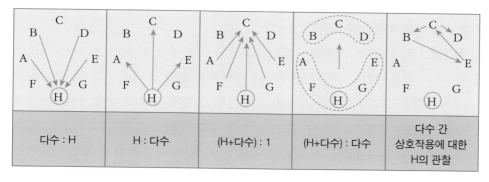

[그림 12-3] 소집단 단위 생활지도 프로그램의 상호작용

둘째, 또래 간의 상호작용을 활용할 수 있다. 초·중·고등학생들은 발달단계상 또래의 영향력이 큰 시기이다. 그들은 또래들 사이에서 정보를 교류하고 그들을 관찰하며 또래로부터 압력을 받는다. 그만큼 교사보다 또래들로부터 더 크고 다양한 형태로 영향을 받으며 또래간의 상호작용이 중요하다. 이처럼 또래들 사이의 강력한 상호작용이 일어날 때, 그러한 상호작용을 거칠고 조절되지 않은 형태로 주고받기보다 지도자에 의해 조절되고 비공격적이며 명료하여 서로의 성장을 촉진할 수 있는 형태로 주고받을 수 있다면, 그러한 상호작용은 초·중·고등학생들에게 긍정적 영향력이 큰 교육적 자극이 될 수 있다.

셋째, 체험적 상호작용을 활용할 수 있다. 학교에서 발생하는 상호작용에는 다양한 유형이 있겠지만 비교육적인 것으로 평가되는 일방적 지시나 복종처럼 학생들의 성찰을 요하지 않는 상호작용을 제외하면 ① 지식의 전달, 논리적 설득, 지적 이해를 구하는 설명처럼 지적인 경로로 주고받는 상호작용과 ② 언어적 표현, 설득, 설명이 아닌 체험적으로 주고받는 상호작용으로 대별할 수 있다. 이 중에서 소집단 생활지도 프로그램은 지적인 경로의 상호작용 외에도 체험적 경로의 상호작용을 충분히 활용할 수 있는 장점이 있다. 체험적 상호작용의 기제와 효과에 대한 과학적 설명과 검증이 미흡했던 지금까지도 대부분의 교육자와 상담자들은 인격 함양, 진로발달, 학교적응, 사회성함양, 각종 심리·정서·행동·사회적 문제의 감소를 목적으로 하는 생활지도에서 체험적 경로를 통한 상호작용이 중요하고 필수적이라는 사실을 알고 있었다. 그런데 최근에는 그런 인간의 변화과정에 체험적 상호작용이 영향을 끼치는 기제에 대한 과학적 설명체계도 밝혀지기 시작했다(김창대, 2019). 이처럼 중요한 체험적 상호작용을 촉진할 수 있다는 점은 소집단 단위 생활지도 프로그램의 중요한 장점이다.

추가적으로 소집단 내에서의 상호작용은 다음과 같은 이유로 참여자들에게 도움이 된다. 첫째, 각자 자신의 생각이나 지각을 표현할 수 있다. 학생들은 자신의 생각과 지각을 드러냄으로써 자신의 독특성과 개성에 대해 또래나 교사로부터 확인받을 수 있는 기회를 가질 수 있다. 이뿐만 아니라 밖으로 표현한 자신의 모습이 타인과 유사할 경우 안심하게 되는 효과가 있는 한편, 타인과 다를 경우 서로의 개별성을 인정하는 태도를 습득할 수도 있다. 이런 과정을 통해 각자의 정체성을 확립하는데 도움이 된다. 둘째, 유사한 문제를 공유하고 있음을 알게 된다. 집단에서는 학생들이 서로 유사한 어려움을 가지고 있다는 사실을 발견하면서 학생들을 안심시키는 효과가 있는 한편, 그 어려움을 해결하려는 각자의 노력과 구체적인 방식을 공유하면서 함께 노력하고 있음에 대한 공동체의식도 높일 수 있다. 셋째, 대안적 해결방안을 배울 수 있다. 유사한 문제를 공유하면 공동체 의식을 높일 수 있을 뿐 아니라 그 문제를 해결하는 창의적인 방법을 다른 학생들로부터 배울 수 있다. 넷째, 실제 상황에서 다양한 대안행동을 연습할 수 있다. 소집단 상황은 또래들 간의 모임이기 때문에 집단 내에서 알게 된 문제의 해결방식, 부적절한 행동의 대안행동 등을 직접 또래에게 실험하고 연습할 수 있는 장면을 제공한다. 이와 더불어 긍정적 행동에 대해 또래들로부터 지지와 격려를 받을 수도 있다(강진령 역, 2017).

3. 프로그램의 개발·선택 시 고려할 특성

소집단 단위 생활지도 프로그램과 활동을 새로 개발하거나 개발된 활동을 재구성 또는 선택할 때 여러 가지 관련 변인을 고려해야 한다. 그러한 변인에는 프로그램과 활동의 ① 목적과 주제, ② 참여대상의 발달수준, ③ 프로그램의 기초가 되는 이론적 모형, ④ 프로그램을 운영하게 될 구체적 장면, ⑤ 사용되는 방법과 도구 등이 포함된다.

1) 목적과 주제

소집단 단위 생활지도 프로그램들을 개발하고 운영, 또는 개발된 프로그램을 선택할 때 고려할 중요한 점 중 하나는 그 프로그램의 목적과 주제영역이다. 학교에서 이루어지는 생활지도 프로그램은 전체 학교교육의 목적을 벗어날 수 없으며, 학교교육을 통해 성취하고자 하는 학생들의 역량 중에서 학교상담과 생활지도를 통해 가장 효과적으로 성취할 수 있는 역량에 초점을 맞추어 운영된다.

Davis(2010)에 의하면 소집단 단위 생활지도 프로그램에서는 새로운 학교에 적응하는 주제, 부모의 이혼·재혼, 알코올·약물 주제, 공부기술, 자기개념, 관계, 교우관계, 행동관리, 주의력문제, 분노관리, 또래압력, 스트레스 관리, 애도와 상실, 만성 질환 등의 주제가 학교에서 소집단 단위 생활지도 프로그램에서 주로 다루어진다. 이를 좀 더 체계적으로 살펴보면, 미국학교상담자협회(American School Counselor Association: ASCA)(2014)는 학교상담사들이 조력할 수 있는 학생들의 발달영역을 학업발달, 진로발달, 개인/사회적 발달로 구분하고, 각 영역별로 범주와 하위범주, 그리고 학년별 역량의 기준을 제시했다. 이와 유사한 형태로 한국에서는 강진령, 유형근(2004a, 2004b, 2009a, 2009b)이 초·중·고등학생들의 학교상담교육과정의 목적과 내용을 학년별로 구분하여 제시하였다. 이러한 기준들은 학교에서 이루어지는 소집단 단위 생활지도 프로그램을 포함한 모든 학교상담 및 생활지도 프로그램이 추구할 목적과 주제의 방향을 설정하는 데 유용한 지침이 될 수 있다. 다음 제시한 〈표 12-2〉는 ASCA(2004)에서 제시하고 있는 여러 기준과 지침 중에서 영역과 하위영역만 발췌·수정하여 제시한 것이다. 하위영역별 5~12개 정도로 제시된 구체적 행동목표와 학년별 목표는 지면의 제약 때문에 제외했다. 그리고 표

표 12-2 학교상담프로그램을 위한 ASCA 국가표준 및 관련 영역 프로그램 예

영역		가능한 소집단 프로그램 예
학업발달영역 (A: Academic)	기준 A: 학생들은 학교와 생애 전반에서 효과적인 학습에 도움 되는 태도, 지식, 기술을 습득한다. 　　A: A1 학업적 자기개념 증진 　　A: A2 학습을 촉진하는 기술습득 　　A: A3 성공적인 학교생활 기준 B: 학생들은 중등교육 이후의 학습기회(대학 포함)를 가지기에 필수적인 요건 완수 후 졸업한다. 　　A: B1: 학습능력 증진 　　A: B2: 목표성취를 위한 계획수립 기준 C: 학생들은 학업과 일의 세계, 학업과 가정과 지역사회에서의 삶 간의 관계를 이해한다. 　　A: C1: 학교를 삶의 경험과 관련시킨다.	'학업증진집단상담: 공부야! 놀자'(천성문 외, 2011) '시험불안 다루기 전략 및 시험전략'(최정원, 이영호, 2006) '연쇄화 학습전략 훈련프로그램' '시간관리 훈련프로그램'(김동일, 2005) '학업발달영역 집단상담'(강진령 외, 2004a, 2004b, 2009a, 2009b)
진로발달영역 (C: Career)	기준 A: 학생들은 자신에 대한 이해와 관련시키면서 일의 세계를 탐색하는 기술을 습득하여 이해를 바탕으로 한 진로선택을 한다. 　　C: A1 진로에 대한 자각발달 　　C: A2 취업준비도 발달 기준 B: 학생들은 장래 진로목표를 성공적이고 만족스럽게 성취하기 위한 전략을 수립한다. 　　C: B1 진로정보 습득 　　C: B2 진로목표 확인 기준 C: 학생들은 개인적 특성, 교육, 훈련, 일의 세계 간의 관련성을 이해한다. 　　C: C1 진로목표 성취에 필요한 지식습득 　　C: C2 진로목표 성취에 필요한 기술적용	'진로발달영역 집단상담'(강진령 외, 2004a, 2004b, 2009a, 2009b) '진로탐색집단상담: 꿈☆은 이루어진다'(천성문 외, 2011) '진로의사결정 프로그램'(김형태, 2007)
개인/사회적 영역 (PS: Personal/ Social Development)	기준 A: 학생들은 자기와 타인을 이해하고 존중하는 데 도움이 되는 지식, 태도, 대인관계기술을 습득한다. 　　PS: A1 자기에 대한 지식 습득 　　PS: A2 대인관계기술 습득 기준 B: 학생들은 목표를 성취하기 위해 결정을 내리고 목표를 설정하며 필요한 행동을 실천한다. 　　PS: B1 자기에 대한 지식 적용 기준 C: 학생들은 안전과 생존기술을 이해한다. 　　PS: C1 개인의 안전기술 습득	권경인(2008)에 소개된 다양한 활동들 '자기성장 집단상담: 아이(I) 행성 탐험' '대인관계증진 집단상담: 마음이 통하면 관계가 좋아진다'(천성문 외, 2011) '인성 · 사회성발달영역 집단상담'(강진령 외, 2004a, 2004b, 2009a, 2009b)

출처: American School Counselor Association (2004).

주 1) 하위영역 앞에 표기된 A, C, PS 부호는 상위영역을 표시하기 위한 것임. A는 학업(Academic), C는 진로(Career), PS는 개인/사회(Personal/Social) 영역을 의미함. 따라서 '기준'에 표기된 A, B, C와 혼동하지 않기를 바람.

주 2) 우측 칸에 소개된 프로그램들은 각 영역이 가진 특성에 대한 이해를 돕기 위한 예로 제시한 것임. 프로그램의 질과는 무관함. 관련된 더 많은 프로그램은 각종 교재, 저서, 논문, 연구보고서, 프로그램집 등을 참고하기 바람.

의 우측 칸에는 영역 및 하위영역에 대한 이해를 돕기 위해 각 영역과 관련된다고
여겨지는 프로그램의 예와 출처를 4~5개씩 소개했다. ASCA가 제시한 국가표준에
의하면 학업발달영역에서는 학업적 자기개념, 학습촉진 기술, 학교적응, 학습능력
증진, 목표성취를 위한 계획수립, 학교와 이후 삶의 경험 간의 연결 등이 중요한 주
제들이며, 진로발달영역에서는 진로에 대한 자각, 취업준비, 진로 관련 정보습득,
진로목표의 설정과 확인, 진로목표 성취를 위한 지식의 습득, 관련 기술의 적용 등
이 포함된다. 끝으로 개인/사회적 영역에서는 자기에 대한 지식 습득, 대인관계기
술 습득, 자기에 대한 지식 적용, 개인의 안전기술 습득 등의 주제가 포함된다. 이
들의 주제들을 계열별로 살펴보면, 각 영역별로 대체로 자각과 지식에서 시작해서
능력, 기술을 거쳐서 시행력의 증진으로 순서화되어 있는 것을 알 수 있다.

2) 참여대상의 발달수준

학교에서 이루어지는 각종 상담프로그램은 학생들의 발달수준을 고려하여 개
발 · 운영되어야 한다. 앞서 언급했듯이 미국학교상담자 협회는 초 · 중 · 고등학생
의 주요 발달영역뿐 아니라 발달단계를 고려한 목적과 목표를 수립하였다. 국내에
서는 유형근(2002)과 강진령, 유형근(2004a, 2004b, 2009a, 2009b)이 초 · 중 · 고등학
생들의 학교상담교육과정의 목적과 내용을 학년별로 구분하여 제시하였다. 소집
단 단위 생활지도 프로그램을 개발하거나 선택할 때, 이와 같은 발달단계를 고려
하여 선택할 필요가 있는데, 여러 기준 중에서 유형근(2002a, b)과 강진령, 유형근
(2004a, 2004b, 2009a, 2009b) 등이 잠정적으로 제시한 초 · 중 · 고등학생들의 발달
적 특징을 수정해서 제시하면 다음과 같다.

(1) 초등학생 단계

초등학생들의 신체적, 인지적, 심리 · 사회적, 대인관계, 진로발달 측면의 특성을
살펴보면 다음과 같다.

신체적 특성　초등학교 저학년 아동은 매우 활동적임에도 앉아서 수행하는 과제
들이 요구되어 에너지가 신경질적인 습관의 형태로 표출(예: 연필 깨물기, 손톱 물어
뜯기, 안절부절못하기 등)된다. 한편, 왕성한 활동 에너지로 신체적 · 정신적으로 쉽

게 피로해지기도 한다. 자신의 신체통제력 및 기술에 대한 과도한 믿음으로 인해 무모하고 위험요소가 많은 행동을 수행하기도 한다. 초등학교 고학년 아동은 신장이 급격히 자라고 골격이 튼튼해지기 시작하는데, 일부 아동은 비만이 발생하여 친구들로부터 조롱이나 놀림의 대상이 된다. 신체동작 기술에 있어 성차가 나타나기 시작한다(Snowman & Biehler, 2000; 강진령, 유형근, 2004b, p. 52에서 재인용).

인지적 특성　초등학생 시기는 Piaget의 인지발달이론의 관점에서 전조작기를 벗어나 구체적 조작기에 해당한다. 즉, 거꾸로 생각할 수 있고(가역적 사고), 외형상 변화가 있어도 물체의 속성은 불변한다는 원리를 이해하며(보존개념 형성), 한 번에 하나 이상의 측면에 집중할 수 있고(탈중심화), 분류가 가능하지만, 타인도 자신과 같은 경험을 한다고 가정(자기중심성)하는 성향이 남아있다. 그러나 형식적 조작기에는 도달하지 못해 추상적 사고나 논리적 사고가 어렵고 결과적으로 과학적 사고나 내면의 성찰 같은 것은 아직 어렵다. 저학년의 경우 학교에서 읽고 쓰는 방법을 배우는데, 이때 진전이 없으면 좌절하기 쉽고, 이것은 학교교육에 대한 아동의 초기 태도를 좌우할 수 있다. 한편, 고학년의 경우에는 학교학습에 대한 참신성이 감소하고 학습이 어려워지며 열정이 식어가서 학습속도가 빠른 학생과 느린 아동 간의 차이가 두드러지기 시작한다.

심리 · 사회적 특성　초등학생 시기는 Erikson의 관점에서 볼 때, '근면성 대 열등감'의 단계에 속하는데 이는 근면성을 성취함으로써 자신감을 가지게 될 것인지, 아니면 성취하지 못해 열등감을 가지게 될 것인지 여부가 좌우되는 시기이다. 한편 Freud의 관점에는 '잠복기'에 해당하여 성적 호기심이 잠재되어 있어 동성 간의 또래집단에 더 많은 관심을 가지고 그들과 유대가 형성되는 시기이다.

대인관계 특성　초등학생 저학년 아동은 부모, 특히 이성부모에 대한 애정을 나타내며, 아직 부모로부터 받는 인정이 중요하지만, 서서히 부모에게 비판적인 태도도 형성되기 시작한다. 친구 관계에 있어서 친구를 선별적으로 사귀며 소집단으로 조직화된 게임을 좋아한다. 그러나 규칙에 과도하게 관심을 기울이며 때때로 싸움도 발생하기 시작하는데, 이 시기의 싸움은 신체적 다툼보다는 언어적 다툼이 많다. 하지만, 초등학교 고학년 아동은 학년이 높아질수록 애정의 중심이 부모보다는 친구에게로 옮겨 가는데, 더 나아가서는 이성 친구에게로 향하기 시작해서 특정 이성에게 집중되는 현상도 나타난다. 반면, 부모와 교사에 대해서는 양가적이 되는데, 부모와 교사의 애정도 필요하지만 그들에 대한 비판과 분노도 증가한다.

진로발달적 특성   Tuckman(1974)은 초등학생 시기를 네 개의 단계로 구분하고, 각 단계마다 ① 자기 관련 자각영역, ② 진로 관련 자각영역, ③ 진로 관련 의사결정 영역에서 나타나는 주제와 그러한 학생들이 그 주제들을 다룰 때 접하게 되는 매체들을 소개했다. 그의 모형에 의하면 초등학교 저학년 시기에 자기에 대해서는 흥미, 동기, 욕구에 대한 점검이 시작되고, 진로에 대해서는 일의 특성과 직장의 분위기 및 기대에 대한 자각이 이루어지며, 의사결정과 관련해서는 사람들이 '선택'이라는 것을 하고 있고, 자신도 언젠가는 '선택'을 해야 한다는 점에 대한 자각을 하게 된다. 이 시기에는 이러한 자각들이 주로 재미있는 이야기나 사진, 영화 등을 통해 이루어진다. 한편, 초등학교 고학년 시기에는 자신의 기술과 능력, 포부에 대한 점검이 조금씩 시작되고, 진로에 대해서는 직업의 종류나 직장세계의 규범, 취업에 필요한 요건들이 있다는 사실에 대한 자각을 하게 된다. 이러한 자각은 무언가를 만들어 보는 방법, 현장견학과 같은 좀 더 실제적인 매체를 통해 이루어진다.

표 12-3 초등학교 학생의 진로발달 특성

학년	주제/매체	영역		
		자기 관련 자각	진로 관련 자각	진로 관련 의사결정
1~2학년	주제	• 흥미에 대한 점검	• 일의 특성: 다문화적 정보 • 직장 분위기	• 사람들이 '선택'을 한다는 사실을 알게 됨
	매체	• 상호 토의 • 재미있는 이야기와 그림	• 영화, 사진에 대한 토의 • 재미있는 이야기	• 상호 토의
2~3학년	주제	• 동기, 욕구, 성향에 대한 점검	• 직장 분위기 • 직장 기대	• 선택을 해야 한다는 사실의 자각
	매체	• 게임/사진	• 현장견학/학급 프로젝트	• 게임

4학년	주제	• 기술과 능력에 대한 점검	• 직업의 종류 • 사회적 요구와 직업 간의 관련성	• 의사결정 과정
	매체	• 무언가를 만들어 보기 • 능력 발휘하기	• 영화/강사의 강연/현장견학	• 게임
5~6학년	주제	• 흥미/포부에 대한 점검	• 일과 직장세계의 규범 • 직업에 필요한 요건	• 의사결정과정
	매체	• 게임/검사 만들어 보기	• 현장견학/영화	• 게임/질문하기

(2) 중학생 단계

중학생들의 신체적, 인지적, 심리·사회적, 대인관계, 진로발달 측면의 특성을 살펴보면 다음과 같다.

중학생 시기의 신체적 특성을 살펴보면, 여학생의 성장이 남학생보다 빠르며 2차 성징이 발현되기 시작하여 성에 관한 관심이 증가한다. 이 시기에는 자신의 신체적 변화와 그에 따른 심리사회적 변화에 대해 이해하고 받아들이는 것이 중요한 과제로 부각된다.

인지적 측면에서 중학생 시기는 Piaget의 인지발달이론의 관점에서 구체적 조작기를 벗어나 형식적 조작기로 진입하는 시기이다. 구체적 조작기에 잘하지 못했던 추상적 사고와 논리적 사고, 더 나아가 과학적 사고가 가능하게 되며, 발달이 빠른 학생이거나 여학생의 경우 내면에 대한 성찰도 남학생보다는 조금 더 가능하게 된다.

심리·사회적 측면에서 중학생 시기는 Erikson의 관점에서 볼 때, '자아정체감 대 역할혼미'의 단계에 속하는데, 이 시기의 핵심적 주제는 정체감의 발달이다. 이 시기에는 '나는 누구인가?'에 대해 답하기 위해 의식적으로 노력하는 시기이다. 이 질문은 중학생 시기에 시작해서 고등학생 시기와 그 이후까지 이어지는데, '나는 누구인가?'에 대한 질문의 깊이가 점점 더 깊어진다. 한편, Freud의 관점에서는 '성기기'가 막 시작하여 이성에 대한 친밀감, 비이기적인 사랑, 일의 완수를 통한 승화를 배우기 시작하는 시점이다.

대인관계 특성 중학생 시기는 대인관계 추론능력이 발달하기 시작하여 타인의 감정을 좀 더 이해하게 되며, 동조의 욕구는 이 시기에 절정에 도달한다. 반면, '사춘기'가 시작되면서 호르몬의 변화에 따른 기분의 변화가 심하여 소위 '폭풍과 충동'(Sturm und Drang/Storm and Drive/Storm and Stress)의 시기를 겪는다. 이 시기에는 혼란, 불안, 우울, 극단적인 기분 변화, 낮은 자신감 등을 보인다.

진로발달적 측면에 대해서는 Tuckman(1974)의 모형이 많은 시사점을 주는데, 그에 의하면 중학교 1~2학년 시기에는 자기의 기술, 능력, 그리고 적성에 대한 점검이 시작되고, 진로와 관련해서는 일의 가치와 직업군을 이해하기 시작하며, 의사결정 영역에서는 수단과 목표의 관련성을 이해하고 흉내를 통해 선택과정을 실험해 본다. 이 시기의 자각이나 의사결정들은 검사를 받거나 무언가를 만들어 보는 방법, 직접 조사해보는 방법, 그리고 모의 의사결정을 해 보는 방법 등을 통해 이루어진다. 한편 중3 또는 고1 시기에는 자신의 동기를 개발하고 가치, 태도, 성향 등을 점검하는데, 주로 역할연기, 연습과 훈련, 소규모 행동연습을 통해 점검한다. 진로와 관련해서는 강사의 강연이나 현장방문, 직장체험 등을 통해 직장에서 요구하는 기대나 직장의 분위기를 이해하기 시작한다. 끝으로 의사결정 영역에서는 문화적 기대나 고정관념을 점검하고 진로영역의 범위를 조금씩 좁혀 간다.

표 12-4 중학교 학생의 진로발달 특성

학년	주제/매체	영역		
		자기 관련 자각	진로 관련 자각	진로 관련 의사결정
1~2학년	주제	• 기술과 능력에 대한 점검 • 적성에 대한 점검	• 일의 가치 • 직업 군	• 수단과 목표 간의 관련성 이해 • 선택과정 흉내 내 보기
	매체	• 검사받기 • 무언가를 만들기	• 조사/직접체험	• 모의 의사결정
3학년	주제	• 동기의 개발 • 가치의 점검 • 태도와 성향 점검	• 직장에서 요구하는 기대 • 직장 분위기	• 문화적 기대와 고정관념 점검 • 범위 좁히기 • 수단과 목표 간의 관련성 이해
	매체	• 역할연기/연습과 훈련/소규모 행동 연습	• 강사의 강연/현장방문/직장체험	• 소집단 프로젝트

* Tuckman(1974)의 원래 모델은 미국학제에 따라 중3과 고1을 9~10학년으로 묶어서 주제와 매체를 제시했지만, 이 책에서는 한국 학제를 따라 중3과 고1을 구분함. 따라서 중3과 고1의 내용이 동일함.

(3) 고등학생 단계

고등학생들의 신체적, 인지적, 심리 · 사회적, 대인관계, 진로발달 측면의 특성을 살펴보면 다음과 같다. 신체적 특성으로 고등학생들은 신장, 체중 외에 근육과 골격을 비롯하여 생식기관이 급격히 선장한다. 하지만 이들은 이와 같은 변화를 이전에 겪어 보지 못했기 때문에 당황하거나 불안해할 수 있다. 이 시기의 신체적 발달의 속도와 양상은 개인마다 매우 다르기 때문에 친구들과 비교, 평가하는 경향이 나타나는데, 자신이 평균적인 수준에 속하는지 궁금해하는 경향이 있다. 그리고 어떤 학생들은 근육, 골격 등의 신체적 특성을 통해 자아의식을 확보하려고 한다.

인지적 측면에서 고등학생 시기는 Piaget의 인지발달이론의 관점에서 형식적 조작기에 해당하여 추상적 사고와 논리적 사고가 활발해진다. 다만, 한국 고등학생은 대학입시로 인해 많은 시간을 공부에 투자하여 인지적 능력으로부터 자신이 자존감을 확보하려고 하지만, 성적을 비롯한 인지능력이 서로 비교되고 경쟁을 유발하는 경우가 많아 성적이 좋지 않은 경우 자기개념, 자긍심 등이 크게 손상되는 경우가 많다. 반면, 성적이 좋은 경우라고 하더라도 그것이 주변의 요구에 의해 억지로 공부하는 경우도 많아 인지적 측면에서의 능력감이 이후에까지 자신의 중요한 가치의 일부로 받아들이지 못하게 되는 경우도 많다.

심리 · 사회적 측면을 살펴보면, Erikson의 관점에서 볼 때, 고등학생 역시 '자아정체감 대 역할혼미'의 단계에 속하여 정체감의 발달이 핵심적 발달주제가 된다. 고등학생 시기와 그 이후 일정 기간 동안은 학생들은 '나는 누구인가?'에 대해 답하기 위해 의식적으로 노력한다. 따라서 이 시기에는 자기의 능력, 미래, 관계 등에 대해 많은 고민과 성찰을 하게 된다. 다만, 한국의 많은 고등학생은 자신에 대한 성찰과 함께 대학입시 준비를 동시에 해야 하기 때문에, 성적에 의해 자신의 가치가 규정되어 좀 더 포괄적이고 통합적인 형태로 충분히 자기를 성찰하고 이해하는 기회를 갖지 못하는 경우가 많다.

대인관계 측면에서 고등학생 시기는 자신을 규정하고 정체감이 발달하는 시기이지만, 아직 정체감이 견고거나 타인과의 경계선이 명료하지 않아 누군가로부터 무시당하거나 간섭을 받는다고 느낄 때 분노가 생기며 이때의 분노는 아동기 때보다 오래 지속되는 경향이 있다. 이뿐만 아니라 남자와 여자의 성역할을 받아들이고 배우기 시작하며 남녀 동년배와 새롭고 성숙한 태도를 형성하기 시작한다. 부모와 다른 성인들로부터는 정서적인 측면에서 독립이 시작된다.

표 12-5		고등학교 학생의 진로발달 특성		
학년	주제/ 매체	영역		
		자기 관련 자각	진로 관련 자각	진로 관련 의사결정
1학년	주제	• 동기의 개발 • 가치의 점검 • 태도와 성향 점검	• 직장에서 요구하는 기대 • 직장 분위기	• 문화적 기대와 고정관념 점검 • 범위 좁히기 • 수단과 목표 간의 관련성 이해
	매체	• 역할연기/연습과 훈련/소규모 행동 연습	• 강사의 강연/현장방문/직장체험	• 소집단 프로젝트
2~3 학년	주제	• 기술과 능력의 개발 • 포부의 점검 • 동기의 개발	• 필수 기술 • 필수 학력	• 자기와 환경의 매칭 • 범위 좁히기 • 선택하기
	매체	• 직접체험/토의	• 조사/직장체험	• 개인프로젝트/상담/모의 의사 결정

* Tuckman(1974)의 원래 모델은 미국학제에 따라 중3과 고1을 9~10학년으로 묶어서 주제와 매체를 제시했지만, 이 책에서는 한국 학제를 따라 중3과 고1을 구분함. 따라서 중3과 고1의 내용이 동일함.

진로발달적 측면에서 고등학교 시기에는 자기 영역에서 자신의 기술과 능력, 그리고 동기를 발달시키고, 장기적인 포부를 점검한다. 진로 관련 자각영역에서는 직장에서 필요한 필수기술과 필수 학력에 대한 관심이 조금씩 생긴다. 진로 관련 의사결정 영역에서는 자신의 현실적인 조건과 환경을 매칭하고 범위를 좁혀 나가며 구체적인 선택이 이루어지는 시기이다. 이러한 선택은 대학입시에서 학교나 전공의 선택과 밀접하게 관련되는데, 이때 자기의 동기, 가치, 능력, 태도, 흥미, 적성 등과 현실적 조건을 바탕으로 한 선택을 하는지 여부에 따라 이후 대학이나 직장생활에서의 적응이 크게 좌우된다(Tuckman, 1974).

3) 프로그램의 기초가 되는 이론적 모형

생활지도 프로그램과 활동요소들은 다양한 상담이론에 근거해서 개발, 운영된다. 프로그램을 이해하고 선택하며 개발할 때 이러한 이론들은 프로그램에서 활용하는 변화기제를 설명해 주는데, 프로그램을 개발, 운영하는 교사나 학교상담사는 학생들의 주제 영역과 발달단계가 이러한 이론적 모형에 기초한 프로그램과 활동요소를 적용하기에 적합한지 생각해서 선택할 필요가 있다.

(1) 정신역동이론

정신역동이론적 접근에 근거한 활동에는 주로 정신분석접근, Adler의 개인심리학적 접근에 근거한 프로그램과 활동들이 속하며, 근래 들어서는 대상관계이론에서 제시하는 개념을 활용한 프로그램들도 개발되고 있다.

정신분석적접근은 초기 가족관계를 탐색하고 그때 있었던 일을 재경험하여 재처리하는 기회를 제공함으로써 과거의 경험이 현재의 행동에 끼치고 있는 영향력을 무력화시키는 것을 목표로 하고 있다. 이를 위해 과거의 사건 및 그 사건과 관련된 억압된 감정을 드러내고 비효율적인 행동방식(방어기제)에 대한 통찰을 촉진하며 교정적 정서경험을 자극한다. 집단프로그램과 활동요소들을 보면 집단원 측에서는 재경험, 이전 경험과 현재 행동 간의 관련성에 대한 통찰, 방어기제 사용에 대한 통찰 등을 촉진하는 활동들, 집단상담자 측에서는 이러한 재경험과 통찰을 위해 해석을 가능하게 하는 활동들로 구성된다.

Adler의 개인심리학적 접근은 집단구성원이 삶에 대해 가지고 있는 기본적 가정을 탐색하고 자신의 생활양식에 대해 이해하며, 결과적으로 자신의 강점과 변화를 추구하는 힘과 자신에게 내재하고 있던 사회적 관심을 자각하게 하는 것을 목표로 한다. 이를 위해 집단상담자는 내담자를 격려하고 용기를 북돋우는 일을 한다. 집단프로그램과 활동들을 보면 가족구조의 탐색, 초기기억 보고, 개인의 신념체계에 대한 도전, 교유한 삶의 방식에 대한 자각 등을 촉진하는 활동요소로 구성된다.

대상관계이론적 접근은 집단구성원의 초기 경험 중에서 특히 주요대상과의 경험을 탐색하고 그 경험으로 인해 형성된 대상관계를 자각 수정하되, 통찰보다는 상담자와의 체험을 통해 수정하는 것을 목표로 하고 있다. 이를 위해 주요대상과의 경험을 탐색하고 그 경험들과 현재의 관계방식 간의 관련성을 이해할 뿐 아니라 새로운 대상관계경험을 제공하여 대상관계의 수정을 시도한다. 집단프로그램과 활동들을 보면 집단원 측에서는 재경험, 이전 대상관계가 현재 실연(enactment)되고 불러일으켜짐(evocation), 구현(embodiment)(Wallin, 2007)되는 방식을 자각하게끔 하는 활동, 집단상담자 측에서는 이러한 현상들에 대한 해석과 새로운 경험을 제공할 수 있는 활동요소로로 구성된다.

〈표 12-6〉은 Adler의 개인심리학에 기초한 집단상담활동의 한 가지 예이다. 이

표 12-6	Adler의 개인심리학적 접근에 근거한 활동요소
활동명	추웠던 기억, 따뜻했던 기억
개관	Adler에 의하면 초기기억은 그 사람의 생활양식을 이해하는 데 많은 정보를 제공한다. 초기기억을 탐색하는 것은 매우 간단한 방법이지만 개인에 대해 많은 정보를 제공한다. 초기기억의 원래 의미는 '8세 이전의 경험에 대한 기억으로서 일생에 단 한 번 경험한 일에 대한 기억'이라고 하지만 소집단 활동에서는 그러한 조건을 반드시 만족시키지는 않아도 된다. 그 대신 '머리에 떠올릴 수 있는 기억 중 가장 어릴 때의 것으로 자주 떠오르거나 생생한 기억' 정도로 규정해도 무방하다. 또한 그 기억이 나는 경험들이 실제 있었던 일이든 실제는 없었지만 그렇게 경험했다고 생각하는 일이든 상관없다. 중요한 것은 그러한 일이 있었다고 믿고 있다면 그것은 초기기억이 될 수 있다. 그런데 아무 기억이라도 떠올리라고 할 경우에는 집단원들이 막연하다고 느낄 수 있기 때문에 추웠던 기억과 따뜻했던 기억으로 구체화시키면 초점이 좀 더 분명한 주제들이 제시된다. 여기에서 추웠다, 따뜻했다고 하는 것은 마음이 춥고 따뜻함을 의미한다. '고통스러웠다' '기뻤다 또는 자랑스러웠다'라는 말을 쓰지 않고 '춥다' 또는 '따뜻하다'는 말을 사용한 까닭은 후자가 훨씬 함축적이면서 몸에 다가오는 어휘이기 때문이다.
준비사항	• 집단규모: 소집단, 중집단 • 소요시간: 60~90분 • 장소: 실내 • 준비물: 없음
진행	• 집단상담자는 다음과 같은 방식으로 질문한다. "여러분이 기억할 수 있는 경험 중에서 가장 추웠던 기억과 따뜻했던 기억을 한 가지씩 떠올리시기 바랍니다." • "어떤 상황이었고, 누가 등장하며 그 이야기의 결말이 어떻게 되는지 생각해 보시기 바랍니다." • 그리고 그러한 기억들이 현재 나의 삶의 방식에 어떤 영향을 끼치고 있는지 생각해보게끔 한다. • 기억을 떠올린 후 그 기억을 다른 집단원들 앞에서 함께 이야기하면서 나눈다.
정리 및 기대효과	• 개인의 초기기억을 탐색하면서 중요한 기억들에 대해 자기개방을 하게끔 한다. • 인간의 욕구나 문제들에 대해 공통성과 보편성을 인식하게끔 한다. • 자신의 감정이 많이 개입된 기억들에 대해 카타르시스를 시킬 수 있다.
부수효과	• 초기기억이 생활양식과 어떻게 관련되는지를 이해한다. • 적극적 경청, 공감연습을 한다. • 자기를 좀 더 수용할 수 있게 한다.
유의사항	• 집단원들 사이에 경청과 공감하는 태도를 가지고 상호작용하게끔 격려한다. • 한 사람씩 발표할 때에는 추웠던 기억을 먼저 말하고 그 후에 따뜻한 기억을 말하게 한다.

출처: 권경인(2008).

활동을 보면 학생들의 초기기억을 탐색하고 그것이 현재 생활에 끼치는 영향을 자각하게 하는데 초점이 있다. 이런 자각을 통해 자신의 삶 속에서의 의사결정과 행동을 재점검하게 한다. 그리고 부수적으로는 초기기억을 주제로 집단원들이 자신을 개방하면서 친밀감, 보편성, 그리고 유대감을 체험하게 하는 효과도 있다.

(2) 인지행동이론

인지행동이론적 접근에는 합리적·정서행동적 접근(REBT)은 비롯하여 다양한 접근이 포함된다. 합리적·정서행동적 접근(REBT)은 삶에 대한 자기파괴적인 관점과 비합리적 사고를 좀 더 유연한 관점과 사고로 대체하는 것을 목표로 하고 있다. 이를 위해 집단상담자는 인간으로서의 자기와 타인을 무조건적으로 수용하는 태도를 모범적으로 보여 주고 자기파괴적인 관점과 비합리적으로 경직된 사고를 수정하는 기회를 가진다. 이 접근에서 채택하는 집단프로그램과 활동요소들을 보면 경직된 사고의 특성과 기능에 대한 교육, 집단원들이 가지고 있는 경직된 사고를 발견하고 도전하는 목적을 가지고 있다. 구체적으로는 잘못된 신념에 대한 논박, 적응적인 자기진술, 심리교육적 작업, 역할극, 행동시연, 과제제시, 기술훈련 등 다양한 활동이 포함된다.

인지행동적 접근은 집단구성원들로 하여금 자신의 생각이 행동에 어떤 영향을 끼치는지 평가하고, 부적응적인 행동을 제거하며 좀 더 효율적인 행동패턴을 학습하게끔 하는 것을 목표로 삼고 있다. 이 접근에서 채택하는 집단프로그램들은 행동수정원리와 학습의 원리에 근거하여 행동의 변화와 인지 재구조화를 촉진하는 활동들로 구성되는데, 여기에는 자기모니터링, 강화와 지지, 행동시연, 코칭, 모델링, 피드백, 평가와 인지변화 등을 촉진하는 활동들이 포함된다.

인지행동주의에 근거한 집단프로그램과 활동은 그 수가 매우 많지만, 그중에 합리적정서행동적 접근과 행동주의적 접근의 예를 들면 다음과 같다. 이 활동요소의 내용을 보면, 들어가기에서 행동주의 원리에 기초하는 근육이완훈련을 사용하여 집단에 참여한 학생들을 준비시킨 후, 합리적정서행동적 접근에서 주로 사용하는 비합리적 사고의 특성과 종류에 대한 교육, 대안이 될 수 있는 합리적 사고의 교육, 그리고 연습의 절차를 따르고 있다. 〈표 12-7〉에는 잘 나타나 있지 않지만, 합리적·정서행동적 접근에서도 마지막 부분에는 행동주의 절차를 적용하여 학생들이 이러한 교육에 잘 참여하고 연습을 효과적으로 수행했을 때, 교사나 친구들의 칭찬

표 12-7 합리적·정서행동적 접근(REBT)에 근거한 활동요소

목표	분노를 일으키는 바합리적 생각을 논박을 통하여 합리적 생각으로 바꾼다.	차시	5
준비물	활동지, 필기구		

단계	진행 절차
1. 들어가기 (10분)	① 지난 시간의 내용을 간단히 정리하고 이번 시간의 내용을 소개한다. 　(이 부분의 상세 진행과정은 해당문헌 참고) ② 지난 시간에 배운 근육이완 훈련을 반복한다. 　(이 부분의 상세 진행과정은 해당문헌 참고) ③ 과제를 점검하고 발표한다. 　(이 부분의 상세 진행과정은 해당문헌 참고)
2. 도전! 논박 (15분)	① '도전! 논박' 활동에 대해 설명한다. 〈활동지 5-1〉 　"지난 시간에 자신이 적은 비합리적 생각을 세 가지 논박 원칙, 즉 근거가 타당한가, 도움이 되는가, 현실성이 있는가에 따라 직접 논박해 봅시다. 분노를 일으키는 생각을 논박방법에 따라 논박해 보면 비합리적인 잘못된 생각이라는 것을 알게 되어 합리적인 생각을 바꿀 수 있습니다. 평소에 분노를 일으키는 장면들을 많이 떠올리고 논박의 연습을 많이 해보면 생각이 바뀔 수 있습니다. 그러면 시작해 볼까요?" 　"다 했습니까? 해 보니 어떤가요? 그렇죠? 같은 상황에서도 다르게 생각할 수 있겠죠?"
3. 합리적인 생각으로, 큐! (15분)	① '합리적인 생각으로, 큐!' 활동에 대해 설명한다. 〈활동지 5-2〉 　"일반적으로 우리는 나를 분노하게 만드는 사건이나 사람 때문에 내게 분노가 일어난다고 생각합니다. 그러나 자세히 살펴보면 어떤 사건이나 사람 때문이 아니라 그 사건에 대해 개인이 가지고 있는 생각, 특히 비합리적 믿음이나 생각 때문에 분노가 일어나는 경우가 많습니다. 이는 비합리적인 믿음이나 생각이 우리의 정서나 행동에 좋지 않은 영향을 미치고 있다는 것을 의미합니다. 즉, 같은 사건이 같은 감정을 가져오는 것은 아닙니다. 나의 감정은 사건에 대한 나의 생각에 따라 달라질 수 있습니다. 〈활동지 5-2〉의 예에서 어떤 사람이 더 합리적인 생각을 하는지 맞혀 볼까요?" 　"더 합리적으로 생각한 사람은 누군가요? 네, 그렇죠. 현서지요. 두 사람은 같은 상황에서 다른 생각을 하고 있지요? 이처럼 같은 상황에서 다르게 생각할 수 있겠죠?" 　"이제 우리가 가진 비합리적 생각을 합리적인 생각으로 바꿔 봅시다. 자, 아래 문제로 연습해 볼까요?"
4. 정리하기 (5분)	① 이 시간을 간단히 정리하고 느낀 점이나 깨달은 점을 나눈다. 　(이 부분의 상세 진행과정은 해당문헌 참고) ② 과제를 제시한다. 　(이 부분의 상세 진행과정은 해당문헌 참고) ③ 다음 시간을 소개하며 마친다. 　(이 부분의 상세 진행과정은 해당문헌 참고)

출처: 천성문 외(2011).

과 격려할 수 있다.

〈표 12-9〉에서 볼 수 있듯이 행동주의 접근에 근거한 활동요소는 '친절함'이라는 긍정적인 행동을 끌어내고 빈도를 증가시키기 위해 강화물을 활용한다. 이 활동에서는 초콜릿이라는 물리적 강화물과 주변 친구들로부터의 칭찬과 축하라는 사회적 강화물을 사용하고 있다.

표 12-8 행동주의 접근에 근거한 활동요소

목표	친절한 행동을 한 경험을 나누고 친구를 칭찬하면서 친밀감을 가진다.	차시	8
준비물	활동지, 필기구, 선물(초콜릿)		
단계	진행 절차		
1. 들어가기 (10분)	① 지난 시간의 내용을 간단히 정리한다. 　(이 부분의 상세 진행과정은 해당문헌 참고) ② 이번 시간의 내용을 소개한다. 　(이 부분의 상세 진행과정은 해당문헌 참고)		
2. 학급의 친절왕 뽑기 (10분)	① 친절왕 뽑기를 진행한다. 　"지난주에 자신이 한 친절한 행동을 말하세요. 그리고 의논해서 자기 모둠에서 가장 친절한 행동을 많이 한 학생을 추천하세요." ② 모둠별 대표가 앞에 나가서 자신의 친절한 행동을 발표한다. 　"모둠별 대표는 자신의 친절한 행동을 발표하세요." ③ 학급의 친절왕을 뽑아서 상을 준다. 　"모둠별 발표에서 가장 친절한 행동이라고 생각되는 학생에게 가서 줄을 서 보세요. 자기 모둠의 친구에게는 갈 수 없습니다. ○○○에게 가장 많은 친구들이 섰네요. 가장 많은 학생이 서 있는 ○○○을 우리 반의 친절왕으로 모시겠습니다. 큰 박수로 우리 반 친절왕에게 축하를 보냅시다. 자, 초콜릿을 선물로 주겠습니다."		
3. 당신은 친절왕 (5분)	① 그동안 친절했던 친구에게 각자 다가가 '당신은 친절왕' 상을 준다. 〈활동지 8-1〉 　"그동안 나에게 참 친절하게 대해 주었다고 생각되는 친구에게 가서, 친구의 활동지 '당신은 친절왕'에 친구 이름을 써 줍니다. 고마웠지만 그동안 인사를 못했던 친구에게 다가가 그 친절에 대해 감사를 전한다는 의미이지요. 고마운 마음과 사랑하는 마음을 담아서 친구의 이름을 써 줍니다." 　"친구가 '당신은 친절왕'에 자신의 이름을 써준 친절왕들 손들어 보세요. 친구가 친절하다고 인정해 주니 정말 기쁘지요? 박수~~!!" ② 친절한 행동의 의미를 전달한다. 　"우리가 친절한 행동을 했고 그런 친절한 행동을 하고 나서 기분이 좋았고 보람있었다면 우리 모두는 친절왕들입니다."		

4. 칭찬 파도타기 (20분)	① 학급 전체를 대상으로 칭찬 파도타기를 진행한다. "친구들의 친절한 행동이나 평소 봐 왔던 모습에서 그 친구의 장점, 매력, 남다른 능력, 성격, 태도 등을 보고 칭찬하는 시간입니다. 누구에게나 장점은 있습니다. 꽃을 보면 크기, 생김새, 빛깔 등이 모두 다르지만 그 나름대로 다 예쁘지요. 예쁘지 않은 꽃이 없듯이, 사람도 누구나 독특한 장점과 능력이 있습니다." 1. 먼저 발표하고 싶은 사람이 있으면 일어서서 친구를 칭찬한다. 먼저 발표할 사람이 없으면 손가락 화살표를 던져서 한 친구를 선택한다. 선택된 친구가 칭찬하고 싶은 친구를 칭찬한다. 2. 칭찬받는 친구는 감사의 소감을 짧게 말한 뒤 또 다른 친구를 칭찬한다. 3. 칭찬받는 친구가 중복되지 않도록 한다. ② 칭찬 파도타기를 한 소감을 나눈다. "칭찬 파도타기를 하면서 칭찬받았을 때, 칭찬했을 때의 소감을 몇 사람이 발표해 봅시다."
5. 정리하기 (5분)	① 이번 시간을 정리한다. "이번 시간에는 친절왕을 뽑고 칭찬 파도타기를 했습니다. 지금 어떤 기분입니까? 자신이 원해서 친절한 행동을 하면 그것을 받은 사람뿐 아니라 친절한 행동을 한 사람도 행복해집니다. 상대방이 기뻐하면 뿌듯하고 자신이 의미 있는 행동을 한 것 같아서 행복해지고 힘이 나지요. 칭찬하기도 마찬가지예요. 칭찬받는 사람도 기쁘지만 칭찬하는 사람도 행복하지요." ② 다음 시간을 예고하고 가족 칭찬하기 미션을 제시한다. (이 부분의 상세 진행과정은 해당문헌 참고)

출처: 천성문 외(2011).

(3) 체험·정서중심이론

체험·정서중심적 접근에는 인간중심적 접근, 게슈탈트 접근, 실존주의적 접근 등이 포함된다. 인간중심적 접근은 집단구성원들이 자신의 감정, 욕구, 경험을 전 영역에서 탐색하고 받아들임으로써 자신의 원래 모습에 개방적인 태도를 가지게 하며, 그 결과 자신을 신뢰하고 삶의 여러 기로에서 스스로 판단하고 자신감을 회복하는 것을 목표로 한다. 이를 위해 집단상담자는 경청, 감정반영, 지지, 공감 등의 태도를 보이고, 가능한 한 수용적이고 진실한 관계경험을 제공함으로써 안전하고 신뢰할 수 있는 환경을 제공한다. 게슈탈트 접근은 집단구성원들이 순간순간의 경험에 주목함으로써 그동안 차단하거나 인정하지 않고 있던 경험, 욕구, 감정과 같은 자신의 일부분을 자각하고 통합하는 것을 목표로 한다. 이를 위해 집단상담자는 집단원들로 하여금 즉시적인 경험을 강렬하고 직접적으로 체험하고 자각하게끔 하는데, 이를 위해 빈 의자기법, 상상적 접근, 행동과정, 감정에 머무르기, 자기의 일부나 중요한 타인과 대화하기 등의 기법을 구현할 수 있는 집단활동을 활용한다. 실존주의적 접근은 현시점에서의 자각을 극대화하고 성장의 걸림돌을 제거할 수 있는 조건을 제공함으로써 집단구성원들이 선택의 자유를 발견하고 선택하며, 선택에 대한 책임도 지게끔 하는 것을 목표로 한다. 이를 위해 집단지도자는 집단원들로 하여금 실존적 상황에 머무르게 하여 성찰하게끔 하거나 선택의 기로에 놓아 선택의 연습을 해 보는 등의 활동을 도입한다.

인간중심, 게슈탈트 접근에 근거한 활동요소는 〈표 12-9〉에서 볼 수 있듯이 집단상담사와 학생들에게 욕구와 감정에 대한 탐색을 함으로써 학생들이 자신의 내면세계에 대해 성찰하게끔 돕는다. 그 후 학생들은 자신의 내면세계를 개방하고 집단상담사와 주변 친구들로부터 수용되는 체험을 함으로써 자신에 대해 좀 더 자신 있고 수용적인 태도를 가지게끔 하는 절차로 설계되어 있다.

표 12-9 인간중심, 게슈탈트 접근에 근거한 활동요소

활동명	문장완성
개관	학생들로 하여금 자신의 욕구와 감정을 자각하게끔 돕는 활동이다. 자신의 욕구와 감정을 자각하고 그것을 표현하게끔 하며, 다른 학생들은 그러한 욕구와 감정에 대해 수용과 지지를 보내 줌으로써 해당 학생이 자신의 욕구와 감정을 수용하고 그것을 집단 밖에서도 드러내게끔 돕는다. 이 활동을 집단 초기에 성공적으로 진행하면 참여학생들 간에 친밀감을 촉진할 수도 있다. 전체적인 진행방식은 다음의 문장을 완성시키는 활동인데, 집단상담자가 먼저 예를 들어 주면 학생들에게 자기개방의 모범을 보일 수도 있고, 활동의 취지에 대해 학생들이 쉽게 이해하는 데 도움 된다. 다음에 제시된 완성되지 않은 질문의 대상은 집단 밖에 있는 사람이 아니라 집단 안에 있는 학생들로 생각하고 답하게 하기 때문에 학생들이 답하기에 다소 어렵거나 어색한 질문이 될 수도 있다. 따라서 진지한 질문과 함께 다소 가벼운 질문을 섞어서 진행해도 좋다. 처음에 어렵지만 이 단계를 잘 넘어가면 학생들이 훨씬 가깝고 신뢰할 수 있는 관계로 발전할 수도 있다. 이 점은 교사나 집단상담자의 역량에 달려 있다.
준비사항	• 집단규모: 소집단, 중학교 고학년 또는 고등학생에게 적합 • 소요시간: 40~50분 • 장소: 실내 • 준비물: 필기구, 완성되지 않은 문장의 목록

진행	• 다음의 문장을 학생들에게 알려 주고 그 문장을 완성시키라고 한다.
	  "당신이 나를 정말 아신다면 ……"
	  "당신은 나에게 ……"

	"내가 당신에게 바라는 것은 ……" "나는 당신이 ……" "내가 두려워하는 것은 ……" "내가 가장 싫어하는 것은 ……" "내가 가장 좋아하는 것은 ……" • 집단에 참여하고 있는 학생 외에 가족이나 가까운 친구를 생각하면서 다음 문장을 완성시키라고 할 수도 있다. "어머니(아버지)가 나를 정말로 안다면 (이러이러하게) 말할 것 같습니다." "그 친구가 정말로 나를 안다면 (이러이러하게) 말할 것 같습니다." "나는 (이러이러한 말을) 정말 듣기 싫고 두렵습니다." "나는 당신에게 (이러이러한 말은) 하지 말아야 했습니다." • 추가적으로 게슈탈트 접근에서는 자신의 감정, 생각, 지각에 대해 책임을 지라고 한다. 이점을 강조하기 위해서는 아래와 같은 문장도 완성하게끔 할 수 있다. "나는 당신이 ……인 것 같아 보입니다. 그러나 그렇게 보는 것은 나의 시각(책임)입니다." "나는 당신이 ……하려는 것 같아 보입니다. 그러나 그렇게 보는 것은 나의 시각(책임)입니다." "나는 당신에게 ……한(예: 미운, 화나는 등) 감정을 느낍니다. 그러나 그런 느낌은 나의 느낌(책임)입니다." • 완성된 문장을 돌아가면서 발표한다. • 발표한 후 서로의 생각과 느낌을 나눈다.
정리 및 기대효과	• 간단한 활동이지만 집단에 참여하고 있는 학생들의 중요한 욕구, 감정, 체험 등을 드러낸다. • 학생들의 두려움, 선호 등을 직접적으로 알 수 있다. • 자신의 욕구, 감정, 체험에 대해 좀 더 명확하게 자각하는 계기가 된다.
부수효과	• 집단 구성원의 응집력을 높인다.
유의사항	• 학생에 따라서는 자신의 동기를 감추고 사회적으로 바람직한 방향으로만 답하는 경우도 있다. 그러나 그런 현상도 그대로 의미가 있는 것으로 받아들이는 것이 좋고, 다만 그런 성향을 추가적으로 탐색할 수는 있다.

출처: 권경인(2008).

실존주의적 접근에 근거한 활동요소는 '우리는 언젠가 죽고 삶은 제한되어 있기 때문에 현재의 시간이 귀중하다'는 것을 깨닫게 하는 절차로 구성되어 있다. 〈표 12-10〉에서 볼 수 있듯이 안정된 분위기를 형성하고 지금이 죽음의 직전이라고 상상하게 한 후, 자신의 삶을 되돌아보게끔 함으로써 삶에서 무엇이 중요한지에 대해 성찰하게끔 질문하고 그 내용을 집단상담사가 제공하는 능숙한 조율의 도움을 받아 학생들끼리 서로 나누게 하는 순서로 진행된다.

표 12-10 실존주의적 접근에 근거한 활동요소

활동명	유서쓰기
개관	본 활동은 집단원들로 하여금 가상적인 죽음에 대한 체험을 통해 진실한 자신을 발견하고, 자신에게 주어진 시간 또한 무한하지 않음을 각성하게끔 돕는 활동이다. 집단원들이 이런 과정을 통해 오늘의 삶이 아무렇게나 허비할 수 없는 귀중한 시간임을 깨닫게끔 돕는 데 그 목적이 있다.
준비사항	• 집단규모: 소집단, 고등학생 이상의 대상에게 적합 • 소요시간: 60~90분, 집단상담의 전반부보다 후반부에 진행하는 것이 적합 • 장소: 가능하면 주변이 어두우면 좋으나, 반드시 그렇지 않아도 시행할 수 있다. • 준비물: (양초, 촛대) 음악, A4용지, 필기구
진행	• 먼저 음악이 흘러나와야 한다. • (주변을 어둡게 할 수 있으면, 그런 환경을 만들어 본다.) • 1~2분 동안 잠시 음악을 들으면서 집단원들이 눈을 감고 명상에 잠기게끔 한다. • 집단상담자는 천천히 낮은 목소리로 다음과 같은 내용을 집단원들에게 말한다. "우리는 어느 누구도 영원히 살지 않습니다. 어느 정도 살다가는 반드시 죽게 된다는 사실을 우리는 압니다. 그럼에도 불구하고 죽음에 대해 별생각도 없이 살아가고 있습니다. 때로는 영원히 살 것처럼 시간을 헛된 것에 허비하는 경우도 많습니다. 원래부터 대충 살아야겠다고 생각하는 사람은 아무도 없지만, 이런저런 일들로 인해 살아 있다는 것에 대한 기쁨도 잊은 채, 뭔가 바쁜 일에 매여 허둥대며 살아가는 경우가 많습니다. 지금 이 순간부터 12시간 동안만 당신이 살 수 있습니다. 그렇다면 얼마 되지 않는 귀중한 시간 동안에 당신은 누구를 만나며, 어떤 일을 할 것인지에 대해, 일정표를 한 장 작성해 주십시오. 그리고 가까운 가족들에게 마지막으로 남기는 몇 마디의 말을 유언장에 작성해 보시기 바랍니다." ① 누구에게 이야기를 남기고 싶습니까? ② 그 사람들 각각에게 어떤 이야기를 남기고 싶습니까? 이 밖에 다음과 같은 질문에 대해서도 생각해 보고 몇 마디를 남길 수 있습니다. ③ 가족과 친구들에게 당신의 어떤 개인적 자질을 물려주고 싶습니까? ④ 어떤 부분을 자신과 함께 묻어 버리고 싶습니까? ⑤ 당신은 어떻게 살아왔습니까? ⑥ 어떤 일이 가장 후회스럽고 당신의 인생에서 없애고 싶습니까? ⑦ 어떤 일이 가장 자랑스럽고 감사합니까?
정리 및 기대효과	• 이 활동을 통해 집단원들은 자신의 생활을 진지하게 되돌아볼 수 있는 시간을 가질 수 있다. • 현재 자신의 삶에서 중요하게 여기고 있는 것들을 생각해 보게 해 준다. • 자신에게 소중한 것, 아쉬운 것 등을 되돌아봄으로써 자신의 내적가치를 발견하게끔 돕는다. • 자신의 현재 삶이 소중하여 허비할 수 없음을 각성하게끔 돕는다.

부수효과	• 생활의 우선순위를 새롭게 수립하게끔 도울 수 있다. • 현재 삶 속에서 감사한 점을 찾게끔 도울 수 있다.
유의사항	• 지나치게 어색해하거나 장난스럽게 참여하는 사람이 있을 경우 활동이 잘 진행되지 않을 수 있으므로, 집단에 대한 이해가 깊어지고 분위기를 효과적으로 조성할 수 있는 집단 후기에 시행하는 것이 효과적이다. • 이 활동에 거부감을 표시하는 집단원이 있을 활동을 강요하기보다, 거부감이 드는 이유를 경청하고 집단의 취지를 구체적으로 설명해 줄 필요가 있다. • 드물지만 때때로 죽음 장면을 떠올리는 것에 대해 강하게 거부하는 집단원이 있을 경우가 있는데, 이를 위해 사전에 활동에 대한 설명을 미리 하거나 이 집단원에게 적합한 다른 유사한 활동(예: 꼭 죽음의 상황이 아니더라도 지금까지 삶을 돌아보는 활동)을 준비해 둘 필요가 있다.

출처: 권경인(2008).

(4) 기타 이론

정신역동, 인지행동, 체험 · 정서중심적 접근 외에 기타 이론으로는 해결중심 접근, 체계론적 접근(가족상담) 등을 고려할 수 있다. 해결중심 접근은 집단에서 문제의 원인을 파고들기보다 해결책에 대해 이야기하게 함으로써 집단원의 태도나 언어를 전환하게 하고 결과적으로 성취하고자 하는 목표를 선택하고 새로운 가능성과 능력을 알아차리게끔 하는 것을 목표로 한다. 이를 위해 집단상담자는 예외상황 질문하기, 기적질문, 척도질문, 강점에 초점 맞추기 등의 기법을 적용하기에 좋은 활동들을 사용한다. 체계론적(가족상담) 접근은 변화의 요인을 개인보다 가족시스템에서 찾고 시스템을 변화시키는 것을 목표로 한다. 이를 위해 집단상담자는 가계도 그리기, 가족조각 등의 활동을 집단상담에서 활용할 수 있다. 구체적인 프로그램과 활동요소는 이 장의 뒷부분에 소개한 자료들을 참고하기 바란다.

4) 프로그램을 운영하게 될 구체적 장면

앞에서 언급했듯이 학교에서 운영되는 집단상담 프로그램과 활동요소를 선택하거나 개발할 때, 그것들의 목적, 내용, 참여자들의 발달단계, 근거한 이론도 중요하지만, 프로그램을 운영할 구체적 장면도 반드시 고려해야 한다. 왜냐하면 학교라는 장면은 특수한 물리적 환경과 구조를 가지고 있기 때문이다. 학교가 가지고 있는 구조 중에서 특히 학교에서 수행하는 여러 교육활동이 대부분 학급을 단위로 진행되고, 1개 교시의 단위가 40~50분이라는 점은 가장 기본적인 구조이며, 이 구조에 제한받지 않으려면 방과 후나 별도의 시간을 마련해야 하는데, 그것이 용이하지 않다는 점 등을 고려하지 않을 수 없다. 따라서 학교에서 집단상담 프로그램을 운영할 때 다음과 같은 점을 고려해야 한다(이재규, 2005).

- 회기당 진행시간을 짧으면 20분에서 길어야 90분 정도로 구성해야 하기 때문에 사회상담기관에서 이루어지는 집단상담에 비해 회기 시간이 매우 짧다.
- 학급을 기준으로 한다면 (예외적으로 소규모 학급도 있겠지만) 일반적으로 35명 내외의 구성원을 대상으로도 수행될 수 있어야 한다.
- 집단상담자가 집단원 개개인의 참여정도를 파악할 수 없고, 개개인에게 피드백을 제공할 수 없는 상황에서도 집단원이 의미 있는 경험을 할 수 있는 방안이 마련되어야 한다.
- 학생들의 접촉유지 수준을 고려하여 자기개방의 문제가 신중하게 처리될 수 있는 형태가 되어야 한다.
- 집단상담 후에도 학생들의 접촉이 계속되는 점을 활용할 수 있게끔 설계되어야 한다.
- 현재 학급이나 학교에서 진행되고 있는 다양한 소집단 활동을 활용할 수 있는 방안이 강구되어야 한다.

이런 점을 반영하여 이재규(2005)는 열 가지 내외의 다양한 집단상담 프로그램의 형태를 제안하였다. 지면의 제약이 있기 때문에 이 장에서는 그중 세 가지만 간략히 소개하고자 한다. 이 모형들은 집단상담을 학교에 적용할 때 학교의 현실적인 구조를 최대한 반영하려고 했다는 점에서 학교에서 집단상담 프로그램과 활동요소를 개발하는 교사와 상담사들에게 많은 시사점을 제공한다. 이 세 가지를 비롯하여 나머지 형태의 프로그램에 대한 상세한 설명은 이재규(2005)를 참고하기 바란다.

(1) 공개상담을 통한 집단상담 프로그램

공개상담을 통한 집단상담 프로그램이란 상담자가 개인상담을 진행하는 과정을 집단원이 관찰하게끔 함으로써 집단원이 자신의 문제를 탐색하고 문제에 대한 해결책을 찾아내게끔 자극을 제공하는 프로그램이다. 이것은 공개상담이 마무리된 후에는 개인내담자, 관찰자, 상담자가 개인내담자와 관찰자의 문제를 해결하기 위해 토론하는 과정이 뒤따른다. 이러한 형태의 상호작용은 개인상담이라는 명칭은 사용하지 않더라도 TV나 라디오에서 많이 사용하고 있으며, 상담영역에서는 심리극에서도 이러한 형태의 상호작용을 찾아볼 수 있다(이재규, 2005). 이러한 형태의 프로그램에서 참여자들끼리 효과적인 상호작용을 하게 하려면 참여하는 개인내담자와 관찰자들에게 많은 준비를 시켜야 하는데, 준비할 것 중에는 참여했던 내담자에 대해 사후에 비밀을 누설하거나 놀리는 일이 없게끔 하는 일이 포함된다. 이를 위해 최소한의 장치로서 '비밀유지 계약서'나 '놀림방지 서약서'를 받을 것을 제안하고 있다. 공개상담을 통한 집단상담의 운영과정은 다음과 같다.

표 12-11 공개상담을 통한 집단상담 절차와 상담자의 과제

절차	상담자의 과제
집단구조화	① 집단분위기 안정시키기 ② 목적 및 취지 설명하기 ③ 참여규칙 설명하기 ④ 진행과정 설명하기
개인상담 진행	① 내담자 준비시키기 ② 공개상담 진행하기 ③ 공개상담 마무리
개인내담자와 관찰자의 상호작용	① 내담자에게 해명 기회 주기 ② 관찰자와 내담자 간에 상호작용 촉진하기 ③ 관찰자에게 도움 요청과 통찰 발표 기회주기
집단상담 마무리	① 내담자와 관찰자를 치하하기 ② 상담자의 느낌 표현하기 ③ 추수상담 일정 정하기 ④ 추가 상담서비스 절차 안내 ⑤ 과제 제시 ⑥ 집단상담 종료 선언하기

출처: 이재규(2005).

  필자의 관점에서 이런 형태의 프로그램이 성공하기 위해서는 다른 절차와 과제도 모두 중요하지만 특히 '참여규칙 설명하기'와 '내담자에게 해명 기회 주기'가 매

우 중요한 것 같다. 왜냐하면 이 프로그램은 일반적인 집단상담 프로그램과는 달리
한 사람의 내담자가 전체 집단 앞에서 관심의 초점이 되고 있기 때문에, 개인내담자
가 원하지 않는 자기개방, 개인내담자에 대한 관찰자들의 과도한 침해, 그리고 개인
내담자에 대한 비밀의 누설 등의 가능성이 있기 때문이다. 이러한 형태의 집단상담
프로그램을 운영하는 교사나 집단상담자는 이러한 점에 특히 유념할 필요가 있다.

(2) 학급 단위 단회 문제해결 집단상담

학급 단위 단회 문제해결 집단상담은 학생 전체(혹은 학생 일부)가 공통적으로 겪
는 문제를 교사나 집단상담자와 학생이 협동하여 문제를 구체화하고 해결책을 모
색하는 단회 집단상담을 의미한다. 학생 대부분이 공통적으로 겪는 문제에는 학습
기술 부족, 학습 집중력 부족, 시험불안, 부모와의 갈등, 선생님의 차별대우, 또래
와의 갈등, 또래와의 경쟁이나 이성문제, 금전관리, 가정에서의 다양한 어려움, 성
장과 발달과정에서 겪는 고민 등이 포함된다. 이런 문제들에 대해서 학생들은 어떻
게 이런 문제를 겪고 있는지, 어떤 노력을 하고 있는지, 어떤 노력이 가장 적합한지
등을 공개적으로 탐색하고 토론함으로써 자신의 문제를 좀 더 명확하게 이해하고
효과적인 해결책을 모색하려는 시도이다. 이런 형태의 집단활동은 몇 가지 장점이
있는데, 우선 학생들로 하여금 대부분의 학생이 유사한 문제를 가지고 있음을 알게
함으로써 안정감을 줄 수 있고, 학생들이 자신의 어려움을 털어놓게 할 수 있으며,
학생들이 가진 노하우를 끌어냄으로써 그들의 잠재력을 활용할 수 있을 뿐 아니라
교사의 학급운영부담을 감소시키고 학급공동체의식을 고취시킬 수 있다. 학급 단
위 단회 문제해결 집단상담의 운영과정과 상담자의 과제는 다음과 같다.

표 12-12 학급 단위 단회 문제해결 집단상담 절차와 상담자의 과제

절차	상담자의 과제
집단구조화	① 집단분위기 안정시키기 ② 주제제시 ③ 역할 구조화하기 ④ 시간 구조화하기
사례의 분석	① 사례 읽히고 분석 촉진하기 ② 사례에 대한 토론 촉진하기

자기탐색 및 나누기	① 관련된 자기 경험 탐색 촉진하기 ② 앞, 뒤, 좌, 우 네 사람과 토론 촉진하기 ③ 발표 유도 ④ 발표 격려 및 정리
느낌 나누기	① 앞, 뒤, 좌, 우 네 사람과 느낌 나누기 유도 ② 느낌 발표 유도
집단상담 마무리	① 주요한 토론 내용의 정리 ② 참여에 대한 치하와 감사 표현 ③ 집단과정과 학생들에 대한 느낌 표현 ④ 추수 상담 일정 정하기 ⑤ 추가 상담서비스 절차 안내 ⑥ 과제 제시 ⑦ 종결선언

출처: 이재규(2005).

(3) 뒤풀이 집단상담

뒤풀이 집단상담이란 다양한 학급행사 및 활동, 학급에서 발생한 사건 후에 그것과 관련된 학생의 욕구, 감정, 사고, 행동과 학생들의 관계를 반성적으로 회고하고 평가해 보게끔 함으로써 학생들이 자신과 동료의 욕구, 감정, 사고, 행동을 재인식하고 또한 자신과 동료의 관계에 대해서 새롭게 인식하게끔 하는 목적으로 고안된 집단상담의 한 형태이다. 이러한 형태의 집단상담은 자기이해와 성장, 타인이해와 수용, 학급공동체의 회복 및 유지 등을 목적으로 한다. 뒤풀이 집단상담 과정과 상담자의 과제는 다음과 같다.

표 12-13 뒤풀이 집단상담 절차와 상담자의 과제

절차	상담자의 과제
집단구조화	① 집단분위기 안정시키기 ② 목적 및 취지 설명하기 ③ 집단규칙 설명하기 ④ 집단과정 설명하기
자기와 타인 탐색 및 나누기	① 자기와 타인의 욕구, 감정, 행동 탐색 촉진 ② 앞, 뒤, 좌, 우 네 사람과 토론 촉진 ③ 전체 발표 유도 ④ 발표 격려 및 정리

느낌 나누기	① 앞, 뒤, 좌, 우 네 사람과 느낌 나누기 유도
	② 느낌 발표 유도
집단상담 마무리	① 집단원 치하하기
	② 상담자의 느낌 표현하기
	③ 추수상담 일정 정하기
	④ 추가 상담서비스 절차 안내
	⑤ 과제 제시
	⑥ 집단상담 종료 선언하기

출처: 이재규(2005).

(4) 기타

앞에 제시한 세 가지 외에 학교의 구조를 최대한 반영하여 진행할 수 있는 집단상담의 형태로는 ① 통상적인 훈화가 이루어진 후에 훈화의 내용을 소그룹 토론과 전체토론을 통해 정교화하는 훈화집단상담, ② 집단상담의 진행을 교사가 아닌 또래가 하게하고, 교사는 또래집단상담을 기획, 관리, 감독하는 역할만 수행하는 또래집단상담 외에 ③ 학급운영 집단상담, ④ 교과과정을 활용한 집단상담, ⑤ 소그룹 집단상담, ⑥ 한 학기 혹은 1년 단위 학급경영 집단상담 등을 고려할 것을 제안하였다. 이재규(2005)가 제시한 방법들은 반드시 소집단 단위의 프로그램이나 활동요소의 범주에 속하지는 않는다. 그러나 이 방법들은 학급 전체를 대상으로 적용할 수 있는 만큼 소집단 단위의 학생들에게도 충분히 적용할 수 있을 뿐 아니라 학교가 가지고 있는 태생적 구조를 반영해야 한다는 현실적인 문제를 고려하고 있는 창의적인 방법이다. 학교상담과 생활지도, 학교에서의 집단상담, 소그룹 단위의 프로그램 및 활동을 고안하려는 교사나 학교상담자들에게 학교의 구조적 제약을 걸림돌로만 생각할 것이 아니라 그 안에서 학생들을 위한 상담과 생활지도를 할 수 있는 창의적인 방법을 구상할 필요가 있다.

5) 사용되는 방법과 도구

소집단 단위 생활지도 프로그램을 개발·운영하거나 개발된 프로그램을 선택할 때 고려할 중요한 점 중 하나는 그 프로그램을 구현할 때 사용하는 도구이다. 소집단 단위 생활지도 프로그램뿐 아니라 모든 교육프로그램에서 언어는 빼놓을 수 없는 가장 중요한 도구임에 틀림없다. 그러나 소집단 단위 생활지도 프로그램은 언어

외에도 신체활동, 게임, 예술 활동 등의 도구를 사용한다.

프로그램이나 활동에서 어떤 도구를 사용할지는 ① 참여대상의 발달단계, ② 프로그램과 활동이 기초하고 있는 이론적 배경, ③ 프로그램의 발달단계, ④ 프로그램에서 다루는 주제에 따라 좌우된다. 이 절에서는 여러 도구 중에서 언어는 제외한 신체활동, 게임, 예술 활동에 대해 간략히 논의하겠다.

(1) 신체활동

소집단 단위 생활지도 프로그램은 언어 외에 신체활동을 많이 활용한다. 신체활동은 프로그램에 참여하는 대상의 나이가 어려서 형식적, 개념적, 상징적 조작이 어려운 아동을 대상으로 할 때 신체활동을 활용해서 프로그램을 운영한다. 이뿐만 아니라 인성 및 사회성의 발달을 주제로 하는 프로그램이나 정서·체험중심적 접근에 기초한 프로그램에서도 신체활동을 많이 활용하는데, 그 이유는 인성, 사회성, 정서 상태 같은 측면의 변화는 인지방식이나 사고체계의 수정만으로는 한계가 있기 때문이다. 인성, 사회성, 정서상태 측면의 변화를 위해서는 정서중심적, 체험중심적 접근뿐 아니라 신체의 감각에 집중하는 접근(예: 마음챙김 명상), 양질의 신체활동(예: 댄스, 봉사활동)이나 조절된 양질의 신체접촉(예: 손잡기, 껴안기, 신체접촉이 필요한 놀이 등)을 활용하는 접근이 필요하다. 이와 같은 접근은 그동안 심리상담 영역에서 정서중심적 또는 체험중심적 접근(예: 인간중심접근, 게슈탈트접근, 정서중심상담 등)의 임상적인 경험을 토대로 그 중요성이 강조되어 왔으나, 최근에는 인간의 정서·사회적 문제에 대한 생물학적, 신경과학적 기제에 대한 증거가 축적되면서 점점 더 힘을 얻고 있다(예: 이홍표 역, 2008; Fosha, Siegel, & Solomon, 2009; Safran & Greenberg, 1991; Schore, 2003; van der Kolk, 2014 등). 신체활동을 통한 소집단 단위 프로그램의 예를 들면 〈표 12-14〉와 같다.

이러한 신체활동과 신체접촉을 활용한 활동요소는 체험을 통해 변화를 촉진하는 효과가 있지만, 이 외에도 짧은 시간 내에 집단원들 사이의 친밀감을 높이는 효과도 있다. 따라서 신체활동을 동원한 프로그램 활동요소는 프로그램의 대상, 형태, 이론적 접근과 상관없이 다양한 프로그램의 초기나 각 회기의 초반부에 삽입함으로써 집단에 참여한 학생들의 어색함을 줄이고 친밀성을 촉진하기 위해 많이 사용된다.

표 12-14	신체활동과 신체접촉을 활용한 활동요소
활동명	신문지 위에 올라서기
개관	일정한 크기의 신문지 위에 집단에 참여하는 학생들이 올라가게 하여 신체적 접촉을 통한 친밀감을 도모하고 학생들의 협동심을 기른다.
준비사항	• 집단규모: 소집단 • 소요시간: 10분 • 장소: 실내 • 준비물: 신문지 여러 장
진행	• 신문지를 크게 펴서 두 사람으로 구성된 한 팀이 함께 올라선다. 어깨동무를 하거나 손을 맞잡고 다정하게 서 있도록 한다. • 신문지를 반으로 접은 후 그 위에 올라서게 한다. 이 활동을 계속 되풀이한다. • 가능한 한 실패하지 않는 방법(예: 두 사람이 부둥켜안거나 한 사람이 다른 사람 위에 무등 타기 등)으로 최후까지 남은 팀이 승리하는 것으로 한다. • 한 팀씩 진행하는데, 한 단계마다 30초 정도 그 자세를 유지하게끔 하고 확인한다.
정리 및 기대효과	• 학생들 사이의 친밀감을 높이다. • 집단 내에서 신체적 접촉을 통한 협동심을 높인다.
부수효과	• 집단에 대한 기대와 흥미를 높인다.
유의사항	• 지나친 신체접촉으로 학생들 사이에 불쾌감을 유발하지 않게끔 조절한다.

출처: 권경인(2008).

(2) 게임

게임은 집단 참여자들 모두의 흥미를 북돋울 수 있고 게임을 통해 친밀감을 형성할 수 있어서 아동과 성인 모두에게 매우 효과적이다. 게임 형식의 집단프로그램과 활동은 프로그램에 대한 학생들의 흥미를 높일 수 있으며, 프로그램을 통해서 전달하려는 메시지 역시 분명하고 정확하게 전달할 수 있다. 게임을 활용한 활동은 프로그램에서 전달하려는 메시지를 게임에 참여하는 경험 자체를 통해서도 전달할 수 있지만, 게임을 마친 후 게임을 되돌아보면서 핵심 메시지를 학습하게끔 설계할 수도 있다. 게임이 흥미의 측면이나 메시지 전달의 효율성 측면에서 많은 장점이 있지만, 생활지도 프로그램이나 활동을 게임의 형태로 설계하려면 많은 노력이 필요하다. 게임에는 신체활동과 접촉을 활용한 게임도 있지만, 그렇지 않은 게임도 있는데, 게임을 활용한 소집단 단위 프로그램 중에서 신체활동과 접촉이 없는 활동의 예를 들면 〈표 12-15〉와 같다.

표 12-15 게임을 활용한 소집단 활동요소

활동명	가치관 경매
개관	인간은 어떤 행동을 할 때 가치관의 영향을 받는다. 우리는 각자 자기가 가치 있다고 느끼는 일을 하고 그러한 물건이나 대상을 소유하려고 한다. 게다가 가치관은 일상생활에서 스스로가 선택하고 결정하는 행위의 중요한 요소가 된다. 그런데 가치관이 불투명하여 우왕좌왕한다든지 개인의 진로와 행동결정이 단기적인 판단에 의해 좌우되는 등 실생활에 여러 가지 차질을 가져오는 경우가 있다. 그래서 가치관 경매 활동은 자신의 가치관을 명료하게 인식해 보고, 또 다른 사람의 가치관도 이해해 보는 경험이 된다. 이 과정은 경매형식을 취하여 가치관을 사들이는 과정으로 교사는 ① 어떤 한 가지를 얻기 위해서는 많은 것을 포기해야 한다는 점, ② 사람들의 가치관이 다양하다는 점, ③ 경매에 참여하는 태도(예: 쉽게 포기하는 태도, 경쟁자가 나타난 후 원래 목적보다는 경쟁에서 이기는 것을 목적으로 삼는 태도, 분위기에 끌려 계획하지 않았던 것을 사는 태도, 닥치는 대로 무계획하게 사는 태도 등) 등을 깨닫게 할 수 있다. 또한 이러한 가치관을 자신의 미래상과 관련지어 구체적인 진로계획을 설정하는 데 활용할 수도 있다.
준비사항	• 집단규모: 소집단(5~6명) • 소요시간: 약 50~60분 • 장소: 실내 • 준비물: 가치관 항목 카드, 필기구, 가치관 목록표(예산 수립 내용을 기록하는데 사용), 장난감 돈(각자에게 100만 원 9장, 10만 원 5장, 5만 원 8장, 1만 원 10장씩 준비) (총 1,000만 원에 맞게 예산만 수립할 수 있으면 장난감 돈을 제작하지 않아도 됨)
진행	• 가치관 목록표(별첨자료)를 나누어 주면서 이와 같은 것들은 인생에서 우리들이 가치 있게 생각할 수 있는 것들의 목록임을 알려 준다. • 교사는 돈을 학생들에게 똑같은 액수(예: 천만 원)로 나누어주고 그 돈으로 목록에 있는 각 항목의 것들을 사기 위해 어떤 항목에 얼마나 투자해서 살 것인지 예산을 세우도록 한다. 학생들이 예산은 맨 왼쪽의 '나의 할당금액'이라는 행에 기록한다. • 교사는 학생들에게 경매진행방법을 설명해 준다. • 학생들이 원하는 가치관에 대해 그것을 사려는 사람이 낮은 값부터 부르기 시작한다. 그 값을 교사가 세 번 반복해서 부른다. 다른 사람이 그 가치관을 사고 싶은 경우 값을 세 번 부르기 전에 앞에 부른 값보다 높은 금액을 제시하면 된다. 물론 계획을 세운 금액은 하나의 참고자료이며 그 액수를 넘게 경매가를 불러도 상관없다. • 교사는 경매를 진행하며 학생들은 자신이 돈을 투자하며 경매에 참여한다. 경매 결과 한 항목이 낙찰되면 낙찰된 사람과 그 가격을 맨 오른쪽의 '낙찰액'이라는 행에 기록한다. • 중간 행 '나의 최고 입찰액'은 경매에 참여했으나 자신에게 낙찰되지 못한 사람들이 투자한 최고가를 기록한다. 이 행은 각 학생들이 각 항목을 중요하게 생각하는 수준을 나타내는 자료가 된다. • 모든 가치관 항목의 경매가 끝난 후 자발적으로 다음과 같은 방식으로 느낌과 생각을 발표한다. - 무엇을 사려고 했었는지? 왜 그것이 중요한지?

	– 처음에 예산은 얼마나 배정했었는지? – 자기가 실제 산 것은 무엇이고 얼마나 투자해서 샀는지? 자신의 의도가 맞아떨어졌는지? – 사려고 했는데 사지 못한 것은 무엇이고 왜 사지 못했는지? – 자기가 사려고 했던 것을 사게 되었을 때의 느낌은 어땠는지? – 경합이 붙었을 때의 느낌과 생각은 어땠는지? – 자기가 사고 싶은 것을 산 사람과 사지 못한 사람의 차이는 무엇인지?
정리 및 기대효과	• 활동 중에 나타난 학생들의 특징을 정리해 준다. • 경매에 참여했다가 포기해 버리는 태도, 경쟁자가 나타났을 때 태도, 돈을 하나도 쓰지 못하는 사람의 태도, 분위기에 이끌려 계획하지 않았던 엉뚱한 것을 구입하는 태도, 닥치는 대로 구입하는 태도 등에 대해 설명해 주고 학생들이 생각해 보게끔 한다. • 경제생활 및 기타 일상생활 태도와 관련지어 각자 돌아보게 한다. • 각자 구입한 가치관에 도달하는 것은 자신에게 달려 있음을 강조하고 마무리한다. • 자신의 내적 욕구를 객관화시켜 보고 이해하게 된다. • 타인과 자신의 가치관을 비교하고 자신의 특징을 이해하고 된다. • 미래의 삶에 대한 각오를 다져본다.
부수효과	• 주체성, 자율성 증진 • 가치에 대한 개념 이해
유의사항	• 가치관 목록을 학생들의 연령, 수준, 집단목표 등에 따라 일부 바꾸어서 실시할 수 있다. • 혹시 목록에 없는데 자신이 꼭 사고 싶은 것이 있는지 집단원에게 물어보고 추가하고 싶은 것이 있으면 학생들의 의견을 물어 추가한다. • 경매에 참여했다가 자신에게 낙찰되지 않아 남은 돈은 다시 다른 항목을 사는 데 사용할 수 있음을 알려 준다. 즉 자신에게 낙찰된 총액이 원래 교사가 나누어 준 돈의 액수(예: 천만 원)를 넘지 않으면 된다. • 경매를 모두 마친 후 자신의 생각과 느낌을 이야기할 때 '나의 할당금액'은 초기에 부여하는 가치, 시간과 노력의 투자계획 등을 가늠할 수 있는 지표가 되고 '나의 최고 입찰액'은 실제(다른 것을 포기하면서라도) 그것을 원하는 수준을 가늠할 수 있음을 학생들에게 알려 준다. • 경매활동이 우리 사회문화 배경과 다소 거리가 있지만, 방법 자체가 참가자 간에 경쟁적인 분위기를 조성하면 집단에 잘 집중할 수 있게 된다. • 지나치게 장난스런 행동으로 흐르지 않도록 유의한다.

출처: 권경인(2008), 김계현 외(2009).

(3) 예술활동

　예술활동은 프로그램에 참여하는 대상의 나이가 어려서 형식적, 개념적, 상징적 조작이 어려운 아동을 대상으로 할 때 많이 활용한다. 그러나 성인의 경우에도 집단원이 언어적 표현이 어려운 경우, 언어나 사고로 포착하기 어려운 내면의 심층적

자료와 체험을 다루어야 할 경우에도 예술활동을 활용해서 프로그램을 운영한다.
이뿐만 아니라 예술활동은 언어적으로 구성되어 있는 프로그램 중간중간에 삽입
하여 프로그램에 대한 흥미를 북돋우거나 분위기를 전환할 때에도 사용할 수 있다.
예술활동에는 미술, 음악, 춤 등이 포함된다. 이런 유형의 집단활동은 미술치료, 음
악치료, 동작치료 접근에 이론적 근거를 둔다. 다만 예술활동을 활용한 집단상담에
서는 예술활동의 특성상 정해진 절차로 진행하기는 어려워 지도자의 즉시적 감각
에 의존하여 집단을 운영하는 경우가 많다. 총 12회기로 구성된 예술활동을 통한
소집단 단위 프로그램의 예를 들면 〈표 12-16〉과 같다.

표 12-16 집단미술치료를 활용한 소집단 프로그램

단계	회기	목표	주제	기법	주 매체
I	1	마음 열기	만나서 반가워!	협동화(사포 협동화)	밑그림이 그려진 사포 6~8조각, 크레파스
	2		마음 열기	자유작업(꽃종이 놀이)	5~6색의 색습자지, 4절 흰 도화지, 풀
	3		친구 사귀기	콜라주(내가 원하는 것)	잡지책, 4절 흰 도화지, 가위, 풀
II	4	마음 나누기	마음 나누기 I	자유화(데칼코마니)	물감, 4절 흰 도화지, 물
	5		마음 나누기 II	소조활동(점토놀이)	데커레이션 점토, 점토판
	6		행복한 내 마음	자유화(스크레치)	크레파스, 4절 흰 도화지, 이쑤시개나 나무젓가락
	7		나의 장점 알기	과제화(손 본뜨기)	컬러유성매직, 4절 흰 도화지, 꾸미기 스티커
	8		받고 싶은 선물, 주고 싶은 선물	콜라주(선물 주고받기)	잡지책, 3~4색의 색도화지, 컬러유성매직, 꾸미기 스티커
III	9	마음 다지기	소중한 우리 친구	협동작업(신체 본뜨기)	전지, 크레파스, 컬러유성매직, 꾸미기재료, 접착제
	10		소중한 우리 선생님	협동화(선생님 그리기)	전지, 4절 흰 도화지, 크레파스, 컬러유성매직, 꾸미기 스티커
	11		우리 학교 화이팅!	협동화(학교 그리기)	전지, 크레파스, 컬러유성매직, 파스텔, 꾸미기 스티커
	12		우리의 꿈 파이팅!	협동작업(희망나무)	희망나무가 그려진 전지, 희망과 메시지를 적을 열매 그림판, 컬러유성매직, 꾸미기 스티커
효과검증			준법성, 협동성, 사교성, 자주성 등의 측면에서 유의한 효과		

출처: 김소영, 이근매(2010). 출처

4. 소집단 단위 집단상담 프로그램의 개발과 평가

앞서 언급했듯이 최근에는 많은 프로그램과 활동이 개발되고 그 효과를 평가하는 연구논문과 보고서가 발간되고 있다. 그래서 집단상담 프로그램을 운영하고자 하는 교사나 집단상담자들은 기존에 개발된 프로그램을 그대로 가져다 사용할 수도 있다. 그러나 같은 프로그램이라도 그것을 적용하는 대상과 장면에 따라 조금씩 재구성하는 경우가 많고 심지어 완전히 새로 개발하는 경우도 있다. 따라서 소집단 단위 생활지도 프로그램을 실시하는 교사나 집단상담자들의 입장에서는 프로그램의 개발과 평가절차에 대해 최소한의 지식이 필요하다. 이 절에서는 소집단 프로그램의 개발하는 절차와 효과를 평가하는 방법에 대해 기본원칙을 중심으로 간략히 소개하고자 한다.

1) 생활지도 프로그램 개발 시 고려할 점

프로그램을 개발할 때에는 앞서 언급했던 다양한 변인들, 예컨대 ① 목적과 주제, ② 참여대상의 발달수준, ③ 프로그램의 기초가 되는 이론적 모형, ④ 프로그램을 운영하게 될 구체적 장면, 그리고 ⑤ 사용되는 방법과 도구 등을 고려해야 한다.

2) 생활지도 프로그램 개발모형

프로그램 개발모형이란 프로그램을 개발하는 과정 중에 단계적으로 진행해 나가야할 절차를 명확하고 체계적으로 제시해 주는 개념 틀을 의미한다(김진화, 정지웅, 2000). 생활지도 프로그램은 교과과정과는 달리 그 적용범위가 목적과 유형, 이론적 접근, 대상집단, 장소, 제반여건 등에 따라 달라지는 광범위하고 창의적인 활동이기에 일률적인 개발과정을 제시하기 어렵다(이숙영, 2003). 그렇지만 지금까지 제시된 프로그램 개발 모형 중에서 비교적 체계적으로 제시되어 생활지도 프로그램의 개발절차로 지침이 되어 주었던 개발모형을 살펴보면 다음과 같다.

우선 변창진(1994)의 모형은 기존의 외국에서 개발된 교육과정 개발모형과 수업설계 모형에 기초해 9개 단계로 구성된 프로그램 개발모형을 제시했다. 이 모형은 개발절차의 객관성 및 엄격성과 효과의 검증가능성을 강조하고 있다. 이 모형은 프로그램 개발과정을 순차적이고 단계적인 과정으로 보고 있어서 프로그램의 개선을 위한 지속적인 평가와 환류과정을 포함시키지 않았다는 한계점을 가지고 있다(천성문, 함경애, 박명숙, 김미옥, 2017).

박인우(1995)는 집단상담 프로그램이 보다 과학적인 절차에 의해 개발되려면 교육공학에서 사용되는 체계적인 개발방식을 도입해야한다고 제안하였다. 이 모형에 의하면 프로그램 개발절차는 6개 단계와 단계별 1~3개 정도의 과제(총 15개의 과제)로 구성된다. 그런데 이 모형은 프로그램의 결과에 따라 프로그램을 수정해가는 되먹임 과정, 기존에 제공된 프로그램과 활동을 재구성하는 절차에 대해서도 잘 드러나 있지 않다.

Sussman(2001)은 프로그램 개발절차를 6개 단계와 각 단계마다 2~4개 정도의 하위 과제(총 17개의 과제)로 구분했다. 이 모형은 프로그램 개발 시 고려해야 할 여러 측면을 골고루 고려하고 있는 모형으로 평가된다. 천성문 등(2017)은 6단계의 프로그램 개발단계와 각 단계별 1~5개의 하위 과제(총 17개의 과제)를 제시하고 있다. 특히 이 모형은 프로그램의 4개 단계, 총 11개 하위 과제로 구성된 프로그램 재구성 절차를 별도로 제안하고 있다는 점이 독특하다. 이 모형은 학교에서 이루어질 집단상담 프로그램에 초점을 맞추어 구성되 있으며, 단순하면서도 활용하기에 좋은 모형이다.

김창대 외(2011)는 다른 모형보다 상대적으로 프로그램의 평가와 되먹임 과정을 크게 강조하였다. 그래서 프로그램의 개발절차를 크게 4단계로 구분하고 각 단계마다 2~5개의 하위단계를 제시했으며, 평가도 프로그램 개발의 4단계마다 필요한 평가를 1개에서 많으면 6개까지 제시했다. 이 모형은 현실적인 제약을 고려하기보다 이론적이고 이상적인 개발절차를 제안하고 있다. 또한 이 모형은 프로그램 개발자들 자신이 속한 장면에서 그 장면과 주제의 전문가로서 제시된 프로그램 개발단계와 하위 과제 중에서 필요한 것에 대한 의사결정을 하고 취사선택할 수 있는 여지를 허용하고 있다. 따라서 모든 프로그램 개발에서 따라야하는 것을 일방적으로 제시하는 단계와 절차라기보다 프로그램 개발자의 상황, 주제, 대상에 대한 전문성을 인정하고 그들의 판단을 신뢰하여 그들이 취하고 버릴 단계에 대한 취사선택을 하게끔 만든 모형이다.

표 12-17 프로그램 개발 모형

단계	박인우(1995)	Sussman(2001)	천성문 외(2017)	김창대 외(2011)
	조사	문헌연구	기획	목표수립
I	- 문제진술 - 대상자 범위 설정 - 문제에 대한 요구조사	- 매개변인 확인 - 문제원인 고찰 - 문제통제방법 고찰	- 프로그램 방향/목적 설정 - 대상집단 선정 - 문헌/이론적 배경 조사	- 기획 - 요구조사 - 수정기획안 수립 - 프로그램 이론적 모형 설정
	분석	활동수집	요구분석	프로그램 구성
II	- 목표진술 - 과제/내용분석 - 하위목표 진술	- 유사과제에서 유사활동/방법 수집 - 새로운 활동 개발	- 대상자 요구조사 - 전문가 요구조자 - 시사점 도출	- 내용에 대한 이론적 검토 - 활동수집 - 지각된 효율성 평가 - 활동/내용/전략 선정 - 요소연구(요소 효과평가) - 프로그램구성
	설계	활동선정	구성	예비연구와 되먹임
III	- 평가문항 작성 - 동기 유발 전략 수립 - 프로그램 제시 전략 수립	- 지각된 효율성 연구 - 지각된 효능성 평가	- 프로그램 목표설정 - 프로그램 모형개발 - 세부 활동/내용조직 - 프로그램 타당도 검증 - 지침서 작성	- 예비실행/수정 - 다양한 평가* - 프로그램 모형 재검토 - 기존연구 분석 - 메타분석 - 매개변인 수정 - 최종모형구성
	구안	선정된 활동의 즉시적 효과연구	예비연구	프로그램 실시 및 개선
IV	- 프로그램 지침서 개발 - 형성평가	- 요소연구 - 집단 간 비교연구	- 시험운영 계획안 작성 - 시험운영 - 시험운영 후 평가/수정보완	- 프로그램 실시 - 다양한 평가* - 매개변인 개선 - 활동/내용/전략 개선
	실시	프로그램 제작/예비연구	실행	
V	- 프로그램 실시	-예비연구: 실험 -예비연구: 다양한 평가 -프로그램 수정	-최종 프로그램 실행	*다양한 평가에는 비용-효율성/목표달성도/반응-만족도/성취도/형성-과정-효과 평가 등이 포함됨
	총괄평가	프로그램 장기 효과연구	평가	
VI	- 반응평가 - 성취도평가 - 적용도평가	- 이전연구 검토 - 메타분석 - 프로그램 내 변인들 관련성 검증 - 변인 간 관련성 모형검증	- 프로그램 효과평가 - 회기별 평가	

3) 생활지도 프로그램 개발 · 운영에서의 평가

소집단 단위 생활지도 프로그램을 포함하여 생활지도 프로그램에서 평가는 매우 중요하다. 평가가 없다면 지금 교사나 집단상담자가 하고 있는 일이 얼마나 효과적인지, 참여자들에게 얼마나 도움이 되는지 알 수 있는 방법이 없다. 더 나아가서 학교에서 생활지도 담당자들의 책무성을 확인할 수 없으며 학교행정가의 입장에서는 투입한 예산에 대비한 산출을 확인할 수 없을 때 학생들의 생활지도를 위해서 집단상담 프로그램이나 활동을 계속할지 중단할지에 관해 의사결정하기가 어렵다.

평가가 중요함에도 불구하고 학교의 생활지도를 담당하는 교사나 집단상담지도자들이 평가에 대한 관심이 낮은 것 같은데, 몇 가지 이유를 생각해 볼 수 있다. 첫째, 생활지도 프로그램의 목적이 인성, 사회성, 학업발달, 진로발달 등의 영역으로 구분되는데, 이 영역들 자체가 특성이 모호하여 이 영역의 성취도를 확인하고 측정하기 어렵기 때문이다. 둘째, 이 영역들의 성취는 오랜 시간이 지나야 그 변화라 확인되는 경우가 많기 때문이다. 어떤 이들은 교육의 이러한 특성 때문에 교육의 효과를 경제적 측면에서 확인하려고 하는 시도 자체가 교육의 특성에 대한 몰이해 때문이라고 주장하기도 한다. 그럼에도 불구하고 프로그램의 효과를 확인하고 싶어 하고 그 효과에 따라 예산을 지속적으로 배정할지 중단할지를 결정할 때, 프로그램의 효과를 기준으로 프로그램을 하려는 경향은 막기 어렵다. 따라서 비록 생활지도 프로그램을 통해서 추구하는 변화가 장기간에 걸쳐 일어나고 측정하기도 어렵지만, 그것이 생활지도를 담당하는 교사나 집단상담자에게 평가에 대해 무관심한 태도를 정당화시키지는 못한다. 학교에서 생활지도를 담당하는 교사나 집단상담자는 자신이 운영하고 있는 프로그램의 성과에 대해 평가하고 효과나 성과에 대한 최소한의 지표를 제공할 필요성을 인식하고 노력해야 한다. 다음에는 학교에서 생활지도 프로그램이나 활동의 효과나 성과를 평가하는 방법을 간략히 소개하고자 한다.

첫째, 생활지도 프로그램에 관련된 평가 중에서 어렵지만 빼놓을 수 없는 것은 프로그램과 단위활동의 효과나 성과에 대한 평가이다. 이것은 대부분 프로그램이나 단위활동을 진행한 후에 목표한 행동이나 태도가 얼마나 변화했는지를 평가하는 것으로서 대부분의 프로그램 개발자, 학교행정가, 프로그램 운영자들이 관심을 가지고 있는 평가이다. 둘째, 만족도 평가이다. 프로그램의 효과나 성과 자체를 눈에 보이는 지표로 측정하기 어려운 상황에서도 참여자들의 만족하는 정도를 통해서 효과나 성과를 간접적으로 평가할 수 있는 방법이다. 셋째, 평가 자체를 개입의 일환으로 활용할 수 있고, 후속하는 개입에 되먹임하며 그 결과를 축적하여 변화정도를 가늠할 수 있는 평가방법도 있다. 이 방법은 프로그램의 효과나 성과 평가를 프로그램을 모두 마친 후에 일회적으로 수행하는 것이라는 사고방식에서 벗어나 평가결과가 곧 개입에 도움이 되는 방법이 될 수 있음에 착안하고 있다. 넷째, 프로그램을 기획하고 구성하기 전에 대상들이 그 프로그램에 대한 요구가 얼마나 되는지를 알 필요가 있는데, 이것을 요구조사 또는 요구사정이라고 한다. 요구조사는 프로그램을 수행한 이후, 그 효과나 성과를 알고자 하는 것은 아니지만, 예산투입의 규모가 동일하다면 참여대상에게 필요하고 그들이 요구하는 주제를 다루는 것이 효과나 성과에 도움이 될 것이라는 가정에서 출발한다. 물론 생활지도 프로그램의 목적이 프로그램에 참여하는 사람들의 요구를 항상 반영해야 하는 것은 아니다. 왜냐하면 참여대상들은 요구하지 않아도 교육을 수행하는 주체들의 관점에서 필요로 하는 것, 국가적인 발전을 위해 필요로 하는 것들이 있을 수 있기 때문이다. 그럼에도 교육의 수행주체가 국가가 요구하는 것 중에서 참여대상들까지도 요구하는 것을 주제로 다룰 수 있다면 더 좋은 목적의 프로그램을 개발하고 운영할 수 있을 것이다. 다섯째, 같은 목적을 가지고 있는 프로그램이나 활동 중에서 참여자들이 많은 흥미를 느끼는 주제, 내용, 전략, 도구, 운영방법 등에 대한 평가도 가능하다. 이것 역시 프로그램의 효과나 성과를 평가하는 것은 아니지만, 같은 목적이라면 그것을 구현하는 과정에 있어서 참여자들이 선호하는 방법과 도구를 사용할 수 있다면 더 효과적인 프로그램이 될 수 있을 것이다(김창대 외, 2011). 이 각각에 대해 간략히 설명하고자 한다.

(1) 효과 및 성과평가

이것은 생활지도 관련 프로그램이나 단위활동의 효과를 평가하는 것으로서 가장 중요함에도 불구하고 생활지도 관련 프로그램이 가지고 있는 목표들이 모호하다는 점, 변화가 긴 시간에 걸쳐 발생한다는 점, 평가도구들의 민감성이 떨어진다는 점 등으로 인해 평가 후 효과나 성과를 확인하기가 어렵다. 그럼에도 불구하고 프로그램 개발자, 운영자, 학교행정가들은 프로그램을 실시했다면 효과나 성과에 대해 궁금해하며, 이러한 궁금증에 대해 객관적인 자료를 제공해 줄 필요가 있다. 대체로 프로그램을 진행한 후 효과나 성과를 평가할 때 다음과 같은 몇 가지 점을 고려해야 한다. 첫째, 평가도구가 프로그램이나 단위활동의 목적과 부합해야 한다. 이것은 당연한 말임에도 불구하고 프로그램이나 단위활동의 목적과 부합되지 않는 평가도구를 사용하여 평가하는 경우를 종종 볼 수 있다. 둘째, 가능하면 객관적인 지표를 측정하는 평가도구를 사용할 필요가 있다. 생활지도 프로그램이나 활동들이 '태도'와 같은 모호한 목표를 설정하고 있고, 효과나 성과를 평가하는 도구들 역시 '태도'와 같은 측면을 평가하는 경우가 많다. 그러나 태도와 같은 변인도 행동적 지표로 바꾸어 평가해 보는 시도를 할 필요가 있다. 평가할 수 있는 척도가 없을 때에는 프로그램 개발자나 운영자, 참여자, 가족 등 외부인의 관찰을 활용하는 방법이 더 나은 경우도 있다. 셋째, 가능하면 다양한 측면의 지표를 활용하여 평가할 필요가 있다. 효과나 성과를 평가할 때 한 개의 척도를 사용하기보다 생각, 태도, 정서, 행동 중에서 두세 개의 측면을 평가하는 것이 더 신뢰할 수 있다.

(2) 만족도 평가

만족도 평가는 말 그대로 일련의 생활지도 프로그램을 운영하는 중간이나 마지막에 참여자들이 프로그램과 단위활동에 대해 만족하는 수준을 평가하는 것이다. 만족도 평가 역시 성과나 효과를 직접적으로 평가하는 방법은 아니지만 성과나 효과에 대한 간접적인 지표로 활용할 수 있다. 만족도 평가도 방법에 따라서 직접적인 평가와 조금 더 유사하게 제작할 수도 있는데, 예를 들면, '이 프로그램(또는 단위활동)에 대해 얼마나 만족하십니까?'보다는 '이 프로그램(또는 단위활동)이 자신의 성찰에 얼마나 도움이 되셨습니까?'라고 구체화된 질문이 더 낫고, 한 걸음 더 나아가서 '이 프로그램(또는 단위활동)을 다른 사람에게 추천하시겠습니까?'라고 추천행동에 대한 질문이 더 좋은 평가질문으로 간주된다.

(3) 실무기반평가

실무기반평가는 여러 회기로 구성된 프로그램에서 매 회기를 시작하기 전에 참여자들에게 간단히 실시하고, 그 점수를 고려하여 해당 회기를 수행하고 그 결과를 다음 회기에 다시 평가하는 방식을 반복함으로써 성취와 성장의 추이를 평가하는 방법이다. 이러한 평가를 도입한 대표적인 방식은 성과평가척도(Outcome Rating

460

Scale: ORS)이다(Miller, Duncan, Sparks, & Claud, 2003). 성과평가척도는 개인상담에서 매 회기를 시작할 때, 내담자에게 [그림 12-4]와 같은 네 문항으로 구성된 척도를 제시한다. 내담자는 1~2분 동안 지난 주간을 생각하면서 그 척도상의 네 문항에 답하게 된다. 상담자는 답한 문항의 점수를 보고 내담자에게 가장 높은 점수와 낮은 점수의 의미, 이유, 계기 등을 탐색하면서 상담을 시작할 수 있다. 그리고 이러한 평가를 매회하고, 그 결과가 문항별로 축적되면 내담자의 변화추이를 확인할 수 있다.

이와 같은 방식을 소집단 상담프로그램이나 활동을 한 전후에 적용할 수 있는데, 집단상담프로그램이나 활동을 할 때에는 아래 샘플로 제시한 척도 대신 네 개 문항의 내용을 달리할 수도 있다. 예컨대, 진로집단상담 프로그램이나 단위활동을 할 때, 이 척도를 적용한다면, 집단프로그램과 단위활동의 목표에 따라 각 문항의 내용을 구체화할 수 있다. 만약 진로상담프로그램의 목표가 ① 진로 관련 자신에 대

상담 성과평가척도(Outcome Rating Scale)

성명:	회기:	일시:

오늘을 포함한 지난 한 주간을 돌아보며, 당신의 생활에서 당신이 어떠했는지 다음에 표시하세요. 가장 낮은 수준이 0이고 가장 높은 수준이 10입니다.

개인적
(개인적 행복)
□--□
0   5   10

대인 관계적
(가족, 가까운 관계)
□--□
0   5   10

사회적
(학교, 우정)
□--□
0   5   10

전반적
(전반적인 행복감)
□--□
0   5   10

[그림 12-4] 상담 성과평가척도

한 이해, ② 진로에 대한 정보, ③ 진로선택의 명료성, ④ 진로에 대한 전반적 안정감 등으로 구성된다면, 각 목표에 맞추어 문항의 의미를 재설정하고 이것을 프로그램의 성과를 평가하는 척도로 활용할 수 있다.

진로상담 프로그램 성과평가척도(Outcome Rating Scale: Group)

성명:	회기:	일시:

오늘을 포함한 지난 한 주간을 돌아보며, 당신의 생활에서 당신이 어떠했는지 다음에 표시하세요. 가장 낮은 수준이 0이고 가장 높은 수준이 10입니다.

자기
(진로 관련 자기 이해)

□---□
0   5   10

진로정보
(진로 관련 직업세계 정보)

□---□
0   5   10

진로선택
(진로선택의 명료성)

□---□
0   5   10

전반적
(진로에 대한 전반적 안정감)

□---□
0   5   10

[그림 12-5] 진로상담 프로그램 성과평가척도

(4) 요구조사

요구조사는 요구분석, 요구사정, 요구평가라고도 하는데, 이는 효과나 성과를 직접 평가하는 것은 아니지만, 프로그램을 개발하거나 실시하기 전에 프로그램에 참가할 잠재적 대상자와 그들과 관련된 구성원, 기관, 조직이 가지고 있는 요구를 정확히 평가하고 분석함으로써 프로그램의 성공적인 운영과 성과를 이루기 위한 평가이다. 아무리 좋은 프로그램이라도 프로그램이 실제 참가할 대상자의 요구를 반영하지 못한다면, 대상자의 참여를 기대할 수 없으며, 프로그램을 필요로 하는 관련 구성원, 기관, 조직의 요구를 정확하기 반영하고 있지 않다면, 프로그램을 운영할 예산을 배정받지 못해 프로그램을 시작하지도 못할 수 있다.

요구에는 규범적 요구, 지각된 요구, 표현된 요구, 비교요구 등이 있다. 규범적 요구는 교육 관련 전문가들이 규범적으로 정한 기준에 비추어 본 요구이며, 지각된 요구는 참여자들의 필요를 중심으로 평가되는 요구이다. 지각된 요구는 참여자들이 '내가 자기주장을 잘할 필요가 있다.' '사회적 기술을 습득할 필요가 있다.' 등으로 기술된다. 표현된 요구는 지각된 요구와 유사하지만, 이것은 다양한 프로그램 중에서 내가 어느 것에 더 참여하고 싶은지로 나타나는 요구이다. 즉, 휴대전화로 예를 들면, '나는 통화를 많이 할 필요가 있다' '나는 전화로 하는 게임을 많이 원한다'는 지각된 요구이고, '나는 A사 전화기가 필요하다' '나는 B사 전화기가 필요하다' 또는 '나는 스마트폰은 필요 없고 폴더폰이면 된다' 등은 표현된 요구에 해당한다. 비교요구는 프로그램 대상자의 특성을 조사하고, 그들의 특성을 타 집단과 비교해서 추론하는 방법으로 다른 개인이나 집단, 기관, 지역사회와 비교를 통해 확인된 요구를 의미한다. 예컨대, A학교에는 ㉮ ㉯ ㉰ ㉱와 같은 다양한 생활지도 프로그램이 운영되고 있고, 그것들의 효과를 보고 있는데, 유사한 상황에 있는 B학교에는 ㉮ ㉯ 프로그램만 운영되고 있을 때, B학교에는 ㉰ ㉱ 프로그램에 대한 요구가 있다고 평가한다.

(5) 프로그램 운영에 대한 평가

프로그램에 대한 평가는 성과나 효과에 대한 평가 외에도 프로그램을 운영하는 시간, 회기의 길이, 준비물의 준비정도, 참여자의 규모와 구성 등에 대한 평가도 포함한다. 이러한 평가는 성과나 효과처럼 직접적인 지표를 평가하는 것은 아니지만, 성과, 효과, 그리고 만족도에 중요한 영향을 끼친다.

(6) 기타 평가

이 외에도 집단상담 프로그램과 활동에 대한 평가는 목적에 따라 비용에 비추어 효율성을 상대적으로 평가하는 비용-효율성 평가, 프로그램과 활동이 내재적으로 가지고 있다고 기대되는 효과와 평가를 일률적으로 평가하는 것이 아니라 프로그램에 참여한 각 개인들이 개별적인 방식과 수준으로 목표를 세우고, 그 목표에 도달한 정도를 평가하는 목표달성도 평가, 프로그램 전체의 효과 및 성과 대신 프로그램을 설계할 때 단위활동의 상대적 효과, 순서에 따른 효과 등을 평가하는 요소 평가, 프로그램을 모두 마친 후가 아닌 프로그램 진행 중에 프로그램의 진행의 효율성을 평가하는 형성평가나 과정평가 등도 포함된다. 이들 각각에 대해서는 김창대 등(2011)을 참고하기 바란다.

5. 지금부터 어디로

지금까지 학교에서 운영할 생활지도 프로그램 중에서 소집단 형태의 집단상담, 집단지도 또는 심리교육을 진행할 수 있는 프로그램과 활동요소들에 대해 논의했다. 사실 본 서의 초판이 출간된 20여 년 전과 비해 최근에는 수많은 프로그램과 활동요소가 개발되고, 교재, 연구보고서, 학위논문의 형태로 출판되었다. 이 시점에서 독자들은 소집단 단위의 생활지도 프로그램과 활동요소를 이해하고 조망할 수 있는 틀을 가지는 것이 중요하다. 따라서 필자는 수많은 프로그램과 활동요소를 나열하여 소개하는 것보다 프로그램과 활동요소들을 선택하고 개발, 운영할 때 고려할 특성들을 설명하고, 각 특성들을 잘 보여 주는 샘플 프로그램과 활동요소를 제시하였다. 그 후, 프로그램과 활동요소를 개발하는 절차와 그것에 대한 평가의 중요성을 논의했다.

이러한 논의를 바탕으로 이제는 독자들이 지금까지 개발된 소집단 단위 생활지도 프로그램과 활동요소들을 분별하고 선택할 수 있는 기본 지식과 능력을 가지게 되었다. 이제는 이러한 지식과 능력을 가지고 주변에 제시된 프로그램과 활동요소들을 찾아보고 학생들과 자신의 필요에 맞는지, 효과적이고 실용적으로 설계, 재구성하면 좀 더 학생들과 자신의 필요에 맞는지 평가하고 선별해 보기 바란다. 이를 위해 소집단 단위 생활지도 프로그램을 소개한 각종 문헌 중 주로 저서를 중심으로 목록을 다음에 제시했다. 다음에 제시한 저서들은 지금까지 소개된 프로그램의 극히 일부에 해당하며, 이것들을 기점으로 해서 더 많은 저서, 교재, 연구보고서, 학위논문, 교육 자료의 형태의 문헌들을 주변에서 찾아볼 수 있을 것이라고 생각한다.

〈참고자료: 소집단 집단상담 프로그램 및 단위활동이 수록된 교재 및 저서〉

강진령(2012). 학교 집단상담. 서울: 학지사.

강진령, 유형근(2004a). 초등학교 저학년을 위한 학교상담프로그램 I. 서울: 학지사.

강진령, 유형근(2004b). 초등학교 고학년을 위한 학교상담프로그램 II. 서울: 학지사.

강진령, 유형근(2009a). 중학생을 위한 학교상담프로그램. 서울: 학지사.

강진령, 유형근(2009b). 고등학생을 위한 학교상담프로그램. 서울: 학지사.

강태심(2004). 우리반 집단상담. 서울: 우리교육.

곽은아, 조성윤(2009). 청소년을 위한 집단상담 워크북. 서울: 나눔의집.

권경인(2008). 집단상담활동. 경기: 교육과학사.

김동일(2005). 학업상담을 위한 학습전략프로그램. 서울: 학지사.

김봉석, 박은진, 박준성, 배정훈, 최범성, 홍순범 역(2014). 아동 · 청소년의 분노조절 사회기술훈
    련. 서울: 학지사. [원저: Larson, J., & Lochman, J. E.(2010). *Helping schoolchildren cope
    with anger* (2nd ed.). New York: Guilford Press]

김정일(2016). 아동 · 청소년을 위한 집단상담 프로그램 실제. 경기: 양서원.

김종운, 박성실, 박춘자, 정보현, 김효은, 강정임, 임은미, 이태곤, 장인영, 양민정, 이정이, 김
    현희(2012). 학교 집단상담의 이론과 실제. 서울: 동문사.

김춘경 역(2002). 삶의 기술(중고등학교 학생들을 위한 집단상담). 서울: 학지사.

김춘경, 박지현, 손은희, 송현정, 안은민, 유지영, 이세나, 전은주, 조민규, 한은수(2015). 청소
    년 집단상담 프로그램. 서울: 학지사.

김형태(2005). 집단상담프로그램. 대전: 글누리(한남대학교출판부).

노상우(1999). 아동 · 청소년을 위한 집단상담. 서울: 문음사.

배경숙(2001). 학급활동으로 이어가는 집단상담. 서울: 우리교육.

신완수 역(2003). 학교생활지도 상담프로그램. 서울: 홍익출판사.

이재규(2005). 학교에서의 집단상담: 실제와 연구. 경기: 교육과학사.

전국재(2005). 놀이로 여는 집단상담기법. 서울: 시그마프레스.

전국재(2009). 집단상담의 놀이와 프로그램. 서울: 시그마프레스.

전국재(2018). 행복한 만남과 사귐(초등학생용). 서울: 시그마프레스.

전국재(2018). 행복한 만남과 사귐(중고등학생용). 서울: 시그마프레스.

천성문(2004). 중고등학생을 위한 집단상담 프로그램. 서울: 학지사.

천성문, 함경애, 최희숙, 정봉희, 강은아, 박은아(2016). 위기청소년을 위한 집단상담 프로그램.
    서울: 학지사.

천성문, 함경애, 차명정, 송부옥, 이형미, 최희숙, 노진숙, 김세일, 강경란, 윤영숙(2011). 학교
    집단상담의 실제. 서울: 학지사.

최정원, 이영호(2009). 시험불안 다루기 전략 및 시험 전략. 서울: 학지사.

허승희 역(2000). 삶의 기술(초등학교 아동들을 위한 집단상담). 서울: 학지사.

Greenberg, K. R.(2003). *Group counseling in K-12 schools: A handbook for school counselors.* London, UK: Pearson.

Morganett, R. S. (1990). *Skills for living: Group counseling activities for young adolescents* (Vol. 1). Champaign, IL: Research press.

Smead, R. (2002). *Skills for living: Group counseling activities for young adolescents* (Vol. 2). Champaign, IL. Research press.

제13장
생활지도 프로그램 2: 학교 및 학급 단위

학교중심 혹은 단위학급중심 생활지도 프로그램은 다양하게 계획되어 적용될 수 있다. 본 장에서는 교사가 학교에서 수업을 진행하는 과정에서 과업집중도를 높이면서 다양한 문제행동을 감소시키는 적극적 학급행동관리 프로그램과 부적절한 방해행동을 줄이고 신체적, 언어적 공격성을 줄여 친사회적 행동을 증가시키는 프로그램을 제시하였다.

1. 적극적 학급행동관리 프로그램

적극적 학급행동관리 프로그램은 학업집중을 높이는 동시에 방해행동은 감소시키는 전략을 중심으로 조직되어 있다. 적극적 학급행동관리는 일반적인 행동수정 접근과는 다르다.

첫째, 적극적 학급행동관리는 생활지도 프로그램을 구성하는 데 있어 부적절한 행동의 기회를 최소화할 수 있도록 사후 반응적이기보다는 예방적 차원에서 계획된다. 학급행동 관찰에서 보면, 생활지도에 있어 효율적인 교사와 비효율적인 교사를 구분하는 요인은 이미 나타난 학생의 문제행동에 반응하는 방식이 아니라, 학업에 있어 학생을 집중하게 하고 문제행동을 미리 막아 학급전체가 방해받지 않도록 하는 능력이다.

둘째, 적극적 학급행동관리는 수업과 행동관리를 분리된 것으로 취급하기보다는 포괄적인 학급운영으로 생각하는 것이다. 학업과 학급의 사회적 관계는 학생이 적절한 행동을 유지하고 준비함으로써 최적화된다.

셋째, 적극적 학급행동관리는 학급운영 측면에 있어서 개별 학생의 행동보다는 단위 학급중심의 집단적 역동에 초점을 맞춘다. 집단압력이 개인의 행동에 영향을 미치게 되는 것이다. 학급이 적절하게 기능적으로 조화롭게 운영되고 있다면 한 학생이 이를 방해하는 것은 매우 어렵다. 그러나 무질서하고 미숙하게 운영되는 학급 상황에서 한두 명 학생의 문제행동에 대한 중재는 부적절하며 효과를 거두기 어렵다. 교사와 학생 모두에게 효과적인 프로그램은 학업문제와 행동문제의 가능성을 처음부터 극소화하는 맥락을 제공해야 한다.

행동관리 프로그램은 전체 학급의 학업집중과 적절한 사회적 행동의 높은 수준을 지향하게 되며 행동과학 연구뿐만 아니라 효과적인 교수의 연구에서 여러 가지 시사점을 얻을 수 있다. 즉, 효율적인 학급환경을 조성하고 유지하기 위하여 토큰체제나 타임아웃과 같은 개별적인 기능적 접근보다는 보다 포괄적인 학급중심 교육 프로그램이 필요하다.

적극적으로 학업행동을 촉진하고 방해행동을 감소시키는 학급환경을 조성하는 것은 매우 중요하다. 일단 교사가 학급통제에 실패하면 다시 바로잡는 데 많은 어려움이 있게 된다. 더욱이 교사가 가르치기보다 문제행동을 바로잡는 데 시간을 할애하면 할수록 학업집중도는 떨어지게 된다. 그러나 학기초에 학급행동관리 프로그램에 시간을 할애하면, 더욱 많은 학생이 학기 내내 학업에 집중할 수 있다(Evertson & Emmer, 1982).

적극적인 학급행동관리 프로그램은 학습에 몰두하는 시간을 극대화하는 데 초점을 둔다. 학생의 학업성취는 수업을 위해 할당된 시간의 양(학습 기회) 및 학업집중률(주의집중하여 과제를 수행하며 학급토론에 참여하는 행동에 의해 보이는)과 관련이 높다(Greenwood, 1991). 단지 수업시간의 50~60%만이 실제적으로 집중을 한다고 보면 실제 수업시간 및 학업집중률의 증가는 매우 중요하다. 학생의 집중률이 학급마다 40% 이상 차이가 난다는 것을 생각해 보면 1년 동안 학교 학습시간이 수백 시간 이상 차이가 난다. 수업시간과 학업집중을 촉진하는 적극적인 프로그램은 모든 학생들에게 있어 효과적이지만, 특별히 낮은 성취, 장애, 낮은 사회-경제적 배경을 지닌 다양한 학습자들에게 더 필요하다(Greenwood, 1991).

적극적인 학급행동관리 프로그램은 초임교사에게 중요하다. 특히 학기 내내 행동관리를 효율적으로 하기 위해 학생과 교사가 처음 만났을 때가 가장 중요하다. Brooks(1985)는 "첫날은 오직 한 번뿐이다."라고 강조했다. 초임교사는 선배 교사가 마련한 수업과 행동관리의 틀 안에서 실습한 경험이 전부일 수 있기 때문에 이러한 학급행동관리에 익숙하지 않을 수 있다. 따라서 학급행동관리 프로그램을 통해 교사가 다양한 전략을 갖추는 것이 필요하다.

여기서 적극적 학급행동관리 프로그램은 긍정적인 교실 분위기를 만드는 것, 학급규칙과 절차를 정하는 것, 이동시간, 즉 전환기를 관리하는 것, 자율학습을 관리하는 것을 포함한다. 다양한 전략을 활용한 학급행동관리체제는 교사가 효율적이고 방해행동을 감소시키는 학습환경을 조성하는 데 초점을 두고 있다.

1) 학급규칙과 절차의 관리

비효율적인 교사와는 달리 효율적인 교사는 학기 초에 행동관리를 위한 규칙과 절차를 정하고 그것을 명확하게 가르치는 데 좀 더 많은 시간을 보낸다. 이들은 독특하고 구체적인 규칙과 모델을 사용하며, 교실의 일과와 절차를 연습하고, 필요하면 절차를 소개하고 학기 첫 주 동안은 규칙을 반복한다. 학기 초에 규칙을 명확하게 가르치는 것은 시작을 순조롭게 할 뿐만 아니라 학기 내내 긍정적인 효과를 가져온다. 규칙과 절차를 직접 가르치는 것은 특히 학교에 덜 친숙한 초등학교 단계의 학생에게 중요하다. 그러나 규칙만으로 학생의 문제행동이 감소하는 것은 아니다. 규칙을 적용할 때는 세심한 계획, 학생의 활동을 촉진하는 적극적인 학습, 규칙에 대한 학생의 수행과 위반에 따른 지속적인 보상과 처벌 등을 포함하는 행동관리 프로그램이 필요하다.

■ 교실규칙을 적극적으로 가르치기

이 활동의 목적은 규칙을 정확하게 가르쳐서 질서 있고 효율적인 교실환경을 조성하는 것이다. 칠판 위에 걸려 있는 간단한 교실규칙은 학생의 행동을 적절하게 형성하고 유지하는 데 충분하지 않을 수 있다. 적극적으로 교실규칙을 가르치는 것은 학생에게 기대하는 것을 정확하게 전달할 뿐만 아니라 교사가 규칙에 맞는 행동을 강화하는 기회를 제공한다. 이 프로그램은 매일 반복하고 연습하면 된다는 피드백과 예시를 통해서 수업시간에 교실규칙을 가르친다. 중학생을 대상으로 한 기존 연구에서도 교실규칙을 적극적으로 가르치는 것은 방해행동을 줄이고 적절한 행동을 증가시키는 결과를 나타냈다.

【준비물】

교실규칙이 제시된 차트나 칠판(규칙의 예: 매일 수업준비를 철저히 한다, 다른 사람을 배려한다, 수업이 시작하기 전에 자리에 앉아서 준비한다, 선생님의 지시에 따른다), 규칙목록이 적힌 A4 용지(학생용).

【활동절차】

1. 기초선 관찰 및 측정
   ① 5분 간격으로 왼쪽부터 시작하여 교실을 자세하게 살펴보고 세 가지 행동범주에 따라 학생수를 기록한다.
      • 방해행동: 교실에서 과격한 행동과 다른 학생의 학업을 방해하거나 학업과 관련 없는 행동(예: 떠드는 것, 종이 던지는 것)을 한다.
      • 부적절한 집중행동: 수업시간에 해야 하는 것 외에 다른 것에 집중하는 행동(예: 만화책을 보고 있음)을 보인다.
      • 적절한 집중행동: 수업시간에 해야 할 것에 대해 주의집중하거나 수행한다.
   ② 정해진 4~7일간의 수업 기간 동안 20~30분 관찰을 한다.
2. 정해진 수업시간에 교실규칙을 제시하고 학생 각자에게 규칙목록을 나누어 준다.
3. 수업 중 규칙을 잘 따르고 있는지 지속적으로 관찰할 것이라고 이야기한다.
4. 10분 동안 규칙과 규칙의 중요성을 토의하고 구체적인 예를 제시하여 학생이 위반사례를 알 수 있도록 한다.
5. 수업시간 동안 규칙을 잘 지키는 학생에게 적어도 세 번 이상 구체적인 행동을 들어 칭찬과 피드백을 한다.
6. 규칙을 정한 다음 날부터 매 수업 시작마다 3분 동안 규칙을 다시 가르친다.

【평가】

1. 실행 전·후의 방해행동, 부적절한 학습행동, 적절한 학습행동의 비율(%)을 비교한다.
2. 실행 전·후의 방해행동의 빈도를 비교한다.

【응용】

학생이 규칙을 복사하여 집에 가져가서 부모님과 토의하고 사인을 받아오도록 한다.

【유의사항】

연구문헌에서 제시된 예는 중학교에서 수업시간마다 다른 교과교사가 들어오는 학급을 대상으로 수행한 결과이다. 학급 담임교사가 실행할 경우에는 아침 조회시간을 이용하도록 한다.

- 현장연구문헌: Johnson, T. C., Stoner, G., & Green, S. K. (1996). Demonstrating the experimenting society model with classwide behavior management interventions. *School Psychology Review, 25*, 199-214.

■ 이야기하기, 모범 보이기, 점검하기

이 활동의 목적은 명확히 가르치고 연습하고 피드백해 줌으로써 규칙을 가르치는 것이다. 원래 유치원, 초등학교 저학년 학생에서 적용되는 이 전략은 교실에서 학생이 행동하는 방식을 직접 가르침으로써 문제행동을 감소시킨다. 구체적인 활동을 통해 규칙을 아는 것은 교실에서 학생의 안전감을 높이고, 우연히 잘못 행동하도록 하거나 꾸짖음을 받을 행동을 미리 알게 하여 바람직하지 못한 행동을 예방해 준다. 이 전략은 모든 연령의 학생에게 적용될 수 있다.

【준비물】
없음

【활동절차】

1. 기초선 관찰 및 측정
   ① 4~7일에 걸쳐 토의수업, 개별학습, 소집단 작업과 같은 정해진 수업시간 동안 교사가 훈계하는 빈도를 기록한다.
   ② 4~7일에 걸쳐 정해진 수업시간 동안 교실에서 학생이 보이는 부적절한 행동이나 방해행동의 빈도를 기록한다. 부적절한 행동이나 방해행동이란 수업을 방해하는 언어적·신체적 공격, 빈둥거리며 시간을 보내는 것, 지시에 따르지 않는 행동으로 정의된다.

2. 이야기하기: 활동이나 절차에 관련된 규칙에 대하여 이야기한다. "학급회의 때 의견을 발표하고 싶으면 손을 들어야 합니다."

3. 모범 보이기: 학생 한 명을 선정하여 모범을 보이거나 교사 스스로 모범을 보여 규칙을 구체적으로 보여 준다. "시원아, 의견을 제시하기 위하여 손을 들고 기다리는 것을 해 보도록 하자."

4. 점검하기
   • 바람직하지 않은 행동습성 때문에 학생이 규칙을 어기고 요구하면 학생이 제대로 이해하고 있는지 점검한다. 학생이 손을 거세게 흔들며 "저요, 저요"라고 외치면 그때 교사는 "나는 옳게 행동하고 있나요?"라고 묻는다.
   • 교사가 직접 바람직한 행동을 시범 보이거나 한 학생을 지명하여 모범을 보여 나머지 학생들은 그 행동에 대하여 반응하도록 한다. "나영아, 우리에게 의견을 제시하기 위하여 손을 들고 기다리는 것을 해 볼 수 있겠니? 여러분 나영이가 하는 것이 맞나요?"
   • 옳게 시범 보인 학생을 나머지 학생이 지켜보는 동안 칭찬한다.

【평가】

1. 실행 전·후의 정해진 수업기간 동안 교사의 훈계 빈도를 비교한다.
2. 실행 전·후의 정해진 수업기간 동안 학급에서 학생이 보이는 부적절하고 방해하는 행동의 빈도를 비교한다.

【유의사항】

이 전략을 초등학교 고학년이나 중학생에게 적용할 때, 바람직한 행동과 바람직하지 않은 행동을 함께 시범보이는 경우 조심해야 한다. 실제로 바람직하지 않은 행동이 또래의 주의을 끄는 것으로 오인되어 일시적으로 문제행동이 증가될 수 있다.

●현장연구문헌: Wolfgang, C. H., & Wolfgang, M. E. (1995). *The three of discipline for early childhood: Empowering teachers and student* (pp. 223-225). Boston: Allyn & Bacon.

2) 이동시간(전환기)의 관리

한 활동이나 수업시간에서 다른 시간으로 이동(전환)하는 것은 학교일과에서 자주 나타난다. 현장교사의 이야기에 따르면 학생이 수업보다는 이동하고 준비하는 데 시간을 많이 쓴다고 한다. 효율적인 교사는 전환기가 거의 없이 바로 수업을 시작하거나, 학생이 활동 또는 수업을 시작하기 위해 기다리는 이동시간을 최소화하여 학습활동에 집중을 최대화한다. 조용하고 신속한 전환기는 한 활동에서 다른 활동으로 바뀌는 데 필요한 시간을 줄여 줄 뿐만 아니라, 전환기에 교사가 잃어버린 통제를 되찾는 데 필요한 시간을 최소화한다. 더욱이 문제행동은 전환기에 발생하는 경향이 있기 때문에 전환기과정의 질서를 세우는 것이 중요하다. 행동관리 전략은 전환기를 신속하게 끝내고 방해행동을 감소하는 데 초점을 두고 있다.

■ 정해진 시간에 끝내기: 타이머를 활용한 전략

이 활동의 목적은 게임 분위기를 만들어 정리정돈 절차를 빨리 마치고 이동시간(전환기)을 줄이는 것이다. 이 프로그램은 원래 학교에서 전환기나 정리정돈시간에 학생의 빈둥거리는 행동이나 방해행동을 줄이기 위해서 적용되어 왔다. 다른 집단강화 전략이 사용되지 않더라도 전환기에 필요한 시간이 줄어들게 되는 장점이 있다.

【준비물】
초시계, 벨이 달린 키친타이머나 스톱워치

【활동절차】

1. 기초선 관찰 및 측정

　① 4~7일 동안 이동시간(전환기) 혹은 정돈절차에 요구되는 시간을 기록한다
　　(기초선 정보 확보).

　② 4~7일 동안 전환기에 나타난 방해행동의 빈도를 기록한다. 방해행동은 언
　　어적·신체적 공격행동, 빈둥거리는 것, 지시를 따르지 않고 저항하는 것
　　으로 정의된다.

2. 정돈 또는 전환기에 다음과 같이 지시한다.

2. "여러분, 오늘은 우리가 게임을 할 거예요. 선생님은 2분 안에 울리는 타이머
　를 맞추어 놓을 거예요. 그리고 선생님은 여러분들이 벨이 울리기 전에 첫 번
　째 활동으로부터 두 번째 활동으로 이동할 수 있는지를 볼 거예요. ○○로부
　터 모든 물건을 치우고 벨이 울렸을 때 ○○에 준비를 모두 끝내야 해요. 타
　이머를 작동하겠어요[앞의 관찰 및 측정에서 나타난 기초선(baseline)에 비추어 보
　아 일상적으로 정리정돈하거나 이동하는 데 걸린 시간보다 약간 짧게 시간을 맞춘
　다]. 자 시작!

3. 만일 전환기가 끝나기 전에 벨이 울려도 시간은 계속 측정하면서 학생이 주어
　진 활동을 끝마치도록 한다.

4. 실행한 지 며칠이 지난 후부터는 미리 정한 기준시간에 도달하면 점차 시간을
　줄인다.

【평가】

1. 실행 전·후, 전환기 또는 정리정돈절차를 완료하는 데 걸린 시간을 비교
　한다.

2. 실행 전·후, 전환기 또는 정리정돈시간 동안 나타난 방해행동의 빈도를 비교
　한다.

【응용】

1. 정리정돈 또는 전환기를 측정하는 데 스톱워치나 초시계를 사용한다. 이때 다
　음과 같이 수정하여 적용하기도 한다.

　"여러분, 오늘은 우리가 게임을 할 거예요. 선생님은 여러분들에게 이 초시계

로 ○분을 주겠어요. 그리고 여러분들이 ○분 안에 첫 번째 활동에서 두 번째 활동으로 이동하였는지를 볼 거예요. ○○에 있는 여러분의 모든 준비물을 치우고 시간이 완료되었을 때 여러분은 ○○를 준비해야 돼요. 자, 이제 시간을 재기 시작합니다…… 시작!"

2. 학생이 정해진 시간 안에 완료하였을 때 많은 칭찬을 해 준다(보상과 함께 격려도 한다).

3. 허용된 전환기를 칠판에 적는다. 기준 시간에서 1분이 넘었을 때 휴식시간에서 5분을 줄인다(반응대가 전략).

4. 학급의 짝을 또래 모니터로 이용하여 전환기에 필요한 시간을 기록할 수 있다.

5. 일주일 동안 매일 전환기에 쓰인 시간을 칠판에 선 그래프로 나타낸다. 기록이 처음 제시한 시간까지 줄어들었을 때 특별한(과외) 놀이시간이나 야외학습 등을 보상으로 제공한다.

【유의사항】

1. 연구문헌에서는 가정에서의 적용사례를 제시하였다. 정해진 시간에 아침 일과를 완료하는 아동에게는 30분 더 잠자리에 머물 수 있도록 하였으나 실패하였을 때는 TV 보는 시간을 30분 줄였다.

2. 이 전략은 유치원생뿐만 아니라 초등학생에게도 성공적으로 적용되었다. 키친타이머보다는 스톱워치를 사용하는 것이 초등학교 고학년들에게 더 잘 수용되었다.

●현장연구문헌: Drabman, R. S., & Creedon, D. L. (1979). Beat the buzzer. *Child Behavior Therapy, 1*, 295-296.

Wurtele, S. K., & Drabman, R. S. (1984). 'Beat the buzzer' for classroom dawdling: A one-year trial. *Behavior Therpy, 15*, 403-409.

■ 또래 모니터를 활용한 전략

이 활동의 목적은 또래 모니터 보상체제를 적용하여 전환기를 줄이고 바람직한 참여행동의 빈도를 높이는 것이다. 또래를 활용한 전략은 교사의 관리업무를 줄일 수 있을 뿐만 아니라 학생에게 강력하고 긍정적인 영향을 발휘할 수 있다. 이 전략에서는 또래 모니터가 전환기에 적절한 행동에 점수를 부여하는 훈련을 받는다. 일반적으로 초등학교 저학년 집단에서 또래 모니터의 활용은 방해행동을 극적으로 감소시키고 참여행동을 증가시키는 결과를 나타낸다.

【준비물】

점수기록을 위한 학생 명렬표(이름이 적힌 차트나 칠판 등), 스톱워치, 팀당 점수기록표 한 장(각 모둠의 학생 이름을 종이의 왼쪽 편에 적어 놓고 각각의 목표행동을 나열한 표), 상자나 병에 넣을 수 있는 학생의 이름이 적힌 쪽지

【활동절차】

1. 기초선 관찰 및 측정
   ① 명렬표를 활용하여 전체 학급 또는 정해진 집단을 대상으로 4~7일 동안 휴식시간 등의 전환기 동안에 다음과 같은 행동이 나타나면 1점씩 표시한다.
      • 정리정돈 행동: 싸움이나 방해행동 없이 혹은 허락 없이 교실을 떠나지 않고 청소를 돕는다.
      • 화장실 행동: 화장실에 가서 10분 안에 사용하고 교실로 곧장 돌아온다.
      • 준비행동: 지정된 장소나 책상으로 되돌아가서 다른 사람을 방해하지 않고 기다린다.
   ② 4~7일 동안 학급 전체를 대상으로 정해진 전환기(이동시간) 동안에 보이는 방해행동의 빈도를 기록한다.
   ③ 4~7일 동안 전환기(이동시간)를 완료하는 데 걸리는 시간(분)을 기록한다.
2. 청소나 화장실에 가는 시간처럼 빈둥거리거나 방해행동이 일어날 것 같은 전환기 시간을 선택한다.
3. 학급학생에게 활동과 활동 사이에 신속한 전환을 하기 위해 서로 도울 수 있는 새로운 방법을 배울 것이라고 이야기한다.
4. 학생들을 서로 나누어 모둠을 만들고 전환기에 신속하고 정돈된 행동을 위한 점수를 얻기 위해 모둠끼리 함께 행동해야 한다고 설명한다.
5. 모둠별로 조장(또래 모니터)을 선임한다. 모든 학생은 조장(또래 모니터)에게서

점수를 받을 수 있도록 한다.

6. 조장(또래 모니터)의 임무는 전환기 동안 모둠의 조원을 지켜보고 적절한 행동을 하면 기억해 두었다가 끝에 점수를 주는 것이다.

7. 다음과 같은 행동에 1점씩 얻을 수 있다고 학생들에게 설명한다(또는 목표와 관련된 여러 가지 행동을 선정할 수 있다).
   • 정리정돈 행동: 싸움이나 방해행동 없이 혹은 허락 없이 교실을 떠나지 않고 청소를 돕는다.
   • 화장실 행동: 화장실에 가서 10분 안에 사용하고 교실로 곧장 돌아온다.
   • 준비행동: 지정된 장소나 책상으로 되돌아가서 다른 사람을 방해하지 않고 기다린다.

8. 각 학생이 받은 점수를 차트에 적거나 칠판 일부분에 적어 놓는다. 점수에 대한 보상체제를 설명한다.
   • 3점을 받은 학생은 조장후보로 선임이 되며, 매일 야외활동과 자유시간을 가진다.
   • 2점을 받은 학생은 조장후보로 나설 수는 없지만 자신이 선택하여 야외활동에 참여할 수 있다.
   • 2점 이하를 받은 학생은 야외활동 시간에 교실 안에 남아야 한다. 그리고 교실 곳곳을 청소하거나 자유시간 활동에 참여할 수 없다.

9. 각 전환기 끝에 조장(또래 모니터)은 점수를 부여하기 위해 조원들과 다시 만나게 된다고 설명한다. 그리고 점수 기록표를 놓고 조원 이름 다음 칸에 점수를 기록하는 방법을 보여 준다.

10. 조장(또래 모니터)의 임무를 실제로 보이고 전환기 동안의 적절한 활동을 연습하는 훈련기간을 가진다.

11. 전날 3점을 받은 학생이 조장후보가 된다고 설명한다. 상자나 병에 3점을 받은 학생의 이름과 조이름을 적은 쪽지를 넣고 다음 조장을 선임할 때에 추첨을 한다.

12. 실시한 후 며칠 동안에는 조장의 임무를 상기시켜야 한다. 만일 조장이 부적절하게 점수를 준다면 조장에게 경고를 준다.

13. 점차 조장이나 학생에게 피드백과 조언의 빈도를 줄인다.

【평가】

1. 중재 실행 전·후에 정해진 집단이나 학급 전체에서 적절한 정돈, 화장실, 기다림 행동(또는 전환행동과 관련 있는 것)을 통해 받는 점수를 비교한다.
2. 중재 실행 전·후의 전환기 동안의 방해행동의 빈도를 비교한다.
3. 중재 실행 전·후의 전환기 동안에 요구된 시간을 비교한다.

【응용】

개별 학생보다 모둠별로 점수를 부여한다. 즉, 모둠의 모든 학생이 적절한 행동을 보이면 모둠에게 점수를 준다. 이 경우 모둠에게 보상을 하며, 조장은 추첨 대신 순번을 정해 선임할 수도 있다.

【유의사항】

실제 사례에서 조장(또래 모니터)이 정확하게 점수를 부여하는 데 종종 어려움을 겪었지만 이러한 어려움이 이 전략의 전반적인 효과에 심각한 영향을 미치지는 않았다.

- 현장연구문헌: Smith, L. K., & Fowler, S. A. (1984). Positive peer pressure: The effects of peer monitoring on children's disruptive behavior. *Journal of Appleid Behavior Analysis, 17*, 213–217.

3) 자율학습관리

학교에서 학생은 약 50~70% 시간을 자율학습으로 보낸다. 자율학습은 교사의 직접적인 교수 없이 학생이 독립적으로 수행하는 과제를 포함한다. 자율학습은 교사가 개별 학생이나 모둠의 학습을 돕고 성적표를 완성하고 수업계획을 세우고 학급운영에 필요한 여러 가지 일을 하는 데 도움이 되지만 학생의 행동이 문제가 될 수 있다. 자율학습은 교사주도 수업과 비교했을 때 학습집중률이 상당히 낮아질 수 있고, 교사가 과도하게 자율학습을 하게 하면 학급에서 문제행동이 발생할 수 있다. 그러므로 학생이 자율학습을 하는 동안 학업집중률은 높이고 방해행동은 감소시키는 전략이 필요하다.

■ 채점코너

이 활동의 목적은 학생들이 과제를 해결하고 난 뒤 피드백을 즉시 제시함으로써 학업집중률을 증가시키는 것이다. 학생이 자신이 수행한 과업이나 숙제에 대하여 즉시 피드백을 받으면 학업성취가 증가할 뿐만 아니라 오류가 감소된다. 이 전략은 교실에 설치한 한두 개의 채점코너에서 학생이 독자적으로 자신의 학습지를 채점하도록 가르친다. 또한 이러한 전략은 교사가 학습지를 채점하는 시간과 부담을 줄여 준다. 채점코너는 학생이 학습지나 과제를 하고 교사의 채점을 받거나 오류에 대한 피드백을 받기 위해 기다릴 필요가 없기 때문에 빈둥거리는 시간을 줄이고 학업집중에 도움이 된다.

【준비물】

작은 책상이나 두 개의 책상을 붙여 만든 한두 개의 채점코너, 채점코너별 붉은 펜, 교사가 준비한 해답, 채점한 과제를 넣을 상자와 쟁반 또는 종이집게(폴더), 규칙을 적은 채첨코너의 표지판(규칙: 각 채점코너에 한 사람씩 사용한다, 책상 위에 있는 채점펜이나 연필을 가져가지 않는다, 자신의 과제를 신속하게 채점한다, 상자에 채점한 과제를 담는다)

【활동절차】

1. 기초선 관찰 및 측정
   ① 4~7일 동안의 자율학습 기간 동안 학생들이 완성하는 학습지의 빈도를 기록한다.
   ② 4~7일 동안 자율학습 기간 동안 수행한 학습지의 학급 평균점수를 계산한다.
   ③ 4~7일 동안 자율학습 기간 동안 도움을 요청하는 학생의 빈도를 기록한다.
2. 학생에게 자율학습 기간 동안 수행한 학습지의 새로운 채점방법을 배우게 될 것이라고 이야기한다.
3. 다음과 같은 채점절차를 알려 준다.
   • 누군가 이미 채점코너에 있다면 다른 채점코너를 사용하거나, 끝날 때까지 책상에서 기다린다.

- 채점코너에서 책상 위에 있는 연필과 펜은 두고 온다.
- 해답을 보고 학습지를 채점한다.
- 붉은 펜으로 오답을 표시한다.
- 자기 자리로 돌아가 오답을 지우고 정답을 적는다.
- 학습지의 정답을 다시 점검한다.
- 상자에 완성한 학습지를 넣는다.

4. 정직하게 매일 옳게 점검했는지 확인하기 위해 몇 장의 학습지를 볼 것이라고 이야기한다. 만일 학생이 자신의 오답을 모두 발견하면 보상(스티커, 숙제면제, 교실에서의 특혜)을 받게 된다고 말한다.
5. 채점코너에서 바람직하게 채점하는 행동을 칭찬한다.
6. 정확하게 채점하는 시험지를 매일 확인한다. 학생이 자신의 모든 오답을 발견하면 작은 보상을 제공한다.
7. 학생들이 채점코너의 활용방법을 익히게 되면 보상을 단계적으로 줄인다.

【평가】

1. 실행 전·후 자율학습 기간 동안 학급 전체의 학습지 완성 빈도를 비교한다.
2. 실행 전·후에 학급 전체의 자율학습 학습지 평균점수를 비교한다.
3. 실행 전·후의 자율학습 기간 동안 도움을 요청하는 학생의 빈도를 비교한다.

【응용】

초등학생을 위해서 규칙을 적은 차트를 걸어 놓고 절차를 설명하며 다시 점검하도록 하는 것이 필요하다.

【유의사항】

1. 일단 한 과목의 채점코너를 시작한다. 수학은 채점하기 가장 쉬운 과목이다.
2. 부정행위를 발견하면, 적절히 처벌(반성문 쓰기, 휴식시간 제한 등)한다.

● 현장연구문헌: Paine, S. C., Radicchi, L. C., Deutchman, L., & Darch, C. B. (1983). *Structuring your classroom for academic success* (pp. 123-127). Champaign, IL: Research Press.

■ 쿠폰제: 과도한 요청을 감소시키는 전략

이 활동의 목적은 교사의 도움을 과도하게 요구하는 것을 감소시키는 것이다. 학생의 과도하고 부적절한 요구는 학급에서 진행 중인 교수활동을 방해하고 학습 기회를 감소시킨다. 이 전략은 학생의 개별적인 노력은 격려하고, 불필요하게 도움을 요청하는 것을 감소시키기 위해서 반응의 대가로 일종의 토큰제도를 활용한다. 특히 학급에서 교사가 소집단 지도를 하고 있고 나머지 학생은 개별 자율학습을 수행하고 있을 때 유용하다.

【준비물】

각 팀 또는 대상 학생수에 맞는 색판지로 만들어진 쿠폰, 한 팀당 종이컵 또는 플라스틱컵, 테이프

【활동절차】

1. 기초선 관찰 및 측정
   ① 4~7일 동안 자습시간과 같이 미리 정한 수업시간 동안에 학급전체나 소집단 학생들이 도움을 요청하는 빈도를 기록한다.
   ② 4~7일 동안 정해진 수업시간에 학급전체나 소집단 학생이 보이는 방해행동의 빈도를 기록한다. 방해행동이란 욕하고 놀리기, 좌석 이탈하기, 소란스럽게 하기와 같이 한 학생이 다른 학생의 과업집중 행동이나 진행 중인 수업에 간섭하는 행동으로 정의된다.
2. 학급의 학생들에게 수업시간 동안 보다 자발적으로 공부하는 것을 도와주는 게임을 하게 될 것이라 설명한다.
3. 학급전체를 줄이나 책상의 위치에 따라 모둠을 정한다.
4. 수업시간 시작 즈음에 각 모둠의 조장을 지명한다. 조장의 책상 위나 탁자 중앙에 종이컵이나 플라스틱컵을 놓고, 각 모둠에게 정해진 수의 쿠폰을 넣어 둔다. 각 모둠마다 다른 색상의 쿠폰을 사용하여 학생이 다른 모둠에서 몰래 가져오는 것을 막는다.
5. 선생님과 함께 점심식사하기, 자유시간 갖기, 특별활동, 임시 휴식시간과 같이 여러 가지의 특권이 담긴 쿠폰이라는 것을 설명한다.

6. 각 모둠에게 미리 정해진 도움요청의 빈도보다 하나 더 많은 수의 쿠폰을 나누어 주고(예: 다섯 개의 예상 요청 빈도에 여섯 장의 쿠폰 제공), 마지막에 적어도 하나의 쿠폰이라도 남아 있는 팀은 보상을 받게 된다고 설명한다.

7. 학생이 도움을 요청할 때마다 과제를 이해하고 완성할 수 있는지 그 학생의 능력을 평가한다. 만일 교사가 학생에게 "이것은 네가 이미 알고 있는 것이라고 생각하는데……"라고 말한 뒤에도 도움을 요청한다면 모둠의 조장이 쿠폰 하나를 꺼내어 교사에게 제출한다.

8. 정해진 수업시간의 마지막에, 조장은 남아 있는 쿠폰의 수를 세어 보고 어떤 모둠이 보상을 받는지 알려 준다.

9. 학급에서 부적절한 도움을 요청하는 빈도가 감소하면, 각 모둠에 배분되는 쿠폰의 수를 줄인다.

【평가】

1. 실행 전·후 수업시간 동안 학급전체 혹은 표적학생의 도움 요청 빈도를 비교한다.

2. 실행 전·후 수업시간 동안 학급전체 혹은 표적학생의 방해행동 빈도를 비교한다.

【응용】

1. 각 학생의 책상 위에 정해진 수의 쿠폰을 붙여 놓고 부적절한 도움을 요청할 때마다 쿠폰을 학생 스스로 떼어 내도록 한다.

2. 이 전략은 자습활동시간 동안 부적절한 행동이나 방해행동(큰 소리로 욕하기, 큰 소리로 이야기하기, 좌석 이탈 등)을 감소시키는 데 사용될 수 있다. 각 모둠에게 정해진 수의 쿠폰을 주고, 자습활동시간이 끝난 후에 적어도 한 장의 쿠폰이라도 남아 있는 모둠에게 보상을 제공한다.

3. 각 팀에 쿠폰을 분배하는 대신, 소집단 학습을 하고 있는 책상이나 탁자 위에 플라스틱컵이나 종이컵을 놓고 그 속에 정해진 수만큼의 쿠폰을 넣어 둔 뒤 자습활동시간 동안 부르기, 좌석 이탈, 그 밖의 다른 방해행동에 대해서 한 장의 쿠폰을 꺼낸다. 만일 시간이 끝날 때 적어도 한 장의 쿠폰이라도 남아 있으면 반 전체가 보상을 받는다.

【유의사항】

1. 이 전략이 소수의 학생들만 대상으로 적용되는 경우, 교사와 점심식사 같이 하기, 교사의 학습준비 도와주기와 같은 다양한 보상을 하는 것이 중요하다. 또한 '알림장에 칭찬의 말 적기'와 같은 보상은 구체적인 보상물을 준비할 필요가 없다.

2. 학생이 과제를 이해하지 못했거나 완수하는 데 필요한 기능이 부족한 경우에 나타나는 도움 요청은 매우 중요한 것이기 때문에, 이 전략을 수행하기 전에 학생의 성취능력을 평가하는 것은 필수적이다.

● 현장연구문헌: Salend, S. J., & Henry, K. (1981). Response cost in mainstreamed settings. *Journal of School Psychology, 19*, 242-249.

2. 바람직한 행동의 증진 및 문제행동 교정을 위한 프로그램

문제행동을 다루는 것은 교사의 중요한 업무이다. 자리를 이탈하거나 소리를 지르는 것과 같은 부적절한 행동은 교사의 수업진행을 방해하며 정돈된 교실환경을 유지하는 데 가장 큰 어려움이다. 심한 경우 한 명의 학생이 교실에 있는 모든 학생의 수업을 방해할 수 있고 교사, 또래에게 부정적인 영향을 준다. 학생의 행동을 다루는 것은 교실에서의 행동규범과 학급운영에 경험이 적은 초임교사에게는 특히 어려울 수 있다. 그러나 과업집중 행동을 늘이고 방해행동을 줄이는 전략은 다른 학생들보다 뒤처진 학생이 학교수업을 따라가는 데 매우 중요하다.

여기서는 부적절한 방해행동을 줄이고 과업집중 행동을 증가시키는 전략과 신체적 · 언어적 공격성을 감소하고 친사회적 행동을 증가하는 전략을 중심으로 제시하고 있다. 이러한 전략의 효과를 측정하는 방법은 학생이 보이는 과업집중 행동, 방해행동, 단위학급에서의 협동놀이의 빈도 등과 같은 긍정적 혹은 부정적인 사회적 행동의 관찰에 중점을 둔다. 다른 측정방법으로는 벌의 횟수와 같은 문제행동에 대한 교사의 기록이 있다. 부적절한 행동은 교실분위기를 해치고 수업을 방해하기 때문에 학급을 단위로 프로그램을 실시하고 그 효과를 평가하는 것이 필요하다.

1) 부적절한 방해행동을 줄이고 과업집중 행동을 증가시키는 프로그램

방해행동을 줄이고 적절한 행동을 증가시키는 데 강력한 영향을 주는 것은 또래의 집단압력과 경쟁이다. 이러한 집단압력을 적절히 구조화하여 전략을 적용한다.

■ 바르미 게임

이 활동의 목적은 집단의 경쟁을 통하여 교실 내 문제행동을 줄이는 것이다. 바르미 게임은 간단하지만 교실에서 문제행동을 줄이기 위해 집단 내 경쟁을 활용한 효과적 전략이다. 규칙위반의 빈도가 적을수록 자기가 속한 집단에 보상이나 특권을 경쟁적으로 제공받게 된다. 만약 두 집단 모두 벌점이 낮을 경우 두 집단 모두 보상을 받는다. 문제행동을 감소시키는 데 가장 중요한 구성요소는 결과에 대한 보상, 보상을 받을 수 있는 준거, 적절하게 나눈 집단이 된다. 학급규칙을 어기면 칠판에 이름을 적는 것과 같은 직접적인 반응은 별로 효과적이지 않다. 이 전략은 다양한 반응대가를 활용하는데, 선행연구에 따르면 일반학급은 물론 행동장애 특수학급에서도 매우 효과적인 것으로 나타났다.

【준비물】

교실규칙을 명시한 게시판(예: 교사의 허락을 받고 나서 이야기한다, 허락을 받기 전에는 자기 자리에 앉아 있는다, 다른 사람을 방해하지 않는다, 다른 사람을 존중하고 친절하게 대한다), 집단을 나누고 각 집단의 구성원 이름이 기재된 게시판, 별표나 스티커

【활동절차】

1. 기초선 관찰 및 측정

　① 학생들이 가장 수선스럽고 집중을 하지 않는 수업(자습)시간을 선택한다.

　② 3~5분마다 전체 학급을 관찰한 후, 다음 행동을 하는 학생의 빈도를 기록한다.

　　• 과업집중 행동: 수업의 질문에 묻거나 답하고 교사가 설명하는 동안 바라

보며 수업에 적절한 행동을 한다.

- 과업이탈 행동: 수업준비를 하지 않고 있거나 과제가 제시될 때까지 교실 주위를 두리번거리는 행동을 한다.
- 방해행동: 부적절한 말과 행동으로 수업이나 다른 학생들을 방해하는 행동을 한다.

③ 4~7일 동안 30~45분 정도 이러한 관찰을 수행한다.

2. 학생들이 가장 수선스럽고 집중을 하지 않는 시간을 선택한다.

3. 바르미 게임을 통하여 모든 학생이 서로 도움을 받을 수 있다고 소개한다.

4. 다음과 같은 규칙을 설명한다.

- 보상을 받을 수 있는 최대 벌점의 수
- 집단보상의 종류: 비디오 보기, 5분간 덤으로 얻는 자유시간, 숙제 면제, 집단원의 이름 앞에 별이나 스티커 붙여 주기 등

5. 한 반을 2~5개의 모둠으로 나누고, 모둠별로 책상을 가까이 붙인다. 각 모둠의 정신을 대표하고 사기를 북돋우며 부르기 쉬운 이름을 지을 수도 있다.

6. 게시판이나 칠판의 한쪽에 각 모둠의 학생의 이름을 표시한다. 수업(자습)시간에 게임을 시작할 때, 바르미 규칙을 학생들에게 상기시키고 규칙을 어긴 학생의 모둠 앞에 벌점을 기록한다.

7. 게임이 끝나는 시간에 벌점을 계산하고 가장 적은 벌점을 받은 우승 모둠을 선정한다.

8. 점차 최대 벌점의 수를 낮추거나 게임시간을 늘린다.

9. 처음에는 매일 보상을 하지만 점차 일주일에 한 번으로 보상시기를 늘린다. 칠판이나 게시판에 각 모둠이 하루에 받은 벌점의 수를 기록하고 일주일 동안 축적된 모둠의 벌점 누계를 알려 준다.

10. 가끔, 지속적으로 문제행동을 보이는 학생이 게임이 하기 싫다며 고의로 규칙을 위반할 수 있다. 이런 경우가 발생하면, 반 전체에게 한 명이 자신을 조절하고 통제하지 못해서 모든 사람이 손해를 보는 것은 정당하지 않다고 설명한다. 그리고 그런 학생을 독자적으로 혹은 몇 명을 묶어 새로운 모둠을 만들고 벌을 추가할 수 있다. 예를 들면, 우승 팀에 대한 보상을 해 줄 뿐만 아니라 대조적으로 가장 벌점이 높은 팀에게는 숙제를 늘리거나 자유시간을 줄인다.

11. 학생들이 바르미 게임의 절차에 익숙해지면 다른 수업시간으로 게임을 연장할 수 있다.

【평가】

1. 실행 전·후의 과업집중 행동, 과업이탈 행동, 방해행동의 빈도를 비교한다.
2. 실행 전·후의 소집단이나 학급 전체에서 관찰되는 정해진 표적(target) 문제행동의 빈도를 비교한다.

【응용】

1. 게임을 시작할 때, 모둠별로 10점씩 준다.
2. 승리를 위한 최소 준거(5점 정도)를 정한다.
3. 모둠의 구성원이 규칙을 어길 때마다 1점씩 뺀다.
4. 준거와 같거나 높은 점수를 지닌 모둠에게 보상을 한다. 만일 모든 모둠이 준거를 달성한 경우는 모두 승리팀이 된다.

【유의사항】

1. 학생들이 개별적으로 앉기보다 하나의 큰 테이블에 앉게 되면 물리적 구조에 따라 모둠을 만든다.
2. 교사는 종종 부적절한 행동에 대해서만 훈계를 하게 된다. 그러나 바르미 게임에서는 바람직한 행동을 한 경우 보너스 점수를 주는 절차의 다양화를 생각해 볼 수 있다.
3. 현장연구에 따르면, 규칙을 어겼을 때 주어진 점수에서 점수를 빼는 방식(반응대가)이 처음부터 벌점을 주는 절차보다 효과적인 것으로 나타났다.

●현장연구문헌: Harris, V. W., & Sherman, J. A. (1973). Use and analysis of the 'good behvaior game' to reduce disruptive classroom behavior. *Journal of Applied Behavior Analysis, 6*, 405-417.

■ 추첨표

이 활동의 목적은 학급에서 적절한 행동에 대하여 보상함으로써 부적절한 행동을 감소시키는 것이다. 방해행동을 감소시키기 위하여 반응대가와 학급 단위의 추첨제를 결합하였는데, 과제에 집중하고 수행해야 하는 점을 강조하기 때문에 학습에도 긍정적인 영향을 미친다. 기존 연구에서는 일반 초·중등학교 학생에게 적용했으며, 여기서는 학급 단위를 중심으로 적용되었다.

【준비물】

학생의 개별적인 강화목록, 보상이나 추첨상품이 제시된 게시판, 학생의 이름이 적힌 쪽지나 추첨표(학생당 5장씩), 추첨표를 넣을 상자, 학생 책상에 추첨표를 붙이기 위한 투명 테이프(필요한 경우), 상품(사탕, 껌, 숙제 면제카드, 편의점 이용권, 학용품 등)

【활동절차】

1. 기초선 관찰 및 측정
   ① 정해진 시간에 학급 전체가 제출한 학습지 완성(과제 완성) 비율을 계산한다.
   ② 4~7일 동안 정해진 수업시간에 나타나는 방해행동의 빈도를 기록한다.
2. 정해진 수업(자습)시간 동안 학습에 도움이 되는 추첨놀이를 할 것이라고 이야기한 후, 학급에서 정한 목표행동을 설명한다.
3. 강화목록을 활용하여, 학생의 상품을 정하고 게시판에 상품목록을 적는다.
4. 추첨제에 대하여 설명하고, 추첨표를 교사에게 제출할 경우(벌점으로 빼앗길 경우) 올바르게 제출하는 방법을 시범 보인다.
5. 처음에 학생들에게 5장의 추첨표(자신의 이름을 적음)를 나누어 주고, 추첨표를 책상에 놓거나 투명 테이프로 붙인다.
6. 학생이 목표행동(부적절한 행동: 욕하기, 자리 이탈 등)을 보일 때마다 교사는 문제행동을 구체적으로 이야기하고 추첨표를 회수한다.
7. 만약 학생이 추첨표를 제출하지 않고 저항하면 또 하나의 추첨표를 회수한다. 계속 추첨표를 제출하지 않으면 추첨표를 더 회수한다. 학생의 부정적 행동

이 계속되면 다른 처벌을 가한다(반성문 쓰기, 자유시간 줄이기 등).

8. 수업시간이 끝나기 5분 전에 학생의 책상에 남아 있는 모든 추첨표를 모으고, 그 추첨표 중 두 장에 '전체 보상'이라고 쓴다. 만일 이 추첨표를 뽑게 되면 학급 전체에게 보상을 한다.

9. 상자에 추첨표를 넣는다. 추첨표를 많이 넣는 학생이 뽑힐 확률이 높다는 것을 알려 준다.

10. 일주일에 한 번 상자에서 한 장의 추첨표를 뽑고, 그 학생에게 보상한다.

11. 추첨된 학생은 자신의 상품목록에서 상품을 고른다.

12. '전체 보상' 추첨표가 뽑히면 해당 추첨표에 이름이 적힌 학생이 학급 전체를 위하여 팝콘파티, 음악시간, 자유시간 또는 비디오나 영화와 같은 집단 상품을 고른다.

13. 나머지 추첨표를 제거하고 다른 시간에 추첨표를 다시 나누어 준다.

【평가】

1. 실행 전 · 후의 정해진 수업시간에 제출된 학습지(과제) 완성 비율을 비교한다.

2. 실행 전 · 후의 정해진 수업시간에 나타난 방해행동의 빈도를 비교한다.

【응용】

1. 필요하면 매일 추첨을 할 수 있다.

2. 학생이 추첨표를 훔치는 것을 막기 위하여 다양한 색상의 추첨표를 준비하여 나누어 준다. 도난을 발견하면 그 학생의 추첨표는 모두 회수한다.

【유의사항】

1. 연구문헌에는 반응대가로 추첨표를 회수할 때 학생이 순순히 응했다고 했지만, 실제로는 학생이 저항하는 경우가 종종 있다. 이 전략을 소개할 때, 벌점으로 추첨표를 제출하는 경우 저항하지 않고 올바르게 제출하는 시범을 보여야 하며 계속해서 기회가 있을 때마다 반복한다.

2. 추첨표를 준비시키기 위해, 수업시간이 시작할 때 다섯 장의 쪽지(추첨표)에 학생의 이름을 적게 한다.

2) 자기관리전략: 자발적인 반응대가

이 활동의 목적은 자발적인 반응대가를 통하여 문제행동을 감소시키는 것이다. 학교에서 학생이 자신의 행동을 조절하도록 교사가 돕는 것은 중요한 일이다. 자기관리(self-management)를 통하여 행동 통제를 하는 것은 학생으로 하여금 자주적이고 자아효능감을 높이며, 새롭게 배운 내용을 일반화하는 데 큰 도움을 준다. 이 전략은 학생이 자기 책임하에 자신의 행동을 스스로 관찰하고, 자신의 행동이 적절하지 않았을 경우 반응대가를 스스로 지불하도록 가르친다. 기존 연구에서는 학습장애 특수학급에서 학생이 방해행동을 보이면 교사가 학생의 벌점표를 뺏는 방법이 적용되었지만, 여기에서는 부적절한 행동이 나타났을 경우 학생이 자신의 카드에 직접 기록하는 것으로 바뀌었다.

【준비물】

교실규칙을 기재한 게시판(예: 허락을 받고 자기 자리를 떠난다, 교사나 친구에게 고운 말을 쓴다, 욕하지 않는다, 손을 들고 발표한다), 각 학생에게 배분할 3~5인치 인덱스카드(이 카드에는 정해진 시간 내에 허용되는 규칙위반의 빈도보다 하나 많은 수의 동그라미를 날짜 옆에 그려 놓는다. 정해진 수업시간에 허용된 규칙위반의 빈도가 3회라면, 네 개의 동그라미 중 한 개 이상의 동그라미가 남아 있는 학생은 보상을 받는다), 테이프, 상품(스티커, 학용품, 숙제 면제카드, 캔디 등)을 담을 수 있는 상자, 상장

【활동절차】

1. 기초선 관찰 및 측정
   ① 4~7일 동안 정해진 수업(자습)시간에 자리 이탈을 하거나 떠든 학생의 빈도를 기록한다.
   ② 4~7일 동안 정해진 시간에 규칙을 위반한 빈도를 기록한다.
2. 학생에게 자신의 행동을 스스로 책임지고 관리하는 방법을 배우고, 이를 통하여 수업시간이 보다 즐거워질 것이라고 이야기한다.
3. 학급규칙, 절차, 보상에 대하여 설명한다. 인덱스카드를 보여 주며 규칙을 위반했을 때, 학생 자신이 직접 동그라미를 하나씩 지우게 된다고 이야기한다. 그러나 규칙을 위반하고도 동그라미를 지우지 않고 불평하면 교사가 두 개의

동그라미를 지운다는 규칙을 말해 준다.

4. 인덱스카드를 가장 산만하고 행동문제가 많이 발생하는 수업시간에 학생의 책상 왼쪽에 붙인다.

5. 만일 학생이 규칙을 어기면, 교사는 학생에게 자신의 카드에 있는 동그라미를 지우도록 특정한 신호를 준다. 그 시간이 끝날 때 동그라미가 한 개라도 남아 있는 학생은 보상을 받을 수 있다.

6. 학생들이 익숙해지면 점차 허용하는 규칙위반의 빈도를 줄인다.

【평가】

1. 실행 전·후의 정해진 수업(자습)시간 동안 자리를 이탈하거나 떠든 학생의 빈도를 비교한다.

2. 실행 전·후의 정해진 시간에 나타난 규칙위반 빈도를 비교한다.

【응용】

학생에게 매일 상품으로 보상하는 대신 집에 보내는 알림장에 표시를 하거나 상장을 줄 수 있다.

【유의사항】

이 전략을 활성화하기 위하여 학생들에게 자신의 인덱스카드를 주초에 만들어 책상에 붙이게 한다.

- ●현장연구문헌: Salend, S. J., & Allen, E. M. (1985). Comparative effects of externally managed and self-managed response cost systems on inappropriate classroom behavior. *Journal of School Psychology, 23*, 59-67.

■ 바르미 상장

이 활동의 목적은 학교–가정 간의 알림장을 이용하여 교실의 방해·문제행동을 감소시키는 것이다. 학교의 생활지도 프로그램을 수행하기 위하여 학부모의 협조를 정기적으로 받는 것은 중요하지만 대다수의 전략이 복잡한 절차로 이루어져 있어 학급 단위로 적용하는 데 어려움이 많다. 이와 대조적으로 학교–가정 간의 간단한 알림장을 활용한 프로그램은 쉽게 적용할 수 있다. 이 전략은 저학년 학생에게 가장 적합하며 고학년 학생에게도 적용할 수 있다. 초기의 안내편지를 제외하고는 자료나 준비물이 거의 필요하지 않으며, 학부모와의 지속적인 연락의 필요성도 없다. 또한 게시판을 이용하여 각 학생의 기록을 게시함으로써 학생 간의 긍정적인 집단압력을 활용하고 교사로 하여금 규칙위반에 대한 민감도를 높인다.

【준비물】

학급규칙을 제시한 게시판(자리 이동할 때 허락받기, 수업시간 중 말할 때 허락받기, 주의집중하고 학습과제 하기, 다른 사람 방해하지 않기, 다른 사람이 말할 때 잘 듣기 등), 정해진 소수의 학급규칙에 번호를 붙인 게시판(교실의 벽에 붙이고 각각의 규칙 옆에 위반한 학생의 이름을 적을 수 있는 공간을 마련한다), 상장(학부모에게 보낼 인증), 상장에 붙일 스티커(시각적 효과), 가정통신문

【활동절차】

1. 기초선 관찰 및 측정
   ① 4~7일 동안 정해진 수업시간에 문제행동이 심한 학생에게 훈계한(야단친) 빈도를 기록한다.
   ② 4~7일 동안 정해진 수업시간에 전체 학급을 단위로 규칙을 위반한 빈도를 기록한다.
2. 이 전략을 실행하기 위하여 가정통신문을 발송한다.
3. 학급 학생과 학급규칙을 정하고 이를 점검한 후, 학생들에게 '바르미 상장'을 보여 주고, 규칙을 잘 따르는 학생들에게 '바르미 상장'을 가정으로 보낸다고 말한다.
4. 규칙과 번호를 적은 게시판을 보여 주고 학생이 어긴 규칙을 알려 주기 위하여 해당 규칙 옆에 규칙을 어긴 학생들의 이름을 적을 것이라고 설명한다.
5. 학급규칙을 두서너 가지 정도 설정하고 상장을 받을 수 있는 기준을 정한다.
6. 학생이 규칙을 위반하면, 처음에는 경고를 준다. 만약 5초 안에 시정하지 않으면 게시판에 있는 규칙 옆에 이름을 적는다. 이는 규칙위반 사실을 표시하며, 이때 학생이 규칙을 위반했다고만 짧막하게 알려 줄 뿐 그 이상의 잔소리나 꾸중은 삼간다.

7. 수업이 끝날 무렵 보상기준에 합당한 학생에게는 '바르미 상장'을 주고 칭찬을 해 준다. 또한 상장을 받지 못한 학생에게는 내일 더욱 잘하라고 격려한다.

8. 학생들의 행동이 나아지면, 일주일에 한 번으로 상장을 주는 빈도를 줄인다.

【평가】

1. 실행 전·후의 정해진 수업시간에 문제행동이 심한 학생에게 훈계하거나 야단친 빈도를 비교한다.

2. 실행 전·후의 정해진 수업시간에 전체 학급을 단위로 규칙을 위반한 빈도를 비교한다.

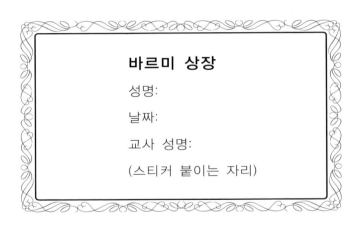

【응용】

학급의 모든 학생이 아니라 소집단의 학생에게 적용할 경우, 개별 학생에게 절차를 설명하고 자기관리전략을 활용하여 자발적으로 학생 자신이 규칙 위반을 기록하게 한다.

【유의사항】

1. '바르미 상장'을 사전에 준비하고, 수업이 끝날 무렵에 규칙을 지킨 학생에게 준비한 상장을 주는 것이 바람직하다.

2. 몇몇 학생이 상장을 받지 못하는 경우에는 부모와의 상담을 실시한다. 부모상담은 문제해결을 위한 협력을 증진하고 보다 적절한 해결방안을 고안해 내는

가정통신문

부모님께

우리 학급은 수업시간에 보다 즐겁게 공부하기 위하여 새로운 프로그램을 시작하려고 합니다. 학급규칙을 잘 따르는 학생은 매일 '바르미 상장'을 받게 됩니다. 이 상장을 받기 위하여 학생은 다음과 같은 최소한의 규칙을 준수해야 합니다. 우리 학급이 정한 규칙은 다음과 같습니다.

1. 자리 이동할 때 허락받기
2. 다른 사람이 말할 때 잘 듣기
   ⋮
   (필요한 규칙을 나열한다)

자녀가 '바르미 상장'을 가져오면 많은 칭찬과 격려를 해 주세요. 학부모님께서 원하신다면, 자녀에게 작은 보상을 해 주셔도 좋습니다. 자녀가 상장을 받지 못하면, 다음 날 학교에서 더욱 잘하라고 격려해 주시기 바랍니다.

우리 학급의 모든 학생이 학교에서 즐겁고 재미있게 지내도록 도와주셔서 감사합니다. 궁금한 것이 있으면 언제든지 연락 주십시오.

담임교사 김 ○○

데 도움을 준다.

● 현장연구문헌: Taylor, V. L., Cornwell, D. D., & Riley, M. T. (1984). Home-based contingency management programs that teachers can use. *Psychology in the Schools, 21*, 368-374.

■ 도벽행동에 대한 집단상벌체제

이 활동의 목적은 집단상벌체제를 활용하여 교실의 도벽행동을 감소시키는 것이다. 교사나 친구의 물건을 훔치는 도벽행동은 학급을 운영하는 데 심각한 문제를 유발할 수 있다. 실제로 도난사고가 일어났는지 확인하고 책임소재를 밝혀내는 것은 어려운 일이며, 시간도 많이 소요된다. 단순히 정직을 강요하는 전통적인 방식은 문제를 적절하게 해결하지 못할 수 있다. 도벽행동이 자주 발생하는 학교에서 활용되는 학급중심전략은 물건을 훔쳐 간 학생이 누구인지를 밝혀내는 것보다 집단상벌체제(group contingencies)를 통해 도벽행동을 목표로 적용된다. 한 현장연구에서는 학생이 훔친 물건을 가져다 놓을 기회를 주기 위해 교사가 교실을 떠난 경우도 있다. 그러나 이 전략에서는 교사가 교실을 떠나기보다는 교실의 다른 곳(읽기 코너 등)에 있게 된다.

【준비물】
없음

【활동절차】
1. 기초선 관찰 및 측정
   일주일 또는 그 이상의 기간 동안 학급에서 잃어버린 물건의 빈도를 기록한다.
2. 교사나 학생 혹은 학교의 물건이 없어진 사례에 대하여 설명한다.
3. 오전시간 동안 학생이 잃어버린 것이 없으면, 마지막 시간에 10분간의 자유시간(혹은 휴식시간 등)을 줄 것이라고 이야기한다.
4. 오전시간이 끝날 때까지 잃어버린 물건이 없다면, 정직성에 대한 칭찬을 해 주고 보상(자유시간 등)을 제공한다.
5. 만일 잃어버린 물건이 있거나 어떤 물건이 없어지면 다음과 같이 이야기한다.
6. "나는 (   )이 없어졌다는 것을 알았습니다. 그 물건을 가지고 간 사람이 점심시간 전까지 그 물건을 선생님 책상 위에 되돌려 놓는다면 우리는 평상시처럼 점심시간에 서로 이야기할 수 있을 것입니다. 그러나 그 시간까지 되돌아오지 않는다면, 여러분은 점심을 먹는 동안 이야기를 할 수 없으며, 점심시간이 끝난 후에도 책상에 고개를 숙이고 있어야 합니다. 없어진 물건을 다시 갖다 놓을 수 있도록 나는 몇 분 동안 읽기 모둠코너에서 책을 보고 있을 것입니다."
7. 학생이 물건을 가져오면 어떠한 말도 하지 말고, 점심시간에 자유롭게 이야기할 수 있도록 한다.
8. 도벽행동이 감소하면, 자유시간을 점차 줄여 일주일에 한 번으로 줄인다.

【평가】

실행 전·후에 없어진 물건의 빈도를 비교한다.

【응용】

기간을 하루 전체 수업시간으로 확대한다. 도벽행동이 감소하면, 금요일에 자유시간을 제공한다.

【유의사항】

1. 도벽에 대한 일방적인 훈화는 도벽행동을 결정적으로 감소시키지 못할 수 있다.

2. 도난사고가 일어난다고 해서 모든 학생이 서로 불신하는 것은 아니지만, 교사는 서로 비난하거나 욕을 하지 않도록 한다. 이러한 문제를 줄이기 위하여 긍정적 학급분위기를 강조하고 서로 돕는 협동학습이나 공동체 활동을 함께 수행하도록 한다.

3. 자주 물건을 훔치는 학생이 있거나 물건을 훔친 사람이 학급에서 확실히 밝혀진다면, 이 전략과 더불어 부모와의 상담이나 상담실에 의뢰를 하는 것이 바람직하다.

● 현장연구문헌: Switzer, E. B., Deal, T. E., & Bailey, J. S. (1977). The reduction of stealing in second graders using a group contingency. *Journal of Applied Behavior Analysis, 10,* 267-272.

3) 신체적·언어적 공격성을 감소시키고 친사회적 행동을 증가시키는 프로그램

신체적·언어적으로 공격적이거나 교사의 가르침에 저항하는 학생은 수업을 방해하고 상당한 긴장을 가져오게 된다. 이러한 학생을 돕기 위해 효과적인 프로그램을 계획하는 것은 감정을 조절하고 또래와 교사의 협조를 체계적으로 구하여 효과적인 학습환경을 조성하는 것이며, 반항적이고 공격적인 행동에 대한 예방적 측면이 있다. 여기서 소개되는 프로그램은 다양한 전략을 활용하여 부정적 감정을 조절하고 사회적으로 적절한 행동을 수행하는 데 도움이 되는 피드백, 사회적 인정, 집단강화를 포함한다. 사회적 부적응 문제를 지니고 있는 학생에게 즉시 피드백을 준비하는 것은 전략을 계획하는 측면에서 특히 중요하다. 실제로 사회적으로 미숙한 학생이 친사회적 행동을 제대로 하지 못하는 것은 한편으로 자신의 행동에 대한 피드백을 거의 받지 못했다는 것이다.

■ 또래에 의한 직면

이 활동의 목적은 교사의 지도하에 또래직면을 활용하여 부적절한 언어 및 행동을 감소시키는 것이다. 학생의 행동을 긍정적인 방향이나 부정적인 방향으로 형성하는 가장 중요한 요인으로서 또래의 영향을 들 수 있다. 이 전략은 부적절한 행동에 목표를 두고 교사가 자연스럽게 또래에 의한 직면을 활용한다. 교사는 학급의 학생이 또래 친구에게 그의 적절하지 않은 행동을 깨닫게 하고, 부정적인 영향을 알게 하는 '직면'을 할 수 있게 인도하며, 대안적 해결방안을 모색하는 것을 도와준다. 행동장애학급뿐만 아니라 일반 학급에서도 적용될 수 있다.

【준비물】
없음

【활동절차】
1. 기초선 관찰 및 측정

   기록지를 놓고 4~7일의 정해진 수업시간 동안의 부적절한 언어 표현(혹은 다른 목표)을 기록한다. 부적절한 언어 표현은 욕하기, 시비 걸기, 위협하기, 수업을 방해하는 큰 소리 치기 등으로 정의된다.
2. 학교생활을 즐겁게 하고 다른 학생과 잘 지낼 수 있도록 하는 새로운 방법을 배울 것이라고 설명한다. 절차에 따라 적절하게 설명하고 다양한 상황에서 학생이 직면을 수행할 수 있도록 역할훈련을 하도록 한다.
3. 만약 어떤 학생이 적절하지 않은 언어 표현을 하면, 다음과 같이 학급 학생들에게 질문한다.
   - ○○가 문제가 있어 보이네요. 혹시 무슨 문제가 있는지 누가 이야기해 볼 수 있나요?

- 그것이 왜 문제가 되나요? 말해 보세요.
- 이 문제를 해결하기 위해 어떻게 해야 할지 누가 이야기해 볼 수 있나요?

4. 각 질문에 따라 응답을 할 수 있는 지원자를 선택하고, 그 질문에 적절하게 응답한 학생을 칭찬한다.
5. 부적절한 언어 표현을 한 학생이 또래 친구들에게서 제안된 문제해결방법을 받아들이고 수행하면 격려한다.

【평가】

실행 전 · 후의 정해진 수업시간 동안 부적절한 언어(혹은 행동) 표현의 빈도를 비교한다.

【응용】

앉은 자리를 중심으로 모둠을 나눈다. 한 학생이 부적절한 언어 표현을 하면 그 학생의 모둠 구성원이 피드백을 하도록 질문하고 지도한다. 이는 자율학습과 같은 시간에 전체 학급을 방해하지 않기 위한 절차의 변화이다.

【유의사항】

1. 연구문헌의 사례에서는 대상 학생이 종종 자신의 귀를 막거나 소리를 지르고, 비난을 하면서 또래의 피드백에 부정적인 반응을 하였지만, 전략이 지속적으로 수행되면서 감소되었다. 이러한 부정적 반응을 최소화하기 위해, 또래 직면 전략을 수행하기 전에 또래가 피드백을 할 때 적절하게 반응하도록 시범을 보이고 역할연습을 한다.
2. 어떤 교사는 학생의 부적절한 행동에 대해 학생들끼리 서로 토의하는 것이 문제가 있다고 생각할 수 있다. 이는 부적절한 행동에 대하여 다른 학생들의 주의를 받을 수 있기 때문이다. 그러므로 반복되는 행동에 대하여 학급 학생들이 무시할 수 있도록 가르친다.

● 현장연구문헌: Bellafiore, L. A., & Salend, S. J. (1983). Modifying inappropriate behaviors through a peer-confrontation system. *Behavioral Disorders, 8*, 274-279.

■ 타임아웃 리본

이 활동의 목적은 토큰체제와 더불어 타임아웃 리본을 활용하여 학생의 부적절한 언어 및 공격적 행동을 감소시키는 것이다. 욕하기, 시비 걸기, 떠들기, 지나친 농담하기와 같이 적절하지 못한 학생의 언어 표현은 초·중등학교 교실에서 빈번히 발생하는 문제이다. 이 전략은 부적절한 언어 표현을 감소시키기 위하여 토큰체제와 집단중심의 타임아웃 리본을 결합하였다. 여기서는 학생이 토큰을 받을 수 있는 자격이 있다는 것을 표시하기 위해 리본을 달 수 있다. 학급의 학생이 적절한 언어를 사용하면 리본을 달고 토큰(강화)을 받지만, 부적절한 언어 표현을 하면 리본을 회수당하거나 토큰을 받을 기회를 잃는다. 이 전략은 특수학급에 적용한 현장연구에서 밝혀진 바와 같이 학생들의 부적절한 언어 표현을 감소시키는 데 성공적이었으며 더불어 학업에 집중하는 데도 도움이 되었다.

【준비물】

1. 교실의 규칙이 적힌 게시판: 바람직하지 못한 행동이 목표지만 규칙은 다음과 같이 긍정적인 표현으로 정한다.
    • 손을 들고 지명을 받을 때까지 기다린다.
    • 선생님이나 친구에게 친절한 말을 사용한다.
    • 조용히 이야기한다.
    • 수업시간에 허락을 받고 자리에서 일어난다.
2. 붉은 색의 리본(필요한 경우), 학생 자신이 선택한 강화목록, A4 크기의 기록판, 보상과 그 보상을 얻기 위해 필요한 점수가 적혀 있는 게시판, 토큰 및 (필요한 경우) 토큰을 담아 둘 상자나 유리항아리

【활동절차】

1. 기초선 관찰 및 측정
    ① 기록지를 놓고 정해진 수업시간 동안의 부적절한 언어 표현(혹은 다른 목표)을 기록한다. 부적절한 언어 표현은 욕하기, 시비 걸기, 위협하기, 수업을 방해하는 큰 소리 치기 등으로 정의된다.
    ② 매 수업 시간당 평균 빈도를 기록한다.
    ③ 4~7일 동안 관찰을 반복한다.

2. 학생이 잘 볼 수 있는 교사의 책상 중앙이나 칠판에 리본을 붙인다.

3. 교사는 학급의 전체 학생들에게 리본이 교실의 규칙을 잘 준수하고 있는 상태를 알려 주는 표시라고 설명한다. 게시판의 규칙을 보여 주고 다시 점검한 다음 적절한 예와 적절하지 않은 예를 시범 보인다.

4. 학생들이 규칙을 어기지 않고 잘 준수하는 동안은 리본은 붙어 있다. 이런 경우에 토큰을 얻게 되고 보상을 받을 수 있는 자격이 생긴다.

5. (필요한 경우) 강화목록을 나누어 주고 학급 전체가 받을 수 있는 보상을 선택하도록 한다.

6. 학급의 전체 학생이 규칙을 잘 지키면 5분마다 1점씩 학급점수가 올라간다. 학급보상을 얻기 위해 필요한 점수가 어느 정도인지 설명하고, 강화목록이 적힌 게시판을 교실에 붙인다(10점=5분 자유시간, 25점=음악감상시간, 100점=15분 자유시간, 300점=비디오 상영, 팝콘파티 등).

7. 한 명의 학생이라도 규칙을 어기면 리본을 떼어 낸다. 학급 전체가 적절한 행동을 보이면 리본을 다시 붙이고, 5분마다 1점을 준다.

8. 리본이 떼어져 있는 타임아웃 동안 여전히 학생이 규칙을 어기면, 전체 학급이 적절한 행동을 보일 때까지 5분 정도 타임아웃 기간을 늘리고, 그 후에 리본을 붙인다.

9. 이 전략을 실행한 초기에는 매일 보상을 한다. 점차 강화기간을 늘리고, 나중에는 일주일 간격으로 강화시기를 조정한다.

【평가】

실행 전·후의 정해진 수업시간 동안 부적절한 언어 표현의 빈도를 비교한다.

【응용】

교사의 책상 위에 놓인 유리항아리나 상자에 색칠된 조각 또는 공깃돌을 떨어뜨려 소리를 냄으로써 점수를 준다. 이러한 절차의 변화는 저학년 학생에게 적합하다.

【유의사항】

1. 연구문헌의 사례에서는 학생이 규칙을 어겨서 리본이 제거되어도 학생들끼

리 서로 비난하거나 싸우지 않았지만, 실제로 상호 비난은 일종의 또래압력으로서 종종 일어날 수 있다. 그러므로 타임아웃 리본이 떼어졌을 때, 학급 학생들이 서로 비난하지 않고 적절하게 행동하는 시범을 보이고 실제로 연습해 본다.

2. 아침 자습시간, 오후 종례시간과 같이 산만한 시간에 적용해 볼 수 있다.

● 현장연구문헌: Salend, S. J., & Gorden B. D. (1987). A group-oriented timeout ribbon procedure. *Behavior Disorders, 12*, 131-137.

제14장
교사 컨설테이션 및 학부모상담

상담자는 청소년 문제를 해결 및 예방하고 청소년의 성장을 돕기 위해 청소년을 직접 상담하기도 하지만, 청소년을 돕는 중요한 인물인 교사에게 컨설테이션을 제공하고 학부모를 상담하면서 간접적으로 돕기도 한다. 이 장에서는 교사 컨설테이션과 학부모상담의 과정 및 방법을 제시하고 있다. 또한 상담자와 교사, 부모가 본인의 어려움 해결을 위해서나 청소년을 효과적으로 돕기 위해서 활용할 수 있는 주요 기관에 대한 정보를 제시하고 있다.

1. 교사 컨설테이션

1) 교사 컨설테이션의 의미와 특성

컨설테이션(consultation)이란 한 영역의 전문가가 다양한 상황에서 다른 개인이나 집단이 보다 효율적으로 기능할 수 있도록 도와주는 관계를 의미한다(Dougherty, 2005). 여기서는 상담의 전문적 지식과 기술을 갖춘 학교상담자(교사)가 컨설턴트(consultant)로서 학생상담 및 생활지도와 관련하여 도움을 받고자 하는 다른 교사를 컨설티(consultee)로 하는 교사 컨설테이션에 국한해서 설명한다.

　　상담자와 교사 간에 이루어지는 컨설테이션은 학교조직 및 제도와 관련해서 이루어질 수 있지만, 주로 학생의 문제를 해결하고 예방하는 데 초점을 맞추고 있다. 따라서 학생상담 및 생활지도와 관련해서 즉각적 개입이 필요할 때 이루어지면서도, 그 문제의 해결뿐만 아니라 미래의 유사한 상황에서 교사의 기능이 향상되도록 하는 데도 목적을 둔다. 초기의 교사 컨설테이션이 주로 개인을 대상으로 해서 특정 학생의 문제를 해결하는 데 있어 교사에게 도움을 주는 형태로 진행되었지만, 최근에는 경력이 짧은 교사에게 지지를 제공하거나 이들의 문제해결 기술이 발달되도록 하는 집단중심의 컨설테이션도 진행하고 있다.

　　컨설턴트인 상담자는 문제해결을 위해서 협조적인 관계 속에서 교사에게 도움과 제안을 제공하며, 교사(컨설티)는 상담자의 제안에 대해 수용·수정·거부 등 무엇이든 자유롭게 결정하고 행동할 수 있다(Dougherty, 2005). 이런 점에서 교사 컨설테이션은 슈퍼비전이나 멘터링보다 훨씬 더 대등하고 협력적인 관계에서 이루어지는 활동이다. 대부분의 경우 교사 컨설테이션은 교사(컨설티) 자체를 돕는 것에 초점이 있지 않고 교사(컨설티)를 통하여 학생의 긍정적 변화가 일어나도록 간접적으로 조력하는 데 초점이 있는 삼자관계를 맺는다(손현동, 2012; 이동형, 2014).

　　학교에서 상담자와 교사 간에 이루어지는 컨설테이션은 몇 가지 어려움을 안고 있다. 즉, 교사는 상담전문가가 아니라는 점, 시간이 부족하다는 점, 학교행정가는 컨설테이션에 대해 협조적이 아니라는 점, 교사가 자신과 다른 영역의 전문가에 대해 호의적이지 않다는 점 등이 어려움으로 작용한다(Brown, Pryzwansky, & Schulte, 2006). 따라서 교사 컨설테이션은 교사의 시간적·상황적 제약 및 상담훈련 정도를 고려해서 이루어져야 하는데, 대체로 상담자가 교직경험이 있는 사람일 때 교사의 저항이 줄어드는 경향이 있다.

2) 교사 컨설테이션의 과정

　　학교에서 상담자와 교사 간에 이루어지는 컨설테이션은 다양한 모델과 유형에 따라 그 초점과 절차가 다소 다를 수 있지만 일반적으로 많은 공통점을 가지고 있다. 여기에서는 Brown 등(2006), Dougherty(2005), Hansen, Himes와 Meier(1990, 재인용) 등이 제시한 절차를 주로 참고하여, 다양한 컨설테이션 모델에서 나타나는 공통점을 중심으로 그 과정을 설명한다.

(1) 준비단계

Hansen 등(1990, 재인용)은 컨설테이션을 시작하기 전에 컨설턴트가 컨설테이션에 영향을 미칠 수 있는 자신의 입장과 성향을 스스로 평가하고 컨설티에게 명확히 전달함으로써 협력가능성을 사전에 가늠하는 준비과정이 필요하다고 보았다. 즉, 컨설티가 특정 문제에 관해 컨설턴트의 도움을 요청할 때 자신이 컨설턴트로서 적합한지, 컨설테이션의 결과가 관련된 개인과 조직에 어떤 영향을 줄 것인지, 또 컨설테이션의 초점이 무엇인지 등을 판단하고 컨설테이션의 성공 여부 및 개시 여부를 미리 가늠하는 단계이다.

학교상담 컨설테이션은 대부분 정신건강 모델이나 행동주의 모델을 따르게 되는데, 정신건강 모델에서는 컨설테이션의 초점에 따라서 내담자(학생)중심의 사례컨설테이션이나 컨설티(교사)중심 컨설테이션으로 구분된다. 학생중심 사례컨설테이션은 특정 문제를 가진 학생을 돕기 위한 구체적 진단과 개입계획을 교사와 함께 세우고 조언하며 상담자가 학생을 직접 만나기도 한다. 반면, 교사중심 컨설테이션은 사례를 다루는 교사의 전문적 능력 향상을 목표로 하기 때문에, 상담자가 학생을 직접 만나는 경우가 드물며 교사를 통하여 간접적으로 학생을 도와주게 된다. 행동주의 모델은 학생의 문제를 구체적 행동으로 기술하고 그 행동의 선행사건과 후속결과를 파악하며 개입하기 전에 기초선을 측정하고 관찰 가능한 행동변화를 통해 효과를 검증하는 등 행동주의 학습이론에 기초하고 있는데, 교사를 통하여 간접적으로 학생의 문제에 개입하게 된다.

상담자가 주로 어떤 모델을 택하여 컨설테이션을 하는지, 컨설티가 도움을 요청하는 문제가 상담자의 입장에 부합하는지, 관련 개인 및 조직의 특성에 비추어 볼 때 성공적일 수 있겠는지 등을 상담자는 컨설테이션 시작 전에 미리 수집한 정보를 토대로 가늠한 뒤 시작 여부를 결정한다.

(2) 시작단계

상담자와 교사의 초기 만남이 시작되어 심리적·실제적으로 컨설테이션에 들어가는 단계로서, 변화에 대한 준비도를 탐색하고 협력적 관계를 수립하는 것이 중요하다. 초기 만남은 주로 상담자와 교사 간에 이루어지지만, 학생을 가르치는 다른 교사들이나 부모 및 학교행정가 등 문제와 관련된 다른 사람들도 포함될 수 있다.

상담자가 제안하는 바에 따라 교사가 필요한 변화를 시도하지 않으면 컨설테이션은 성공할 수 없기 때문에, 교사가 변화에 대해 얼마나 개방적인 태도를 가지고 있는지는 매우 중요한 요소이다. 문제의 해결을 원하지만 문제를 다루는 방법을 배우려고는 하지 않는, 즉 필요한 변화를 시도하겠다는 준비도가 부족한 교사가 많다는 점에서, 이들의 준비도를 미리 파악하는 것은 컨설테이션의 성공을 위해서 더욱 중요하다.

상담자는 교사가 제시하는 문제뿐 아니라 그들이 처한 상황에 대해서도 깊은 관심을 가지고 이해할 수 있어야 한다. 교사가 변화를 위해서 노력하는 것은 환경 속에서 이루어지므로, 상담자는 교사가 처한 환경이 문제해결에 도움이 되는 방향으로 움직일 수 있도록 변화를 초래할 지식과 기술을 동원하기 위해서, 또 교사와 진정한 협력적 관계를 형성하기 위해서 상황에 대한 이해가 필요한 것이다.

상담자로서 내담자와 상담관계를 형성하기 위해 노력하는 것과 마찬가지로, 상담자는 교사의 이야기를 경청하고 공감적·수용적이며 진솔한 관계를 형성하도록 노력해야 한다. 그럼으로써 교사가 문제와 상황에 대한 인식과 컨설테이션을 통해서 얻고자 하는 점을 분명하게 표현할 수 있도록 돕는다. 또한 교사가 문제해결을 위해서 이미 기여하고 있는 점이나 성공적인 점을 인정하고, 변화를 위한 의지를 강화할 수 있도록 지지하며, 상담자의 제안에 대한 수락여부를 교사가 선택할 수 있도록 존중하는 태도를 견지하여야 한다.

교사가 컨설테이션을 지속하겠다고 선택하면 일정 및 시간과 장소, 비용, 성과평가의 방법, 상담자와 교사의 역할 등을 의논하고, 이를 구체적으로 명시된 계약서로 작성하는 것이 좋다. 계약서를 작성해 두면 이후의 컨설테이션 과정이 보다 효율적으로 진행될 수 있다.

(3) 평가단계

문제와 상황에 대한 이해 및 평가는 준비단계에서부터 종결단계에 이르기까지 지속적으로 이루어지는 과정이다. 그러나 컨설테이션의 목표와 계획을 수립하기 위해서 내담자(학생)·컨설티(교사)·환경적 특성의 세 영역에서 집중적인 평가가 이루어진다.

- 학생 특성의 평가: 학생의 어떤 행동이나 특성이 문제인가? 문제의 유발 및 유지에 관련되는 학생의 인지과정 내용은 무엇인가? 고려되어야 할 발달적·문화적 특성이 있는가? 학생이 교사(컨설티)를 어떻게 지각하는가?

- 교사 특성의 평가: 교사의 문제가 무엇인가? 학생문제에 관한 지식의 부족인가? 문제해결 기술의 부족인가? 혹은 객관성이나 자신감의 부족이 문제인가? 교사는 무엇이 문제라고 보는가? 교사는 자신과 학생에 대해 어떤 기대를 가지고 있는가? 교사는 어떤 개입기술을 가지고 있는가? 교사가 쉽게 받아들일 만한 접근방법이 무엇인가? 이미 시도해 본 개입기술 중 결과가 좋았던 것은 무엇이며, 이전 시도가 성공하지 못한 이유는 무엇인가?

- 환경적 특성의 평가: 학생의 문제를 강화 혹은 유지하는 직접적 환경조건은 무엇인가? 문제해결을 위해 활용가능한 자원은 무엇인가? 직접적 환경 내의 제약이나 제한점에는 어떤 것이 있는가? 문제를 야기하거나 유지시키는 구조적 측면이 있는가? 학생에게 제안되는 변화가 조직의 규범과 기대에 부합하는가? 제안되는 변화전략이 학생과 교사에게 문화적으로 적절한가?

(4) 문제 정의와 목표 설정단계

평가과정을 통해서 파악된 문제와 관련된 다양한 요인을 검토하여 문제를 개념화한다. 컨설테이션의 초점이 학생에게 있건 혹은 교사에게 있건, 컨설테이션의 문제 개념화는 교사가 무엇을 잘못하고 있는지가 아니라 교사가 제시하는 문제의 보다 나은 해결책을 찾기 위해서라는 것을 잊지 말아야 한다. 따라서 문제를 정의하고 목표를 설정하는 단계에서도 교사가 적극적으로 참여할 수 있어야만 이후 단계에서 노력을 지속하게 된다.

상담자는 직접 문제를 정의하거나 혹은 교사가 문제를 정의하도록 돕고, 또한 교사가 목표를 설정하고 우선순위를 정할 수 있도록 도와야 한다. 목표는 가능한 한 구체적으로 설정하는 것이 좋으며, 목표달성으로 인한 변화의 영향과 예상되는 상황적 변수도 미리 파악해야 저항을 줄일 수 있다.

(5) 해결전략의 선택

설정된 목표를 달성하기 위한 방법은 다양할 수 있으므로, 상담자는 교사와 함께 여러 대안을 검토하여 교사가 최적의 대안을 선택할 수 있도록 돕는다. 상담자가

한 가지 전략만을 제시하여 교사에게 그대로 따르도록 하는 방법은 바람직하지 않다. 상담자는 당면 문제를 위한 최적의 대안을 교사가 선택할 수 있도록 도와주고, 교사가 대안을 개발하고 선택하는 능력을 높일 수 있도록 해야 한다.

특히 교사에게 이미 존재했으나 활용하지 않았던 자원을 스스로 파악하고 활용할 수 있도록 해야 하며, 해결전략의 효과성과 수용가능성을 고려하여야 한다. 해결전략이 교사에게 수용되는 데 영향을 미치는 변인으로는 상담자가 개입전략의 내용 및 그 전략을 선택한 이유에 대해서 얼마나 잘 설명하는지 여부, 교사의 경험, 해결전략에 대한 지식, 직무 관련 자아효능감, 문화적 가치 및 학생 문제의 유형과 심각성, 해결전략 실행에 필요한 시간, 개입방법의 유형, 효과성에 대한 기존 자료 등을 들 수 있다.

해결전략 선택을 위해서는 일반적으로 행동감소나 제재기법보다는 긍정적인 개입기법을 먼저 실행하는 것이 좋다. 또한 교사가 새로운 기술을 배우기보다는 이미 사용하던 기법을 수정하는 것처럼 가장 간단하고 무리가 적은 방법을 선택하는 것이 효과적이다. 만약 교사가 새로운 기법을 배워야 한다면, 현 조직구조와 일상에 잘 맞도록 고안되어야 하며 시간이 적게 들고 교사가 효과적이라고 생각하는 방법을 선택한다.

(6) 개입전략의 실행

상담자와 교사 둘만의 만남으로 이루어지는 다른 단계들과 달리 여기서는 복잡한 환경 내에서 교사가 실제 계획을 실행하는 단계이다. 개입의 수준과 가능한 시간 및 비용, 예상되는 저항이나 변화의 정도, 상담자와 교사의 개인적 역량 및 성향 등에 따라서 개입전략은 다양해질 수 있으나, 대체로 학생의 문제를 해결하기 위한 개입과 교사의 문제해결 기술의 향상 및 유지를 위한 개입으로 구성된다.

개입전략의 실행과정에서는 예기치 못한 문제가 발생할 수 있음을 인식하고, 필요한 경우 그에 맞추어 적응하거나 수정한다. 일반적으로 이 단계에서 상담자와 교사가 자주 만날수록 실행의 성공도가 높아진다.

(7) 컨설테이션에 대한 평가와 종결

컨설테이션에 대한 평가는 개입전략 실행과정과 함께 이루어질 수도 있고, 실행과정이 모두 끝난 후 컨설테이션 과정 전반에 대한 평가와 개입전략에 대한 평가를 함께 할 수도 있다. 평가는 컨설테이션이 교사에게 효과적인 도움을 제공하였는지 확인하고 향후 상담자의 발전을 위해서 필요한데, 인터뷰나 설문, 토론, 관찰 등의 다양한 방법이 활용된다.

평가항목은 컨설테이션이 교사에게 미친 영향을 중심으로 결정하되, 상담자의 전문적 지식과 관리능력 및 대인관계 방식 등 상담자의 역량과 이에 대한 교사의 만족도, 투입자원의 질과 양, 적용된 컨설테이션 기법, 컨설테이션 결과로 일어난 변화가 기존체제에 미친 영향, 컨설테이션 관리 등으로 이루어진다.

컨설테이션의 효과가 평가에 의해서 확인되고 상담자가 문제해결에 관여하는 정도가 낮아지면, 상담자와 교사의 합의하에 컨설테이션을 종결한다. 이때 갑작스러운 종결보다는 점차 만남의 간격을 늘리거나 전화 및 메일 등을 통해서 간헐적 추수지도를 하며 교사의 독립성을 키우면서 서서히 종결하는 것이 일반적이다.

2. 학부모상담

학생상담과 생활지도는 학생을 직접적 대상으로 할 수도 있지만, 교사나 상담자가 학부모를 상담함으로써 간접적으로 학생을 지도하기도 한다. 중·고등학교에서의 학부모상담은 초등학교만큼 빈번히 일어나지 않으며 교사도 학부모와의 만남 자체를 불편해하는 경향이 있지만, 학부모상담은 중·고등학교에서 여전히 학생지도를 위한 중요한 방법이 된다. 한편, 부모의 보살핌과 관여를 비교적 당연시하는 초등학생과 달리 중·고등학생은 부모로부터 독립적인 개인으로 인정받고 싶어 하는 발달적 시기에 있음으로써, 중·고등학교에서의 학부모상담은 상담자의 보다 능숙하고 융통성 있는 기술과 태도를 요구한다.

1) 부모에 대한 존중과 이해의 태도

중·고등학교에서의 학부모상담은 대부분 학생에게 문제가 있을 때 이루어진다. 우리나라의 부모들은 자녀의 문제를 곧바로 자신의 문제로 동일시하며 책임을 느끼는 경향이 강하기 때문에, 자녀 문제로 학부모상담에 임하는 부모는 뭔가 잘못한 듯한 불안과 걱정, 비난받을까 봐 두려운 마음, 부모 노릇을 제대로 못했다는 죄책감 등으로 불편한 심리적 상태에 있을 가능성이 많다. 더욱이 연령에 따른 수직적 인간관계가 분명한 한국사회에서 상담자나 교사가 자녀양육의 경험이 없고 학부모보다 나이가 적은 경우에는 학부모상담에 임하는 부모의 심리적 상태가 더욱 거북하고 불편해질 수 있다. 부모가 자녀의 문제를 먼저 인식하여 전문상담자의 도움을 구하게 되는 전문상담기관에서도 불편함을 느끼는데, 교사나 학교상담자가 학생의 문제를 먼저 인식하여 부모를 학교로 '부르게 되는' 학교상담의 경우에는 그 불편함이 더욱 가중된다.

따라서 교사(상담자)는 부모의 불편함을 충분히 이해하고 배려하며 존중하는 태도를 가지는 것이 무엇보다 중요하다. 학부모상담 시간이 학생의 잘못된 점을 지적하거나 부모가 교사에게 질책을 받는 상황으로 느껴지지 않도록 주의해야 하며, 학생이 최선의 상태로 발전하도록 돕기 위하여 교사(상담자)와 부모가 협조하며 노력하는 과정으로 인식할 수 있도록 해야 한다. 가장 오랫동안 깊은 관심과 애정으로 자녀를 지켜보고 돌보며 교육해 온 사람으로서, 또 앞으로도 자녀의 성장을 위해서 헌신을 아끼지 않을 사람으로서, 자녀를 가장 잘 이해하고 가장 중요한 영향을 미칠 수 있는 사람으로서 존중하는 태도로 부모를 대해야 한다. 그동안 자녀가 잘 자라도록 부모가 돕는 과정에서 성공한 점과 실패한 점을 교사(상담자)가 알아 둠으로써 학생을 위해 부모와 교사(상담자)가 함께 적절한 접근법을 찾아내는 기회로 삼아야 한다.

모든 부모가 자녀를 위해 최선의 노력을 기울이지는 않는다. 심지어 어떤 부모는 보통 수준의 자녀교육도 하지 않거나 하지 못하는 경우도 있다. 이런 경우에도 교사(상담자)는 단정적·평가적 태도로 부모를 대하지 않도록 조심하여야 한다. 물론 부모가 자녀에게 어떻게 하든 '그럴 수도 있다'고 용인하는 자세를 가져야 한다는 것은 분명히 아니다.

여기에서 말하는 것은, 교사(상담자)가 상담관계의 특성인 무조건적인 수용과 존중, 공감적인 이해, 진솔한 자세로서 부모의 입장을 헤아리고 이해하고자 노력하는 태도를 가지는 것이 중요하다는 말이다. 그러한 자세로 부모를 이해하고자 노력하면서, 궁극적 목적인 '학생의 성장'을 위해서 부모와 함께 협조하는 노력을 해야 한다는 것이다.

2) 학부모 내담자의 유형

해결중심 상담접근에서는 상담에 임하는 내담자의 태도에 따라 '고객 유형' '불평자 유형' '방문자 유형'으로 구분하고, 유형에 따라 상담자의 접근방식이 달라져야 한다고 본다. 이를 학부모상담에 적용해서 내담자인 학부모의 유형을 구분하고 그에 따른 접근방식을 살펴보도록 한다. 이 절에서 제시하는 학부모 유형에 따른 유의점과 접근방식을 다음 절에서 제시하는 일반적 학부모상담의 진행과정에 접목하면 보다 효과적인 학부모상담이 가능해질 것이다.

(1) 자녀를 돕고자 하는 보호자로서 고객 유형 학부모

자녀의 문제해결을 위해서 혹은 자녀를 보다 효과적으로 교육할 수 있는 방안에 대해 교사의 조언을 구하기 위해서 스스로 교사(상담자)에게 상담을 요청하는 학부모는 '고객 유형'의 내담자라고 할 수 있다. 이러한 학부모는 교사(상담자)가 줄 수 있는 도움을 스스로 원해서 찾아오는 '고객'으로서, 학부모상담에 적극적인 태도로 임하여 변화를 위하여 노력하는 자세를 갖추고 있다. 부모-자녀 관계나 자신의 자녀에게서 문제를 발견한 후 그 문제의 해결을 위해서 부모가 어떤 일을 해야 하는지, 자녀뿐만 아니라 부모 자신에게 어떤 변화가 필요하며 어떻게 그러한 변화를 가져올 수 있는지에 대해서 알고자 하고 실천의지도 있으며 기꺼이 교사와 협조하고자 한다.

교사가 먼저 학부모에게 상담을 요청한 경우라도 학부모가 학생의 문제를 이미 지각하고 있거나 학생의 성장을 위해서 노력하고자 하는 태도가 강하다면 고객 유형의 내담자가 될 수 있다. 이런 학부모상담에서는, 학생에 대한 교사(상담자)의 생각과 느낌을 부모에게 전달하고, 부모의 자녀교육에 대한 관심과 노력을 인정하며, 학생에게 관심을 기울여야 하는 특정 영역에 초점을 맞추어 변화의 노력을 기울이면 좋은 결과를 가져올 수 있다.

(2) 부모 자신의 문제를 상담 받고자 하는 내담자로서의 학부모

앞의 경우만큼 흔하지는 않지만, 학부모가 자신의 개인적 문제나 부부문제 등을 상담받고자 내담자의 입장에서 교사를 찾기도 한다. 평소 교사(상담자)의 이해심 많고 수용적인 태도를 알고 좋게 여기던 학부모가 자신의 개인적 어려움을 의논하고 도움을 받고자 상담을 요청하기도 하며, 혹은 자녀의 문제를 의논하기 위해 교사를 찾았다가 자신의 문제를 깨닫게 되어서 그에 대해 더욱 시급하게 상담받고자 하기도 한다. 대개는 연륜과 경험이 풍부한 교사(상담자)에게 이런 학부모 내담자가 많지만, 때로는 젊은 교사라 하더라도 수용적·공감적 태도를 잘 견지하면 부모가 자신의 이야기를 털어놓고자 할 수 있다.

부모 자신의 문제해결은 자녀에게 좋은 영향을 미치게 되므로 부모의 문제가 해결되도록 교사가 돕는 것도 학생을 돕는 좋은 방법이 될 수 있다. 따라서 부모가 자신의 개인적 문제를 교사에게 상담받고 싶어한다고 여겨질 때 교사(상담자)는 자신의 준비도와 부모의 자원여부를 잘 살펴서 결정해야 한다.

교사(상담자)의 준비도란 상담자로서 학부모의 개인적 문제를 상담할 심리적 준비와 전문적 준비가 되어 있는 정도를 뜻한다. 대부분의 학부모는 교사에게 자신의 개인적 문제를 토로하더라도 그 문제의 해결을 위해서 교사와 지속적·반복적으로 상담하겠다는 의도는 없다. 그런 경우에는 부모의 이야기를 들어 주고 공감적으로 이해해 주는 것으로도 충분하다. 만약 자신의 개인적 문제와 관련하여 교사(상담자)에게 지속적·반복적 상담을 받으려는 학부모의 경우라면, 이를 위한 상담자로서의 준비가 되어 있는지 스스로 판단해 보아야 한다. 학교상담을 전공한 상담자의 경우 부모를 개인적으로 상담할 수 있는 훈련이 충분할 수도 있지만, 그렇지 못한 경우도 있다. 준비도가 부족하다고 판단되면 학교 내부나 타기관의 적절한 상담자에게 의뢰하는 것이 좋다. 물론 이때에도 거부적이거나 회피적인 태도로 부모를 대해서는 안 되고, 부모와 학생을 진정으로 위하는 태도를 전달하는 것이 중요하다.

부모의 자원 여부란 부모가 자신의 개인적 문제를 상담받을 수 있는 여타 자원이 얼마나 있느냐를 뜻한다. 부모가 교사(상담자) 이외의 사람에게 자신의 문제를 토로할 수 있는 다른 자원을 가지고 있지 않은 경우에는, 상담자로서의 준비도가 다소 부족하더라도 좀 더 적극적으로 상담자의 역할을 해야 한다. 물론 학부모가 실제보다 상담자원이 더 적은 것으로 지각하고 있는 경우도 많다. 예컨대, 전문적 상담을 받으려면 시간적·경제적 비용이 많이 든다고 생각하는 학부모들이 많지만, 한국청소년상담복지개발원, 시·군·구 청소년상담복지센터 등의 전국의 청소년상담체제에서는 학부모에게 무료로 전문적 상담을 제공하고 있다. 이러한 상담실은 대부분 내방상담뿐만 아니라 전화상담도 가능하다. 이처럼 상담자원에 대해 잘 알지 못하는 부모들에게 정보를 전달해 주는 것도 부모의 선택 가능성을 넓혀 주는 방법이다(이 장의 말미에 상담을 의뢰할 수 있는 기관 정보를 제공하였다).

(3) 불평자 유형의 학부모

학교의 교육시책이나 교사의 교육방침에 관해서, 혹은 다른 학부모에 관해서, 심지어 자기 자녀나 배우자에 대한 불만을 교사에게 토로하기 위해 상담을 요청하는 학부모도 있다. 앞의 두 경우와 달리 이들은 교사(상담자)에게 도움이나 조언을 구하고자 하는 의지가 적다. 특히 학교나 교사에 대해 불만을 토로하는 경우에는 학교체제에 속하는 교사(상담자)가 곤혹스러울 수도 있다.

사람은 자신이 속한 체제나 자신에 대해서 누군가가 불만을 토로하면 방어적인 태도로 반응하는 경향이 있다. 그러나 학교나 교사 자신에 대해서 학부모가 불만을 표현하는 경우, 교사는 방어적 태도가 아닌 공감적으로 이해하려는 상담자로서의 태도로 학부모를 대해야 한다. 불만을 충분히 들어 보지도 않고 변명을 늘어놓거나, 이해하려는 태도가 부족하거나, 자신을 방어하려는 태도가 강하면 오히려 화를 부추기는 결과가 나타난다. 반면, 충분히 듣고 이해하려는 태도로 진지하게 경청하고 수용해 주면 그것 자체로 화가 가라앉고, 상대방의 입장을 이해하려는 마음이 생긴다. 교사가 교사 자신에 대한 학부모의 불만마저도 공감적 이해와 수용의 자세로 진지하게 들어 줄 때, 학부모는 교사의 입장을 들어 보려는 마음을 가지게 된다.

교사에게 자녀에 대한 불만만 털어놓고 자신의 변화 필요성에 대한 인식이 없는 학부모도 교사(상담자)가 자주 만나게 되는 유형 중의 하나다. 즉, '내가 어떻게 해야 아이가 좀 더 바람직한 방향으로 변화할까?'라는 의문을 가지고 있는 고객 유형의 학부모와 달리, 단지 '아이의 이러저러한 점이 마음에 들지 않는다'에 그치거나 '아이의 문제가 다른 사람 탓이다'라며 자신의 행동이나 특성이 자녀의 문제에 관련이 있다는 것은 인정하지 않는 경우이다. 이러한 학부모는 교사(상담자)가 잘 들어 주고 이해해 주면 처음에는 '얘기하고 나니 시원하다' '이해받는 느낌이 들어서 좋다' 등의 반응을 보이지만, 나중에는 '그래도 아이가 변화가 없다'고 다시 불평하기 쉽다. 따라서 이들을 상담할 때는 학부모의 불평을 잘 듣는 데서 그치지 말고, 학부모 자신의 행동 특성이 학생의 문제와 어떻게 관련되며 어떤 역할을 하는지 생각해 보도록 유도해야 한다.

(4) 방문자 유형의 학부모

교사(상담자)를 가장 좌절하게 만드는 학부모 유형이다. 이들은 스스로 자녀교육을 위해서 상담을 요청하지 않는다. 교사가 학생의 성장과 변화를 위해서 오래 고심하고 여러 가지 노력을 해도 그것을 학부모가 인식하지도 않고, 교사가 학부모상담을 요청해야만 마지못해 학교에 오거나 전화를 받는다. 이러한 학부모는 자기 자녀에게 문제가 있다는 것을 인정하지 않거나, 혹시 인정하더라도 변화의 가능성을 믿지 않는다.

자녀에게 문제가 있음을 인정하지 않는 학부모를 상담하여 학생의 변화를 위한 협조를 구하기 위해서는 한 번의 상담으로는 충분하지 않다. 학생에 대한 교사의 관심이 구체적으로, 또 지속적으로 부모에게 전달되는 과정이 필요하다. 학생에 대한 여러 교사의 관찰내용 및 지도내용과 학생의 반응, 변화의 추이 등을 지속적으로 기록하여 교사의 말을 뒷받침하는 구체적 자료로 제시해 주고, 학생의 문제행동뿐만 아니라 긍정적 측면에 대한 교사의 인식과 인정도 자주 전달되어야 한다.

자녀의 문제는 인식하지만 변화 가능성을 믿지 않거나 무관심한 학부모를 상담하는 교사(상담자)는 그 학부모의 깊은 좌절을 이해하려는 자세가 필요하다. 부모 자신의 삶이 너무 어렵고 크게 좌절함으로써 자녀교육에 무관심해졌거나, 혹은 자녀의 거듭되는 문제나 지난 노력의 실패로 지쳐 버린 학부모야말로 무조건적인 존중과 공감적 이해의 태도를 지닌 상담자가 필요한 사람이다. 해결중심 상담접근에서는 방문자 유형의 내담자에게는 우선 무언가 작은 것이라도 칭찬할 수 있는 것을 찾아서 인정해 줄 필요가 있다고 한다. 즉, 부모가 자녀를 위해서 하고 있는 작은 것들, 예컨대 교사(상담자)를 만나러 와 준 것, 자녀를 학교에 보내려고 노력하는 것 등이라도 인정하는 것이다.

3) 학부모상담의 과정

(1) 부모 맞아들이기

학부모상담은 대개 학생의 문제 때문에 교사가 학부모를 학교로 부름으로써 이루어지기 때문에, 교사(상담자)는 학부모가 편안한 마음으로 상담에 임할 수 있도록 맞아 주어야 한다. 부모의 성별과 연령을 고려하여 어색하지 않을 방법으로 맞아들이되, 처음 만나는 순간부터 편안하고 온정적인 눈맞춤으로 반가이 맞으면서 악수를 청하거나 정중하게 인사를 하고 자리를 권하며, 찾아와 준 것에 감사하는 마음을 표현하는 등 적극적으로 환영의 뜻을 나타낸다. 편안하고 수용적인 상담자의 태도는 학부모의 불편한 심경을 다소 누그러뜨리고 교육을 위한 협조자로서 노력할 가능성을 높여 준다.

교사가 학부모상담을 먼저 요청한 경우라면, 전화나 편지를 통해서 학부모상담의 필요성을 교사가 전달한 것에 대한 부모의 심경을 들어 보아야 한다. 더불어 학부모상담을 요청하게 된 배경과 이유를 보다 상세하고 구체적으로 부모에게 설명한다. 이때 교사는 학생의 문제점만 전달하지 말고 학생의 장점 및 가능성에 대해서도 함께 알려 주는 것이 매우 중요하다. 교사의 학생에 대한 균형 잡힌 시각은 부모의 불편한 심경을 누그러뜨려 주며 학생이 긍정적 방향으로 성장할 수 있다는 가능성을 보여 주기 때문에, 부모가 더욱 협조적인 자세를 갖는다.

학부모가 먼저 교사를 찾아온 경우라면, 우선 그 이유를 잘 들어야 한다. 수용적이고 진술한 자세로 학부모의 말을 경청하고 필요한 도움을 주고자 하는 태도를 견지하여야 한다. 학생에게 문제가 있다고 학부모가 느낀다면 그 문제가 무엇이며 언제부터 있었는지, 또 문제의 원인은 무엇이라고 보고 그 문제를 해결하기 위하여 그동안 어떤 노력을 해 왔으며 그 결과는 어떠했는지, 학생의 문제와 관련하여 학부모는 어떤 느낌을 가지는지, 문제의 해결을 위해서 학부모와 학생 및 주변 인물이 가지고 있는 자원에는 어떤 것이 있는지 등을 잘 듣고 이해하도록 한다.

(2) 가족구조와 기능 이해하기

학부모상담을 시작하게 된 직접적 계기가 된 상황이나 문제를 이해하는 데서 그치지 않고 부모-자녀관계를 포함한 가족관계까지 이해할 수 있어야 학생과 학부모를 효과적으로 도와줄 수 있다. 즉, 학생의 문제에만 국한시켜 학생과 학부모를 이해하는 것이 아니라, 학생이 속해 있고 중요한 영향을 주고받는 가족 전체의 역동적 구조와 기능을 이해함으로써 보다 성공적인 학부모상담이 이루어지게 된다. 가족구조와 그 기능을 이해하기 위한 틀에는 여러 가지가 있지만, 여기에서는 Robin과 Foster(1989)가 제안한 모델을 소개하고자 한다. 인지행동이론과 체제이론 및 발달이론을 고려한 이 모델은 흔히 행동-체제모델이라고 불리는데, 가족의 문제해결능력, 의사소통 기술, 신념체계 및 인지적 왜곡의 종류와 정도, 그리고 가족구조를 평가할 것을 제안한다(김혜숙, 1999).

① 문제해결 능력과 의사소통 기술의 평가

어떤 가족이든 크고 작은 도구적 문제나 정서적 문제에 당면하게 된다. 기능이 좋은 가족은 다양한 문제를 쉽게 해결하고 미해결된 문제가 적은 반면, 기능이 좋지 못한 가족은 문제에 효과적으로 대처하지 못하는 경향이 있다. 따라서 ① 문제 인식하기, ② 문제에 관해서 적절한 사람과 의사소통하기, ③ 문제해결을 위한 다양한 대안 창출하기, ④ 가장 적합해 보이는 하나의 대안 선택하기, ⑤ 선택된 대안 실행하기, ⑥ 실행한 것에 대해서 검토하기, ⑦ 해결책의 성패를 평가하고 필요하다면 전 단계로 다시 돌아가기 등의 효과적 문제해결의 과정에 대해서 가족, 특히 부모가 얼마나 잘 알고 있고 실제로 행할 수 있는 능력이 얼마나 있는지를 평가하는 것이다.

가족이 문제해결 능력을 상호작용적 맥락에서 실제로 활용할 수 있기 위해서는 문제해결 과정을 얼마나 잘 알고 있는지도 중요하지만, 가족구성원이 표현적·수용적 의사소통 기술을 얼마나 갖추고 있는지도 중요하다. 즉, 자신의 감정과 의견을 주장적으로, 그러나 상대방에게 상처를 주지 않는 방식으로 표현할 수 있는 표현적 의사소통 능력이 있어야 하며, 상대방의 말을 주의 깊게 듣고 전달되는 메시지를 정확하게 받아들일 수 있는 수용적 의사소통 능력이 있어야 하는 것이다. 상대방에 대한 비난, 부인, 위협, 명령 또는 상대방을 제대로 쳐다보지 않는 행동 등은 상대방을 화나게 하고 부정적 의사소통을 형성하기 때문에 효과적 의사소통을 방해한다. 반면, 상대방의 말을 반영하거나 요약하고 재진술하는 것, 공감하는 말을 하는 것, 적절히 상대방을 쳐다보는 것, 적절한 자세 등은 효과적 의사소통을 촉진한다. 가족구성원이 의사소통을 방해 혹은 촉진하는 행동을 얼마나 보이는지에 대한 평가는 가족이 문제해결 능력을 얼마나 가지고 있는지에 대한 평가와 더불어 가족을 이해하는 중요한 자료가 된다.

② 신념체계와 인지적 왜곡의 평가

가족관계와 관련된 비합리적 신념체계와 왜곡된 인지과정은 적어도 두 가지 측면에서 가족에게 부정적 영향을 미친다. 첫째, 가족구성원의 경직되고 비합리적인 신념체계는 특정 사건이나 주제에 관해 경직된 행동과 입장을 나타내도록 하고, 이러한 경직된 입장은 합리적 문제해결이 이루어지지 못하게 하는 방해요인이 되기 쉽다. 둘째, 가족 간 상호작용 및 발생사건에 대해 왜곡되고 비합리적인 인지과정을 적용하게 되면 분노나 적대감이 심해지거나 부적절하게 나타나기 쉽고, 이것은 긍정적 의사소통을 어렵게 만든다.

청소년기 가족관계 내에 흔히 있는 비합리적 신념체계로는 완벽주의(자녀가 완벽하게 잘못이 없고 결점이 없게 행동하기를 부모가 기대하는 것), 비극화(자녀가 금지된 행동을 하면 자녀의 삶이 망가지고 가족도 망치게 되는 끔찍한 결과가 생길 것이라고 부모가 믿는 것), 자기 비난(자녀의 잘못된 행동이 부모 자신의 부적절성을 의미한다고 믿는 것), 악의(자녀가 잘못된 행동을 하거나 반항하는 것이 의도적으로 부모에게 상처를 주기 위해서라고 부모가 믿는 것) 등이 있다. 왜곡된 인지과정의 예로는 인위적 추론(지지하는 증거가 없거나 상반되는 증거에도 불구하고 특정 결론을 이끌어 내는 것), 선택적 추론(상황 속에서 다른 중요한 점은 무시한 채 단편적인 어느 부분에만 초점을 맞추어서 결론을 내는 것), 절대적·이분법적 사고(모든 경험을 부정적 아니면 긍정적인 것으로 양분하는 극단적인 흑백논리적 사고)를 들 수 있다.

③ 가족구조의 이해

가족구조를 파악하기 위해 사용할 수 있는 개념에는 여러 가지가 있지만, Robin과 Foster(1989)는 제휴(alignment)와 응집성(cohesion)의 개념이 특히 중요하다고 보았다.

• 제휴: 가족체제 내에서 어떤 기능을 수행하는 구성원에 대해 다른 구성원이 협력관계나 상반관계를 가지는 것을 의미한다. 어떤 활동이나 목표에 있어서 구성원 일부가 서로 협력하기도 하고 상반된 상호작용을 보이기도 하는데, 연합과 삼각관계는 가장 흔히 일어나는 제휴의 형태이다.

연합(coalition)은 두 가족구성원이 다른 한 가족구성원에 대항하는 제휴관계이다. 연합은 모든 가족에게서 일어날 수 있지만, 만약 세대 간(즉, 부모 중 한 사람과 자녀 중 한 사람) 연합이 부모-자녀 간의 위계를 해칠 정도가 되면 문제가 된다. 부모가 자녀 지도를 위해서 함께 힘을 합치지 못하는 경우, 자녀가 자신에게 허용적인 쪽의 부모는 의사결정 과정에 끌어들이고 다른 쪽의 좀 더 권위적인 부모가 제안하는 규칙은 피하거나 무효화시키는 방향으로 상호작용이 이루어지는 경우, 자녀에 관한 의사결정에 부모의 영향력을 약화시키기 위하여 자녀가 조부모나 교사 등 다른 성인과 연합하는 경우, 자녀의 바람

과 욕구를 전달하려는 시도가 지속적으로 무시되고 처벌받아서 자녀의 자연
스러운 자율성 발달을 해칠 만큼 부모 간의 연합이 지나치게 경직된 경우 등
은 문제가 되는 연합의 예이다.

삼각관계(triangulation)는 서로 상반적인 두 가족구성원이 제3구성원을 각
각 자기 편으로 이끌어 제휴하려는 것을 뜻한다. 이때 제3구성원은 때로는 이
편에, 때로는 저 편에 제휴하며 왔다 갔다 하는 경우도 많다. 삼각관계도 모든
가족에게서 어느 정도는 일어난다고 볼 수 있는데, 부모 중 한쪽과 자녀가 갈
등이 있을 때 각각 다른 쪽 부모의 지지를 얻기 위해 일관적으로 시도하는 경
우, 또 부부간에 갈등이 있을 때 양쪽 부모가 자녀의 지지를 얻기 위해 지속적
으로 시도하는 경우 등은 문제가 된다.

- 응집성: 가족 구성원 간의 접촉과 친밀성의 정도를 나타내는 개념으로, 융해
와 격리를 양극단으로 하는 연속선상에서 이해된다. 융해된 가족은 다른 가족
구성원의 일에 지나치게 밀착·관여하고 각 가족 구성원 개인의 영역이 없으
며 가족규범에 동조하도록 강요한다. 모든 가족 구성원이 다른 가족 구성원의
일에 긴밀하게 얽혀 있고, 서로의 행동이나 감정의 아주 작은 변화에도 예민
하게 반응한다. 반면, 격리된 가족은 가족 구성원 간에 상호작용이 거의 없고,
서로의 일에 관여하지 않으며 먼 관계에 머문다. 서로의 행동이나 감정을 인
식하지 못하는 경우도 많고, 대화도 별로 없으며, 각자의 영역이 지나치게 뚜
렷하여 서로 공유하는 부분이 적다.

청소년 자녀가 성장하면서 자아를 확립하고 개별화 과정을 이루어 나갈 때,
적절하게 응집된 가족은 보다 적응적으로 반응하지만 융해나 격리의 양극단
에 처한 가족은 갈등이 심화되는 경향이 있다. 개별화 과정은 가족, 특히 부모
와의 정서적 연결 속에서 자신의 독립성을 동시에 추구해 가는 과정이기 때문
이다.

융해된 가족의 부모는, 자녀가 또래와 어울리고 자기만의 영역을 연령에 따
라 넓히려 하는 욕구를 허용하기 어려워한다. 자녀가 자율성을 신장시키려
하는 것을, 부모를 거부하는 것으로 받아들이기 때문이다. 자녀 또한 자신의
생각과 영역을 부모에게 편안하게 주장하는 데 어려움을 느낀다. 부모의 인
정과 사랑을 잃을 수 있다는 두려움을 느끼기도 하고, 자신의 영역을 주장하
는 것에 대해 죄책감과 불안을 느끼기도 한다.

반면, 격리된 가족은 개별적으로 기능하는 것에 이미 익숙해져 있으므로, 자율성을 신장시키고 개별화하는 것이 가족 간 상호작용에 위협이 되지는 않는다. 그러나 자녀의 결정에 부모의 관여가 너무 적음으로써 잘못된 결정을 내리기 쉽고, 부모가 알지 못하는 무관심의 상태에서 자녀가 다양한 문제행동에 빠지기 쉽다.

4) 긍정적 · 구체적 · 현실적 상담목표 설정하기

상담은 목표가 있어야 효과적으로 이루어진다. 학부모상담도 예외가 아니다. 학부모상담을 요청한 사람이 교사든 학부모든 상관없이 학부모상담 후에는 긍정적인 방향으로의 변화가 있어야 한다. 학생의 문제가 해결되거나, 문제 예방을 위한 방안을 찾거나, 학생을 좀 더 잘 이해하게 되거나, 교사와 학부모가 학생에 대해 가진 의견차의 폭이 좁아지거나, 학교정책이나 교사의 교육방침에 대해 학부모가 좀 더 잘 이해하게 되는 등, 학부모와 교사가 '학부모상담 하기를 참 잘했구나'라고 느낄 수 있도록 해야 한다는 점에서 학부모상담에서 무엇이 달성되어야 하느냐가 바로 학부모상담의 목표가 될 것이다. '저와의 상담을 통해서 ○○에게 어떤 변화가 일어나면 좋겠습니까?' 등과 같이 상담목표 설정을 위한 질문을 교사가 제시함으로써 학부모상담의 목표를 설정, 추구할 수 있도록 한다.

학부모상담의 목표 설정방법은 일반적 상담목표 설정방법과 크게 다르지 않은데, 다만 학부모상담이기 때문에 특히 더 고려하거나 주의하여야 할 점을 제시하면 다음과 같다.

학부모상담은 학생에게 문제가 있을 때 이루어지는 경우가 많으므로, '어떤 문제행동이 없어지거나 줄어드는 것'처럼 상담목표를 설정하기 쉽다. 하지만 부정적 측면이 줄어드는 쪽으로 상담목표를 설정하는 것보다는 긍정적인 측면이 늘어나는 쪽으로 상담목표를 설정하는 것이 훨씬 효과적이다. 예를 들어, '학교에서 친구들과 싸우지 않는다'는 목표보다는 '학교에서 친구들과 사이좋게 지낸다'는 목표가 더 좋은 목표라는 것이다. 얼핏 보기에는 두 목표가 같아 보이지만 '친구들과 싸우지 않는다'는 목표는 대신 무엇을 더 해야 할 것인가를 보여 주지 않는다. 싸우는 대신 친구들과 말도 하지 않고 혼자서만 지낸다면 학생이 바람직한 방향으로 변화하였다고 볼 수는 없다.

또한 학생이 상담목표 설정에 얼마나 관여할 것인지를 교사가 주의 깊게 생각해야 한다. 대체적으로 부모가 학생과 좀 더 긍정적인 상호작용을 많이 하도록 돕는 것이 중요하다고 판단되는 경우에는 학생 모르게 학부모와만 상담목표를 설정하는 것이 더 적절하다. 예컨대, 자녀를 좀 더 이해하고 보다 많은 관심과 사랑을 주도록 하거나, 부모가 자녀에게 보다 허용적인 방향으로 변화하도록 도와주는 경우에는, 교사가 학생 모르게 학부모의 변화를 돕게 되면 부모-자녀관계가 더욱 긍정적인 방향으로 발전할 가능성이 높다.

그러나 학생의 학업적·사회적·성격적 측면 등 대부분의 영역에서의 변화를 위해서는 학생 자신이 상담목표 설정에 관여할 수 있도록 배려하는 것이 좋다. 학생이 성장함에 따라, 궁극적으로는 학생이 자기 자신의 변화에 주체가 되어야 하기 때문이며, 이는 청소년기에 더욱 중요하다. 학생과 학부모가 상담목표를 합의하면 목표 달성이 훨씬 더 수월해지기 때문이기도 하다. 따라서 학생의 연령이나 문제의 특성, 또 상황에 따라서 학생이 상담목표에 관여할 수 있는 형태와 정도가 달라질 수 있지만, 교사는 학부모상담의 목표 설정에 있어서 학생이 관여할 수 있는 방법을 찾아보아야 한다.

5) 학부모와 학생의 변화를 위해 개입하기

대부분의 학부모상담이 학생의 변화를 위한 것이지만, 변화가 필요한 사람은 학생 자신만이 아닌 경우가 많다. 청소년은 여전히 부모의 영향을 많이 받는 존재이기 때문에, 학생의 변화를 위해서는 부모의 도움이나 변화가 결정적인 경우도 많다. 따라서 학부모상담에서는 변화를 추구하고 촉진하고자 할 때, 학생뿐만 아니라 학부모의 변화를 촉진하기 위한 개입에도 관심을 두고 있어야 한다.

변화를 위한 개입은 부모, 학생 및 가족에 대하여 교사가 이해하고 평가한 결과 및 상담목표로 설정한 바에 근거하여 이루어져야 한다. 문제해결 능력이나 의사소통 능력이 부족한 가족이라고 판단되면 올바른 문제해결 과정과 의사소통 방식에 대하여 부모가 깨달을 수 있도록 도와주고 부족한 측면을 키울 수 있도록 해야 하며, 왜곡된 인지내용이나 사고양식을 지닌 부모라면 인지의 변화를 위한 다양한 인지상담기법을 적용하여 변화를 촉진해야 한다. 여기에서는 인간의 생각과 감정 및 행동의 변화를 위한 다양한 상담 개입기법에 대해서는 자세히 다루지 않는다. 다만, 학부모상담에서 특히 중요하게 부각되는 두 가지 측면, 부모로서의 자신이나 학생을 보는 관점의 변화 및 부모가 자녀를 대하는 관계적 행동의 변화를 촉진하는 데 효과적인 방법을 제시하고 있다.

(1) 재정의기법

어떤 문제나 상황에 대한 관점을 수정하거나 재구성하는 재정의(reframing)기법은 학부모가 자신이나 자녀에 대해 가진 관점의 변화를 촉진하기 위해 유용한 방법이다. 사람은 일단 상황이나 문제를 특정 관점으로 보면 계속 그 관점을 유지하는 경향이 있으며, 행동은 그 '관점'에 의해 결정되므로, 재정의기법은 다른 행동반응의 가능성을 열 수 있는 쪽으로 상황을 보는 방법을 제공한다(김혜숙, 1999; Durant, 1995; Cormier & Cormier, 1985).

일반적으로 문제가 해결되지 않아 부모와 학생이 고생한 기간이 길수록 그 문제 및 상황은 어떤 특정한 의미에 고착되어 있을 가능성이 높다. 재정의기법은 상황이나 문제에 대처하는 부모의 행동에 정면으로 도전하거나 부정하지 않으면서 새로운 대안적 시각을 제공함으로써, 부모의 고착된 관점을 흔들어 놓고 긍정적 변화의 가능성을 높여 준다. 일단 어떤 상황이나 문제의 의미가 변화하면 그에 대한 전형적인 반응도 달라지기 때문이다(김혜숙, 1999).

가장 보편적인 재정의는 상황이나 행동에 대해 기존에 부여한 의미와 다른 뜻의 새 이름을 부여하는 것이다. 자녀에 대해 '적극적이지 못하다'를 '신중하다'로, '제멋대로이다'를 '자기 생각이 분명하다' 등으로 다르게 볼 수 있도록 긍정적으로 재정의하거나, 부모가 스스로를 보는 관점도 재정의할 수 있다. 예를 들어, '아이를 키우면서 한 번도 내가 좋은 부모라고 생각해 본 적이 없다'는 것을 '자녀를 기르면서 항상 자기 자신을 되돌아보는 신중한 자세를 가지고 있고 더 좋은 부모가 되고자 하는 의지가 강하다'로 재정의하면 부모자녀관계에 새로운 의미를 찾을 수 있다.

부모가 한 자녀를 '문제 인물'로 지목하던 관점을, 가족구성원이 상호 영향을 미치는 가족체제 전체의 문제로 바꾸어 볼 수 있도록 하는 것(Watzlawick, 1978)도 재정의의 예이다. 가족구성원의 문제는 어디에서부터 비롯되었든지, 일단 장기화되면 가족 구성원 전체가 그 문제로부터 영향을 받고 또 그 문제에 영향을 주는 방식으로 얽히게 된다. 따라서 학생이 보이는 학업이나 행동상의 문제를 자녀 개인 내에 존재하는 문제로 보는 부모의 관점을 가족 구성원 전체가 속한 체제의 상호작용상의 문제로 재정의하는 것은, 자녀를 대하는 자신의 모습을 보다 신중히 살펴보도록 하고 변화의 가능성이 새로운 측면에서 구체화되도록 하는 계기가 될 수 있다.

물론 이와 같은 재정의가 모든 부모와 자녀에게 그대로 적용될 수 있는 것은 아니다. 그러나 실제로 어떤 상황이나 행동에 대해서는 '하나의 진실'만 있는 것이 아니라 '여러 진실'이 있을 가능성이 매우 높으며, 재정의를 통해서 제시되는 관점은 처음에는 다소 어색하거나 회의적으로 보일지라도 변화를 가져오는 중대한 전환점을 제공할 수 있다.

(2) 계속되기를 바라는 행동과 특성 관찰하기

de Shazer(1988) 등이 제안하는 단기상담기법 중 하나인 '계속되기를 바라는 행동의 관찰' 과제는 학부모상담에서도 매우 유용한 방법이 될 수 있다. 문제가 오래 지속될수록 부모는 그 생각에 깊이 빠지게 되어 '모든 것이 문제이며 모든 것이 다 변화되어야 할 것' 같은 느낌을 가질 수 있다. 하지만 실제로 문제로 지목되는 학생이나 부모 혹은 관계상의 모든 측면이 다 변화되어야 문제가 해결되는 경우는 드물다. 물론 교사는 부모가 불만족스러워하고 문제라고 느끼는 점이 무엇인지 잘 듣고 정확하게 파악하는 것도 중요하다. 그러나 어떤 부모나 자녀든, 어떤 관계든 나름대로 긍정적인 측면을 가지고 있으며 계속 유지되는 것이 바람직한 면도 반드시 있기 마련이다.

부모에게 자신의 행동이나 배우자의 행동, 자녀의 행동이나 특성 및 부모와 자녀 간의 관계에서 '잘되고 있는 것' '바람직한 것' '계속되기를 바라는 것'을 찾도록 하면, 비관적이고 부정적인 시각에 빠져 있던 부모나 학생으로 하여금 상황을 새로운 시각에서 볼 수 있도록 변화시킬 수 있다. 아무리 드물거나 미약하더라도 '효과적인 행동' '잘 되고 있는 것'이 있었다는 것을 인식하게 되면 상황에 대한 긍정적 시각이 열려 큰 힘이 된다. 또한 사람은 '이전에 하지 않던 전혀 새로운 행동'을 하는 것보다는 '이미 해 본 적이 있는 행동'을 좀 더 하는 것이 훨씬 쉽기 때문이기도 하다.

(3) 학생을 대하는 새로운 부모행동의 실험적 시도

대부분의 학부모상담이 학생의 문제해결을 위한 것이라는 점에서 볼 때, 학부모가 자녀를 대하는 행동의 변화가 학부모상담의 중요한 과정으로 포함되는 경우가 많다. 즉, 자녀의 변화를 유도하고 촉진하는 조력자로서의 역할을 학부모가 보다 효과적으로 할 수 있도록 돕는 것이 교사가 해야 할 개입 중의 하나인 것이다.

부모와 자녀 간의 상호작용을 포함하여, 가족 구성원 간의 상호작용은 대체로 일정한 패턴을 가지고 있다. 이러한 상호작용 패턴은 우리의 삶에 안정성과 일관성을 제공하는 데 기여하지만, 때로는 어떤 문제와 관련될 때 가족 구성원이 새로운 해결책을 시도해 볼 수 있는 융통성을 갖지 못하게 함으로써 문제를 지속시키는 결과를 가져오기도 한다. 이때 문제를 해결하기 위해서는 그 문제를 둘러싼 전형적인 행동의 연쇄적 고리를 밝혀내고 그것의 일부 행동을 바꾸거나 다른 행동을 더하는 시도를 하도록 한다.

학부모로 하여금 새로운 행동을 시도함으로써 자녀와의 상호작용 패턴을 바꾸도록 할 때는 '실험적으로 시도'하도록 제안하는 것이 대체로 효과적이다. 영구적인 행동 변화에 대해 제안하는 것보다는 일정 기간 동안에만 이루어지는 하나의 '실험'으로 행동 변화가 제안되면 학부모가 실행할 가능성이 훨씬 높아지기 때문이다. '일정 기간 동안 이 실험을 해 본 다음, 그 실험결과 우리가 무엇을 알아낼 수 있는지 또 얻을 수 있는지 검토해 보기로 하자'는 식으로 제안해 볼 수 있다.

3. 교사 및 학생·학부모를 위한 상담 관련 기관

최근 청소년을 위한 전문상담자 및 소아·청소년정신과 전문의가 급격히 늘어나면서 다양한 청소년문제에 대한 상담자문 등이 가능해진 것은 학교상담자와 교사에게 상당히 고무적인 일이다. 여기에서는 학교상담자 및 교사가 청소년상담을 위해서 직접 활용하거나 학생이나 학부모를 의뢰할 수 있는 중요한 기관 중 무료로 이용할 수 있는 곳 및, 교사 자신의 치유와 성장을 위한 교권치유센터를 함께 소개한다.

1) 한국청소년상담복지개발원 및 청소년상담복지센터 네트워크

우리나라의 경우 청소년상담을 위한 상담기관은 전국적으로 체계화되어 있다. 1993년 「청소년 기본법」에 근거하여 '청소년대화의광장'이라는 명칭으로 설립된 이

후 1998년에 '한국청소년상담원'으로 개칭되었다가 2012년 '한국청소년상담복지개
발원'으로 개칭되었다. 국책상담연구기관 1개, 각 광역시 · 도 수준의 청소년상담
복지센터 17개 및 시 · 군 · 구별 청소년상담복지센터 등 230개(2019년 기준)의 다양
한 규모와 기능을 가진 상담기관이 체계를 갖추고 있다.

이는 국가 혹은 지방자치단체의 지원을 받는 청소년상담기관으로서 청소년, 학
부모 및 교사에게 상담 및 심리검사를 무료로 제공하고 있다. 이 기관을 방문하
면 개인상담, 집단상담, 가족상담, 학부모상담, 심리검사 등이 가능하며, 전화상담
및 사이버상담까지 제공하고 있다(www.kyci.or.kr, 2019). 청소년상담 전화번호인
1388을 지역번호 없이 누르면 가까운 청소년상담복지센터로 연결되어 필요한 각
종 상담 및 검사를 편리하게 이용할 수 있다.

인터넷에서도 지역상담복지센터 및 청소년지원센터에 대한 정보를 쉽게 구할
수 있다. 검색사이트에서 '한국청소년상담복지개발원'을 입력하거나 http://www.
kyci.or.kr로 들어가면 한국청소년상담복지개발원 홈페이지가 뜨는데, 지역기관
네트워크 코너가 마련되어 있다. 상담기관 네트워크는 지역별로 분류하여 17개 광
역시 · 도 및 시 · 군 · 구 청소년상담복지센터와 청소년지원센터의 주소와 전화번
호가 제시되어 있다.

2) 아동보호전문기관

「아동복지법」 제2조에서는 '보호자를 포함한 성인에 의하여 아동의 건강 · 복지
를 해치거나 정상적인 발달을 저해할 수 있는 신체적 · 정신적 · 성적 폭력 또는 가
혹행위 및 아동의 보호자에 의해 이루어지는 유기와 방임'을 아동학대로 규정하고
있는데, 18세 이하의 청소년은 이 법률에 해당되어 교사(상담자)는 아동학대가 의
심되는 경우 신고해야 할 의무를 지니고 있다. 아동이나 학대행위자의 정보를 파악
하지 못한 경우에도 신고가 가능하며, 신고자의 신분도 보호될 수 있다.

전화 112번을 이용하면 아동학대 신고가 가능하며, 신고 시 중앙아동보호전문기
관과 전국 16개 시 · 도의 68개 지역아동보호전문기관 중 가장 가까운 기관으로 연
결되어 도움을 받을 수 있다. 전화신고 시 응급아동학대 의심사례와 아동학대 의심
사례로 구분하여 조치가 이루어지는데, 현장조사 및 초기 사정을 거쳐서 잠재위험
사례 · 아동학대사례 · 일반사례로 구분한다. 잠재위험사례와 일반사례는 교육 ·

예방 · 모니터링으로 이어지며, 아동학대사례는 일단 긴급 격리보호가 필요한지를 판단하여 긴급 격리 혹은 원가정 보호상태에서 사정 및 사례판정을 한 다음 고소 · 고발 · 격리보호 · 원가정 보호 · 타기관 의뢰 등으로 이어진다(http://www. korea 1391.go.kr, 2019).

3) 청소년폭력예방재단

학교폭력은 최근 저연령화, 여학생폭력의 증가, 집단폭력의 증가, 신고율의 저하, 목격자의 방관경향 심화, 장난을 빙자한 폭력 증가, 폭력서클 증가, 영상매체 영향력 증가, 폭력에 대한 두려움 증가 현상이 뚜렷해지고 있는데, 1995년 활동을 시작한 청소년폭력예방재단은 이러한 학교폭력과 관련하여 청소년과 학부모를 상담하고 교사에게 자문을 제공하며 학교폭력예방교육을 실시하는 기관으로 대표적이다. 2007년부터는 교육부와 학교폭력 예방 및 근절을 위한 협약을 체결하여 '학교폭력 SOS지원단'을 구성하여 위기 개입 서비스도 제공하고 있다. 전화 1588-9128로 학교폭력을 신고하면 위기 개입, 무료법률자문, 상담 및 심리검사, 신변보호프로그램, 피해 · 가해 학부모 모임 등이 제공되며 사이버상담도 가능하다(http://www.jikim.net, 2019). 학교폭력 피해학생뿐 아니라 가해학생까지 도움을 받을 수 있다.

4) 교권치유센터

교사가 학생을 위하여 생활지도를 포함한 다양한 교육활동을 전개하는 과정에서 교사도 때로 소진이 되거나 학생 · 학부모 등으로부터 부당한 대우를 받는 경우가 생기기도 한다. 교사가 스트레스를 경험하고 부당한 대우를 받을 때, 교사가 스스로를 돌아보고 더욱 성숙하고 훌륭한 교사가 되기 위한 계기로 삼을 수도 있다. 그러나 모든 일을 교사 자신의 탓으로만 돌리거나 문제에 적절히 대처하지 못하게 되면 교사의 정상적인 교육활동 자체가 불가능해질만큼 문제가 악화될 수 있으므로, 교사도 필요시 적절한 상담과 지원을 받을 수 있어야 한다.

이러한 필요성이 지적된 지 오래되었으나, 예전에는 교사 개인의 노력에 주로 의존할 뿐 체제적 지원이 부족하다가 2016년부터 교원을 보호하고 지원하기 위한 체제를 설립하기 시작한 것은 고무적이다. 교사가 정상적 교육활동 중에 학부모나 학생 등으로부터 교권을 침해받은 경우 전문상담사, 장학사, 자문변호사로부터 치유를 위한 상담과 법률자문을 받을 수 있도록 통합지원하는 교권치유센터가 각 시도 교육청에 개설되었다. 2016년 2월에 개정된 「교원의 지위 향상 및 교육활동 보호를 위한 특별법」에 근거해 대전, 부산, 대구, 제주 등 4개 시·도에 '교원치유지원센터'가 시범운영되었는데, 2017년부터는 17개 광역시·도에 모두 교권치유센터가 개설되어, '교권치유센터' '교원돌봄터' 등의 명칭으로 교원들을 다방면으로 지원하고 치유를 돕게 되었다. 예전에는 학생이나 학부모에 의해 교권침해가 발행한 경우 학교 단위 및 교육지원청, 교육청 단위로 교권침해보호위원회에서 학생 및 학부모에게 출석정지, 특별교육 이수, 심리치료 등을 요청하고 학교안전공제회 등과 연계하여 교사의 상담과 치료를 지원하였으나, 교육청 단위로 통합지원할 수 있는 체제를 구축함으로써 보다 효율적·전문적·통합적 지원이 가능하게 되었다.

교육현장에서 폭언, 폭행, 협박, 성희롱 등 교육활동 침해로 심리적, 신체적 피해를 입은 교사들이 상담을 원하는 경우 전문적 상담과 심리검사를 받을 수 있으며, 심리극, 집단상담프로그램, 치유캠프 등에 참여할 수 있도록 지원한다. 필요한 경우 현장 상담과 법률대응을 위한 자문도 받을 수 있다. 교원의 수업·학생지도·감독 등 정상적 교육활동을 수행하는 과정에서 사고가 발생하여 교사에게 배상청구가 제기되는 경우를 대비하여 모든 교사에게 책임보험을 교육청이 가입하여 교사의 정상적 교육활동을 지원하기도 한다.

참고문헌

가우디 편(1999). 왕따 리포트: 왕따 실태, 원인에서 해결 방안까지. 서울: 우리교육.

가위바위보(2000). 함께하는 학급놀이. 서울: 우리교육.

강봉규(2002). 심리검사의 이론과 기법. 서울: 동문사.

강순화, 이은순(1988). 진로탐색을 위한 집단상담 프로그램. 학생생활연구, 24, 27-79. 서울: 이화여자대학교 학생생활연구소.

강진령(2015). 학교상담과 생활지도: 이론과 실제. 서울: 학지사.

강진령 역(2017). 학교상담 핸드북. 서울: 학지사. [원저: Blum, D. J. & Davis, T. E. (2010). *The school counselor's book of lists* (2nd ed.). Hoboken, NJ: Wiley & Sons]

강진령, 연문희(2009). 학교상담: 학생생활지도(2판). 경기: 양서원.

강진령, 유형근(2004a). 초등학교 저학년을 위한 학교상담 프로그램 I. 서울: 학지사.

강진령, 유형근(2004b). 초등학교 고학년을 위한 학교상담 프로그램 II. 서울: 학지사.

강진령, 유형근(2009a). 중학생을 위한 학교상담 프로그램. 서울: 학지사.

강진령, 유형근(2009b). 고등학생을 위한 학교상담 프로그램. 서울: 학지사.

강태심(2004). 우리반 집단상담. 서울: 우리교육.

계명대학교 학생생활연구소(1995). 구조적 집단상담 프로그램 활동집. 지도상담, 20, 107-172.

고향자(1992). 한국대학생의 의사결정 유형과 진로미결정의 분석 및 진로결정상담의 효과. 숙명여자대학교 대학원 박사학위논문.

곽금주, 오상우, 김청택(2011). K-WISC-IV 전문가 지침서. 서울: 학지사.

곽금주, 장승빈(2019). K-WISC-V의 실시와 채점 지침서. 서울: 인싸이트.

곽은아, 조성윤(2009). 청소년을 위한 집단상담 워크북. 서울: 나눔의집.

교육부 (2016). 2016년 2차 학교폭력 실태조사 결과 보도자료.

교육부(2017). 2017 학생 정서·행동특성검사 및 관리 매뉴얼.

구난희(2010). 한국의 집단따돌림 구조와 양상 변화에 대한 연구. 미래청소년학, 7(3), 1-23.

구본용(1988). 우리나라 대학에서의 집단상담의 활용현황. 대학생활연구, 6, 17-40.

권경인(2008). 집단발달 및 이론별 촉진요인으로 구분한 집단상담. 서울: 교육과학사.

권경인(2008). 집단상담활동. 서울: 교육과학사.

권경인, 김창대(2008). 대가에게 배우는 집단상담. 서울: 학지사.

권석만(1997). 인간관계 심리학. 서울: 학지사.

권석만(2004). 젊은이를 위한 인간관계의 심리학(2판). 서울: 학지사.

권석만(2007). 현대이상심리학. 서울: 학지사.

권형자 , 정정애, 김미란, 정선영, 김숙자(2017). 생활지도 및 상담. 서울: 태영출판사.

금명자, 남향자(2010). 전국 대학신입생의 대학생활 기대 및 정신건강. 인간이해, 31(1), 105-127.

김계현(1997). 상담심리학. 서울: 학지사.

김계현(2002). 카운슬링의 실제. 서울: 학지사.

김계현, 김동일, 김봉환, 김창대, 김혜숙, 남상인, 천성문(2009). 학교상담과 생활지도(2판). 서울: 학지사.

김계현, 조화태, 전용오(2002). 인간과 교육. 서울: 한국방송통신대학교 출판부.

김계현, 황매향, 선혜연, 김영빈(2004). 상담과 심리검사. 서울: 학지사.

김동일(1997). 읽기장애에 대한 학제간 접근. 청소년상담연구, 5. 서울: 청소년대화의광장.

김동일(1998a). 학업발달상담. 교육학대사전. 서울: 하우.

김동일(1998b). 학습장애아동의 교육상담. 교육논총, 15(2), 167-189.

김동일(1999). 학습부진 영재아동. 서울: 원미사.

김동일(2000). 기초학습기능 수행평가체제 읽기검사 검사요강. 서울: 학지사.

김동일(2005). 학업상담을 위한 학습전략 프로그램. 서울: 학지사.

김동일(2007). 청소년 학습전략 검사(ALSA) 실시요강. 서울: 학지사.

김동일, 박경애, 김택호(1995). 청소년 시간정신에너지 관리 훈련프로그램. 서울: 청소년대화의광장.

김동일, 이대식, 신종호(2009). 학습장애아동의 이해와 교육. 서울: 학지사.

김동일, 정여주, 이윤희, 김병관, 전호정(2016). 청소년 스마트폰 중독 자가진단 척도 개발 및 타당화. 상담학연구, 17(3), 319-335.

김만권, 한종철(2001). U&I 학습유형검사의 실시 및 해석 요강. 서울: 연우심리연구소.

김병숙, 김봉환(1994). 고용촉진을 위한 직업정보의 활용방안. 천안: 한국기술교육대학교.

김봉환(1997). 대학생의 의사결정 수준과 진로준비 행동의 발달 및 이차원적 유형화. 서울대학교 대학원 박사학위논문.

김봉환(1999). 청소년의 진로탐색 훈련 프로그램. 제3회 춘계 교육연수 Workshop 자료집(pp. 147-175). 서울: 아동 · 청소년상담연구회.

김봉환(2019). 진로상담의 이론과 실제. 서울: 학지사.

김봉환, 김계현(1997). 대학생의 진로결정수준과 진로준비행동의 발달 및 이차원적 유형화. 한국심리학회지, 9(1), 311-333.

김서규(2005). 교사를 위한 상담교육 영역 구안 및 타당성. 한국교원대학교 대학원 박사학위논문.

김성이, 강지원, 구본용, 황순길(1996). 청소년비행상담. 서울: 청소년대화의광장.

김소영, 이근매(2010). 지역아동센터 이용아동을 위한 사회성 향상 집단미술치료 프로그램 개발 및 효과검증, 미술치료연구, 17, 1333~1355.

김수동, 이화진, 유준희, 임재훈(1998). 학습부진아 지도 프로그램 개발 연구. 연구보고 RRC 98-4. 서울: 한국교육과정평가원.

김아영(2003). 학업동기검사. 서울: 학지사.

김애순(2015). 청년기 갈등과 자기이해. 서울: 시그마프레스.

김영란(2004). 고등학생의 우울에 관한 연구. 경인교육대학교 교육대학원 석사학위논문.

김영빈(2008). 학업우수 고등학생의 학업서열 변화와 자아개념, 정서, 실패내성의 관계. 서울대학교 대학원 박사학위논문.

김영애(2004). 상담실 활성화를 위한 사이버 상담의 효과 분석. 영남대학교 교육대학원 석사학위논문.

김영진(1998). 효율적인 학습상담법. 서울: 양서원.

김영혜(1997). 컴퓨터 보조 진로상담 프로그램의 개발과 그 효과에 관한 연구. 원광대학교 대학원 박사학위논문.

김영환, 문수백, 홍상황(2006). 심리검사의 이론과 실제. 서울: 학지사.

김유숙(1999). 가족치료. 서울: 학지사.

김정규(1995). 게슈탈트 심리치료. 서울: 학지사.

김정은(2016). 긍정심리기반 집단상담 프로그램이 학교폭력 가해 청소년의 학교적응유연성과 긍정성에 미치는 효과. 사회과학연구, 27(4), 145-162.

김정택, 김명준, 심혜숙(2001). Strong 진로탐색검사. 한국심리검사연구소.

김정희, 장현덕(1991). 대학생을 위한 진로탐색 프로그램. 지도상담, 16, 54-100.

김종운, 이지혜(2016). 학교적응향상을 위한 해결중심 집단상담 프로그램이 학교부적응 중학생의 정서조절능력과 사회적응력 및 학교적응에 미치는 효과. 학습자중심교과연구, 16(3), 879-902.

김종운, 장인영(2013). 또래칭찬 및 자기리더십 집단상담이 초등학생의 학교생활적응력과 사회적 효능감에 미치는 효과. 청소년학연구, 20(7), 45-74.

김준호, 노성호, 곽대경(1992). 한국 청소년 비행 집단에 관한 연구. 서울: 형사정책연구원.

김준호, 박미성(1993). 친구와 비행간의 관계에 관한 연구. 서울: 형사정책연구원.

김지연, 하혜숙(2015). 학교상담의 관점에서 바라본 회복적 사법: 학교폭력을 중심으로. 청소년학연구, 22(7), 491-517.

김진석 (2013). 청소년 비행유형과 관련요인. 학교사회복지, 25, 311-332.

김진화, 정지웅(2000). 사회교육프로그램 개발의 이론과 실제. 서울: 교육과학사.

김창대(1999). 집단상담활동집 I. 대구: 계명대학교 학생생활연구소.

김창대(2019). 신경과학적 관점의 정서조절 연구동향: 상담 및 심리치료에 제공하는 시사점. 상담학연구, 20(3), 1-51.

김창대, 권경인(2000). 집단상담활용의 유형화 연구: 치료적 요인을 중심으로. 상담학연구, 1(1), 53-73. 한국상담학회.

김창대, 김형수, 신을진, 이상희, 최한나(2011). 상담 및 심리교육프로그램 개발과 평가. 서울: 학지사.

김창대, 이정윤, 이영선, 남상인(1994). 성적이 떨어지는 아이들. 청소년상담문제연구보고서, 9. 서울: 청소년대화의광장.

김청택, 김동일, 박중규, 이수진(2002). 인터넷 중독 척도 개발 연구. 서울: 한국정보문화진흥원.

김춘경(2004). 아동 집단상담 프로그램. 서울: 학지사.

김형태(2007). 집단상담 프로그램. 서울: 글누리.

김형태, 오익수, 김원중, 김동일(1996). 청소년학업상담. 서울: 청소년대화의광장.

김혜숙(1999). 청소년부모상담의 전개과정. 한국청소년상담원(편), 청소년부모상담과 교육. 서울: 한국청소년상담원.

김혜숙, 공윤정, 박한샘(1997). 청소년상담모형개발연구 II. 서울: 청소년대화의광장.

김혜숙, 박승민, 구혜영, 남상인(1995). 청소년상담모형개발연구 I. 서울: 청소년대화의광장.

김혜숙, 박한샘(1996). 인지행동상담기법 개발 및 보급 보고서. 서울: 청소년대화의광장.

김혜숙, 최동옥(2013). 교사를 위한 학부모상담 길잡이. 서울: 학지사.

나동진(1999). 교육심리학. 서울: 학지사.

노상우(1999). 아동 · 청소년을 위한 집단상담. 서울: 문음사.

대한특수교육학회(1986). 특수교육용어사전. 대구: 대구대학교출판부.

마정건, 이상우, 이영재(1989). 교육심리학. 충남: 공주대학교출판부.

문용린, 김창대, 임철일, 신종호(2004). 초등학교 인성교육프로그램 개발연구. 교육연구소. 교육인적자원부.

문현여자중학교(2009). http://www.munhyeon-gm.ms.kr

문화관광부(1998). 청소년백서.

문화방송(1991). MBC 청소년 백서. 서울: MBC 문화방송.

민병모, 이경임, 정재창(1997). NEO 인성검사(NEO PI-RS). 서울: PSI 컨설팅.

박경숙, 윤점룡, 박호정(1989). 기초학습기능검사. 서울: 특수교육.

박경애 외(1993). 진로의사결정훈련 Work Book. 서울: 청소년대화의광장.

박경애, 김택호(1994). 청소년시간 및 정신에너지관리: 기초연구. 서울: 청소년대화의광장.

박광수(2006). 청소년 사이버 상담 이용실태 및 온라인 실시간 상담요구에 관한 변인 연구. 한남대학교 사회문화대학원 석사학위논문.

박명숙(2008). 사이버상담의 실제. 부산여자대학교 강의자료.

박병량(1997). 학급경영: 성공적인 교실운영을 위한 지침서. 서울: 학지사.

박성길, 김창대(2003). 청소년 인터넷 과다사용의 위험요소 분석. 청소년상담연구, 11(1), 84-95.

박성수(1998). 생활지도. 서울: 교육과학사.

박성수, 김창대, 이숙영(2000). 상담심리학. 서울: 한국방송대학교출판부.

박성수, 김혜숙, 이숙영, 김창대, 유성경(1997). 청소년상담원리. 서울: 청소년대화의광장.

박성희, 김광수, 김혜숙, 송재홍, 인이환, 오익수, 은혁기, 임용우, 조봉환, 홍상황, 홍종관(2006).

초등학교 생활지도와 상담. 서울: 학지사.

박승민(2005). 온라인게임 과다사용 청소년의 게임행동 조절과정 분석. 서울대학교 대학원 박사학위논문.

박승희 역(1994). 정신지체 정의, 분류, 지원의 체제. 서울: 교육과학사.

박아청(2001). 성격심리학의 이해. 서울: 교육과학사.

박영숙(1994). 심리평가의 실제. 서울: 하나의학사.

박유나(2005). 유아기 아동을 위한 수줍음 극복 프로그램 개발 및 효과검증. 이화여자대학교 대학원 석사학위논문.

박인우(1995). 효율적 집단상담프로그램 개발을 위한 체계적 모형. 지도상담. 20, 19-40.

배경숙(2001). 학급활동으로 이어가는 집단상담. 서울: 우리교육.

백욱현(1993). 학습장애 개념정의의 타당성과 재개념화의 필요성. 교육학연구, 31(1), 139-157.

백형태, 김붕년, 신민섭, 안동현, 이영식(2011). 부모 작성용 은둔형 외톨이 선별 도구 개발. 소아청소년정신의학, 22, 262-270.

변창진(1994). 프로그램 개발. 대구: 홍익출판사.

서동우(2003). 우리나라 자살사망의 현황과 정신보건센터의 역할. 정신보건센터 자살예방 프로그램 워크숍 자료집.

서병완(1988). 학습습관 향상을 위한 집단상담 프로그램. 대학생활연구, 6, 59-84.

서울대학교 교육연구소(1994). 교육학대사전. 서울: 서울대학교 교육연구소.

서울대학교 교육연구소(1998). 교육학 대백과사전. 서울: 하우동설.

서울대학교 교육연구소(2004). 자기리더십 프로그램: 초등학생을 위한 인성교육프로그램(4학년용, 5학년용, 6학년용). 서울: 서울대학교 교육연구소.

서울대학교 사범대학 교육연구소(1997). 한국교육심리검사총람: 교육심리검사의 체계적 집대성. 서울: 프레스빌.

서울대학교 학생생활연구소(1998). 학생연구, 33. 서울: 서울대학교 학생생활연구소.

서윤주, 임성옥(2016). 교류분석 집단프로그램이 학교부적응 중학생의 자기효능감과 회복탄력성에 미치는 효과. 복지상담교육연구, 5(2), 167-189.

서인균, 이연실(2016). 청소년 스마트폰 이용동기가 스마트폰 중독에 미치는 영향: 사회적 지지의 조절효과. 재활심리연구, 23(4), 857-875.

성태제, 강이철, 곽덕주, 김계현, 김천기, 김혜숙, 봉미미, 유재봉, 이윤미, 이윤식, 임웅, 한숭희, 홍후조(2007). 최신 교육학개론. 서울: 학지사

손현동(2007). 학교상담 수퍼비전 모형 개발. 한국교원대학교 대학원 박사학위논문.

손현동(2012). 학교상담자의 자문 관계에서의 윤리 문제와 해결. 학습자중심교과교육연구, 12(3), 265-286.

송병호(2005). 가정의 심리적 환경과 청소년비행에 관한 연구. 한국범죄심리연구, 1(1), 183-228.

송인섭(1990). 인간심리와 자아개념. 서울: 양서원.

신나민, 안화실(2013). 청소년 사이버 폭력 현황 및 피해·가해 관련 변인에 관한 연구. 교육문제연구, 26(4), 1-21.

신민섭(2008). 소아정신병리의 진단과 평가. 서울: 학지사.

안창규(1996). 진로탐색검사의 표준화를 위한 연구. 한국심리학회지: 상담 및 심리치료, 8(1), 169-200.

양종국, 김충기(2002). 비행 청소년의 비행 위험요인 및 보호요인과 재비행간의 관계. 청소년상담연구, 10(2), 101-122.

여성가족부(2018). 2018 청소년 통계. 서울: 여성가족부.

연문희, 강진령(2002). 학교상담: 21세기의 학생생활지도. 서울: 양서원.

염태호, 김정규(2000). 다요인 인성검사. 서울: 한국가이던스.

염태호, 박영숙, 오경자, 김정규, 이영호(1992). K-WAIS. 한국임상심리학회.

오가혜(2002). 수줍음과 우울에 대한 관계지향성과 사회적 지지의 매개효과. 고려대학교 대학원 석사학위논문.

오만록(2017). 생활지도·상담이론과 실제. 서울: 정민사.

오영숙, 유형근, 김현경(2010). 초등학교 고학년의 자아탄력성 증진을 위한 사회극 활용 집단상담 프로그램 개발. 한국초등교육, 21(1), 157-176.

오익수, 임은미, 김지은, 박승민(1999). 사이버상담을 통해 본 청소년의 세계. 서울: 한국청소년상담원.

우리교육(1999). 빛깔이 있는 학급운영 1: 학급운영 터잡기. 서울: 우리교육.

우리교육(1999). 빛깔이 있는 학급운영 3: 학급행사 이끌기. 서울: 우리교육.

오인수 역(2016). 아동 및 청소년을 위한 학교상담. 서울: 시그마프레스.

원호택(1991). 청소년 범죄행동 유발 요인에 대한 심리학적 연구. 서울: 형사정책연구원.

원호택(1997). 이상심리학. 서울: 법문사.

유성경, 이소래, 송수민(2000). 청소년 비행예방 및 개입전략 개발을 위한 기초연구: 비행수준별, 유형별 위험요소 및 보호요소 분석. 서울: 한국청소년상담원.

유형근(2002a). 초등학교 학교상담 교육과정 구안. 한국교원대학교 대학원 박사학위논문.

유형근(2002b). 종합적인 학교상담 체제 구안에 관한 연구. 청소년상담연구, 10(1), 55-70.

육성필(2007). QPR Suicide Triage Training Program. 전국대학학생생활연구소협의회의 2007년 12월 동계학술대회자료집.

윤정일(1999). 교육개혁 추진과정의 쟁점. 1999년도 춘계 학술대회 논문집. 한국교육학회.

윤호균(1988). 성격과 적응, 심리학. 서울: 정민사.

윤흥섭, 이형득(1980). 자기성장을 위한 학습프로그램. 지도상담, 5, 1-46.

이경희(2001). 진로신념검사(Career Beliefs Inventory)의 번안과 문항분석. 서울대학교 대학원 석사학위논문.

이규성(1974). 집단상담을 통한 학습습관의 변화에 관한 실험연구. 성균관대학교 대학원 석사학위논문.

이동형(2014). 교사 컨설테이션에서 컨설턴트의 대인영향: 대인권력기반 이론의 적용과 시사점. 교사교육연구, 55(4), 495-500.

이무근(1999). 직업교육학 원론. 서울: 교육과학사.

이상주(1999). 교육개혁 정책의 이념적 쟁점. 1999년도 춘계 학술대회 논문집. 한국교육학회.

이선종, 이민규(2016). 스마트폰 사용자의 성격과 이용 동기가 스마트폰 중독에 미치는 영향. 한국심리학회지: 건강, 21(2), 357-372.

이성진(1996). 교육심리학 서설. 서울: 교육과학사.

이성진(2001). 행동수정. 서울: 교육과학사.

이성진(2004). 행동수정의 현장기법. 서울: 교육과학사.

이수용(1986). 진로상담을 위한 가치명료화 프로그램. 지도상담, 11, 95-123.

이숙영(2003). 국내집단상담 프로그램 개발의 현황 및 효과적인 프로그램 개발 관련 요인. 심리학 연구, 4(1), 53-67.

이숙영, 이재규, 박승민, 최은영(1996). 비행청소년상담프로그램개발연구. 서울: 청소년대화의광장.

이영덕, 정원식(1962). 생활지도의 원리와 실제. 서울: 교학도서.

이요행(2002). 개인과 환경의 상응이 직무만족, 수행 및 이직가능성에 미치는 영향. 중앙대학교 대학원 박사학위논문.

이용남 외(1999). 신교육심리학. 서울: 학지사.

이유진, 이창훈, 강지명(2014). 학교폭력 해결을 위한 회복적 정의모델 도입방안 연구. 서울: 한국청소년정책연구원.

이윤주(2015). 집단상담이 치료적 요인에 관한 연구동향: 1994-2013년 국내ㆍ국제학술지 논문비교. 상담학연구, 16(1), 51-71.

이장호(1995). 상담심리학(3판). 서울: 박영사.

이장호(1998). 상담심리학. 서울: 박영사.

이장호, 김연수(1992). 집단상담의 원리와 실제. 서울: 법문사.

이장호, 김정희(1998). 집단상담의 원리와 실제. 서울: 박영사.

이장호, 최승애(2015). 집단상담: 원리와 실제. 서울: 법문사.

이재규(2005). 학교에서의 집단상담: 실제와 연구. 서울: 교육과학사.

이재창(1988). 생활지도. 서울: 문음사.

이재창(1993). 청소년상담의 발전과정. 청소년상담연구, 1(1), 18-33.

이재창(1994). 진로교육 발전방안 탐색에 관한 연구. 진로교육연구, 2, 80-119.

이재창(1997). 한국 청소년 진로상담의 문제점과 개선방안. 청소년 진로상담모형 기본구상, 1-28. 서울: 청소년대화의광장.

이재창(2005). 생활지도와 상담. 서울: 문음사.

이재창, 김원중(1990). 진로탐색 프로그램. 상담현장연구개발, 1(1), 155-191.

이정균(1984). 정신의학. 서울: 일조각.

이정근(1989). 진로지도의 실제. 서울: 성원사.

이종목, 오익수(1984) 성취동기 육성 프로그램의 개발과 그 실시효과. 학생생활연구, 29-58.

이종원, 이순래, 정윤미(2016). 한국 아동ㆍ청소년 패널조사 VII: 기초분석보고서Ⅰ- 청소년비행의 실태와 추이분석: 현실비행과 사이버비행. 세종: 한국청소년정책연구원.

이종헌(2005). 학교상담교사의 직무 및 역할분석. 한국교원대학교 대학원 박사학위논문.

이형득(1982). 인간관계훈련의 실제. 서울: 중앙적성출판사.

이형득(1995). 집단상담의 실제. 서울: 중앙적성출판사.

이형득, 김성회, 설기문, 김창대, 김정희(2002). 집단상담. 서울: 중앙적성출판사.

이혜범(2008). 내 아이의 리더십, 초등 반장 선거로 결정된다. 서울: 예담.

이혜성(1978). 청소년을 위한 집단상담의 이론과 실제. 수로교육, 35, 10-14.

이혜성(1988) 잠재력 개발을 위한 집단상담 프로그램. 대학생활연구, 6, 41-58.

이혜성, 이재창, 금명자, 박경애(1996). 청소년 개인상담. 서울: 청소년대화의광장

이홍표 역(2008). 심리치료에서 정서를 어떻게 다룰 것인가. 서울: 학지사. [원저: Greenberg, L. S. & Paivio, S. C.(1997). *Working with emotions in psychotherapy*. New York: Guilford]

임규혁, 임웅(2007). 교육심리학. 서울: 학지사.

임언, 정윤경, 상경아(2001). 진로성숙도검사 개발 보고서. 서울: 한국직업능력개발원.

임은미(2006). 사이버상담: 이론과 실제. 서울: 학지사.

장다혜, 김정연, 강지명, 설경옥(2016). 공동체 규범 및 분쟁해결절차와 회복적 사법의 실현방안 I: 학교폭력 규범 및 분쟁해결절차. 서울: 한국형사정책연구원.

장대운 외(1986). 전공-적성 불일치 대학생의 적응지도방안에 관한 연구. 학생생활연구, 14.

장문선(2008). 학생의 문제행동에 대한 이해와 평가. 부산학교상담학회 2008년 9월 연수자료집. 부산학교상담학회.

장석민(1997). 진로교육의 실천방향과 과제. 청소년 진로상담모형 기본구상, 29-62. 서울: 청소년대화의광장.

전병제(1974). 자아개념 측정 가능성에 관한 연구. 연세 논총, 11(1).

전영주, 이숙현(2000). 청소년 자살구상과 관련 변인 분석. 청소년학연구, 7(1), 221-246.

정명숙, 손영숙, 양혜영, 정현의 공역(2000). 아동기행동장애. 서울: 시그마프레스.

정소희(2009). 청소년 비행의 발달궤적과 이에 영향을 주는 요인. 한국청소년연구, 20(2), 31-64.

정영윤(1988). 적응장애 진단척도개발 및 적응강화를 위한 집단상담의 적용. 한양대학교 대학원 박사학위논문.

정원식, 박성수(1978). 카운슬링의 원리. 서울: 교육과학사.

정원식, 박성수, 김창대(1999). 카운슬링의 원리. 서울: 교육과학사

정인석(1988). 신교육심리학. 서울: 대왕사.

조붕환, 임경희(2003). 학습흥미검사. 서울: 한국가이던스.

조성진, 전홍진, 김무진, 김장규, 김선욱, 류인균, 조맹제(2001). 한국 일 도시지역 청소년의 우울증상 유병률과 관련요인에 대한 연구. 신경정신의학, 40(4), 627-639.

조주연, 김신영(2010). 청소년 비행 결정요인 탐색: 자기통제력과 자기친구의 주효과 및 상호작용 효과 검증. 미래청소년학회지, 7(1), 151-173.

좌현숙 (2016). 청소년 내재화 문제 관련 변인에 관한 메타분석: 보호요인을 중심으로. 학교사회복지, 36, 97-127.

중앙아동보호전문기관 http://www.korea1391.org/

진위교(1999). 교육과 심리학의 이합사, 그리고 교수심리학의 발전. 교육심리학회 소식, 4(1). 집

대성. 서울: 프레스빌.

차재호(1998). 서울대생의 집단특성 연구. 서울: 서울대학교 학생생활연구소.

천성문, 박순득, 배정우, 박원모, 김정남, 이영순(2006). 상담심리학의 이론과 실제. 서울: 학지사.

천성문, 함경애, 차명정, 송부옥, 이형미, 최희숙, 노진숙, 김세일, 강경란, 윤영숙(2011). 학교집
　　단상담의 실제. 서울: 학지사.

천성문, 함경애, 박명숙, 김미옥(2017). **집단상담: 이론과 실제.** 서울: 학지사.

청소년대화의광장(1992). 청소년 일상생활 실태조사.

청소년대화의광장(1996a). 작은 습관에서 시작하는 자녀교육 21세기를 위한 자녀교육지침서 IV.

청소년대화의광장(1996b). 청소년 진로상담.

청소년보호위원회(2000). 인터넷 환경이 청소년의 사회화에 미치는 영향. 청소년보호위원회 조
　　사자료. http://cyadic.or.kr

청소년폭력예방재단(1996). 학교폭력, 고통받는 아이들을 위해 무엇을 할 것인가?: 예방에서 대책까
　　지. 서울: 한울림.

청소년폭력예방재단(1997). 학교폭력 막을 수 있다: 지킴이 활동, 블루 존 프로그램. 서울: 청소년
　　폭력예방재단.

청소년폭력예방재단(2017). www.jikim.net

최광만(1993). 한국카운슬링의 초기 형성 과정. 한국카운슬링 30년. 사단법인 한국카운슬러협회.

최상진(1993). 한국인의 심정심리학 정과 한에 대한 현상학적 한 이해. 대외심포지엄, 1993(3),
　　3-22.

충청남도(1998). **충남청소년 비전 2000.** 대전: 충청남도.

카운피아(2009). http://www.counpia.com

통계청, 여성가족부(2019). **2019 청소년 통계.** 대전: 통계청 · 여성가족부.

하대현, 황해익, 남상인(2005). 청소년의 '자기이해'를 위한 직업인성검사 도구 및 상담 매뉴얼
　　개발. 중앙고용정보원 연구보고서. 한국산업인력공단 중앙고용정보원.

학교폭력예방연구지원센터(2017). http://www.stopbulling.kedi.re.kr.

한국교육학회(1998). **인성교육.** 서울: 문음사.

한국산업인력공단(2002). **청소년용 직업흥미검사 사용자가이드.** 서울: 한국산업인력공단.

한국심리자문연구소(1997). 학습방법진단검사. 서울: 한국가이던스.

한국정보화진흥원(2011). 인터넷중독 진단척도 고도화(3차) 연구. 한국정보화진흥원.

한국직업능력개발원(1998). 여자중학생용 진로지도 프로그램 개발연구.

한국청소년개발원(1993). **부모가 알아야 할 청소년기.** 서울: 도서출판 서원.

한국청소년상담복지개발원(2012). 위기사례개입과 사이버상담의 윤리적 딜레마 : 교육 및 프로
　　그램 자료.

한국청소년상담복지개발원(2013). 청소년의 사랑 "감춰진 10대의 이성교제". 특수상담사례연구
　　발표회.

한국청소년상담복지개발원(2017). http://www.kyci.or.kr/

한국청소년상담원(2006). 은둔형부적응청소년 상담 가이드북. 한국청소년상담원.

한국청소년연구원(1991). 한국 청소년의 실태와 문제.

한국청소년연구원(1992). 인간관계수련활동.

한기언(1952). 한국교육의 민주화 과정에 관한 교육사상적 연구. 서울대학교 대학원.

한상철(2016). 저소득층 가정 청소년의 위험행동과 적응유연성에 대한 보호요인의 완충효과 분석. 미래청소년학회지, 13(1), 69-90.

허철수(1990). 자아실현 성장모형에 의한 집단상담이 대학생의 자아실현 행동특성에 미치는 효과. 중앙대학교 대학원 박사학위논문.

홍강의(1993). 청소년 상담의 이론적 경향 고찰: 치료적 관점. 청소년상담연구, 1(1), 41-62.

홍경자(1996). 성장을 위한 생활지도. 서울: 탐구당.

홍경자, 김태호, 남상인, 오익수(1996). 청소년 집단상담. 서울: 청소년대화의광장.

홍대식 역(1993). 사회심리학. 서울: 양영각.

홍주란(2008). 이기적인 아이. 한국아동청소년 심리상담센터 상담자료(www.kccp.kr).

황순택, 김지혜, 박광배, 최진영, 홍상황(2012). K-WAIS-IV 표준화-신뢰도와 타당도. 한국심리학회 연차학술대회 발표집, 140.

황응연, 윤희준(1983). 현대생활지도론. 서울: 교육출판사.

황정규(1990). 한국학생의 스트레스 측정과 형성. 사대논총, 41(25), 25-66.

Accordino, D. B., & Accordino, M. P. (2011). An exploratory study of face-to-face and cyberbullying in sixth grade students. *American Secondary Education, 40*(1), 14-30.

Allport, G. W. (1961). Pattern and growth in personality. N.Y.: Holt, Rinehart and Winston.

Ambrosini, P. J., Bianchi, M. D., Rabinovichi, H., & Elia, J. (1993). Antidepressant treatment in children and adolescents: II Anxiety, physical, and behavioral disorders. Journal of *American Academy Child and Adolescent Psychiatry, 32*, 483-493.

American School Counselor Association (2004). *ASCA National Standards for Students.* Alexandria, VA: Author.

American School Counselor Association [ASCA], (2008). *The professional school counselor and group counseling.* Available at http://asca2.timeberlakepublishing.com/files/PS_group%20Counseling.pdf.

American School Counselor Association (2014). The professional school counselor and group counseling: Available at https://www.schoolcounselor.org/asca/media/asca/PositionStatements/PS_Group-Counseling.pdf

Anastasi, A., & Urbina, S. (1997). *Psychological testing* (7th ed.). Upper Saddle River, NJ: Prentice Hall.

Anderson, N. H. (1968). Likableness ratings of 555 personality-trait words. *Journal of Personality and Social Psychology, 9*, 272-279.

Andrews, D. A. (1996). The psychology of criminal conduct and evidence-based assessment and intervention. In C. R. Hollin & K. Howells (Eds.), *Clinical approaches to working with young offenders.* N.Y.: John Wiley and Sons.

Aronson, E., & Linder, D. (1965). Gain and loss of esteem as determinants of interpersonal attractiveness. *Journal of Experimental and Social Psychology, 66,* 584–588.

Aronson, E., Willerman, B., & Floyd, J. (1966). The effect of a pratfall on increasing interpersonal attractivness. *Psychonomic Science, 4,* 227–228.

Baker, L., & Brown, A. (1984). Metacognitive skills of reading. In D. P. Pearson (Ed.), *Handbook of research in reading.* NY: Longman.

Bandura, A. (1986). *Social foundations of thought and action.* Englewood Cliffs, NJ: Prentice–Hall, Inc.

Batholomew, K., & Horowitz, L. (1991). Attachment styles among young adults: A test of a four–category model. *Journal of Personality and Social Psychology, 61*(2), 226–244.

Beck, A. T. (1967). *Depression: Clinical, experimental, and theoretical aspects.* PA: University of Pennsylvania Press.

Bedell, J. R., & Lennox, S. S. (1997). *Handbook for communication and problem-solving skills training A cognitive-behavioral approach.* NY: John Wiley & Sons, Inc.

Berg, I. K., & Miller, S. D. (1992). *Working with the problem drinker: A solution-focused approach.* N.Y.: W. W. Norton and Company.

Berkovitz, I. H., & Sugar, M. (1975). Adolescent psychotherapy, group psychotherapy, family psychotherapy. In M. Sugar (Ed.), *The adolescent in group and family therapy* (pp. 3–23). NY: Brunner/Mazel.

Berman, A. L., & Jobes, D. A. (1991). *Adolescent suicide assessment & intervention.* Washington, DC: American Psychological Association.

Berscheid, E., & Walster, E. (1974). Physical attractiveness. In Berkowitz, L. (Ed.), *Advances in experimental social psychology* (p. 455). NY: Academic Press.

Blacher, J. H., Murray–Ward, M., & Uellendahl, G. E. (2005). School counselors and student assessment. *Professional School Counseling, 8,* 337–343.

Bloom, B. S. (1968). Learning for mastery. UCLA Evaluation Comment, 1.

Bordin, E. S. (1983). A working alliance based model of supervision. *The Counseling Psychologist, 11,* 36–42.

Brammer, L. (1973). *The helping relationship.* Englewood Cliffs, NJ: Pretice–Hall.

Brooks, D. M. (1985). The teacher's communicative competence The first day of school. *Theory into Practice, 24,* 63–70.

Brophy, J. (1998). *Motivating students to learn.* Boston: McGraw–Hill.

Brown, D., Pryzwansky, W. B., & Schulte, A. C. (2006). *Psychological consultation and collaboration: An introduction to theory and practice* (6th ed.). Boston: Pearson Education, Inc.

Bubenzer, D. L., Zimpfer, D. G., & Mahrle, C. L. (1990). Standardized individual appraisal in agency and private practice: A survey. *Journal of Mental Health Counseling, 12*, 51–66.

Burlingame, G. M., Fuhriman, A. J., & Johnson, J. (2004a). *Current status and future directions of group therapy research.* In J. L. DeLucia-Waack, D. Gerrity, C. R. Kalodner, & M. T. Riva (Eds.), *Handbook of group counseling and psychotherapy* (pp. 651–660). Thousand Oaks, CA: Sage.

Burlingame, G. M., Fuhriman, A. J., & Johnson, J. (2004b). *Process and outcome in group counseling and psychotherapy: A perspective.* In J. L. DeLucia-Waack, D. Gerrity, C. R. Kalodner, & M. T. Riva (Eds.), *Handbook of group counseling and psychotherapy* (pp. 49–61). Thousand Oaks, CA: Sage.

Butkowsky, I. S., & Willows, D. M. (1980). Cognitive motivational characteristics of children varying in reading ability: Evidence for learned helplessness in poor readers. *Journal of Educational Psychology, 72*, 408–422.

Caffyn, R. (1989). Attitudes of British secondary school teachers and pupils to rewards and punishments. *Educational Research, 31*, 210–220.

Canfield, J., & Wells, H. C. (1994). *100 ways to enhance self-concept in the classroom: A handbook for teachers, counselors, and group leaders.* Boston: Allyn and Bacon.

Carr, A. (1999). *The handbook of child and adolescent clinical psychology: A contextual approach.* London: Routledge.

Carroll, K. M., & Rounsaville, B. J. (1993). History and significance and childhood attention deficit disorder in treatment-seeking cocaine abusers. *Comparative Psychiatry, 34*, 75–82.

Carroll, R. B. (1963). A model of school learning. *Teachers College Record, 64*, 723–733.

Carson, R. C., Butcher, J. N., & Mineka, S. (1998). *Abnormal psychology and modern life.* NY: Longman.

Carter, B., & McGoldrick, M. (2005). *The expanded family life cycle: Individual, family, and social perspectives* (3rd ed.). Boston: Allyn and Bacon.

Carver, C. S., & Scheier, M. F. (2004). *Perspectives on personality.* New York: Pearson Education. 김교현, 심미영, 원두리 공역(2005). 성격심리학. 서울: 학지사.

Chang, E. C., D'zurilla, T. J., & Sanna, L. J. (2004). *Social problem solving: Theory, reseach and training.* Washington D. C.: Amrican Psychological Association.

Cleveland, P. H., & Lindsey, E. W. (1995). Solution-focused family interventions. In A. C. Kilpatrick & T. P. Holland (Eds.), *Working with families* (pp. 145–160). Boston: Allyn & Bacon.

Cochran, L. (1983). Implicit versus explicit importance of career values in making a career decision. *Journal of Counseling Psychology, 30*, 188–193.

Cohen, J. (1999). *Educating minds and hearts: Social emotional learning and the passage into adolescence*. NY: Teachers College Press.

Collins, W. A., & Furman, W.(2009). Adolescent romantic relationships and experiences. In K. H. Rubin, W. M. Bukowski, & B. Laursen (Eds.), *Social, emotional, and personality development in context. Handbook of peer interactions, relationships, and groups* (p. 341-360). The Guilford Press.

Compas, B. E., Connor-Smith, J., & Jaser, S. S. (2004). Temperament, stress reactivity, and coping: Implications for depression in childhood and adolescence. *Journal of Clinical Child and Adolescent Psychology*, 33(1), 21-31.

Cooke, A., Brazzel, M., Craig, A. S., & Greig, B. (1999). *Reading book for human relations training* (8th ed.). Alexandria, VA: NTL.

Cooper, J. F. (1995). *A primer of brief psychotherapy*. NY: W. W. Norton & Company.

Corey, G. (1985). *Theory and practice of group counseling* (3th ed.). Pacific Grove. CA: Brooks/Cole.

Corey, G. (1995). *Theory and practice of group counseling* (4th ed.). Pacific Grove, CA: Brooks/Cole.

Corey, G. (2005). *Theory and practice of counseling and psychotherapy*. Monterey, CA: Brooks/Cole.

Corey, G. (2012). *Theory and practice of group counseling* (8th ed.). Belmont, CA: Brooks/Cole. 김명권, 김창대, 방기연, 이동훈, 이영순, 전종국, 천성문 공역(2015). 집단 상담의 이론과 실제. 서울: 학지사.

Corey, M. S., Corey, G., & Corey, C. (2014). *Groups: Process and practices* (9th ed.). Pacific Grove. CA: Brooks/Cole.

Cormier, W. H., & Cormier, L. S. (1985). *Interviewing strategies for helpers: Fundamental skills and cognitive behavioral interventions* (2nd ed.). Monterey, CA: Brooks/Cole Publishing Company.

Crockner, L., & Algina, J. (1986). *Introduction to classical and modern test theory*. New York: Holt, Rinehart and Winston.

Cronbach, L. J. (1984). *Essentials of psychological testing*. New York: Harper & Row.

Cronbach, L. J., & Snow, R. E.(1977). *Aptitude and instructional methods*. New York: Irvington.

Crowe, B.(2004). *Music and soulmaking: Toward a new theory of music therapy*. Lanham, MD: Scarecrow.

Dansereau, D. F. (1985). Learning strategy research. In J. W. Segal, S. F. Chipman, & R. Glasser (Eds.). *Thinking and learning skills* (vol. 1). Hillsdale. N. J.: Erlbaum.

David, M. B. (2004). *Evolutionary psychology: the new science of the mind* (2nd ed.). 김교현, 권선중, 이홍표 공역(2005). 마음의 기원: 진화심리학. 서울: 나노미디어.

Davis, T. E.(2010). *Groups in schools*. In D. Capuzzi, D. R. Gross, & M. Stauffer (Eds.).

Introduction to group work(5th ed., pp. 339-372). Boulder, CO: Love.

de Shazer, S. (1988). *Clues: Investigating solutions in brief therapy*. N.Y.: W.W. Norton and Company.

Deci, E., & Ryan, R. (1985). *Intrinsic motivation and self-determination in human behavior*. NY: Plenum.

Deshler, D., & Schumaker, J. (1988). An instructional model for teaching students how to learn. In J. Graden, J. Zins, & M. Curtis (Eds.), *Alternative educational delivery systems Enhancing instructional options for all students* (pp. 391-411). Washington, DC: National Association of School Psychologists.

Dewey, J. (1919). *Reconstruction of philosophy*. H. Holt and Company.

Dougherty, A. M. (2005). *Psychological consultation and collaboration in school and community settings* (4th ed.). Belmont, CA: Brooks/Cole.

Durant, M. (1995). *Creative strategies for school problems: Solutions for psychologists and teachers*. N.Y.: W.W. Norton and Company.

D'Zurilla, T. J., & Goldfried, M. R. (1971). Problem solving and behavior modification. *Journal of Abnormal Psychology, 78*, 107-126.

Edgette, J. S.(2006). *Adolescent therapy that really works: Helping kids who never asked for help in the first place*. New York: Norton & Company. 김영은 역(2013). 효과적인 청소년상담. 서울: 학지사.

Egan, G. (1970). *Encounter: Group processes for interpersonal growth*. Pacific Grove, CA: Brooks/Cole.

Elder, G. H. (1963). Parental power legitimation and its effect on the adolescent. *Sociometry, 26*, 50-65.

Elias, M. J., & Clabby, J. F. (1989). *Social decision making skills: Guidelines for middle school educators*. Gaithersburg, MD: Aspen.

Elias, M. J., & Tobisas, S. E. (1996). *Social problem solving Interventions in the schools*. NY: Guilford Press.

Elmore, P. B., Ekstrom, R. B., Diamond, E. E., & Whittaker, S. (1993). School counselors' test use patterns and practice. *School Counselor, 41*, 73-80.

Emery, R. E., & Forehand, R. (1994). Parental divorce and children's well-being: A focus on resilience. In R. J. Haggerty, L. R. Sherrod, N. Garmezy, & M. Rutter (Eds.), *Stress, risk, and resilience in children and adolescents: Processes, mechanisms, & interventions*. Cambridge, MA: Cambridge University Press.

Engen, H. B., Lamb, R. R., & Prediger, D. J. (1982). Are secondary schools still using standardized tests? *Personnel and Guidance Journal, 60*, 287-290.

English, C. J. (1973). Leaving home typology of runaways. *Society, 10*(5), 22-24.

Erikson, E. H. (1963). *Childhood and society*. NY: Norton.

Erikson, E. H. (1968). *Identity: Youth and crisis*. N.Y.: W. W. Norton and Company.

Evertson, C. M., & Emmer, E. T. (1982). Effective management at the beginning of the school year in junior high classes. *Journal of Educational Psychology, 74*, 485-498.

Ewen, R. B. (1998). *An introduction to theories of personality* (5th ed.). Mahwah, NJ: Lawrence Erlbaum.

Feldman, R. S. (1989). *Adjustment Applying psychology in a complex world*. NY: McGrow-Hill.

Foley, V. D. (1984). Family therapy. In J. C. Raymond (Ed.), *Current psycotherapies* (3rd ed.). Itaca: Peacock.

Folkes, V. S., & Sears, D. O. (1977). Does everybody like a liker? *Journal of Experimental Social Psychology, 13*(6), 505-519.

Fosha, D., Siegel, D. J., & Solomon, M. F. (2009). *The healing power of emotion: Affective neuroscience, development & clinical practice*. New York: Norton.

Fravell, J. H. (1976). Metacognitive aspects of problem solving. In L. B. Resnick (Ed.), *The nature of intelligence*. Hillsdale, NJ: Erlbaum.

Frohne-Hagemann, I.(ed.)(2007). *Receptive Music Therapy: Theory and Praxis*. Wiesbaden: Dr. Ludwig Reichert Verlag.

Gallagher, J., & Rogge, W. (1966). The gifted. *Review of Educational Research, 36*(1), 37-54.

Garmezy, N. (1991). Resilience in children's adaptation to negative life events and stressed environments. *Pediatric Annals, 20*, 459-466.

Gelatt, H. B. (1962). Decision making A conceptual frame of reference for counseling. *Journal of Counseling Psychology, 9*, 240-245.

George, R. H., & Cristiani, T. S. (1995). *Counseling Theory and practice* (4th ed.). Boston, MA: Allyn and Bacon.

Gibson, R. L. & Michell, M. H. (1990). *Introduction to counseling* (3rd ed.). N.Y.: Macmillan Publishing Campany.

Gladding, S. T. (2007). *Counseling: A comprehensive profession* (Updated 5th Ed.), Columbus, Ohio: Pearson Prentice Hall.

Good, T., & Brophy, J. (1995). *Contemporary educational psychology* (5th ed.). White Plains, NY: Longman.

Good, T., & Brophy, J. (1997). *Looking in classrooms* (7th ed.). NY: Longman.

Goodman, R., & Stevenson, J. (1989). A twin study of hyperactivity―II. The aetiological role of genes, family relationships and perinatal adversity. *Journal of Child psychology and Psychiatry, 30*(5), 691-709.

Gordon, T. (1975). *Parent effectiveness training*. NY: New American Library.

Greenwood, C. R. (1991). Longitudinal analysis of time, engagement, and achievement in at-risk versus non-risk students. *Exceptional Children, 57,* 521-535.

Guilford, J. P. (1959). *Personality.* N.Y.: McGrawHill.

Gysbers, N. C., & Hendersen, P. (2001). Comprehensive Guidance and Counseling Programs: A Rich History and a Bright Future. *Professional School Counseling, 4*(4), 246-256.

Hall, C. S., Lindzey, G., & Campbell, J. B. (1998). *Theories of personality* (4th ed.). New York: John Wiley.

Hansen, J. C., Himes, B. S., & Meier, S. (1990). *Consultation: Concepts and practices.* New Jersey: Prentice Hall. 김동일, 이명경 공역(2007). 학교상담 컨설테이션. 서울: 학지사.

Hansen, J. C., Warner, R. W., & Smith, E. J. (1980). *Group counseling Theory and process.* Boston: Houghton Mufflin Company.

Hildreth, G. (1962). *Educating gifted children at Hunter College Elementary School.* NY: Harper & Brothers.

Hildreths, G. (1966). *Introduction to the gifted.* New York: McGraw-Hill.

Hill, C. E. & O'Brien, K. M.(2004). *Helping Skills: Facilitating Exploration, Insight, and Action* (2nd ed.). American Psychological Association.

Hoffman, L. (1981). *Foundations of family therapy: A conceptual framework for systems change.* NY: Basic Books.

Holland, J. H. (1992). *Making vocational choices A theory of vocational personalities and work environments.* Odessa, FL: Psychological Assessment Resources.

Holland, J. L., Powel, A. B., & Fitzshe, B. A. (1994). *Self-directed search: Professional users guide.* Odessa, FL: Psychological Assessment Resources.

Hood, A. B., & Johnson, R. W. (1997). *Assessment in counseling.* American Counseling Association.

Hood, A. B., & Johnson, R. W. (2007). *Assessment in counseling* (4th ed.). Alexandria: American Counseling Association.

Horan, J. J. (1979). *Counseling for effective decision-making: A cognitive-behavioral perspective.* North Scituate, MA: Duxbury Press.

Idol, L., & Croll, V. (1987). Story-mapping training as a means of improving reading comprehension. *Learning Disability Quarterly, 10,* 214-229.

Jones, B. F. (1983). Integration learning strategies and text research to teach high order thinking skills in schools. Paper presented at the annul meeting of the Americal Educational Research Association. Montreal, Canada.

Jones, F. H. (1987). *Positive classroom discipline.* NY: McGraw Hill.

Jones, V. F., & Jones, L. S. (1990). *Comprehensive classroom management Motivating and managing students.* Boston: Allyn & Bacon.

Kanfer, F. H., & Gaelick, L. (1986). Self-management methods. In F. H. Kanfer & A. P. Goldstein (Eds.), *Helping people change* (3rd ed.). NY: Pergamon Press.

Kaplan, H. I., & Sadock, B. J. (1985). *Modern synopsis of comprehensive textbook of psychiatry*. Baltimore, MD: Williams & Wilkins.

Kaufman, A. S., & Kaufman, N. L. (1983). *KABC: Kaufman Assessment Battery for Children, administration and scoring manual*. Circle Pines, MN: American Guidance Service.

Kavale, K., & Forness, S. (1995). *The nature of learning disabilities*. Mahwah, NJ: Lawrence Erlbaum Associates.

Kendall, P. C. (1991). *Child and adolescent therapy: Cognitive-behavioral procedures*. NY: Guilford Press.

Kendall, P. C., & Braswell, L. (1985). *Cognitive-behavioral therapy for impulsive children*. NY: Guilford Press.

Keogh, B. (1994). What the special education research agenda should look like in the year 2000. *Learning Disabilities Research & Practice, 9*(2), 62-69.

Kevin, R. M., & Charles D. (1994). *Psychological testing: Principles and applications* (3rd ed.). Englewood Cliffs, NJ: Prentice Hall.

Kohn. A. (1993). *Punished by rewards The trouble with gold stars, incentive plans, A's, praise, and other bribes*. Boston: Houghton Mifflin.

Kottler, J., & Brown, R. (1996). *Introduction to therapeutic counseling* (3rd ed.). Monterey, CA: Brooks/Cole.

Kyriacou, C. (1986). Effective teaching in schools. Oxford, England: Basil Blackwell.

Lambert, M. J., Shapiro, D. A., & Bergin, A. E. (1986). The effectiveness of psychotherapy. In S. L. Garfield & A. E. Bergin (Eds.), *Handbook of psychotherapy and behavior change* (3rd ed., pp. 157-211). New York: John Wiley.

Lenz, B., Schumaker, J., Deshler, D., & Beals, V. (1984). *Learning strategies curriculum The word identification strategy*. Lawrence: The University of Kansas.

Lester, D. (1988). Youth suicide A cross-cultural perspective. *Adolescence, 23*, 955-958.

Lewinsohn, P. M., & Rohde, P. (1993). The cognitive-behavioral treatment of depression in adolescents: Research and suggestions. *Clinical Psychology, 46*, 177-183.

Liebert, R. M., & Liebert, L. L. (1998). *Personality: Strategies and issues* (8th ed.). 조현춘, 조현재, 문지혜 공역(2002). 성격심리학. 서울: 시그마프레스.

Locke, D. C. (1988). Review of the Career Development Inventory. In J. T. Kapes & M. M. Mastie (Eds.), *A counselor's guide to career assessment instruments* (2nd ed.) (pp. 175-179). Alexandria, VA: National Career Development Association.

Mackenzie, R. J. (1996). *Setting limits in the classroom: How to move beyond the classroom dance of discipline*. CA: Prima Publishing.

MacIver, D., & Reuman, D. (1993). Giving their best: Grading and recognition practices that motivate students to work hard. *American Educator, 17*(4), 24-31.

Masten, A. S. (2001). Ordinary magic: Resilience processes in development. *American Psychologist, 56*(3), 227-238.

Malchiodi, C. A.(2003). Expressive Arts Therapy and Multimodal Approaches. In C. A. Malchiodi (Ed.), *Handbook of Art Therapy* (pp. 106-119). New York and London: The Guilford Press.

Malchiodi, C. A.(2005). Expressive Therapies: History, Theory, and Practice. In C. A. Malchiodi (Ed.), *Expressive Therapies* (pp. 1-15). New York and London: The Guilford Press.

McGee, R., Prior, M., Williams, S., Smart, D., & Sanson, A. (2002). The long-term significance of teacher-rated hyperactivity and reading ability in childhood: Findings from two longitudinal studies. *Journal of Child Psychology and Psychiatry, 43*(8), 1004-1017.

McKay, M., Davis, M., & Fanning, P. (1997). *Thoughts & feelings: Taking control of your moods and your life.* CA: New Harbinger Publications, Inc.

McKeachie, W. J., Pintrich, P. R., Lin, Y., & Smith, D. A. F. (1991). *Teaching and learning in the college classroom: Review of the research literature.* University of Michigan: MCRITAC.

Michelson, L., Sugai, D., Wood, R., & Kazdin, A. (1983). *Social skills assessment and training with children.* NY: Plenum.

Midgley, C., & Urdan, T. (1992). The transition to middle level schools making it a good experience for all students. *Middle School Journal, 24*, 5-14.

Miller, S. D., & Duncan, B. L. (2000). *The Outcome Rating Scale.* Chicago: Author.

Miller S. D., Duncan B. L., Sparks J. A., & Claud D. A. (2003). The Outcome Rating Scale: A preliminary study of the reliability, validity, and feasibility of a brief visual analog measure. *Journal of Brief Therapy, 2*(2), 91-100.

Mischel, W. (1986). *Introduction to personality* (4th ed.). N.Y.: Holt, Rinehart and Winston.

Mischel, W., Shoda, Y., & Smith, R. E. (2003). *Introduction to personality: Toward an Integration* (7th ed.). 손정락 역(2006). 성격심리학: 통합을 향하여. 서울: 시그마프레스.

Morganett, R. S. (2000). *Skills for living: Group counseling activities for young adolescents.* Research Press. 김춘경 역(2002). 삶의 기술: 중고등학교 학생들을 위한 집단상담. 서울: 학지사.

Mufson, L., Weissman, M. M., & Warner, V. (1992). Depression and anxiety in parents and children A direct interview study. *Journal of Anxiety Disorder, 6*, 1-13.

Murphy, J. J., & Duncan, B. L. (1997). *Brief intervention for school problems: Collaborating for practical solutions.* NY: Guilford Press.

Nazario, T. A. (1994). *What a parents should know about teenage suicide.* Child Welfare

Report, 2(6), 1-8.

Neimeyer, R. A. (1988). Integrative directions in personal constuct therapy. *International Journal of Personal Construct Psychology, 1,* 283-297.

Nelsen, J., Lott, L., & Glenn. H. S. (1997). *Positive discipline in the classroom.* CA: Prima Publishing.

Nugent, F. A. (2000). *Introduction to the profession of counseling* (3rd ed.). Ohio, Columbia: Prentice-Hall.

Palincsar, A., & Brown, A. (1986). Interactive teaching to promote independent learning from text. *Reading Teacher, 39*(8), 771-777.

Palincsar, A., & Brown, A. (1988). Teaching and practicing thinking skills to promote comprehension in the context of group problem solving. *Remedial and Special Education, 9*(1), 53-59.

Parsons, F. (1909). *Choosing a vocation.* Boston: Houghton Mifflin Company.

Patterson, C. H. (1971). *An introduction to counseling in the school.* Harper & Row, Publishers.

Pelham, W. E., Carlson, C., Sams, S. E., Vallano, G., Dixon, M. J., & Hoza, B. (1993). Separate and combined effects of methylphenidate and behavior modification on boys with attention-deficit hyperactivity disorder in the classroom. *Journal of Consulting and Clinical Psychology, 60,* 282-292.

Pervin, L. A. (2002). *Science of personality* (2nd ed.). 정영숙, 안현희, 유순화 공역(2003). 성격심리학. 서울: 박학사.

Peterson, J. V., & Nisenholz, B. (1999). *Orientation to counseling* (4th ed.). Boston: Allyn and Bacon.

Phillips, E. (1978). *The social skills basis of psychopathology.* NY: Grune & Stratton.

Phillips, S. D. (1992). Career counseling choice and implimentation. In S. D. Brown & R. W. Lent (Eds.), *Handbook of counseling psychology* (pp. 513-547). NY: John Wiley & Sons, Inc.

Piaget, J. (1969). *The psychology of the child.* NY: Basic Books.

Piper, W. E., & Ogrodniczuk, J. S. (2004). Brief group therapy. In J. L. DeLucia-Waack, D. Gerrity, C. R. Kalodner, & M. T. Riva (Eds.), *Handbook of group counseling and psychotherapy* (pp. 641-650). Thousand Oaks, CA: Sage.

Prochaska, J. O., & Norcross, J. C. (1994). *Systems of psychotherapy: A transtheoretical analysis* (3rd ed.). Pacific Grove, CA: Brooks/Cole.

Prochaska, J. O., & Norcross, J. C.(2009). *Systems of psychotherapy: A transtheoretical analysis* (7th ed.). Pacific Grove, CA: Brooks/Cole.

Pryor, R. G. L., & Taylor, N. B. (1986). On combining scores from interest and value measures for couseling. *Vocational Guidance Quarterly, 34,* 178-187.

Reeve, J. (1996). *Motivating others: Nurturing inner motivational resources.* Boston: Allyn & Bacon.

Reeve, J., & Deci, E. (1996). Elements of the competitive situation that affect intrinsic motivation. *Personality and Social Psychology Bulletin, 22,* 24-33.

Riddle, M. A., Scahill, L., King, R., Hardin, M. T., Towbin, K. E., Ort, S. I., ... & Cohen, D. J. (1990). Obsessive compulsive disorder in children and adolescents: phenomenology and family history. *Journal of the American Academy of Child & Adolescent Psychiatry, 29*(5), 766-772.

Robin, A. L., & Foster, S. L. (1989). *Negotiating parent-adolescent conflict.* N.Y.: The Guilford Press.

Rose, M., Cundick, B., & Higbee, K. (1983). Verbal rehearsal and visual imagery: Mnemonic aids for learning-disabled children. *Journal of Learning Disabilities, 16,* 352-354.

Rosenberg, M. (1965). *Society and adolescent self-image.* Princeton. NJ: Princeton University Press.

Rounds, J. B. (1990). The comparative and combined utility of work value and interest data in career counseling with adults. *Journal of Vocational Behavior, 37,* 32-45.

Rounds, J. B., Henly, G. A., Dawis, R. V., Lofquist, L. H., & Weiss, D. J. (1981). *Manual for the Minnesota Importance Questionnaire: A measure of vocational needs and value.* Minneapolis: University of Minnesota, Department of Psychology.

Royse, D., Thyer, B. A., Padgett, D. K., & Logan, T. K.(2001). *Program evaluation: An introduction* (3rd ed.). Belmont, CA: Brooks/Cole.

Rutter, M. (1990). Psychological resilience and protective mechanisms. In J. Rolf (Ed.), *Risk and protective factors in the development of psychopathology.* Cambridge, England: Cambridge University Press.

Safran, J. D. & Greenberg, L. S.(1991) (Eds.). *Emotion, psychotherapy, and change.* New York: Guilford.

Schmidt, J. J. (1999). *Counseling in schools: Essential services and comprehensive programs.* Allyn & Bacon.

Schore, A. N.(2003). *Affect regulation and the repair of self.* New York: Norton.

Schuch, J. J., Roest, A. M., Nolen, W. A., Penninx, B. W., & De Jonge, P. (2014). Gender differences in major depressive disorder: results from the Netherlands study of depression and anxiety. *Journal of Affective Disorders, 156,* 156-163.

Schulsinger, F. (1980). Biological psychopathology. Annual Review of Psychology, 31, 583-606.

Schunk, D. (1985). Self-efficacy and classroom learning. *Psychology in the Schools, 22,* 208-223.

Scourfield, J., Rice, F., Thapar, A., Harold, G. T., Martin, N., & McGuffin, P. (2003).

Depressive symptoms in children and adolescents: changing aetiological influences with development. *Journal of Child Psychology and Psychiatry, 44*(7), 968-976.

Seligman, M. (1991). *Learned optimism*. NY: Knopf.

Shertzer, B., & Stone, S. C. (1980). *Fundamentals of counseling* (3rd ed.). Boston: Houghton Mifflin company.

Shum, D., O'Gorman, J., & Myors, B. (2006). *Psychological testing and assessment*. Oxford University Press.

Snyder, C. R., & Lopez, S. J. (2002). *Handbook of positive psychology*. Oxford University Press. 이희영 역(2008). 긍정심리학 핸드북. 서울: 학지사.

Sommers-Flanagan, J., & Sommers-Flanagan, R. (1997). *Tough kids, cool counseling: User-friendly approaches with challenging youth*. Alexandria, VA: American Counseling Association.

Speight, S. L., Myers, L. J., Cox, C. I., & Highlen, P. S.(1991). A redefinition of multicultural counseling. *Journal of Counseling & Development, 70*(1), 29-36.

Strang, R. (1951). Mental hygiene of gifted children. In P. Witty (Ed.), *The gifted child*. Lexington, MA: Heath.

Strang, R. (1960). *Helping your gifted child*. NY: Dutton.

Super, D. E. (1953). A theory of vocational development. *American Psychologist, 8*, 185-190.

Sussman, S. (Ed.). (2001). *Handbook of program development for health behavior research & practice*. Thousand Oaks, CA: SAGE.

Swanson, H. (1989). Strategy instruction: Overview of principles and procedures for effective use. *Learning Disability Quarterly, 12*, 3-12.

Taylor, R. G. (1964). Personality traits and discrepant achievement: A review. *Journal of Counseling Psychology, 11*, 76-82.

Thoresen, C. E., & Mahoney, M. J. (1974). *Behavior self-control*. NY: Holt, Rinehart and Winston.

Tolbert, E. L. (1980). *Counseling for career development*. Boston: Houghton Mifflin.

Tronick, E. Z., & Cohn, J. F. (1989). Infant-mother face-to-face interaction: Age and gender differences in coordination and miscoordination. *Child Development, 59*, 85-92.

Tuckman, B. W. (1974). An age-graded model for career development education. *Journal of Vocational Behavior, 4*, 193-212.

van der Kolk, B. (2014). *The body keeps the score: Brain, mind, and body in the healing of trauma*. New York: Penguin Books.

Wallin, D. J.(2007). *Attachment in psychotherapy*. New York: Guilford.

Walsh, W. B., & Betz, N. E. (1990). *Tests and assessment* (2nd ed.). Englewood Cliffs, NJ: Prentice-Hall.

Walter, J. L., & Peller, J. E. (1992). *Becoming solution-focused in brief therapy*. New York: Brunner/Mazel.

Wampold, B. E. (2001). The Great Psychotherapy Debate: Models, Methods, and Findings. Mahwah, New Jersey: Lawrence Erlbaum.

Ware, B. (1978). What rewards do students want? *Phi Delta Kappan, 59*, 355-356.

Watkins, C. E., Jr., Campbell, V. L., & McGregor, P. (1988). Counseling Psychologists' uses of and opinions about psychological tests: A contemporary perspective. *Conseling Psychologist, 16*, 476-486.

Watkins, C. E., Jr., Campbell, V. L., & Nieberding, R. (1994). The practice of vocational assessment by counsling psychologists. *The Counseling Psychologist, 22*, 115-128.

Watzlawick, P. (1978). *The language of change: Elements of therapeutic communication*. N.Y.: Basic Books.

Wechsler, D. (2014). *WISC-V: Technical and Interpretive Manual*. NCS Pearson, Incorporated.

Weiner, I. B. (1982). *Child and adolescent psychopathology*. N.Y.: John Wiley and Sons.

Weinstein, C. E., & Mayer, R. E. (1986). The teaching of learning strategies. In M. C. Wittrock, (Ed.), *Handbook of research on teaching* (3rd ed., pp. 315-327). New York: Macmillan.

Werner, E. E., & Smith, R. S. (1982). *Vulnerable but invincible: A study of resilient children and youth*. New York: McGraw-Hill.

Werner, E. E., & Smith, R. S. (1992). *Overcoming the odds: High risk children from birth to adulthood*. Ithaca, NY: Cornell University Press.

West, J. D., Bubenzer, D. L., Smith, J. M., & Hamm, T. L. (1997). In-soo Kim Berg and solution-focused therapy. *Family Journal, 5*, 286-294.

Weyandt, L. L., Oster, D. R., Marraccini, M. E., Gudmundsdottir, B. G., Munro, B. A., Zavras, B. M., & Kuhar, B. (2014). Pharmacological interventions for adolescents and adults with ADHD: stimulant and nonstimulant medications and misuse of prescription stimulants. *Psychology Research and Behavior Management, 7*, 223-249.

Wiatrowski, M. D. (1978). Social control theory and delinquency. Doctoral dissertation. Portland State University.

Wicks-Nelson, R., & Israel, A. C. (1991). *Behavior Disorders of Childhood* (2nd ed.). NJ: Prentice Hall.

Wicks-Nelson, R., & Israel, A. C. (2003). *Behavior disorders of childhood*. NJ: Prentice Hall/ Pearson Education.

William, A. M., & Lehmann, I. J. (1978). *Measurement and evaluation in education and psychology* (2nd ed.). Holt, Rinehart and Winston.

Williamson, E. G. (1939). *How to counsel students: A manual of techniques for clinical counselors.* NY: McGraw-Hill.

Wise, S. L., & Plake, B. S. (1990). Computer-based testing in higher education. *Measurement and Evaluation in Counseling and Development, 23*, 3-10.

Wlodkowski, R. (1978). *Motivation and teaching: A practical guide.* Washington, DC: National Education Association.

Wong, B. (1985). Self-questioning instructional research: A review. *Review of Educational Research, 55*, 227-268.

Yalom, I. D. (1985). *Inpatient group psychotherapy.* New York: Basic Books.

Young, K. S. (1996). Internet addiction: The emergence of a new clinical disorder. Paper Presented at the American Psychological Association. Toronto, Canada, August.

Zetin, M., & Kramer, M. A. (1992). Obsessive-compulsive disorder. *Psychiatric Services, 43*(7), 689-699.

Zunker, V. G. (1999). *Career counseling: Applied concepts of life planning.* Pacific Grove, CA: Brooks/Cole.

Zytowski, D., & Warman, R. E. (1982). The changing use of tests in counseling. *Measurement and Evaluation in Guidance, 15*, 149.

부산일보(2014.04.03.). 학업문제 고민 10대 · 20대 여성 동반자살 시도. http://www.busan.com/view/busan/view.php?code=20140403000189. 에서 2019년 1월 28일 자료 얻음.

찾아보기

[인명]

[내용]

저자 소개

김계현(kayhkim@snu.ac.kr)

서울대학교 교육학과 졸업(학사, 석사)
미국 오리건 대학교 상담심리학과 졸업(박사)
미국 오리건 대학교 대학상담센터 카운슬러 역임(1988~1989)
미국 위스콘신 대학교 상담심리학과 교수 역임(1995~1996)
서울대학교 학생생활연구소장 역임
서울대학교 대학생활문화원장 역임
서울대학교 교육학과 교수 역임(1990~2019)
현 서울대학교 교육학과 명예교수

〈주요 저서〉
상담심리학(개정판, 학지사, 1997)
인성교육(공저, 문음사, 1998)
교육심리학의 새로운 쟁점과 이론(공저, 교육과학사, 1999)
新교육심리학(공저, 학지사, 1999)
상담심리학연구 I (학지사, 2000)
상담심리학연구 II (학지사, 2001)
카운슬링의 실제(개정판, 학지사, 2002)
상담과 심리검사(2판, 공저, 학지사, 2012)

〈학회 활동〉
한국상담학회 회장 역임
한국대학상담학회 회장 역임
한국 아동 · 청소년 상담연구회 회장 역임
한국가족치료학회 회장 역임
한국 상담 및 심리치료학회 교육연수위원장 역임

김동일(dikimedu@snu.ac.kr)

서울대학교 교육학과 졸업(학사)
미국 미네소타 대학교 교육심리학과 졸업(석사, 박사)
Developmental Studies Center 박사 후 과정 역임
한국청소년상담원 상담교수 역임
경인교육대학교 교육학과 교수 역임
현 서울대학교 교육학과 교수

〈주요 저서〉

특수아동상담(학지사, 2000)

학습장애아동의 이해와 교육(3판, 학지사, 2016)

〈주요 논문〉

Schools as communities(AERJ) 외 다수

〈학회 활동〉

한국학습장애학회 회장 역임

현 한국아동청소년상담학회 회장

　　한국교육심리학회 회장

김봉환(bongwhan@sm.ac.kr)

공주사범대학 교육학과 졸업(학사)

서울대학교 대학원 교육학과 졸업(석사, 박사)

교육부 정책자문위원 역임

대통령자문교육혁신위원회 전문위원 역임

현 숙명여자대학교 교육학부 교수

　　한국잡월드 이사

　　고용노동부 고용서비스우수기관 인증요원

〈주요 저 · 역서〉

진로상담의 실제(역, 학지사, 2017)

상담철학과 윤리(2판, 공저, 학지사, 2018)

진로상담의 이론과 실제(학지사, 2019)

〈주요 논문〉

중년성인의 생활사건 경험이 희망에 미치는 영향: 관계성의 조절효과(2019) 외 다수

〈학회 활동〉

한국상담심리학회 교육연수위원장 역임

한국진로교육학회 회장 역임

현 한국상담학회 이사

　　한국직업교육학회 이사

　　한국카운슬러협회 회장

김창대(cdkim@snu.ac.kr)

서울대학교 교육학과 졸업(학사, 석사)
미국 컬럼비아 대학교 상담심리학과 졸업(석사, 박사)
서울대학교 대학생활문화원장 역임
현 서울대학교 교육학과 교수

〈주요 저 · 역서〉
상담 및 심리치료 기본기법(역, 학지사, 2006)
상호작용중심의 집단상담(공역, 시그마프레스, 2006)
대상관계이론과 실제(공역, 학지사, 2007)
대가에게 배우는 집단상담(공저, 학지사, 2008)
집단상담 및 교육프로그램 개발 및 평가(공저, 학지사, 2011)
상담학개론(공저, 학지사, 2011)
애착(역, 연암서가, 2019)

〈주요 논문〉
상담성과를 가져오는 한국적 상담자 요인(2008)
인간변화를 촉진하는 다섯 가지 조건에 관한 가설: 상담이론의 관점에서(2009)
Comparative effects of empathic verbal responses: Reflection versus validation(2013)
뇌 영상법을 활용한 상담 및 심리치료 연구동향(1992-2014)(2015)
The neural correlates of attachment security in typically developing children(2018)
Effects of cognitive defusion compared to thought distraction on Korean college students
    with social anxiety(2018)
신경과학적 관점의 정서조절 연구 동향: 상담 및 심리치료에 제공하는 시사점(2019)

〈학회 활동〉
한국상담학회 회장 역임
한국집단상담학회 회장 역임

김혜숙(hyesook@ginue.ac.kr)

서울대학교 교육학과 졸업(학사, 석사)
미국 스탠퍼드 대학교 상담심리학과 졸업(박사)
한국행동과학연구소 상담연구원 역임
한국청소년상담원 상담교수 역임
현 경인교육대학교 교육학과 교수

〈주요 저서〉
부모교육학(공저, 교육과학사, 1997)
청소년상담원리(공저, 청소년대화의 광장, 1997)

성교육학(공저, 교육과학사, 1998)
인성교육(공저, 문음사, 1998)
청소년부모교육과 상담(공저, 한국청소년상담원, 1999)
특수아동상담(공저, 학지사, 2000)
초등학교 생활지도와 상담(공저, 학지사, 2006)
초등교사를 위한 문제행동 상담 길잡이(공저, 교육과학사, 2008)
교사를 위한 학부모상담 길잡이(공저, 학지사, 2013)
한국 이혼가정 아동의 성장: 위험과 자원(집문당, 2013)
초보자를 위한 학위논문 작성법(공저, 학지사, 2013)
인성교육의 실제: 아동과 청소년(공저, 학지사, 2017)
초보자를 위한 학교상담 가이드: 사례 선정에서 종결까지(공저, 학지사, 2018)

〈학회 활동〉
한국초등상담교육학회 회장 역임

남상인(sinam@sch.ac.kr)

서울대학교 교육학과 졸업(학사, 석사)
미국 아이오와 대학교 상담자교육과(Div. of Counselor Education) 졸업(박사)
미국 아이오와 대학교 외국인학생 카운슬러 역임
한국청소년상담원 상담교수 역임
현 순천향대학교 청소년교육상담학과 교수

〈주요 저 · 역서〉
이혼상담(역, 도서출판 두란노, 1996)
동성연애상담(역, 도서출판 두란노, 2002)
청소년상담론(공저, 교육과학사, 2004)
현대심리치료(10판, 공역, 박학사, 2017)

〈주요 논문〉
대학생의 세월호 참사 추모활동 경험에 관한 현상학적 연구(2017)

〈학회 활동〉
한국상담학회장 역임
한국대학상담학회장 역임
한국아동 · 청소년상담학회장 역임
현 한국심리치료상담학회장

천성문(smcheon@pknu.ac.kr)

영남대학교 심리학과 졸업(학사, 석사)
영남대학교 교육학과 졸업(박사)
서강대학교 상담교수 역임
경성대학교 교육학과 교수 역임
미국 스탠포드 대학교 연구 및 방문 교수 역임
현 부경대학교 평생교육상담학과 교수
　　부경대학교 학생상담센터장 및 인권센터장

〈주요 저 · 역서〉
상담심리학의 이론과 실제(공역, 센게이지러닝, 2015)
진로상담의 이해와 실제(공저, 학지사, 2017)
심리학의 이해(공저, 학지사, 2017)
교수를 위한 대학생 상담의 실제(공저, 학지사, 2018)
상담심리 전공자를 위한 학위논문작성의 실제(공저, 학지사, 2018)
상담사례 이해와 슈퍼비전(공저, 학지사, 2019)
SMART MAP 부모역할 증진 프로그램(공저, 학지사, 2019)
인간관계와 정신건강(공저, 학지사, 2019)
심리상담과 치료의 이론과 실제(공저, 학지사, 2019)

〈주요 논문〉
자비명상에 기반한 부모교육프로그램 개발과 효과(2019)
스마트폰 중독 집단상담 효과에 관한 메타효과(2019)
푸드아트테라피 프로그램이 다문화가정 초등학생의 자기효능감, 정서표현 및 적응유연성에 미
　　치는 효과(2019)

〈학회 활동〉
한국상담학회 회장 역임
한국대학상담학회 회장 역임
한국학교상담학회 회장 역임
한국중독상담학회 회장 역임
한국동서정신과학회 회장 역임
한국교육치료학회 회장 역임

학교상담과 생활지도 (3판)

School Counseling

2000년 4월 25일 1판 1쇄 발행
2009년 4월 20일 1판 19쇄 발행
2009년 6월 20일 2판 1쇄 발행
2018년 9월 10일 2판 20쇄 발행
2020년 2월 20일 3판 1쇄 발행
2021년 2월 25일 3판 2쇄 발행

지은이 • 김계현 · 김동일 · 김봉환 · 김창대 · 김혜숙 · 남상인 · 천성문
펴낸이 • 김 진 환
펴낸곳 • (주)**학지사**

　　　　　04031 서울특별시 마포구 양화로 15길 20 마인드월드빌딩 5층

대표전화 • 02) 330-5114　　　팩스 • 02) 324-2345

등록번호 • 제313-2006-000265호

홈페이지 • http://www.hakjisa.co.kr
페이스북 • https://www.facebook.com/hakjisabook

ISBN 978-89-997-2033-8 93180

정가 23,000원

저자와의 협약으로 인지는 생략합니다.
파본은 구입처에서 교환하여 드립니다.

이 책을 무단으로 전재하거나 복제할 경우 저작권법에 따라 처벌을 받게 됩니다.

이 도서의 국립중앙도서관 출판시도서목록(CIP)은 서지정보유통지원시스템
홈페이지(http://seoji.nl.go.kr)와 국가자료공동목록시스템(http://www.nl.go.kr/kolisnet)
에서 이용하실 수 있습니다.
(CIP제어번호: CIP2020003971)

출판 · 교육 · 미디어기업 학지사

간호보건의학출판 **학지사메디컬** www.hakjisamd.co.kr
심리검사연구소 **인싸이트** www.inpsyt.co.kr
학술논문서비스 **뉴논문** www.newnonmun.com
원격교육연수원 **카운피아** www.counpia.com